LA CROIX-ROUGE PENDANT LA GUERRE D'ESPAGNE
(1936-1939)

Les Missionnaires de l'humanitaire

Collection Recherches et Documents – Espagne
dirigée par D. Rolland avec J. Chassin et P. Ragon

Déjà parus

BESSIERE Bernard, *La culture espagnole. Les mutations de l'après-Franquisme (1975-1992)*, 1992.
LAFAGE Franck, *L'Espagne de la Contre-Révolution, XVIIIe-XXe siècles* (préface de Guy Hermet), 1993.
KÜSS Danièle, *Jorge Guillén, Les lumières et la Lumière* (préface de Claude Couffon), 1994.
TODÓ I TEJERO Alexandre, *La culture populaire en Catalogne*, 1995.
PLESSIER Ghislaine, *Ignacio Zuloaga et ses amis français*,1995.
SICOT Bernard, *Quête de Luis Cernuda*, 1995.
ARMINGOL Martin, *Mémoires d'un exilé espagnol insoumis*, 1995.
FRIBOURG Jeanine, *Fêtes et littérature orale en Aragon*, 1996.
CAMPUZANO Francisco, *L'élite franquiste et la sortie de la dictature*, 1997.
GARCIA Marie-Carmen, *L'identité catalane*, 1998.
SERRANO MARTINEZ José Maria, CALMÈS Roger, *L'Espagne : Du sous-développement au développement*, 1998.
BARRAQUÉ Jean-Pierre, *Saragosse à la fin du Moyen-Age*, 1998.
LENQUETTE Anne, *Nouveaux discours narratifs dans l'Espagne post-franquiste*, 1999.
DENÉCHÈRE Yves, *La politique espagnole de la France de 1931 à 1936*, 1999.

© L'Harmattan, 2000
ISBN : 2-7384-8838-2

Pierre Marqués

LA CROIX-ROUGE PENDANT LA GUERRE D'ESPAGNE
(1936-1939)

Les Missionnaires de l'humanitaire

Préface de Cornelio Sommaruga

L'Harmattan	L'Harmattan Inc.
5-7, rue de l'École Polytechnique	55, rue Saint-Jacques
75005 Paris - FRANCE	Montréal (Qc) - CANADA H2Y 1K9

DU MÊME AUTEUR :

Les enfants espagnols réfugiés en France (1936-1939), Paris, 1993.

A mon épouse et mes enfants qui m'ont apporté leur dévoué concours.

Mes pensées vont à ma mère et à mon père qui adhérèrent et subirent les rigueurs de la Guerre civile.

Egalement à toutes les malheureuses victimes d'un conflit fratricide et cruel.

Nous tenons à remercier Mme Floriane Truninger†, MM. Reynard et Abplanalp, chargés de recherches; M. Bugnion, directeur adjoint à la Direction de la doctrine, du droit et des relations avec le Mouvement international de la Croix-Rouge et du Croissant-Rouge, ainsi que le Comité international de la Croix-Rouge. La bibliothèque, le centre de documentation et la photothèque nous ont apporté une aide précieuse sans ménager leur peine et leur temps en mettant à notre disposition un ensemble important de documents. Avec l'autorisation et le soutien bienveillant du président du Comité international de la Croix-Rouge, M. Cornelio Sommaruga.

Enfin, et tout particulièrement, M. Philippe Abplanalp, qui nous a conseillé dans la correction du manuscrit.

Au cours de ces cinq longues années durant lesquelles a été rédigé cet ouvrage nous avons reçu l'aide chaleureuse et constante de nombreux amis : Georges et Josette Colomer, Maria Castell Nadal, Denis Millot, Charles† et Louis Minguet, J.-A. Montagnon. Pedro González Juarranz, Enrique Municio Oliver, Enrique Clemente Martínez†, Juan Marín Fernández, José Pedregal Boedo (Espagne). Angelo Emiliani (Italie). Arthur Friedli (Suisse). Aux USA, Mme Catherine Clinton-Delaprée. Et tous ceux qui, de près ou de loin, m'ont apporté leur témoignage et leur aide, tels Mme Garay (Croix-Rouge française), la Croix-Rouge espagnole, Mme Friedmann (Secours populaire français) et beaucoup d'autres.

Préface

L'ouvrage de Pierre Marqués, *Les Missionnaires de l'humanitaire*, est, à notre connaissance, la première publication parue en français sur l'action du Comité international de la Croix-Rouge (CICR) pendant la guerre d'Espagne.

Pour faire le récit de ces événements, l'auteur s'est notamment livré à un examen minutieux des archives de notre institution. Il a consulté avec une consciencieuse attention les rapports et la correspondance des délégués, les procès-verbaux de la Commission d'Espagne du CICR, qui supervisait l'action de l'institution dans le cadre de ce conflit, ainsi que les publications du CICR de l'époque.

Ce travail aurait pu aboutir à une étude complète mais fastidieuse des activités du CICR durant la guerre d'Espagne. Il n'en est rien. Ayant vécu une partie des événements qu'il décrit, l'auteur, comme il l'indique dans sa conclusion, n'a pas cherché à nous livrer une analyse froide et impartiale de l'action du CICR pendant ce conflit. Souvent, il prend parti et critique l'attitude de notre institution en Espagne à cette époque, comme il le déclare lui-même dans sa conclusion, en évacuant « *l'objectivité* qu'il espérait *primitivement conserver* » et en « *justifiant l'adage, que dans une guerre civile le neutre est exclu* ».

Mais ce regard parfois désapprobateur fait aussi ressortir l'extraordinaire complexité de ce conflit d'un type nouveau pour notre institution et l'importance des activités qu'elle a menées lors de ces événements pendant plus de trois ans.

C'est en effet la première fois que le CICR est intervenu directement sur le terrain lors d'une guerre civile, si l'on excepte son action en Russie et en Hongrie à la fin de la Première Guerre mondiale. Les Conventions de Genève de 1929, en vigueur à l'époque, ne s'appliquaient pas à ce type de conflit. Pourtant, sur la base des résolutions des Conférences internationales de la Croix-Rouge de 1912 et de 1921, le CICR, en usant de son droit d'initiative, a développé une action d'envergure qui s'est étendue à toutes les victimes du conflit.

L'activité du CICR pendant la guerre civile espagnole, c'est tout d'abord une logistique importante pour l'époque. Une trentaine de délégués et de collaborateurs suisses ainsi que de nombreux employés locaux se sont succédés dans quatre délégations principales situées à Madrid et à Barcelone pour la zone républicaine, ainsi qu'à Burgos et à

Salamanque pour celles aux mains des nationalistes. Ces délégations étaient elle-mêmes coordonnées par la délégation de Saint-Jean-de-Luz dans le Pays basque français. De grandes figures du CICR ont été envoyées en Espagne et certains de ces délégués ont marqué de leur empreinte l'histoire de notre institution : le Dr Marcel Junod, le Dr Roland Marti et le Dr Georges Henny, par exemple, ainsi que Raymond Courvoisier ou encore Horace Barbey avec lequel l'auteur a pu s'entretenir personnellement. Mais ces délégués d'exception ne doivent pas faire oublier tous ceux qui, anonymes mais tout aussi dévoués, ont bravé les plus grands dangers pour porter secours aux centaines de milliers de victimes de cette guerre particulièrement cruelle.

En liaison avec la Commission d'Espagne à Genève, ces délégués ont mené une action novatrice et courageuse. En l'absence de Conventions sur lesquelles ils auraient pu fonder leur action, ils se sont efforcés de conclure une série d'accords avec les différentes parties au conflit, sur la base desquels ils ont pu mener de multiples activités en Espagne.

Au fil des pages de cet ouvrage, on peut mesurer leurs efforts pour protéger les prisonniers, porter secours aux populations civiles, notamment par la création de zones neutralisées, et enfin, transmettre aux familles des nouvelles de leurs proches disparus ou emprisonnés.

Certaines activités ont été totalement nouvelles pour le CICR et elles ont connu d'importants développements au cours de conflits ultérieurs. C'est au cours de la guerre d'Espagne que le CICR a lancé, en février 1938, son premier appel pour condamner les bombardements indiscriminés. C'est en Espagne également qu'il a assuré la protection de dizaines de milliers de civils dans des zones neutralisées et protégées. C'est au cours de cette guerre, enfin, que des listes de prisonniers ont été communiquées pour la première fois par un service de radiodiffusion.

Ces tâches multiples, le CICR n'a pu les mener seul. L'ouvrage de Pierre Marqués met aussi l'accent sur la collaboration *de jure* mais aussi *de facto*, durant ce conflit, de notre institution avec divers organismes présents en Espagne, tels que les représentations diplomatiques, ainsi que les Croix-Rouges espagnoles concurrentes en zone républicaine ou nationaliste, ce qui, d'ailleurs, a posé problème pour la doctrine de la Croix-Rouge internationale — le nom officiel du Mouvement international de la Croix-Rouge et du Croissant-Rouge à l'époque — puisque le CICR ne pouvait, et c'est aujourd'hui encore le cas, reconnaître qu'une seule Société nationale par pays. Une coopération plus ponctuelle s'est également instaurée entre le CICR et les Croix-Rouges de différents pays, ainsi qu'avec divers organismes caritatifs n'appartenant pas à la Croix-

Rouge internationale, mais dont l'action salutaire a été bénéfique aux nombreuses victimes de cette guerre particulièrement sanglante.

Le CICR a aussi connu des échecs durant ce conflit, souvent du fait de l'intransigeance des belligérants eux-mêmes. Mais l'institution a tiré une grande leçon de l'un des événements majeurs de l'histoire européenne du XXe siècle. La guerre d'Espagne a en effet démontré, plus encore que les conflits précédents, que la Croix-Rouge ne pouvait plus se contenter de limiter son action aux guerres « *classiques* », mettant aux prises des armées de pays différents, mais qu'elle devait étendre son action aux victimes civiles des conflits internes.

Aujourd'hui encore, les délégués du CICR, qui s'efforcent de porter protection et assistance aux millions de victimes d'une trentaine de conflits à travers le monde, suivent la voie tracée par leurs prédécesseurs en Espagne de 1936 à 1939. Comme eux, ils accomplissent leur mission avec « *confiance, disponibilité et solidarité* », selon les termes employés par le Dr Marcel Junod lors de la fermeture de la délégation du CICR en Espagne en 1939.

A l'aube du troisième millénaire, il s'agit de conserver en mémoire cet exemple dont l'ouvrage de Pierre Marqués porte témoignage.

Cornelio SOMMARUGA
Président du Comité international
de la Croix-Rouge

Introduction

Un premier écueil a surgi lors de la préparation de cet ouvrage : l'absence de références au sujet de l'aide humanitaire aux partis en présence, les républicains et les nationalistes. La presse et les ouvrages consultés laissent parfois apparaître fugitivement la présence d'associations secourables. Au cours de la guerre civile, certaines d'entre elles publièrent des témoignages relatant sommairement leur activité, plus fréquemment des appels à la générosité : nous disposons de quelques documents du Secours rouge international, des Quakers, du Service civil international, etc. Après la Seconde Guerre mondiale parurent, ici ou là, davantage dans les pays nordiques, des relations individuelles touchant à l'engagement de petits groupes en direction des hôpitaux ou des refuges hébergeant femmes et enfants évacués. Ces textes mentionnent parfois la Croix-Rouge (espagnole ou suisse), plus partiellement le CICR confondu avec l'Aide suisse. Le second concerne l'accès aux archives et leur consultation ouverte au public récemment. C'est le 19 juin 1993 que j'ai été autorisé à consulter les archives du CICR traitant de l'action et du rôle des délégués au cours de la guerre civile d'Espagne. Les documents (correspondance, comptes rendus des réunions de la Commission d'Espagne, télégrammes, communications téléphoniques, rapports personnels plus ou moins importants décrivant des missions ponctuelles) constituent un *corpus* imposant.

Les dossiers examinés ne sauraient être comparés à des actes administratifs ou à de secs procès-verbaux. Les délégués s'exprimaient librement sur tous les sujets. Collant à l'actualité et d'une valeur fort inégale, ils révèlent cependant des réactions subjectives, bien compréhensibles, et ne peuvent être valablement compris et interprétés que de leur confrontation avec d'autres sources. Alors que l'on attribuait aux délégués du CICR des pouvoirs exceptionnels, ces *missi dominici* ne nous semblent pas avoir été davantage informés que d'autres protagonistes de la guerre civile; encore moins par exemple que la presse écrite soumise à une rude censure. Parfois même, ils paraissent en retard sur l'événement ou bien utilisent des informateurs peu fiables. Décalage provenant d'une distanciation volontaire, mais aussi de l'inquiétude que leurs éventuelles prises de position ne soient défavorablement interprétées.

Sans doute, la confidentialité légitime la validité de leur fonction, la raison d'être de leur mission et la confiance qu'on pouvait leur accorder pendant les négociations. Touchant aux échanges individuels effectués —

à part ceux de personnalités connues — nous rencontrons la même discrétion et ne pouvons qu'espérer qu'un jour soient levées ces barrières. D'un consciencieux travail de bénédictin beaucoup d'informations importantes éclaireraient des pans entiers de l'Histoire contemporaine.

Des délégations importantes de dizaines d'employés — appointés et bénévoles — tournèrent leur activité principale en direction de l'Agence centrale des recherches. Nous avons mis le doigt sur l'importance de l'échange des messages-lettres dans les deux zones entre les familles séparées, mais aussi à l'usage des prisonniers de guerre et des détenus politiques ou otages. Des milliers de messages transitèrent par Genève, où un centre de tri était installé.

Au chapitre de l'étude historique proprement dite, il n'existe pas d'ouvrage exhaustif traitant de l'engagement du CICR dans les deux zones antagonistes. On trouve, il est vrai, quelque chapitre, thèse ou mémoire qui traitent partiellement de l'activité du CICR pendant cette période dans le cadre d'études plus spécifiques : le rôle des Croix-Rouges nationales, l'Agence des prisonniers ou bien l'histoire générale du CICR depuis sa création. Le lecteur intéressé consultera la bibliographie jointe. Des historiens, écrivains, mémorialistes, biographes innombrables ont scruté les trente mois sanglants balisant la voie aux épigones qui disséquèrent et analysèrent — dans un sens proche de leurs penchants idéologiques — les événements et les acteurs d'un conflit fratricide sanglant attisé par les puissances étrangères qui plaçaient leurs pions en prévision de l'affrontement majeur que sera la Seconde Guerre mondiale. Sans omettre les nombreux protagonistes de la guerre civile d'Espagne sous les feux de la rampe, en tout premier lieu, les hommes politiques — de tous bords — intervenant dans les gouvernements successifs. Postérieurement, les militaires décrivirent leurs combats, en détaillèrent la tactique et la stratégie. Les participants étrangers : Italiens, Allemands, mercenaires pour le camp nationaliste, volontaires et brigadistes de toutes nationalités pour les républicains, eux aussi, exposèrent ce que fut leur engagement, leurs convictions. Peu se penchèrent sur le sort de la population civile, sauf pour en utiliser la misère, les souffrances, au bénéfice de l'idéologie ou de la propagande. Silence et oubli recouvrent les organismes humanitaires et charitables, espagnols ou étrangers, pourtant bien présents.

Chapitre I
Les origines du CICR

> « Les délégués du Comité international doivent donc se dire que leur situation est en quelque sorte celle de missionnaires plutôt que celle de diplomates. »
> Max HUBER.

Récapitulons quelques dates et faits relatifs aux origines et aux actes constitutifs de l'institution[1]. Dans une famille protestante, à Genève, naît le 8 mai 1828 Henry Dunant. Après avoir adhéré à l'Église libre, à Paris, lors de l'Exposition universelle, il participe à la fondation de l'Alliance universelle des Unions chrétiennes de jeunes gens (YMCA). Afin de solutionner des problèmes administratifs touchant à ses intérêts en Algérie, Dunant cherche à joindre l'empereur Napoléon III, en Italie. Pendant de la bataille de Solférino, le 24 juin 1859, sur le champ de bataille il prend part aux premiers soins des blessés. Ému et révolté, il publiera, à compte d'auteur, *Un souvenir de Solférino,* dans lequel il dénonce les atrocités de la guerre et les souffrances endurées par les soldats blessés et malades ainsi que l'insuffisance des services sanitaires militaires. Réunissant quelques bonnes volontés, une première commission dénommée *Comité des Cinq,* constituée en février 1863, à Genève, autour d'Henry Dunant, comprend Gustave Moynier, le général G.-H. Dufour, les docteurs Louis Appia et Théodore Maunoir, membres de la Société genevoise d'utilité publique. Au printemps-été de cette année, au cours d'une tournée des capitales européennes, il invite les chefs de gouvernement à une Conférence sur l'organisation des secours aux militaires blessés, sous le parrainage d'un Comité international de secours. Quatorze gouvernements, dont celui d'Espagne, répondent à l'invitation. Conférence constitutive, des 16 au 29 octobre 1863, elle réunit à Genève trente-six délégués représentant quatorze pays. Les résolutions adoptées tracent à grands traits ce qui va devenir le cadre actif de l'action de la Croix-Rouge (des Croix-Rouges nationales devrait-on dire) et des recommandations aux gouvernements et aux belligérants futurs afin que ceux-ci assurent la protection des Comités de secours, reconnaissent la neutralité des ambulances et admettent enfin un signe distinctif pour les corps sanitaires engagés : le drapeau de la *croix rouge sur fond blanc* (à l'inverse du drapeau helvétique) fut choisi en hommage à la Suisse. Pour préserver sa neutralité, le comité directeur comprendra dix-huit membres, tous suisses. La mission que son *inventeur,* Henry Dunant, fixait à cet organisme — impartialité, indépendance politique, confessionnelle et économique — était « *de soulager les souffrances physiques de toutes les victimes de guerre »*, principalement les combattants. Une conférence diplomatique aboutit à la signature par douze pays de la première Convention de Genève pour l'amélioration du sort des militaires blessés et malades en campagne. La guerre austro-prussienne (1866), premier cas d'application de la Convention de Genève et d'action des Sociétés nationales, est détaillée au cours de la Ire Conférence des Sociétés de secours aux blessés militaires des armées de terre et de mer, à Paris.

En 1869, la IIe Conférence internationale, à Berlin, ébauche un *bureau de correspondance et de renseignements,* à l'origine de l'Agence centrale de recherches. Pendant la guerre franco-prussienne de 1870, création à Bâle, par le Comité international, de l'*Agence de renseignements et de secours* aux blessés et aux malades des deux armées belligérantes qui engage une action spécifique dans trois directions : centralisation des renseignements sur les prisonniers de guerre, publication des listes des blessés et recherche de prisonniers de guerre valides. Enfin, à l'instar des Sociétés nationales, le *Comité international* s'intitulera désormais *de la Croix-Rouge.*

La Première Conférence de la Paix (La Haye, en 1899) prohibe l'emploi de balles qui se déforment (projectiles vulgairement désignés *dum-dum*[2]). Quant à celle de Genève, en 1906, elle débat de l'amélioration du sort des blessés et des malades des armées en campagne. Suivie, l'année suivante, par la VIIIe Conférence internationale de Londres, sur le problème du statut des prisonniers de guerre. Elle avait exprimé le vœu que les Sociétés nationales « *se reconnaissent par la force des choses, obligées de porter secours aux prisonniers de guerre, conformément aux stipulations de la Convention de La Haye de 1899, internés sur leur propre territoire »;* mais on n'était pas allé au-delà dans la définition.

A l'initiative du président des États-Unis, la Seconde Conférence de la Paix se réunit à La Haye le 15 juin 1907. Signée par quarante-quatre pays, la Convention comprend plus particulièrement des clauses relatives au traitement des prisonniers de guerre et interdit toutes représailles sur les vaincus.

A la veille de la Grande Guerre — IXe Conférence de Washington — le rôle du CICR dans les conflits internes (guerres civiles) est évoqué sans que puisse se dégager un consensus. Cependant, une résolution institue un corps de *délégués neutres,* accrédités auprès des gouvernements. Pendant la première conflagration mondiale, le CICR dirige tous ses efforts en faveur des prisonniers, au travers de l'Agence internationale des prisonniers de guerre. Un Centre des recherches et des cas individuels est créé. Il faudra cependant attendre 1929, au cours d'une Conférence diplomatique, pour qu'une révision de la Convention de Genève protégeant les prisonniers instaure un *Code du prisonnier.*

Avec la décision prise en 1912, les Sociétés nationales se déchargèrent de cette responsabilité sur le CICR par une clause d'urgence, les hostilités déclarées entre l'Italie et la Turquie laissant présager une période

d'instabilité. Cette résolution instituait un corps de *délégués neutres,* tel que nous le verrons agir en Espagne au cours de la guerre civile :
   La IXe Conférence internationale de la Croix-Rouge, considérant les Sociétés de la Croix-Rouge comme naturellement appelées à assister les prisonniers de guerre, et s'inspirant du vœu émis en 1907 par la Conférence de Londres, exprime le vœu que ces Sociétés organisent, dès le temps de paix, une Commission spéciale, chargée en temps de guerre, de recueillir et de confier aux bons soins du Comité international de Genève, les secours qui seront remis pour les militaires en captivité. Le Comité international, par l'intermédiaire de délégués neutres, accrédités auprès des gouvernements intéressés, assurera la distribution des secours qui seront destinés à des prisonniers désignés individuellement, et répartira les autres dons entre les différents dépôts de prisonniers, en tenant compte des intentions des donateurs, des besoins des captifs, et des instructions des autorités militaires. Les frais occasionnés ainsi au Comité international seront supportés par les Sociétés de la Croix-Rouge intéressées. [...]³

Prise de position capitale qui permettra au CICR de jouer un rôle essentiel en faveur des prisonniers de guerre (civils ou militaires) au cours des nombreux conflits dont notre planète connaîtra les soubresauts au cours des décennies suivantes.

Les Sociétés nationales avaient acquis une telle importance que l'idée d'une association ou d'une confédération prit forme initialement dans les sociétés de France, Grande-Bretagne, Italie et États-Unis. Fondée, le 5 mai 1919, à Paris, à l'initiative d'Henry P. Davison, la Ligue des Sociétés de la Croix-Rouge (LSCR) choisit Paris pour siège. Le premier président en sera l'Américain Henry P. Davison.

Le 15 août 1921, lors de la Xe Conférence internationale, à Genève, est votée la 14e résolution après avoir rappelé que la Croix-Rouge « *qui est au-dessus de toutes compétitions politiques, sociales, de confessions, de races, de classes et de nations, affirme son droit et son devoir d'action secourable en cas de guerre civile, de troubles sociaux et révolutionnaires [...] reconnaît que toutes les victimes de la guerre civile ou des troubles susdits, sans aucune exception, ont droit à être secourus, conformément aux principes généraux de la Croix-Rouge.* » Cette résolution précise aussi : « *[...] l'état de guerre civile ne peut justifier la violation du droit des gens et que ce droit doit être sauvegardé à tout prix.* » Condamnant le système des otages politiques, elle insiste sur la non-responsabilité des familles dans les agissements politiques. Puis, déplorant les souffrances auxquelles sont exposés les prisonniers et les internés, elle estime « *que les détenus politiques en temps de guerre civile doivent être considérés et traités selon les principes qui ont inspiré les rédacteurs de la Convention de La Haye de 1907* »⁴. [Annexe 6a.]

La compétence du CICR, dans le cas de conflits ou de troubles intérieurs, n'est reconnue qu'au cours de cette Xe Conférence. Reconnaissance qui n'allait pas de soi, nécessitant une négociation subtile afin de ne pas provoquer un réflexe de souveraineté entraînant une susceptibilité nationale exacerbée. Une guerre civile accroît cette susceptibilité et toute présence ou intervention de tiers, quels qu'ils soient, provoque des réactions irrationnelles, davantage dans le cas d'une organisation telle que la Croix-Rouge (CICR ou Société étrangère). La difficulté principale était d'intervenir dans un sens humanitaire sans que cette démarche puisse apparaître comme une prise de position soit en faveur du pouvoir en place contesté, soit envers les insurgés (révoltés, rebelles), révolutionnaires ou légalistes. Aussi, dans une de ses conclusions, le CICR constatait que : « *Dans chaque pays où la guerre civile éclate, c'est la Société nationale de la Croix-Rouge de ce pays qui a, en premier lieu, le devoir de faire face, de la manière la plus complète, aux besoins de secours de ces victimes [...].* » A ce sujet, les membres de la commission estiment que cette conclusion pourrait être erronée du fait même que les membres de cette Société, eux aussi, partagés entre les diverses factions, cette Société se trouvait par le fait dans l'impossibilité d'assurer sa tâche avec l'impartialité et la sérénité nécessaires. Il fallait donc rendre possible une aide extérieure conduisant à la rédaction d'une troisième résolution : « *La Xe Conférence [...] confie au Comité international de la Croix-Rouge le mandat d'intervenir dans l'œuvre de secours en cas de guerre civile.* »

Avec la mise en place d'organismes internationaux une intense activité diplomatique agite le Comité. Au cours de la XIe Conférence (Genève, 28 août 1923), la fréquence des réunions, est-il décidé, sera plus rapprochée. Une Déclaration des droits de l'enfant, rédigée par Georges Werner, W.A. McKenzie et Étienne Clouzot (parrainée par l'Union internationale de secours aux enfants, UISE), est lue au poste émetteur de la tour Eiffel par Gustave Ador. Enfin, le 26 novembre 1924, solennellement, la Déclaration de Genève est adoptée par la Ve Assemblée de la Société des Nations présidée par Giuseppe Motta.

La XIIIe Conférence internationale (La Haye, octobre 1928) se consacre à l'adoption des statuts de la Croix-Rouge internationale; ceux-ci seront modifiés par les XVIIIe et XXIIIe Conférences. Depuis, la Conférence internationale se compose des délégations du Comité international de la Croix-Rouge, de la Fédération internationale des Sociétés de la Croix-Rouge et du Croissant Rouge, de celles de plus de cent soixante Sociétés de la Croix-Rouge ou du Croissant Rouge reconnues, et de plus de cent quatre-vingts États parties aux Conventions de Genève. Chacun des membres a le droit de vote et dispose d'une voix. La périodicité des réunions est en principe de quatre ans, à l'invitation d'une Société nationale, du CICR ou de la Fédération. Une proposition importante fut faite à La Haye par la Croix-Rouge allemande avançant la prohibition de l'aviation de bombardement : « *Par une telle interdiction on ne protégera pas seulement d'un grave danger la population pacifique, mais on retardera la déclaration de la guerre, parce qu'on aura écarté la plus dangereuse de toutes les armes d'attaque.* »

L'application des nouveaux statuts entraîne le Conseil des gouverneurs et le Conseil des délégués à siéger dans la même conférence (Bruxelles, XIVe Conférence). En conséquence, le 1er juin 1933, le CICR prend possession de son nouveau siège, dans l'ancienne demeure de Gustave Moynier. Il quitte des locaux occupés depuis la fin de la Première Guerre mondiale, promenade des Pins, pour s'installer rue de Lausanne, à Sécheron, en bordure du lac de Genève, comme on disait alors. Aujourd'hui, le siège se trouve tout au haut de l'avenue de la Paix, à quelque centaines de mètres à égale distance du Bureau international du travail et du complexe Palais des Nations (la Société des Nations), et comprend un ensemble de bâtiments modernes entourant l'ancien hôtel Carlton. Près de six cents personnes sont présentes au siège et plus de cinq mille sur les différents théâtres d'opérations extérieurs.

En 1934, la XVe Conférence de Tokyo se penche sur des dispositions autorisant le CICR « *à déployer en faveur des victimes civiles les mêmes activités que celles qu'il accomplira en faveur des prisonniers militaires* », à nouveau débattues, sans en préciser la définition. Cette Conférence aurait dû être confortée par une Conférence diplomatique avec les États qui auraient contresigné les décisions prises par les Croix-Rouges fortement réticentes. Mais, la Suisse, puissance invitante, avec l'agrément du Comité, renonça à l'organiser.

Quelques mots sur le sort du fondateur de la Croix-Rouge, Henry Dunant. En butte à la rumeur publique attisée par ses difficultés financières, puis la faillite de ses affaires, il donne sa démission de secrétaire du Comité, le 25 août 1867, et est exclu immédiatement du Comité international. En 1875, Dunant participe individuellement, à Londres, au Congrès pour l'abolition complète de la traite des Nègres et du commerce des esclaves. Depuis son exclusion du Comité international, Dunant, complètement marginalisé, trouve refuge à l'hôpital-hospice de Heiden, où il séjourne dans des conditions de grande pauvreté de 1887 à 1895, oublié de tous. Un jeune journaliste le retrouve et publie une série d'articles. La campagne internationale, orchestrée par quelques fidèles, aboutit, en 1901, à l'attribution du premier prix Nobel de la Paix[5] à Henry Dunant et à son vieil ami, Frédéric Passy. Le quatre-vingtième anniversaire de Dunant, en 1908, est célébré dans toutes les capitales européennes, et les témoignages qu'il reçoit sont un bien maigre réconfort à celui qui a connu un oubli aussi prolongé qu'immérité de ses pairs. Le 30 octobre 1910, Henry Dunant décède; de par sa volonté, sans aucune cérémonie, ses cendres furent dispersées à Zurich, dans *un lieu inconnu*.

Au cours de la seconde guerre carliste (1872-1876) eut lieu la première intervention du Comité international dans une guerre civile. Savoir quel serait le statut de deux Sociétés de secours aux blessés en campagne dans l'Espagne de 1870, encore meurtrie par la première guerre carliste, était capital. Certains estimaient que la présence de l'association ne pouvait s'appliquer qu'à des guerres internationales du fait que l'acte constitutif était international. Interrogé, le Comité international reconnut que son rôle dans les guerres civiles n'était pas clairement défini. Étaient davantage clarifiées les interventions du CICR en faveur des *blessés en campagne*. Par ce terme, ne spécifiant pas les *blessés militaires ou belligérants,* pouvaient être compris tous les blessés et bien sûr les civils. Mais il ne prit officiellement contact qu'avec la Société espagnole lui offrant ses services. Puis dans une correspondance personnelle au docteur Landa, président, Gustave Moynier sollicita son avis confidentiel sur une éventuelle démarche auprès du prétendant Don Carlos : « *[...] des ordres furent donnés aux généraux des deux partis de ne pas exécuter prisonniers et blessés.* » Dans l'examen qu'en fait Jacques Moreillon, une indication intéressante est donnée par la conclusion tirée par le Comité selon laquelle « *tout pouvoir qui présente, dans son organisation militaire, des garanties suffisantes d'ordre, a le droit d'être traité dans la guerre comme un État* »[6]. Prise de position véritablement prémonitoire, dans l'esprit sinon dans la lettre, elle fut appliquée dans le conflit interne qui, en 1936, opposera l'État légitime espagnol aux forces militaires insurrectionnelles!

De 1877 à 1912, marquant une préoccupation grandissante du CICR, dix-neuf conflits nécessitèrent une intervention, plus ou moins importante, en Amérique, Afrique du Sud et Chine. En Europe, ce fut le cas avec la Bosnie, l'Arménie et l'Espagne, en 1909. En Irlande, en avril 1916, des actions terroristes se poursuivent, non seulement au nord mais au sud de l'Ulster. Carl J. Burckhardt accomplit alors sa première mission pour le compte du CICR en faveur de prisonniers, hommes et femmes, demandant que leur soit octroyé le statut de prisonnier de guerre. Évidemment le gouvernement estimait que cela faisait partie de ses prérogatives propres. Rodolphe Haccius et Raymond Schlemmer, délégués, s'étonnant que les milliers de personnes incarcérées soient considérées comme des détenus de droit commun, le gouvernement répondit « *qu'ils étaient considérés comme rebelles par leur gouvernement, et les tribunaux qui les jugent de façon régulière les retiennent pour autant qu'ils sont passibles de peines pour délit de droit commun* ». Les délégués visitèrent les centres de détention. Des représentants irlandais voulurent intervenir au cours de la XIe Conférence internationale, attirant l'attention sur le sort des détenus. Le président, Gustave Ador, s'y refusa.

Après un labeur intense en faveur des prisonniers de guerre des deux camps au cours de la Première Guerre mondiale, les premières visites de délégués du CICR (ou de leurs représentants) à des détenus politiques se déroulèrent en Russie (1918) et en Hongrie[7] (1919). Quant aux missions en faveur des victimes de troubles intérieurs, elles eurent lieu lors de l'insurrection en Herzégovine et des secours apportés au Monténégro.

Le Soviet des commissaires du peuple confisque tous les biens de la Croix-Rouge nationale, dissoute et remplacée par un nouveau bureau. Des représentants de Croix-Rouges nordiques se chargèrent du courrier, du rapatriement des prisonniers blessés et de la visite des camps de prisonniers. Nommé à titre provisoire, Edouard Frick, demeurant en Russie, agit auprès du gouvernement soviétique afin que la Croix-Rouge russe, rétablie, poursuive ses activités. Parallèlement, après avoir constitué un *pool* des représentants des Croix-Rouges nationales qui résidaient sur le sol russe, le délégué dirigea son attention envers les détenus politiques (étrangers et russes). Frick fut le premier *« à porter assistance à des personnes incarcérées pour des motifs politiques dans leur propre pays »*[8]. Précédent qui permit la prise de conscience (l'émergence) d'une doctrine prenant en compte le droit et le devoir d'intervention en cas de conflits ou de troubles intérieurs, alors que ceux-ci ont été expressément constatés et proclamés au cours de la Xe Conférence.

Pour la plupart, éloignées du siège genevois, ces médiations étaient conduites par des équipes réduites à quelques individualités, dans un environnement hostile ou à tout le moins difficile. Sur ces délégués, des questions peuvent se poser : qui étaient-ils, comment avaient-ils été recrutés, quels étaient leur motivation, formation et milieu?

L'examen du *curriculum vitae* des premiers délégués conduit à préciser qu'ils étaient, pour une large part, membres de fait du CICR (ou de son environnement immédiat) ayant, pour nombre d'entre eux, assumé des fonctions diplomatiques ou administratives importantes. Par exemple, le vice-président du CICR, Édouard Odier, par ailleurs ambassadeur de Suisse auprès du gouvernement tsariste de Petrograd, désigne Édouard Frick, qui ayant déjà collaboré avec la Croix-Rouge russe, en connaissait les rouages. Les deux délégués qui lui succèdent, Martini et Boss, sont médecins, et se présentent dans les documents signés conjointement avec les autorités *bolchevistes,* comme des *représentants* (et non délégués) *de la Conférence internationale des Croix-Rouges*. Voldemar Wehrlin — par la suite délégué du CICR à Moscou jusqu'en 1938 — représentait l'UISE et le Comité Nansen; il est chargé de mener les négociations qui aboutissent à la reconnaissance officielle par le CICR, en octobre 1921, de la République fédérative des Soviets.

Tout au long des années 1920 et 1930, aussi bien en Europe qu'en Asie, les délégués présents offrent une aide humanitaire aux réfugiés souffrant de la disette, apportant leur réconfort aux internés ou simplement aux opposants des régimes politiques en place. Le problème posé par les prisonniers politiques évoqué dans notre description sommaire de l'action du Comité après la Première Guerre mondiale prend une acuité extrême. Ce sont les déportations, non seulement d'hommes, mais de femmes et d'enfants, dans les îles de Lipari, Trémini et Ponza par le gouvernement de Rome. Interpellé par de nombreuses organisations, le CICR dépêche à Rome son secrétaire, E. Clouzot. A la suite de cette visite, le président de la Croix-Rouge italienne, à titre personnel, obtient le droit de visiter et d'apporter si nécessaire des secours. Cependant, l'ampleur de cet événement et la perspective qu'il puisse s'étendre à d'autres pays, tels que l'Allemagne et l'Espagne, incitent le Comité, le 1er mai 1935, à mettre sur pied une Commission des détenus politiques dont la tâche serait d'étudier les possibilités d'intervention du CICR. Sans doute, dans un premier temps, est-il utile d'interroger la Société nationale. Lorsque la mainmise de l'État déborde largement le cadre juridique et légal et empiète sur l'humanitaire, s'adresser directement aux autorités est le dernier recours. Médiation constituant une ingérence dans les affaires intérieures de l'État. Le rapport Boissier, du nom du président de la commission, envisage les diverses formes de sollicitations pouvant entraîner une intervention. L'appel direct au CICR par la Société nationale ou les autorités nationales est simple et le plus naturel. Peut poser problème la demande non officielle qui implique une longue enquête compte tenu du contexte de la plainte : dans tous les cas, elle doit être retenue. Ou bien, les autorités officielles n'ont rien à cacher et elles autorisent l'enquête, ou bien existe valablement un motif de plainte et, dans ce cas, le Comité doit s'engager de tout le poids de sa renommée. Citons quelques termes de la conclusion :

> Le prestige du Comité n'est point compromis lorsque, ayant fait tout ce qu'il pouvait pour défendre une cause humanitaire, il essuie un échec. C'est l'inaction et la prudence exagérée qui nuisent à son autorité. [...] Ce qui importe, c'est le sort des détenus politiques. Aussi pour obtenir les informations et, s'il y a lieu, les possibilités d'apporter du secours, il ne faut négliger aucun moyen conforme à la dignité du CI et savoir user d'une bonne diplomatie. Il ne faut pas froisser les susceptibilités des autorités, ce qui risquerait d'aggraver la situation des détenus, *primum non nocere!* Mais il faut de la fermeté et se souvenir qu'une demande d'information peut, par elle-même déjà, servir d'avertissement à l'État détenteur et apporter peut-être quelque allégement aux peines des détenus. Si, en résumé, les cas d'intervention par initiative du Comité ne peuvent point être d'avance prévus et catalogués, il devra partout où il y aura guerre civile, révolution, coup d'État, dictature, partout où on fait des prisonniers politiques, se souvenir que ces derniers sont plus souvent malheureux que les prisonniers de guerre et méritent son attention et sa sollicitude[9].

La guerre civile d'Espagne — qui était aussi une révolution aggravée d'une intervention étrangère — va poser au Comité nombre de problèmes, non résolus pour la plupart lorsque la XVIe Conférence de Londres tentera d'apporter une solution ou d'établir un bilan.

En octobre 1935, l'Italie se lance à la conquête de l'Abyssinie (Éthiopie). Le Négus ayant fait appel à la Société des Nations (SDN), l'Italie quitte cette organisation. Au CICR, une Commission d'Éthiopie, sous la présidence de Patry, est mise sur pied; Marcel Junod en fait partie dès son retour de mission. L'engagement du CICR — exclusivement du côté abyssin, les Italiens n'autorisant pas sa présence dans leur camp — ne limitera pas l'utilisation de moyens et d'armes de destruction totale par l'armée mussolinienne, en dépit du protocole de Genève du 17 juin 1925 prohibant l'usage de gaz toxiques, asphyxiants ou bactériologiques. Le 18 mars 1936 Junod observe, pour la première fois, les effets des produits toxiques (gaz vésicant ou moutarde) sur la population et les soldats atteints de graves lésions. Et le CICR recevait, le 8 août, une protestation de la part de la Croix-Rouge éthiopienne.

Entre-temps, le *Comité des Treize* de la SDN, présidé par Salvador de Madariaga, étant saisi d'une plainte du gouvernement éthiopien, sollicite du CICR les preuves en sa possession, en particulier le rapport Junod. Le CICR justifie son refus par le fait qu'il ne peut s'en dessaisir alors qu'il est mis en contact à ce sujet avec les belligérants. Par suite de l'accélération des combats, Addis-Abeba occupé, le Négus prit le chemin de l'exil avant que les négociations se soient déroulées. Le rôle premier du Comité international avait été d'assister la Croix-Rouge abyssine naissante et d'assumer, difficilement, la coordination de l'aide et des secours étrangers. La tentative de moralisation (humanisation) de la guerre (si une tentative explicite avait réellement guidé l'action du CICR) échoua. Et le maréchal Badoglio, en mai 1936, après avoir salué la victoire des armes italiennes, pouvait déclarer que « *la Croix-Rouge aurait mieux fait de ne pas se mêler de tout cela* »[10].

D'héritage philanthropique, libéral et protestant, le CICR est une association de droit privé suisse. Ses membres sont suisses, et son financement aussi en grande partie. Socialement et culturellement homogène avec domination genevoise à l'origine, c'est grâce à Gustave Moynier qu'il fut laïcisé. Votés lors de la séance du 10 mars 1921, les statuts [Annexe 5a] fixent à vingt-cinq membres le nombre maximum de personnes pouvant siéger ensemble (Art. 5) au Comité. Cette disposition est restée inchangée. A partir de 1933, le Comité siège dans la Villa Moynier. C'est un bâtiment austère relativement spacieux, du moins dans un premier temps quand les tâches administratives sont encore rudimentaires. S'y rassemblent pour les séances ses membres (dont trois honoraires), tous recrutés par cooptation. Est *président* Max Huber, docteur en droit, ancien président de la Cour permanente de justice internationale, président du CICR de 1928 à 1945, il contribua principalement à l'élaboration de la doctrine et des principes de l'institution ainsi qu'à l'œuvre juridique du CICR. Sous sa présidence, l'institution connut une intense activité diplomatique. Le *trésorier du Comité* est Rodolphe de Haller, banquier. Étienne Clouzot, *chef du secrétariat,* est le seul Français, par dérogation au principe touchant à la nationalité suisse des membres du Comité.

La composition du Comité [Annexe 4a] révèle la présence de groupes familiaux qui font carrière au sein du CICR. C'est une catégorie socialement et culturellement homogène. Tout au moins jusqu'à la guerre d'Espagne, le recrutement des membres du Comité et des délégués est essentiellement le produit d'une cooptation familiale ou de milieu. Ces hommes se connaissaient, étaient issus du même monde où voisinaient les cercles bancaires, diplomatiques ou de professions libérales. Beaucoup adhéraient à des sociétés ou à des organismes caritatifs ayant leur siège à Genève. Dans un premier temps, ils étaient représentatifs de la haute bourgeoisie genevoise. La base du recrutement, après la Première Guerre mondiale, s'est peu à peu élargie à toute la Suisse, évoluant vers un équilibre et une représentation proportionnée quant à l'origine des membres. La majorité de ceux-ci provenait de la Suisse romande alors que le président, Max Huber, était d'origine zurichoise. D'inspiration libérale, la structure sociologique du Comité était proche du Parti démocratique. Après la Seconde Guerre mondiale, des adeptes — en petit nombre — de la social-démocratie furent cooptés. Des passerelles existaient avec la fonction politique et administrative. Exemple, Giuseppe Motta, siégeant en même temps au gouvernement et au CICR, il favorisa l'action humanitaire au niveau politique et présida la Confédération suisse en 1915, 1920, 1927, 1932 et 1937. Sur les 114 membres qu'a comptés le CICR, 90 % sont des universitaires; les professions libérales prédominent[11]. La plupart, de confession protestante, ce n'est qu'à partir de 1923, avec Giuseppe Motta, qu'un catholique fera partie du Comité (où on ne trouve aucun juif). Cornelio Sommaruga, le président actuel du CICR, est catholique.

Le CICR s'appuyait sur un secrétariat permanent restreint conduisant et assurant la continuité d'une action concrète dont l'élément moteur était son secrétaire général, Étienne Clouzot. Les difficultés de fonctionnement tiennent aux personnes et aux structures : *« Entre ces deux parts de l'institution ces deux moments de l'action, entre l'autorité et le pouvoir, la collaboration n'est pas facile... »*[12] Des projets de réorganisation sont proposés, entravés par les difficultés économiques traversées périodiquement par le Comité. Le budget de 1933 de 150.000 FS ne permettait qu'un secrétariat d'une dizaine de personnes. Les recettes étaient constituées des contributions des Croix-Rouges locales, de la Fondation créée depuis peu et des revenus propres du Comité.

Les tâches et les missions vont nécessiter un nombre significatif de délégués. Le mode de recrutement va-t-il changer? Il n'en est rien. Le premier fut Marcel Junod; né à Neuchâtel, le 15 mai 1904 (†16.6.1961), sa famille comptait de nombreux pasteurs et de missionnaires protestants. Docteur en médecine en 1929, il se spécialise en chirurgie et en anesthésie au cours de stages à Genève, Londres et Paris. Qu'écrit-il dans un ouvrage autobiographique paru en 1947? Il est approché, le 15 octobre 1935, à Mulhouse, alors qu'il effectue sa dernière année d'internat au service chirurgical de l'hôpital. Par un ami, dit-il, qui *« m'avait aidé, lorsque j'avais dix-huit ans [en 1922], à diriger le Mouvement de secours aux enfants russes. Je sais que depuis l'autre guerre il apporte son concours avec un inlassable dévouement au Comité international de la Croix-Rouge. Il s'agit d'une mission que nous voulons vous proposer. Quelle mission? dis-je, un peu surpris. Accompagner le délégué qui va partir pour l'Éthiopie. »*[13]

En quelques mots tout, ou presque tout, est dit. Le contact, la mission, la destination, le nom du délégué qu'il doit accompagner : Sidney Brown. Tout, sauf le nom de l'intermédiaire, du recruteur.

Que conte, à son tour, Raymond Courvoisier[14], un autre délégué : *« J'avais repris le chemin de la vie militaire depuis plusieurs mois lorsque, un matin, mon colonel me fit convoquer. C'était au début du mois de décembre 1936. Nous venons d'être contactés par le CICR, me dit l'officier. Le Comité international recherche des délégués pour l'étranger. Je vous ai désigné. J'ai pensé qu'il vous serait utile de faire cette expérience. Vous n'ignorez pas ce qui se passe en Espagne ? Vous pourriez y être envoyé. Bien entendu, si vous partiez, cette mission compterait dans votre carrière... »* La démarche du recruteur est ici différente. C'est l'institution, le CICR, qui en sollicite une autre, l'armée suisse. La cooptation se transforme en désignation, suivant la bonne vieille méthode militaire du *volontaire désigné d'office*.

Dans la période *préhistorique* de la fonction de délégué, ce sont les relations ou la cooptation qui interviennent. C'est évident pour Junod qui reçoit un accueil chaleureux au siège où il se documente dans la grande bibliothèque de la Villa Moynier. Cependant, Brown, son mentor pour l'expédition d'Abyssinie, lui déconseille une lecture trop approfondie des textes de la Convention de Genève : *« [...] Les livres, c'est bien beau, mais quand vous êtes seul sur le terrain, à des milliers de kilomètres de Genève, c'est sur votre imagination qu'il faut vous appuyer. Il y a les textes Croix-Rouge, mais il y a surtout... un esprit. »* Et lorsqu'il rencontre le président, Max Huber, celui-ci souligne : *« Vous serez nos représentants. Cela veut dire que vous nous signalerez les besoins de la Croix-Rouge abyssine [...] Vous aurez à coordonner tout cela. Mais souvenez-vous que vous n'êtes ni des enquêteurs ni des juges et que votre ligne de conduite doit être dictée avant tout par ce principe : soulager le sort des victimes de la guerre. »*[15] Enfin revient la recommandation, répétée, incessante, obsédante : prudence et objectivité en toute occasion.

Troisième démarche, la décision de ne désigner (sauf cas particuliers) que des délégués célibataires, officiers du service de santé militaire[16].

La préférence linguistique limite le recrutement à des francophones. Sans tarder, le secteur médical hospitalier est exploré. Sont dans ce cas les premiers impétrants : Henny, pédiatre, premier lieutenant à la compagnie sanitaire de montagne III/11, dont une demande de dispense de période militaire est adressée au Service de santé de l'armée suisse; Broccard, généraliste et Barbey, chirurgien. Tous trois internes à l'hôpital cantonal de Genève, âgés d'une trentaine d'années, et célibataires, la demande fut faite auprès du professeur Decker de l'hôpital cantonal de Genève, dont le chef de service était le professeur Jentzer. La durée de la mission est d'un mois par *tacite reconduction*. Étaient recherchés des délégués *temporaires* non des permanents.

Les archives ne comportent que de vagues mentions ou d'exemples de candidat refusé ou écarté; ce qui se comprend dans un processus primitif de recherche relativement restreint. De même, pas de trace de sélection sur un critère linguistique (l'espagnol, le basque ou le catalan auraient été utiles). Ces candidats s'exprimaient correctement en allemand ou en anglais, utilisés au sein du CICR. D'autre part, la Commission d'Espagne (CE) accordant son *satisfecit* lors de l'engagement des délégués ne précise pas quel fut le choix, sinon pour exprimer son accord; peu d'indications sur le mode de sélection sinon pour observer que les candidats avaient un *parrain*. Enfin, en dépit de l'affirmation de Courvoisier, on ne semble pas se bousculer au bureau de recrutement quand, au début de 1937, se pose le problème du remplacement de Broccard, Henny et Barbey.

Courvoisier donne un point de vue différent. Une vingtaine de candidats, médecins, juristes ou fonctionnaires, se seraient présentés à une séance préparatoire de formation intensive au cours de laquelle les stagiaires reçurent des rudiments juridiques, sanitaires, administratifs, diplomatiques, militaires et psychologiques sommaires. Si celle prodiguée à Junod avait été fort succincte, elle sera de dix jours environ pour Raymond Courvoisier. L'animateur principal était Marcel Junod qui leur dévoile la philosophie profonde qui doit guider leur action : « *Le délégué du CICR travaillera dans un désintéressement absolu. Il restera résolu à ne jamais servir, même indirectement, les intérêts des uns au détriment des autres. [...] Un délégué doit se limiter à constater, puis à agir, dès qu'il le peut, le mieux qu'il peut; il n'a pas d'autre mission que de prévenir et alléger les souffrances des victimes de la guerre, militaires, civiles. [...]* » Puis : « *L'avenir est sombre pour l'Europe. L'Allemagne et l'Italie cachent de moins en moins leurs ambitions agressives. En Espagne, la guerre civile fait rage depuis le printemps dernier. J'en reviens. Ce qui se passe dans la péninsule Ibérique laisse imaginer le pire pour ce pays.* »[17] A tonalité prophétique, ils doivent être replacés dans le contexte d'un récit publié sept ans après les événements.

Chapitre II
L'Espagne et sa Croix-Rouge

Dans les années 1920, l'Espagne monarchique comptait une population inférieure à vingt millions d'habitants, les deux villes principales en ayant chacune plus d'un demi-million. Avec une forte démographie, accrue par le retour d'exilés et une activité économique soutenue pendant la Première Guerre mondiale, elle s'était tenue en marge du conflit. Sur le plan économique et social, le pouvoir éprouvait des difficultés croissantes, conséquence d'une crise politique et institutionnelle aggravée par les échecs de son aventure coloniale au Maroc.

Lassitude ou fuite en avant, un premier coup d'État *mou,* ayant pour auteur le général Primo de Rivera, a lieu en septembre 1923. Alphonse XIII, afin d'éviter « *toute effusion de sang* », concède le pouvoir aux putschistes et leur remet officiellement. Dictature — ou Directoire militaire — elle a pour tâche de mener à bien la conquête du Rif, avec l'aide des troupes françaises, dont le chef est le maréchal Pétain. Ce peu glorieux mais coûteux succès militaire n'améliore pas les conditions économiques et sociales désastreuses subies par le peuple espagnol, surtout la paysannerie. Le secteur agricole pauvre d'Andalousie, où règnent sans partage les *latifundios*, très grandes propriétés peu mises en valeur, est morcelé dans l'ouest et le nord, provoquant un exode accru des paysans vers les villes. Organisées en syndicats et en partis politiques puissants, les masses ouvrières et rurales, soutenues par une Gauche républicaine constituée principalement de membres de la petite et moyenne bourgeoisie, ont des alliés ponctuels au sein des mouvements séparatistes catalan et basque. Grèves, coups de main sporadiques et manifestations sanglantes se poursuivent, mis en échec par la rude répression des forces de l'ordre (garde civile et armée). Paradoxalement, cette période troublée connaît une accélération de la pénétration du grand capital étranger dans l'économie : création de la Telefonica nacional, prises de contrôle dans les mines, l'électricité, la construction navale, la métallurgie, la banque, l'immobilier, etc. L'immeuble du siège de la Telefonica, construit en 1929 sur la Gran Via de Madrid par Ignacio de Cárdenas et Louis S. Wecks, fut le premier gratte-ciel européen. L'électricité est présente dans les bourgs dès 1900. Commence une forte activité créatrice sur le plan de l'innovation industrielle. Les principales banques doublent leurs bénéfices entre 1920 et 1930, le nombre de leurs succursales quintuple. Les mines de Rio Tinto, vendues à des groupes financiers anglais, font partie de cette politique dont le but avoué est d'aligner l'Espagne sur le développement d'un capitalisme moderne allié aux grands groupes internationaux. Pour équilibrer cette emprise, dans une timide tentative de nationalisation, le gouvernement tente de mettre sur pied des monopoles étatiques pour contrôler, par exemple, la distribution des carburants et le tourisme par la création des *paradores*. Un plan de grands travaux est projeté. En revanche, l'exploitation féodale d'immenses propriétés agricoles entre les mains de quelques familles aristocratiques ou de groupes financiers aggrave le chômage parmi les journaliers et la petite paysannerie. La distribution de la terre et sa mise à la disposition de ceux qui la travaillent deviennent le moteur des mouvements revendicatifs des ouvriers agricoles, surtout en Andalousie.

Dans un pays relativement traditionaliste cette politique mécontente à peu près tout le monde. D'autant que les investissements s'accompagnent d'une corruption larvée dans les sphères du pouvoir. Pour sortir d'une situation confuse, le roi se sépare du général Primo de Rivera, le 28 janvier 1930, et cherche des appuis dans tous les milieux.

Une importante et significative victoire revient aux listes républicaines lors des élections municipales du 12 avril 1931. Contraint d'abandonner son trône, le roi s'exile le 14, déclarant depuis Carthagène : « *Les élections célébrées ce dimanche me révèlent que je n'ai plus l'amour de mon peuple. [...] Je ne renonce à aucun de mes droits.* » Alphonse XIII n'abdique pas, mais est contraint de quitter l'Espagne[1]. La crise de 1929 avait précipité la chute de la royauté. L'Espagne accomplit ce que n'avaient pas réalisé de nombreux pays occidentaux tels la France, la Russie, l'Angleterre, une révolution pacifique. La République proclamée, un gouvernement provisoire constitué décide d'appeler à des élections générales le 28 juin de cette même année. Observons que cette victoire enclenche un processus par lequel l'Espagne débouchera cinq ans plus tard, inexorablement, sur une guerre civile. Les problèmes essentiels : la distribution des terres agricoles, la reconnaissance du fait nationaliste (basque et catalan en particulier), la démocratisation de l'armée, le rôle de l'Église dans la Société et son poids dans l'éducation, sont abordés principalement par les intellectuels républicains, vainqueurs de ces élections, au travers du prisme de l'éducation et de la culture populaires. Cela passait par la laïcisation de l'État et tout principalement de l'École. A dessein, nous utilisons la majuscule pour l'École (institution) parallèlement à celle donnée à l'Église, à cette époque directeur spirituel et culturel de l'Enseignement, pour souligner l'importance que les nouveaux constituants de la Seconde République accordaient au vecteur culturel qu'était le système éducatif. Pour eux, la problématique espagnole de ce début du XXe siècle était *consubstantiellement* culturelle et politique. L'exemple le plus saisissant semble en être la mise en chantier de la Cité universitaire de Madrid, dessinée sur le modèle des *campus* américains par l'architecte López Otero.

Les élections générales du 28 juin 1931, avec la participation d'environ 70 % des inscrits, portent au pouvoir une majorité de gauche. Par suite du système électoral, la victoire bascule nettement en faveur des républicains de gauche et des socialistes[2]. Réunies, les Cortes (Parlement) élisent Julián Besteiro comme président. Une commission, dirigée par Jiménez de Asúa, prépare un projet de Constitution. Est choisi le modèle de la république de Weimar. Entre autres innovations : Chambre des députés unique, le président de la République disposant de pouvoirs étendus; suffrage universel étendu aux femmes et aux soldats; liberté de l'information; renoncement à la guerre (sauf cas de force majeure); séparation de l'Église et de l'État entraînant la reconnaissance du droit au divorce; dissolution de l'Ordre des Jésuites et nationalisation de leurs biens et fermeture des écoles congréganistes; une loi libérale sur la propriété agraire (le droit de celui qui travaille la terre). Enfin, à l'image du modèle allemand, d'inspiration libérale, elle est sociale et unitaire, laissant aux régions le droit d'évoluer vers l'autonomie reconnue aux communautés culturelles telles que Catalogne et Pays basque. L'article premier définit une *République démocratique des travailleurs de toute classe*. Cette Constitution établissant la séparation de l'Église et de l'État ne fut pas votée par les représentants du Pays basque. Le droit au vote des femmes fut adopté, en dépit d'une forte opposition dans les rangs de la gauche.

L'équivalent d'une société de la Croix-Rouge existait en Espagne depuis le 2 mai 1808, date du soulèvement contre les Français à Madrid, sous le nom de *Société de la Sainte-Croix et du 2 mai*. Cette association, d'origine confessionnelle, adhère ultérieurement aux principes de charité universelle de la Croix-Rouge et apporte son aide à la Société espagnole de secours aux blessés en campagne, dont les sections nouvelles s'étaient créées à travers tout le pays dès 1870, grâce à la très grande activité de son inspecteur général, le docteur Landa (médecin commandant du corps de Santé militaire). Avec le comte de Ripalda, ils mirent sur pied l'institution la même année, sous la dénomination provisoire de Comité national de secours aux militaires blessés. Ces deux précurseurs avaient été présents à Genève lors de la réunion fondatrice de 1863. Modifiant ses statuts en 1872, le premier président de la Croix-Rouge en fut l'Infant Sebastián Gabriel de Borbón y Braganza, Grand Prieur de l'Ordre de Saint-Jean-de-Jérusalem.

La Croix-Rouge espagnole (CRE) vécut sans éclat jusqu'aux premières réformes de 1889. Avec la désignation à sa tête, en 1891, du général Primo de Rivera, sa réorganisation passe par la création de nombreuses commissions provinciales. Après l'assemblée générale, en mai 1893, le général Polavieja y del Castillo est désigné par la Couronne comme premier Commissaire royal de la Croix-Rouge. Sous sa présidence, s'accroît le nombre des membres et des commissions.

Lors de la guerre de Cuba avec les États-Unis, la CRE conduit une action importante à des milliers de kilomètres du territoire national. Les troupes espagnoles affrontent des mouvements insurrectionnels provoquant l'exode de centaines de milliers de *reconcentrados*[3]. Le gouvernement des

États-Unis suit avec attention la situation dans la grande île proche de ses côtes, sa sympathie allant aux insurgés. Le 15 février, le croiseur américain *Maine* se trouve dans le port de La Havane lorsqu'il explose accidentellement (torpillé par les Espagnols pour d'autres). Quelques jours plus tard, les États-Unis exigent le départ des troupes espagnoles à Cuba et dans les Philippines, et déclenchent les hostilités sur terre et sur mer. La première, la Croix-Rouge américaine, utilisant les possibilités offertes par la mise en vigueur des articles additionnels à la Convention de Genève, met en service un navire-hôpital, le *Moynier*. Pour sa part, la CRE souhaitait en faire de même[4]. Si la Croix-Rouge est paralysée et quasi inexistante au cours de ces deux guerres coloniales, contrairement à celle des États-Unis, elle apporte une main secourable aux survivants rapatriés. Le Traité de Paris (10.12.1898) met fin aux hostilités; la CRE sollicite alors le Comité international en faveur de plusieurs milliers d'Espagnols captifs des Philippins. Reconnaissant qu'au plan humanitaire *« la situation des prisonniers était digne d'intérêt, nous n'estimons pas que cet acte de philanthropie entre dans le programme des rapports internationaux de la Croix-Rouge »*. Gustave Moynier ajoute qu'il n'existe pas encore de *« traité international protégeant les prisonniers de guerre »*.

Par suite du décès du général Polavieja, c'est l'Infant d'Espagne dont la présidence se déroule pour partie pendant la Première Guerre mondiale. Au cours de cette période, l'institution fonctionne toujours sous l'autorité de commissaires royaux successifs[5]. Eladio Mille y Suárez dirige l'aide de l'Espagne aux pays belligérants. Il va rester à son poste (malgré une démission formelle intervenue fin 1918) jusqu'en 1923 lorsqu'il sera remplacé par José de Hoyos y Vinent, marquis de Hoyos, vicomte de Mauzarena, Juan P. Criado y Domínguez devenant secrétaire général. A partir de cette période, les contacts avec le CICR — distendus par manque d'activité ou de nonchalance administrative — deviennent plus fréquents. Le nouveau président espagnol noue des relations amicales avec Gustave Ador, alors président du CICR. Mais les turbulences politiques secouent une monarchie déclinante; elles se répercutent sur la Croix-Rouge, dont les organes directeurs sont essentiellement dirigés par des membres de l'aristocratie.

La tutelle des commissaires royaux disparaît à l'avènement de la IIe République. La Croix-Rouge ne peut évidemment pas rester à l'écart des transformations qui se profilent. L'Assemblée générale, présidée par le marquis de Miraflores, offre sa démission au nouveau chef de l'État, le président Niceto Alcalá-Zamora y Torres, qui conduira le gouvernement provisoire. En décembre 1931, ce dernier est élu président de la IIe République espagnole. Le ministère de l'Intérieur, le 20 avril 1931, fait dépendre la Croix-Rouge de la direction générale de la Santé au ministère de l'Intérieur et non de la Guerre. D'un commun accord, il est décidé de faire assumer l'intérim par le directeur général de la Santé, le docteur Marcelino Pascua Martínez, délégué du ministère de l'Intérieur, et par Sadi de Buen y Lozano, inspecteur général des institutions sanitaires, délégué-adjoint[6]. N'ayant pas très bien suivi les événements, le siège, à Genève, avait préparé des lettres, non postées, félicitant les marquis de Miraflores et de Hoyos de leurs nominations !

Progressivement des contacts se nouent entre les deux capitales, soit par la venue en Suisse de membres de l'Assemblée générale, soit pour solliciter des avis comme l'utilisation au Maroc du symbole du Croissant-Rouge à côté de celui de la Croix-Rouge. Toujours en 1931, Sidney Brown, précédé d'une lettre de recommandation à la légation suisse, se rend à Madrid. Il ne peut que constater la santé de l'institution qui, en 1931, a recruté 526 *dames* et 1.071 *messieurs*.

Le ministre de l'Intérieur, Miguel Maura y Gamazo, adresse une ordonnance au directeur général de la Santé, Marcelino Pascua, réorganisant la Croix-Rouge. Consécutive au décret de la présidence du gouvernement provisoire de la République daté du 20 avril, elle constitue un Comité central de la Croix-Rouge espagnole[7]. Qui assumera toutes les fonctions et attributions de l'Assemblée plénière dissoute, en particulier avec les assemblées régionales et locales et son personnel *jusqu'à ce que soit approuvée la réorganisation définitive des services*. Le Comité révisera les statuts de la Croix-Rouge et proposera, *dans un délai de quatre mois,* les réformes des règlements, conventions et contrats indispensables au fonctionnement des services, dans le sens d'une laïcité étendue. Dans les hôpitaux et dispensaires, des problèmes surgissent autour de la présence de symboles : crucifix, étendards, ornements religieux ou bannières profanes. Pascua prône la neutralité : pas de symboles monarchiques ou républicains dans les lieux publics que sont les hôpitaux. Les autorités républicaines souhaitent que l'hôpital devienne neutre et laïque, alors que traditionalistes et laïques s'opposent avec leurs propres emblèmes. Une campagne de récriminations et de protestations s'organise, et des coupures de presse sont envoyées à Genève, sommant le CICR d'intervenir au nom de la tradition et des coutumes.

Pour sa part, le gouvernement n'a pas résolu les problèmes socio-économiques. En dépit d'un effort constitutionnel important ainsi que la mise en chantier d'un système scolaire moderne, laïque et unifié — thèmes avancés par le ministère de l'Instruction publique — les problèmes sociaux, en particulier le chômage, perdurent, aggravés par les luttes de pouvoir et par la tentative, par un important secteur conservateur politique, d'entraver la démocratisation de la Société. De nouvelles élections, en 1933, modifient la constitution des Cortes. Les troubles cependant continuent. Échappant aux activités traditionnelles, la Croix-Rouge se penche sur les séquelles du chômage. Elle installe, ou participe à l'installation, de colonies enfantines à Cádiz, Jaén, Sevilla, Córdoba, etc., prototypes de celles qui nécessitèrent l'intervention des délégués du CICR dans les premiers mois de la guerre civile. Au travers de ses sections locales, la Croix-Rouge se trouve naturellement présente lors des diverses confrontations entre paysans ou ouvriers et forces de l'ordre, par exemple à Casas Viejas où elle établit des postes sanitaires. Des cantines fonctionnent pendant plusieurs mois pour aider les familles en deuil. Pour combler un retard structurel important, à partir de 1931, un vaste programme immobilier d'achat ou de réhabilitation d'édifices hospitaliers est mis sur pied. Cet effort s'inscrit dans un grand plan général de la santé mis en œuvre par le gouvernement. Premièrement la prévention, par des campagnes de vaccination, pour éradiquer la malaria et le trachome infestant certaines régions de l'Ouest; puis la création d'hôpitaux et de maternités ainsi que l'accroissement du nombre de lits offerts. Pour soigner les tuberculeux, on met en chantier un sanatorium par province et le nombre de maternités est notablement augmenté. Afin d'assurer le fonctionnement de ces unités de soins, y compris des dispensaires, un effort important est conduit dans la formation des médecins et un corps intermédiaire d'aides-soignants, dénommés *practicantes*. Enfin, le ministre de la Guerre, Manuel Azaña y Díaz, prend des dispositions touchant à la standardisation du matériel sanitaire du Service médical de santé[8].

Le 27 janvier 1933, le président de la République nomme président de la Croix-Rouge le lieutenant-général Ricardo Burguete y Lana[9], officier de carrière, membre de cette institution depuis 1897. Ce militaire, à la longue carrière coloniale, avait publié des ouvrages sur ses séjours à Cuba et aux Philippines touchant à *la psychologie et la philosophie de la guerre*[10]. Puis il avait assumé de hautes charges publiques telles que haut-commissaire du Maroc et directeur général de la Guardia civil. En 1917, il commandait les forces de l'ordre qui réprimèrent durement les grèves des mineurs asturiens[11]. Alors président du Conseil suprême de l'armée, en mars 1931, il siégea au conseil de guerre devant lequel comparurent les hommes politiques qui, peu après, constituèrent le gouvernement provisoire de la République! Néanmoins, en 1932, Burguete avait sollicité sans succès, auprès du ministre de la Guerre Azaña, la présidence de la Croix-Rouge. Sa désignation va provoquer des mouvements d'hostilité divers, surtout de la part des organisations de gauche. Pour autant, prenant à cœur sa tâche, il complète la rénovation engagée, procédant à l'implantation de points sanitaires (*casas de socorro*, maisons de secours) auxquels on adjoint un corps de motocyclistes (*vigilantes de caminos*, surveillants de chemins).

Était-ce en reconnaissance du rôle et de l'activité de la Croix-Rouge espagnole au plan international? Toujours est-il que le VIIe Congrès international de médecine et de pharmacie militaires se déroule à Madrid, du 29 mai au 5 juin 1933. La séance inaugurale, comprenant environ trente délégations, a lieu au Théâtre de la Comédie, en présence du président de la République, Alcalá-Zamora, du président du Conseil et ministre de la Guerre, Azaña, du ministre de la Marine, José Giral, et du général González Granda, médecin-chef de l'armée espagnole. Azaña apporte des remarques acidulées sur cette manifestation, s'étonnant que la Croix-Rouge dispose d'une fanfare et défile militairement![12]

Les difficultés politiques et économiques entraînent, lors de la réunion des Cortes, le 1er octobre 1934, la démission du gouvernement de Gil Robles. En dépit de l'opposition des partis de gauche et des syndicats, le président de la République autorise la constitution d'un gouvernement comprenant, là encore, des membres de la Confédération espagnole des droites autonomes (CEDA). Une grève générale insurrectionnelle, du 5 au 19 octobre, éclate simultanément dans trois régions : la capitale, en Catalogne et la zone cantabrique (la région minière des Asturies). A Madrid, l'UGT (Union générale des travailleurs) et les communistes tentent de prendre le pouvoir dans la rue. Lluis Companys, en Catalogne, proclame l'indépendance de la province. Ces tentatives échouent. Dans les Asturies, le mouvement prend de l'ampleur. Des combats se déroulent entre des ouvriers pauvrement armés et des unités de l'armée, principalement du *Tercio*[13], rameutées du Maroc par le général Franco, alors chef d'état-major de l'armée, plus jeune général d'Europe en 1926.

Épisode sanglant, connu sous le nom de Révolution d'Octobre des Asturies — où les combats furent les plus acharnés et où il y eut près de 3.000 morts et 7.000 blessés — il fut la traduction politique des luttes de pouvoir dont l'aboutissement sera le putsch de Franco[14]. La Croix-Rouge intervient par l'installation de deux hôpitaux de campagne. Tout cela, bien sûr, du côté des forces de l'ordre, les ouvriers révoltés organisant (dans quelle mesure et avec quels moyens?) leurs propres services médicaux. On observera une démarche identique de la part des milices ouvrières au début de la guerre civile, l'intervenant étant le *Socorro Rojo* (Secours rouge). Peu de travaux historiques ont éclairé ces événements au cours desquels des ouvriers et intellectuels de gauche furent emprisonnés et maltraités par les forces de l'ordre. C'est seulement le 16 novembre que le CICR interroge le Comité central de la CRE sur *les événements d'Oviedo* (Asturies). Que s'est-il passé? Est-elle intervenue, comment? Sollicitant un mémoire pour le *Bulletin de la Croix-Rouge,* Madrid envoie des publications[15] dont la *Revue internationale* donne un résumé.

Était-on inquiets à Genève? Insatisfaits de la réponse de la CRE? Quoi qu'il en soit la Commission des missions (ou bien la Commission sur les détenus politiques) se réunit et fait le point. Une question brûlante surgit, cruciale et d'actualité : la Société nationale de la CRE a-t-elle *visité* les lieux de détention des prisonniers? Les autorités n'ont pas établi de camps de détention pour les prisonniers, « *ils sont traités avec courtoisie et considération* », assure la CRE. Rassuré, Genève acquiesce. Pourtant, la situation faite aux mineurs asturiens, alors que les combats ont cessé, était loin d'être de *considération* et de *courtoisie*. Le 19 octobre, la rébellion est écrasée. Les chiffres officiels des pertes étaient de 1.335 morts, 2.951 blessés, des centaines de fusillés, des milliers d'hommes arrêtés. Les forces de l'ordre et les patrouilles militaires se comportèrent avec une brutalité inouïe. Les protestations, aussi bien nationales qu'internationales, entraînèrent la création d'une commission d'enquête et l'arrestation, puis la destitution du commandant de la Garde civile, Lisardo Doval Bravo.

Revenons quelque peu sur les années évoquées : 1933 et 1934. Si l'Espagne subit les bouleversements politiques et les conflits sociaux provoqués par une inadaptation à résoudre les problèmes de la modernisation des structures et tenter de solutionner le fléau qu'était le chômage endémique, l'Allemagne assiste à l'arrivée au pouvoir de Hitler et à l'apparition de thèses raciales érigées en dogmes. L'Allemagne et le Japon se retirent de la SDN (le Japon étant en guerre avec la Chine). Cette situation inquiète le CICR. Il s'interroge sur les changements survenus dans la fonction de l'État qui, d'un paternalisme relativement débonnaire, devient le tuteur des consciences :

> Aujourd'hui l'État ne se contente plus partout de codifier les libertés des individus dans un statut juridique commun à tous. Il entend intensifier et sauvegarder le concept de la nation par une large synchronisation de la pensée sociale et de la politique. Le jeu des partis luttant sur un pied d'égalité de droits n'est pas admis partout, et même la neutralité à l'égard de l'État est devenue çà et là une chose problématique[16].

Est en cause non seulement l'idéologie exaltée par le nouveau pouvoir à Berlin, mais la coercition appliquée à tous les opposants et leur internement dans des camps[17]. A la suite d'interventions de milieux israélites d'Allemagne et en Suisse par les Quakers, le CICR, dans sa séance du 18 mai 1933, examina le problème des *camps de concentration,* dont l'apparition faisait dire à un des membres du Comité : « *Quand il y a camps de concentration, il y a peut-on dire, guerre civile, sans armes peut-être.* » Était craint, aussi et davantage, l'alignement sinon la soumission de Sociétés nationales, telle que la Croix-Rouge allemande, aux thèses gouvernementales. Cette dérive totalitaire de Sociétés de la Croix-Rouge, à l'exemple de celle de Rome, provoque au sein du Comité international une remise en cause de son existence même dans ce qu'elle avait d'essentiel : l'idéal humanitaire universel.

Sur le plan des urgences, il peut sembler naturel que Genève privilégie la situation de l'Allemagne proche ou de l'Éthiopie exterminée par des bombardements aveugles et l'utilisation des gaz de combat. Cependant, si les échos des tortures, des exécutions, des milliers d'emprisonnements, surtout en Asturies, sont relatés par des journalistes étrangers, notamment britanniques, nous sommes estimons qu'ils parvinrent sur les bords du Léman et attirèrent l'attention des membres du Comité. A compter de cette date, ils eussent dû être plus attentifs et réceptifs à la situation politique outre-Pyrénées. Étrangement, les archives consultées ne contiennent pourtant qu'une correspondance banale, mondaine dans sa partie consacrée aux manifestations officielles ou aux avis nécrologiques. Interrogeons-nous sur la cécité du siège genevois alors que la presse internationale ouvre largement ses colonnes sur la répression brutale et inconsidérée opérée par les forces de l'ordre.

18 juillet : le *pronunciamiento*

Une succession de scandales politiques et financiers, compromettant des membres des gouvernements successifs formés par Alejandro Lerroux, de nouvelles élections sont convoquées. C'est la fin d'une période affublée du qualificatif de *Bienio negro,* qui connut de multiples affrontements et la disqualification d'une partie de la classe politique. Après vingt-six crises gouvernementales et 72 ministres, les Cortes sont dissoutes le 4 janvier 1936. Les élections du 16 février voient s'affronter deux blocs : le *Frente popular* (Front populaire) et le *Frente nacional* (Front national). Le vote anarchiste et un système électoral (majoritaire par listes) font qu'une majorité parlementaire se dégage en faveur de la gauche. Au cours de cette année *charnière,* les élections du 16 février en Espagne, du 5 mai en France, consacrent le triomphe, sous un même vocable, des coalitions de gauche : Front populaire ici, Frente popular outre-Pyrénées[1]. Issus de ces consultations, les deux gouvernements connaissent une grande instabilité.

Avec la victoire du *Frente popular,* le 18 février, Manuel Azaña y Díaz[2], alors président du Conseil, décrète l'amnistie de tous les prisonniers politiques — environ 20.000 — et l'éloignement des généraux comploteurs. Consécutivement à la destitution du président de la République, Martínez Barrio, le 10 mai, Azaña accède à la direction suprême de l'État; Santiago Casares Quiroga le remplace. Azaña connut un brillant *cursus* universitaire à Saragosse, à Madrid et à l'École des chartes de Paris; sa carrière journalistique et politique dans l'opposition fut exceptionnelle. Ministre de la Guerre dans le gouvernement de Alcalá-Zamora, lors de l'avènement de la IIe République, il fut l'auteur d'une réforme de grande ampleur de l'institution militaire. Quant à Casares Quiroga, avocat et politicien nationaliste galicien, ministre de la Marine à la proclamation de la République, puis ministre de l'Intérieur pendant les événements de Casas Viejas, il est président du Conseil et ministre de la Guerre lors du soulèvement. Il sera sévèrement critiqué lorsqu'il refuse, après le 18 juillet, de distribuer des armes aux milices ouvrières.

Le programme de la coalition de centre-gauche — le gouvernement est dirigé par les républicains de gauche (*Izquierda republicana* et de *Unión republicana*) appuyés par la majorité du Front populaire — se distingue de celui du premier gouvernement de 1931 par un grand effort en faveur de la paysannerie et des autonomies : remise en vigueur de la loi agraire et du statut de Catalogne (abrogé en 1934), réforme de la loi sur les baux ruraux, réorganisation des jurés mixtes, etc., réforme sur les lois municipales, provinciales et d'ordre public, impulsion dans l'enseignement primaire et secondaire, démocratisation de l'Université, etc.

Le 18 juillet 1936, le *pronunciamiento* provoque l'éclatement des structures sociales et un bouleversement total du cadre administratif, juridique et politique de l'État. Chez les insurgés, l'innovation réside dans le manifeste qui suit la déclaration d'état de guerre, dont nous extrayons quelques phrases :

> [...] A cet instant, c'est l'Espagne entière qui se lève, demandant paix, fraternité, justice. Partout l'Armée, la Marine et les forces de l'ordre public se sont levées pour défendre la Patrie [...] La pureté de nos intentions nous empêche(ra) d'abolir les conquêtes (sociales) qui représentent une avancée dans le progrès politico-social. Nous n'avons pas de haine et nous saurons sauver et exalter la grandeur de l'Espagne. [...] Et la *trilogie* [c'est son terme] : « *Fraternidad, Libertad e Igualdad. ¡Españoles Viva España! ¡Viva el honrado pueblo español!* »[3].

Majoritairement de droite, la presse occidentale[4] étale sur ses colonnes l'image tendancieuse d'une république espagnole à feu et à sang. La description apocalyptique des événements se déroulant dans la Péninsule, soulève une partie de l'opinion publique contre les autorités légales, tôt taxées de *rouges* ou de *communistes*. *A contrario*, les rebelles, sont qualifiés de *nationalistes défenseurs de l'ordre*. Utilisant l'ensemble des moyens d'information, par une curieuse inversion de vocabulaire, l'idéologie dominante brouille l'image de la République espagnole.

Certains auteurs décrivent la situation dans la zone républicaine, suite au *pronunciamiento*, comme « *un déplacement du pouvoir au profit des syndicats et des partis ouvriers; ainsi l'insurrection précipite la révolution sociale qu'elle avait précisément pour objet de prévenir [...]* », thèse sous-entendant que le coup de force contre la République et un gouvernement démocratiquement élu aurait été postérieurement légitimé puisqu'il entraînait un « *éclatement du pouvoir et la multiplication des centres de décision* »[5]. Ordre, protection des personnes et des biens sont les thèmes sur lesquels l'action et le rôle du gouvernement républicain furent vivement critiqués. « *L'État s'effondra et la République se retrouva sans appareil administratif, sans police, sans armée* », rappelle Alvarez del Vayo. Les forces de police furent les premières alliées des rebelles, la garde civile se rallia en totalité au coup d'État dans les zones sympathisantes et déserta dans la zone républicaine. La police secrète se désagrégea, de même que les unités des gardes d'assaut, dans une moindre mesure. De nombreux magistrats furent relevés de leurs fonctions et pour réfréner l'ardeur révolutionnaire des militants, le « *gouvernement de José Giral mit en place des tribunaux populaires qui s'ils donnaient un semblant de constitutionnalité aux exécutions ne permettaient pas de contrôler la terreur* »[6]. De ce point de vue, la situation n'est guère différente, dans les premières semaines, en zone rebelle où les exécutions vont bon train et répondent aux mêmes pulsions que dans la zone républicaine. La haine, la vengeance de l'autre en sont les mobiles.

Quelle fut donc, en 1936, la position adoptée par une organisation internationale, apolitique, neutre, *en marge* mais cependant *engagée*, telle que le CICR ? « *A Genève, de graves personnages sont penchés sur la carte d'Espagne [...] Où sont les Rouges ? Où sont les Blancs ? La ligne de front n'existe pas. Le Comité international de la Croix-Rouge tient conseil en cette même Villa Moynier d'où je suis parti, il y a neuf mois, pour l'Éthiopie. Je suis venu rendre compte au Comité des derniers résultats de ma mission. Mais il s'agit bien de l'Abyssinie...* »[7]

Le décor est planté. Il faut agir. La situation inquiétante, née de la guerre civile, inspire aux hommes du CICR le même état d'esprit féru d'humanité qui avait guidé Henry Dunant : soulager les souffrances causées par la guerre aux populations civiles, apporter les soins et le réconfort aux combattants et aux éventuels prisonniers. Mais ces *philanthropes*, influencés par l'attitude inquiète et prudente des Croix-Rouges nationales européennes, modulent leur comportement face à un conflit dont le facteur idéologico-politique — en particulier l'émergence de nationalismes revanchards — provoque une nouvelle et grandissante *médiatisation*. Politisation, propagande, proximité relative du champ de bataille, clivages idéologiques, auraient pu mettre à mal la symbolique de la Croix-Rouge. Car le conflit civil espagnol déborde très largement les frontières de la péninsule Ibérique. L'idéologie totalitaire montante dans de nombreux États européens — en cela l'Espagne devient un exemple — entraîne dans son sillage nombre de Croix-Rouges nationales, pour ne parler que de l'allemande et de l'italienne. L'Europe assiste depuis quelques années déjà à la montée irrésistible du nazisme en Allemagne et du fascisme en Italie. Elle découvre, avec des sentiments mitigés, l'intervention précoce de ces deux États dans la guerre d'Espagne qui, de *civile — incivile,* selon l'expression de Miguel de Unamuno — deviendra inéluctablement *internationale*.

Le CICR s'interpose dans un pays en proie à une guerre civile d'un type nouveau par suite de ses implications religieuses, morales et idéologiques. Rappelons les tueries collectives de Badajoz par les légionnaires de Franco, et celles dans le Madrid républicain par les inorganisés. Le CICR est inquiet, légitimement, du sort fait aux prisonniers (civils ou militaires), aux blessés, ainsi qu'aux éventuels otages. La folie meurtrière des premiers affrontements l'incite à exhorter au respect, par les divers protagonistes, des Conventions de Genève. Mais cette condition reste sans objet si elle n'est pas accompagnée d'un engagement généralisé de toutes les Croix-Rouges nationales d'apporter leur soutien. Tout d'abord moral, surtout de la part des États impliqués dans ce conflit. Davantage financier, car il est aisé de prévoir que les sommes nécessaires pour aider les victimes du conflit augmenteront vertigineusement au fil des semaines et des mois.

La présence de nombreux étrangers en Espagne autorise le Comité à répondre aux demandes angoissées des représentations diplomatiques des pays intéressés ou des familles. Sont concernés les parents dont les enfants séjournent, soit dans des institutions laïques ou religieuses, soit dans des colonies scolaires de vacances, dans l'une ou l'autre zone. Leur évacuation justifie l'interventionnisme de la marine de guerre britannique, dans une moindre mesure la française, l'américaine ou l'allemande. Ajoutons qu'en dépit d'une attitude de stricte neutralité pour les uns — relative pour d'autres — les officiers britanniques, comme probablement les officiers des autres flottes, sympathisent à la cause nationaliste, car « *si les militaires étaient indiscutablement les rebelles,* [ceux-ci] *représentaient la loi, l'ordre et la sécurité pour les citoyens britanniques* »[8].

Tout au long de la guerre civile émergeront de fortes personnalités, sans doute équitablement réparties. Le camp républicain attire de nombreuses individualités qui s'emploient à adoucir les souffrances du peuple espagnol, tout autant individuellement qu'en adhérant aux organisations internationales existantes : « *[...] il y eut, soit dans les services médicaux, soit dans des organisations annexes, une vingtaine de mille étrangers qui se mirent au service de la République* »[9]. Cette participation doit être considérée comme la première manifestation d'associations aujourd'hui qualifiées d'organisations non gouvernementales (ONG).

Par ailleurs, des tentatives de médiation sont esquissées dès le mois d'août. Individuellement, José Castillejo, professeur de Droit romain, avance une proposition de partition de l'Espagne en régions où chacune exercerait le régime de son choix : « *[...] Qu'une région soit fasciste, une autre communiste, une autre socialiste, une autre républicaine, et que toutes vivent en paix.* »[10] Des écrivains et des journalistes exhortent l'opinion à venir au secours *des otages dans les deux camps, pour le salut des prisonniers dans les deux camps.* Une certaine forme de médiation-intervention — en réaction à la non-intervention — est suggérée. C'est ainsi que les *Conférences de Saint-Jean-de-Luz,* sous les auspices des ambassadeurs d'Argentine et d'Uruguay, réunissent un certain nombre de personnalités. Les propositions officieuses de ces colloques-conférences sont repoussées par les deux parties. Tout cela trouvait son origine dans un courant — peu important par la quantité de ses membres, mais disposant d'une renommée morale mondiale non négligeable — comprenant ceux qu'abusivement on qualifiait de *Troisième Espagne.* Entre autres, des hommes provenant de tous les horizons tels que le philosophe et écrivain Miguel de Unamuno y Jugo, le général Domingo Batet Mestres, le nationaliste catalan Manuel Carrasco i Formiguera. Parallèlement, de nombreux libéraux ne voulurent pas prendre parti et se réfugièrent à l'étranger tels par exemple Alberto Jiménez Fraud, Claudio Sánchez-Albornoz, le protéiforme écrivain-diplomate Salvador de Madariaga, le cardinal Vidal i Barraguer, etc. Entraînant la réflexion amère de Pablo Azcárate y Flórez, ambassadeur de la République espagnole à Londres : « *On pouvait à eux, et à d'autres, appliquer la formule de Solón : celui qui, au cours d'une sédition, ne prend pas parti pour un des deux côtés doit être châtié.* »

On se préoccupa de l'humanisation de la guerre et, à cet effet, de souscriptions publiques dont le produit serait distribué équitablement par la Croix-Rouge. L'organisation de celles-ci dans les écoles françaises fut déconseillée par le ministre de l'Instruction publique, Jean Zay. C'est alors que les *interventionnistes,* dans la presse de gauche, s'en prennent aux *tartuffes* de la Croix-Rouge manifestant précocement leur sympathie envers les nationalistes alors qu'on attend d'eux une attitude rigoureusement égale et légaliste. Est déplorée l'inertie des organismes internationaux, dont le rôle au cours de la guerre d'Éthiopie avait été timoré. A Genève, le Service des recherches et des cas individuels tente de répondre aux demandes de renseignements, d'organisations telles que la Société des Nations, l'Union internationale de secours aux enfants (UISE), la Ligue des Sociétés de la Croix-Rouge (LSCR) ou de gouvernements (France, Angleterre, etc.), inquiets du sort de leurs ressortissants.

Et la Croix-Rouge espagnole? Quelle est sa situation à ce moment-là? Coexistaient au sein du collège médical des associations regroupant, pour la gauche, les *Médecins libéraux* et, pour la droite, ceux inscrits à la société *San Cosme y Damián*. Après le 18 juillet, dans la zone républicaine, s'ouvre la période des nationalisations ou des réquisitions des cliniques, maisons de repos, hôpitaux, dispensaires, etc.

Le 20 juillet 1936, par décision gouvernementale, les docteurs Juan Morata et Francisco Haro — membres respectivement de la CNT (Confédération nationale du travail) et de la Gauche républicaine — mettent sous séquestre le Collège des médecins de Madrid et le siège de la Croix-Rouge espagnole. Signification de cette décision est faite au général Burguete, démis de son mandat. Haro devient directeur de l'Hôpital Central, avenue de la Reine-Victoria; quant à Juan Morata, il assume provisoirement la charge de l'Assemblée suprême jusqu'à la désignation d'un nouveau Comité central[11]. Le docteur Romeo Lozano est choisi pour occuper le poste de président. Directeur de l'Institution municipale de puériculture depuis 1926, il est le fondateur des *Archivos Españoles de Pediatría*, première publication de cette spécialité en Europe. Membre du Parti national républicain, sa nomination surprend, car il n'avait pas fait partie de l'appareil de l'Institution.

Démis, Burguete décrira cette passation de pouvoir comme la manifestation d'une action violente. Quant au docteur Morata, il précise qu'il n'y eut pas de miliciens armés, ajoutant cependant que le siège de la Croix-Rouge fut mis sous la protection d'une garde. Une polémique naît au sujet de l'interprétation de ces événements. Le CICR prend fait et cause pour le général Burguete spécifiant « *avoir démissionné sous la pression de miliciens en armes qui avaient pénétré dans son bureau et l'auraient menacé* ». En effet, lors d'un séjour à Genève, le 28 septembre

1936, le général Burguete relate à E. Clouzot — Mme Burguete faisant office d'interprète — « *les circonstances dans lesquelles il a été délogé de la présidence de la Croix-Rouge. Une centaine de miliciens sont entrés, l'ont couché en joue et lui ont mis sous les yeux une démission à signer, ce qu'il a fait.* »[12] Le général souhaitant demeurer membre de la Commission permanente des Conférences internationales de la Croix-Rouge, Clouzot le rassure : c'était également le point de vue du CICR et celui de la LSCR.

Cette fois à la Villa Moynier, et non à l'hôtel où le général avait reçu E. Clouzot, le même jour, Mlle Mercedes Milá, ex-présidente de la Jeunesse de la Croix-Rouge espagnole, est reçue par Mlles Ferrière, Odier et de Posnanski, du Comité. Au cours d'une entrevue qui apparaît par sa simultanéité être le pendant d'une manœuvre conjointe et concertée de la part d'anciens dirigeants de la Croix-Rouge espagnole, Mlle Milá répète la version défendue par l'ancien président sur l'utilisation de la force par les milices. Elle fait part d'un certain ostracisme envers les anciennes infirmières et religieuses remplacées par des *infirmières* affiliées aux syndicats dont on peut constater le résultat de ces changements dans les hôpitaux. L'ex-présidente *estime que les nouveaux membres de la Croix-Rouge gouvernementale ne se rendent nullement compte de la véritable mission d'une Croix-Rouge*. Après que le problème posé par les recherches des familles eut été abordé, Mlle Odier propose l'emploi de cartes comme celles utilisées au cours de la Grande Guerre. Puis la délégation soumet le cas de la duchesse de la Victoria, ancienne présidente des hôpitaux de la CRE, actuellement emprisonnée à Madrid. Mlle Milá — elle rejoindra les nationalistes et deviendra la présidente du corps des infirmières de la CRN — suggère que l'on propose son échange au général Franco contre le docteur Sadi de Buen, membre de la direction de la Santé publique, incarcéré à Séville, où il était en mission. Si la duchesse fut libérée en octobre 1936 par le gouvernement de Madrid, Sadi de Buen sera prestement fusillé à Séville!

La nouvelle équipe madrilène se trouve confrontée à de multiples difficultés. Court la rumeur publique qui prétend que le personnel hospitalier de la Croix-Rouge est *infesté* de nombreux sympathisants de la cause rebelle. Les milices et le Comité exigent qu'à compter de cette date le personnel sélectionné soit en possession d'un carnet syndical.

Début août, sollicitée par l'UISE, elle-même alertée par le gouvernement républicain espagnol, la Croix-Rouge de Madrid et l'ensemble des organisations déjà citées, le CICR intervient en faveur de deux colonies de vacances : La Granja et le préventorium de San Rafael. Ainsi qu'en faveur du docteur Senis — médecin loyaliste — arrêté le 2 août par les forces militaires rebelles. La pétition, dirigée au général Cabanellas, intime de faire libérer le praticien en application de la Convention de Genève du 22 août 1864 (art. 2).

Puis, le CICR attire fermement l'attention réciproque des deux camps sur les termes de la 14ᵉ Résolution de la Xᵉ Conférence internationale de la Croix-Rouge relatifs à l'intervention de la Croix-Rouge en temps de guerre civile. Le vice-président du CICR, le colonel Patry, intercède en direction du général Franco, à Tetuán, où il se trouve encore, et du général Cabanellas, sans obtenir de réponse. A cette véritable *guerre* de télégrammes, les insurgés opposent de longues périodes de mutisme.

Sur le sort des enfants s'établit une liaison télégraphique entre Madrid et Genève. Ces deux colonies se trouvent dans la zone contrôlée récemment par les rebelles (non encore franquistes mais tout de même insurgés). Aussi, le Comité international (CI) comprend-il qu'il doit étendre ses démarches à la partie de l'Espagne qui vient de basculer dans une sorte d'illégalité institutionnelle, mais dont la force armée bien réelle légitime en quelque sorte l'existence. Tractations relayées et encouragées aussi bien par l'UISE, par les Comités *ad hoc* de la SDN, que par la LSCR se faisant l'interprète de nombreuses Croix-Rouges nationales. En réponse aux interrogations et sollicitations, le CICR informe, le 21 août, les Sociétés nationales des États signataires de la situation civile confuse et dramatique en Espagne et sollicite instamment leur contribution financière. Comme cela a été fait en direction des belligérants, le texte de la résolution votée en 1921 par la Xᵉ Conférence internationale *sur le rôle et l'action de la Croix-Rouge en temps de guerre civile* est rappelé. Le Comité utilise ce texte pour justifier son intervention. Fidèle à ses traditions et à son devoir d'impartialité, il est disposé à assurer la répartition des dons (médicaments, vivres, etc.) entre tous les belligérants.

Un avant-projet est établi sur la philosophie et le rôle d'une intervention d'emblée ressentie comme fort différente de celles précédemment conduites. Après avoir porté à la connaissance des belligérants l'identité des délégués, seront exposées les premières règles indispensables au fonctionnement des délégations : immunité diplomatique pour la correspondance, franchise postale — y compris pour le Service des nouvelles aux familles — mise à disposition des listes des prisonniers de guerre (pour leur transmission à Genève), enfin la presse et les stations de radio locales seront tenues informées de l'entrée en fonctions des délégués.

Sont choisies pour abriter le siège des délégués, Barcelone, Madrid et Burgos. Leur tâche sera de recevoir les familles souhaitant obtenir des renseignements sur les otages, les prisonniers de guerre pris par la partie adverse, les membres de leur famille se trouvant dans le territoire occupé, enfin ceux réfugiés à l'étranger. Genève devient la plaque tournante d'échanges des informations d'une zone à l'autre.

Afin d'apporter aux délégations les instructions et l'aide nécessaires, la Commission d'Espagne (CE) se tiendra quotidiennement en relation avec elles, d'où l'importance prise par les communications téléphoniques et télégraphiques qui ne connurent aucun empêchement avec la zone républicaine[13]. En revanche, l'Espagne nationaliste ne les facilitera guère, se retranchant derrière les difficultés de reconstruction des lignes détruites par les combats dans le Pays basque. On pouvait joindre Burgos en passant par Londres et Lisbonne.

On s'engage... « *Il faut trouver quelqu'un qui aille sur place voir ce que l'on peut faire, me dit le président Max Huber. Les regards se tournent vers moi. J'esquisse un geste de protestation. [...] Mais on me dit de tous côtés : Acceptez... Ce ne sera pas long, trois semaines au plus, juste un petit voyage d'information. Ces trois semaines devaient durer trois ans.* »[14] Un certificat est établi le 22 août :

> Le Comité international de la Croix-Rouge certifie que M. le docteur Marcel Junod, citoyen suisse, porteur du passeport n° 4844, est chargé par lui d'une mission humanitaire en Espagne en qualité de délégué. Le CICR recommande M. le docteur Marcel Junod aux autorités militaires et civiles; il les prie de lui faciliter sa mission et de lui prêter assistance en toute circonstance. (*signé*) Max HUBER, président du CICR[15]

Craignait-on que les insurgés refusent de prendre langue avec un délégué du CICR ayant séjourné en zone gouvernementale? Parallèlement, des démarches sont conduites auprès du consul de France, à Genève, dans la perspective d'une mission de Daniel Clouzot à Burgos et à Valladolid. Dans la foulée, sans attendre une invitation problématique de la Croix-Rouge de Madrid, par télégramme, le CICR lui confirme l'arrivée prochaine du docteur Marcel Junod en Espagne, *en vue d'une collaboration humanitaire,* obtenant une réponse positive du président Romeo Lozano. Un télégramme identique est dirigé au général Cabanellas, président de la Junte de Défense nationale, le 23 juillet 1936.

Le délégué se rend à Paris afin d'obtenir de l'ambassadeur d'Espagne, Alvaro de Albornoz — nommé en remplacement de Fernando de los Ríos qui avait succédé à Juan de Cárdenas, démissionnaire, ayant rejoint les insurgés — l'indispensable mais précaire sauf-conduit : « *Il est resté fidèle à la République, mais ne paraît pas plus renseigné que les gens de Genève. Tout ce qu'il peut me donner est un papier à en-tête de l'Ambassade sur lequel on lit : L'Ambassadeur d'Espagne à Paris recommande le docteur Junod, délégué du Comité international de la Croix-Rouge, à toutes les milices antifascistes espagnoles.* » Étrangement, Junod ne mentionne pas les autorités de l'État[16]!

Junod est porteur de l'introduction suivante auprès de Pierre Cot :

> Monsieur le Ministre. Nous avons l'honneur de recommander à votre bienveillance Monsieur le docteur Marcel Junod, notre délégué, qui part en mission auprès de la Croix-Rouge espagnole à Madrid. Le docteur Junod a obtenu les autorisations nécessaires à l'ambassade d'Espagne à Paris, mais le service régulier d'aviation n'atteignant pas Madrid, nous serions extrêmement reconnaissants au Gouvernement français s'il pouvait faciliter la mission de notre délégué par les moyens qu'il jugera les plus opportuns [...][17].

Pierre Cot, ministre radical du gouvernement Blum, en charge du ministère de l'Aviation, était un militant pacifiste. Élu sous les couleurs du Cartel des gauches, en 1928, député dans le département de la Savoie, il y rencontre un jeune directeur du cabinet du préfet, Jean Moulin, qui deviendra son chef de cabinet lorsqu'il sera nommé sous-secrétaire aux Affaires étrangères. Manifestant très tôt son attachement et sa sympathie en faveur de la République espagnole, Pierre Cot a été un ami dévoué et sans doute le premier à percevoir l'urgence d'une aide matérielle, militaire et aérienne, à un gouvernement agressé qui requiert du gouvernement du Front populaire français l'assistance prévue par les accords liant les deux États. Junod ne mentionne pas ce ministre quand il décrit sa visite au ministère de l'Air, où « *un petit homme tout rond, assis à son bureau, me regarde froidement derrière ses lunettes* », lui déconseillant l'utilisation des lignes aériennes françaises, « *certains de nos appareils ont été employés pour bombarder les franquistes sans même que l'on ait effacé les couleurs sous les ailes. Mais l'avion allemand venant de Stuttgart est encore en service. Peut-être pouvez-vous l'attraper à Marseille.* »[18] On a le sentiment que l'interlocuteur de Junod porte une critique implicite de ce qu'il considère comme une intrusion dans un conflit extérieur. La note qu'adresse Junod, depuis Paris au siège genevois, précise qu'il n'a pu rencontrer le ministre mais son chef de cabinet, Jean Moulin, auprès duquel il a sollicité pour son voyage soit une intervention auprès d'Air France, soit un avion militaire sanitaire. Dans cette hypothétique perspective, le CICR effectuerait une démarche officielle auprès du quartier général des rebelles (Burgos ou Séville), annonçant sa mission. Pour conclure cette tournée parisienne, le futur délégué n'omet pas de rendre visite au marquis de Lilliers, président de la Croix-Rouge française, personnalité associée fréquemment aux décisions prises par la Commission d'Espagne. Puis invite son correspondant genevois d'alerter la légation suisse de Barcelone à venir le chercher sur le terrain d'aviation où il arrive le 29 août à Barcelone-Prat de Llobregat, par le vol régulier Stuttgart-Marseille-Barcelone des JU-52 de la Deutsche Lufthansa. Ces avions continuèrent leurs liaisons régulières avec Madrid-Barajas jusqu'aux premiers bombardements, le 27 août sur Madrid même, mais l'aérodrome sud de Getafe l'avait été le 23[19].

Junod se souvient qu'il *eut la chance* de rencontrer le consul de Suisse à la sortie de l'aéroport. Ne sachant où se trouvait le siège de la Croix-Rouge locale, celui-ci conseille de faire le tour des hôpitaux. Fort opportunément, ils croisent en chemin une voiture portant le fanion de la Croix-Rouge. Junod l'arrête en levant son poing fermé en guise de salut! C'étaient des membres de la branche catalane de la CRE, dont le docteur José Martí Feced était le président.

Prosaïquement, dans sa note au Département politique fédéral suisse, le vice-consul Gozenbach souligne qu'il a accueilli le docteur Marcel

Junod et l'a présenté aux autorités compétentes de Barcelone. Pour faciliter son voyage il lui a remis un laissez-passer timbré par la Generalitat de Catalogne et avisé la légation suisse de Madrid de son arrivée. La section de la Croix-Rouge *catalane* — puisqu'il faut ainsi l'appeler du fait du particularisme du statut d'autonomie de la Catalogne — offre une image contrastée au visiteur, la situation politique et sociale dévoilant de nombreuses contradictions sociales et passionnelles. La présence, à l'hôpital de la Croix-Rouge, de médecins d'opinions antagonistes et pour certains d'entre eux sentimentalement proches des insurgés dont la présence est tolérée par la FAI (Fédération anarchiste ibérique), car « *ils avaient montré dans leur passé un penchant social indéniable* », en est la vivante démonstration.

Notre délégué conte savoureusement cette première journée catalane : Barcelone en guerre, Barcelone fiévreuse, Barcelone révolutionnaire, Barcelone anarchiste, Barcelone autonome, Barcelone ambiguë et réservée, étourdit et étonne le voyageur. Junod a le sentiment que la situation paroxystique existante peut aller à l'encontre de sa mission et confie très librement son goût de l'ordre devant la désorganisation apparente de la capitale catalane. Il omettra toute prise de contact avec les milices antifascistes et le Comité sanitaire de guerre — *Consejo Sanitario de Guerra*. Ce comité va déléguer directement à Genève, auprès du CICR, son représentant, le docteur Martí Ibáñez, spécialiste des maladies nerveuses et mentales, venu assister au Congrès international de la jeunesse à Genève. Reçu par Daniel Clouzot, qui maîtrise le castillan, le visiteur précise que le Comité sanitaire qu'il représente assume l'assistance sanitaire des milices, sous la présidence du docteur Aiguadé (Jaume Aiguader i Miró, médecin et politicien, membre de la Gauche républicaine catalane, qui avait été maire de Barcelone en 1933) et collabore avec la section de la Croix-Rouge de Barcelone. La capitale catalane ne manque ni de médecins ni d'infirmières, mais a un grand besoin de matériel sanitaire et chirurgical. Les envois éventuels devraient être annoncés au Comité sanitaire central des milices qui donnerait les « *ordres nécessaires pour leur réception à la frontière catalane* ». Martí Ibáñez, anticipant les intentions genevoises assure que le « *Comité se chargerait volontiers de faire les investigations concernant les cas particuliers que le Service de recherches du CI pourrait lui demander* ».

Dans un souci formaliste évident, prenant la précaution de s'annoncer par courrier, Junod se rend au palais de la Generalitat, où il rencontre le *gouverneur*. Grande est la surprise du délégué quand il pose le pied sur la terre catalane : les rues, les hôpitaux parcourus, frémissent d'une excitation frénétique, joyeuse et exaltée tout à la fois où les convenances et les conventions vestimentaires disparaissent. Plus de cravates ni de chapeaux, un ton plus libre, plus uniforme aussi. Maintenant, franchi le seuil du palais, Junod, étonné, retrouve une atmosphère *d'ordre et de travail* qui le rassure. Sièges dorés, cheminée de marbre, épais tapis dans lequel *mes pieds s'enfoncent*. Confus, le visiteur recherche la cravate escamotée en présence des membres de la CNT-FAI transfuges de la Croix-Rouge catalane. Le gouverneur sourit : « *Ne craignez rien, ce n'est qu'un mauvais moment à passer...* » Junod expose la signification de sa présence, il veut s'interposer pour que cessent les exécutions sommaires des deux bords. Par les franquistes à Málaga et Séville, ici, à Barcelone, où « *des hommes et des femmes disparaissent sans laisser de trace* ». Les franquistes, au mois d'août, se trouvaient bien à Séville, mais non à Málaga qu'ils n'occupèrent que le 8 février 1937. Signalons que le compte rendu de sa première mission ne dit mot de cette rencontre. Son interlocuteur lui conseille de se rendre à Madrid soumettre ses préoccupations aux autorités gouvernementales. Le titre de gouverneur attribué *a posteriori* doit être rectifié : c'est celui de président du Conseil catalan que portait Joan Casanovas Maristany. Autonomiste convaincu, il se rendit en France à la fin de 1936 et tenta d'obtenir, grâce à la médiation de la France et de l'Angleterre, un accord séparé avec le général Franco... pourvu que celui-ci s'engageât à respecter la spécificité catalane. Il ne revint en Catalogne que pour une courte période, craignant pour sa sécurité. Marcel Junod apporte sur ce personnage un jugement assez rude : « *J'apprendrai qu'après quelques déboires, il est passé en France avec 25 millions de pesetas.* »[20]

A ses supérieurs, à Berne, le vice-consul suisse précise que le délégué du CICR n'a pas pu prendre l'avion de la Lufthansa Barcelone-Madrid, le service étant suspendu depuis la veille. Le trajet vers Valence, puis Madrid, s'effectue à bord d'une voiture arborant le fanion de la Croix-Rouge, en compagnie d'un lieutenant de la brigade sanitaire de Barcelone : « *C'est Andrés*[21], *le compagnon fidèle qui me suivra partout en Espagne républicaine.* » Ce dernier conduisit le délégué dans sa propre voiture, lors d'un voyage fréquemment interrompu par *des dizaines et des dizaines de contrôles*, en fait cent quarante-huit, précise-t-il, effectués par des miliciens en armes, à chaque village, auprès de barricades dressées à l'entrée et à la sortie. Les cadavres sans sépulture, observés autour des points de contrôle, soulignent la sauvagerie de la guerre civile, mais n'étonnent cependant pas trop le voyageur. La relation de son arrivée nous éclaire sur les sentiments de ce Suisse courageux, débarquant dans le chaudron de la guerre civile espagnole qu'était Madrid non encore assiégé. Elle apporte un premier éclairage sur les hommes du CICR, en règle générale, et qu'ils pourront observer dans le cadre de leurs activités. Néanmoins, on peut estimer que le docteur Junod, grâce à l'expérience périlleuse vécue sur les hauts-plateaux abyssins, est alors le mieux à même de comprendre ce qui se passe et adapter naturellement son comportement.

Ses impressions premières de la situation madrilène ressemblent à celles faites à Barcelone avec une différence de taille : le front est proche, c'est les cols de Somosierra, Navacerrada ou Alto de León (Guadarrama) au nord. Dans la capitale, les rues sont parcourues par de nombreux miliciens juchés sur des camions ou des voitures réquisitionnées, arborant les emblèmes d'organisations politiques ou de syndicats. D'autres s'exercent au métier des armes, tirant « *sur les pipes avec leurs fusils de guerre au grand effroi des señoritas* ». Se déroulait alors la Verbena de San Juan; parmi ses manèges, petites échoppes et kiosques à musique, il se promène. L'épisode des salopettes — uniforme des milices : bleue pour les miliciens, beige pour les gradés — le déroute, ainsi que la visite de l'infirmerie située dans le palais de l'Escorial. La liberté de ton et de communication est grande dans un Madrid non moins exalté que Barcelone et permet à Junod de lier des liens bien utiles.

Tempérant ses observations, assez proches de la réalité[22], le docteur-délégué s'étonne que, en dépit de la pilule amère que constitue la reconnaissance (non officielle) d'une Croix-Rouge antagoniste parce qu'inféodée aux insurgés, sa mission se déroule dans des conditions satisfaisantes et qu'il rencontre des *modérés* dans un univers passablement agité. Les relations avec le Comité central de la Croix-Rouge espagnole sont renouées. Il accepte les secours étrangers et apporte son appui aux délégués du Comité. Néanmoins, le principe de neutralité absolue avancé par le CICR, c'est-à-dire la reconnaissance de l'existence de deux Croix-Rouges nationales autonomes sinon antagonistes, semble difficilement compréhensible et admissible. A contrecœur, la Croix-Rouge de Madrid (implicitement), puis José Giral, président du Conseil (explicitement), acceptent le principe de la création d'une double délégation : à Madrid et Barcelone pour l'une, à Burgos et Séville pour l'autre.

Le second partenaire de la négociation, tuteur naturel de la Croix-Rouge, le gouvernement espagnol, est présidé par José Giral Pereira, député de l'Action républicaine et de la Gauche républicaine. Celui-ci participera comme ministre sans portefeuille, puis ministre d'État aux divers gouvernements républicains successifs, ainsi qu'aux négociations d'échanges de prisonniers de guerre et d'otages. Le 19 juillet, Giral dirigera, le premier, une demande d'aide militaire au gouvernement français. Submergé par les difficultés et le manque d'appui des démocraties occidentales, l'État cesse pratiquement d'exister, une part importante des forces armées et de la police rejoignent les insurgés. L'administration, hostile ou attentiste, discrédite les efforts de ceux qui se dépensent pour la défense de la démocratie. Les masses ouvrières, les syndicats, les partis politiques de gauche prennent alors en main le combat contre les forces militaires et politiques insurgées. Ne disposant d'aucun pouvoir politique réel, Giral, après avoir opportunément autorisé la distribution d'armes aux partis politiques et aux syndicats, est contraint de présenter sa démission dans les premiers jours de septembre. Il est remplacé par Francisco Largo Caballero, principal leader du PSOE (Parti socialiste ouvrier espagnol). Dans le protocole signé avec le gouvernement républicain, la création d'une section d'informations sur les prisonniers de guerre est évoquée, ainsi que l'échange de non-combattants emprisonnés [Annexe 7a].

Premier séjour de Marcel Junod dans la zone républicaine, il implique un voyage et une négociation identiques dans la zone insurgée. Lors d'un passage à Genève, il remet le compte rendu de ses entretiens à Barcelone et Madrid que le CICR communique rapidement à onze Croix-Rouges nationales, dans lequel il envisage l'installation de quatre délégations (deux par zone) et interroge ces comités pour connaître dans quelle mesure ils peuvent apporter leur aide, leur faisant part des besoins en matériel médical immédiatement nécessaire. A Hendaye, Junod rencontre García Mansilla, ambassadeur d'Argentine, qui, contacté le 1er septembre par Genève, manifeste un très grand intérêt envers la tâche entreprise par le CICR. Comme beaucoup d'autres ambassadeurs, ce diplomate n'a pas rejoint Madrid, confiant à son chargé d'affaires, Pérez Quesada, la charge effective d'accueillir et d'héberger de nombreux *asilés* mais aussi d'aider les prisonniers politiques pendant les premiers mois du siège madrilène.

Tandis que les autorités gouvernementales entreprennent la difficile reconquête d'un pouvoir politique, mais aussi économique, les initiateurs du coup d'État militaire consolident sans délai le statut juridique et diplomatique de leur conquête tel qu'il leur autorise la revendication au plan international d'une représentativité officielle capable de suggérer puis d'affirmer que les autorités légales espagnoles ne sont pas celles de fait, c'est-à-dire le gouvernement de Madrid, mais bien celui de Burgos. A cet effet (décret n° 1 du 24 juillet 1936) est créée la Junte de Défense nationale dont le siège sera Burgos. Premièrement, les insurgés déclarent assumer tous les pouvoirs de l'État et la représentation de celui-ci à l'étranger. Puis ils nationalisent les moyens de communication de quelque classe qu'ils soient et le 28 juillet proclament l'*état de guerre* sur tout le territoire national. Enfin, coupant définitivement tous les ponts, quand dans les premières journées l'ambiguïté subsistait au niveau des symboles de l'État, le 29 août, le drapeau nationaliste de la monarchie est rétabli[23]; il avait été présenté le 15 août, jour de l'Assomption, à Séville. Les procédures de jugement sommaire (*sumarísimas*) sont établies par décret du 31 août. Parachevant le contrôle de la Société, la Junte nationaliste crée une Direction générale des communications postales, téléphoniques et télégraphiques, et des transports maritimes et terrestres. Pareille initiative n'était pas innocente. Elle permit de disputer au gouvernement légal de Madrid la propriété et la jouissance de tous les biens de l'État.

Coupant les liaisons de la zone nord républicaine avec la France, le 5 septembre, les Navarrais insurgés s'emparent d'Irún. Une semaine plus tard, ils pénètrent dans San Sebastián; développements militaires qui retardent le déplacement que Junod doit faire, à Burgos, auprès du général Cabanellas. Le CICR l'avait alerté, lui indiquant l'arrivée prochaine de *notre délégué*.

En Navarre carliste le passage se fait par Dancharinea, mardi 14 septembre. Les requetés au béret rouge lèvent les bras, *paume ouverte.* Surprise totale, le comité d'accueil nationaliste est fort différent du madrilène. Ce sont, dit-il, surpris, de « *vrais caballeros : bouches fermées, mentons proéminents. [...] Le carliste me présente au comte de Vallellano, un grand gaillard, l'air condescendant, flanqué de deux dames de forte corpulence, une comtesse et une marquise. Baisemain, échange de politesses.* »[24] Fernando Suárez de Tangil y de Angulo, comte de Vallellano, chevalier de l'ordre hospitalier de Jérusalem et député sous la monarchie, avait été maire de Madrid; activiste engagé nommé président de la Croix-Rouge [Annexe 3a], il pouvait difficilement être considéré comme impartial.

Reprenant, pas à pas, l'examen de l'ouvrage du négociateur, rédigé, ne l'oublions pas, après la Seconde Guerre mondiale, nous voyons que son regard sur la zone insurrectionnelle est, bien que modérément critique, beaucoup plus compréhensif et même parfois admiratif : « *A Vitoria, un immense séminaire a été transformé en hôpital, sur l'offre généreuse de Monseigneur l'Évêque, Primat d'Espagne. Lorsque nous entrons dans la salle de réception, deux cents yeux noirs convergent vers moi. Je ne vois qu'une multitude de robes blanches au milieu desquelles la soutane de Monseigneur l'Évêque*[25] *met une note écarlate. Les cent infirmières qui l'entourent m'intimident davantage que les fusils braqués des miliciens de Madrid. Ce sont les plus jolies filles de l'Espagne.*

« *[...] Quelle différence avec les hôpitaux de Madrid.* [Junod n'évoque (p. 106) que brièvement sa visite de l'infirmerie située dans l'Escorial.] *Tout est ordonné, propre. Pourtant, Monseigneur me dit la pénurie de médicaments, car, en Navarre, les stocks sont épuisés. Le séminaire abrite deux cents blessés. Tous les jours, il en arrive d'autres du front d'Irún. Le voyage continue... Pampelune. La ravissante cité navarraise regorge de vie. [...] la ville s'est tout de suite déclarée pour Franco [...]. Partout, sur les places, aux balcons, les drapeaux flamboient de rouge et d'or. Là nous apprenons la chute d'Irún et la marche rapide des* **requetés** *sur San Sebastián. L'enthousiasme est à son comble et déjà les optimistes voient la fin de la guerre dans six semaines... España una, grande, libre! Puis c'est la plaine de Castille. [...] Les murs sont couverts d'inscriptions Arriba España... Viva Franco... Ici, même les pierres sont nationalistes, me dit la comtesse en souriant.* »

Chapitre III
Les premières délégations

Aussi bien de la part du président de la Croix-Rouge de Burgos que de celle du président de la Junte de Défense nationale, le représentant du CICR avait obtenu, le 15 septembre, un accord similaire de celui signé à Madrid. S'y ajoutait, sous réserve de réciprocité, la notion de libre sortie à l'étranger pour les femmes, les enfants et les adolescents non mobilisables. Hostiles aux échanges d'otages, les nationalistes acceptent finalement d'envisager des transactions à titre individuel [Annexe 8a]. Accueil mitigé de la part du général Mola — grand, froid, les yeux cachés par d'épaisses lunettes — commandant du front nord, il n'envisage pas d'échanger un prisonnier républicain (qualifié de *canaille rouge*) contre un *caballero* : « *Si je laissais partir les prisonniers, le peuple me prendrait pour un traître. Si les rouges apprenaient que nous voulons échanger les otages, ils massacreraient les derniers qui restent encore. Et puis vous arrivez trop tard, Monsieur, ces canailles nous ont tué les plus belles valeurs spirituelles du pays.* »

Après le passage initial de Marcel Junod et avant l'arrivée de Georges Henny, délégué désigné, la délégation madrilène de la Croix-Rouge républicaine (CRR) avec à sa tête le docteur Aurelio Romeo *bombarde* de missives et de télégrammes le Comité international et la Ligue des Sociétés de la Croix-Rouge (LSCR) au sujet de la colonie scolaire internationale de La Granja (Ségovie). De nombreuses personnalités, en particulier médicales, tel le docteur Pittaluga, membre du Comité d'hygiène de la SDN, se joignent à cette campagne. Avec l'endocrinologiste renommé Gregorio Marañon et de nombreuses autres sommités médicales, après avoir obtenu la possibilité d'aller en France ou en Suisse, ils rallièrent le camp des insurgés.

Cabanellas, à ces requêtes, répond qu'il prend le problème en considération avec *hidalguía y nobleza (hidalguisme et noblesse)*. Ajoutant que les enfants du préventorium de San Rafael, évacués à Ségovie, sont confortablement installés. Dans ce courrier, il sollicite de Genève des démarches pour faciliter le passage frontalier à des réfugiés, femmes et enfants, se trouvant sur la ligne de feu, à Irún et Fuenterrabía. Ne perdons pas de vue que la Croix-Rouge nationaliste de Burgos (CRN) n'existe pas encore *officiellement* pour le Comité de Genève qui ne reconnaît tout d'abord que celle de Madrid. L'existence de l'Assemblée générale de Burgos ne sera officialisée que lors de la conclusion de l'accord dont le signataire pour Burgos, le comte de Vallellano, a été nommé par la Junte nationale. Reconnaissance implicite pour le CICR, elle confère à la provisoire capitale nationaliste une continuité traditionnelle que complète le protocole entériné par le président de la Junte de Défense nationale et le représentant de l'institution genevoise.

Septembre voit le début pour Madrid des bombardements aériens. Les 1er et 2, deux courts raids provoquent des mouvements de panique dans la population qu'un communiqué du ministère de la Guerre tente de contenir. Samedi 5, le gouvernement Giral démissionne. Un gouvernement d'union avec à sa tête Francisco Largo Caballero est formé. Politicien et dirigeant ouvrier éminent, député, président du PSOE et secrétaire général de l'UGT, Largo Caballero conduisit les forces gouvernementales avec des fortunes diverses.

Au lever du jour, le surlendemain, deux appareils ont lancé des grenades contenant des gaz lacrymogènes, diffusent les autorités municipales. La population s'alarme. Dans la presse, la Croix-Rouge donne des conseils de protection contre les attaques par les gaz[1]. Ses services comportaient des équipes de décontamination et des ambulances. Leurs instructions informaient de la nécessité de solliciter le service de neutralisation du Laboratoire de pharmacie militaire[2].

Henny et Broccard, à l'hôtel de la Poste de Saint-Jean-de-Luz, le 12 septembre, les nouveaux délégués destinés à Madrid et à Burgos, y retrouvent Marcel Junod. Un télégramme de Genève informe Cabanellas de l'arrivée et de l'entrée en fonctions des deux délégués. Après un court briefing, Henny rejoint Toulouse et Barcelone, où il est accueilli par le représentant suisse. Au bas de la passerelle est présent celui qui deviendra son adjoint, le lieutenant Andrés de Vizcaya, de la brigade sanitaire de Barcelone, qui avait piloté Junod. Présenté à l'état-major de la Croix-Rouge catalane, en l'occurrence le président Pedro Estrañy, adhérent de la CNT, qu'Henny qualifie d'*anarchiste*, et le docteur Perramon, directeur de l'hôpital de la Croix-Rouge de Barcelone et du Comité sanitaire catalan, Henny effectue la visite de cet hôpital, au cours de laquelle lui est remise une liste de matériel sanitaire dont l'envoi est urgent. En compagnie de ces personnalités, auxquelles se joindra à Valence le docteur Morata, secrétaire général du Comité de la CRR, il se rend à Madrid par la route. Contrairement à celui effectué par Junod, ce voyage est facilité par la présence, à bord du véhicule, de membres catalans portant soit l'uniforme de la Croix-Rouge, identique à celui du Service militaire de santé, soit le *mono*.

A Madrid, le Comité central et son président lui font part de leurs besoins criants en matériel sanitaire. Henny prend note et remercie le président Romeo de son intervention auprès du président Largo Caballero, qui a ratifié l'accord conclu entre Giral et le CICR. En ce qui concerne la Croix-Rouge, son existence est contestée, et des critiques s'élèvent au sujet de son recrutement et de sa composition sociale. La *Croix-Rouge-bis,* qu'est le Secours rouge international et national, aux côtés des miliciens, alors que le Service de santé militaire est complètement désarticulé, tente de la remplacer.

Trouver et aménager les locaux nécessaires au fonctionnement de la délégation générale, dans une ville totalement désorganisée et surpeuplée par des milliers de réfugiés, va être le principal problème. Le siège officiel de la délégation est installé C/Abascal, 55. Attenant à un foyer dénommé *Hogar infantil del 5° Regimiento de Milicias,* dans un vieil hôpital madrilène avec plus de 300 enfants dans douze dortoirs de 30 lits chacun, sous la direction du docteur Werner Heilbrunn.

Administrativement, plusieurs bureaux annexes répondent aux nombreuses demandes de renseignements, la rumeur publique prétendant — déjà! — que la Croix-Rouge internationale (la *Croix-Rouge suisse,* disait-on) pouvait tout résoudre. Le service d'évacuation des étrangers ou des citoyens espagnols est installé C/Oquendo, 4, dans un immeuble mis à disposition par Kochenthaler, citoyen suisse. Quant au service des réponses (plus tard service des nouvelles), il se trouve C/Pinar, 20, à proximité de la *Residencia de Estudiantes*[3] (Résidence des étudiants).

Après la reconnaissance formelle par la Croix-Rouge de la délégation madrilène et la désignation d'un chargé de liaison, Juan Morata, sous-secrétaire au ministère de la Santé, l'activité du CICR à Madrid commence par une prise de contact avec les ambassadeurs présents ou les chargés d'affaires, qui décrivent la situation dramatique au plan humanitaire créée par l'affaire de l'Alcázar. Depuis le mois d'août, parallèlement au siège d'Oviedo, dans les Asturies, et à celui du Sanctuaire de la Virgen de la Cabeza, un événement comparable fait la *une* de tous les journaux : l'encerclement de l'Alcázar de Tolède où était l'Académie militaire.

Une nombreuse littérature a décrit cet épisode[4]. Controversé du point de vue militaire et politique et abondamment médiatisé par la presse, il mobilisa toutes les énergies humanitaires. Non seulement celles d'un comité diplomatique mis sur pied par l'ensemble de représentants étrangers dans la capitale, mais aussi du gouvernement républicain qui souhaita apporter une solution au sort des non-combattants s'y trouvant.

Pour ce qui concerne les otages républicains de l'Alcázar, le *Journal* de Moscardó relate que le gouverneur civil González López[5] et sa famille furent conduits à l'Alcázar. L'ordre fut donné d'arrêter toutes les personnalités de gauche mais qu'une seule le fut, Francisco Sánchez López de la Torre, instituteur de la prison. Séquestré et otage des insurgés-assiégés, il fut fusillé dès la libération du fort par les troupes de Franco. D'après un autre auteur, il y avait cinq otages féminins (dont un avec deux enfants) et onze hommes, membres de la famille du député socialiste des Cortes constituantes de 1931, Alonso Domingo, propriétaire du quotidien de Tolède, assassiné en présence de sa femme et de sa fille.

Alors que les télégrammes échangés entre Genève, Madrid et Burgos indiquent environ 900 femmes et enfants, il n'y avait réellement que 269 femmes, 215 enfants et 53 hommes non combattants, 22 conducteurs de camions et 14 membres du service de santé[6]. L'évacuation des femmes et des enfants aurait donné les coudées franches aux républicains pour conduire à l'assaut final. En conséquence, le commandant Rojo en poste à l'état-major central de Madrid est chargé d'une mission de bons offices auprès d'officiers qui avaient été ses compagnons lorsqu'il enseignait à l'Académie militaire de Tolède. Son attitude protectrice envers les épouses et les enfants d'officiers nationalistes se trouvant dans l'Alcázar a été mentionnée; dans son appartement, et dans celui prêté par le cinéaste Luis Buñuel, furent abrités les parents de ces insurgés.

Le 8 septembre, Rojo offre aux assiégés les conditions du Comité de défense de Tolède. Première et très officielle tentative, elle tourne court laissant le champ libre à des interventions officieuses. Le CICR appuyait la médiation de l'ambassadeur du Chili, Dr Núñez Morgado, doyen du corps diplomatique. Celui-ci ouvrit les portes de son ambassade, dès le 18 juillet, à tous les sympathisants de la droite et à ceux effrayés par la violence de la rue, conseillant les autres ambassadeurs de faire de même. Pour l'évacuation des femmes et des enfants de l'Alcázar, il apporte sa médiation en compagnie de Enrique Vázquez Camarasa, chanoine à la cathédrale de Madrid, qui officia dans l'Alcázar à la demande des assiégés. Avec l'autorisation du président du Conseil, les négociateurs se rendent le 13 septembre, à Tolède, accompagnés de diplomates. Des propositions d'échanges sont renouvelées en faveur des civils retenus dans la forteresse contre des enfants séjournant dans des colonies scolaires de vacances en territoire contrôlé par les nationalistes. Un plan est dressé, les femmes et les enfants évacués par les diplomates et le CICR se réfugieraient à Madrid, dans un immeuble protégé.

Dans sa réponse, Largo Caballero exhorte à une large humanisation du conflit, appelant ses propres forces armées à ne pas répliquer à la stratégie d'excès et de cruautés mise en œuvre par les rebelles. Sa détermination ne s'appuie malheureusement pas sur un pouvoir réel — politique, administratif, policier — permettant d'appliquer concrètement ses décisions. Néanmoins, il est le premier responsable espagnol à énoncer ces généreux principes. Relevons l'invocation que les défenseurs de la légalité et de la République *doivent être humains dans la lutte* et reconnaissons que cela ne fut pas toujours le cas en zone républicaine.

Au cours d'une course contre la montre, les événements se bousculent. La Commission d'Espagne fait état d'une rumeur tenant pour certaine l'explosion par mines de l'Alcázar, pour interpeller, officiellement, le président du Conseil républicain. Simultanément, le CI intervient auprès de son délégué à Burgos, Broccard, afin qu'il s'assure de l'accord des chefs des assiégés; sans succès. La tentative humanitaire échoue, les troupes de Franco se trouvent à quelque 40 km de Tolède et n'ont plus aucun intérêt à cautionner une opération de sauvetage dont le bénéfice moral reviendrait aux républicains.

Émile Fontanel, chargé d'affaires à l'ambassade suisse, reçoit, dès leur arrivée, Henny et de Vizcaya et leur expose son point de vue sur l'historique du siège; il en donne un résumé adressé à Berne. Le diplomate crédite Largo Caballero, d'être « *un homme très accessible et qui témoigne d'une manière évidente de son bon vouloir* », faisant tout pour faciliter la tâche de Nuñez Morgado. Cependant, ajoute-t-il, « *la ville de Tolède est sous l'empire d'un Soviet tout puissant, composé des délégués de l'UGT, la CNT, la FAI, la gauche républicaine, qui n'écoute que sa propre volonté et ne craint rien de Madrid.* » Par conséquent, observe-t-il, « *il n'a pas été possible, par l'ambassadeur et trois de ses collègues qui l'accompagnaient, d'obtenir le consentement de ce Soviet à ce que les femmes et enfants à leur sortie puissent être transportés à Madrid* » et non rester à Tolède, où ils seraient exposés à des risques certains. « *L'Alcázar qui domine de haut Tolède est pour ainsi dire imprenable*, continue Fontanel; [...] *extérieurement il est presque intact et les décombres dont parle la presse gouvernementale sont dus à son imagination.* [...] *Nous assistons, comme vous le voyez, à une lutte héroïque qui rappelle les résistances les plus opiniâtres de l'Histoire.* » Notez l'admiration à peine contenue du chargé d'affaires. A Madrid ou à Valence, de la part de diplomates, nous observerons constamment une attitude compréhensive envers les insurgés, ainsi qu'une fréquente dérive du langage (*Soviet, rouges,* etc.) à l'encontre des gouvernementaux.

Ce siège connaît un grand retentissement. Les nationalistes exaltent la résistance des assiégés qui refusent toute évacuation, alors même qu'ils feignent de répondre concrètement aux appels angoissés des diplomates, de la CRR et du CICR. Pratique couramment utilisée par les franquistes dans des occasions semblables, sans doute pour gagner du temps. Dans le cas de l'Alcázar, l'argument avancé par Cabanellas était « *l'impossibilité d'entamer des contacts avec un gouvernement de Madrid impuissant et débordé par les milices rouges* ».

Henny, auprès des autorités républicaines de la zone nord, avec l'aide de la CRR, tente d'obtenir l'évacuation des femmes détenues dans les prisons de Bilbao. Et propose l'évacuation des enfants de La Granja contre la libération de 150 femmes et enfants à Bilbao. Vizcaya estime que les enfants de La Granja doivent être évacués sans recourir à un échange. D'après la Fédération des Amis de l'école, ces colonies (Bilbao, Asturies et Santander) sont au nombre de neuf pour un total de 683 enfants et celles de la zone insurgée (Avila, Ségovie, Palencia, La Corogne, Salamanque et Cadix) de quatorze avec 806 enfants. Cette demande n'aboutit pas. Il ne peut y avoir d'échange possible entre des enfants en liberté contre des femmes en prison. Ces enfants ne sont pas des otages, et leur évacuation est exigée sans aucune contrepartie.

En voisin, Henny se rend au siège de la légation norvégienne (C/Abascal, 27) dont le chargé d'affaires est Félix Schlayer. Nous verrons, par la suite, l'importance des relations qui se nouent entre Schlayer, ingénieur, de nationalité allemande, à Madrid depuis 1935 (en réalité vice-consul honoraire), et le docteur Henny, en ce qui concerne les prisonniers politiques. Le sort des détenus emprisonnés suite à une dénonciation ou une rafle attire son attention, interpellé par des familles sollicitant des nouvelles de leurs proches et sensibilisé par Schlayer et Quesada qui visitent déjà les prisonniers.

Les premières surprises passées, le représentant du CICR se trouve quotidiennement confronté à des difficultés croissantes lorsque Madrid, devenu l'enjeu majeur de la bataille, les combats se déroulent dans la ville même et les bombardements touchent presque tous les quartiers de la cité. Pour un Suisse, neutre, respectueux de l'ordre, ignorant de l'Histoire d'Espagne et des origines du conflit, le spectacle quotidien d'un désordre parfois paradoxalement organisé introduit un élément irrationnel ne facilitant pas la compréhension globale de la situation. Henny exprime un sentiment horrifié : « *Il y a en ce moment à Madrid un tel désordre que personne ne reconnaît ni les ordres donnés ni les personnes qui les donnent. Un membre de la Croix-Rouge espagnole demande à recevoir un carnet d'identité de la Croix-Rouge internationale, c'est le signe direct qu'il n'y a aucune sécurité. Il n'y a qu'une bande de gens qui font ce qu'ils veulent.* »

En compagnie de Junod arrivé de Santander, Broccard, à Saint-Jean-de-Luz, effectue diverses démarches administratives auprès des douanes françaises. Burgos étant choisi comme siège provisoire, il s'installe à l'hôtel Isabel (Emperador 1). Ses premières préoccupations touchent au sort des colonies scolaires de vacances sises dans le territoire contrôlé par les insurgés. Concernant le sort de Tolède, de source proche du gouvernement de Burgos, alors que Franco est à Cáceres, on lui laisse entendre « *que l'intérêt stratégique militaire de cette ville* [implique] *que la Croix-Rouge ne devrait pas s'en mêler* » [r. du 26.9.1936][7].

Coupées lors des combats autour de San Sebastián, les lignes téléphoniques le resteront encore longtemps. Quels étaient les responsables de cette interruption? Le gouvernement français accusait les nationalistes, alors que ceux-ci télégraphiaient à Genève que c'était Paris qui était en cause. Nous avons tout lieu de penser que l'esprit retors des militaires nationalistes était à l'origine de cette mise en quarantaine de leur propre population. Saint-Jean-de-Luz devenant le centre d'opérations entre Genève et les délégués des zones nord, des difficultés surgissent avec les douanes françaises au sujet du coton, marchandise prohibée, ainsi que les envois de *stupéfiants* ou *drogues,* pour désigner les anesthésiants et analgésiques nécessités pour les interventions chirurgicales. Cette livraison promise à la CRN est, sur ordre de Broccard, remise au Service militaire de santé qui en est agréablement surpris. Une rivalité entre les deux organisations apparaît, de même nature que celle entre la CRR et le Service médical des milices.

Mentionnons l'intervention du président de la Croix-Rouge suédoise, le prince Charles de Suède, qui sollicite une médiation en faveur d'Oskar Schafhaursen, officier sous-marinier de la Armada (marine) républicaine, commandant du *B-6,* coulé le 19 septembre par le destroyer nationaliste

Velasco[8]. Le lieutenant de vaisseau Schafhaursen — son frère avait été exécuté en zone gouvernementale — se justifia, soulignant qu'il avait volontairement saboté le sous-marin pour effectuer une remontée rapide. Au cours de son interrogatoire au Ferrol (en Galice), Schafhaursen ne peut dissiper les doutes du tribunal et *volontairement* s'engage à effectuer des missions secrètes pour appuyer son adhésion au soulèvement. La lettre de la Croix-Rouge suédoise — un parent du jeune officier représentait cette section en Espagne nationaliste — remise par Broccard au colonel Montaner, membre de la Junte de Burgos, réclamait la clémence du tribunal militaire[9]. La Commission intervint auprès de José Yanguas Messía, vicomte de Santa Clara de Avedillo, avocat et professeur de Droit international. Nommé assesseur juridique de la Junte de Burgos, de nombreux historiens pensent qu'il fut le rédacteur du décret qui éleva le général Franco à la magistrature suprême. Au cours d'un cercle d'études il justifia, du point de vue juridique et historique, la rébellion comme *licite et obligatoire*.

Junod, à la demande du gouvernement français, s'était rendu à Santander à bord de l'aviso français *Alcyon* (commandant Labey), le 10 septembre, y réceptionner le *Kilissi*, cargo affrété par un organisme que nous supposons français, transportant farine, lait, produits pharmaceutiques et matériel sanitaire. Contrepartie ou service rendu, toujours est-il que, le surlendemain, embarquent sur ce bateau 40 réfugiés étrangers et 300 enfants des colonies scolaires madrilènes rassemblées à Santander. Vingt-quatre heures plus tard débarquent à Saint-Nazaire, et non au Verdon comme prévu, les enfants et 6 (au lieu de 14) professeurs, acheminés sur la caserne d'Ancenis où s'y trouvent déjà 250 enfants[10].

Suite au premier périple en zone nationaliste, le délégué général [p.-v. de la CE du 17.9.1936] entrevoit lucidement que la valeur des engagements pris par l'un et l'autre camp devra être mesurée à l'aune de la réalité des faits. A Paris, il rencontre Larrosa, de la LSCR. Toutes les forces des Croix-Rouges nationales sont nécessaires à l'effort humanitaire, en hommes et en matériel. Au total, peu de semaines après le commencement de la guerre civile, le CICR se trouve en mesure de développer son action. Rendant compte aux Sociétés nationales contactées et sollicitées (lettre préliminaire n° 330) : États-Unis, France, Angleterre, Allemagne, Italie, Suède, Japon, URSS, Suisse, Argentine et Portugal, et conformément à l'engagement donné, le Comité reçoit une première avance d'environ 100.000 FS.

Broccard notifie au QG de Franco le départ de Junod, le 24, à Bilbao. Enfin est télégraphiée au président Largo Caballero la proposition faite par Burgos d'échanger Esteban Bilbao y Eguía, interné à Bilbao, contre Ernesto Ercorea Regil, détenu, lui, à Vitoria. Herbette et Junod décident de se rendre sans tarder à Bilbao. Casteran, consul français à Bilbao, réunira les ressortissants français souhaitant être évacués. Quels événements justifiaient-ils une initiative précipitée de la part des représentants du gouvernement français et du CICR ? Sans doute la situation militaire dans les premiers jours de septembre : Irún tombé le 5 septembre, San Sebastián le 13, Azpeita le 20, suivis le 21 de Zumaya, Elgoibar et Oñate et, le 22, Deva et Vergara, ponctuant l'occupation quasi totale de la province de Guipúzcoa par les forces du général Mola. Des tracts, lancés par l'aviation nationaliste, mettent en garde la population civile :

> [...] l'ordre a été donné de poursuivre les opérations sur les provinces de Vizcaya et de Santander. Pour éviter de verser du sang innocent, un laps de temps assez long sera accordé pour que se mettent à l'abri les non-combattants des deux sexes, qui ne doivent pas craindre de venir dans notre camp. [...] A partir de 1 heure, le 25 courant, nous reprendrons notre liberté d'action contre les objectifs tactiques et stratégiques avec toute la violence que les nécessités militaires l'imposent. A compter de ce jour aucun bombardement ne sera annoncé[11].

Des télégrammes sont échangés entre le CICR et le général Cabanellas autour d'un délai de 24 heures pour que Junod puisse mener à bien sa mission alors que l'ultimatum est confirmé. A toutes les autorités maritimes étrangères, le 13, avait été notifiée l'entrée minée du port de Bilbao; la navigation y est dangereuse pour les bateaux ayant un tirant d'eau excédant un mètre et demi. Immédiatement, les navires de guerre américain (*Arkansas*) et allemand (*Leipzig*) quittent Bilbao avec leurs ressortissants suivis, les 17 et 18, par les destroyers anglais transportant 180 Britanniques qui étaient encore en Vizcaya. Nous verrons que si la menace de bombardements aériens était réelle, celle des mines marines relevait de l'intoxication, les destroyers anglais retournant à Bilbao constatent qu'il y a très peu de mines. Devant la rapidité de l'avance des nationalistes, l'ambassadeur de France et Junod estiment que Bilbao pourrait devenir l'épicentre de troubles suivis de combats mettant en danger les ressortissants étrangers, en tout premier lieu, puis les prisonniers politiques. Le nombre de ces derniers était estimé à près de 3.000 par l'ambassadeur et Junod [*r.* n° 3 à la CE du 29.9.1936]. Les archives du gouvernement provisoire d'Euzkadi font état de 2.300 internés dans une douzaine de lieux de détention[12].

Une décision prise par Indalecio Prieto, député de Bilbao et ministre de la Marine et de l'Air, confirme la détermination du gouvernement de défendre la zone nord, encourageant par là même les Basques nationalistes dans leur volonté de faire cause commune avec le Front populaire. Face au danger encouru, la flotte républicaine, ancrée à Carthagène et comprenant un nombre important de bâtiments de tous types, se rend à Gijón, débarque matériel militaire et ravitaillement; elle patrouille le long de la côte cantabrique jusqu'au 13 octobre. Sa présence est bénéfique pour le moral des Basques et des Asturiens, bien que Junod s'interroge sur son efficacité.

Coïncidant avec la campagne d'intimidation par tracts, au travers de canaux sur lesquels nous reviendrons et dans la perspective de négociations en vue d'une paix séparée avec les nationalistes basques, des propositions sont faites par Mola, le 21 septembre : 1. Les attributs de l'ordre public seraient confiés aux milices basques sous les ordres d'officiers basques; 2. Le partage des représentations régionales serait équitable entre Basques nationalistes, carlistes et monarchistes (la moitié de celles-ci étant réservées aux nationalistes basques); 3. Enfin, réintégration dans la région basque des provinces d'Alava et de Navarra[13]. Sur ces négociations, Alberto de Onaíndia, prêtre basque, a laissé des témoignages précis sur son rôle d'agent de liaison entre le corps diplomatique, la Croix-Rouge (espagnole et/ou internationale), les représentants du Parti nationaliste basque (PNV) et le Saint-Siège[14].

Propositions sans réponse, car les nationalistes basques sont sur le point d'obtenir du gouvernement de Largo Caballero la reconnaissance d'un large statut d'autonomie. Par ailleurs, des informations confidentielles transmises à Mola filtraient la possibilité d'une reddition si le général [Mola] garantissait la vie et la propriété des citoyens et combattants sous le contrôle de la SDN... Pour d'autres auteurs, les franquistes craignaient une déclaration d'indépendance du Pays basque suivie de sa neutralité active, ou bien la proclamation d'un protectorat britannique, ou anglo-français, cautionnant cette autodétermination et sa neutralité. Contredisant ces propos, l'ambassadeur Herbette, dans une correspondance à son ministre Delbos, estimait que nationalistes basques et rebelles « *respiraient une haine féroce les uns pour les autres. [...] Je doute que les évêques espagnols informent le Saint-Siège sur cet aspect du problème. Tout le clergé, par malheur, a pris part, ou bien pour les carlistes, ou bien pour les nationalistes basques, et chacun ne pense qu'à excommunier l'adversaire.* »[15]

Junod a-t-il conscience du jeu subtil des Basques et jusqu'à quel point cette attitude est-elle appréciée par le délégué qui escompte une contrepartie humanitaire conséquente? De même, l'hypothèse échafaudée par le Comité qu'une trêve — proposée par Junod à ses interlocuteurs basques, mais traditionalistes — interviendrait nécessairement dans un délai rapproché? Les faits viendront ruiner ces spéculations.

Dans le courant de l'après-midi du 23 septembre, à Dax, Junod et Herbette rencontrent Mgr Mathieu, retour d'un voyage effectué la veille à Bilbao en compagnie de l'ambassadeur français. Débarqué à Berméo, Monseigneur a reçu de la part de tous les habitants un accueil impressionnant, et c'est entouré d'une *véritable garde d'honneur* qu'il circulait dans la ville. A la demande du diplomate français, accompagné d'un ecclésiastique basque de Bilbao et de Jean Laffontan, *chef* de la colonie française de la ville, le prélat monté à bord de deux des trois bateaux-prisons (*Cabo Quilates* — ou *Ibai* — et *Altuna Mendi*), découvre une situation sanitaire et alimentaire lamentables, une grande partie des détenus couchant à même le sol [Annexe 2b]. Ses demandes en vue d'obtenir une amélioration du sort des internés ne sont pas prises en considération. Dans une déclaration à la presse, l'évêque déclare à son retour : « *[...] Ce que j'ai vu est trop horrible et trop cruel.* » La délégation qui accompagnait l'homme d'Église est qualifiée de *Comisión del Frente popular francés* (!), sans autre explication[16]. Dans les bateaux visités, Mgr Mathieu « *a constaté que si l'un est dans une propreté relative, l'autre est fort mal tenu. [...] qu'ils* [les détenus] *sont nourris uniquement de garbanzos avec une quantité dérisoire de viande [...] qu'ils ont la tête rasée et qu'ils sont astreints à une discipline de prisonniers [...].* » Lorsque l'évêque veut monter sur l'*Arantzazu Mendi*, où sont emprisonnés les otages ramenés de San Sebastián, Inaki Ugarte, le responsable, refuse la visite par un *fuera* (dehors) déterminé. Accueil qui fait craindre pour le sort des otages, alors que les négociateurs se félicitent par ailleurs des assurances données par les nationalistes basques.

Simultanément, un autre visiteur, le docteur Leo O'Hana, citoyen britannique et consul honoraire du Panamá à Bilbao[17] — le jour de la visite de Mgr Mathieu — le 22 septembre, à *4 heures* de l'après-midi, après avoir obtenu les autorisations nécessaires, inspecte, lui, le vapeur-prison *Arantzazu Mendi*, amarré dans la baie de Bilbao [Annexe 3b]. Si l'état sanitaire et la nourriture lui paraissent satisfaisants, compte tenu des circonstances, ainsi que le traitement carcéral des détenus qui ne se plaignent pas de brutalités, le logement en revanche est déplorable, car il n'y a pas (ou très peu) de matelas. Au total, le sort des prisonniers civils semble être identique sur les trois navires-prisons.

Junod tend une oreille attentive auprès de ceux qui, depuis quelques semaines, se rendent à Bilbao. Il a un projet et la volonté de le voir aboutir : soulager le sort des otages, devenir l'interlocuteur incontournable auprès des parties en conflit, convaincu qu'il sera long et son issue incertaine. Si on met entre parenthèses les entretiens formels avec les représentants gouvernementaux et leurs Croix-Rouges respectives touchant à l'installation des délégations dans chacune des zones, les tentatives précédentes n'ont pas donné de résultats très probants. En ce qui concerne Broccard, en zone nationaliste, ses interventions n'ont pas dépassé la visite des colonies scolaires, sans solution satisfaisante à leur éventuelle évacuation et, par ailleurs, un transfert laborieux de matériel médical dont la CRN balbutiante n'entrevoit pas l'utilisation.

Contact capital, tout autant pour le représentant de l'institution humanitaire que pour les membres de la Junte de défense de Bilbao composée de représentants des partis politiques du Front populaire et du PNV, car la problématique du nationalisme basque est fort complexe. Il doit beaucoup au carlisme, dont il exalte la tradition, le passé, la société patriarcale, la religion. C'est à un État quasi raciste que se rattache Sabino Arana y Goiri, (1865-1903), et le père fondateur du nationalisme basque. Né à Bilbao dans une famille traditionaliste et intégriste, il vécut en Catalogne où il médita longuement cet exemple avant de créer, en 1895, le Conseil provincial biscaïen. On ne devient pas basque, on naît basque. Il tend vers un mouvement confessionnel, foncièrement conservateur, autonomiste, qui entraîne l'adhésion d'une grande partie de la population, jouant sur ce qu'aujourd'hui on appellerait la *différence*, ébauche du Parti nationaliste basque[18]. Thèses combattues par les nationalistes espagnols, qui avancent la constitution d'un État fort, unique, national, dépassant les clivages régionaux, culturels ou linguistiques. Au moment du soulèvement, les nationalistes basques (surtout en Vizcaya et Guipúzcoa) ne rejoignirent pas les insurgés et négocièrent leur appui au gouvernement républicain contre leur autonomie. Manuel de Irujo y Ollo devint ministre sans portefeuille dans cet exécutif. Avocat et politicien basque, il fut élu député aux Cortes. Ministre sans portefeuille, puis de la Justice, il intervint en faveur du sort des prisonniers et agit pour le rétablissement du culte en Catalogne.

Le 1er octobre 1936, les Cortes se réunissent à Madrid. Au cours de cette session, José Antonio Aguirre y Lecube y déclare : « *Jusqu'à la victoire sur le fascisme, le patriotisme basque, le nationalisme basque continueront ferme à leur place.* » Dans la foulée, le Statut d'autonomie basque est adopté à l'unanimité par les Cortes. Il sera proclamé le même jour à Bilbao et par un décret promulgué le 4, signé par le président Azaña le 6, les provinces de Alava, Guipúzcoa et Vizcaya se constituent en région autonome dans le cadre de la République espagnole, adoptant la dénomination de *País Vasco* (Pays basque). José Antonio de Aguirre y Lecube, député aux Cortes en 1936, est élu président du gouvernement provisoire le 7 octobre. Pour les Basques, le nouveau gouvernement signifiait l'appropriation du pouvoir de l'État : la restauration de l'autorité et de l'appareil gouvernemental et le rétablissement du fonctionnement de l'institution publique[19].

La journée du 24 septembre doit être radiographiée au travers des témoignages laissés par deux des protagonistes : *a)* Marcel Junod [CE, séance du 29.9.1936] puis dans son ouvrage[20]; enfin Henry Herbette, ambassadeur de France, divers comptes rendus et sa correspondance avec le ministre Yvon Delbos. Deux rapports sont transmis au CICR par Jean Massigli, chef de la délégation française à la Société des nations. Ajoutons qu'Herbette était déjà intervenu auprès du gouverneur civil de San Sebastián, dans les derniers jours d'août, en faveur d'otages, et spécialement du vicomte de Escoriaza, vice-président de la Compagnie du Nord. Dans une lettre à Yvon Delbos, ministre des Affaires étrangères, il exprimait sa confiance envers les nationalistes basques, craignant cependant que des bombardements ne provoquent des représailles. Enfin, il faisait part de sa crainte des anarchistes, surtout à Santander, où des charges de dynamite auraient été placées dans le bateau-prison *Alfonso Pérez,* ancré dans ce port.

A bord de l'*Aisne*, Junod et Herbette arrivent à Berméo où les attend le président de la Croix-Rouge régionale. Ils gagnent Bilbao avec le consul Casteran, qui a pris la précaution d'annoncer au *chef des nationa-*

listes basques l'arrivée du délégué. La Junte de défense de Bilbao vit ses derniers jours. Le 23 septembre, la participation d'un membre du PNV au gouvernement madrilène n'était pas encore acquise et le gouvernement autonome basque n'avait pas d'existence légale, ce qui explique que les négociations étaient conduites par le gouverneur civil. C'est dans le domaine de la protection des prisonniers politiques et de l'échange des non-combattants que le délégué du CICR entend agir. Il présente à la Junte de défense deux propositions jaugées à un niveau relativement bas, évacuation des femmes emprisonnées contre les enfants de La Granja qui seraient reconduits à Madrid; évacuation des enfants de Santander (rouges) et peut-être échange de ces femmes avec d'autres personnalités féminines arrêtées en zone blanche.

Arrêtons-nous quelques instants sur cette double suggestion. Le docteur Junod est informé du sort des femmes nationalistes, dont une partie vient de San Sebastián où elles avaient été arrêtées. Elles se trouvent dans la prison de femmes de Bilbao, les *Angeles Custodios* (Anges gardiens, ex-maison de redressement). Mais ce qu'il ignore, c'est qu'il n'y a plus d'enfants à la colonie de La Granja. La seconde proposition, l'évacuation des enfants des colonies qui se trouvent à Santander, est redondante, car leurs parents madrilènes aspirent naturellement à leur retour. En effet, il n'est pas pertinent de glisser de nouveau la libération des 100 femmes (de San Sebastián), ajoutant d'autres personnalités féminines de la zone blanche, sans préciser lesquelles.

Tout au long de l'entretien — élément dramatique d'une guerre des ondes qui se développera tout au long du conflit — Radio-Burgos ne cesse de répéter : « *Attention! Nous avertissons le docteur Junod qu'il a à quitter Bilbao sinon le gouvernement de Burgos ne répond pas de sa vie.* », [r. à la CE du 29.9.1936]. Message complété par un autre rappelant les termes de l'ultimatum de Mola, les bombardements aériens restent fixés au lendemain. L'intervention des nationalistes sur les ondes — pourtant avertis par le CICR — contrarie les négociations et place le délégué dans une situation inconfortable. Quoi qu'il en soit, après que le « *chef des nationalistes basques* » souligne qu'il n'« *était pas le seul à pouvoir décider de la chose* », le représentant de la Junte de Bilbao propose un délai permettant de réunir les treize membres le lundi suivant. Néanmoins, grâce à l'habileté et à l'insistance du négociateur, secondé par un interprète chevronné, la Junte est immédiatement convoquée téléphoniquement. Un court délai pour permettre son déplacement au siège du gouverneur civil et Junod développe de nouveau ses suggestions en présence des membres responsables; bien plus, il s'engage — il n'a pas encore consulté explicitement les représentants de la Junte de Burgos, un télégramme priant le général Franco de ratifier la promesse, part de Genève le 1er octobre! — à garantir la liberté et la vie des gardiens de prison lors de la prise de Bilbao par les insurgés! Ce faisant, il incite les nationalistes basques à placer sous la surveillance de leurs *gardes civils* (appelés *gardes nationaux*) la sécurité des bateaux-prisons qui seraient alors ancrés en rade, près de Las Arenas, et non amarrés à quai comme ils le sont encore. Les arguments de Junod font grand effet, mais le fait qu'une partie des femmes détenues dépende juridiquement du *gouvernement* de Guipúzcoa, nécessite une réunion élargie aux représentants des deux autorités, Vizcaya et Guipúzcoa. De nouveau, le délégué est invité à revenir le lundi, c'est-à-dire trois jours plus tard. Par la suite, dans la soirée, l'ancien député carliste, emprisonné depuis soixante jours, lui est remis : « M. Bilbao a été emmené en automobile par le Dr Junod. Il a pu passer facilement grâce à un député nationaliste basque. »

Consultons maintenant le témoignage rédigé par Herbette qui complète et nuance la relation précédente. Bien évidemment, les raisons du quatrième voyage de l'ambassadeur ne sont pas identiques de celles du délégué du CICR. Elles comprennent, au premier chef, l'évaluation de la situation de la colonie française à Bilbao, sa probable évacuation et les modalités de celle-ci, mais aussi la libération et l'évacuation négociée des internés civils espagnols — en quelque sorte, un acte d'immixtion caractérisé de la part du représentant d'un État étranger. Arrivant au consulat de France, où devait être remise la personnalité échangée en l'occurrence Esteban Bilbao, Herbette reçoit la visite de Heliodoro de La Torre, responsable du département des Finances dans la Junte, déjà rencontré lors de ses précédents voyages. L'ambassadeur lui avance une proposition, faciliter comme il lui semblait en avoir pressenti l'inconsciente demande, le départ en France des familles des dirigeants actuels en contrepartie d'une libération équivalente d'otages. Cette suggestion rencontre un accueil favorable de la part de son interlocuteur, alors même que sa réalisation ne semble pas évidente, car les prisonniers doivent être jugés dans les semaines suivantes. Junod s'approche alors et prenant part à l'entretien exprime à de la Torre toute la préoccupation manifestée par le CICR au sujet du sort des prisonniers non-combattants et la nécessité, dans un premier temps, de libérer les femmes détenues. Surgit une première difficulté, la pratique de l'espagnol que le délégué suisse ne maîtrise pas. Ainsi, nous apprenons que l'interprète est l'ambassadeur lui-même. Pour poursuivre et approfondir leur entretien, de la Torre et Junod décident de se rendre au siège du gouverneur et y rencontrer les membres de la *Junta de defensa*. Mais lors de leur départ, sur la demande formulée par le délégué du CI, Herbette répond qu'il ne souhaite pas participer à l'entrevue afin de ne pas en embarrasser le déroulement et l'indépendance, étant entendu que « *le gouvernement français fournirait, dans la mesure de ses moyens, toute l'assistance morale et matérielle qu'on lui demanderait.* » Et Jean Laffontan d'assumer les fonctions d'interprétariat.

La délibération a lieu sous la présidence du gouverneur, José Echevarria Novoa, dont l'attitude prudente ne permet pas de dégager une ligne de conduite. Tous s'accordent à repousser la décision à plus tard. Seul résultat tangible, mais attendu, « *grâce à l'énergique intervention du député nationaliste [Julio] Jauregui, M. Esteban Bilbao, a enfin été amené au consulat de France où, en l'absence du Dr Junod, j'ai pris en quelque sorte possession de lui. Il a été transporté [...] dans la voiture du député Jauregui, où avait pris place aussi le Dr Junod et qui suivait la voiture où je me trouvais. [...] Il a exprimé d'une manière touchante la gratitude qu'il éprouvait pour la Croix-Rouge internationale et pour la France.* »

Poursuivons l'examen détaillé de cette journée en étudiant maintenant le livre que le délégué Junod rédigea après la Seconde Guerre mondiale :

« *L'ambassadeur de France, M. Herbette, propose lui-même de m'accompagner à bord du croiseur léger l'Alcyon[21], qui nous conduit, le 24 septembre 1936, jusqu'au petit port basque de Berméo. [...] nous allons voir un chef séparatiste de la République basque, qui [...] décide de me faire recevoir le soir même par la junte nationaliste basque. [...] Nous sommes en pleine discussion, les Basques paraissent bien disposés à écouter mes propositions, quand, subitement, un secrétaire entre dans la salle pour annoncer que la radio de Burgos vient de diffuser le message suivant : "Attention! Attention! Si le docteur Junod tient à la vie, il est prié de quitter Bilbao demain, avant une heure du matin."*

« *Tous les Basques me regardent avec étonnement. Comment? Qu'est-ce que cela veut dire? C'est certainement l'annonce d'un bombardement pour le jour suivant. L'émotion est grande et la séance est levée. [...] Pourtant le président José Antonio Aguirre revient vers moi et me dit qu'évidemment le moment est mal choisi pour discuter d'échanges, car si Bilbao venait à être bombardé, la réaction de la foule vis-à-vis des otages serait terrible. Il me conseille de rentrer aussi vite que possible à San Sebastián pour dissuader les franquistes de bombarder la capitale du Pays basque. Il m'autorise même à emmener don Esteban, dont l'échange a été accepté. Parole donnée... Parole tenue. [...]*

« *Nous attendons la nuit et faisons monter Esteban dans un taxi. Il est bien caché, encadré par l'ambassadeur et moi. L'homme est plus mort que vif et je dois le rassurer continuellement, car il croit sa dernière heure venue. Il me donne très facilement sa parole de rester en France jusqu'à la libération d'Ercorea.* »[22]

José Antonio Aguirre n'était pas à Bilbao ce jour-là, mais à Madrid pour la session des Cortes, le 1er octobre, en compagnie de Manuel de Irujo, depuis le 9 septembre. Le 15 septembre, une conférence avait réuni autour de Largo Caballero, Aguirre, Francisco Basterrechea et Andrés de Arcelus. José Aguirre ne retournera à Bilbao que le 4 ou le 5 pour être élu le 7 octobre. José Echevarria, le gouverneur, était l'interlocuteur principal et le nationaliste basque influent, Julio Jauregui, comme le précise par ailleurs l'ambassadeur français.

Junod, à Burgos le lendemain, rencontre le conseiller juridique de la Junte, José Yanguas, et Vallellano. Il reçoit un accueil extrêmement froid de leur part, sans doute parce qu'ils sont opposés à ces va-et-vient entre les deux zones qu'ils interprètent comme des actes d'hostilité ou d'ingérence. Après avoir exposé le sort des otages à Bilbao, il obtient « *l'assurance verbale que la vie des gardiens de prison serait respectée si les otages étaient respectés sous réserve qu'en soient exceptés les dirigeants basques et ceux qui sont coupables de délits soumis aux tribunaux* ». Par suite de l'éclatement des centres de décision entre Salamanque pour le militaire, Burgos pour le politique et Valladolid pour la police, les responsables ne peuvent — ou ne veulent — en contradiction avec la Convention de La Haye sur le traitement des prisonniers de guerre, lui remettre la liste des prisonniers demandée par le Comité.

Recherché, Ernesto Ercorea est à Vitoria. En dépit des instructions reçues, le commandant de la place refuse de remettre le prisonnier, ne disposant pas, dit-il, d'instructions spéciales du général Mola. Après de longues et épuisantes discussions, le prisonnier est libéré, et, en compagnie de Junod, ils repartent. Réunis dans un hôtel de Saint-Jean-de-Luz, les deux otages tombent dans les bras l'un de l'autre et jurent de tout faire « *pour faire cesser les massacres. Nous serons vos alliés...* »

Au terme du délai imposé par le commandement rebelle pour la reddition de la région basque, le général Solchaga dicte l'ordre d'opérations pour conduire l'occupation de Bilbao et la côte basque est bombardée. Arrivent les informations concernant le bombardement de Bilbao, le 25, qui a provoqué de nombreux dégâts humains et matériels.

Malgré l'opposition du consul de France, qui décrit une ville livrée aux *mains sanglantes* des anarchistes et les autorités débordées, pour la cinquième fois, Junod, Herbette et son épouse reprennent le chemin de la capitale de la Vizcaya. Junod constate qu'il est tombé « *une dizaine de bombes de 250 kilos, éventrant des maisons et provoquant de terribles ravages* », dont la gare qui est détruite. Des incendies se sont déclarés à la suite des bombardements (le matin et l'après-midi), la population a abandonné ses habitations et Junod observe l'absence de toute autorité. Après ce bombardement, 80 internés, choisis parmi ceux qui se trouvaient sur les bateaux-prisons, ont été fusillés. Quant aux femmes emprisonnées dans le couvent des Angeles Custodios, agressées, il s'en est fallu de peu qu'elles soient exécutées. Prévenu par Laffontan, un député nationaliste basque a recruté deux cars de soldats. Intervention énergique qui a préservé la vie des otages. D'autres sources[23] détaillent que, le matin, les gardes de l'*Altuna Mendi* sélectionnèrent 29 détenus, dont un prêtre, et les exécutèrent; à midi et demi, deux autres. Dans l'après-midi, sur le *Cabo Quilates,* 35 personnes, avec encore un prêtre, sont tuées. Les bateaux-prisons ancrés dans le Nervion, le *Cabo Quilates* et l'*Altuna Mendi,* refermaient chacun environ 500 otages; l'*Arantzazu Mendi*, 600.

Si les bombardements se poursuivent, constate Junod, l'ensemble des prisonniers risque de faire les frais de cette tactique. Esteban Bilbao, à plusieurs reprises, avait été menacé par les gardiens du bateau-prison sur lequel il était détenu. S'exprimant devant Junod et Herbette, il émit « *l'intention d'intervenir auprès des autorités militaires de Navarre pour les mettre en garde contre les périls que les bombardements de Bilbao peuvent faire courir aux otages* », précise le rapport de Junod. Pas de précisions sur les suites données à cette démarche de bonne volonté. Nous connaissons la carrière de Esteban Bilbao y Eguía. Membre du secrétariat de Franco avant d'être nommé, en 1939, ministre de la Justice, charge occupée jusqu'en 1943, il manifesta un zèle et une sévérité exemplaires qui lui valurent d'être anobli par le généralissime!

Dans cette atmosphère surréaliste, après s'être rendu auprès de diverses administrations, Junod réussit à retrouver le nationaliste basque de la Torre et lui remet une lettre d'Ercorea, qui se félicite de voir recouvré la liberté et procure une liste de personnalités incarcérées dans les prisons de Burgos et de Pamplona. Enfin, dans une note provenant du CICR, et après avoir enregistré l'acceptation des insurgés par un télégramme de Burgos à Genève qui ratifie la promesse faite par Junod, « *sous réserve qu'en soient exceptés les dirigeants basques qui se seraient rendus coupables de délits soumis aux tribunaux* », le délégué général réitère officiellement la promesse faite au sujet des gardiens de prison. Le grand nombre des prisonniers et la crainte de nouveaux bombardements aériens augmentent l'anxiété générale. Conséquence immédiate des nouveaux développements, une partie de la colonie française restante (une quarantaine de femmes et d'enfants) embarque ce jour-là.

Sur le chemin du retour, Junod découvre la zone internationale, dont Herbette était l'initiateur. Mise en place dans le quartier de Las Arenas, avec la compréhension et la tolérance des nationalistes basques, elle « *est décorée de drapeaux sur un kilomètre de long et limitée de drapeaux blancs sur lesquels il est imprimé Zone internationale.* »

Mijail Koltsov, journaliste soviétique, correspondant de la *Pravda*, venu en Espagne comme envoyé spécial, effectua un voyage dans le Nord à cette période. Rageusement, il écrit dans son journal[24] :

« *Nous traversons Portugalete, vieux quartier de pêcheurs, et arrivons aux Arenas, lieu de vacances balnéaires estivales de Bilbao. Subitement, au milieu d'une rue, un énorme calicot blanc porte une inscription : Zone internationale. [...]*

« *De nombreux drapeaux de toutes les couleurs, y compris des pays les plus exotiques. [...] Les murs des maisons et leurs palissades sont encore ornés d'insolentes affiches fascistes. Et les naïfs garçons armés d'un fusil, gardiens de la zone internationale, ne se décident pas à arracher cette* **saleté***. Le commandement leur a ordonné de protéger avec une grande rigueur l'intangibilité du quartier neutre. [...]* »

La diplomatie *oblique* ou *parallèle* reprend ses droits. Junod rencontre des carlistes qui demeurent pour de courts séjours dans les Basses-Pyrénées. Il leur fait part « *de son désappointement pour le peu de facilités* » accordées par Burgos dans l'organisation des échanges. Et de son intention d'inciter la Commission d'Espagne, à Genève, à rappeler les délégués et « *laisser les Espagnols se débrouiller entre eux* ». Alarmés, les représentants carlistes suggèrent la création d'une Commission internationale chargée de recueillir les informations touchant aux deux parties. Saisissant la balle au bond Junod propose [*r.* du 29.9.1936] la mise sur pied d'une commission, sous sa propre direction, comprenant deux délégués de la Junte de Burgos, deux délégués de Madrid et trois représentants du CI dont un juriste, qui aurait pour tâche de négocier la libération immédiate des enfants et des femmes (même suspectes); de recueillir des renseignements et dresser une liste complète de tous les prisonniers et otages; enfin de créer des zones internationales dans des villes comme Madrid, Barcelone et Santander (sur le modèle de Bilbao) avec l'accord et la participation des membres du corps diplomatique.

Amer et désillusionné, Marcel Junod n'attend pas de réponse positive à un plan qui se situe dans le droit-fil de l'état d'esprit de l'institution. Il a profondément évolué depuis les jours d'août quand il arrivait confiant et sûr de lui. A ses pairs, il fait part, sans livrer ses sentiments, que « *le bombardement de Bilbao du 25 n'a pas été effectué par des Espagnols, mais par des pilotes allemands sur des appareils allemands* »[25], alors qu'une partie de la presse internationale en crédite l'aviation franquiste (sous-entendu espagnole). Ce fait d'armes, dit-il, a effrayé aussi bien les Espagnols de gauche que ceux de droite, et justifie en quelque sorte les représailles. Lucidement, il dresse un bilan de cette folle semaine dont le résultat est presque nul. Puis, revenant sur l'éventualité d'une Commission mixte, il estime que le CI devrait *faire un effort* pour imposer celle-ci aux deux gouvernements — au nom du principe du droit à l'intervention sur lequel le CICR tentait d'appuyer son action humanitaire — en utilisant comme levier la presse et l'opinion publique. « *La guerre n'est pas finie,* constate-t-il; il ne s'agit pas, de son point de vue, *d'une guerre internationale, mais d'un conflit qui met aux prises le même peuple.* »

Dans l'attente d'un titulaire, la Commission d'Espagne, sur la demande de Junod, décide l'envoi d'un délégué suppléant. Le 1er octobre, qui voit l'accession du général Franco au poste le plus élevé de chef de l'État espagnol nationaliste et de Généralissime, arrive Daniel Clouzot à Saint-Jean-de-Luz. Ayant déjà séjourné en Espagne, en 1931, il en maîtrisait la langue. La mission de Daniel Clouzot consistait à participer à l'évacuation de plusieurs centaines d'enfants des colonies scolaires se trouvant de Santander. En l'absence de Junod, Clouzot se rend à l'ambassade de France, à Ciboure. Le gouvernement français est prêt à mettre à la disposition du CICR l'aviso *Arras* pour transporter les délégués et assurer la protection du cargo norvégien *Ala* et des enfants à leur retour.

Les deux hommes embarquent sur le destroyer britannique *Exmouth* et partent le lendemain, le 5 octobre, au petit matin. Sont également à bord, Daniel García Mansilla, ambassadeur d'Argentine en Espagne, Ralph Cornwallis Stevenson et J.H. Innes, consul et vice-consul britanniques, ainsi que le consul d'Argentine, Alquilino López, tous en poste à Bilbao. Dès leur arrivée dans la capitale basque, ils reprennent contact avec la Junte de défense et le gouverneur, José Echevarria Novoa. Les négociations sur la libération des femmes-otages de Guipúzcoa détenues sont suspendues à la mise sur pied d'un gouvernement basque.

Daniel Clouzot est sur l'*Arras*, en compagnie du commandant Moulec, attaché naval de l'ambassade française. Lorsque l'aviso accoste à Santander, l'agent consulaire français Van den Broek informe Clouzot, que les enfants et leur encadrement (546 au total) se trouvent rassemblés selon les instructions de l'UISE. Certaines colonies avaient fait plus de 100 km et des embarcations étaient prêtes à transporter les enfants sur le navire norvégien dont personne ne pouvait prévoir l'arrivée, car il ne disposait pas de la TSF (téléphonie sans fil). L'effet produit est déplorable et n'autorise pas une démarche en faveur des prisonniers détenus sur le bateau-prison *Alfonso Pérez* ancré le long du quai, à proximité des dépôts de carburant. Après avoir dégagé sa responsabilité auprès du gouverneur civil, Juan Ruiz Olazarán, Clouzot ramène un certain nombre de réfugiés à Saint-Jean-de-Luz.

Débarqué dès potron-minet, Clouzot retrouve Junod qui lui annonce leur départ immédiat sur l'*Exmouth*. Les conversations reprennent mais n'aboutissent que le samedi. En fin de matinée, ils sont reçus par le tout nouveau président du gouvernement basque, José Antonio de Aguirre, qui leur fait part de la décision du gouvernement d'accorder la libération des femmes détenues : « *Et de nouveau, ce sont les Basques qui vont faire le premier geste. Le gouvernement basque accepte de faire partir ces cent trente femmes le soir même, à bord de l'Exmouth.* »[26]

Intervient la signature d'un accord [Annexe 10a] entre le docteur Junod et le président Aguirre; parmi les signataires, le consul Stevenson et l'ambassadeur argentin. Soulignons que si le nombre des femmes détenues était de 168, 130 (environ) semblaient être d'accord pour leur rapatriement. Ce ne seront que 115 femmes qui embarqueront sur les bâtiments britanniques croisant au large, une quinzaine souhaitant rester à Bilbao avec leur famille.

En compagnie du conseiller (ministre) à la Justice, José María de Leizaola, et de celui au Commerce et au Ravitaillement, Ramón María Aldasoro, les délégués se rendent à la prison des femmes où est pris note du patronyme de celles souhaitant être évacuées en France. Après un déjeuner entre les membres du gouvernement et leurs hôtes étrangers, les délégués montent à bord des trois bateaux-prisons qu'ils visitent en compagnie de Leizaola. Les prisonniers sont toujours dans une situation sanitaire lamentable, dormant à même le sol[27]. Toutefois, pour Junod, leur sort semble avoir été amélioré et les gardiens ont été remplacés. Cette visite *de trois petits cargos* [qui sont] *des geôles flottantes* est la contrepartie de la libération d'Ercorea :

« *Leur misère est effrayante. Elle est tout aussi grande que la haine qui sépare le Basque du carliste, le socialiste du militaire, le communiste de l'orgueilleux Castillan. Le chef de la police me dit alors :*

« — *Nous faisons tout pour éviter les massacres, mais, voyez-vous, lorsque après le dernier bombardement nos ouvriers ont déterré deux cent cinquante cadavres de femmes et d'enfants, la foule s'est portée vers les bateaux reliés à terre par des passerelles, et aucune police au monde n'aurait pu arrêter sa colère. Il a fallu livrer quelques otages notoires pour éviter le massacre de tous. Je sais que c'est affreux. J'aurais voulu pouvoir empêcher tout cela, mais Dieu m'est témoin que c'était au-dessus de mes forces...* »[28]

Le dernier bombardement, du vendredi 2 octobre, des marins du cuirassé *Jaime I* — de l'escadre républicaine arrivée le mois précédent — après avoir tenté de monter à bord de l'*Altuna Mendi*, tuèrent 54 personnes, dont 13 prêtres et deux religieux, sur le *Cabo Quilates*. L'annonce de ces assassinats, non éclaircis par les autorités de Vizcaya, favorisa la propagande de Burgos. Au sujet des massacres sauvages des 26 septembre et 2 octobre, le président Aguirre, en 1940, dans une lettre au Saint-Siège, estimait « *qu'ils eurent peu d'importance comparés à ceux commis dans les autres camps* »[29].

En accord avec le conseiller de l'Intérieur, Telesforo de Monzón, « *afin d'éviter des manifestations hostiles des extrémistes* », le départ des femmes libérées se fera de nuit : « *Immédiatement se firent les préparatifs pour embarquer les cent quinze femmes sur l'Exmouth et l'Esk, le transbordement s'effectuant à Plencia pour éviter les problèmes avec la multitude.* »[30] De bon matin, les prisonnières sont extraites de la prison. Conduites en autocars et escortées par des gardes basques, elles embarquent sur l'*Exmouth* et l'*Esk*[31], le tout sans incident. Les navires lèvent l'ancre vers 6 heures avec les 115 femmes, quelques réfugiés et les délégués : « *Installées sur le pont, les femmes furent l'objet de soins attentifs de la part des officiers et matelots qui distribuèrent des boissons chaudes et des matelas et couvertures pour les malades* », arrivant à Saint-Jean-de-Luz le lendemain [*r.* de D. Clouzot du 1er au 19.10.1936].

Lyrique, voyons ce que décrit Junod : « *Pour éviter le transport de ces précieux otages sous les yeux de la foule, à travers Bilbao, nous décidons de les amener, à la nuit tombante, par autocar, jusqu'à un petit port nommé Plencia, distant de 15 kilomètres. [...] Mais les femmes sont mortes de peur. A Plencia, les cars ne doivent pas s'arrêter sur le port. Il faut que chaque femme traverse, en pleine nuit, sur les rochers, les quelques centaines de mètres qui séparent la route d'une petite crique où les vedettes ont accosté. Les marins anglais viennent à leur secours, les soutiennent et parfois même les portent comme des enfants jusqu'aux bateaux. A onze heures, tout le monde est à bord. Je prends congé de mes amis basques. Dans le clapotis des rames, j'entends un adieu cordial : Salud camarada, buena suerte... Et surtout cette recommandation confiante : Ramenez-nous les nôtres!* »[32]

Prévenu par la radio du bord, Broccard, en accord avec les autorités françaises, organise le débarquement. Avec Junod, il conduit les exprisonnières à San Sebastián, où elles reçoivent un accueil enthousiaste de leurs parents et amis prévenus, dans une ville largement pavoisée. Au colonel organisateur de la réception, Junod demande que soient mises en liberté les femmes qui se trouvent en prison à Pamplona et à Burgos, « *l'exacte contrepartie de cet échange* ». Le représentant nationaliste répond que ces détenues ont déjà été remises en liberté et qu'elles ne souhaitent pas se rendre à Bilbao. Il ne peut y avoir d'échange, d'ailleurs les femmes sont mieux à San Sebastián qu'à Bilbao!

Dans une maison patricienne de Burgos, accolée à la cathédrale, au cours de la réception officielle donnée, deux jours plus tard, par le comte de Castifole, de nombreux aristocrates espagnols, dont le comte de Vallellano, sont présents. Tous félicitent et remercient le délégué suisse. Remâchant son échec, Junod exige la contrepartie de l'échange. Il lui est rétorqué que cela a déjà été fait; les femmes, libérées, en ont profité pour rester dans la zone nationaliste. Têtu, Junod avance le nom des parentes du conseiller et ministre Irujo, dont la quasi-totalité de la famille se trouvait en zone franquiste, sa fille unique, sa mère, ses deux sœurs et ses quatre frères prisonniers à Pampelune. Les visages se ferment et le propre Vallellano répond « *que ces personnes ne font pas partie de l'échange. Ce sont les parentes d'un ministre.* » Junod rétorque que les femmes ramenées de Bilbao faisaient partie de l'aristocratie espagnole et que très nombreuses étaient les parentes de hauts dignitaires franquistes. Il exige que toutes les femmes soient libérées. « *Cela*, répondent ses interlocuteurs, *le général Franco ne le permettra pas. "Dois-je comprendre que vous n'avez pas de parole?" Le comte [de Vallellano] me réplique : "Nous avons une parole, ce sont les rouges qui n'en ont pas!" Alors je les regarde tous tranquillement et leur dis : "Je commence à croire que les vrais caballeros ne sont pas à Burgos, mais à Bilbao."* » Et Junod de prendre congé dans une atmosphère survoltée[33]!

Il n'y a pas d'informations à ce sujet dans les archives. Néanmoins, nous pouvons y accorder quelque crédit, non pas dans la théâtralité de sa relation, mais dans le fond bien réel d'une ambiguïté qui soudainement s'installe entre le représentant de la Croix-Rouge de Genève, hiérarchiquement placé au-dessus de celui de la Croix-Rouge-*bis* nationale, et l'aristocrate investi par le général Franco dont la conscience de sa mission était tout d'abord politique et l'humanitaire accessoire.

Qu'a fait Junod, du 11 au 14 octobre, jour de son retour à Bilbao avec Clouzot, Stevenson et Innes? Quelques mots tout d'abord sur le calendrier d'activité des délégués, à plus d'un titre délirant, tenant compte des conditions difficiles et précaires mais aussi des distances parcourues dans un environnement hostile. Pour autant que l'on puisse en être assurés et malgré un chevauchement dans la *main-courante* administrative tenue par le secrétariat genevois, Junod, le jour même de son arrivée à San Sebastián, le dimanche 11, prend la route de Salamanque avec la ferme intention de solliciter un entretien auprès du général Franco qui, étant fort occupé par la préparation de l'attaque sur Madrid, ne peut et ne veut le recevoir. C'est donc à José Antonio de Sangróniz, marquis de Desio, diplomate, chef du cabinet diplomatique du Généralissime pendant la guerre — en quelque sorte le ministre des Affaires étrangères jusqu'en 1938 — qu'échoit la charge du délégué.

Prudent, il voyage accompagné d'un de ses amis carlistes de Biarritz, Rafael — ou Juan? Junod utilise alternativement les deux prénoms — de Olazábal. Ce dernier, directeur du journal intégriste *La Constancia*, avait été emprisonné en 1931, lors de la proclamation de la République. Il regroupa sous ses ordres les éléments carlistes d'Espagne qui, dès le début de la *révolution* de Franco, nous explique Junod, ont été un des éléments de sa réussite : « *Cet homme qui a sauvé son pays, jouit vis-à-vis du général Franco d'une situation exceptionnelle.* » Nous reviendrons, plus avant, sur les entretiens qu'eut Junod avec les traditionalistes navarrais qui, pour la plupart, participèrent aux divers complots contre la République. Cette étrange connivence fut une des causes de la disgrâce que le délégué du CICR connaîtra en 1937, le général Franco prenant ses distances avec les monarchistes, comme avec les phalangistes, au fur et à mesure de l'affirmation de son pouvoir personnel.

Le résultat de l'entretien semble avoir été en tout point formel et ne pas laisser de traces dans la correspondance. Junod repart cependant avec le sentiment que Sangróniz est favorable, et Franco, en déduit-il, à la signature d'un accord qui serait le pendant de celui entériné par le gouvernement basque le 10 octobre. En conséquence, il laisse un canevas, dont une mouture reviendra signée par Sangróniz, et non de Franco, le 19 octobre [Annexe 11a]. Ce texte ne mentionne le gouvernement basque que pour le nier et refuser de conclure un quelconque accord avec lui. Observons que le gouvernement de Burgos, s'il ne distingue pas parmi les personnes auxquelles il ne sera pas mis obstacle à leur sortie de Bilbao ou du territoire non occupé par l'armée nationaliste, en revanche, ceux qui seront autorisés à quitter la zone de Burgos et à rejoindre la zone gouvernementale devront être de nationalité ou d'origine basque!

Pendant ce temps, le 12 octobre, l'infatigable Daniel Clouzot fait embarquer à bord de l'*Escort* le matériel sanitaire destiné à Bilbao. Le lendemain, l'*Escort* et l'*Exmouth* franchissent quelques *miles* et, à San Sebastián, sont chargés de nombreux colis, matelas et couvertures pour les prisonniers de Bilbao. L'inverse, c'est-à-dire le convoyage de colis destinés aux otages républicains en zone rebelle n'est pas constaté.

Junod rejoint par Clouzot, tous deux préparent leur retour à Bilbao. La journée du mercredi 14 a été considérée par les Basques comme une *journée des dupes*. En effet, le président Aguirre avait justifié *a posteriori* la libération nocturne, dissimulée et quasi clandestine des 115 femmes, en précisant que le délégué général obtiendrait une libération, sinon égale du moins substantielle, de femmes détenues à Pamplona et à Burgos ainsi que le retour des 40 enfants de la colonie de Guecho — commune située à proximité de Bilbao — qui se trouvaient à Cardeñajimeno, dans la province de Logroño. Cette promesse était à la mesure de l'espoir de la foule venue en masse sur les quais des Arenas, sirènes des bateaux mugissant, dans une atmosphère de liesse indescriptible.

Le débarquement des deux délégués et des deux consuls anglais accompagnés des officiers des destroyers, et uniquement d'eux, suscite l'immense désappointement des parents qui attendaient les petits colons et de tous ceux qui avaient mis leur confiance dans les autorités et le CICR escomptant le retour de quelque parent, et tout le moins la concrétisation d'un geste humanitaire qu'ils avaient été les premiers à accomplir. Dépit qui se transforme en une vive hostilité. Lorsque les délégués se trouvent devant le président Aguirre, « *Junod remet une déclaration signée par les femmes basques libérées à San Sebastián par laquelle elles déclaraient vouloir rester dans cette ville, et un document signé par les directrices de la colonie scolaire de Guecho et par les plus âgés des enfants, document attestant que les enfants étaient très bien soignés* [sur le territoire de Burgos] *et ne désiraient pas rentrer à Bilbao* », commente Clouzot.

Après le plaidoyer de Junod, Aguirre et Leizaola remercient le délégué et le CICR de leurs efforts, mais s'étonnent qu'en échange de la libération et du rapatriement à San Sebastián des 115 femmes libérées par le gouvernement de Bilbao, « *le gouvernement de Burgos n'offre que deux lettres, dont l'une était signée par des enfants de onze ans* ». Un doute légitime subsiste sur la réelle liberté des femmes et des enfants basques en territoire insurgé. En conséquence, « *le gouvernement basque n'accordera plus de nouvelles facilités pour les échanges d'otages si le gouvernement de Burgos ne faisait pas le premier pas à son tour* ». Surpris par l'accueil de la foule et la mauvaise humeur des responsables basques, ils s'engagent à ramener les enfants de la colonie de Guecho, puisque telle est la volonté des parents.

Au début de l'après-midi, le lendemain, arrive le destroyer *Esk* avec à son bord les 41 enfants de la colonie de Guecho et leurs 5 professeurs. Prévenu par radio, Broccard avait fait le nécessaire pour ramener les enfants au plus vite à San Sebastián, où ils avaient été recueillis par le bâtiment britannique. Corrigeant la déception de la veille, la réception est à la mesure de l'événement. Les délégués, les enfants et les officiers britanniques défilent au milieu d'une foule en délire criant *Viva la Cruz Roja!* dans une débauche de musiques et de cris, en présence de nombreux gardes basques en armes. Des réceptions et des vins d'honneur sont organisés. Ce n'est que samedi que les délégués, ramenant avec eux quelques réfugiés, retournent à Saint-Jean-de-Luz.

Alors que le compte rendu de Daniel Clouzot s'apparente davantage aux attendus d'un procès-verbal notarial, comment Junod décrit-il cette journée — qu'il situe au 25 octobre dans son ouvrage — avec ce mélange inimitable de conteur et de moraliste, d'affabulateur parfois, qu'il déploie?

Tout y est, les mères réclamant *los niños, los niños*... Son impuissance, à laquelle répondent des invectives et des vociférations :
« *A bas la Croix-Rouge! Les gens me crachent au visage. La police basque intervient pour me protéger. Quelques Anglais qui m'accompagnent essaient d'expliquer que les franquistes sont les seuls responsables. [...] Pendant une heure, épuisant toutes les ressources de mon mauvais espagnol, je m'efforce de les rassurer. "Dans dix jours je vous jure de revenir avec les enfants." [...] Il me faut beaucoup batailler, à Burgos, pour qu'une décision soit enfin prise. De bons amis carlistes, heureusement, m'appuient de toute leur influence et, au jour dit, j'emmène vers Saint-Jean-de-Luz la colonie de vacances. [...] A Bilbao, les cloches sonnent à nouveau pour saluer notre arrivée, et j'oublie bien vite dans cette indescriptible allégresse les affres du premier voyage.* »[34]

Écoutons maintenant, sans grand étonnement, un son de cloche quelque peu différent. Burrough, commandant de l'*Exmouth*, apprend lors de son passage à San Sebastián, que les 40 enfants et une réfugiée politique, Mme Irujo, n'étaient pas arrivés « *à cause des fortes pluies* ». Cette information malheureusement n'a pas été transmise à Bilbao. A leur arrivée à Bilbao sur l'*Escort,* le consul [Stevenson] et le commandant anglais [il ne cite pas Junod] sont accueillis par une foule et des autorités fort mécontentes. Mais, grâce au docteur Broccard, les enfants sont dirigés vers San Sebastián d'où l'*Escort* les transporte à Bilbao et ils sont reçus dans l'allégresse par la foule[35].

Koltsov, présent lui aussi ce jour-là [le 14] à Bilbao, ne dit mot de cette arrivée (pp. 137 et 138 de son *Journal*). Fort différente, sa journée laisse l'impression étrange que tous ces personnages non espagnols, dont le passage aurait dû entraîner une curiosité bien naturelle, se sont involontairement évités et soigneusement ignorés, ou bien que leurs hôtes ont organisé avec minutie leur carnet de rendez-vous dans un but identique! Jeudi, c'est la visite du port d'où partent en direction de l'Angleterre des bateaux chargés de minerai de fer qui, remarque-t-il, reviennent à vide. Bateaux de pêche et autres embarcations, ne quittent pas les quais, par crainte du blocus franquiste. Là aussi, l'arrivée des destroyers anglais, la manifestation et la liesse populaire ne sont pas mentionnées.

Horace Barbey arrive le 25 septembre à Port-Bou. Comme pour Junod, le consul de Suisse et le président Casanovas sont alertés. Ainsi que le président de la Croix-Rouge de Barcelone[36], Estrañy, d'une trentaine d'années, sympathique et énergique. Par une fort belle mais sinueuse route, barrée de barricades en chicanes, ils rejoignent le siège de la Croix-Rouge dans l'après-midi. Il y a foule, mais personne n'est armé. « *C'est sur ce point que réside la grande différence entre la Croix-Rouge et le Comité sanitaire antifasciste qui représente une véritable organisation militaire, ayant pour insigne la croix de Malte mais également la croix rouge.* »[37] Maintenant, il s'agit de rechercher les caisses de matériel sanitaire qui l'ont accompagné. Par erreur, et cela arrivera aussi dans l'autre camp, ces colis ont été *récupérés* par les milices sanitaires, ou la Santé militaire, et il faut de longues palabres pour que le chargement soit remis à l'hôpital de la Croix-Rouge. La seconde visite est pour le consul suisse, Gozenbach. Le lendemain, en accord avec le docteur Perramon, on vérifie le contenu des caisses. L'hôpital, qui était *tenu* par des religieuses, est en pleine réorganisation et la rivalité est grande avec les milices sanitaires. Dès le matin, Barbey, guidé par un *pseudo-interprète*, visite la ville et ses environs. De retour au consulat on apprend que le président Casanovas — qui avait reçu Junod — vient d'être destitué.

La procédure d'installation est rodée. Après la prise de contact avec le corps consulaire, il s'installe dans les locaux qui lui ont été préparés, logeant lui-même C/Lauria 95, non loin de la place de Catalogne. Il engage une dactylo suisse qu'il rétribue, car la Croix-Rouge n'est pas en mesure de prendre en charge quelque employé que ce soit. Ses connaissances de l'espagnol étaient inexistantes. Pour pallier cette insuffisance, il utilise tout d'abord un livre de classe qu'il parcourt avant de s'endormir, ensuite un professeur mis à disposition par le consulat suisse. Dans l'intervalle se proposent des interprètes bénévoles issus de la Croix-Rouge, beaucoup de Catalans pratiquent assez couramment le français.

Quelques mots sur la Generalitat de Catalogne, organisme politico-administratif surgi à la fin du Moyen Age. Son autonomie reconnue par la Constitution, votée lors de la proclamation de la IIe République, en 1931, fut suspendue lors de la tentative séparatiste d'octobre 1934. Avec les élections de février 1936, parallèlement, la Generalitat, à la tête de laquelle était Lluís Companys, récupérait son pouvoir et son prestige. Après le 19 juillet, l'autorité de fait passa entre les mains du Comité des milices antifascistes. Le 31 juillet 1936, Companys s'autoproclame *président de la Catalogne,* provoquant l'ire du gouvernement central de Madrid. Joan Casanovas est nommé chef du gouvernement, remplacé par la suite par Josep Taradellas y Joan, politicien catalan, membre de la *Esquerra Republicana de Cataluña* (Gauche catalane républicaine), qui en juillet 1936 se mit aux ordres du président Companys. Pendant toute la durée de la guerre civile, les relations entre les autorités *autonomes* catalanes et le gouvernement républicain furent presque toujours d'ordre conflictuel.

A ce moment-là, la situation est un peu plus calme que celle connue par Junod lors de son passage. Parviennent davantage les nouvelles du front d'Aragón que celles d'autres régions. Un autre événement est commenté en Catalogne, l'expédition malheureuse du débarquement à Majorque, du 5 août au 3 septembre. Le groupe expéditionnaire occupa l'île de Formentera, puis celle d'Ibiza. Après un différend entre les deux chefs, le capitaine Uribarri et le capitaine Bayo, le second poursuivit l'opération par un débarquement sur l'île de Majorque, à Porto Cristi. Les combats entre les attaquants républicains et les forces franquistes atteignirent par moments une grande intensité. L'embarquement précipité, sous peine de perdre le support de la flotte, se fit entre les 3 et 4 septembre. Cette opération militaire combinée démontra le manque de coordination entre les diverses forces, défaut dont elles souffriront souvent[38]. Un certain nombre de membres du corps médical des milices participant à l'expédition et une équipe de chirurgiens ne peuvent monter à bord du navire-hôpital *Marqués de Comilla* et sont abandonnés sur la plage!

En compagnie de Gozenbach, Barbey rend visite au président Lluís Companys, dont il donne une brève description : « *Un homme charmant et charmeur. [...] On sent en lui l'homme qui, sa vie durant, a combattu pour défendre ses idées et qui après être arrivé au pouvoir doit lutter encore pour défendre ce qui est son œuvre à Barcelone et en Catalogne.* »[39] Curieusement, ce dernier ne semble pas au courant de la démarche de Junod auprès du gouvernement de Madrid et de la Junte de Burgos. Il conseille au délégué du CICR de se mettre en relation avec José Tarradellas, président du Conseil catalan, qu'il rencontre le 2 octobre, toujours accompagné du consul suisse. Là aussi, Barbey décrit en quelques traits un homme très grand, aux cheveux noirs et aux yeux brun foncé d'une grande intelligence. L'entretien se déroule dans un français *très correct,* comme avec le président Companys. Ces deux entrevues semblent avoir été de pure forme. Mais, dans les notes du délégué, se dégage une constante chez ces deux hommes politiques : une grande fatigue physique et morale.

Barbey souhaitant resserrer ses liens avec le corps consulaire, une réunion est organisée avec les Britanniques, King et Vaughan, consul et vice-consul. Toute une série de rencontres se succèdent. Le lundi 5 octobre, auprès de Gassol, ministre de la Culture du gouvernement catalan. Deux jours plus tard, en compagnie des deux consuls, français et suisse, avec un certain Sancho, homme de confiance de Madrid qui s'occupe de la sécurité, et son adjoint, Aguado; puis le lendemain, Tolanquer, un envoyé du gouvernement de Madrid, pour traiter de l'évacuation d'une colonie d'enfants à Bilbao. Ce sont des problèmes de douane qui nécessitent de revoir Ayguadé, qui sollicite des renseignements sur la colonne sanitaire suisse du docteur Fischer.

Au plan des échanges d'otages, le gouvernement catalan intercède pour la libération du député Angel Menéndez Suárez, arrêté à Saragosse. Mais aussi en faveur de Arturo Menéndez, que Barbey croyait détenu à Pamplona. Junod en proposait l'échange contre José Maria Milá y Camp, frère de Mlle Milá, ex-présidente de la Jeunesse de la Croix-Rouge espagnole, emprisonné sur l'*Uruguay,* en rade de la capitale catalane.

Parallèlement, le comité de la Croix-Rouge de Barcelone souhaitait organiser une inspection du front d'Aragón en compagnie de Barbey, lequel était tout à fait enchanté. Cette tournée, sans aucun danger, permettrait de redonner du lustre aux membres de la Croix-Rouge tout en arbitrant, professionnellement, le litige pendant entre ceux-ci et les milices sanitaires. Barbey reconnaît au Service de santé des milices le statut officiel de Service de santé des armées et le droit de porter le brassard distinctif *croix-rouge*. Car, pour sa part, la Croix-Rouge n'est que l'auxiliaire du Service de santé des milices, des Brigades internationales ou militaires par la suite lorsque les milices seront militarisées, en 1937. Horace Barbey se trouve aussi confronté à ce que le CICR voudrait éluder ou tout au moins ignorer, la présence dans les rangs du Service de santé républicain, milices ou troupes régulières, de nombreux volontaires étrangers au titre de médecins ou d'infirmières, accourus pour beaucoup avec des ambulances et un abondant matériel médical. Un convoi de Samaritains ouvriers, appartenant au Cartel suisse d'aide aux enfants espagnols, et conduit par le docteur Roger Fischer avec quatre médecins et huit infirmiers, dont trois femmes, parvient à Barcelone avec des ambulances, ils seront envoyés à proximité immédiate du front d'Aragón. Ces volontaires ont signé un contrat d'engagement auprès du Comité sanitaire des milices antifascistes. Médecin-chirurgien et membre du Parti communiste genevois, le docteur Fischer était le fondateur des Samaritains ouvriers qui apportèrent une aide active y compris par la création d'un sanatorium pour enfants à Puigcerda. Curieusement, la Croix-Rouge manifeste son embarras, comme si elle craignait une certaine concurrence. Barbey nous confie : « *J'espère ne rien avoir à faire avec cette société qui est dirigée par M. Fissé, député socialiste, ami de M. Nicole.* »[40]

Après beaucoup d'hésitation, Genève autorise le délégué à se rendre sur le front d'Aragón, après lui avoir refusé une visite à Madrid, sans cependant aller jusqu'aux premières lignes. On lui recommande « *de ne laisser la Croix-Rouge s'engager qu'en deuxième ou troisième ligne. Puisqu'il y a un service de santé officiel, les premiers postes de pansement doivent être assurés par les milices sanitaires. La Croix-Rouge ne devant s'occuper que des hôpitaux d'évacuation.* »

L'affaire des boy-scouts mobilise les énergies du CICR et des diplomates français. Un groupe de scouts (*exploradores*) de Saragosse, pour beaucoup adolescents, au mois de juillet était en vacances sur les contreforts pyrénéens d'Ordesa. Le sort des armes fait qu'ils se trouvent en zone républicaine, alors que leur famille est en zone rebelle. Arrêtés, ils sont conduits à Barcelone. Le délégué du CICR se présente aux autorités pour négocier le retour de ces jeunes gens : deux visas de sortie sont nécessaires, du gouvernement catalan et du comité des milices. Mais les choses se compliquent par le fait que des scouts sont en âge de porter les armes, leur responsable, par exemple, a 41 ans. En raison de la réorganisation des milices militarisées, aucun Espagnol n'est autorisé à quitter le territoire. Dès leur arrivée, à Barcelone, les scouts provenant de Barbastro ont été concentrés dans un local. Sur les 71, 24 ont de 18 à 30 ans; mobilisables, ils seront traités en prisonniers de guerre. Avec l'aide du consul de France, Barbey a bon espoir d'obtenir pour les plus jeunes une évacuation en France, puisque le gouvernement français veut bien les accueillir, la section des Éclaireurs de France de Tarbes se proposant de les héberger pendant toute la durée des hostilités. A cet effet, Barbey rencontre le président Tarradellas, avec le consul français. La situation des jeunes non mobilisables est réglée par un accord général; les enfants embarqueront sur un bateau français, l'*Anfa,* à destination de Marseille. Ils devront rester en France jusqu'à la fin des hostilités et signeront une déclaration en ce sens, comme s'y est engagé le consul français, Pingault. Jeudi 22 octobre, accompagnés de Zimmermann, un Hollandais, ils partent sur l'*Anfa*. Réceptionnés le lendemain à Marseille par François Clouzot, ils iront à Lourdes, sauf un, malade.

Parviennent en Catalogne, et principalement dans un premier temps dans la périphérie de Barcelone, des groupes de plus en plus importants d'enfants en provenance de Madrid, accompagnés de leurs enseignants, pour ceux scolarisés, ou bien avec mères et aïeuls quand ils ont des proches dans la région. Barbey, qui ne dispose que d'une information parcellaire, comme d'ailleurs un peu tout le monde, les évacuations se faisant de manière désordonnée sans plan véritablement préconçu, téléphone à Genève que plus de 10.000 enfants seraient arrivés. Lorsqu'un chiffrement fut tenté, en janvier 1937, on estima à près de 90.000 les enfants évacués depuis Madrid.

Broccard [*r.* du 5.10.1936], en compagnie de Vallellano, entreprend une tournée en Vieille Castille, tout spécialement à Avila et à Salamanque en passant par La Granja, lieu de séjour de l'École *internationale.* Celle-ci s'adressait indifféremment à des enfants espagnols ou de ressortissants étrangers. Les non-Espagnols ont été conduits au Portugal pour rejoindre leurs familles; les nationaux sont remis à de proches parents en zone nationaliste. A Ségovie se trouve le préventorium de San Rafael, dont les enfants sont soignés par les Sœurs de la Charité. Trois colonies scolaires séjournaient, en juillet, à La Serrada-Gredos. Elles sont maintenant à Avila même, concentrées dans un hôtel, ainsi que la colonie des Padres de Familia, composée de jeunes filles. Broccard retrouve à Salamanque la colonie de Candelario (près de Bejar) de Huerfanos de Hacienda (17 filles). Enfin, il ne peut se rendre à Abadia de Levanza pour y visiter les 150 enfants qui y séjournent; cette colonie se trouve non loin de la ligne de front, dans le nord de la province de Palencia.

Entre le président de la CRN et Marcel Junod les relations ne connaissent qu'une courte période cordiale, au mois d'octobre, lors de leurs premières rencontres. Assez rapidement, les récriminations et les disputes épistolaires prennent le dessus. Le point de départ peut se situer avec précision lors du retour de Bilbao des 115 femmes libérées, quand le délégué général en demande la contrepartie. Or les franquistes refusent de s'acquitter de leur promesse et n'acceptent qu'avec réticence toute demande formulée par les délégués. Vallellano, dans sa correspondance, argumente que les personnes réclamées ne souhaitent (ne veulent) pas quitter le territoire national; pour d'autres, leur importance politique ou leurs liens de parenté excluent tout échange.

Peu de jours après cet échange manqué, à Pamplona, où étaient les deux hommes, Junod observant que le bombardement de Bilbao où se trouvaient 70.000 réfugiés « *était un acte abominable à cause des femmes et des enfants qui en seraient victimes »,* Vallellano lui répondit « *que la seule façon de prendre une ville comme Bilbao était de la bombarder ».* Sèchement, le quittant, le délégué accuse le président de la CRN de manquer de courage vis-à-vis de son gouvernement pour soutenir le rôle des délégués du CI en Espagne. Prise de position vivement défendue par le CICR dans un télégramme au général Franco :

> Sommes avisés par nos délégués que président CR nationaliste comte de Vallellano complique travail nos délégués au lieu de le faciliter Stop Sommes étonnés de ce défaut de collaboration et manque esprit CR Stop Serions reconnaissants V. E. accorder audience le plus rapidement possible à ce sujet au Dr Junod Stop Intercroixrouge[41].

Comme on pouvait s'y attendre, Franco assure que le président de la Croix-Rouge jouit de la confiance du gouvernement! Mais, conséquence heureuse de cet échange de missives au *sommet,* le comte minimise l'incident et promet une meilleure collaboration. Max Huber pousse un soupir de soulagement, il craignait d'avoir été trop loin; des instructions sont données à Junod de *mettre la pédale douce* avec les nationalistes. Néanmoins, la réponse de Salamanque ne dit mot d'une audience à accorder à Marcel Junod. Sollicitée lors de son séjour à Salamanque avec le carliste Olazábal, entre le 11 et le 14 octobre, elle ne peut avoir lieu, Franco se trouvant sur le front : « *[...] tant que Madrid n'est pas tombé, il se refuse à recevoir qui que ce soit, tant ambassadeurs que délégués ».* De son propre aveu, Junod ne dialogue qu'avec le *Premier ministre Sangróniz* dont il va ramener le fils quelques jours plus tard. Sangróniz était le chef du cabinet diplomatique et non le Premier ministre! Il existe, à ce sujet, dans les archives genevoises [9 octobre 1936] une note étrange. Elle expose que le général reçut Junod à Salamanque, qu'il se montra compréhensif mais ne proposa qu'une suspension des hostilités afin de permettre au CICR de poursuivre ses négociations. Le contenu de ce texte [résumé téléphonique ou autre?] pose problème. Premièrement concernant la date, le 9 octobre; nous avons sur cette semaine de substantielles précisions provenant de protagonistes divers.

Il n'y eut, à aucun moment, de trêve formelle décrétée par les franquistes sur le front de Bilbao. Il est vrai que les combats autour de Madrid prenant de l'intensité, on assiste à un net ralentissement sur les autres fronts, les nationalistes dirigeant leurs réserves sur le front central. Et que, pour soulager les Madrilènes, une offensive est déclenchée dans le nord, cette fois par les forces militaires du Gouvernement basque, en direction de Villareal, au nord de Vitoria.

Aucun des exposés de Junod à Genève ou ceux, très nombreux, libellés sur la table de l'hôtel de la Poste, à Saint-Jean-de-Luz, ne cite un quelconque entretien entre lui-même et le général Francisco Franco. Pas de mention de cette rencontre dans l'autobiographie de Junod. De même, un silence singulier entoure la présence dans l'entourage du Généralissime, comme aide de camp, de son cousin germain, le colonel Francisco Franco Salgado-Araujo. Seuls, croyons-nous, furent reçus par le chef de l'État, à Salamanque, Courvoisier, qui relate une entrevue dont par ailleurs nous n'avons pas trouvé trace, et Pourtalès, délégué à Salamanque et Burgos entre 1937 et 1938.

Avant de repartir pour Bilbao, Junod répond au courrier adressé par la CRN et son président au docteur Broccard et à lui-même. S'abritant derrière Sangróniz, qui aurait avancé que toutes les directives avaient été données, le délégué général, dans sa lettre du 2 novembre, tente d'obtenir le respect des engagements. Soulignant le souci d'impartialité de la mission de la Croix-Rouge et son amitié pour l'Espagne, il expose qu'un grand nombre de personnes veulent quitter Bilbao. Le CICR, en collaboration avec la marine britannique, a opéré environ 1.000 évacuations. Pour preuve de bonne volonté, il demande que les franquistes facilitent la sortie des colonies de vacances de Vitoria et d'environ 30 femmes et enfants. « *Si j'obtiens cette petite compensation je pourrais réussir davantage à Bilbao* », précise-t-il. Il comprend les raisons du général Mola qui n'admet aucun échange, mais ajoute que le CICR proscrit toute tentative de faire des otages et que si un tel principe était admis des deux côtés « *[...] il faudrait que vous puissiez me promettre de libérer les frères Irujo au cas où les deux mille quatre cents otages de Bilbao reviendraient à San Sebastián. Vous allez me dire que les frères Irujo n'ont rien à faire avec l'accord concernant les Basques. Je le reconnais entièrement, mais je me permets de vous demander leur libération comme une grâce et un service personnel qui me donneront la force nécessaire pour délivrer ces malheureux prisonniers. [...] les nouvelles que j'ai de Bilbao montrent que la situation n'est pas aussi brillante qu'on aurait pu le croire au début.* » Tout est dit sur les grandeurs et les infortunes des servitudes des délégués. Néanmoins, la proposition d'échange de 2.400 otages de Bilbao contre les frères Irujo reste extravagante et ne peut évidemment entraîner l'accord du gouvernement basque.

Georges Graz, nouveau délégué à Bilbao, et Junod embarquent sur l'*Exmouth* pour Bilbao, Santander et Gijón, le 5 novembre. Les rejoignent à San Sebastián 100 enfants de la colonie de Vitoria et 8 femmes dont deux emprisonnées à Vitoria [r. Junod du 10.11.1936] qui vont à Bilbao. Dans le journal *Política* daté du 6 novembre est détaillée l'arrivée à Las Arenas de l'*Exmouth* qui transportait les 102 enfants (72 filles et 30 garçons) de la colonie paroissiale de Saint-Vincent de Bilbao. Pendant tout le voyage ils étaient accompagnés par « *l'ambassadeur français et le président de la Croix-Rouge internationale M. Junaud* (sic), *qui a réalisé les démarches pour autoriser la sortie des enfants de Vitoria à l'initiative du gouvernement basque* ». Malgré cet échange favorable, Junod craint un mauvais accueil à Bilbao : « *Les délégués du Comité se compromettent en quelque sorte et seraient même en danger* », téléphone-t-il avant son départ lorsqu'il apprend l'envoi du Manifeste du CICR [Annexe 16a] aux différents gouvernements. Accompagnés par le consul Stevenson et le capitaine Burrough, dès leur arrivée, les délégués sont reçus par le président Aguirre, auquel Graz est présenté. Au cours de la réunion à laquelle participe Leizaola, Junod expose [r. du 10.11.1936] le thème de l'humanisation de la guerre, un pas important en sa direction vient d'être fait à Salamanque, estime-t-il. Comme attendu, les Basques manifestent une forte opposition, lui suggérant de faire préalablement une démarche identique auprès des nationalistes qui fusillent des prêtres et des femmes alors que le gouvernement de Euzkadi n'a fusillé personne. Il a été le premier à autoriser le rapatriement de femmes; il ne pose pas de conditions mais demande « *que toutes les femmes demeurant en ou originaires d'Euzkadi, dénomination qui comprend Alava, Guipúzcoa, Vizcaya et Navarra, et qui se trouvent détenues pour les mêmes raisons par ceux qui actuellement agissent de l'autre côté du front de combat, soient mises en liberté immédiatement, et, avec les mêmes garanties internationales, on leur donnera les moyens de regagner ledit territoire basque demeuré loyal à la République espagnole.* » Enfin, le Gouvernement provisoire basque exprime le désir que les délégués internationaux obtiennent du gouvernement français que les personnes souhaitant émigrer bénéficient des conditions qui furent faites aux émigrés d'octobre 1934 (séjour obligatoire au nord de la Loire) et sous la garantie de la mission internationale signataire et garante de l'accord [Annexe 10a].

Une affaire d'espionnage mettant en cause des membres du corps consulaire vient compliquer la tâche du délégué. Le consul d'Autriche-Hongrie, Wakonning Hummer, l'Allemand Emil Schaeidt Schneider et le consul du Paraguay, Federico Martínez Arias (de nationalité espagnole), sont accusés de complicité avec l'adversaire. Lors de leur embarquement sur l'*Exmouth,* on trouva dans leurs bagages des valeurs et des plans militaires concernant la défense de la ville qui leur avaient été remis par le commandant Anglada et le capitaine Murga. Une soixantaine de personnes ont été arrêtées, toutes demeurant dans la zone internationale de Las Arenas, qui a perdu de fait tout *prestige,* reconnaît Junod.

Le délégué général et Graz partent, le 6 novembre, pour Santander, où la délégation au grand complet est reçue par le gouverneur civil, Juan Ruiz Olazarán. Lui est remis le texte de l'accord de Salamanque, afin qu'il apporte une réponse positive. Les délégués observent l'état de tension et de fatigue extrêmes des membres de la junte. Junod, pour sa part, constate une « *sorte de folie collective [...] le maire de la ville ayant fait détruire des dizaines d'édifices, deux églises et une gare pour reconstruire selon une esthétique plus moderne* ». Ils signalent, fait rare dans leur correspondance, la présence de conseillers russes.

Un mois plus tôt, Koltsov [pp. 124-125] évoquait son arrivée à Santander, l'atmosphère y était pesante et méfiante et on y pratiquait une sorte de paranoïa aiguë. Le pouvoir républicain restait indécis et infiltré d'éléments douteux. Le comité du Front populaire était devant le dilemme posé par la présence d'individus soupçonnés de sympathie envers les insurgés, devait-on les arrêter ou bien leur fournir des passeports pour qu'ils s'expatrient? La majorité ayant opté pour le départ prit le bateau pour la France et se rendit ensuite directement à Burgos. Tous pourtant ne partirent pas. Graz, au cours de son premier voyage, retrouve des réfugiés au Sardinero, quartier balnéaire de Santander, parmi lesquels des personnes « *peu connues de la population, qui ont pu se cacher ou se réfugier dans des maisons amies et sont momentanément en sûreté* ». Remarquons que l'on est en présence d'une zone *neutre* occultée, où se réfugièrent, avec l'accord tacite des autorités, de nombreuses personnalités, parentes ou amies, que l'on voulait protéger des réactions des éléments les plus radicaux de la ville. Se fondant sur les résultats des élections passées, y compris celles de février 1936, certains auteurs font remarquer qu'une partie de la population ne participa pas à la cause révolutionnaire et n'aurait pas supporté les privations alimentaires que subissaient les habitants de Bilbao[42].

Pourtant, ni Graz ni Koltsov n'ont relevé d'édifices *volontairement détruits,* tels que ceux décrits par Junod. Et le sort de la population soupçonnée et inquiétée n'a pas évolué aussi favorablement que l'explique le journaliste soviétique. Graz négocie avec les autorités la libération de femmes et de vieillards détenus. En effet, la visite du bateau-prison l'*Alfonso Pérez* permet de constater que si leur sort s'est amélioré — les peines corporelles ont été supprimées et les familles subviennent aux besoins des détenus — les locaux sont toujours insuffisants, froids et l'hygiène est déplorable. Au cours d'un bombardement aérien, 276 prisonniers y furent exécutés. La prison provinciale compte 300 détenus dans d'excellents locaux (chauffés), une hygiène correcte et un bon état sanitaire. La composition de la section de la Croix-Rouge locale a été bouleversée à l'exception d'un seul membre (le vice-président), mais elle fonctionne correctement en liaison avec la Santé militaire. Après avoir expliqué le rôle et l'utilité du Service des nouvelles, Graz obtient l'adhésion de la section locale et du gouvernement. Lors d'un deuxième voyage, la presse ayant diffusé des communiqués, environ 400 personnes se pressent à la permanence où se trouvent dix bénévoles avec quatre machines à écrire pour remplir les fiches. Mais c'est à Bilbao que Georges Graz manifeste son obstination. Se déroulent les mêmes opérations, 8.000 fiches ont déjà été envoyées à Genève. Néanmoins, le gouvernement basque envisage de dissoudre le comité local et le remplacer par un comité plus conforme à ses souhaits. Des démarches sont entreprises pour libérer et évacuer ceux et celles qui le désirent, apporter des médicaments ou des *paquets-standard* (conserves, cigarettes, chocolat, chaussettes, etc.), aux prisonniers, enfin assurer le service des nouvelles aux familles. La routine dira-t-on. Pour ce casse-tête quotidien, la solution passe par tous les stades de l'exaltation à la dépression. Novice, Graz compte sur la présence de Junod pour lever les derniers obstacles. La situation des prisonniers, depuis les visites de Mgr Mathieu, Herbette et Junod, s'est améliorée. Graz visite *El Cuartelillo de Seguridad* (petite caserne de sûreté) où il y a environ 550 détenus. Les gardiens, basques pour la plupart, sont humains, la nourriture bonne et l'hygiène suffisante. Mais les locaux infestés de parasites sont exécrables, pas d'aération, ni de lumière. En dépit de cette situation, les détenus se trouvent à l'abri des troubles extérieurs, ils ne souhaitent pas qu'on intervienne en leur faveur. Dans les *Angeles Custodios*, les 150 détenus, dans de vastes locaux, ont une nourriture et une hygiène normales.

Laissant à Graz la bride sur le cou, Junod [r. du 10.11.1936] embarque pour Gijón qu'il n'atteint, par une mer démontée, que le 7 au matin, les destroyers anglais n'étant pas très confortables. Du port asturien, le délégué — a-t-il contacté le consul français Paquet? — dépeint un sombre tableau sanitaire : « [...] *trois hôpitaux dans un état lamentable, manque de matériel, incompétence des médecins* ». Il ne reste qu'un médecin de la section locale de la Croix-Rouge, Manuel de la Cruz Iriarte, qui soigne les détenus dans la prison de Bilbao! Rencontré, le chef du service de santé lui fait part de l'angoissant manque de matériel et de médicaments de toutes sortes pour soixante-dix hôpitaux dirigés par 200 médecins qui, sur la ligne de front, soignent plus de 2.000 blessés et 1.000 malades. La visite de la prison *Del Coto* est effectuée en compagnie du délégué aux prisons. Ce dernier, anarchiste, est le sosie politique du délégué gouvernemental aux prisons à Madrid. Mais tandis que Melchor Rodríguez apporte, sans exception, son attention à tous les prisonniers, le délégué asturien exècre les fascistes qu'il voudrait voir tous exécutés. Junod s'entretient avec Belarmino Tomás Alvarez, gouverneur civil des Asturies et de Léon, qui reconnaît la nécessité d'humaniser la guerre. Après avoir été mineur puis président du syndicat des mineurs asturiens, Tomás Alvarez prit part à la révolution d'Octobre.

L'un venant de Gijón l'autre de Santander, les deux délégués se retrouvent à Bilbao le lendemain matin, Graz ramenant l'accord signé par le gouverneur civil de Santander, que Junod estime de peu de valeur et très général [Annexe 20a]. Ce soir-là — les réunions se tenaient souvent en fin de journée ou la nuit — les mêmes négociateurs retrouvent les conseillers basques. Il est convenu que le CICR doit obtenir une déclaration du gouvernement franquiste sur la mise en liberté des femmes basques, ainsi que celle des femmes et des enfants qui se trouvaient sur le *Galerna*. Le 9 novembre, l'*Exmouth* (91 enfants, 50 hommes et femmes) et l'*Escort* (200 enfants, femmes et hommes) convoient vers

Saint-Jean-de-Luz ces réfugiés de Bilbao; de là, par autocars, à San Sebastián. Pour ceux qui ne possèdent pas de passeport le passage se fait avec l'aide de l'ambassadeur français. Au cours de son séjour, Junod apprend que l'accord de Salamanque a été diffusé auprès de toutes les autorités. Il fait parvenir un récit euphorique à Genève, suivant en cela la sinusoïde des relations qu'il entretient avec les autorités de Salamanque.

Graz se substitue à Junod. Il persiste à présenter les listes des personnes que leurs familles en zone franquiste réclament pour que leur soient remis passeport et autorisation indispensables à leur embarquement. Les autorités basques s'étonnent de ce que la plupart des femmes et des enfants réclamés appartiennent à des familles connues pour leurs sentiments monarchiques ou de droite. Leur est rétorqué que le CICR se place uniquement sur le terrain humanitaire et qu'il ne lui appartient pas de discriminer les demandes en fonction de critères politiques. En conséquence, il n'était pas du tout anormal que la majorité des demandeurs appartienne au camp adverse. Au bureau des passeports sont en attente 1.800 requêtes, alors que les autorisations se font au compte-gouttes et seulement lorsqu'un bateau quitte San Sebastián avec des personnes réclamées par les nationalistes basques ou le Front populaire de Bilbao. Les échanges individuels continuent parcimonieusement. Ils concernent des personnalités d'égal *poids,* membres de familles influentes ou bien politiquement importantes pour la plupart et courant un immédiat danger. Après le premier échange quelque peu acrobatique mené par Junod, la procédure semble rodée : un des ponts de la frontière est choisi, le représentant du CICR étant présent. Beaucoup plus complexes et difficiles que depuis le Pays basque sont les évacuations de Santander. Le délégué [r. du 10.12.1936] parle d'un système de rançons, « *jusqu'à 50.000 Ptas pour obtenir leur permis d'embarquement* ». L'arrivée prochaine d'un délégué, Pierre Weber, pourra peut-être apporter un début de solution avec l'aide des représentants consulaires.

Un récapitulatif de tout ce que les délégués ont fait en faveur des Basques est remis : rapatriement des colonies scolaires de Guecho, Vitoria et Laguardia, de 250 femmes et enfants, de quelques hommes âgés ou malades et d'une partie des femmes et des hommes du bateau *Galerna,* dont Natividad Aldazebal, membre du SRI, ainsi que la belle-sœur de Prieto, dont le mari est détenu à Vitoria. Toutes ces personnes sous couvert d'un document de la Croix-Rouge et le contrôle du CICR. Junod achève par « *[...] le gouvernement basque peut donc, par sa libre détermination, jouer un rôle d'une importance capitale pour notre mission si difficile mais si humanitaire.* »[43]

Négative, la réponse incite Junod à faire le *forcing* auprès du conseiller de l'Intérieur Monzón et à observer les résultats sensibles obtenus auprès du gouvernement de Burgos avec l'aide des bateaux anglais. Mais, lui est-il rétorqué, les franquistes ne libèrent que peu à peu les personnes demandées et, malgré les accords, on garde encore des femmes en prison. Il faut rappeler Burgos au respect strict des accords signés. Les Basques, depuis le 7 octobre date de la création de l'exécutif, n'ont fusillé personne, sauf dans le cas d'espionnage. En revanche, les franquistes en ont fusillé de nombreux y compris des prêtres[44], après un jugement expéditif, reprochant aux nationalistes basques de s'être alliés aux *extrémistes* (le Front populaire) responsables des massacres de San Sebastián en août. A l'issue de la réunion, le gouvernement basque donne l'impression de ne pas couper les ponts. Ce pronostic se vérifie. Dans un texte daté du 23 novembre [Annexe 12a] portant le timbre du *Gobierno de Euzkadi*, il expose les motifs qui justifient ses revendications auprès du CICR afin d'obtenir de la part des franquistes le respect de la lettre des accords signés. Texte complexe — *alambiqué,* dira Junod — qui ne ferme pourtant pas la porte à la négociation. Quelle est l'attitude adoptée par les basques nationalistes envers les otages et leur échange? Tout d'abord, les femmes détenues n'ont pas subi de mauvais traitements et aucune n'a été exécutée sur le territoire sous juridiction du Front populaire, puis du gouvernement basque. Ce n'était pas le cas dans la zone rebelle où nombreuses, non seulement ont été fusillées, mais ont subi des vexations multiples : crâne tondu, ingestion d'huile de foie de morue, etc. Le sort des enfants des colonies scolaires est abordé, et de leur retour. Les auteurs rappellent le traitement inhumain des détenus politiques en zone factieuse, y compris envers le clergé basque. Le gouvernement basque demande instamment l'aide de la Croix-Rouge internationale pour une humanisation se traduisant par la libération des femmes et des enfants, leur transfert auprès du chef de famille. A cette condition, le gouvernement provisoire basque s'engage à faire de même, soulignant son désir d'autoriser toutes les initiatives en faveur de l'humanisation de la guerre qui pourraient lui être proposées et remercie le Comité international pour son intervention et le gouvernement anglais pour l'aide matérielle offerte.

Poursuivant sa fébrile activité, Junod retrouve le commandant James de la flottille des destroyers, à bord du *Fearless,* pour mettre au point les prochaines missions. Un télégramme du consul anglais de Bilbao prédit un durcissement du Gouvernement basque opposé au départ des personnes inscrites sur les listes de la Croix-Rouge. Possible décision qui provoque l'effervescence à San Sebastián parmi les parents qui attendent leurs proches. Junod minimise l'incident. Apprenant — est-ce un hasard? — que le comte de Torrubia, venu à Saint-Jean-de-Luz pour y rencontrer le ministre Irujo, se trouve dans le restaurant où il déjeune avec son adjoint, Muntadas, il le prie de solliciter une entrevue auprès du délégué de la CRN à Paris. Refus de l'aristocrate, il aurait été mis en garde de ne pas traiter avec le CICR parce que le délégué de Burgos, Broccard, s'était mal comporté avec Vallellano! Junod [*r.* du 3.12.1936] n'insiste pas. Traversant la frontière, il rencontre un collectif des parents de prisonniers de Bilbao, *montés* contre les *Rouges* et le gouvernement de Bilbao, en présence du maire de San Sebastián, Mújica. Il dénonce les bruits alarmistes qui circulent concernant les délégués et la confusion pouvant intervenir entre les diverses associations humanitaires. Des représailles sont envisagées, à choisir parmi les suspects. Violente par instants, la discussion se prolonge pendant plus de deux heures. Junod obtient un sursis d'une quinzaine de jours. Deux bureaux seront créés, l'un s'occupera des rapatriements dans les deux sens, couplés avec le service d'informations; l'autre de la correspondance et des paquets destinés aux prisonniers. Il retrouve Vallellano à Burgos. Là aussi, la discussion est vive. Junod dispose de solides arguments, par exemple la non-exécution du contrat moral pour lequel s'était engagé le CICR. Les franquistes n'avaient pas remis en liberté toutes les femmes basques, et Bilbao était fondé d'en demander l'élargissement. Le délégué remet la liste de ces femmes, signalant que trois d'entre elles avaient été fusillées.

Manuel de Irujo aurait rencontré le comte de Torrubia qui lui a ramené de Pamplona une lettre de ses frères et d'autres prisonniers pressant le ministre basque de s'impliquer personnellement dans le problème des échanges d'otages. Junod apprend avec amertume que l'entrevue a été programmée par le président de la Croix-Rouge, qui ne l'a pas tenu informé et semble exceller dans une sorte de double jeu. Mais il estime que tout cela ne peut déboucher sur quelque chose de concret, car le gouvernement basque ne fera rien sans le CICR. L'avenir des évacuations dans la zone nord dépend d'une équation toute simple : d'un côté, environ 8.000 sympathisants franquistes veulent quitter Bilbao, contre 1.500 seulement la zone nationaliste, sans que tous rejoignent le camp républicain. A cette inégalité s'ajoutent le problème du transport maritime et son coût pour lequel rien n'est encore résolu.

Émerge le différend personnel entre Vallellano et Broccard. Après ses multiples déplacements, souvent infructueux, il fait part dans son courrier destiné à Genève de sa profonde déception. A plusieurs reprises, il s'était plaint à Genève de l'attitude cavalière avec laquelle il était traité par le bureau de la CRN. Le matériel médical livré restait sans affectation de longues semaines dans les locaux de la Croix-Rouge. C'est la raison pour laquelle Broccard avait décidé de court-circuiter la Croix-Rouge et, après entente, de livrer ce matériel directement au corps de Santé militaire qui en avait manifesté une grande satisfaction, les relations entre ces institutions étant paradoxalement tendues.

C'est le dernier mois pour Broccard; son séjour parfois laborieux n'a pas donné tous les fruits qu'il pouvait en attendre. Il ne possède pas le style flamboyant de Junod, ni la présence incisive et froide de Georges Henny, encore moins la diplomatie rude de Roland Marti. Broccard semble avoir été saisi d'une sorte de complexe d'infériorité — reproche que lui fait Junod — dès les premiers jours envers le président de la CRN. Sans doute a-t-il été victime de la prestance aristocratique du comte de Vallellano? Aussi entame-t-il le mois de novembre affrontant les contradictions provoquées par les divergences entre le discours du président de la CRN et les décisions des autorités militaires qui soufflent alternativement le chaud et le froid. Dans ce dernier cas, la présence de Junod ne permet pas de surmonter les obstacles. Soulignons, mais nous y reviendrons plus avant, que si, en 1936, dans les deux zones gouvernementales les délégués ont visité fréquemment les prisons des détenus politiques, il n'en a pas été du tout de même dans la zone nationaliste!

Avec l'accord de Vallellano, le délégué, à Miranda de Ebro, y procède au recensement, puis à l'évacuation des familles souhaitant être rapatriées à Bilbao. Dans un premier temps, le maire fait publier un avis informant les intéressés. Broccard rencontre le général de brigade commandant la place et sollicite la communication des listes des prisonniers; la requête est refusée. Les choses se compliquent lorsque le lendemain le commandant des gardes civils fait remarquer qu'il n'a reçu aucune instruction de laisser partir la population civile, contrairement aux accords précédemment signés entre Salamanque et le CICR. Broccard remonte alors l'échelle hiérarchique militaire jusqu'au général Mola qu'il ne peut rencontrer. Après de nombreuses communications avec Burgos, Valladolid et Salamanque, arrive enfin la décision de Mola qui s'oppose au départ de qui que ce soit, prétextant qu'un tel retour à Bilbao redonnerait une confiance qui pourrait être nuisible pour les prochaines opérations militaires! Les relations avec la section de Burgos de la Croix-Rouge se tendent, et la rumeur publique colporte des informations fantaisistes, par exemple que le CICR est à la solde du Front populaire ou bien que les bateaux anglais accompagnent et protègent des bateaux chargés de munitions. Ce n'est que le 15 novembre que les enfants de la colonie de Vitoria peuvent rejoindre leurs parents à Bilbao en compagnie d'environ 150 personnes. Vallellano appuyant Broccard, 20 femmes de Vitoria et une trentaine de vieillards et malades sont libérés. Pour la rédaction de ce qui a été appelé l'accord de Salamanque, Broccard se rend à Salamanque et s'entretient avec Sangróniz qui lui notifie que les membres du gouvernement nationaliste sont très mal disposés à l'égard du CICR après la diffusion de son manifeste, « *l'accusant de partialité en ne faisant pas la distinction entre l'autorité nationale et les autorités opposées* » [r. du 20.11.1936]. Il constate que c'est surtout Sangróniz, dont la femme, les deux filles et le fils ont été récemment ramenés de Bilbao par Junod, qui manifeste autant de rancœur. Le 15 novembre, à San Sebastián, il est reçu par le cardinal Gomá, archevêque de Tolède, Primat d'Espagne, qui s'était rendu *confidentiellement* auprès du Saint Père pour défendre la position de Franco[45]! Le prélat félicite le CICR pour la tâche humanitaire qu'il effectue en Espagne nationaliste.

Soulagement certain, *in fine,* Daniel Clouzot lui demande de revenir à Genève, sa mère étant souffrante. Broccard prendra le train du soir en compagnie de Junod.

Chapitre IV
Dans la capitale

Après une courte période de tâtonnements, Henny met au point la procédure de communication avec Genève : courrier *normal,* utilisation du service postal espagnol (avec passage obligatoire au bureau du censeur), pour la gratuité duquel des démarches sont entreprises; courrier *sensible,* il suit la voie diplomatique, essentiellement française. Renforçant ses liens avec le corps diplomatique, il cultive des relations cordiales avec sa figure marquante, le chargé d'affaires britannique, G. Ogilvie Forbes.

Sur le registre officiel, Rodolfo Llopis, sous-secrétaire à la présidence du Conseil, reçoit Henny, début octobre. Professeur, en 1931 directeur général de l'Enseignement, Llopis était député d'Alicante (PSOE). Le délégué [*r.* A du 7.10.1936] vient l'entretenir des colonies scolaires. Suite aux explications fournies, le sous-secrétaire fait part du désagrément qu'il éprouve d'être mis devant le fait accompli touchant les enfants des colonies de Santander que l'on évacue. En territoire gouvernemental, elles sont en sûreté et la seule œuvre humanitaire utile serait de veiller à ce qu'elles ne manquent de rien. Il en va tout autrement pour celles en territoire rebelle, dont il faut s'occuper en priorité. Peu informé, Llopis énonce cependant des propos de bon sens, l'urgence voudrait que l'on rapatrie d'abord les enfants qui se trouvent dans la zone adverse et non dans la même zone. L'action du CICR est partiale et se dirige là où elle ne rencontre aucun obstacle. Henny reconnaît que l'on doit s'intéresser d'abord aux colonies en territoire rebelle : préventorium de San Rafael à Segovia et de Palencia (150 enfants à Abadia de Levanza), et intervenir auprès du délégué à Burgos.

Mercredi 7 octobre est une journée importante pour nos délégués. Henny et de Vizcaya, à l'ancien Palais royal (Palacio de Oriente), rencontrent le président de la République, Manuel Azaña y Díaz. Tout d'abord, il les félicite pour l'œuvre humanitaire accomplie. Est-il possible d'avoir des nouvelles de son neveu, Gregorio Azaña, « *emprisonné à Cordoue, dont il n'a plus de nouvelles depuis un mois; il se pourrait qu'il ait été fusillé* »[1]. Que se sont-ils dit d'autre pour justifier l'entretien accordé par le chef de l'État, connu et apprécié à l'étranger en tant qu'homme politique et écrivain? Tout d'abord protocolaire, pour présenter ses devoirs et ceux du CICR. Plus subtil, le second prend en compte les sentiments compatissants que l'homme d'État manifestait. Le 23 août 1936, à la Cárcel Modelo de Madrid, un certain nombre de personnalités furent exécutées dans les couloirs de la prison dans des conditions épouvantables, sans aucune justification. Le corps diplomatique fit part de sa désapprobation au président Giral, exigeant que les représailles cessent.

Dans le cas contraire, il recommanderait aux gouvernements, à la fois, de retirer leurs représentants et d'envisager une intervention militaire pour faire respecter le droit des gens. Si cette critique solennelle ne connut pas de suites, en revanche les événements sanglants avaient fortement impressionné Azaña; il voulut démissionner sur-le-champ. Ossorio y Gallardo, par la suite ambassadeur d'Espagne en France, le convainquit du contraire, car, disait-il, « *on faisait de même de l'autre côté en honnissant le nom de Azaña* »[2]. Fort logiquement, Henny compte sur l'aide du président Azaña pour mener à bien l'action entreprise en faveur des otages. A partir de cette date Azaña fera part à tous ses interlocuteurs de son pessimisme au sujet de la guerre civile. Il entreprendra des sondages à l'étranger, par des intermédiaires tels que Bosch Gimpera et Casanovas Maristany[3]. Peut-être est-ce à ce moment-là, et devant ses interlocuteurs neutres, qu'est envisagé un projet de trêve et de ville ouverte de Madrid?

Les besoins en matériel médical sont critiques; aussi, la Croix-Rouge envoie-t-elle une mission en France pour en acquérir. Désigné comme responsable de la mission, Morata prie Henny de lui délivrer un carnet d'identité du CICR. Il n'est pas le seul, de nombreuses commissions d'achat de toutes sortes, désignées par des organisations politiques ou syndicales, se rendent en France. Le matériel sanitaire rassemblé par le CICR commence d'arriver; il fait bonne impression.

Broccard, à la demande de Burgos, soumet le projet d'une évacuation éventuelle, vers Valence et l'étranger, de personnes âgées ou malades de Madrid. Henny considère que cela est difficile, il faudrait que ces personnes soient transportables alors que les communications sont particulièrement malaisées, et obtenir les autorisations gouvernementales nécessaires. Démarches qui, mettant en évidence les demandeurs, ne pourraient que leur nuire. Officiellement, on ne parle pas encore d'évacuation massive de la capitale. Dans la presse, à la demande du CICR, un entrefilet annonce la création d'un Service des nouvelles aux familles. Affluent des centaines de parents inquiets, venus chercher des renseignements auprès de la délégation. Fournies par Broccard, le 20 octobre, 500 fiches d'enquête émises depuis la zone insurgée et transitant par Genève, arrivent à Madrid. Grâce à l'obligeance du ministre des Communications, du directeur des Postes et de celui de la Censure, il y a eu une notable accélération dans la distribution de ce courrier. Henny est surpris par l'affluence des demandeurs.

Scrutons les influences personnelles ou plus simplement les courants idéologiques et politiques qui divisent la Croix-Rouge locale. Non sans provoquer quelques remous, des membres de celle-ci se rendent en France et en Suisse. « *J'ai su que le docteur Segovia, qui vous a fait visite à Genève, a écrit ici à Madrid en déclarant que tout le Comité international était composé de personnes d'extrême-droite et de généraux. Je sais, d'autre part, qu'il s'est mis en relation avec le docteur Roger Fischer et des milieux politiques de ce médecin* », écrit Henny, qui poursuit pour faire bonne mesure : « *Je ne veux pas terminer cette lettre sans vous aviser que le Secours rouge international fait en Espagne une propagande active et efficace et cherche à jeter le discrédit sur la Croix-Rouge. Cela nous porte un peu de préjudice* » [*r.* B du 15.10.1936]. Sur un autre plan, le problème posé par l'intégration des anciens membres de la société San Cosme y San Damián est la face cachée du panorama médical madrilène. Nombreux sont ceux qui ont fait une rapide allégeance à la cause républicaine, sans doute de pure forme. A leur sujet, des interrogations se posent dans les cercles gouvernementaux. Suspicion et enquêtes policières perturbent le fonctionnement de la section madrilène.

Au début de l'après-midi du dimanche 18 octobre, au *Capitol,* cinéma situé près de la Plaza del Callao, a lieu la projection du film soviétique *les Marins de Kronstadt,* tourné en 1936 par Efim Dzigan. Le président Azaña arrive, suivi par Indalecio Prieto, ministre de la Marine et de l'Air, Manuel de Irujo et José Giral, accueillis par Jesús Hernández Tomás, ministre de l'Instruction publique et de la Culture. A peine commencée la représentation, on apprend la perte par les forces républicaines d'Illescas, à 35 km au sud de Madrid. Précipitamment, les personnalités quittent la salle. Azaña, en auto, vers Valence, puis Barcelone, où il arrive le lendemain en compagnie des ministres Irujo et Giral. Justifiant ce départ précipité, son secrétariat annonce qu'il a projeté de visiter les fronts de Catalogne et du Levant! Plus tard, le président de la République avancera une autre version[4]. Son départ devait s'effectuer en même temps que celui du gouvernement — il n'eut lieu que quinze jours plus tard — qui devait le rejoindre à Barcelone. Au cours d'une de ses promenades, sur le Paseo de Gracia, Barbey croit reconnaître le président Azaña dans une voiture escortée par une vingtaine de véhicules de police fortement armés. Il ne se trompait pas.

Henny et de Vizcaya ont une entrevue [*r.* D du 24.10.1936] avec le président Largo Caballero. L'objet en est la libération des femmes détenues dans les prisons de Madrid. D'emblée, le président du Conseil rappelle que les femmes incarcérées font *toutes* l'objet d'informations judiciaires, « *il n'existe pas dans cette ville d'otage, principe que réprouve vivement le gouvernement espagnol* ». Revenant sur l'indécision passée, il est disposé, conformément à l'accord du 3 septembre, à examiner toutes les demandes d'échanges proposées, « *ainsi qu'il l'a fait pour celles des femmes de Bilbao, qui a eu son approbation* ». On doit, à cet effet, lui procurer la liste des personnes qu'on veut échanger, pour qu'il la soumette au gouvernement. Caballero estime que la gestion de ces échanges incombe au CICR seul qui en a eu l'initiative et « *ne doit pas être considérée comme un accord entre les deux gouvernements belligérants* ». Les demandes seront d'ordre privé, excluant l'intervention de personnes influentes ou de membres de l'un ou l'autre gouvernement.

Arrivent de Genève des échos concernant une réunion de la CE tenue en présence de Junod. Un vaste tour d'horizon a été fait. Le délégué général envisagerait de se rendre à Madrid, le haut-commandement nationaliste estimant pouvoir occuper la capitale dans la première quinzaine d'octobre. L'aviation franquiste, le 6, avait lancé des tracts fixant l'évacuation de la population civile et la reddition de la capitale! La radio rebelle pronostiquait la chute de la ville pour le 12 octobre, jour de la *Fiesta de la raza* (anniversaire de la découverte de l'Amérique par Christophe Colomb). La ville tomberait, estimait Junod, impressionné, dans une semaine, « *les miliciens s'enfuient, les blancs trouvent les tranchées abandonnées* ». Pronostiquant sinistrement qu'il y aura « *certainement des massacres au moment de la prise de la ville* » [r. du 26.10.1936]. On ne peut évacuer la population, la ligne ferroviaire Madrid-Valence est coupée. N'était disponible que la ligne secondaire Madrid-Tarancón, utilisée en liaison avec des transports automobiles, par ailleurs insuffisants. Le sort d'Henny examiné, il lui est conseillé de s'abriter dans la légation suisse et de s'abstenir de « *se promener après 6 heures du soir...* ».

Comme le prévoit la Convention de Genève, le Comité international rappelle au délégué madrilène qu'il doit se procurer les listes des prisonniers combattants et non-combattants pour en établir un fichier. Actuellement, répond Henny, il ne lui est pas possible d'obtenir une audience auprès du représentant du gouvernement. En revanche, un médecin des prisons, interrogé, précise qu'il ne devrait pas y avoir de réelle opposition de l'administration pénitentiaire. Pour la première fois dans la correspondance, sous couvert diplomatique, Henny indique [r. F et lettre au président Largo Caballero du 2.11.1936] qu'il a inspecté deux prisons, sans préciser lesquelles, et conversé avec quelques prisonniers « *malgré l'avis de prudence de personnes amies qui considèrent comme très dangereuses de pareilles démarches dans les circonstances actuelles* ».

Par le même canal, Henny aborde la question des prisonniers politiques (*gubernativos*) qu'il n'a pas voulu traiter jusqu'à présent. Il estime que 10.000 personnes, ou davantage, sont incarcérées dans des conditions variables, souvent mauvaises. De *petits groupes politiques* ont accès à la prison où ils choisissent arbitrairement des prisonniers; ces derniers, ensuite, sont portés disparus. Un dimanche matin, on a ramassé plus de 134 cadavres dans la seule municipalité de Madrid; cela arrive tous les jours. A l'origine, début août, a été créé le Comité provincial d'investigation publique, comprenant une trentaine de représentants de tous les partis politiques du Front populaire. Les personnes arrêtées étaient conduites dans des *checas* — prisons non officielles — où officient six tribunaux d'urgence; l'exécution des condamnés étant confiée aux membres des Milices d'investigation et de vigilance (*Milicias de investigación y de vigilancia de la retaguardia*) opérant des perquisitions domiciliaires ou des barrages sur les routes.

La présence d'un grand nombre de *prisonniers-otages* incarcérés dans les prisons des deux belligérants occasionne une riposte diplomatique de grande ampleur. L'ambassadeur de la Grande-Bretagne, le 21 octobre [Annexe 17a], s'adressant aux belligérants, après avoir souligné le labeur du délégué général du CICR, exprime ses craintes de voir le sort des détenus non-combattants s'aggraver et craint de les voir exterminer en masse. Aussi, la Grande-Bretagne propose-t-elle, dans un esprit purement humanitaire, l'échange de tous ces prisonniers et leur évacuation vers un lieu sûr. A cet effet, le gouvernement britannique « *aura le plaisir d'offrir les services de la Marine britannique dans tous les cas où le transport maritime sera nécessaire* ». Alvarez del Vayo, ministre des Affaires étrangères, reçoit Henny le 28 octobre au soir pour traiter de la question des prisonniers; il a déjà répondu à cette note [Annexe 18a]; Salamanque aussi [Annexe 19a]. Le délégué en déduit que le gouvernement est débordé par des groupes qui font ce qu'ils veulent. Il a vu des cadavres abandonnés dans des terrains vagues et a eu la visite des chargés d'affaires d'Autriche et de Norvège qui lui ont rapporté des faits similaires. Néanmoins, il recommande au Comité international beaucoup de prudence dans sa correspondance ou ses déclarations.

Lors du massacre commis dans la Cárcel Modelo, Indalecio Prieto était intervenu et avait regretté vivement le tort fait à la République et aux idéaux républicains par la conduite d'éléments incontrôlés. Mais pouvait-on parler d'éléments incontrôlés alors que l'État est privé de moyens policiers et judiciaires nécessaires? Le ralliement aux insurgés d'une grande partie de l'administration et des forces de police a laissé le gouvernement républicain totalement désarmé et impuissant.

Pour améliorer le sort des prisonniers, Henny se concerte avec le corps diplomatique; une commission composée des chargés d'affaires d'Argentine (président), français et britannique est mise sur pied (lettre D du 30.10.1936). Une réunion est organisée à laquelle, invité, il participe. Le projet d'accord, dont un texte succinct a été envoyé à Genève, est remanié. L'hypothèse exposée est qu'il faut protéger les prisonniers libérés d'une éventuelle nouvelle incarcération; or les légations sont pleines d'*asilés* et ne peuvent accueillir de nouveaux hôtes[5].

Touchant aux libérations exceptionnelles, Henny attend une réponse du gouvernement au sujet de la libération de Mme Maria del Carmen Angolotti. Il insiste pour celle de Rafael Bosque, détenu à Pamplona, contre José[6] Serrano Suñer, beau-frère du général Franco, détenu à Madrid. Sur ce thème, Manuel de Irujo, ministre sans portefeuille, dans une déclaration, expose : « *[...] Les aspirations auxquelles mon administration doit s'attacher à répondre sont : humaniser la guerre, instaurer une République fédérale et installer un nouvel ordre économique et social. Le sens humain démocrate et chrétien de notre conception politique nous pousse nécessairement vers la paix.* »[7] Le ministre basque intercède auprès du corps diplomatique souhaitant pouvoir assumer la direction des transactions des échanges en accord avec le CICR. Henny fait constater les difficultés rencontrées et insiste pour que le CICR obtienne préalablement quelque chose en échange dans la zone rebelle. Irujo, néanmoins, poursuit sa tentative; des contacts auront lieu à la frontière entre celui-ci et un représentant de la CRN en France, le comte de Torrubia.

Alors que les forces rebelles se trouvaient encore en Andalousie, Madrid avait été pris pour cible. Le couvre-feu était imposé, le 7 août, par suite de renseignements concernant l'arrivée d'avions allemands et italiens à Séville. Un premier bombardement de l'aérodrome de Getafe était suivi de celui de Cuatro Vientos, le 27. L'emblème croix rouge n'assure aucune protection, l'hospice ou le foyer d'enfants de Getafe, où avaient été regroupés des enfants fuyant la zone de combat, est sauvagement détruit, causant à lui seul 148 morts. Les photos des corps d'enfants mutilés, apportées à Koltsov, seront utilisées pour une affiche qui fera le tour du monde. « *Ce geste barbare ne fit que renforcer le peuple dans sa détermination de résister à des hommes qui pouvaient aller aussi loin dans leur haine et leur désir de tuer.* »[8] Et del Vayo de relater l'intervention d'Ogilvie Forbes, louant son concours lors des secours.

La guerre atteint les faubourgs et restreint les possibilités de déplacement. Depuis la chute de Tolède, le 28 septembre, peu de jours après l'arrivée de Henny, les forces franquistes avancent rapidement sur les talons des miliciens en retraite. Imaginons quel devait être le sentiment général des habitants et par conséquent celui des membres de la Croix-Rouge et du docteur Henny. La petite équipe du CICR se trouvait confrontée à des tâches multiples et simultanées. Tout d'abord le soutien apporté à la CRR : technique, par la distribution de matériel chirurgical, pharmaceutique et de vivres; puis moral, afin de redonner un esprit de corps et une vigueur à l'ensemble du personnel médical et administratif des comités locaux. Aussi par la recherche d'une identité plus forte devant la présence active d'autres organisations parmi lesquelles le Secours rouge international (SRI) et la Centrale sanitaire internationale (CSI) à partir de novembre. Enfin, une assistance active aux civils pourchassés et aux étrangers en difficulté. Juan Morata, secrétaire général du Comité central[9], mentionne son action en faveur des *asilés,* ainsi que la protection attribuée aux locaux ou appartements par la simple apposition de la croix rouge. La mise sur pied du service des nouvelles aux familles est accélérée, tandis que sont recherchées les filières permettant toutes formes d'intervention possibles en direction des *gubernativos*.

Le gouvernement Largo Caballero semble aller à la dérive, confronté qu'il est à une situation militaire désastreuse. Recherchant la solution à un commandement éclaté et divisé, le président du Conseil suspend *de facto,* le 10 octobre, l'indépendance des milices populaires, prend le contrôle direct des forces armées et crée un Commissariat général à la guerre[10].

Que se passe-t-il, le dimanche 1er novembre, dans la capitale? Des tracts sont lancés par l'aviation franquiste :

Madrilènes! Madrid va être libéré. Restez calmes et éloignés de la zone des combats. Abritez vos familles dans vos maisons; nos disciplinés et nobles soldats les respecteront et souvent les protégeront. Ne craignez rien de nous, mais seulement de ceux qui vous trompent en disant que nous maltraitons femmes et enfants. Miliciens et ouvriers de Madrid, jetez vos armes, libérez-vous de vos dirigeants canailles qui vous ont toujours trompés et maintenant vous *abandonnent*[11].

Les franquistes savaient-ils, supposaient-ils ou anticipaient-ils le *départ* des membres du gouvernement? Menée par les insurgés, cette opération d'intoxication et de propagande en direction de la population, des forces armées républicaines, des rares membres du corps diplomatique, des correspondants de presse présents à Madrid — de l'opinion internationale en général — tente de faire reconnaître les forces franquistes comme celles légitimes de l'ordre et de la légalité nationales. Puis, afin de préparer leur entrée dans Madrid, Franco dans une exhortation à ses troupes, relayée par la radio nationaliste, le jeudi 5, ordonne :

En entrant dans Madrid, tous les officiers des colonnes et services doivent prendre toutes les mesures nécessaires pour maintenir la discipline et éviter tous les actes qui, bien qu'étant individuels, pourraient ternir notre réputation. Car, s'ils s'amplifient, ils feraient craindre que les troupes se corrompent et perdent leur capacité combative. Il faut donc garder le contrôle sur les unités et éviter que des soldats isolés, sans autorisation de leurs chefs, pénètrent dans les magasins ou autres édifices[12].

On perçoit la volonté du haut-commandement franquiste de tenir en main ses troupes et de faire *patte de velours* afin de ne pas provoquer de la part des Madrilènes des réactions entraînant l'exécution sommaire de nombreux militaires de carrière détenus.

L'aérodrome de Getafe[13] tombe entre les mains du *Corps expéditionnaire* ou *Groupement des colonnes d'avant-garde,* dénomination des troupes constituées depuis la traversée du détroit de Gibraltar. *Radio-Burgos* programme une émission intitulée *Les dernières heures de Madrid* détaillant les mesures prises : fonctionnaires désignés pour administrer la ville conquise, convois organisés avec des vivres, policiers détachés pour assurer l'ordre public et unités de la Phalange affectées par quartiers dans une perspective punitive[14]. Est précisé l'ordonnancement du défilé triomphal, des troupes y participant et des officiers les encadrant. Précipitamment, les correspondants de guerre en poste à Burgos ou à Salamanque se dirigent vers la capitale et câblent (déjà!) des informations depuis les premières lignes franquistes dans la banlieue immédiate. Un document établi par les services de propagande à leur intention décrit par anticipation les péripéties de la chute de la ville, laissant des intervalles à remplir dans les derniers instants. *Radio-Lisbonne* diffuse... l'entrée de Franco dans la capitale! Dans la foulée, les chargés d'affaires étrangers pronostiquent la chute imminente de Madrid. Broccard proteste, son véhicule a été réquisitionné. Quelques journalistes étrangers égarés entre les lignes de front sont arrêtés par les soldats républicains. La voiture dans laquelle avaient pris place Sciuto, envoyé spécial du *Pueblo,* de Montevideo, Casanova, directeur du *Heraldo de Aragon,* un adhérent du Parti de la rénovation espagnole, un photographe et le chauffeur militaire, s'est engagée par erreur dans les lignes républicaines. Dans la soirée, *Radio-Madrid* communique que *cinq personnes se disant journalistes sont tombées hier dans nos lignes.* Le sujet uruguayen est remis en liberté. Une dépêche annonçant la chute imminente de Madrid, les frères Tharaud se dirigent en toute hâte vers Avila, où séjournaient les journalistes accrédités auprès de Franco. C'est dans un convoi de six voitures qu'ils se rendent à proximité du front, à la Casa del Campo. Le soir venu, au cours du retour, ils manquent *se trouver nez à nez avec les rouges!* Là, ils s'aperçoivent qu'il n'est plus question d'*entrée triomphale.*

Dans l'autre sens, une expérience identique fut vécue par Denis Weaver, du *News Chronicle,* de Londres, et James M. Minifie, du *New York Herald.* Sur le front, leur chauffeur s'égare et ils sont capturés. Chauffeur et guide sont fusillés sans autre forme de procès. Quant aux journalistes, après quatre jours dramatiques d'emprisonnement, en compagnie d'un autre collègue, Henry T. Gorrell, ils furent expulsés[15].

Jeudi et vendredi, des combats aériens mettent aux prises des Fiat (avions italiens) et des Chatos (soviétiques). Henny [*r.* G du 24.11.1936] au cœur de la tourmente, ne dit que peu de mots de cette situation, décrivant néanmoins les combats entre les avions de chasse : « *Il n'est pas rare de voir soixante avions survoler la capitale [...] nous assistons très souvent à des combats aériens, très intéressants à observer, mais un peu inquiétants.* » Ces avions, mais aussi des blindés, ont été livrés par l'URSS dans le cadre d'un accord bilatéral gagé sur l'or de la Banque d'Espagne. Les avions russes survolèrent Madrid pour la première fois le 7 novembre, jour anniversaire de la révolution d'Octobre russe.

Proche du pouvoir, notre témoin soviétique écrit : « *Sont partis de Madrid les étrangers qui, directement ou indirectement, appuient le gouvernement républicain. Quelques-uns se sont rendus dans leurs ambassades. De surcroît, les missions diplomatiques ont déclaré comme zones disposant du droit d'exterritorialité de nombreuses maisons appartenant à des particuliers, citoyens étrangers, et ont suspendu sur ces édifices des drapeaux nationaux ou des emblèmes* [par exemple la croix rouge]. *Ce sont des asiles convertis en résidences des fascistes qui attendent Franco. [...]* »[16].

Junod, depuis Hendaye, téléphone à Genève détaillant son probable voyage à Madrid. Déjà, dans un exposé fait une quinzaine de jours auparavant, il « *se demande ce qu'il adviendra du Comité de la Croix-Rouge de cette ville. Il est composé de médecins et de délégués des partis extrémistes qui seront probablement arrêtés et fusillés.* » Après ce sombre pronostic, Junod estime que le CICR devrait inciter le général Franco à la clémence.

Téléphone et élégraphe fonctionnent sans trop de difficultés, quand bien même avec des contrôles de la part des censeurs. Pendant cette quinzaine, aucun avion de l'ambassade française transportant la valise diplomatique n'a pu quitter Madrid. Par conséquent, Henny se consacre tout entier aux visites des prisons. Une des indications données, le 3 novembre, est celle d'une rencontre avec des membres du Comité basque proposant la création à Madrid d'une *cité-refuge* pour les Basques, identique à celle de Bilbao, placée sous la protection du CICR. Il y aurait déjà deux mille à trois mille femmes et enfants rassemblés dans un immeuble dont on donne l'adresse (Alcalá, 23), arborant les emblèmes de la croix rouge et la croix basque — *ikurriña* — constituée, sur fond rouge, d'une croix de Saint-André verte et d'une croix blanche superposée; d'autres donnent la C/Serrano, à l'angle de Diego de León[17]. Le siège du PNV était C/Nicolás María Rivero. Là fonctionna activement un service de prisonniers et disparus jusqu'en mai 1937.

Remanié, le gouvernement Caballero intègre quatre membres de la CNT, malgré l'opposition du chef de l'État, Azaña. On appose dans les rues des affiches comportant le profil de Largo Caballero entre deux affûts de canon, avec la légende *Gobierno de la Victoria* (Gouvernement de la Victoire). Des *octavillas* (un million de tracts!), préparées au Commissariat à la guerre, à l'initiative du ministre des Affaires étrangères, del Vayo, sortent des presses. Le lendemain matin, des avions lancent ces tracts sur Madrid appelant à la résistance. Une décision importante — elle devait être tenue secrète — est prise ce jour-là au cours du conseil des ministres : estimant perdue la bataille dans Madrid, il préfère se retirer à Barcelone (en fait ce fut à Valence) pour y organiser la résistance avec l'aide des troupes mises sur pied dans le Levant.

Dans des conditions assez rocambolesques (nuit du vendredi 6 au samedi 7) il se replie, remettant tous les pouvoirs au général Miaja[18] pour conduire la résistance. Celui-ci prend le commandement et constitue la *Junta de Defensa*[19], par mandat des syndicats et des organisations politiques, en accord avec le gouvernement, suivant les termes d'un communiqué. De fait, sa désignation précipitée aux premières heures de la matinée du 7 est suivie d'un ordre du jour appelant tous les Madrilènes à la résistance. Pour de nombreuses organisations politiques et les syndicats, Madrid ne peut être abandonné, il est le symbole de la République espagnole, de la démocratie. Sa défense doit être prise à bras-le-corps contre les ennemis de l'extérieur et de l'intérieur (les agents franquistes infiltrés). Un certain nombre de dispositions touchant au maintien de l'ordre sont promulguées. Sont dissoutes les polices syndicales ou politiques. Tous ceux qui troubleraient l'ordre public seront soumis aux dispositions du Code militaire en temps de guerre. L'administration municipale, décapitée par le départ précipité du maire, Pedro Rico (réfugié dans l'ambassade du Mexique), et de nombreux conseillers, une nouvelle équipe municipale est désignée : Cayetano Redondo en est le maire, et Julián Besteiro, Wenceslao Carillo, Rafael Henche, etc, les membres. Le journal *CNT,* approuvant ces nominations, précisait qu'elles avaient été rendues nécessaires par « *le départ sur les plages du Levant de quelques vedettes de la cause antifasciste* »[20]. Un communiqué gouvernemental affirme que le changement de résidence ne signifie nullement un abandon ou une reculade, mais une recrudescence d'efforts, et que, militairement, l'importance de Madrid est relative[21]!

Vizcaya informe le Comité du départ précipité des autorités gouvernementales. Alarmé d'un possible transfert des prisonniers politiques, Henny se rend immédiatement dans les prisons, sans doute en compagnie de Schlayer et de Quesada. A la permanence (C/Abascal) des parents en larmes viennent aux nouvelles.

Zones de sécurité, évacuations

Fin octobre, la presse, et pas seulement elle, agitait l'hypothèse d'une *zone de sécurité* (ou de neutralité) à Madrid. Quel fut le cheminement de ce projet, où, comment, avec qui pouvait-on le réaliser? Une alternative consistait, après avoir proposé et obtenu la protection des locaux consulaires ou diplomatiques pour un grand nombre de personnes se trouvant en danger, à délimiter une aire géographique neutre afin de protéger les non-combattants des bombardements. En réalité, quels qu'en fussent les principes humanitaires avancés, la tentative était destinée à la population madrilène sympathisante des insurgés, dont près de 46 % des votants s'étaient exprimés en faveur de la droite au cours des élections de 1936. Mlle Milá, qui avait rendu visite à la Villa Moynier, notait incidemment que *Radio-Sevilla,* la première, proposait la création d'une *zone neutre* inscrite dans un espace géographique suffisamment vaste et placée sous la protection des membres du corps diplomatique ou plus simplement de la Croix-Rouge [p.-v. de la CE du 23.11.1936] à l'image de ce qui avait été réalisé à Bilbao. Les combats se rapprochant et les avions franquistes étant plus présents, la délimitation de cette aire devint difficile. Henny, en compagnie d'un architecte, parcourut le périmètre concerné pour préparer les mesures utiles. Le nom de la Ciudad Lineal, zone pavillonnaire au nord-est de Madrid — du *Barrio de Salamanca* — était évoqué. Proclamer Madrid *ville ouverte* était la seconde alternative.

Examinons la première hypothèse, une *zone de sécurité ou de neutralité.* Sa reconnaissance soulevait la question de savoir comment et par qui elle serait déterminée : était-ce le quartier résidentiel ou avait-elle été négociée discrètement avec les délégués du CICR et le corps diplomatique? Dans son procès-verbal, la CE s'aligne sur la position de Franco. Cependant, la tentative d'envoyer un de ses membres, Mlle Lucie

Odier, en zone nationaliste, en réponse à l'invitation de Mlle Milá, déclenchera l'opposition de Chenevière. Il paraît donc acquis que cette zone, sur le modèle des Arenas, près de Bilbao, dans une tentative visant à provoquer une fracture au sein de la population de la capitale, puis entre la population et les autorités, était initiée par le gouvernement de Salamanque. Le choix du périmètre comprenant ce que l'on appelait les *beaux quartiers* — où résidaient de nombreux sympathisants de droite — ne pouvait qu'entraîner une réaction d'hostilité de la part du gouvernement républicain.

Commence, le matin du 7 novembre, l'attaque frontale menée par les troupes nationalistes. Depuis quelque dix jours, il fait froid sous une pluie persistante. La bataille est acharnée dans la périphérie ouest de Madrid. Le métro fonctionne encore, les journaux sortent des rotatives, l'ambiance est surréaliste... Fébrilement, se poursuivent les mesures de protection des hôpitaux et des locaux sanitaires, est posée une croix rouge de 8 m x 8 m sur le toit de l'hôpital de la Croix-Rouge, à Cuatro Caminos...

Sans attendre, utilisant des tracts lancés depuis des avions survolant Madrid le 7 novembre, le général Franco détermine une zone de sécurité appelée *Barrio de Salamanca*, car ses limites épousent en majeure partie celles de ce quartier, au nord-est de la capitale :

> Attention Madrilènes! Les forces nationales sont arrivées aux portes de Madrid et ont franchi les extrémités sud du Manzanares; en continuant de résister, toute la population devient un objectif militaire et un champ de bataille. En conséquence, à partir de cet instant seront bombardés tous les objectifs d'intérêt militaire, sans aucune limitation. Nous recommandons à toutes les personnes civiles non-combattantes, spécialement les femmes et les enfants, qu'ils s'éloignent des lieux de combat, ainsi que de toute concentration de troupes ou de milices, postes de commandement, centres de transmission et de munitions, et leur signalons qu'une zone est réservée spécialement aux jeunes enfants, vieillards, étrangers et tous autres non-combattants.
>
> Cette zone est comprise entre la *Calle Diego de León,* le *Paseo de la Castellana* (dans sa dernière partie), l'*Ancien Hippodrome* et le *Paseo de Ronda* et la *Guindalera,* comprenant la place et les édifices des ministères, tant que cette zone n'est pas utilisée pour la défense en tant qu'objectif militaire.
>
> Au cours des combats seront épargnés (dans toute la mesure du possible) les édifices des ambassades et les hôpitaux dont l'implantation sera connue. Une fois de plus nous recommandons aux Madrilènes, afin d'éviter de grands et inévitables désastres, qu'ils déposent les armes ou portent la guerre hors de la cité[1].

Le 12 ou le 13 novembre se présente devant le général Miaja une délégation du corps diplomatique comprenant le général Manuel Pérez Treviño, ambassadeur du Mexique, Ogilvie Forbes, chargé d'affaires de la Grande-Bretagne, et Pérez Quesada, chargé d'affaires argentin, et d'autres non mentionnés, venus offrir leur collaboration. Genève prend contact à ce sujet avec Henny, avait-il fait partie de la délégation? Sans doute. Un télégramme est dirigé au général Miaja et à Largo Caballero, à Valence, ainsi qu'au général Franco, à Salamanque, dont le texte est identique. Le CICR demandait au haut-commandement militaire d'organiser une concentration de la population civile dans le quartier nord-est de la capitale et de s'assurer qu'elle serait exclusivement réservée à la population non-combattante et non à des fins militaires; le contrôle en serait effectué par le docteur Henny et des représentants neutres. Le quartier proposé par le Comité recoupe la proposition franquiste!

La réponse du président du Conseil est immédiate : « [...] *Toute la population civile de la capitale républicaine est non combattante* ». La proposition de rassembler dans un endroit déterminé une partie des citoyens est inacceptable. Enfonçant le clou, le ministre des Affaires étrangères s'adresse au président de la *Junta de Defensa* de Madrid : le gouvernement repousse l'idée de la création d'une *zone neutre* qui légaliserait le bombardement du reste de la ville de Madrid et exposerait les quartiers populaires et ouvriers[2]. Henny avait déjà eu connaissance du refus du président Largo Caballero. Le télégramme lui avait été transmis pour information par le général Miaja.

A Salamanque, réitérant son offre, le chef de cabinet du chef de l'État rappelle que la zone neutre réservée à population non-combattante, selon la disposition du 17 novembre, est délimitée entre la Calle de Zurbano et les nouveaux ministères à l'ouest, Paseo de Ronda au nord, partie de la Calle de Velázquez entre Goya et Ronda à l'est et les Calles de Goya et Genova au sud.

Dans sa séance du 26 novembre, la CE traite longuement ce thème. Tous s'accordent à dire qu'elle ne peut contenir toute la population civile de Madrid, c'est-à-dire les femmes et enfants estimés à 400.000. Autre écueil, si le CICR est le maître d'œuvre, ce qu'il ne souhaite pas, il faudrait pouvoir et devoir ravitailler la population. Mlle Ferrière suggère une nouvelle démarche auprès de Largo Caballero — pourquoi? — afin d'obtenir du général Franco un élargissement de la zone. Consulté par téléphone, Barbey estime fort justement que les républicains répondront négativement, ce serait une mesure uniquement destinée à *sauver les cercles fascistes ou monarchistes*. Madrid est une ville ouverte qu'en violation des règles humanitaires Franco fait bombarder; la création d'une zone neutre signifierait que l'autre partie de la capitale deviendrait une zone de combat exclusivement. Tous rejoignent une position balancée : un communiqué sera donné à la presse, dans lequel la position du CICR sera explicitée. Le lendemain, le CICR et la légation du Chili[3], prétextant l'accroissement des bombardements, renouvellent leur demande.

Les bombardements aériens, plus meurtriers et fréquents sur le territoire républicain, sont par ailleurs décrits, ainsi que les différentes techniques utilisées et la position du CICR en la matière. Contentons-nous, pour l'instant, de donner quelques indications sur ce que fut la vie dans cette zone. Louis Delaprée, dans un ouvrage posthume[4], décrit le *Barrio de Salamanca* :

> [Sans date.] Depuis trente-six heures nous n'avons pas été bombardés par les escadrilles rebelles. Nous ne le devons pas à un accès d'humanité des assiégeants puisque l'artillerie ne nous épargne pas, mais à l'état du ciel. Il pleut sans arrêt. Des nuées grises pèsent lourdement sur les ruines. Avec un plafond aussi bas, l'aviation reste sur les terrains, gardant pour un autre jour ses provisions de mort subite.
> Mal nourrie, hâve, prostrée, la population civile met à profit ce répit pour organiser sa misérable défense contre le feu du ciel. De tous les points de la ville de longues théories sont en marche vers le quartier de Salamanca où sont situées presque toutes les ambassades, exception faite pour l'ambassade de France.
> Ce *barrio* de demeures élégantes ou cossues a été jusqu'ici épargné par les obus et les bombes. On murmure que le général Franco a fait jeter par ses avions, il y a quelques jours, des prospectus d'avertissement ordonnant aux civils de se réfugier dans ces rues bourgeoises. Personne n'a vu ces papillons, mais tout le monde croit à l'immunité de Salamanca. On y va donc, par familles, par maisonnée entière, en foules d'émigrants. Les pères de famille marchent en avant, portant les matelas sur leurs têtes. Derrière eux, les enfants pataugent dans les rues boueuses, sans un rire, sans un sourire, avec des yeux de somnambules, des visages fripés de petits vieillards. Les femmes forment l'arrière-garde, tirant des charrettes à bras pleines de vieilles nippes, de paniers, de chaises et de cages d'oiseaux. De petits ânes, chargés à crever, trottent au milieu de ces déménagements où le vieux picaresque de l'Espagne s'est mué en sinistres images du Goya le plus hanté[5].

Au million d'habitants de la capitale s'ajoutèrent 500.000 réfugiés, fuyant l'avance des troupes nationalistes, ainsi que des faubouriens chassés par les combats. *Radio-Trottoir* fonctionne à merveille. Beaucoup n'avaient pu lire le tract franquiste officialisant la zone de neutralité, mais suivant en cela la rumeur publique, ils s'y dirigent, les rues du *Barrio de Salamanca* étant transformées en dortoirs, *cet espace est insuffisant et l'on songe à évacuer toute la population civile*[6].

La seconde hypothèse, la *reddition,* prend sa source dans le contenu des premiers tracts lancés, le 25 août, par l'aviation rebelle :

> Jusqu'à présent, les bombardements ont été dirigés contre les aérodromes militaires, les fabriques de matériel militaire et les forces combattantes. Si un attentisme suicidaire se poursuit, si les Madrilènes ne contraignent pas le gouvernement et les chefs marxistes à rendre la capitale sans conditions, nous déclinons toute responsabilité pour les graves dommages que nous nous verrons obligés d'infliger afin de dominer par la force cette résistance suicidaire. Sachez, Madrilènes, que plus sera grand l'obstacle plus grand sera, de notre part, le châtiment.
> Général FRANCO.[7]

L'offre de reddition était dirigée à la population. Franco ne reconnaît évidemment pas le gouvernement républicain qui usurperait le pouvoir, ayant perdu toute légalité pour n'avoir pas rétabli l'ordre et la sécurité. Dérivée de cette même logique, elle fut reprise par certains membres du corps diplomatique manifestant leur sympathie en faveur des insurgés. Sa mise en œuvre ne fut pas immédiate. Il faudra attendre les jours qui suivent le coup d'arrêt à l'offensive des forces franquistes et une première stabilisation des lignes de front dans et autour de la Cité universitaire pour qu'apparaisse dans la correspondance du Comité international une première information autour de la tentative de création d'une zone de sécurité faite par le corps diplomatique, citée plus haut.

Parmi les quelques historiens ayant consacré quelques lignes à cet épisode voyons par exemple Colodny où on trouve le texte suivant[8] :

« *Le général Franco a pensé que peut-être la Junte de défense préférerait se rendre plutôt que de voir Madrid soumise aux tourments d'un bombardement ininterrompu par l'aviation et l'artillerie. Avec cette intention, la Junte rebelle envoya à Madrid un médiateur de la Croix-Rouge porteur des conditions de la reddition. La Junte de défense reçut la mission de la Croix-Rouge qui informa le général Miaja que l'honneur militaire étant sauf, et, comme il était impossible de continuer de résister, le temps était venu de prendre en compte la situation pénible de la population civile et de négocier une reddition dans des conditions honorables. La mission de la Croix-Rouge s'engageait aussi à obtenir du général Franco la promesse d'être bienveillant au moment du châtiment. Le général Miaja répondit à cette offre : "Jamais Madrid se rendra; écoutez-moi bien, cette ville, et moi avec, ne nous rendrons jamais." Un autre membre de la Junte ajouta : "Avant de rendre la ville nous la brûlerons."* »

Pas d'indication sur l'identité du médiateur ou de la composition de la mission de la Croix-Rouge. Cependant nous pouvons raisonnablement accepter la véracité du récit. Ne serait-ce qu'en raison des similitudes avec celui tenu à Bilbao, puis plus tard à Santander par les délégués. Voyons un autre texte, différent dans la forme mais similaire dans le fond, dans le livre posthume de Zugazagoitia.

« *Il y a dans l'histoire de la défense de Madrid un moment dans lequel la logique et le calcul sont prêts de vaincre. Les observateurs impartiaux n'ont aucun doute de ce que la cité est arrivée à la limite extrême de ses possibilités défensives. Les diplomates, la Croix-Rouge internationale, cherchant à servir la cause de ces habitants, s'intéressent à ce que Madrid ne soit pas passé au couteau. Ils veulent intervenir pour que la déjà inévitable chute de la capitale ne soit pas une déroute militaire qui autorise les vainqueurs à exercer des représailles. Ils pensent pouvoir obtenir des conditions humaines de Burgos. N'est-ce pas évident pour tous que Madrid va capituler? [...] Les conditions de la reddition seront bonnes. De nombreuses vies seront sauvées, et Madrid cessera de souffrir un supplice. [...] Miaja connaît quelle est la situation désespérée des*

fronts. Votre ténacité, général, arrive à sa fin. C'est l'heure de penser à la cité. L'honneur est sauf, sans que quelqu'un puisse le contester.
« *La réponse est négative. Jamais. Madrid ne se rend pas!*
« *La proposition avait échoué. Pour les diplomates et les membres de la Croix-Rouge internationale, le général et ses collaborateurs étaient de furieux déments qui allaient sacrifier des milliers de vies à une cause perdue. Ils s'attristèrent de voir qu'ils s'étaient trompés.* [...] »[9]

La version du général Rojo[10] mettait en cause un chargé d'affaires d'ambassade qui, profitant de la confusion des premiers jours, s'introduisit dans les bureaux de l'état-major : « *Pourquoi ne vous rendez-vous pas?* » s'attirant la réponse : « *Parce que nous n'en avons pas envie!* ».

Cette démarche ne pouvait pas aboutir :

— c'était une forme d'intrusion [immixtion] dans la conduite des opérations du point de vue républicain;

— elle était inéquitable, ne s'adressant pas aux attaquants qui bombardaient indistinctement l'agglomération, châtiant cruellement une population que l'on voulait par ailleurs protéger;

— elle rejoignait d'autres démarches, telles les interventions pressantes en faveur des prisonniers politiques dans les zones républicaines alors que les résultats obtenus auprès des autorités de Burgos étaient nettement insuffisants, d'après les propres termes de Junod;

— enfin, le choix du général Miaja comme interlocuteur, mis sur le même plan que le président du Conseil, suggérait clairement que, du fait de son départ à Valence, le gouvernement républicain avait perdu toute crédibilité. Cette appréciation, partiellement erronée, autorisait le cabinet Caballero à déceler dans la démarche conjointe du corps diplomatique et du CICR un comportement partisan.

Naturellement, les ambassades souhaitaient être épargnées du feu de l'artillerie ou de celui aléatoire de l'aviation. Immédiatement elles intercèdent, soit par leurs gouvernements, soit par le CICR, signalant les immeubles diplomatiques leur appartenant où se trouvent réfugiés les *asilés*. Un réflexe inconscient identique semble avoir dirigé l'implantation de nombreux ministères dans le Barrio de Salamanca.

La situation est difficile, sur les plans matériel et psychologique. De nombreux problèmes surgissent, dont celui de l'approvisionnement conduisant à une réflexion touchant à la nécessité d'évacuer une grande partie de la population. Des dispositions sont prises, les inscriptions se feront par l'intermédiaire des Maisons du Front populaire. Toutes les autres organisations recueilleront les demandes de leurs propres ressortissants et les transmettront aux autorités citées. Quant aux évacuations, elles s'effectueront sous l'autorité du Comité d'évacuation civile disposant de tous les moyens matériels.

A ce titre, en tout premier lieu, celles des intellectuels, universitaires, artistes, etc. Julio Palacios et Julián Besteiro, universitaires, seuls, restent. Sont évacuées aussi, les 10 et 11 novembre, avec de puissants moyens matériels, les archives nationales, les bibliothèques, les œuvres d'art du musée du Prado.

A Madrid, la guerre, la politique et la propagande, la lutte pour la survie, la persécution pour certains, la faim et le froid pour tous, les bombardements et la mort sont les compagnons quotidiens. La troisième semaine, la population voit l'apparition d'un processus de terreur et de feu; tout d'abord l'aviation, relayée bientôt par l'artillerie. Le lundi 16, entre 7 et 8 heures du soir, une attaque est conduite contre le musée du Prado. Mardi, le palais de Liria, appartenant au duc d'Albe, est partiellement incendié et détruit. Fort heureusement, le patrimoine artistique et culturel avait été évacué dans les premiers jours de novembre et les divers monuments de la ville protégés par des sacs de sable. Le bilan de la première journée fut de 250 morts et 600 blessés. Mercredi, nouvelle nuit d'horreur, on ne connaît pas le nombre des victimes, sans doute plus élevé que la veille. Présent, Henny donne des indications précieuses sur les dégâts considérables causés par les bombes, les quartiers atteints ayant été évacués et déclarés zones de guerre. Par ailleurs, la presse et le corps diplomatique dressaient un constat effrayant de ces nuits de feu [Annexe 21a].

Le dernier jour du mois, par ordre de la Junte de défense, tout le personnel médical, pharmaceutique et sanitaire de la zone madrilène est *militarisé* et rattaché directement à l'inspection de Santé du ministère de la Guerre. Les cliniques privées devront remettre sans tarder à cette inspection leur matériel sanitaire, en particulier chirurgical. Cette décision régularise ce qui, dans l'urgence, avait déjà été prescrit, et tout particulièrement la création d'hôpitaux militaires (*hospitales de sangre*) installés dans des locaux divers, tels que des hôtels (Palace et Ritz) ou des gymnases (Frontón de Recoletos), etc.

Un épisode sanglant, les *sacas*

Ce chapitre détaille une des périodes dramatiques de la présence et de l'action de Georges Henny. Son témoignage [7 novembre au 4 décembre] sera confronté à celui d'autres protagonistes d'événements dramatiques au cours desquels furent exécutés, sans jugement, plus de 2.000 prisonniers.

Henny adresse [r. F du 2.11.1936] à Largo Caballero, président du Conseil, au ministre d'État des Affaires étrangères, Alvarez del Vayo, et au sous-secrétaire à la Présidence, Llopis, une missive concernant en tout premier lieu les prisonniers politiques afin de pouvoir, dans son esprit, contenir les abus dont ils sont l'objet. Soulignant un engagement accru en faveur de ces prisonniers et que « *malgré les difficultés que nous rencontrons nous ne voulons pas renoncer* ». Volontaire, elle a été approuvée par les membres du corps diplomatique en poste à Madrid, et tout principalement Edgardo Pérez Quesada, René Bonjean et Ogilvie

Forbes, chargés d'affaires d'Argentine, de France et de Grande-Bretagne, qui constituaient le trio diplomatique le plus engagé : « *Un projet basé sur les textes des Conventions internationales — dans le manuel de la Croix-Rouge internationale — et sur l'accord du 3 septembre, signé par José Giral, confirmé par Largo Caballero, est actuellement à l'étude. La difficulté à laquelle nous nous heurtons est le fait qu'il s'agit de prisonniers politiques et non de prisonniers de guerre. A la page 207 du Manuel, en fin du dernier paragraphe, qui nous a tout particulièrement intéressé, se trouve l'indication bibliographique suivante (Genève, 1921, pp. 217-218, XIV). Au point de vue humanitaire cela a peu d'importance et nous estimons que des prisonniers politiques dans les circonstances actuelles ont droit au même traitement humanitaire que des prisonniers de guerre. Il nous faut considérer que la plupart de ces prisonniers soi-disant politiques n'ont eu aucune action véritablement politique mais sont détenus parce qu'ils avaient un parent de droite ou même simplement un ami.* » Antérieurement [r. E du 30.10.1936], le délégué reconnaissait que ces jeunes diplomates comptaient sur lui pour échafauder une argumentation leur permettant d'intervenir en faveur des prisonniers non-combattants.

Tout d'abord, le délégué rappelait les devoirs qu'impliquaient, pour le gouvernement républicain, les décisions des Conférences internationales de la Croix-Rouge concernant le sort de la population civile et des prisonniers de guerre, sans distinction de nationalité, de confession ou d'idées politiques. Mentionnant les gestes accomplis par les délégués en zone cantabrique mentionnés plus haut. Pour agir dans le même sens, il sollicite un sauf-conduit pour visiter les prisonniers, personnellement ou avec l'aide d'un interprète, si possible sans témoin, comme le ferait un délégué des Puissances protectrices, rappelant la Convention internationale de Genève du 27 juillet 1929 dont l'Espagne était signataire.

« *On peut objecter que les personnes détenues dans les prisons de Madrid ne sont pas des prisonniers de guerre, mais des prisonniers politiques. Cependant, considérant que c'est à cause de la guerre qu'elles sont privées de liberté et en vertu du Droit des gens et de l'article 3 de l'annexe de la Convention internationale de La Haye du 18 octobre 1907* », estime Henny, « *ces personnes ont droit au même traitement humanitaire que des prisonniers de guerre* ».

Le délégué souhaite disposer des listes de prisonniers combattants et non-combattants détenus en territoire gouvernemental, communiquées confidentiellement. Quant à l'échange des prisonniers non-combattants prévu par l'accord du 3 septembre, il en attend leur libération prochaine.

Quelques commentaires, Henny utilise les adoucissements obtenus par Junod du sort des prisonniers internés sur des bateaux en rade de Bilbao — comme si le gouvernement provisoire basque n'appartenait pas au camp gouvernemental — et lors de la libération des femmes sympathisantes des rebelles pour justifier sa demande. Sans préciser que la contrepartie de cet échange ne put se faire, ce n'est que plus tard que le délégué général, avec *certains avantages,* amorce la pompe des échanges avec les enfants des colonies scolaires, le solde étant néanmoins positif pour les franquistes. Au sujet de la « *possibilité d'avoir des aides choisis parmi des personnes ressortissant d'une Puissance neutre et ayant l'agrément du Gouvernement espagnol* », les autorités républicaines comprennent immédiatement qu'il ne peut s'agir que de Schlayer, le chargé d'affaires norvégien, ou de Pérez Quesada, celui d'Argentine. Deux diplomates qui interviennent dans les prisons, surtout Schlayer. Le prétexte principal de ce courrier souligne l'urgence d'une intervention impartiale dans les prisons afin d'éviter les *sacas* ou levées d'écrous sauvages par des éléments incontrôlés (ou trop bien contrôlés), se terminant par des exécutions sommaires. Au cours de cette semaine, des événements dramatiques vont se dérouler dans Madrid, dont le point d'orgue sera *l'extraction* de plus de 2.000 prisonniers exécutés sans jugement.

Accompagnant une missive de Llopis, détaillant les conditions générales des visites aux prisons et quelques précisions à des demandes de libérations individuelles, promptement, le président Largo Caballero répondra aux questions humanitaires soulevées, transmettant l'autorisation de visite des prisons de Madrid après accord avec le ministre de la Justice, Mariano Ruiz Funes [Annexe 15a].

Une sorte de paranoïa gagne les sphères du pouvoir. Elle fait prendre conscience de l'existence à Madrid de multiples opposants, en liberté — se dissimulant ou hébergés dans des ambassades étrangères — ou détenus en grand nombre (plus de 8.000) dans les prisons madrilènes. Des groupes armés se réclamant d'un Comité d'investigation chargé de rechercher et d'exterminer les membres de la *Quinta Columna*[1] se répandaient depuis deux mois dans les rues, arrêtant, sur simple dénonciation, des centaines de personnes auxquelles étaient appliquées, fruit de procès expéditifs, des condamnations exemplaires. Le niveau de cruauté atteint alors un degré jusqu'alors inconnu, alimenté par les nouvelles du front qui égrènent les brutalités et les atrocités commises de l'autre côté par les troupes franquistes. Informations relayées par le canal de la presse internationale, elles décrivaient les carnages opérés par les phalangistes et/ou les requetés dans les villes conquises par les rebelles où il ne faisait pas bon avoir appartenu à un syndicat ou à un parti de gauche. Parallèlement aux arrestations sur le pavé suivies par de nombreux *paseos* (exécutions sommaires) à Madrid, les membres des partis politiques proches du pouvoir s'interrogent sur ce qui se passait dans les prisons. On en débat au Commissariat à la guerre, et Largo Caballero, reconnaissant l'importance et l'urgence du problème, charge Angel Galarza Gago, ministre de l'Intérieur, d'évacuer les prisonniers. Avocat et politicien, il fut un des fondateurs du Parti radical-socialiste. De nombreux historiens et hommes politiques lui font porter, en tant que ministre de l'Intérieur, la responsabilité, par incompétence, de l'insécurité collective et de l'impunité avec laquelle agirent de nombreux *incontrôlés*[2]. Pourtant rien ne se fait, les décisions sont repoussées à plus tard sans doute en l'absence de moyens de transport, c'est la thèse officielle, mais plus sûrement parce qu'on se refuse à en prendre la résolution. Dans les derniers jours d'octobre, les *sacas* de prisonniers augmentent de manière spectaculaire et particulièrement celle du jeudi 29 octobre avec les détenus de la prison des Ventas. Suivie, le samedi 31, par celle de Fomento, dont les suppliciés furent conduits à Boadilla del Monte pour y être tués et dissimulés dans une profonde tranchée.

Quelle était, pour Koltsov, la position des autorités républicaines au sujet du sort des prisonniers politiques hostiles à la République, avant le 6 novembre? Au cours de réunions ministérielles, on s'interrogeait sur la présence des nombreux officiers arrêtés et détenus. Une tentative pour solliciter leur adhésion avait été avancée et des demandes formulées auprès de certains de ces détenus, avec l'insuccès que l'on devine. Notamment, à la Cárcel Modelo[3], où ils attendaient anxieusement l'arrivée des troupes franquistes qu'ils considéraient comme leurs sauveurs. Le fer de lance du corps de bataille attaquant, au travers de la Real Casa del Campo, se dirigeait vers le Parque del Oeste, la Cárcel Modelo et la Plaza de España. S'en fait l'écho la presse :

> Le sort des quelque 30.000 otages se trouvant à Madrid. — On pouvait craindre que les anarchistes, lorsqu'ils sentiraient la partie perdue, ne les exécutent en masse. Une démarche instante a été faite auprès du général Miaja par l'ambassadeur chilien, doyen du corps diplomatique. Une des colonnes d'investissement, en exerçant sa pression sur le nord-ouest de la capitale, semble d'ailleurs s'être donné comme premier objectif de dégager la prison modèle, où la plupart des otages sont détenus.

Mijail Koltsov écrit (p. 168) : « *Dans les prisons madrilènes il y a huit mille détenus et parmi ceux-ci trois mille officiers de carrière ou de réserve. Si l'ennemi pénètre dans la cité ou s'il se produit une mutinerie, cet ennemi trouvera déjà prête une colonne excellente d'officiers. Il est nécessaire immédiatement de sortir de la cité ces cadres, même à pied, et par étapes. Cependant, personne ne s'occupe de ce problème [...]* » Au Commissariat à la guerre, il réitère sa demande (pp. 176-177) : « *Les huit mille fascistes sont toujours incarcérés dans les prisons de Madrid, comme auparavant. Ils s'entretiennent ouvertement de leur libération prochaine. Le personnel de la prison commence à leur multiplier les attentions.* »

Tout sera fait en son temps, répond del Vayo. Pourtant, le soir précédant le départ du gouvernement, officiellement, on hésite. Dans le courant de la nuit, Koltsov se rend au siège du PCE (Parti communiste espagnol) et le problème de l'évacuation des officiers fascistes est de nouveau débattu. Rien n'a été fait, il est trop tard pour les évacuer. Il faudrait beaucoup de transports, une escorte, une véritable organisation. Comment faire cela en ce moment? Il n'est pas nécessaire de les évacuer tous puisque, parmi eux, il y en a d'inoffensifs. Il faut choisir parmi les éléments les plus dangereux et les convoyer à l'arrière, à pied, par petits groupes. Trois membres de la Direction sont envoyés à la prison où, à l'aide des listes établies, ils font sortir des prisonniers dans la cour. Terrorisés, ceux-ci crurent qu'ils allaient être fusillés. Ils furent conduits à Arganda pour organiser une étape provisoire. Si nous acceptons partiellement la version de ces faits, ils se déroulèrent dans la matinée du 5 à San Antón[4]. Or, les personnes chargées de ce transfert, à ce moment-là, ne disposaient d'aucune autorité légale, la Junte n'ayant pas été mise sur pied. Ou, et c'est plus vraisemblable, ils étaient porteurs d'ordres préparés — le 5 ou le 6 — par le ministre de l'Intérieur et le chef de la Sûreté, ayant rejoint Valence depuis une dizaine d'heures.

Au sein de la Junte de défense, Santiago Carillo Solares est chargé de l'ordre public, assisté par José Cazorla Maure. Lundi sont dictées les premières dispositions réglementaires d'ordre intérieur dans la capitale réorganisant les forces de police sous l'autorité d'une Direction générale de la sûreté, unifiant les forces de police existantes. Direction qui fonctionne sous l'autorité de Segundo Serrano Poncela. A partir de ce jour et compte tenu des délais normaux de prise de contrôle, les *inorganisés* n'existent plus, tout au moins officiellement, la reprise en main étant effective par la dissolution du Comité provincial d'investigation publique ayant conduit jusqu'alors la répression. Le 11 (le 14 selon Galíndez), les *checas* sont officiellement supprimées, et, le lendemain, Georges Henny, accompagné par Félix Schlayer et Jesús de Galíndez, se rend à celle de la C/Fomento (des *Bellas Artes*), le dernier jour de son existence; il y avait très peu de détenus. Leur intention était de s'assurer, là aussi, du sort des détenus et de connaître leur nouveau lieu de détention. Les membres du Comité de la *checa* les reçoivent courtoisement, les prisonniers ne portaient pas trace de mauvais traitements et les cachots étaient relativement propres. Visite symbolique et humanitaire de trois hommes qui, tout au long du mois, arpenteront les rues madrilènes malgré les bombardements et les tirs des *pacos*.

La veille, Henny écrivait à Melchor Rodríguez, suite à une entrevue au cours de laquelle une classification des détenus en trois catégories avait été avancée : 1° selon qu'ils sont supposés être ennemis dangereux transférables à Alcalá, Chinchilla ou Valence; 2° les douteux qui seraient jugés par les tribunaux et 3° les autres qui seraient mis en liberté le plus tôt possible. Ces transferts sous une garde qui garantirait leurs vies en cours de route. Que les femmes détenues demeureraient sous une garde suffisante à garantir pleinement leur vie.

Cette démarche ne fut pas suivie d'effet. Melchor Rodríguez, dont les sentiments humanitaires étaient connus de tous, démissionnait de son poste d'inspecteur général des prisons quatre jours plus tard. Né à Séville, orphelin et élevé dans un hospice, Melchor Rodríguez exerça de nombreux métiers avec des fortunes diverses. Anarchiste, élu conseiller municipal en 1934 de Madrid, il se trouvait tout naturellement dans le camp républicain au mois de juillet 1936. Par ses interventions audacieuses, il évita de nombreux massacres dans les prisons. Il collabora à l'échange de prisonniers. On lui attribue la libération de Ramón Serrano Suñer et d'avoir sauvé la vie, entre autres, du général Agustin Muñoz Grandes, d'Alfonso Peña Boeuf, de Rafael Sánchez Mazas, de Miguel Primo de Rivera et sa femme Margarita Larios, de Raimundo Fernández Cuesta, du général Valentín Galarza, de Joaquín Ruiz-Giménez...

Avant son départ, le 4 décembre, Henny verra aboutir favorablement l'intervention de cet anarchiste au comportement humanitaire exemplaire. Le délégué fait parvenir à Genève un texte important [r. G du 24 novembre] sur la situation dans les prisons madrilènes au cours des deux dernières semaines. Le Comité était informé lorsque, au cours d'une communication, le délégué avait mentionné à mots couverts des listes de prisonniers qu'il s'était procurées sans doute avec l'aide de Schlayer et, comme nous le verrons, pour d'autres, grâce à sa perspicacité : « *Dans mes visites aux prisons j'ai été accompagné par Monsieur Schlayer, chargé d'affaires de Norvège, qui je dois dire m'a ouvert beaucoup de portes et a bien voulu me servir d'interprète.*

« *Entre-temps le gouvernement a quitté Madrid. Il nous a fallu prendre contact avec la Junta de defensa et toutes les nouvelles autorités. Partout j'ai rencontré un accueil aimable et beaucoup de promesses m'assurant de la parfaite sécurité des prisonniers. J'ai essayé d'obtenir quelques libertés, mais sans succès.* » Dans la lettre adressée le 10 novembre, il rappelait à Melchor Rodríguez les bonnes dispositions de celui-ci et manifestait son inquiétude car, peu avant son départ, le gouvernement *« voyant l'ennemi s'approcher de plus en plus de la capitale avait décidé l'évacuation des prisons de Madrid ».*

Poursuivons l'examen du rapport. Henny précise — et nous comprenons qu'il détient des informations sûres : « *Les 6, 7 et 8 novembre sont partis de la prison cellulaire de Modelo 974 prisonniers dont vous trouverez une liste ci-jointe, 175 de la prison de San Antón* [liste] *et environ 150 de la prison des Ventas. Ce dernier chiffre est moins certain car nous ne possédons pas de liste nominative de cette prison. De ces prisonniers sont arrivés à la Casa de trabajo de Alcalá de Henares 196 qui se répartissent comme suit : Cárcel Modelo, 11; Cárcel San Antón, 120, et Ventas, 65. Ces derniers renseignements nous ont été donnés par le directeur de la Casa de trabajo à Alcalá où nous nous étions rendus, Monsieur Schlayer et moi, pour savoir ce qu'étaient devenus les prisonniers ayant quitté Madrid et dont les parents alertés par des rumeurs publiques très inquiétantes venaient chercher à notre délégation des renseignements rassurants.* [...] » Les deux enquêteurs peuvent rencontrer quelques prisonniers, ils affirment que le voyage de leur convoi s'est « *effectué normalement. Ils sont bien traités et ne se plaignent de rien »,* tout cela exprimé sans témoin. Les 196 prisonniers arrivés à Alcalá sont les seuls que Schlayer et Henny retrouvent sur les

1.275 ayant été évacués de Madrid. Comme d'après d'autres indications des prisonniers auraient été conduits à Chinchilla, Valence, Figueras, Alicante et même Barcelone... le délégué et le chargé d'affaires enquêtent tous azimuts. Les réponses sont négatives. A Chinchilla, la prison peuplée de 600 prisonniers ne peut en accueillir d'autres; à San Miguel de los Reyes, à Valence, il n'est arrivé aucun prisonnier. Mis à contribution, Barbey, à Barcelone, après une rapide enquête, répond lui aussi négativement. Voyant que ces recherches sont inutiles, Henny s'abstient de contacter Alicante. De retour à Madrid, et après des confidences reçues, accompagné de Pérez Quesada, ils se rendent à Torrejón de Ardoz, à mi-chemin de Alcalá, où le corps diplomatique se ravitaille en pommes de terre. Là, des rumeurs couraient sur des exécutions massives. Ils rencontrent des témoins. Ceux-ci les conduisent sur le lieu « *de la plus dramatique tragédie. Sur une longueur de 200 mètres environ un fossé de 2,50 m à 3 mètres de profondeur était comblé de terre fraîchement jetée. Je vous laisse supposer ce que cachait cette terre.* » Sans donner une estimation chiffrée du nombre des suppliciés Henny précise que Schlayer s'est rendu, avec le chargé d'affaires argentin à d'autres endroits « *théâtres de semblables drames comme son rapport le mentionne, mais je ne l'ai pas accompagné* ». Henny voulait, sans doute, préserver la fiction de sa neutralité. Tout au moins c'est ce qu'il laisse entendre et il joint un texte de Schlayer — en espagnol — destiné au gouvernement norvégien et au corps diplomatique.

Que relate Schlayer[5]? Vendredi 6, il est à la Cárcel Modelo lorsque tombent à proximité les premiers obus franquistes provenant du Cerro de Garabitas (*Real Casa del Campo,* grand espace boisé dans la périphérie ouest). Constatant l'attitude menaçante des miliciens surveillant les prisonniers, Schlayer craint pour la sécurité de ces derniers. Le lendemain, *samedi,* il revient, cette fois accompagné par Georges Henny. Ils constatent que de nombreux autobus à deux étages, entourés de gardes armés, stationnent en demi-cercle devant l'entrée principale de la prison. Schlayer, avec cette impétuosité qui le caractérisait, impressionnant par la taille, une épaisse chevelure, des moustaches et favoris à la prussienne, servi par une réelle pratique de la langue espagnole (il séjournait dans la Péninsule depuis de nombreuses années), franchit tous les barrages. Il ne peut rencontrer le directeur de la prison (Jacinto Ramos Herrera) absent, mais le sous-directeur (Tomás de Miguel Frutos) lui explique que les autobus vont servir au transport vers la capitale valencienne de 120 officiers de carrière internés, pour *qu'ils ne tombent pas dans les mains des nationalistes.* Perplexe, Schlayer, seul cette fois, se rend au siège de la Direction générale de la sûreté, où les contradictions entre les différentes informations apparaissent. La situation générale est confuse, et Schlayer convaincu que Madrid va tomber dans les heures suivantes. L'après-midi, au ministère de la Guerre, il rencontre le général Miaja et lui confie ses craintes; le chef de la Junte donne sa parole que rien d'irréparable ne sera commis. Successivement, Schlayer, qui ne manquait pas de cran, alors que se tient une importante réunion de la Junte de défense, prend contact avec le jeune conseiller de l'ordre public, Santiago Carillo; celui-ci lui demande de revenir un peu plus tard. Agité de sombres pressentiments, Schlayer, en compagnie de Henny, retourne à la Cárcel Modelo où cette fois ils peuvent s'entretenir avec le directeur qui leur confie que des centaines de détenus (970) — dont l'avocat de la légation de Norvège, Ricardo de la Cierva y Codorniú, ami de Schlayer — ont été conduits, sur ordre personnel du directeur général de la Sûreté, à la prison de San Miguel de los Reyes, à Valence.

Au ministère de la Guerre, en fin d'après-midi, les deux hommes décrivent à Santiago Carillo ce qu'ils viennent d'apprendre. Il n'est au courant de rien; Schlayer, à la réflexion, admet. Un peu plus tard, Schlayer retourne à la Cárcel Modelo. Un détenu lui relate, comme l'a fait le directeur, que deux importants groupes de prisonniers, attachés deux à deux (*codo con codo*), sans pouvoir emporter leurs effets, ont quitté la prison. Abandonnant l'établissement pénitentiaire à 11 heures du soir, Schlayer constate que des soldats de la Ire Brigade internationale, depuis peu, sont cantonnés dans la prison. Grâce à la présence de ces combattants, l'établissement pénitentiaire ne fut pas occupé par les franquistes, alors que s'y trouvaient encore de nombreux prisonniers.

Dimanche matin, le chargé d'affaires norvégien est à la Modelo. Interrogé, le directeur dévoile à Schlayer le document signé par le sous-directeur de la Sûreté, Vincente Girauta Linares, sur une directive donnée oralement par le directeur général de la Sûreté, Manuel Muñoz Martínez — avant sa fuite à Valence dans la nuit du 6 au 7 — d'avoir à transférer 970 détenus à San Miguel de los Reyes. Ainsi qu'il lui communique l'identité des policiers (du gouvernement) appartenant pour la plupart à une brigade de police criminelle (*Brigada de investigación Garcia Atadell* ou encore *Brigada del Amanecer*), il relate le plan assez trouble aboutissant à l'extraction frauduleuse des prisonniers. Le directeur[6] avoue à Schlayer que, subodorant cette action, il avait préféré s'absenter afin de ne pas endosser la responsabilité d'une levée d'écrou exceptionnelle. Les policiers, des *gardes d'assaut*, précise-t-il, sollicitaient des volontaires parmi les miliciens montant la garde, pour les accompagner à *« tuer, parce qu'ils avaient peu de temps pour tuer tant de personnes et qu'ils étaient peu nombreux »* [Schlayer, 17.11.1936].

En début d'après-midi, Schlayer est seul à Paracuellos del Jarama. Le chargé d'affaires argentin et le délégué du CICR, sans doute épouvantés par les proportions que prend la *traque* initiée par Schlayer n'ont pas souhaité être présents à ce qu'ils craignent découvrir. Après une rapide enquête parmi les villageois, le chargé d'affaires norvégien se dirige vers les deux fosses, chacune d'environ 200 mètres de long. Des témoins lui apprennent que nombreuses, plus de 600, furent les victimes ensevelies.

Au cours des jours suivants, Schlayer « *entendit des confidences suffisamment précises pour notre édification* », écrit Henny, par des prisonniers mis en liberté. Comme le délégué, il téléphone aux directeurs des prisons citées, sans résultat. Jusqu'au moment où il apprend que les autobus partis avec des prisonniers par la route de Guadalajara, arrivent vides à Alcalá. Les recherches se circonscrivent autour de Torrejón de Ardoz où avaient été vus les véhicules se dirigeant vers la rivière Henares. Schlayer, accompagné cette fois par Pérez Quesada et Henny, se rend au château de Aldovea où se trouve à proximité une tranchée profonde recouverte de terre fraîche. Le guide, un paysan, leur raconte que sont enterrés ici environ 500 à 600 fusillés. Schlayer ne précise pas la date de cette visite qui devait être le 12 ou le 13 novembre. C'est au cours d'une communication que de Vizcaya informe Genève : Henny et le chargé des affaires de Norvège ont visité les prisons. Observons que Schlayer ne respecte pas la chronologie dans son récit qui recoupe cependant celui de Henny; tous deux assistent à l'évacuation des derniers détenus de la Cárcel Modelo. Les détonations et les explosions proches rendent cette évacuation périlleuse tout autant pour les prisonniers évacués que pour les gardiens, les miliciens et les gardes d'assaut qui les conduisent dans les autres prisons surencombrées de Madrid (San Antón, Porlier et Ventas). Transport qui aurait eu lieu le 16, dans la nuit[7].

Henny constate [*r.* G du 24.11.1936] que par suite des bombardements de la Modelo, plusieurs prisonniers ont été tués ou blessés. Par conséquent l'évacuation d'urgence a été décidée (la Cárcel Modelo est alors sur la ligne de front) : « *Nous avons profité du désarroi général pour aller copier la liste des (974) prisonniers partis pour une destination inconnue ou trop connue. Alors que la prison était l'objectif du feu ennemi, Monsieur Vizcaya et moi-même, accompagnés de deux courageuses dactylographes, avons copié cette liste. Le canon faisait rage, les mitrailleuses répétaient leur régulier tic-tac. Les vitres de la prison étaient en morceaux. Les petites dactylos sautaient à chaque éclatement d'obus, aussi le directeur de la prison, un bon homme, nous a autorisé à emporter la liste qui nous intéressait pour la copier tranquillement chez nous. Dehors, en sortant de la prison, les balles sifflaient de tout côté. Nous avons trouvé le chauffeur couché sous la voiture, et il ne s'est pas fait prier pour nous ramener rapidement à la rue Abascal. Je suis retourné encore le soir à la prison pour voir comment s'effectuait l'évacuation des prisonniers. Le feu ennemi était toujours très intense. Les prisonniers ont été emmenés dans des autobus dans les autres prisons de Madrid. Vous trouverez ci-joint la liste des 974 malheureux prisonniers, liste obtenue on peut le dire grâce au courage de deux de nos petites dactylos que j'avais au préalable averties du danger qu'elles couraient.* » N'ajoutons rien à cette description, sinon pour souligner la hardiesse de la petite équipe, sans oublier de préciser que lors de leur retour au 55 de la C/Abascal, ils n'étaient pas encore à l'abri, moins de deux kilomètres les séparaient de la ligne de front !

L'objectif principal de la présence du délégué n'est pas seulement, comme le faisait Schlayer — Quesada aussi — d'assister au transfert des prisonniers et par là même empêcher tout dérapage, mauvais traitement ou exécution de ceux-ci. Pour le délégué du Comité l'obtention des listes permettra de répondre à l'attente de familles ignorantes d'où se trouvent leurs proches. De la part de Schlayer il y eut la tentation d'exploiter les listes obtenues en les remettant soit à des membres du corps diplomatique (ce fut le cas), soit en cherchant à obtenir qu'Henny les communique au général Franco, pensant que cela rehausserait le prestige du CICR du côté nationaliste. Le délégué répondit négativement, précisant *« que le Comité international ne pouvait transmettre à l'une des parties des renseignements obtenus en quelque sorte illicitement et au détriment de l'autre partie »* et que cela allait à l'encontre de l'éthique de la Croix-Rouge.

Quelques jours plus tôt, cette fois encore avec Schlayer, Henny se rendit à la prison de femmes de la C/Conde de Toreno ; les détenues devaient, elles aussi, être transférées dans l'ancien couvent San Rafael, à Chamartin. Le voyage s'effectuant en camionnettes, Schlayer et Henny obtiennent que, comme pour les hommes, les quelque 1.400 prisonnières le soient en autobus à étages : *« Le matin, à 9 heures, un téléphone du directeur de la prison nous avise que les femmes ne veulent pas quitter la prison craignant pour leur vie et qu'on sera obligé d'employer la force ; il nous demande d'intervenir. Nous sommes allés à la prison immédiatement et sitôt qu'elles nous ont vus, les prisonnières, rassurées, se sont embarquées normalement. [...] Avec Monsieur Schlayer j'étais au départ et Monsieur Vizcaya était à l'arrivée. Tout s'est bien passé. [...] »*

Des vivres sont apportés, ainsi qu'une pompe fournie par Schlayer, car l'eau manque et il n'y a qu'un seul w.c. ! Manifestant leur joie d'être sorties sans encombre de ce qu'elles pensaient être un mauvais pas, les prisonnières ovationnent Vizcaya et Henny, qui doivent rapidement les calmer, les applaudissements indisposant les miliciens présents...

Née d'une insécurité permanente et croissante, l'inquiétude est présente. L'*« autre nuit j'ai été jusqu'à 3 heures du matin à la Direction générale de la sûreté avec tous les membres du Comité central de la Croix-Rouge espagnole pour faire sortir le président, M. Aurelio Romeo, qui avait été arrêté sans raison. Nous ne pouvions admettre que le président de la Croix-Rouge espagnole passe même une seule nuit en détention. Nous avons heureusement obtenu satisfaction et raccompagné chez lui M. Romeo. »* Dans la soirée du vendredi 13, Schlayer, Quesada et Henny se rendent au siège du Parti nationaliste basque qui avait constitué un Comité basque dont nous avons parlé. Les Basques, semble-t-il, nombreux à Madrid et catholiques pour la plupart, craignaient les persécutions religieuses. Un de leurs refuges était C/Serrano à l'angle de la C/Diego de León. Devant les Basques présents, explique Jesús de

Galíndez[8], la voix entrecoupée par l'émotion, les trois étrangers contèrent ce qu'ils savaient et avaient vu avec l'espoir que les responsables basques, tout spécialement le ministre Irujo, seraient rapidement alertés. Celui-ci avait été présent à Madrid au mois d'octobre[9].

Les nationalistes basques, informés par Henny en particulier, contactent le ministre Irujo. Lequel entame un dialogue, par télétype interposé, avec les autorités de la Junte de défense[10]. Le ministre était à Valence, auprès du gouvernement. Aux questions du ministre, l'aide de camp de Miaja répond que le général n'est pas informé et que, sitôt il disposera de détails, il lui en fera part. N'obtenant pas de réponse officielle à Madrid, le lendemain, Irujo et le ministre Giral interrogent, toujours par télétype, le ministre Angel Galarza, qui se trouvait à Valence! Soulignons que ce dernier minora le nombre d'exécutions commises, selon lui, en réponse au feu de l'artillerie et de l'aviation franquiste sur les environs de la prison. Les forces armées reprenant les choses en main, le nombre de prisonniers exécutés était bien moindre que celui des femmes et des enfants qui avaient péri sous les bombes de l'aviation ce jour-là. Galarza oppose la certitude des autorités, promettant une enquête détaillée, qui n'eut jamais lieu. Ces massacres jetèrent, pour longtemps, l'opprobre sur la République et ses idéaux.

Pérez Quesada se présente devant la Junte pour rendre officielle son indignation, et celle du corps diplomatique présent à Madrid, sur ce qui vient de s'y passer. Il précise qu'il a vu les cadavres de Torrejón de Ardoz et, menaçant, affirme que le corps diplomatique — ce qu'il en reste! — abandonnera l'Espagne républicaine si les autorités ne font pas une enquête sérieuse. Les représentants de la Junte répondent que le gouvernement réside à Valence et que c'est dans cette ville que doit être portée la protestation.

Ces événements ne pouvaient rester ignorés, et ne le restèrent pas, malgré les efforts faits par la Junte de Madrid qui publia dans la presse, le 14 novembre, un communiqué récusant toute accusation de mauvais traitements ou d'exécutions et précisant que lorsqu'elles intervenaient c'était dans le cadre de l'ordre et les normes légales :

> La Junte de défense de Madrid est informée que des radios factieuses diffusent des informations parues dans la presse étrangère sur des mauvais traitements infligés à des détenus fascistes. Voyant la tournure prise par ces allégations, les conseillers [de la Junte] se voient tenus de déclarer devant l'Espagne et devant les nations étrangères que tout ce qui se dit à ce sujet est absolument faux. Les prisonniers ne sont pas les victimes de mauvais traitements et ne doivent pas craindre pour leur vie. Tous seront jugés légalement sur leur inculpation. [...][11].

Passé l'épisode de l'*évacuation* sanglante des prisons, sous la pression de l'avance des troupes franquistes dans les quartiers ouest et sud de la capitale, les *sacas* continuent. Le 24 ou le 25 sont installés à San Antón des tribunaux dits populaires (ou *checas*) et il ne se passe pas de jours sans que, clandestinement ou par le biais de *libérations officieuses*, des dizaines de prisonniers *élargis* soient exécutés. Cette noire période de la République espagnole cessera le jour de la nomination de Melchor Rodríguez, le 4 décembre 1936, comme directeur général des prisons.

Les franquistes, eux aussi, sont informés par les agents secrets (doubles) qu'ils disposaient dans Madrid, mais plus vraisemblablement au travers des correspondants de presse ou des diplomates. Leur presse revient sur l'événement[12]. Que pouvons-nous en tirer? La confirmation de ce que virent et constatèrent Schlayer, Henny et Quesada. Précision de taille, les groupes de gardiens-exécuteurs comprenaient une forte proportion de gardes d'assaut; ce qui contredit la version d'une majorité d'incontrôlés (dénomination péjorative des miliciens anarchistes). Les nombreux témoins présents lors des exécutions, et chargés de creuser les fosses ou assistant au spectacle, le détaillèrent aux diplomates. Ces derniers envoyèrent des relations à leurs gouvernements, affirmant que le délégué du CICR *était venu de Genève s'informer sur les crimes des rouges*, poursuivait le témoin. La préméditation, pour l'auteur, était démontrée ne serait-ce que par le temps nécessaire au creusement des fosses et le nombre de journaliers recrutés.

Commencés dans les premiers jours du mois, les bombardements se poursuivent, atteignant leur apogée dans la dernière quinzaine lorsqu'une partie du Madrid historique est mise à feu. « *La mort a du pain sur la planche. J'ai dit que je ne suis qu'un huissier; qu'on me permette cependant de dire ce que je pense. Le Christ a dit : Pardonnez-leur, car ils ne savent pas ce qu'ils font. Il me semble qu'après le massacre des innocents de Madrid, nous devons dire : Ne leur pardonnez pas, car ils savent ce qu'ils font.* »[13] Tout déplacement était risqué : le labeur humanitaire comprenait l'intervention en faveur des prisonniers politiques maltraités, l'accueil et l'aide des familles dans le désarroi, la visite des hôpitaux du front. Dans *La Nación* du 22 novembre était décrite la visite de l'hôpital de la CRE à Cuatro Caminos (Avenida Pablo Iglesias). Y assistaient Henny, Pérez Quesada et Jardón, de l'ambassade d'Argentine, Schlayer, ministre norvégien (*sic*) et Morata, secrétaire de l'institution. Une cérémonie eut lieu afin de remercier le représentant argentin de tout ce que son pays faisait pour la Croix-Rouge et la population.

Horace Barbey vit l'avant-dernier mois de 1936 dans Barcelone assagi. Le rapatriement partiel, pour les plus jeunes des scouts de Saragosse, est en voie de solution, et les relations tant avec la Croix-Rouge qu'avec le Service sanitaire des milices sont apaisées. Ses journées sont rythmées par des voyages éclairs à la frontière pour y réceptionner le matériel sanitaire qui provient de plusieurs pays. D'autres problèmes surgissent avec les formalités douanières (des deux côtés), et l'expédition par chemin de fer ne prend plus de colis pour Madrid. Le transport routier est aléatoire, les camions pouvant à tout moment être mobilisés pour les besoins de l'armée ou des milices. Administrativement, la délégation de Barcelone fonctionne à la perfection. Près de 1.500 personnes passent quotidiennement par ses bureaux et Barbey est contraint de condamner sa porte un jour sur deux, afin *de pouvoir travailler en paix*.

Barbey, le jeudi soir 5 novembre, rencontre le président de la Generalitat de Catalogne et celui de la République d'Espagne. C'est dans cet ordre qu'il vient leur proposer un projet traitant de l'évacuation de la population civile sur le modèle de celui négocié dans la zone rebelle. Companys, après avoir écouté les propositions de Barbey, semble d'accord et prend date pour en débattre avec le Conseil des ministres[14]. Arrivés à 17 h 15 au Parlement catalan, palais luxueux du XVIIIe siècle, où sont installés les bureaux de la présidence, Azaña reçoit Barbey et le capitaine Valenti, debout à côté de sa table de travail. « *Grand, fort, une tête énorme, des cheveux blancs assez rares, de grosses lunettes d'écaille qui cachent de gros yeux clairs et vifs. Son teint est pâle, blafard. Il donne du reste l'impression d'être malade* », tels sont les propos du délégué[15]. La longueur de l'entretien est inusitée, plus de vingt minutes, le président de la République pratiquant fort bien le français. Aux questions d'Horace Barbey, il répond *qu'il n'est pas le gouvernement* et fait venir l'ancien président du Conseil des ministres, José Giral. Un tour d'horizon est fait, non sans intérêt, puisque Giral deviendra l'interlocuteur privilégié du CICR en ce qui concerne les échanges. Barbey pronostique que le gouvernement républicain devrait rejoindre très prochainement le président.

En compagnie de membres de la Croix-Rouge, Barbey inspecte les hôpitaux du front d'Aragón et particulièrement celui de Valfarta. Samedi 7 novembre, après la visite de l'hôpital de Bujaraloz, un jeune médecin de *Sanidad*, avec qui Barbey a sympathisé, le conduit au quartier général. Ils y rencontrent le chef de tout le front, Buenaventura Durruti Domínguez, ouvrier mécanicien, un des dirigeants anarchistes les plus charismatiques. Après une vie mouvementée et ayant séjourné dans de nombreux pays étrangers, le 18 juillet 1936, à Barcelone, il participe aux combats contre les rebelles. Puis il organise une colonne de 2.500 hommes qui se dirige vers Zaragoza, qu'il ne peut prendre. Blessé, il meurt à Madrid le 20 novembre. Deux versions ont été avancées, une balle adverse ou un attentat. Il semble qu'il fut atteint d'une balle partie accidentellement de sa propre arme. Ses obsèques furent l'occasion d'une cérémonie d'unité assez exceptionnelle puisqu'elle rassembla des représentants de tous les partis. « *C'est un homme d'une quarantaine d'années, grand, fort, l'air très énergique. Il est ici somme toute le généralissime du corps d'armée dénommé Colonne Durruti. Avec des moyens assez simples, il est parvenu cependant à organiser tout le front d'une façon à peu près satisfaisante. C'était, me dit-on, l'instigateur du terrorisme en Espagne anciennement. Une sorte de fanatique qui croyait à la puissance des attentats. Un homme d'action qui enrage de voir l'inaction de la plupart de ceux qui restent à l'arrière. Figure assez sympathique, dans sa franchise et sa simplicité.*

J'ai rarement vu des yeux aussi brun clair, presque jaunes. Son Q.G. est installé dans une mauvaise baraque qui grouille de monde et de mouches. Apprenant que j'appartiens à la C.R., il me fait part du mécontentement qu'il éprouve à assister continuellement aux disputes des milieux sanitaires et de la C.R. »[16]

Témoignage d'autant plus éloquent qu'il intervient treize jours avant la mort (vendredi 20) du leader anarchiste. Le dimanche 22, alors qu'Horace Barbey reconduit à son hôtel Mme Small, déléguée de SauvEnfant (UISE), ils assistent au passage du cortège de l'enterrement de Durruti. Environ 100.000 personnes — la presse parlait de 200.000 — assistent tout au long des grandes avenues, dans le plus grand recueillement. Et de constater : « *En voyant passer tant de monde, on se rend compte de l'impression de force que donne un pareil rassemblement. Il suffirait probablement de peu pour la mettre hors d'elle. Mais tout se passe cependant tranquillement.* »

Une première information touche au sort des prisonniers à bord de l'*Uruguay*; le président de la CRN, toujours bien informé, appelle Genève. Où sont passés les prisonniers qui ont été débarqués? Ils ont été transférés au château de Montjuich, répond Barbey, accompagnant sa lettre du récit de l'inspection effectuée. Reçu par le président Andreu, des Audiences du tribunal populaire, qui l'autorise à se rendre au fort de Montjuich et à la Cárcel Modelo. Le fort, perché sur une colline escarpée, à la limite sud de Barcelone, est un *château* impressionnant, surplombant la mer, avec des murs épais, un pont-levis et des fossés. Des miliciens dépendant de la Generalitat en assurent la garde. Valenti et le délégué sont accompagnés par le président Andreu. Barbey fait une description angoissante de sa tournée. « *J'ai parfois envie de passer en courant* », dit-il, décrivant l'extrême misère des détenus dans des salles froides, ruisselantes d'eau. Les prisonniers, hébétés, n'osent parler, sauf pour quelques phrases banales. Ce sont pour la plupart des loques. « *Après une heure et demie de visite, nous sortons de là avec l'impression d'y être resté des heures.* » La seconde prison est la Cárcel Modelo, qui porte bien son nom. Elle est moderne, dans chaque cellule, pour deux, eau courante et mobilier pour des prisonniers politiques privilégiés.

Une petite semaine plus tard, à la demande de Junod, Barbey rencontre Irujo au restaurant l'Or du Rhin. Le ministre sans portefeuille lui confie avoir quatre frères prisonniers à Pamplona. Là encore, Barbey *croque,* comme il le fera durant tout son séjour en Espagne, les personnages qu'il croise, délivrant un témoignage humain qui souvent fait défaut dans les autres comptes rendus ou lettres de ses collègues : « *C'est un homme éminemment sympathique, grand maigre, les cheveux très noirs, les yeux également et assez enfoncés, des traits purs mais très marqués, l'air intelligent et énergique mais aussi très douloureux. Ce n'est du reste pas la première fois que je remarque sur la figure des hommes haut placés et cultivés ces signes de douleur, voire d'angoisse et souvent d'incertitude de l'avenir.* »[17]

A Madrid, la situation des prisonniers politiques est toujours critique, et les *sacas* continuent, sur une base plus réduite. La justification des levées d'écrou plus ou moins officielles est celle de l'élargissement du prisonnier. On met beaucoup en liberté, dit Henny [*r.* G du 24.11.1936], *« mais il y a deux sortes de libertés, une liberté effective et réelle et une autre liberté qui délivre définitivement et pour toujours de tous soucis ceux qui en sont l'objet »*. Des prisonniers déclarés en liberté et portés sur des listes *officielles* (ou considérées comme telles) sont fusillés (*assassinés*, constate l'auteur). Leurs familles se débattent dans une situation inextricable ne sachant où se trouve leur parent libéré... ou disparu. D'après Henny, qui a obtenu (*inofficiellement* et grâce à la compréhension de membres de l'administration pénitentiaire) les listes successives des suppliciés, 470 détenus, venant de San Antón, conduits par groupes de dix et fusillés devant ceux qui attendaient leur tour, auraient été enterrés dans une fosse commune à proximité de l'aérodrome de Barajas. Or, ces prisonniers figuraient sur des listes de libérés! Les condamnations sont prononcées par de petits comités hors de toute procédure judiciaire légale. Serrano Poncela, le 1er décembre, signe les ordres élargissant 64 prisonniers, dont 57 furent exécutés à Chinchilla. Le lendemain, toujours des Ventas, 60 furent conduits à Chinchilla et, le 3, 35 autres, à Paracuellos del Jarama. Les femmes, seules, paraissent être sorties indemnes au cours de cette période. Quant au personnel du corps des surveillants de prisons, révolté, il lui fait des confidences espérant, grâce à la Croix-Rouge, qu'il puisse être *« mis un frein à ces inqualifiables excès »*. Il arrive aussi que le prisonnier libéré le matin soit arrêté de nouveau l'après-midi; pour échapper à un sort funeste, il préfère, dès sa sortie de prison, se précipiter dans une ambassade avec sa famille. Seul élément positif, on retrouve de la part des gardiens professionnels une réaction identique à celle de leurs homologues basques auxquels Junod promit la vie sauve en contrepartie de leur mansuétude envers les détenus.

Chapitre V
Décembre dramatique

La Commission d'Espagne se réunit d'urgence le 6 décembre. Un télégramme de Madrid est transmis par le Département politique à Berne[1]. Dépêche codée ayant emprunté la filière diplomatique, elle notifie l'occupation, par la police madrilène, de locaux annexes de l'ambassade de Finlande et l'arrestation des *asilés* qui y résidaient. L'importance de la nouvelle provoque la réunion de la Commission qui en téléphone au président Huber le contenu, ainsi que la dépêche Havas. Que doit-on faire? Intervenir auprès de la SDN? Huber prend contact avec le président de la Confédération, Giuseppe Motta. Celui-ci prône la prudence, pas de démarche officielle. Huber estime, lui aussi, qu'il ne faut pas intervenir auprès de Valence. Il précise que « *[...] la question juridique est si complexe que malgré le caractère pressant du point de vue humanitaire ce dernier ne doit pas primer, car il y a certainement des abus de certaines légations et il ne faut pas créer de dangereux précédents.* »

Que s'était-il passé? Fin septembre, à la suite de l'évacuation des ambassades d'Allemagne et d'Italie — orageuse pour la première — quelques perquisitions de locaux diplomatiques sont effectuées, singulièrement au siège de l'ambassade de Finlande (C/Zurbano). Mais, les 3 et 4 décembre, les deux annexes sous pavillon finlandais (Fernando el Santo et Velázquez) sont envahies par des gardes d'assaut et des miliciens, parmi lesquels des membres des Brigades internationales, qui arrêtent le millier d'*asilés* qui s'y trouvent. Des armes sont récupérées, explique la version officielle. Toutefois, la démarche précipitée de Henny justifie la cautèle du président Huber. Cette protestation était certainement l'aboutissement des interventions répétées de Schlayer qui, après avoir enquêté sur les massacres de prisonniers, était intervenu pour faciliter l'évacuation des ambassades d'Allemagne et d'Italie. En conséquence, le gouvernement républicain de Valence agitait la menace de son expulsion ou de sa mise à l'écart. Sollicitant tout d'abord auprès de la Croix-Rouge norvégienne, dont il feint de croire qu'il est le représentant, puis auprès du gouvernement norvégien, le rappel de ce personnage trop remuant à son goût. La Croix-Rouge nordique, le 1er décembre, par un télégramme[2] de son président, Roe de Koors, contactera son propre gouvernement. Démarche répercutée auprès d'Henny, conscient de l'importance de Schlayer dans le dispositif humanitaire à Madrid. Avec le corps diplomatique, ils font des pieds et des mains afin que le statut de Schlayer ne soit pas remis en cause. Tous savent qu'il est trop précieux, tout en comprenant la position du gouvernement de Valence. Son statut de chargé d'affaires par intérim lui octroie néanmoins une protection suffisante pour obtenir un sursis à son départ (expulsion déguisée) qui n'interviendra qu'au cours de l'été de 1937.

Dimanche 6 décembre, après une légère accalmie, les bombardements reprennent. Le lendemain, à midi, une délégation de députés travaillistes anglais se réfugie précipitamment dans les abris. Nous avons vu que l'évacuation d'une partie de la population civile avait été décidée par la Junta de defensa. Un Conseil d'évacuation (*Consejo de evacuación*) avec à sa tête Francisco Caminero Rodríguez, en accord avec la Croix-Rouge, le Secours rouge international et d'autres organisations spécialisées, dont le Comité d'aide à l'enfance, en est chargé. La paperasserie n'étant jamais absente, quelle que soit la situation, le 13 décembre un Comité national de réfugiés de la guerre décidera, à compter du 20, de délivrer les sauf-conduits. Tributaire de moyens de transport qu'il ne possède pas, le rôle du CICR reste marginal.

Depuis son dernier courrier dans lequel Henny reconnaît être exténué et passablement découragé, la situation se dégrade chaque jour davantage. La perspective d'un départ proche lui procure sérénité et distance dans les jugements qu'il porte sur la situation générale. Pas d'indication sur les motifs de son voyage à Genève, sans doute du retour périodique, le premier pour Henny, des délégués pour faire rapport devant le Comité et *décompresser* pendant quelques jours.

Utilisons son ultime compte rendu rédigé à Madrid [2.01.1937], sous le titre de *Rapport concernant l'agression dont fut victime le 8 décembre 1936 l'avion de l'ambassade de France à bord duquel je me trouvais étant délégué du Comité international de la Croix-Rouge*. Emmanuel Neuville, consul de France à Madrid, après quelque hésitation, avait accepté Henny, accompagné de deux jeunes enfants, comme passagers de l'avion militaire français mis à la disposition de l'ambassade de France par le ministère de la Défense nationale, appareil assurant un service hebdomadaire Madrid-Toulouse. Autorisation tout à fait exceptionnelle *du fait que je n'étais pas français,* elle prend en considération son titre de délégué du CICR, reconnaît Henny. Dimanche matin 6 décembre, jour prévu du départ, se trouvent réunis sur l'aérodrome de Barajas, autour du pilote Charles Boyer et du radio-télégraphiste Bougrat, le représentant du CICR, les enfants Cabello[3], André Château, de l'Agence Havas, et Louis Delaprée, correspondant de presse à *Paris-Soir*. Par suite d'incidents techniques, l'avion ne peut décoller, et Henny invite l'ensemble des passagers dans un restaurant madrilène, l'hôtel Gran Via, fréquenté par les journalistes étrangers. Lundi, le départ est remis au lendemain. Pour les mêmes raisons, lui répond-on au téléphone.

Mardi 8, le docteur Henny quitte Madrid. Prenant au sérieux son rôle de délégué adjoint, en début d'après-midi, Vizcaya notifie téléphoniquement que le délégué est parti à 12 h 30 avec les petites filles Cabello. A son interlocuteur, il confie qu'il y a beaucoup moins de bruit autour de la mission du CICR et de ses interventions en faveur des prisonniers. Les nombreuses évacuations en cours sont tributaires du matériel de transport. Si Vizcaya parle de difficultés dans les transports. Le Comité d'évacuation précisait à la presse que, le 26 décembre, plus de 200.000 personnes avaient quitté Madrid. Une occasion d'évacuer des prisonniers avec la population se présente. Est-ce en corrélation avec le télégramme reçu dimanche, demande Clouzot. Le suppléant répond affirmativement. Quinze à vingt autocars seraient nécessaires pour transporter 3.000 hommes à Valence et les femmes qui voudraient rejoindre la côte basque.

Sur l'aérodrome de Barajas sont rassemblés les voyageurs. Après quelques épisodes touchant toujours à une mise en route laborieuse des deux moteurs et aux formalités douanières et policières, abrégées grâce au passeport diplomatique dont sont munis tous les délégués du CICR, l'avion décolle à midi et demi et prend la direction de l'est, vers la côte méditerranéenne. Dans cet appareil fort inconfortable — un Potez-54[4], bombardier utilisé par l'aviation française — le pilote et Henny se trouvent dans le poste de pilotage, ce dernier étant au second poste de commande. Les deux journalistes s'installent dans la carlingue; Bougrat est à l'écoute de la radio et les deux enfants, assises sur leurs valises et enveloppées de couvertures, à l'avant. Après une demi-heure de vol environ, l'avion est rejoint par des avions de chasse. Si Henny ne peut distinguer les couleurs de celui qui se trouve à sa droite, « *à la forme de ses ailes particulièrement larges à leur base, il me paraît appartenir au gouvernement légitime. Il a fait un virage et déjà il s'éloigne.* » Le vol se poursuit jusqu'au moment où le pilote balance les ailes de sa machine pour saluer un avion qu'Henny ne peut voir.

Subitement, l'avion aperçu tire. Le radio se précipite dans la cabine : le réservoir d'essence est percé, il faut descendre à tout prix! Henny a reçu « *un violent coup au mollet droit* ». Delaprée, « *regarde horrifié le sang coulant abondamment d'une blessure qu'il a à la cuisse. A côté de lui, Château gémit, également grièvement blessé.* » Grâce à l'habileté du pilote, alors que l'on vole à plus de 3.000 mètres d'altitude, l'atterrissage s'effectue sans trop de brutalité; on roule quelques centaines de mètres et c'est le capotage, appelé trivialement *cheval de bois*. Tous les passagers se retrouvent, avec leurs bagages, dans des postures acrobatiques mais réussissent à s'extraire des débris. Le docteur Henny prodigue les premiers soins : *une ligature* à Delaprée afin d'arrêter l'hémorragie et *une fixation de fortune avec des branches et une couverture* à Château, qui a une fracture ouverte du tibia et du péroné de la jambe droite. Les deux blessés, allongés côte à côte, reçoivent une piqûre de Pantopon (morphine). Puis Henny se couche à son tour, souffrant de la balle qui a pénétré sa jambe droite. Il est 13 heures, le pilote part chercher de l'aide à Pastrana, village situé à près de sept kilomètres de leur point de chute. Les secours parviennent des paysans des alentours. Mais, seulement trois heures environ après le *crash,* arrive un médecin qui les réconforte. En automobile, les blessés rejoignent une heure plus tard un poste de secours du SRI à Pastrana, où leur sont posés « *des pansements provisoires après une désinfection d'ailleurs assez illusoire* ». Henny, Delaprée et les jeunes filles restent à Pastrana; Château est conduit à l'hôpital militaire de Guadalajara.

Aussitôt après l'arrivée, à 21 heures, de membres de l'ambassade de France, du chargé d'affaires suisse Fontanel et de Vizcaya (avec une ambulance)[5], Henny est conduit à l'hôpital militaire chirurgical n° 1 de Madrid (Hôtel-Palace, Plaza de las Cortes)[6], où le docteur Manuel Bastos Ansart[7], le lendemain matin, procède à l'extraction de la balle.

Delaprée, Château et les deux enfants sont dirigés, dans la journée du 9, à l'hôpital Saint-Louis-des-Français. L'état du journaliste de *Paris-Soir* est critique. La balle a pénétré dans la cuisse, fracturé l'os iliaque et perforé en plusieurs endroits la paroi abdominale, il décède le surlendemain. L'acte « *dressé le 12 décembre, à 16 heures, sur la déclaration de M. Christian Georges Ozanne, ami du défunt, représentant de l'Agence Havas à Madrid, et de M. Emmanuel Neuville, consul de France, officier d'état-civil* », porte la date du décès de Louis Marie Delaprée au 11 décembre 1936, à 2 heures, en l'hôpital de Saint-Louis-des-Français, C/Claudio Coëllo, 92. Château restera boiteux, les médecins lui ayant malgré tout conservé son pied. Les enfants sont légèrement blessées, foulure et fracture en bois vert du cubitus. Quant aux pilote et radio, heureusement indemnes, ils ont permis, par leur sang-froid et leur professionnalisme, que tous réchappent à une mort certaine. Voilà, résumés, les termes du délégué. Comme on peut le penser de la part d'un homme habitué à exposer et à disséquer quotidiennement les situations souvent périlleuses qu'il doit affronter, il n'en reste pas là.

A l'évidence, l'identité de l'agresseur, pour le pilote et le sans-filiste il s'agit d'« *un avion gouvernemental portant une banderole rouge* ». Pourquoi cet avion (ces avions, dans un premier temps) s'est-il approché de « *l'avion militaire mis à la disposition de l'ambassade de France à Madrid par le ministère de la Défense nationale de la France* »? Ce dernier ne portait pas les couleurs françaises. Mais, ajoute Henny, sur la queue il y avait le *R.F. réglementaire* avec le numéro adéquat et sur la carlingue, en lettres blanches, la mention *Embajada Francesa*. Pour l'homme de métier qu'était le pilote, l'avion agresseur s'était approché suffisamment pour une reconnaissance excluant toute erreur. Dans une déclaration à la presse madrilène[8], Henny appuie cette version, précisant qu'il y avait deux avions.

Suivent un certain nombre de supputations alimentées par les allégations trouvant leur source dans l'enquête menée par Neuville. Le chargé d'affaires français, « *procédant à l'enquête demandée par le gouvernement français [...] m'a avisé confidentiellement qu'un Français nommé Marcelin, au moment de notre départ de Barajas, avait dit : "En tout cas, il y en a un qui n'arrivera pas!"* Ce Marcelin, bien que

Français, était attaché à je ne sais quel titre au ministère de la Guerre du gouvernement espagnol et son attitude très suspecte lui valait de la part de l'ambassade de France une surveillance toute spéciale. » Pour Neuville, Henny était « *la personne visée, pensant que ses fonctions de délégué du CICR lui avaient permis d'être trop bien renseigné* ». Sont sous-entendues les interventions et enquêtes que le délégué avait conduites dans les prisons madrilènes en compagnie de Schlayer et de Quesada. La thèse d'un Français membre du contre-espionnage républicain a été développée également par Schlayer, qui expose que cet agent aurait fait une confidence à un membre de la Croix-Rouge (espagnole) précisant que l'avion ne pourrait pas décoller le lendemain par suite d'une avarie de moteur. Incident relaté par Henny. Autre interrogation, le ministère de la Guerre à Madrid, avisé téléphoniquement vers 15 h 30, n'aurait prévenu l'ambassade de France qu'à 19 heures, en dépit des recommandations faites au téléphone par Boyer. Si Henny n'apporte pas de conclusion, il se rallie à la thèse de l'ambassade pour qui l'attentat « *était dirigé contre moi plutôt que contre Delaprée ou Château; je dois dire que rien ne me permettait de le prévoir étant donné que j'ai toujours été en excellents termes avec les autorités de Madrid.* »

Sefton Delmer[9], journaliste anglais au *Daily Express,* dont les articles étaient repris par *Paris-Soir,* mettait en cause le NKVD (police secrète soviétique opérant en Espagne républicaine). Ce service soupçonnait l'avion d'Air France (*sic*), qui volait entre Madrid et Paris tous les quinze jours avec l'autorisation des gouvernements espagnol et français et convoyait le courrier de l'ambassade, de transporter des passagers et du courrier non diplomatiques, si *on savait s'arranger.* Le service soviétique aurait redouté que les renseignements recueillis par Henny ne parviennent à Genève, où devait se tenir une session de la SDN, et il aurait fait abattre l'avion français par des avions de chasse pilotés par des Russes, de *sang-froid et insensibles.* Session de la SDN, débutant le 11 novembre, au cours de laquelle le ministre républicain des Affaires étrangères, Alvarez del Vayo, présent, interviendra. L'apparition de documents touchant aux massacres de prisonniers dans le Madrid républicain aurait été dévastatrice. Hypothèse élargie par la suite au cours d'une campagne de presse menée par les franquistes et les journaux sympathisants, en France en particulier, avançant que la raison principale de l'attaque était une mallette noire portée par le délégué lors de son voyage, contenant des dossiers explosifs au sujet des exécutions ayant eu lieu le mois précédent à Madrid. Cette version mettait en accusation l'aviation républicaine et les autorités de Madrid, relayée par la version du pilote abondamment divulguée tant en France qu'en Espagne. Pour compliquer le tout, la presse française de droite accusait l'escadrille de Malraux, Malraux lui-même qui ne pilotait pas, d'avoir provoqué l'accident! Précisons que l'*Escuadra España,* après avoir été basée à Barajas, se trouvait à l'aérodrome d'Alcalá de Henares, en compagnie des appareils soviétiques.

La troisième a, pour protagoniste, Louis Delaprée. Ce journaliste atterrit, le 21 juillet, à Burgos, en compagnie de Sefton Delmer, de Knickerbocker et du photographe Lemesle. Ami de Georges Henny, il fait partie du groupe d'hommes qui, au cours des mois de novembre et décembre, apportèrent leur soutien à la population madrilène dans son ensemble. Porte-parole efficace en faveur d'une certaine humanisation de la guerre et désignant explicitement les responsables de l'accroissement des méthodes de destruction massives, sa disparition comblait d'aise les tenants de la cause insurgée. Sur le plan professionnel, Louis Delaprée était en relations tendues avec sa rédaction à laquelle il reprochait une certaine mollesse, par sympathie envers les rebelles, dans le traitement de l'information. Nombre de ses *papiers* furent écartés du *marbre*. Dans la posthume édition — sans doute financée par le ministère de l'Information républicain — de son ouvrage, *le Martyre de Madrid,* Louis Delaprée accusait les rédacteurs en chef, Lazareff et Mille, d'avoir volontairement jeté certains de ses articles dans la corbeille à papier. Remémorant le sort de Guy de Traversay, correspondant de *l'Intransigeant,* mort à Majorque, alors que les deux rédacteurs en chef privilégiaient les aventures de Miss Simpson, la maîtresse du duc de Windsor. Pour sa part, Pierre Lazareff[10], dans un plaidoyer *pro domo,* précise que le 1er décembre, ils — Hervé Mille et lui-même — avaient demandé à Delaprée de revenir d'urgence pour lui confier la rédaction en chef d'un nouvel hebdomadaire.

Témoins de *Cruelle Espagne,* Jean et Jérôme Tharaud, après un rapide voyage dans les deux zones, offrent étrangement la dédicace à Louis Delaprée — on sait que les deux frères étaient franchement partisans de la droite — « *Au souvenir de Louis Delaprée, correspondant de guerre, tombé sur le front de Madrid.* » Ils notent un entretien qu'ils auraient eu avec Unamuno, à Salamanque, le 30 novembre, jour d'un bombardement, alors qu'une biographie des derniers jours d'Unamuno les ignore[11]. Le 16 novembre, l'aviation républicaine avait bombardé Salamanque; de manière identique à ce qui se passait chez les républicains, chaque bombardement dans la zone nationaliste s'accompagnait de représailles parmi des prisonniers qui, sans jugement, étaient fusillés.

Quant aux rebelles, après avoir mentionné Henny, ils affirmèrent que l'avion avait été abattu par des avions soviétiques, Delaprée ayant emporté des documents secrets[12]. En cas de destruction totale de l'avion, avec des victimes étrangères ou non-combattantes, on eût alors stigmatisé la férocité des forces aériennes franquistes. Thèse qui ne peut être rejetée. Marcel Junod, informé le soir même de l'atterrissage forcé, téléphone par la suite à Genève. Depuis Saint-Jean-de-Luz, il donne son point de vue sur l'incident : l'avion Madrid-Toulouse [aurait été] « *descendu par les Rouges. C'est le Dr Henny qui était visé.* » Le surlendemain, corrigeant son premier commentaire, il ajoute « *qu'il ne faut jamais prendre l'avion, le général Franco ayant dit qu'il ferait descendre tous les avions d'Air France.* »[13] Nous en avons un exemple lorsque, le 20 décembre, l'avion régulier d'Air France Marseille-Barcelone, piloté par Engelardt, est pris pour cible, au-dessus de Port-Bou, par les batteries anti-aériennes d'un croiseur franquiste au large des côtes de Catalogne. On constate que les franquistes attaquaient fréquemment les avions d'Air France sur le territoire espagnol, y compris dans la zone cantabrique où fut abattu Abel Guidez aux commandes d'un avion d'Air Pyrénées effectuant la liaison Hendaye-Santander.

Le correspondant russe mentionne Louis Delaprée dans son *Journal* [p. 265]. A la date du 6, il écrit : « *Est venu prendre congé de Soria [correspondant du journal parisien communiste, l'Humanité], Delaprée, un jeune et élégant Français envoyé spécial de Paris-Soir. Il a dit qu'il partait parce que le journal avait cessé de publier ses articles les considérant comme trop communisants. Delaprée ne s'est jamais comporté comme communiste ni n'avait un penchant communiste. Il s'est comporté simplement comme un journaliste honnête, transmettant tous les jours des informations sur la manière comment les aviateurs fascistes assassinaient des femmes et des enfants sans défense. En fin de compte ils l'avaient envoyé pour qu'il informe et non pour autre chose! Ses chroniques ne se publiaient pas, et il avait décidé d'aller à Paris pour échanger son point de vue avec la rédaction et expliquer pourquoi toute autre information sur [ce qui se passait à] Madrid serait un mensonge [une fausseté].* »

A l'hôpital militaire de Guadalajara, en compagnie de Georges Soria, il rend visite aux blessés. Château a le tibia pulvérisé par une balle explosive; Delaprée a eu l'abdomen perforé par une balle entrée par l'aine et sortie par-derrière, il ne pourra être opéré qu'à Madrid. La douleur est intense, et le blessé exprime son pessimisme de ne pouvoir survivre. D'une voix hachée, il raconte la rencontre avec l'avion de chasse qui ne pouvait pas avoir ignoré les signes distinctifs, car il les avait observés à loisir. Subitement, les balles pénétrèrent dans l'habitacle par le plancher et blessèrent immédiatement les deux passagers. Le pilote, indemne, effectua d'urgence l'atterrissage, et l'avion capota, projetant les blessés l'un sur l'autre. Il y eut, semble-t-il, un début d'incendie. Des paysans accourus rompirent la porte de la cabine et les sortirent avec précaution. Delaprée interroge Koltsov au sujet d'un possible ultimatum du gouvernement français auprès des franquistes pour protester contre l'*attaque pirate* d'un avion civil. Mais les autorités françaises n'ont rien fait, et Koltsov ne veut pas désillusionner le blessé qui manifeste son espérance : « *Si seulement cette fois ils faisaient quelque chose! S'ils ne le font pas, j'aurais honte de porter cette infâme balle dans l'aine.* » [p. 270] La thèse de l'avion franquiste est privilégiée dans la description du journaliste russe qui omet la présence du délégué du CICR.

Pour Sefton Delmer, trois avions rouges tournoyèrent autour du Potez, mais un seul le mitrailla. Il recueille les ultimes confidences, contradictoires, de Louis Delaprée. Déjà moribond, celui-ci s'étonne de l'interception par des avions rouges comportant des insignes distinctifs républicains évidents : « *Je ne comprends pas pourquoi ils le firent. Cela a été sans doute un malentendu stupide.* » Il ne faut pas révéler que l'avion de l'ambassade sert non seulement au transport du courrier (valise diplomatique, etc.) mais aussi de personnes, on souhaite en préserver le secret. Quant au correspondant britannique, Scott Watson[14], il décrit ses contacts quotidiens avec Louis Delaprée, à la Telefonica, lors de leurs vacations respectives. Il avait été étonné par la présence dans l'entourage du journaliste français d'un nommé *Maracine,* que la rumeur publique taxait de directeur de la police secrète.

Un autre protagoniste, Arturo Barea, dont l'entretien avec Delaprée eut lieu à proximité du local de la censure situé dans la Telefonica, gratte-ciel au sommet duquel se trouvaient les observateurs de la défense aérienne et de la conduite de tir de l'artillerie, nous apprend[15] : « *[...] que Louis Delaprée était mort. Pendant les derniers jours de son séjour à Madrid il avait eu un différend sérieux avec son journal,* Paris-Soir, *parce que celui-ci avait refusé de publier un article sur les bombardements de Madrid et la tuerie des femmes et des enfants sous le titre, emprunté à Zola, de* J'accuse. *Quand je pris congé de lui, il était assis sur mon lit de campagne, la figure encore plus pâle que jamais, un cache-nez de couleur rouille autour du cou. Il me dit qu'il allait avoir une conversation sérieuse avec ses amis du Quai d'Orsay sur la conduite ouvertement fasciste du consulat français : "Je hais la politique, comme vous le savez, mais je suis un homme libéral et un humaniste."*

« *Il prit l'avion pour rentrer en France. Avec lui il y avait un correspondant de l'Agence Havas et un délégué de la Croix-Rouge internationale qui avait enquêté sur les assassinats de prisonniers à la Cárcel Modelo au début des bombardements sur Madrid. Pas très loin de la cité, l'avion français fut attaqué et mitraillé par un avion inconnu. Il fit un atterrissage forcé. L'homme d'Havas perdit une jambe, le délégué de la Croix-Rouge était indemne, le pilote couvert de bleus, et Louis Delaprée mourut dans un hôpital de Madrid, d'une mort (agonie) lente et douloureuse. Des rumeurs couraient que l'avion attaquant était un avion républicain, mais le même Delaprée le nia dans (au cours des) ses heures interminables d'agonie lucide. Moi aussi je ne pouvais le croire. [...]* »

Sans épuiser le sujet, nous avons une dernière interprétation[16]. L'épouse du journaliste eut connaissance, par le pilote Boyer, que l'avion, attaqué par un des deux chasseurs qui décollèrent en même temps que le Potez-54 de l'aérodrome de Barajas, eût dû s'écraser, tuant passagers et équipage. La virtuosité du pilote fit échouer le complot. Lors du retour du corps et avant sa remise à la famille, les documents dont Delaprée aurait mentionné la présence, au cours d'une communication téléphonique à son épouse, disparurent; les doublures des vêtements étaient décousues. Les informateurs supposaient que le journaliste aurait emporté avec lui des papiers dévoilant l'existence d'un complot. Le POUM était-il déjà visé? Ce parti n'avait pas été admis au sein de la Junta, et, le 13 novembre, son hebdomadaire, *El Combatiente Rojo,* était suspendu. Le 6 février 1937 commencera une campagne, la Junta de defensa demandant la saisie de son émetteur EAJ-POUM et la suspension de son organe (*La Batalla*). Enfin, *last but not least,* le hasard, l'imprévu grain de sable. Un autre témoin, présent lui aussi à Madrid, précise que l'avion fut abattu par erreur par un jeune aviateur russe de la base aérienne de Guadalajara; version corroborée par un ex-pilote républicain[17]. Étrangement, mais peut-être avaient-ils des liens d'amitié, le général Goriew, en témoignage de sympathie, fait porter des fleurs par un membre du Commissariat à la guerre[18]. Goriew ou Gorev (Vladimir Yefimovitch), général soviétique, attaché auprès de l'ambassade russe, était conseiller militaire auprès du général Miaja.

Au cours d'une grande campagne de presse, les républicains se défendent. Un communiqué du ministère de l'Air espagnol rétablit la vérité au sujet de l'avion appartenant au gouvernement français et non à Air France, portant visiblement les signes distinctifs :

[...] L'avion français qui fut agressé hier par un avion factieux près de Guadalajara n'appartenait pas à la compagnie Air France, comme cela a été dit par erreur. C'était un appareil de l'ambassade de France utilisé pour l'envoi de sa valise (diplomatique) et pour l'évacuation des sujets français. Les signes distinctifs de l'Ambassade française, très visibles et détachés, ne permettaient aucune confusion. Parmi les cinq personnes blessées, la plus grave est le rédacteur de *Paris-Soir,* M. Delapés (*sic*), qui a reçu une balle dans le ventre. Les mitrailleuses fascistes provoquèrent de nombreux impacts dans l'avion et plusieurs de ces projectiles touchèrent quelques-uns des passagers[19].

Le représentant du CICR n'est pas mentionné. La presse française, le mercredi 9, relate l'*incident Henny,* reprenant la presse espagnole. Elle met en parallèle la mort, le lendemain, dans un accident d'aviation à Croydon, du constructeur aéronautique La Cierva (inventeur de l'autogire, ancêtre de l'hélicoptère).

Quels échos recueille-t-on de cet événement à la CE? Les procès-verbaux (47, 48 et 49) n'évoquent que le rapport G et le retour de Henny. Parvient une communication de Bernard de Rougé, secrétaire général de la LSCR, depuis Paris :

Le journal *Paris-Soir* a l'intention d'envoyer par avion un chirurgien qui devrait soigner M. de la Préé *(sic),* le correspondant de ce journal blessé dans les mêmes circonstances que le Dr Henny et d'effectuer son évacuation. *Paris-Soir* voudrait collaborer avec le CI pour évacuer en même temps le Dr Henny.

Le professeur Desmaret prend contact avec le chirurgien de l'hôpital de Saint-Louis-des-Français, Mme Delaprée se rendant à Madrid le 11, en compagnie de Rochat-Cenise. Chenevière rappelle à la Ligue qu'un transport par avion est dangereux. Un second téléphone précise que le chirurgien et l'épouse du correspondant blessé se rendront directement à

Alicante. Villa Moynier, Mlle Henny, sœur du docteur, rencontre Patry et lui fait part d'une communication, la veille, de son frère qui se sent en grand danger. Devant la Commission, le vice-président précise que, de source sûre, le Comité international sait que *« l'avion d'Air France* (l'erreur persiste!) *dans lequel se trouvait Henny a été descendu par un avion rouge, contrairement à ce qui a été dit tout d'abord »*. Pour autant, ce point de vue n'est pas officiellement exprimé.

Viennent d'être exposées, sur l'événement, à peu près toutes les hypothèses. On nous permettra d'apporter notre pierre à l'édifice. L'explication du grain de sable, c'est-à-dire de l'erreur commise par un élève ou un zélé pilote, est certainement une des plus logiques. Au niveau de l'identification, les avions républicains et les machines nationalistes, étaient facilement reconnaissables. L'erreur principale découlait du type de l'appareil, le Potez-54, bombardier utilisé tout principalement par l'escadrille *España*, identifiant ses machines par une lettre telle que : A, B, D, E, F[20], Ñ, L, O, P, S... et sur la plage du gouvernail, les trois couleurs républicaines. Comme on peut l'observer sur la photographie, l'avion de l'ambassade portait la mention F-AOOO suivie de *Ambassade de France* sur le fuselage et un *F* sur la queue. Enfin, il n'arborait pas la cocarde tricolore française!

N'omettons pas la volonté réitérée et manifestée du haut-commandement rebelle d'appliquer avec rigueur le feu meurtrier à tout avion ou navire quel qu'il soit, y compris étranger, se trouvant au-dessus ou à proximité du territoire national. Justifiant, en date du 1er novembre 1936, Air France qui, depuis Paris, faisait la communication suivante :

> Nous croyons [savoir] que des pilotes de la compagnie aérienne Air France qui assurent le service Toulouse-Alicante-Madrid et retour se proposent de voler au-dessus des lignes nationalistes pour provoquer des incidents entre le gouvernement français et les autorités nationalistes... La compagnie Air France dément catégoriquement et formellement semblable communiqué. Par ailleurs, elle veut rappeler que c'est à la demande du ministre des Affaires étrangères français qu'elle a organisé son service aérien normal avec Madrid, mais que pour éviter toute zone d'opérations on a adopté l'itinéraire actuel; d'autre part, la compagnie a demandé aux représentants de la France à Madrid qu'ils modifient ou interrompent la ligne si la zone d'opérations était en quelque endroit sur le parcours. [...][21].

L'absoute, en l'église Notre-Dame-des-Victoires à Paris, eut lieu le mercredi 16 en présence de son épouse, de trois de ses quatre enfants (âgés de 13, 12 et 10 ans) et de nombreuses personnalités. Décrite dans la presse parisienne[22] le lendemain, elle est suivie par la mise en terre au cimetière d'Arcueil (aujourd'hui Val-de-Marne). Au cours de la cérémonie, Marx Dormoy, ministre de l'Intérieur, cite Louis Delaprée à l'Ordre de la Nation et le propose pour la Légion d'honneur à titre posthume. Et le journaliste couvrant la cérémonie de citer le reporter :

« *Figurez-vous que vous preniez le métro à la Concorde et qu'à la Porte Maillot ce soit le front! Le malheureux journaliste prenait le métro tous les matins!* », concluait André Miramas. Le même jour, le Syndicat des journalistes remémore l'exécution du baron Guy de Traversay, secrétaire général de *l'Intransigeant,* fusillé par les franquistes, à Majorque, parce qu'en possession d'un sauf-conduit signé par le chef expéditionnaire républicain, le capitaine Bayo[23]!

Prenant largement sa part à la peine ressentie, le Comité central de la Croix-Rouge avait fait porter à l'hôpital un message d'affection :

> Le Comité central de la Croix-Rouge espagnole au début de sa session convoquée aujourd'hui, a décidé de la suspendre et de se rendre à l'Hôtel de la Délégation internationale à Madrid pour témoigner au Dr Henny, avec toute son affection, ses sentiments au sujet de l'attentat contre l'avion postal Madrid-Toulouse à bord duquel il voyageait et où il a été blessé. Tout en protestant contre cet attentat, nous déplorons cet accident et faisons nos vœux pour sa prompte guérison; notre Comité s'offre afin que pendant sa convalescence il ne lui manque ni l'amour de sa patrie ni l'affection de sa famille.
> Salut, docteur Henny.   Madrid, 9 décembre 1936.

En dépit de sa blessure qui l'immobilise partiellement, le délégué poursuit sa tâche. Il reçoit de nombreuses visites, en particulier du corps diplomatique. Le 4 décembre, Melchor Rodríguez avait été nommé directeur des prisons. Pour la seconde fois, d'après Ian Gibson. D'autres auteurs ne parlent que d'une première nomination. En réalité, Rodríguez n'accepta la fonction qu'en obtenant des garanties. On s'accorde à reconnaître que sa nomination à la tête de l'administration pénitentiaire par le nouveau ministre de la Justice, García Oliver, mit un frein aux exécutions illégales et introduisit l'équité et le droit dans des prisons passablement secouées. Fut interdit tout déplacement ou levée d'écrou entre 18 heures et 8 heures, période éminemment propice à tous les débordements, et effectué le remplacement des gardes auxiliaires (miliciens) par des gardiens du corps pénitentiaire, rétablissant par là un régime carcéral normal. Henny et Schlayer, de leur côté, écrivirent au délégué des prisons, suite à sa valeureuse attitude en faveur des prisonniers d'Alcalá de Henares, le 8 décembre[24].

Y eut-il des suites diplomatiques à l'interception? Le chargé d'affaires français protesta auprès du gouvernement républicain de l'attaque de l'avion régulier (FA.000) français par un biplan de chasse « *portant les bandes rouges caractéristiques de l'aviation gouvernementale [...] qui a évolué autour de l'avion français pendant un temps suffisant pour s'assurer de son identité* ». Après avoir relaté les conséquences de l'attaque, le gouvernement français exigeait des sanctions à l'encontre des auteurs de l'agression. A la SDN, le 20 janvier, l'ambassadeur de France auprès de cette organisation, René Massigli, reçoit Étienne Clouzot et Georges Henny. La balle ayant frappé le délégué se trouve au siège du

CICR, dans un coffre. Trois photographies sont remises confidentiellement au consul de France, à Genève, pour les transmettre au gouvernement français. Qui par ailleurs diligentait une enquête se concrétisant par une *note formelle et énergique* à Valence exigeant des indemnités pour les dommages subis. Au mois de juillet 1937, le docteur Henny reçut une lettre de Mme Delaprée sollicitant son témoignage dans une démarche auprès du gouvernement républicain espagnol afin d'obtenir réparation. Pendant quelques semaines, les radios franquiste et italienne répercutent de prétendues déclarations de Georges Henny accusant les républicains. A ces allégations, le CICR n'apporte aucun commentaire, fidèle à sa politique constante de discrétion.

En attendant l'arrivée d'un nouveau délégué, Vizcaya exerce pleinement sa fonction. Pour nous, ce n'est pas un inconnu. Nous l'avons vu accompagner Henny dans presque toutes ses visites protocolaires et lors de ses interventions officielles auprès des plus hautes autorités de l'État. Nous avons apprécié sa compétence et le fait qu'il était l'interprète indispensable à un délégué ne possédant pas la langue locale. Déjà, Junod, dans les premières lignes de son ouvrage, le cite avec éloge. On retire l'impression que lors de leur première rencontre, ce fut l'Espagnol (dont la mère était française) qui choisit le Suisse et non l'inverse. Les qualités de ce courageux pilote automobile impressionnent le délégué général qui, par ailleurs, n'a pas froid aux yeux. Mais aussi, nous semble-t-il, son optimisme doublé d'un robuste scepticisme et davantage d'une certaine distanciation aux événements et un non-engagement politique évident. Il n'y a aucune indication concernant une possible formation paramédicale ou de secouriste du délégué adjoint. Et nous sommes fondés de croire que son engagement dans la Croix-Rouge catalane fut de circonstance, ce qui n'enlève en rien à la valeur de celui-ci. Dans sa tâche, à Madrid, il accompagne, comme déjà dit, Henny, dans certaines de ses visites dans les prisons. Il n'est pas (ou peu) présent dans l'affaire des *sacas,* sauf pour l'épisode de la Cárcel Modelo et de la prison des femmes. En revanche, il renseigne le Comité à Genève quotidiennement sur la délégation. Après le départ de Henny, par exemple, il se fait l'interprète d'une proposition commune au chargé d'affaires britannique, au délégué des prisons et à la commission dans le but de transporter d'Alicante à Bilbao des prisonniers transférés de Madrid. On ne sait très exactement de quels prisonniers il s'agit : sans doute de Basques monarchistes, *monnaie d'échange* contre d'autres Basques détenus par les franquistes. Enfin apparaît, comme cela s'est produit dans la zone nord, la tentation d'autoriser l'échange (ou l'évacuation disait-on) de personnes à travers la ligne de feu.

Le Département politique fédéral de Berne est informé le premier que le capitaine Eric Arbenz, encore à Barcelone, doit se rendre le 2 janvier à Madrid pour y succéder à Georges Henny[25]. A cette occasion, Genève prie Salamanque [lettre n° 9413 à Sangróniz] de ne pas bombarder la délégation du CICR située dans la *zone neutre* de Madrid. La partie est de la C/Abascal, où se trouve la délégation, est géographiquement dans le Barrio de Salamanca que Franco a décidé d'épargner. Sangróniz acquiesce, le siège du CICR à Madrid ne sera pas bombardé. Vizcaya salue l'arrivée du nouveau délégué. Il espère « *que celui-ci aura déjà une certaine expérience, et si possible, sache l'espagnol* ». Dans le climat de suspicion qui entoure le CICR depuis l'incident de l'avion abattu et une rumeur publique hostile, il craint pour sa sécurité et celle des autres délégués du CICR. Néanmoins, il a de bonnes relations avec le chef de la Junta, avec lequel il déjeune fréquemment; ce dernier lui a demandé des nouvelles de son fils (José). Pourtalès, depuis Burgos, répond que le fils de Miaja serait interné à Pampelune depuis le début des hostilités.

Arrivé à Madrid le 19 septembre, Henny repart le 17 décembre. Il n'y retournera plus. Par la route, il quitte Madrid. N'ayant pu embarquer à Valence, il continue son parcours en compagnie de cinquante autres Suisses par Barcelone, Port-Bou et Cerbère. Vraisemblablement, téléphone Barbey, les voyageurs, après leur passage de la frontière, poursuivront en train et arriveront à Genève le 21 au matin.

Entretiens discrets ou secrets ?

Décembre 1936 connaît le moment de plus grande tension de la mission de Junod dans le nord alors qu'il est confronté à de multiples événements : accroissement et centralisation du pouvoir de Franco; contradictions et difficultés rencontrées par l'équipe du gouvernement provisoire basque; enfin, de traduire en termes clairs et cohérents, la mission humanitaire du Comité international.

La convergence d'exigences politiques et militaires nées de l'ambition croissante de pouvoir du général Franco s'exprime tout d'abord par l'élimination sinon physique du moins politique de concurrents potentiels : phalangistes, traditionalistes (monarchistes). Pour les premiers, il est évident que malgré certaines interventions (de tous bords et origines, y compris du CICR) et des velléités d'échange, rien ou presque rien ne sera fait en faveur du charismatique dirigeant phalangiste, José Antonio Primo de Rivera, fusillé le 20 novembre 1936, à Alicante. Quant aux monarchistes, utilisés davantage dans la sphère internationale, ils seront marginalisés et tenus soigneusement en main.

Au plan républicain (basque), on peut s'interroger sur l'intervention de Irujo et son acharnement bien naturel de préserver les membres de sa famille et d'agir avec une relative imprudence, sous couvert d'humanisation de la guerre, dans des négociations avec les franquistes. Son implication ambiguë ne pouvait que desservir le gouvernement républicain. Il faut cependant faire le parallèle avec la position du gouvernement basque. Dès la fin de la bataille de Villareal, les tractations concernant l'échange des otages reprennent entre des émissaires du gouvernement franquiste et des représentants de Bilbao. Ces négociations arrivent aux oreilles de Valence, où se produit un affrontement entre Irujo et Caballero. Émergeait davantage la détermination des autonomies (Catalogne et Pays basque) de réaffirmer leur volonté d'acquérir une dimension internationale sur le plan diplomatique alors que le gouvernement républicain se débattait pour conserver auprès des démocraties un semblant de représentativité. Par exemple, lorsque de son côté, le gouvernement basque et principalement Irujo insistent sur l'importance d'établir (de rétablir) une politique équilibrée d'échanges d'otages. A cet effet, le gouvernement autonome basque souhaitait qu'un conseiller basque soit présent dans toutes les ambassades à côté du chargé d'affaires républicain. La pression manifestée par Irujo conduit à un affrontement avec Largo Caballero. Le ministre basque écrit à Alvarez del Vayo, le 15 décembre : « *[...] quant à ce que fut mon implication (personnelle) dans les conversations avec les délégués de la Croix-Rouge [Torrubia et Junod] avec la volonté d'échanger ces détenus, qui tempéra la discussion, laquelle aurait entraîné ma démission si le président basque me l'avait demandée* »[1].

Attitude conciliatrice de certains cercles catholiques nationalistes basques, connue et justement appréciée par le général Roatta — chef de la mission militaire italienne en Espagne nationaliste — informant son gouvernement que « *le gouvernement de Bilbao avait fait indirectement des approches pour une négociation alors que serait respectée l'autonomie basque* ». Mais se heurtant à la volonté du général Franco de n'aborder ces questions que dans le cadre d'une reddition inconditionnelle. Un télégramme de l'entourage du général est adressé au représentant franquiste auprès du Vatican, le marquis Antonio de Magaz, préconisant « *la nécessité urgente d'une condamnation explicite des catholiques basques qui doivent s'excommunier, ainsi que tous ceux qui directement ou indirectement aident les rouges en Espagne. L'union étroite des maçons et des communistes de tout le monde impose des mesures urgentes en union étroite avec tous les catholiques et spécialement une action rapide de la hiérarchie de l'Église.* »[2] Encouragé par l'attitude de la hiérarchie catholique qui, à l'exemple de l'archevêque de Grenade, Agustín Parrado García, rappelait « *qu'un des premiers décrets [de la Junte de Burgos] avait été de suspendre la Constitution de la République espagnole promulguée en 1931. Cette Constitution, de caractère maçonnique, marxiste et athée, était l'opprobre de l'Espagne et de la civilisation.* »

A cela le président Aguirre rétorque, dans un discours prononcé le 22 décembre 1936 : « *[...] le monde entier doit le savoir, la guerre qui se déroule dans la République espagnole n'est pas une guerre religieuse, comme on a voulu le démontrer; c'est une guerre de type économique, et de type économique archaïque avec un contenu social [...]. Nous ne sommes pas devant une guerre religieuse.* »

En cette fin de la première année de la guerre civile, quels étaient les commentaires de la presse française, toutes opinions confondues ? Tout d'abord un inventaire des cinq mois de combats acharnés, d'exécutions et de charniers, de peines et de pleurs pour les populations ballottées, au gré des bombardements, dans les rues et sur les routes. De privations, de peur, et de larmes découlant de la séparation des familles; de prisonniers au sort incertain. La rumeur persistait, on espérait, on attendait une humanisation de la guerre, la libération des prisonniers, des otages. Des conversations pour l'échange de prisonniers à l'occasion des fêtes de Noël avaient lieu à Saint-Jean-de-Luz entre le délégué nationaliste basque de Bilbao et des représentants de la Junte de Burgos, par l'intermédiaire de la Croix-Rouge internationale. Parallèlement un autre intermédiaire appelé Comité de Saint-Jean tentait de réactiver les Conférences de Saint-Jean-de-Luz qui avaient réuni, autour d'un certain nombre d'ambassadeurs, des intellectuels au cours du mois d'août 1936.

A Londres, le gouvernement anglais était soumis à des démarches sollicitant son engagement humanitaire en faveur des Basques. Voici ce que répondait, le 16 décembre, devant la Chambre des Communes, Anthony Eden, secrétaire d'État aux Affaires étrangères, au lieutenant-colonel Agnew, sur les échanges de prisonniers :

> Des négociations ont actuellement lieu entre les représentants du Gouvernement basque et du général Franco, sous les auspices du Comité international de la Croix-Rouge, pour le complet échange de tous les prisonniers et otages entre les territoires basques et les territoires voisins. Le Gouvernement de Sa Majesté a été tenu au courant de ces négociations par l'ambassadeur de Sa Majesté, qui aide activement lui-même les représentants du Comité international de la Croix-Rouge, et j'ai bon espoir que les négociations aboutiront à l'échange prochain de plusieurs milliers de personnes. Comme les négociations ne sont pas terminées, je ne suis pas encore en position de donner à la Chambre de plus amples détails. Cependant je puis dire qu'à la requête des deux parties, les navires de Sa Majesté se sont préparés à donner leur entière collaboration pour effectuer l'échange, sitôt que l'accord aura été signé et que les listes auront été établies et approuvées[3].

Déclaration précédée de celle faite à la 95ᵉ Session extraordinaire du Conseil de la Société des nations par le représentant du Royaume-Uni de Grande-Bretagne et d'Irlande du Nord, Lord Cranborne; puis par le représentant du Chili, M. Edwards. Tous deux s'adressaient au CICR, à l'UISE ou *à toute autre organisation* pour promouvoir l'humanisation du conflit. Pourtant, les tractations — dans lesquelles le consul anglais de Bilbao s'investit — marquent le pas, dans un climat de propagande exacerbée. Simultanément, Mola télégraphiait à Franco que le *« service d'information Guipúzcoa communique que sur le front de Vizcaya des nationalistes basques [voudraient] entamer des conversations dans l'attente de la chute de Madrid. Ils attendent une réponse de Bilbao à un sondage effectué par le Comité San Juan de Luz.* »[4]

Touchant aux conversations de Saint-Jean-de-Luz, nous avons vu que les choses n'étaient pas très avancées. En effet, Junod fait parvenir une longue lettre [4.12.1936] à Vallellano. Non seulement pour faire le point sur les derniers événements et *mettre un peu d'huile dans les rouages* mais aussi préciser certains détails. La veille, il a rencontré Torrubia et German Baraíbar, secrétaire particulier de Sangróniz. Il a la vague impression que ses interlocuteurs ne sont pas très au fait de l'action du CICR et surtout de l'historique réel des divers accords signés avec les deux parties. Il était hypothétique d'espérer que le gouvernement de Bilbao signerait un accord sur le modèle de celui de Salamanque. Ce fut pourtant l'intention de Junod lorsqu'il se rendit à Bilbao le 1er décembre, sans pouvoir la concrétiser, les Basques soutenant que des femmes restaient en prison (40 à Vitoria, San Sebastián, Pamplona et Zarauz), l'une d'entre elles ayant été exécutée. Torrubia aurait rencontré Julio Jauregui Lasanta, ministre de l'Industrie dans le gouvernement de Vizcaya, qui manifesta très tôt, en compagnie de Leizaola et de Heliodoro de la Torre, en faveur de solutions de compromis, tentant d'arriver à un accord avec les militaires nationalistes. En conclusion, Junod remit un projet d'échanges [Annexe 13a] à de Torrubia pour le communiquer aux représentants de Bilbao à Saint-Jean-de-Luz et un double à Baraíbar pour Sangróniz. Brûlant les étapes, Junod estime alors que dès qu'il sera en possession des listes de prisonniers, l'opération pourra *se faire simplement et rapidement!* Sans attendre, il se mettra à la recherche de cargos pouvant transporter deux mille à trois mille personnes...

Au plan des bonnes manières, un certain nombre de vieillards, de jeunes adolescents et de malades de Vitoria et 100 autres de Pamplona ont été libérés, alors qu'arrivent des réfugiés en provenance de Santander, et qu'en partent 200 de San Sabastián pour Bilbao. Poursuivant cette missive conciliante, il signale que les esprits sont très agités, tant à San Sebastián qu'à Vitoria, les familles s'impatientant de la venue jugée trop lente des leurs qui se trouvent à Bilbao. Ainsi un capitaine rencontré à Vitoria menace d'arrêter 2.000 personnes si les choses ne se débloquent pas. « *Ne pensez-vous pas qu'il serait bon de calmer un peu toutes ces passions et je crois qu'un mot passé dans les journaux des quatre provinces intéressées expliquant notre modeste activité, faciliterait singulièrement notre travail [...] soit Guipúzcoa, Navarra, Alava et Burgos* », suggère-t-il.

Plus explicite, une lettre part pour Genève. Sont relatées les diverses entrevues avec les deux négociateurs franquistes. Optimiste, le délégué estime aller avec eux à Salamanque. Mais la suivante [10 décembre] est dubitative. Dimanche 6, dans la matinée, au consulat espagnol de Bayonne, les deux représentants des nationalistes franquistes rencontrent ceux des basques[5]. L'ambassadeur, Luis Araquistain, et le ministre des Affaires étrangères, Alvarez del Vayo, sont tenus informés de ces contacts. Les négociateurs de Burgos semblent avoir établi les bases d'un accord lorsque, par le plus grand des hasards, Junod les rencontre. Il leur fait part de son voyage à Burgos. A Baraíbar, il suggère de s'y rendre dimanche soir pour soumettre le projet à Vallellano. Lundi soir, Junod procède à l'installation des nouveaux délégués, Pourtalès, Schumacher et Courvoisier. Il les présente à Vallellano. Celui-ci quelque peu désappointé, Baraíbar n'étant pas venu, refuse d'accompagner Junod à Salamanque, sur les conseils de Sangróniz auquel il a téléphoné! Surprise générale, le lendemain, Torrubia revient de Burgos avec le projet définitif signé par le secrétaire de Franco et lui-même [Annexe 14a] que Junod trouve « *extrêmement intéressant, car il reprenait les points de l'accord de Salamanque et permettait la libération de tous les otages sans procès et de la population civile, femmes et enfants* ». En présence des délégués, les deux aristocrates s'affrontent. Le comte de Vallellano, soutenu par le comte de Torrellano, s'oppose violemment au comte de Torrubia, qui a reçu les pleins pouvoirs du gouvernement franquiste pour traiter de la libération des otages avec le Comité international. Quant à Vallellano, écarté, son prestige atteint, il prie avec humeur Junod de signer le document! Mais refuse de participer au regroupement des listes d'otages du *côté blanc*. Malgré ce contretemps, les délégués du CICR et le comte de Torrubia, leur tâche achevée, se réunissent à Bayonne — c'était le souhait de Junod — avec la délégation basque et lui remettent copie de l'accord, les incitant à réunir les listes des otages.

Junod pense avoir réglé beaucoup de questions, car il a maintenant, estime-t-il, les pleins pouvoirs du haut-commandement nationaliste pour réunir toutes les listes d'otages basques qui se trouveraient sur son territoire. Il se rendra ensuite à Bilbao y chercher les listes correspondantes et organiser les échanges. Consulté par Chenevière sur le communiqué à faire paraître, il conseille de souligner que le CICR est le seul à faire des évacuations dans les deux sens et à opérer le regroupement des familles. Il communique les chiffres des dernières évacuations faites. De Bilbao à Saint-Jean-de-Luz, le 1er, 190 personnes, et le 8, 350; de San Sebastián à Bilbao, le 3, 215; de Saint-Jean-de-Luz à Bilbao, le 8, 91. Ces évacuations continuent, non sans mettre à mal l'organisation tatillonne des autorités de San Sebastián. Apparaît aussi la crainte, pour les franquistes, que des indésirables pénètrent sur leur territoire.

Le délégué était à Saint-Jean-de-Luz lorsque la copie d'un télégramme daté du 13 [le rapport n° 10 mentionne le 15 décembre] adressé au comte par le chef du cabinet diplomatique lui parvient :

> Sangróniz, chef du cabinet diplomatique à comte de Vallellano Stop Sur ordre Exc. le Chef de l'État, ai l'honneur de prier V.E. sans préjudice des démarches réalisées, sollicite des autorités militaires correspondantes listes détaillées des détenus prisonniers et otages d'origine basque spécifiant les motifs de leur détention prison ou concept d'otage indiquant en même temps lesquels sont en procès, état des procès,

et si quelques-uns peuvent être considérés comme belligérants Stop Une fois établie cette liste et dûment contrôlés les différents points auxquels elle se réfère je prie V.E. de bien vouloir la remettre à S.E. le chef de l'État pour approbation formalité indispensable pour toute mesure ultérieure communiquer au représentant de la Croix-Rouge internationale.

De nouveau, le président de la CRN reprenait la haute main. Junod semble se faire une raison, escomptant que les négociations allaient être menées rondement. Mercredi 16, douche froide, Vallellano, après une conversation téléphonique avec Sangróniz, d'ordre du gouvernement, dénonce l'accord passé avec le CICR, dont l'encre n'est pas encore sèche.

Abasourdi par la brutalité de l'annonce, Junod téléphone à Vallellano qui ne peut lui donner d'explication. « *Le pavé était lourd et il ne me restait plus qu'à me rendre moi-même à Salamanca pour en connaître la cause* », confie-t-il à Genève.

Le lendemain, Junod part pour Salamanque avec Alvaro Caro, comte de Torrubia. Ils s'arrêtent lors de leur passage à Burgos, saluent Vallellano et lui demandent des explications. Il ne peut en donner qu'une seule, le retard mis par les Basques pour signer l'accord. Junod lui fait remarquer que le délai était de dix jours, « *seulement sept jours étaient passés et que l'on ne pouvait sacrifier la libération de quatre mille prisonniers avec une telle légèreté* ». Le mutisme du président fait craindre une cause bien plus profonde. Passant par Valladolid, cette fois non par hasard, mais, par bonheur, on fait une rencontre imprévue, Rafael Olazábal. Questionné, il expose les vraies raisons de la rupture des négociations, une délégation navarraise a protesté auprès du général Franco de l'échange d'otages emprisonnés à Pamplona contre ceux de Bilbao, à la place des otages navarrais détenus dans toute l'Espagne rouge. Ils estiment que ce faisant on favorise les nationalistes basques — les pires ennemis du mouvement, car ce sont des catholiques qui se battent contre d'autres catholiques — et qu'on pourrait peut-être les convaincre de rejoindre le mouvement! Au cours de leur trajet, ils ont rencontré Vallellano qui, au lieu de les dissuader, les a encouragés, excipant qu'en autorisant tous les ressortissants à quitter le territoire franquiste pour se rendre sur celui du gouvernement basque ce serait reconnaître qu'ils dépendaient de celui-ci; ce qui n'était pas sans humilier celui de Franco. Se rangeant à cette argumentation, le général décida, non de rompre les négociations, mais de les interrompre. Dans sa paranoïa, Vallellano, après avoir été jusqu'à présenter sa démission, a fait capoter la négociation en télégraphiant le terme de *dénonciation*. Pour sa part, Junod, hors de lui, considère cette attitude d'inqualifiable, mais prend en considération le sort des otages à Bilbao, que Graz pronostiquait en grand danger, suite aux bombardements aériens de plus en plus fréquents.

Promptement arrivé à Salamanque, Junod recherche et prend contact avec la délégation carliste, dont le chef est le comte de Rodezno[6]. Rudement, le délégué lui fait remarquer que l'échec des négociations dû à ses démarches auprès de Franco fera retomber sur lui la colère des 8.000 familles des prisonniers de Bilbao. Dans leur désarroi, ces familles ont désigné un comité qui appuie le Comité international. Exploitant le trouble de son interlocuteur, Junod détaille le contenu de l'accord montrant combien il était raisonnable et équilibré pour les uns et les autres. Retourné et rallié à cette position, le comte de Rodezno va retrouver Sangróniz, lui-même acquis aux thèses de Junod. Le secrétaire expose la nouvelle *donne* au généralissime qui déclare être *prêt à reprendre toutes les négociations*.

Laissant Torrubia à Salamanque, Junod revient à Saint-Jean-de-Luz. Là, dans les délais, il rencontre la délégation basque venue spécialement de Bilbao en compagnie du conseiller (ministre) Leizaola. Ils rapportent l'accord et les listes! Heureux, Junod leur fait prendre patience, dans l'attente de la délégation de Salamanque. Celle-ci n'arrive que le 22, dans la soirée, sans accord et sans listes. Interrogée, elle répond que le quartier général veut tout d'abord consulter les listes des Basques avant de faire quoi que ce soit. « *Ce jour-là, j'ai été à deux doigts de prendre le train et de revenir à Genève* », confesse Junod, stupéfié.

Il se raccroche et veut poursuivre sa mission. Aux Basques, il demande le texte de l'accord (non signé) et le nombre d'otages qui seraient libérés lors de la signature (2.308). Muni de ces renseignements, il repartira, s'il obtient un rendez-vous, à Salamanque. Pour Junod, l'année n'est pas finie. Il tente de mener à bien la tâche fixée, obtenir un accord d'échange massif entre Bilbao et Salamanque. Un entretien avec le secrétaire général du gouvernement, Nicolás Franco, frère aîné du généralissime, qualifié de *Lucien Bonaparte du franquisme*, est obtenu. Qui conseille de s'entendre sur les termes de l'accord avec de Vallellano. Or, le comte est introuvable. De nombreuses confusions chronologiques existent, dues probablement au fait que les textes ont été rédigés, l'un à Saint-Jean-de-Luz, le 26 décembre, l'autre à Genève, le 18 janvier. De même, en ce qui concerne la présence (ou l'absence) de Vallellano, entre le 20 et le 27 décembre, il se trouvait en Aragón, à Huesca, pour rendre visite au bataillon *Calvo Sotelo* et le haranguer. Ce qui « *n'est pas très Croix-Rouge* », constate Junod. Les fils du dialogue — et quel dialogue! — ne seront renoués qu'à partir du 5 janvier 1937.

De nouveaux délégués viennent renforcer la délégation : Weber, destiné à Santander, Pourtalès, Courvoisier et le docteur Schumacher. Junod dit beaucoup de bien d'Horace de Pourtalès destiné à Burgos, où il remplace Broccard. Le point d'achoppement principal entre Vallellano et Broccard a toujours concerné la distribution du matériel sanitaire : à la Sanidad militar (thèse du délégué de Burgos) ou traditionnellement à la Croix-Rouge (opinion défendue par le président). Junod avait tranché en faveur de la Croix-Rouge, ce qui ne fut pas étranger à la décision de Broccard de ne pas prolonger son engagement. Faisons un rapide tour d'horizon. Pas encore de nouvelles de Séville; Schumacher y arrivera le

12 et passera une semaine en installation. Weber a été envoyé à Bilbao; il contrôlera avec Graz la zone cantabrique. Enfin, le 18, arrive Paul de Rham, nommé à Zaragoza.

Une super délégation, à partir du 27 janvier 1937 à Saint-Jean-de-Luz, devient tête de pont de la délégation de la zone nationaliste. Elle sera installée dans une villa, Biak Bat, boulevard Thiers. Tout comme l'ensemble du département des Basses-Pyrénées, Saint-Jean-de-Luz et Hendaye étaient des villes grouillant non seulement de réfugiés mais aussi d'agents louches de toutes sortes et de membres des services secrets des deux camps. Fait office de directeur — en quelque sorte d'adjoint du délégué — Muntadas, citoyen espagnol, parlant français et anglais, aidé par une secrétaire, Mlle Olivier. Un certain nombre de bénévoles français ont été détachés par la Croix-Rouge locale. A la tête de ce bureau, Raymond Courvoisier assure la permanence, un jour sur deux, avec San Sebastián. Burgos, siège de la délégation centrale, coordonne l'action des autres délégations de la zone nationaliste. L'articulation avec la zone républicaine cantabrique se fait évidemment par Saint-Jean-de-Luz.

Pourtalès commence petitement. Dans un premier temps, pas de dactylo, le délégué est contraint de taper son courrier. Sa première intervention concerne les détournements de matériel médical et pharmaceutique envoyé par Genève : premier arrivé, premier servi! Sanidad militar étant, en vertu d'accords informels avec Broccard, souvent la première sur le quai de la gare. Après une tournée générale des différents comités et services de la CRN dans la région de Burgos qu'il découvre fort politisés, Pourtalès reprend en main le service de renseignements mis sur pied par Broccard. L'importance de ce service, sous la direction de Mlle Acinaga, augmente; plus de 1.000 demandes par jour et leur transmission est satisfaisante. Quant aux enquêtes spéciales elles nécessitent, du fait de leur confidentialité, la présence du délégué. Première intervention en faveur de quinze condamnés à mort auprès du général López Pinto, commandant de la 6e division sur le front nord. La deuxième a pour objet obtenir la clémence en faveur du vice-consul de Suède, à Cádiz; sursis à exécuter auprès de Sangróniz. Puis enquête au sujet du fils de Miaja, emprisonné à Pamplona, et du secrétaire de l'ambassade belge, de Thorthade, sans nouvelles depuis sa disparition sur le front de Madrid. Manifestant son étonnement lorsqu'il découvre les luttes d'influence dans les allées du pouvoir entre carlistes et phalangistes et antagonismes entre Croix-Rouge et Sanidad militar, Pourtalès pronostique à tort la disgrâce du comte de Vallellano.

Courvoisier inaugure à San Sebastián les deux bureaux *princiers* que Junod avait préparés. Le premier (Avenida de la Libertad, 16) pour les informations, les demandes de rapatriement, le système des fiches, etc. Le second (Gran Bulevar, 8) pour les affaires concernant les prisonniers; dans ces locaux sont rassemblés les paquets envoyés aux prisonniers. Les détails de son arrivée bien que sommaires sont connus avec une relative précision. Sa convention, signée à Genève, porte la date du 2 décembre; nous savons qu'il a été à Burgos avec les autres et a commencé sa tâche le 16 [r. n° 2 du 18.12.1936]. Son bureau se trouve dans le centre-ville, au Grand Casino.

Revenons au récit autobiographique[7]. Il décrit tout d'abord un voyage de Genève à Hendaye dont Marcel Junod ne dit mot : « *Marcel Junod, fort de ses précédents séjours, m'avait décrit l'Espagne sous un jour tragique tout en me traçant avec précision les lignes générales de ma mission. Soudain, le poids de mon inexpérience m'écrasait [...].*

« *Nous étions convenus de nous arrêter d'abord à Burgos pour y traiter les futurs échanges de prisonniers et établir un plan d'évacuation de femmes et d'enfants qui se trouvaient dans les zones de feu. Ensuite, nous irions à Salamanque, au Quartier Général des Forces Nationalistes, où je me présenterais. [...] »*

Alors que tombait la neige et que le vent soufflait en tempête, de glissade en glissade, l'automobile finit par se plaquer violemment contre un arbre sans dommage corporel. Poursuivant leur route, ils trouvent un homme écrasé vraisemblablement par un camion, qui meurt au moment où, Courvoisier lui prenant entre ses mains la tête, le docteur Junod s'apprêtait à l'examiner. Le lendemain, à Burgos, ville natale du Cid Campeador, était jour de fête et Courvoisier s'étonne du ballet incessant de jeunes soldats dans les rues, les uns aux chemises bleues, les autres avec un béret rouge.

« *Nous passâmes cinq jours à Burgos. [...] Des blessés innombrables arrivaient en ville. Ils venaient des lignes de feu. Les salles d'hôpitaux étaient pleines de gémissements, de soupirs, de râles intolérables. La plupart des blessés avaient à peine vingt ans.*

« *Je me rendis seul à Salamanque. Voyage très pénible. L'homme qui me reçut au Quartier Général des forces nationalistes était de petite taille et portait un uniforme sans décorations. Il se tenait au milieu de ses principaux collaborateurs. C'était Francisco Franco Bahamonde. Le généralissime s'exprimait difficilement dans un français rugueux. Il usait de phrases très courtes, avec une voix haute, sèche, cassante. [...] Avant de clore l'entretien, le futur Caudillo, que je devais revoir assez souvent, ordonna qu'on me délivre un salvo conducto — un sauf-conduit. »*

Lors de son retour, le véhicule de Courvoisier dépasse, dans la nuit, un poste de contrôle. Le délégué est au volant. Arrêtés par une salve de balles et contrôlés par des *soldats vociférant*, le *salvo conducto* les tire d'un mauvais pas. La relation de ses occupations est beaucoup plus détaillée que dans ses rapports. Comme *l'immense bâtiment situé au bord de la mer, l'ancien casino, chef-d'œuvre architectural,* dans lequel s'installe la délégation avec deux cent cinquante collaboratrices!

Là, les informations se recoupent; le 16, Courvoisier assiste à l'embarquement de Basques, sur un navire de guerre britannique, à destination de Bilbao. L'expédition du 21, avec Guérin, consul de

Belgique à Bilbao, est évoquée succinctement dans le rapport du 28 décembre, et lyriquement dans son livre. Les deux hommes vont à Izarra et à Sarcia, au nord de Vitoria, y recueillir 20 enfants qui doivent aller à Bilbao le lendemain. Le convoi (deux véhicules, une camionnette et une conduite intérieure, comme les énumère Courvoisier) est attaqué par deux avions gouvernementaux, alors qu'ils roulent à quelques mètres des lignes du front. Les enfants ne doivent la vie sauve que grâce à la présence d'esprit du délégué qui « *garde l'impression d'une angoisse insupportable, d'une sensation de terreur incontrôlable, paralysante, devant le danger et devant la peur des enfants* ».

Après des visites protocolaires, Courvoisier se rend à l'hôpital militaire de San Sebastián, magnifique établissement qui manque de matériel chirurgical. L'avant-dernier jour de l'année, c'est l'arrivée d'environ 200 personnes venant de Bilbao (vieillards, malades, infirmes et religieuses) et de 120 personnes allant à Saint-Jean-de-Luz. Tombe, comme un coup de tonnerre, le télégramme du général Mola interdisant tout déplacement non autorisé par le général Franco [r. du 4.1.1937]. Le 31, veille du Jour de l'An, à partir de 6 heures du matin, attendent devant les bureaux de la délégation environ 200 personnes. Dans le milieu de la matinée, Courvoisier est chez le gouverneur militaire; ce dernier ignore tout des motifs de la décision. Le maire, Mújica, sera prié de s'occuper de ceux qui sont venus de loin, les restaurer et leur procurer un moyen de transport pour retourner chez eux. L'après-midi, Courvoisier est à Burgos à l'état-major de la 6ᵉ Division, un officier téléphone à Salamanque. Pourtalès, présent, télégraphie à Sangróniz. Les responsables sont apparemment absents, c'est l'attente.

« *Une décision catastrophique venait d'être prise par le général Mola, au quartier général de Franco* [nous conte Courvoisier]. *Le général avait donné l'ordre de stopper tout échange de familles entre les zones nationalistes et gouvernementales. C'était la fin de nos espoirs. Il fallait que je me rende d'urgence à Burgos afin de convaincre le commandant de la sixième division. C'était la guerre, c'était l'armée qui décidait.* »

A Bilbao, poursuivant le renforcement de ses moyens politiques et administratifs, en complet déphasage avec le sort des armes, le Gouvernement basque *nationalise* la section de la Croix-Rouge se trouvant sur son territoire. Le 4 décembre 1936, le Comité international était informé du décret ainsi que de la nouvelle composition [Annexe 2a].

Comment Junod perçoit-il ce changement? Non qu'il soit inquiet, la Croix-Rouge basque n'ayant pas manifesté jusqu'à maintenant un caractère indépendant ni d'initiative. Il estime que l'apparition d'un autre pouvoir, d'un contre-pouvoir, peut contrarier la tâche du délégué en titre — Graz en l'occurrence — à l'identique des problèmes rencontrés dans la zone nationaliste. Il se tourne vers Genève : quel est le droit en la matière? Dans une note personnelle, Roger Gallopin rappelle la doctrine constante [circulaire n° 331] :

En publiant successivement ces renseignements (composition du Comité central à Madrid et à Burgos), le Comité international de la Croix-Rouge n'entend pas reconnaître par là deux sociétés distinctes, ni une société plutôt qu'une autre. On sait que la reconnaissance d'une Société nationale, avec Comité central, par le Comité international comporte toute une procédure préalable. Le Comité international se borne, pour le moment, à constater la cœxistence de deux Comités, l'un à Madrid, l'autre à Burgos.

Au rythme des évacuations, Georges Graz séjourne souvent à Saint-Jean-de-Luz, d'où partent les comptes rendus destinés à la Commission. La proximité de la frontière franquiste facilite la tâche, et les listes des évacués, vers l'une ou l'autre zone, sont établies sans passer par Genève. Dès que les listes sont dressées par les autorités militaires franquistes, elles sont transmises aux autorités basques pour la délivrance d'un passeport et l'autorisation de sortie. Comme au mois de novembre, les Basques sont réticents lorsque les femmes et les enfants appartiennent à des familles connues pour leurs sentiments monarchistes. Le contrecoup des entraves aux négociations ralentit fortement l'étude des cas. Elle ne se fait qu'au compte-gouttes sur les 1.800 proposés par le CICR. Nous devons à la vérité de dire que les nationalistes ne font pas, eux non plus, beaucoup d'efforts. Malgré cela, cahin-caha, un filet d'évacués est laborieusement maintenu. Les échanges d'otages continuent aussi, au coup par coup, sur le pont international de Dancharinea, ne concernant que les personnes dont la vie est en jeu. Des problèmes sont posés dans la distribution des colis aux prisonniers. Chaque prisonnier doit impérativement émarger un reçu montrant ainsi qu'il est encore en vie. Ceux-ci sont transférés dans de nouvelles prisons où ils se trouvent plus à l'aise que dans les bateaux-prisons et sont sous la protection d'une garde sûre. Santander, dans l'attente de Weber, est toujours visité par Graz. Pour le délégué les conditions de travail sont plus difficiles, les autorités manifestant une évidente mauvaise volonté. Georges Graz finit l'année dans un état d'épuisement physique total. Depuis deux mois, il n'a pas connu de repos. Le travail sur les fiches de renseignements ne se termine jamais avant 11 heures du soir, près de 1.000 fiches sont traitées chaque jour. Ce fichier comprend 8.000 personnes réclamées par les nationalistes et 3.000 demandées en retour du territoire blanc. Démarches auprès des autorités, des prisonniers, des enfants réclamés par leurs parents, tel est le rythme soutenu de la délégation qui ne comprend que cinq infirmières-secrétaires bénévoles, qui doivent cumuler leur travail de l'hôpital et au secrétariat, et le délégué. Devant l'hôpital, où se trouve la permanence, la file s'allonge dès 10 heures du matin, et le soir les 300 ou 400 personnes restantes sont priées de repasser le lendemain. Excédé par la charge de travail, Graz a sommé le président de la Croix-Rouge locale de lui fournir un personnel plus nombreux, sinon il se retournera vers les autorités. Graz fait l'expérience de ce qui était un comportement typiquement espagnol, la réponse n'est jamais négative mais toujours accompagnée par un *mañana* (demain).

Des problèmes surgissent avec le non-respect, par les *blancs,* des consignes sur les fiches de renseignements et l'envoi abusif de messages non réglementaires peut provoquer l'intervention de la censure. Graz demande à Courvoisier d'être vigilant lors de la collecte. Partent les derniers convois, les 11 et 30 décembre pour San Sebastián; le 18, pour Bilbao. Enfants ou otages, les cas isolés exigent une dépense physique et nerveuse importante. Les familles attendent anxieusement leurs proches et ne comprennent pas la lenteur des négociations.

Lundi 14, Graz et Weber vont à Santander. Graz reste trois jours, présentant le délégué — la permanence se trouvait C/Castelar, 15 — aux autorités avec lesquelles il a de bons contacts. Quant à la Croix-Rouge locale, elle se met aux ordres de Weber, fournissant un interprète, une auto, du personnel suffisamment nombreux. Continuant leur tournée protocolaire, Graz et Weber se rendent auprès des représentants consulaires de France, d'Angleterre, de Suisse, de Cuba, de Belgique, ainsi que du directeur suisse de Nestlé, qui possède plusieurs usines près de Santander. Ces appuis faciliteront la tâche du nouveau représentant du CICR. Des pourparlers sont engagés avec le *gouvernement* concernant l'évacuation de femmes et d'enfants. Le *gouvernement* est d'accord, à condition que le CICR obtienne la réciprocité du côté *blanc.*

Le docteur Werner Schumacher traverse du nord au sud la zone nationaliste pour rejoindre son poste à Séville, où il arrive le 12 décembre, après un trajet éreintant en train; la durée en fut de vingt-huit heures avec sept heures de retard sur le temps officiel dû aux priorités accordées aux trains militaires. Son séjour sera de courte durée, cinq semaines. Il est vrai que le général Queipo de Llano, commandant en chef de la zone sud, est réputé pour être exceptionnellement soupçonneux envers les étrangers; exception faite bien sûr des Allemands et des Italiens.

Consultons le premier récit de cette météorique mission. Arrivé dans la capitale andalouse, il prend immédiatement contact avec le président de la Croix-Rouge de Séville, Arturo Fernández Palacios Labraña, qui ne parle pas le français; sa sœur est l'interprète. Des conflits d'argent existent entre le président de l'Assemblée suprême et la section de Séville qui souhaite recevoir l'argent des dons (en particulier celui d'Argentine) et non du matériel arbitrairement envoyé. Le bureau de la section locale est satisfait de l'arrivée d'un renfort pour diriger un service de renseignements fort complexe. Présentation aux autorités municipales et militaires, puis au consul suisse, Stierlin. Tournée du corps consulaire, Norvège, Italie, Allemagne. Français et Britanniques lui font bon accueil; avec le dernier sera établie une liaison par TSF entre Gibraltar et la zone républicaine. Enfin, le délégué prend gîte à l'Andalucia Palace.

Dans la soirée du samedi 16 [*r.* du 28.12.1936], Schumacher et le secrétaire de la section locale rencontrent longuement Queipo de Llano pour une conversation à bâtons rompus. L'officier général s'étonne tout d'abord que le CICR envoie des délégués dans la zone rouge, où il n'y a ni gouvernement ni ordre public. Il s'indigne que des ambulances portant la croix rouge soient l'objet d'attaques aériennes. De même en ce qui concerne les hôpitaux de Granada et d'Algeciras. Pour finir, il remet à Schumacher des balles *dum-dum* prises aux rouges!

Le lendemain, reçu par le gouverneur et le maire (Ramón Carranzaz), il assiste à l'inauguration des somptueux locaux de la délégation situés dans le palais du Sr Don Bernabé Sánchez Dalps y Calonge de Guzmán Fernández de Granado, sis Plaza del Pácifico, 7. Visite générale, dans le courant de la semaine, au cours de laquelle il peut constater que les hôpitaux sont bien équipés, mais que vraisemblablement les hôpitaux de première ligne ne sont pas dans la même situation, tels ceux de Córdoba, Granada, Loja, Antequera et Ronda. Confidentiellement, il observe qu'il n'a pu rencontrer aucun blessé rouge. Son *attaché militaire*, le capitaine Olivares, lui explique alors que tous les prisonniers blessés ou non de la *Brigade internationale* sont fusillés sur-le-champ! Quelques exceptions sont faites en ce qui concerne les Espagnols. On ne trouve pas d'indications sur les exécutions massives qui avaient eu lieu dans cette région, y compris jusqu'à la fin de l'année. L'Andalousie subit alors une répression des plus brutales.

Samedi 26, lui est remise la traduction d'un entrefilet paru dans *El Correo de Andalucia* (édition mationale du mercredi 23 décembre) :

> La Croix R. I. et l'aide [apportée] à ceux qui se trouvent dans la zone rouge. — [...] J'ai lu que, dans le noble souhait de favoriser ceux qui se trouvaient dans la zone rouge, la Croix-Rouge internationale s'implique et a installé une officine à Séville pour rechercher des nouvelles ou leur envoyer l'argent que leurs parents remettront pour eux.
>
> Comme j'ai vécu deux mois dans le territoire rouge, je voudrais faire savoir à ceux qui ont des parents à Madrid, Barcelone, etc., qu'il me semble hasardeux de demander ou d'envoyer de l'argent et que, pour moi, ce que je voulais est qu'ils ne se rappellent pas de moi davantage et pour demander à Dieu qu'il me préserve la vie. Les Messieurs de la Croix-Rouge ne savent pas que les rouges sont des canailles et des voleurs.

Épouvanté, Schumacher interroge la direction du journal qui ne veut, ou ne peut, communiquer le nom de son correspondant. Quant aux autorités militaires, elles trouvent tout à fait à sa place l'article incriminé, laissant entrevoir au délégué le peu de sympathie qu'elles ont pour le Comité international. En conséquence, de nombreuses demandes de nouvelles ou remises de fonds sont annulées.

La veille du Jour de l'An se présente une délégation de la Croix-Rouge italienne. Cette section appartient au groupement des *volontaires italiens* : *Corpo di Truppe Volontarie* (CTV) était l'appellation donnée aux troupes italiennes qui combattirent dans les rangs nationalistes. Comprenant environ 50.000 hommes appartenant à l'armée italienne, encadrés par leurs propres officiers et des volontaires, dont certains croyaient aller en Éthiopie! La *1ra Brigate Volontarie* a été formée à Séville par ceux qui débarquèrent dans le port de Cadix en décembre 1936. La délégation comprend neuf chirurgiens, des pharmaciens et de nombreux aides destinés à deux hôpitaux de 50 lits, l'un à Séville, l'autre à Cáceres (radiographie et chirurgie). En toute simplicité, les officiers italiens passent une commande importante de médicaments[8]. Quelques jours plus tard, le 5 janvier, c'est au tour d'un représentant de la Légion Condor d'agir de même. En réponse à la demande exprimée par la Légion Condor et la Croix-Rouge italienne (MM. de Vinci et L. Cremonesi), Schumacher s'interroge. Doit-on prendre en considération ces demandes? Après tout, *« il s'agit dans les deux cas d'installations étrangères, qui s'occupent il est vrai de blessés de guerre »*.

Le délégué [*r.* du 12 janvier] revient sur les conditions de son arrivée à Séville. Comme tous les délégués, il fait une confiance aveugle à tout ce que ses collègues déjà en poste lui affirment. Broccard lui avait conseillé de se recommander d'une certaine marquise de Guadiaro, qui aurait rendu de nombreux services à la délégation de Burgos. En revanche, dans la bonne société sévillane, cette aristocrate, *mariée civilement,* était fort mal en cour. Et le général Queipo de Llano en disait le plus grand mal. Le 7, le délégué est longuement reçu, à sa demande, par le général qui d'emblée, pesamment, lui conte les péripéties de la noblesse andalouse. Ne se laissant pas détourner de sa tâche, Schumacher réclame de nouveau les listes des prisonniers et des otages, comme l'y incite la circulaire n° 333. Le général répond qu'il a donné à son état-major les ordres opportuns. Puis, se confiant, il dit qu'il fait tout cela de *fort mauvais cœur :* sa sœur étant détenue à Valence, il craint qu'elle n'ait subi un mauvais sort. Le délégué promet d'intervenir, ce qu'il fait dès son retour, proposant l'échange de la sœur contre la famille de Manuel Muñoz Martínez (député de Cádiz de *Izquierda Republicana).* Schumacher communiquait avec la zone gouvernementale par courrier diplomatique, et la station de radio de Gibraltar transmettait le texte codé à un vaisseau de guerre anglais en rade dans un port républicain, d'où il était remis à la délégation respective.

Le sort du vice-consul de Suède à Sanlúcar de Barrameda, Antonio Maestro, est en suspens. Le général prend connaissance d'un télégramme du prince Charles de Suède, président de la Croix-Rouge suédoise, à ce sujet. Bien qu'il soit un *granuja* (une canaille selon l'expression de Queipo), Maestro n'est pas encore condamné à mort. Enfin, le général lui donne l'autorisation de visiter, sous la surveillance d'un *attaché militaire,* la prison provinciale de Séville, prison modèle, le même jour, probablement en compagnie du président de la Croix-Rouge locale. Il y a *« 1.029 prisonniers dont 675 sont en prévention ou en procès ».* Dans le camp de concentration, des environs de Séville, sont incarcérés 450 détenus[9]. En grande majorité adhérents des partis de gauche et c'est à ce titre qu'ils sont internés, *sous les meilleures conditions*.

Radio Salamanca, le lundi 11, diffuse une note dont Schumacher, par courrier diplomatique, donne le résumé suivant : « *Le docteur Junod, délégué de la Croix-Rouge internationale, a prétendu que les communistes respectent les chrétiens et les églises dans leur territoire. En même temps nous avons appris que le docteur Junod occupe un grade élevé dans la Franc-Maçonnerie internationale, ce qui explique les affirmations en faveur du communisme. Ce communiqué fut fait d'un ton très amer. Les journaux n'ont pas reproduit cette partie du communiqué.* »

La Stampa, datée du 15, distribuée à Séville autour du 20 ou du 21 janvier, dans un long article, sur « *Deux heures de carnage dans les prisons de Bilbao* », dénonce la responsabilité du gouvernement *séparatiste* basque dans le massacre de 200 otages. Et ajoute qu'« *une partie de la responsabilité devait être portée sur le docteur Junod, délégué de la Croix-Rouge genevoise, lequel, oubliant la mission humanitaire dont il était chargé, avait fait naufrager la tentative pour l'échange des otages donnant à celle-ci une direction partisane.* »

Conjointement, une campagne se développe sur les ondes de *Radio-Séville*. Queipo de Llano présentait tous les soirs, sur cette radio, une causerie au cours de laquelle, fréquemment, il se répandait en injures envers les républicains et leurs représentants. Par exemple, autour d'une carte postale comportant un timbre du CICR et la photographie de Pérez Farrás, militaire catalan qui avait participé à l'échec de la rébellion à Barcelone et arrêté le général Goded. Il était le conseiller militaire de la colonne anarchiste Durruti. Cette carte faisait partie d'une série éditée par la Croix-Rouge de Barcelone, en hommage aux révolutionnaires catalans[10]. De nombreuses cartes postales de propagande furent émises dans les deux zones. Et le général Queipo de déclarer au cours de son émission du 24 janvier, dont *Hoja Oficial del Lunes* donne un extrait :

> Enfin, il a reçu une lettre d'un citoyen autrichien qui lui envoie une carte postale qui prouve que la Croix-Rouge internationale, qui pour beaucoup est une organisation neutre, comme elle a l'obligation de l'être et comme tous les citoyens du monde ont le droit de l'espérer, ne procède pas avec cette neutralité souhaitable dans les affaires d'Espagne. Il ajoute qu'il ne sait pourquoi, mais par des sources différentes, la Croix-Rouge internationale est acquise complètement à la maçonnerie et que, comme la maçonnerie est l'esclave du communisme de Moscou [...].
> Le général proteste énergiquement contre l'utilisation de cartes postales de la Croix-Rouge, avec l'emblème croix rouge, pour de la propagande en faveur des marxistes. Dans la carte postale qui lui a été envoyée apparaît une photographie du criminel, du misérable assassin qui se nomme Pérez Farrás. La légende de la photographie désigne ce vil sujet comme le chef de l'artillerie et un vaillant révolutionnaire qui combat avec ses troupes sur le front d'Aragón. Si la Croix-Rouge internationale sert à cela, commente le général, le moment est arrivé que

la nôtre rompe avec celle qui à Genève piétine la neutralité que la Croix-Rouge doit de plus en plus conserver. [...]

Malgré ses demandes et démarches, Schumacher ne pourra pas avoir communication de cette carte postale, le général Queipo et le capitaine Olivares s'en rejetant mutuellement la possession.

Alors que Schumacher claironnait avoir connu une réception satisfaisante, nous avons un tout autre point de Stierlin [courrier à Berne, le 3 février 1937] qui relève que l'accueil du délégué n'a pas été « *aussi chaleureux qu'il aurait pu l'être étant donné les mérites et le travail altruiste du Comité international de la Croix-Rouge* ». Et il expose : « *A la fin de décembre, le docteur Schumacher a étendu son activité aux hôpitaux, prisons et camps de concentration, et il a demandé au général Queipo de Llano, chef suprême de l'Andalousie et de l'Extrémadure, les permis nécessaires pour les visiter. Quelques jours plus tard, on lui signalait qu'il devrait aller chercher ces permis à Salamanque [...]*. »

Les documents de *légitimation* étaient-ils suffisants? Sans doute pas. Première injonction, le mercredi 27, à 23 h 30, deux représentants de l'état-major, vêtus en civil, ce qui *sentait le policier et l'arrestation*, l'accompagnent au siège de la division où lui est signifié, que, d'ordre de Salamanque, toute visite des prisons ou des hôpitaux était interdite. Le délégué n'a pas le temps de se mettre en route. Se présente un policier lui intimant l'ordre de quitter le territoire nationaliste dans les vingt-quatre heures! Paradoxalement, la décision adressée télégraphiquement au commissariat ne provient pas de Salamanque mais du quartier général de Mola, commandant l'armée du nord. Les démarches entreprises par le délégué restent sans succès. Aucune explication n'est donnée et la fermeture de la délégation lui est signifiée. L'ordre présenté spécifiait que cette mesure s'appliquait à tous les membres du CICR sur la totalité du territoire nationaliste. Schumacher se fait confirmer la décision par le chef d'état-major, le lieutenant-colonel Cuesta. Placé sous surveillance policière, le délégué est conduit à Gibraltar, le lendemain. Le délégué emporte avec lui les fiches confidentielles qui s'y trouvent, escorté par deux policiers. Il se réfugie au Rock Hôtel, à Gibraltar.

Prié par la police de venir constater que tout était en ordre dans les locaux, le consul décline l'invitation si elle n'est pas accompagnée d'un ordre écrit du commandement de la division. Puis attire l'attention de son interlocuteur « *sur le fait que la Suisse et le consulat suisse à Séville ne pouvaient être mêlés, en aucun cas avec les affaires de la Croix-Rouge. Pour la même raison je me suis abstenu de faire officiellement des démarches en faveur du docteur Werner Schumacher.* »

DÉCEMBRE DRAMATIQUE
La Catalogne... et Valence

Son président, Lluis Companys, au nom de la Generalitat, et le Horace Barbey paraphèrent un accord le 8 décembre [Annexe 9a]. Cet accord était le pendant de celui signé par Junod avec le gouvernement autonome d'Euzkadi, en octobre. Companys, après avoir traversé une période difficile au cours de laquelle son autorité avait été contestée par les représentants des milices et des partis politiques (essentiellement les anarchistes), récupérait un pouvoir qu'il s'empressa, sur le plan humanitaire, mais surtout international, de manifester[1]. Ses bonnes dispositions furent utilisées dans l'affaire des scouts d'Ordesa, mais davantage au plan de l'évacuation de personnes souhaitant se réfugier en France, en particulier des nationalistes catalans. Cette période de relative indépendance sera courte. En mai 1937, profitant des affrontements entre communistes et anarchistes, le pouvoir central se saisit du maintien de l'ordre. Puis de la totalité des pouvoirs administratifs et politiques, en octobre 1937, lors du transfert du siège du gouvernement à Barcelone, suivi à la fin de l'année, du président de la République.

Roland Marti arrive le 2 décembre dans la capitale catalane. Pendant huit jours, c'est la mise au courant. Période bien utile pour aider Barbey dans sa négociation, Marti comptant sur cette signature pour arracher un accord identique auprès du gouvernement de Valence. Curieusement, Vallellano, prévenu par Junod d'un projet d'évacuation massive de la population catalane, répondit que cette évacuation avait été proposée et soulevée en son temps, et qu'il avait transmis un avis favorable au généralissime. Par train, Marti part à Valence avec Barbey et son adjoint, le capitaine Valenti Pérez. Arbenz, délégué intérimaire à Alicante (ensuite à Madrid), et Luis Baltá Solá, employé à la délégation de Barcelone, qui sera l'adjoint de Marti, font partie du voyage.

Valence, capitale de la République, capitale provisoire, est le fruit d'un pur hasard. L'affluence de réfugiés, intellectuels[2], bureaucrates, politiques, assesseurs soviétiques, membres des Brigades internationales, journalistes, diplomates étrangers, transforme la cité, d'un provincialisme désuet et tranquille, au cosmopolitisme d'une métropole agitée. Rues encombrées d'une circulation frénétique où on pouvait reconnaître tous les accents espagnols et un grand nombre de langues européennes. Jusqu'au départ du gouvernement Negrín, Valence restera le siège de l'État et de son administration. Cependant, à aucun moment, personne n'envisagea qu'elle puisse un jour se transformer en réelle capitale de la République. Madrid reste toujours le phare; un Madrid mythifié par son héroïque martyre et sa résistance tenace; un Madrid, comme l'écrivait Josep Renau, directeur du journal *La Verdad,* assumant son rang non seulement dans l'État espagnol, mais aussi dans le monde antifasciste.

Arrive notre délégation. En quête d'hypothétiques locaux, on leur conseille de patienter jusqu'au retour de Morata, sous-secrétaire à la Santé, alors à Madrid, qui dispose d'un bel appartement.

Au palais de Benicarló, siège de la Présidence, samedi 12, se déroule une première entrevue avec Largo Caballero. Celui-ci n'avait pas été avisé de l'arrivée du délégué, mais ne voit *personnellement* aucun inconvénient à ce qu'une délégation du CICR fonctionne à Valence. Sans attendre, Marti lui présente l'accord récemment paraphé à Barcelone. Soulignons-en la précipitation qui dévoile une grave méconnaissance des règles de la plus élémentaire diplomatie. Et l'assimile à une certaine forme de brutalité, provoquant en retour des réactions qui surprendront les délégués. Refusant d'y souscrire, Largo Caballero lui oppose celui signé le 3 septembre 1936, à Madrid, par Giral, qu'il considère très complet. Le délégué bute sur l'opposition très vive, voire violente, du président du Conseil qui « *ne veut pas entendre parler des rebelles, refuse de traiter avec eux-mêmes par intermédiaire, et nous demande d'humaniser la guerre de l'autre côté* ». Touchant aux échanges, le président accepte d'en choisir les bénéficiaires sur la liste présentée par le CICR, s'étonnant pour finir que « *Barcelone ait signé un accord international, Barcelone n'étant qu'une province espagnole, sans autonomie* ». Manifestement, la délégation du CICR n'évaluait pas correctement la complexité du statut de région autonome qui, s'il permettait une évidente décentralisation culturelle, linguistique et économique dans le cadre de l'État espagnol, ne l'autorisait pas à disposer des attributs d'un État en l'occurrence diplomatiques. Négociant sur un même plan avec l'État espagnol et la Généralité catalane, le Comité international conférait abusivement à celle-ci une représentativité que la Constitution ignorait.

Poursuivant son travail d'approche, Marti rencontre Rodolfo Llopis, *la main droite de Caballero*. Nous savons que le sous-secrétaire, à Madrid, avait déjà entretenu des relations conflictuelles avec Henny. Et qu'à l'encontre du CICR, il a un apriorisme défavorable et hostile. Lorsque Marti évoque l'évacuation de la population civile de Madrid, annonçant l'arrivée probable de camions venant de France, Llopis considère que le CICR veut contrôler les affaires de l'Espagne... Le gouvernement est le seul habilité à le faire, ce qu'il a déjà commencé avec une amplitude assez impressionnante! « *En bref, M. Llopis est manifestement un ennemi du CICR, et cela se remarque dans chacune de ses paroles, dans chacun de ses gestes* », observe Marti.

Sur ces entrefaites, Genève téléphone au délégué itinérant lui signalant une offre de lait condensé faite par Santander, à la demande du Comité des réfugiés de Barcelone. Sans sourciller, Marti retourne dans le bureau de Llopis, qui n'apprécie pas le caractère accrocheur et rude du délégué. La réponse avancée par le représentant du gouvernement est la même : comment se fait-il qu'un groupement, une association quelconque s'autorise une démarche auprès du CICR alors que cela devrait se traiter directement entre Barcelone et Santander. Rien n'y fait et l'insistance déployée va influer sur la décision que prend le gouvernement. Ou plutôt le sous-secrétaire à la présidence, qui câble le refus d'autoriser la présence à Valence et à Alicante d'une délégation du CICR estimant superflue sa présence dans des villes éloignées du front.

Barbey et Arbenz, à Alicante, sont immédiatement alertés. Marti décrit la situation à Morata, qui invite à la patience; il va se rendre à Madrid et sollicitera le général Miaja d'intercéder en faveur du CICR auprès du gouvernement de Valence. La situation est tendue et Marti fait encore quelques tentatives. A sa demande, Sullivan, le consul anglais de Valence, intervient auprès d'Ureña, sous-secrétaire du ministère des Affaires étrangères, précisant qu'il compte beaucoup sur l'aide du CICR pour réaliser l'évacuation de Madrid, sans succès.

Commence pour Marti une période d'attente inconfortable. Il se tourne vers tous ceux qui à un moment ou à l'autre l'écoutent : les responsables consulaires français et anglais, Morata, puis Carlos Esplá Rizo, politicien et journaliste qui fut ministre de la Propagande, enfin l'ambassadeur anglais, Ogilvie Forbes, arrivé récemment. Arrivent de bonnes nouvelles, un télégramme de Manuel de Irujo laisse entendre que le Conseil des ministres serait disposé à recevoir des propositions d'échanges humanitaires. Le ministre basque est en contact avec Junod, qui agit en faveur d'un de ses frères, condamné à mort à Pamplona. Des tentatives sont faites en sa faveur. Le 15 janvier, Marti, toujours à Valence, rencontre Largo Caballero. Revenant sur ses précédentes déclarations, le président est disposé à examiner les propositions d'échanges; mais les listes de prisonniers gouvernementaux chez les rebelles doivent lui être présentées, et il choisira lui-même les personnes à échanger. Alors, rétorque Marti, cela justifie la présence du CICR à Valence! Ainsi qu'en ce qui concerne la distribution des envois sanitaires dans la zone républicaine. Largo avoue tout ignorer. Il estime que cette activité en Espagne est excellente et sollicite des détails. Marti reconnaît que le président du Conseil semble bien disposé à son égard. Sentiment partagé par Barbier, chargé d'affaires français; au cours d'une entrevue avec Caballero, ce dernier lui a répété que *les échanges c'était l'affaire du CICR*. Fort heureusement, Junod apprend le sursis de l'exécution du frère de Irujo. Radieux, le ministre fait partager sa joie au président du Conseil, qui parle alors d'étudier sérieusement les propositions du CICR. En réalité, d'après le ministre basque, tout cela n'a pas vraiment été discuté au cours des précédents Conseils de ministres. Dès le début, le terme *espionnage* était avancé, comme il le fut fréquemment à l'encontre des étrangers dans la zone républicaine.

Toutefois, par un retournement insolite, Caballero confirme de nouveau le refus du gouvernement. De fort méchante humeur, le consul anglais rédige, avec Forbes, un télégramme dirigé à Londres, précisant que dorénavant le consulat britannique ne s'occuperait plus des sujets espagnols. Marti rend les locaux spacieux et bien aménagés que Morata leur avait offerts, règle les factures et quitte Valence, en compagnie de son adjoint, Baltá. Le lendemain, il succède à Horace Barbey. Fin de la première tentative d'installation d'une délégation à Valence, Marti attribuant le refus du gouvernement espagnol à l'influence de Rodolfo Llopis sur Largo Caballero.

La Commission avait fixé son choix pour remplacer Henny. Après avoir examiné la candidature d'Horace Barbey, ce sera le capitaine Eric Arbenz[3]. A Madrid, Arbenz reçoit Rodolfo Olgiati, secrétaire du Service civil international (SCI), venu organiser l'évacuation des enfants. Olgiati avait proposé ses services dans la zone nationaliste. Le général Franco repoussa cette aide; les nationalistes manifestèrent envers les associations d'origine protestante beaucoup de méfiance. Mais les moyens de transport manquent, aussi le SCI envisage l'achat de camions (deux, puis quatre). A compter de mai 1937, ils feront des rotations entre Madrid et Valence avec leur chargement d'enfants dans un sens, de vivres au retour.

La première correspondance d'Arbenz date du 26 janvier. Il a déjà déployé une grande activité en direction des prisonniers. De son côté, Vizcaya poursuit ses démarches en faveur de familles inscrites pour être évacuées à l'étranger, via Alicante. « *Ces familles ont des moyens de vivre soit en France, soit en Suisse. Le général Miaja a facilité leur départ.* »

Un besoin criant de matériel médical se fait sentir. Non seulement pour l'ensemble des hôpitaux madrilènes, mais aussi d'Alicante et d'Almeria (Agustino García Díaz réclame auprès d'Arbenz une partie des envois, films pour radiographies, qui auraient disparu).

Arbenz visite la prison d'Alcalá de Henares et constate l'existence de cas de tuberculose infectieuse. Des démarches sont faites pour hospitaliser les malades les plus graves ou les relaxer, en accord avec Melchor Rodríguez, directeur général des prisons. L'infirmerie de la prison n'étant pas équipée pour des soins lourds, de nouveaux locaux sont recherchés.

Chapitre VI
Négociations et accusations

Pourtalès et Courvoisier sont à Burgos le 1er janvier afin d'obtenir des éclaircissements sur le télégramme de Mola *gelant* toutes les évacuations. Quand Junod, à la recherche du comte de Vallellano, apprend sa présence à Santiago de Compostela en qualité de « *Chevalier de l'Ordre de Malte, pour une cérémonie religieuse* », il lui télégraphie :

> Suis étonné de votre absence dans un moment si important pour des milliers de familles Stop Impossible vous atteindre nulle part Stop Vous attends à San Sebastián Stop Salamanque vous accorde toute procuration. Salutations respectueuses Stop Junod délégué Intercroixrouge.

La réponse immédiate est cinglante:

> On me transmet par téléphone votre télégramme duquel je n'apprécie pas certaines appréciations. C'est moi qui regrette qu'après trois semaines de volontaire incommunication et silence de votre part, ma présence comme Président de Croix-Rouge ne soit réclamée que dans ces circonstances extrêmes. J'ai d'autres devoirs importants et urgents à accomplir, et c'est à moi et non à vous qu'il correspond de les juger. Comte de Vallellano[1].

Compte tenu de la chronologie des négociations, Junod estime que cette réponse est presque *grossière*. Il retrouve Graz à Saint-Jean-de-Luz. Au cours du repas, ils font le point sur la situation générale du CICR en Espagne. Elle n'est pas brillante, en dépit d'un engagement constant, quasi pathétique. Les évacuations et échanges envisagés entre les zones basque et franquiste sont au point mort. Salamanque ne veut pas traiter directement avec le CICR et s'abrite derrière la CRN et son président, Vallellano. On note un durcissement de la position de l'état-major de Franco où, textuellement, Sangróniz martèle : « *Les blancs (prisonniers ou otages) qui se trouvent en territoire rouge n'avaient qu'à dominer la situation au début de la révolution et c'est leur faute s'ils subissent maintenant le joug rouge.* »

Sur tous les points, Salamanque pratique l'attentisme voire l'hostilité. Parallèlement, Junod n'est pas au bout de ses peines à Bilbao. Il entrevoit que les deux gouvernements ne veulent pas d'une intervention (*immixtion*, prétendent-ils) du CICR. Il ne prolonge pas assez loin sa réflexion, opérant une distinction entre l'attitude inqualifiable de Vallellano et la position plus ondoyante de Sangróniz. Il discernera, trop tard, au cours du mois de janvier, que les *blancs,* comme il les désigne, ont une politique commune, chacun ponctuellement se partageant les tâches.

Samedi, Junod fait part du télégramme au trésorier de l'Assemblée suprême de la Croix-Rouge, Jávier Aznar, et au représentant de la CRN en France, le comte de Torrubia. Ceux-ci, le lendemain, avisent Junod que Vallellano l'attend à Salamanque pour reprendre les négociations.

En compagnie des personnalités citées et d'une délégation du comité des familles des prisonniers (représentant quelque 2.500 familles), il prend la route. Le soir même il retrouve le président de la CRN. Oubliant volontairement l'épisode des télégrammes et parce que le gouvernement de Salamanque avait donné, rappelons-le, carte blanche au comte, ils se penchent sur la rédaction d'un nouvel accord. Quelques heures de travail pour un compromis, sur le fond sensiblement identique au précédent, inspiré de l'Acte final de la Conférence de Genève de 1929, précise-t-il. Muni de ce projet, Vallellano obtient un rendez-vous de Sangróniz et de Nicolás Franco. Surprise, après deux heures d'intense discussion, le projet est rejeté. Le soir, à l'hôtel, désappointé et affecté, le comte fait part à Junod des conclusions de cet entretien : Franco refusait de signer un accord pour l'humanisation de la guerre, concernant la population civile et les otages. Il refusait l'échange d'otages d'une partie déterminée du territoire espagnol, mais l'envisage pour les otages de toute l'Espagne, autorisant les échanges partiels, individuels ou par groupes, sur présentation de listes, se réservant le droit d'autoriser ou d'interdire ces échanges. Enfin, il refusait de remettre des listes de prisonniers au CICR. Prise de position contenue implicitement dans le texte du télégramme de Mola du 1er janvier dans lequel il s'opposait au départ du bateau anglais qui devait reconduire à Bilbao environ 300 femmes et enfants basques.

Prenant congé, Junod prie Vallellano de confirmer par écrit ce qu'il vient de lui transmettre verbalement. A Saint-Jean-de-Luz, méticuleux, avant de rejoindre la Villa Moynier, il met les choses au point dans une lettre destinée au comte. Rappelant les derniers entretiens avec Sangróniz et Nicolás Franco, il indique qu'il vient de rencontrer la délégation basque. Au consulat espagnol — ou bien au siège de la délégation du gouvernement basque, avenue du Maréchal-Foch? — Junod rend compte aux négociateurs basques, les mêmes que deux semaines plus tôt. Déçus, mais aussi révoltés, car sont tombées les nouvelles des bombardements sur Bilbao, les 3 et 4 janvier, et de leurs quinze victimes civiles, ajoutant qu'il n'y eut pas de représailles. Or, le 6 janvier, la rumeur mentionne 180 fusillés dans la capitale basque!

A Chilton, il expose le bilan des derniers pourparlers. Entrevue, dans son esprit, revêtant un caractère officiel, compte tenu du veto opposé par Salamanque. Son gouvernement doit-il être informé officiellement, demande l'ambassadeur. Sans doute, répond le délégué, mais il ne pourra le faire qu'après l'avis du CICR.

Dans la conclusion [présentée devant la CE le 18 janvier], il exprime sa déception de « *subir un échec total après deux ou trois mois de travail continuel, et surtout de travailler avec des gens qui vous disent oui un jour et non le lendemain* ». Il en attribue la responsabilité au président de la CRN, partial, trop engagé politiquement, deuxième chef de la

Rénovation espagnole, d'après le délégué. Terminant : « *[...] le travail parfaitement neutre, comme nous l'imaginons, est presque impossible, et que continuer à travailler dans des conditions pareilles est quelque peu angoissant* ».

Les comptes rendus ne mentionnent pas de négociations *politiques* conduites par l'intermédiaire de Junod. Existaient-elles réellement ou bien étaient-elles seulement le reflet d'un engagement prononcé, voire imprudent, avec deux groupes d'interlocuteurs antagonistes possédant leur propres vocabulaire et interprétation? Cette activité débordante ne pouvait évidemment pas passer inaperçue, tout autant des cercles nationalistes basques et navarrais s'agitant à Saint-Jean-de-Luz, Hendaye et Paris, que des représentants diplomatiques du gouvernement républicain en France. Ce qui est moins évident ce sont les interrogations que se posaient les alliés de Franco, particulièrement les Italiens. En effet, des documents en provenance de l'ambassade d'Italie à Paris donnent des pistes sur des négociations entre les nationalistes basques et Franco, pendant les mois de janvier et de février de 1937. Documents rédigés par le père jésuite Bivort de la Saudée, reçu à l'ambassade italienne de Paris le 23 janvier[2]. Est-ce, parallèlement aux négociations sur l'échange de prisonniers, que le Dr Junod, secrétaire (*sic*) de la Croix-Rouge internationale en Espagne, continue « *secrètement, comme cela était connu qu'il l'avait fait par le passé, de tenter de trouver un espace d'entente entre le général Franco et le Gouvernement basque* »? Un membre de l'ambassade l'informe qu'il a eu connaissance de la présence du Dr Junod à Salamanque et Bilbao dans les derniers jours de décembre et les premiers de janvier, mais que, suite aux nouvelles de la presse sur les assassinats de Bilbao, il paraît difficile que se poursuivent les échanges de prisonniers. En outre, il jugeait « *improbable que le général Franco puisse transiger sur le principe unitaire* », exposant les tentatives faites par certains cercles catholiques pour mettre fin à la lutte des nationalistes. Cependant, ces milieux ne feraient rien tant que les « *tentatives de médiation du Dr Junod n'auraient pas cessé définitivement* ».

Tout cela doit être relativisé. Il est évident que Junod menait *secrètement* des négociations connues de beaucoup, y compris des journalistes. Et intéressant d'observer qu'un jésuite (à Paris) s'immisçait dans les tentatives de médiation entre le général Franco et le gouvernement basque alors qu'un autre jésuite, le père Pereda, pour sa part, recherchait des points d'accord avec le président Aguirre! Un nouvel intervenant surgit en la personne du délégué de la Généralité (*sic*) basque à Paris, José Maria de Izaurieta, voyageant fréquemment entre Bilbao, Saint-Jean-de-Luz et Paris, où il rencontre le représentant du Saint-Siège, auprès de qui il effectue un discret sondage pour connaître les bonnes dispositions du Saint-Siège en faveur d'une médiation entre le gouvernement nationaliste et celui de Euzkadi[3]. Nous avons là la présence souterraine active du Saint-Siège. Sans omettre la tentation du gouvernement italien, ou de ses représentants en Espagne, d'intervenir dans la conduite de la guerre.

Par ailleurs, il y a la mise en cause personnelle de Junod. Ce problème ne peut être évacué facilement, ne serait-ce que parce que c'est au travers du thème sulfureux de la franc-maçonnerie que furent avancées les accusations contre le délégué général qui provoquèrent son départ de la zone franquiste et la perte relative de son crédit dans les deux zones. La médiation qu'il conduit, trop ambitieuse et trop éloignée des préoccupations des deux parties, ne prenait pas en compte les causes profondes de la guerre civile et ne s'appuyait pas sur une analyse suffisamment fine du problème des nationalités (des nationalismes).

Toujours un dimanche, le 3 janvier, l'aviation nationaliste bombarde violemment Erandio, au nord de Bilbao. Le lendemain, nouvelle incursion aérienne sur Bilbao avec 9 Junker-52 escortés par des Heinkel-51 pilotés par des *volontaires* de la Légion Condor. Un JU-52 fut abattu et l'équipage périt. A leur tour, deux Heinkel sont touchés; un des pilotes est lynché par la foule. La population, lassée par la famine consécutive au blocus partiel de la marine nationaliste, affolée par les bombardements, se dirige vers les prisons criant : « *Cargar sobre las cárceles. Ahí están los traidores de toda esta criminal matanza. ¡Que mueran!* » (Allons aux prisons. Là sont les responsables de cette criminelle tuerie. Qu'ils meurent!)[4]. Plusieurs versions sont données de cette journée. Les portes de la prison de Larrinaga furent enfoncées par les hommes d'un bataillon de la CNT qui tuèrent 94 prisonniers. Dans celle de Los Angeles Custodios ils en tuèrent 96 autres. Enfin, au couvent des Carmélites, ce ne furent que 4 prisonniers qui perdirent la vie. La police motorisée basque arriva et reprit le contrôle sous les ordres de Telesforo de Monzón, le conseiller qui avait négocié avec Junod une quinzaine de jours plus tôt. La police arrêta les miliciens impliqués; six furent condamnés à mort. Les familles des victimes célébrèrent des services funèbres et des processions, la censure étant levée. En revanche, le journal de la CNT fut interdit[5].

D'autres, plus précises, sont complexes à la fois[6]. Si la population fut exaspérée par les deux bombardements, il nous faut à la vérité dire que les responsables des forces de l'ordre du gouvernement basque, face au dilemme d'avoir à user de la contrainte envers leurs concitoyens, débattirent longuement et intervinrent tardivement. La présence d'unités de l'UGT fut prouvée parmi les assaillants de la prison de Larrinaga, nous relate une version. Dans une autre, l'arrivée de Monzón et de Astigarrabia fut, elle aussi, tardive pour les deux premières prisons. Les assassinats sont commis dans quatre prisons : à Larrinaga, 56 personnes dont un prêtre; 53 personnes à la Galera; aux Angeles Custodios, 108 dont 12 religieux; enfin, pour le couvent du Carmelo de Begoña, le nombre des victimes fut de 7. Soit 224 victimes, alors que Graz donne, le 13 janvier, le chiffre de 208. En général, l'intervention des forces de l'ordre fut lente, le gouvernement basque réagit tardivement, près de quatre heures après le début des excès. A l'initiative du président Aguirre, une commission d'enquête fut créée. Julio Jáuregui nommé juge spécial, une soixantaine de personnes seront inculpées. Deux mois après le tribunal populaire se déclara compétent mais ne put se réunir, l'offensive de Mola contre Bilbao commençant le 31 mars.

Vallellano télégraphie à Saint-Jean-de-Luz le 9 janvier (Junod séjourne à Genève). Il sollicite des informations au sujet des massacres de prisonniers à Santander et Bilbao, et souhaite que le CICR élève sa plus vive protestation. Sans mentionner un seul instant le bombardement commis par la Légion Condor. Puis, dans une longue missive (rédigée en français), il répond point par point à celle de Junod. Constatons le fossé existant entre les deux hommes, y compris dans la description des événements les plus courants. Revenant sur l'attitude du général Franco face au problème de l'humanisation de la guerre, il ne fait aucun doute, pour le comte de Vallellano, qu'elle est la préoccupation première du généralissime peu disposé à signer un nouvel accord signifiant quelque distinction que ce soit entre les Basques et les ressortissants nés dans d'autres régions de l'Espagne dont le sort l'intéresse également. Salamanque ne refuse pas d'étudier les propositions d'échanges partiels, individuels ou par groupes. Le quatrième point apporte une réponse étonnante (scrupuleusement transcrite) : « *Le* [généralissime] *ne mettrait pas d'obstacle à faciliter au Comité international de la Croix-Rouge une simple relation nominative des détenus, comme celle que vous nous avez donnée adressée par Bilbao, mais il ne serait pas disposé à fournir les listes avec les annotations facilitées par les Divisions, qui contiennent des détails qui n'intéressent qu'au Haut Commandement.* »

A ce stade de la négociation, le blocage principal était la transmission des fichiers de prisonniers politiques (sans doute aussi militaires) que Franco ne veut pas honorer. Pour valider cette première partie de la réponse, Vallellano se retranche derrière les témoins de la réunion, en l'occurrence Pedro Gaytán de Ayala, auteur d'un témoignage sur les conditions de détention sur l'*Arantzazu Mendi*, d'où il avait été échangé quelques semaines plus tôt par Junod — Egaña, Olazábal, Oliván Baraíbar et Carrión, etc., ayant assisté à leur dernière entrevue. Vallellano rappelle perfidement que Junod lui avait certifié qu'il n'y avait pas eu d'exécutions à Bilbao. Enfin, reconnaissant « *que ce n'est pas à moi de juger de l'opportunité* » [ou non] de l'absence de Junod en [ces] « *moments si intéressants pour la vie et la liberté de tant de personnes qui chiffrent leurs illusions dans l'espoir que l'on puisse trouver une formule qui permette l'échange d'otages. Je m'explique bien votre désir de prendre un peu de repos et de vous mettre en contact avec le Comité international.* » Pour finir, il formule des vœux pour que Pourtalès, « *qui a suivi cette affaire de si près à côté de vous, permettra, si les circonstances s'y prêtent, la finir d'une façon satisfaisante* ».

La réponse ironique du président de la Croix-Rouge parvient au moment même où une sourde rumeur prend pour cible les délégués du CICR. Junod et Graz seraient les responsables de la cessation des évacuations et par conséquent des exécutions sauvages commises à Bilbao. Le 11 janvier, *Radio-Salamanca* et le *Diario de Navarra* accusent[7] :

> Un Franc-Maçon inspire la propagande que les Rouges font auprès des Catholiques. — Les postes de radio et la presse russe et séparatiste mènent depuis quelque temps une campagne qu'on peut qualifier de plaisanterie. On ne prétend rien de moins que de donner au monde chrétien l'impression que les Russes qui ont envahi le territoire espagnol se montrent respectueux des croyances et du culte de l'Église catholique. Pour cela, ils se servent de quelques renégats et pauvres malheureux séparatistes basques. Actuellement, nous sommes en nature de certifier que l'inspirateur de cette campagne est le docteur Junot (*sic*), représentant de la Croix-Rouge en Espagne, qui détient un grade important dans la Franc-Maçonnerie.

Graz et Courvoisier avisent Genève. Le premier, par téléphone, à Gallopin, au secrétariat; le second, son rapport n° 4 du 13 janvier. Graz, très ému, estime qu'il faut immédiatement opérer « *une rectification, car il a été communiqué par tous les postes blancs de radio en Espagne* ». Parmi les délégués de la zone nationaliste présents, Pourtalès est parti pour Burgos, et Courvoisier prend contact avec le comte de Vallellano. Le président est au courant et exhorte au calme. Fort vif, Courvoisier le prie de faire une enquête complète et de s'en occuper *personnellement* : « *J'ai eu l'impression que le comte était gêné [...] il a fini par me dire que nous devions, nous les délégués, être certains de l'amitié qu'il avait pour nous. Il m'a assuré que si ces bruits n'étaient pas fondés* », il ferait le nécessaire, rejetant toute la responsabilité sur une opinion publique très excitée. Soulignons que le président de la Croix-Rouge n'exclut pas que les bruits puissent être fondés.

La presse française se saisit de l'événement. Celle de droite amplifie les radios nationalistes. De son côté, l'organe du Parti communiste, *l'Humanité*, titre :

> Le délégué de la Croix-Rouge est violemment attaqué par Radio-Salamanque. Salamanque, 12 janvier. — Le speaker de *Salamanque parle* a attaqué violemment, hier soir, le docteur Junod, délégué du CICR, qu'il accuse d'être *l'instigateur de la propagande rouge auprès des catholiques*, propagande qui viserait à faire croire que les communistes espagnols respectent les croyances et le culte de l'Église romaine.

On a déjà entendu, dans la bouche de Queipo de Llano, des propos analogues sur la Croix-Rouge accusée d'être l'alliée des francs-maçons. Et nous avons l'intime conviction que de Sangróniz est sincère lorsqu'il ajoute que *l'intérêt national doit passer par-dessus tout*. Cette campagne utilise les mêmes critères et ressorts idéologiques. Pourtalès, à Burgos où il s'est rendu, s'étonnant que *Radio-San Sebastián* diffuse que les massacres de Bilbao sont imputables à Junod, son interlocuteur, le comte de Vallellano, sans prendre à son compte le contenu de l'émission, répond que « *le rôle de la Croix-Rouge est de fournir des médicaments et qu'elle n'a pas à s'occuper d'autre chose!* ».

Le Comité international décide, le jour même, d'intervenir :

S. E. Général Franco, Salamanca Stop Comité international ayant connaissance des bruits lancés par radios Salamanca Pamplona San Sebastián et journal *El Diario de Navarra* 12 janvier déclare docteur Junod pas franc-maçon Stop Exprime en outre son indignation au sujet accusations calomnieuses et dénuées tout fondement portées contre son délégué qui a toute sa confiance Stop Docteur Junod accusé inspirer propagande rouge auprès catholiques Stop Autre accusation particulièrement odieuse être responsable massacres otages Bilbao Stop Comité international se voit obligé prier gouvernement Salamanca faire nécessaire pour que bruits lancés soient aussitôt démentis de la façon la plus catégorique par radio et presse et pour que campagne diffamatoire cesse immédiatement Stop Comité international dont action strictement impartiale et humanitaire a pleine confiance dans esprit haute équité Votre Excellence pour intervention indispensable Stop Intercroixrouge 9462[8].

Trois jours plus tard, un télégramme[9], suivi d'un courrier signé par de Sangróniz, souligne que le gouvernement « *a vu avec un regret profond et bien naturel que l'un ou l'autre des journaux se publiant dans la zone du territoire occupé par notre armée se sont fait l'écho d'accusations offensantes contre le Dr Junod, digne délégué de la Croix-Rouge internationale, qui, à tout moment s'est occupé de l'affaire de l'échange des prisonniers avec bons désirs et excellente volonté. Le Gouvernement en ayant été informé a ordonné auxdits journaux de démentir une semblable nouvelle dont nous avons déploré l'insertion.* »

Partait de Saint-Jean-de-Luz une longue lettre, expression du collectif des délégués, complétant une note que Pourtalès adressait la veille à Genève. Citons-la en quasi-totalité : « *Huit jours se sont écoulés depuis le début de la campagne contre le docteur Junod. Pour le grand public, qui ignore tout des télégrammes envoyés de Genève à Salamanque, ces attaques contre Junod sont restées sans réponse ou démenti de la part du CICR ou de Junod lui-même. Elles commencent à avoir de l'effet. Le voyage de Junod à Genève a été exploité par ses ennemis. Il est même fort probable que le moment avait été choisi et qu'on a profité de son départ pour lancer la campagne afin de pouvoir insinuer que ce départ ressemblait beaucoup à une fuite.*

« *Les amis de Junod et ceux qui l'ont vu à l'œuvre restent convaincus des efforts qu'il a faits pour la cause humanitaire. Mais il ne faut pas oublier que, comme nous tous, il a dû en de nombreux cas reconnaître son impuissance. Ces déçus (Roa de la Vega[10], l'aide de camp du Généralissime) sont devenus des ennemis redoutables.*

« *A mesure que le temps s'écoule, on perd du terrain. A mon avis la situation ne peut être rétablie que par une intervention énergique, personnelle et immédiate sur place du docteur Junod appuyée par une déclaration publique du CICR dans la presse blanche.* »

Courvoisier retrouve à San Sebastián un ami bien intentionné qui revient de Salamanque : « *Le général Franco serait furieux et veut punir la personne ayant lancé la nouvelle.* » Pas de démenti, ni dans la presse ni sur les ondes, aussi les signataires encouragent-ils le Comité de saisir la *presse mondiale* au cas où une rétractation ne serait pas donnée. Prise de position exceptionnelle, surtout lorsque l'origine se trouve être celui qui devait, dans l'esprit du Comité, devenir le fédérateur des délégués dans la zone nationaliste parce que plus âgé et bénéficiant auprès des nationalistes d'un préjugé favorable, de Pourtalès. Celui-ci donne la clé de l'action, « *il s'agit [...] de sauver notre ami malgré lui* ».

L'accusation de franc-maçonnerie, centrale dans le référentiel franquiste lorsqu'elle se rapporte aux *ennemis* de la *Cause,* mais aussi dans le système de pensée monarchique et religieux des cercles aristocratiques qui ont rejoint les rebelles, appliquée à des *étrangers* n'appartenant pas à la sphère dite communiste, surprend. Elle touche d'autant plus les notables gestionnaires du CICR, associée à des connotations antisémites. A l'exemple de la propagande exacerbée et ciblée dans un État limitrophe de la Suisse, l'Allemagne devenue nazie. Ce qui déconcerte davantage les délégués signataires est l'absence de réaction immédiate de Junod que tous (re)connaissent comme battant, courageux, engagé, volontaire, voire autoritaire. Or, son absence durera jusqu'au 28 janvier, jour de son retour, c'est-à-dire vingt jours de vacance, de vacances. Involontaires, provoquées par la campagne radiophonique? Ou bien suite à la fatigue nerveuse entraînée par l'échec du grand projet d'échange général des otages? Était-ce dû à l'insuccès d'un projet plus ambitieux : armistice, ralliement des Basques nationalistes à Franco? Pour autant, l'examen de la main-courante du secrétariat nous permet d'affirmer qu'il était quotidiennement présent à la Villa Moynier.

Solennellement, Horace de Pourtalès rappelle à Vallellano l'impartialité et la neutralité du CICR. Il constate avec regret que les délégués *en territoire nationaliste* se heurtent à une résistance croissante. Pourtant, le CICR est en droit d'attendre que chacun des deux camps lui facilite un appui sans réserve. Notons qu'il y eut, de la part de certaines sections locales de la CRN, des tentatives pour défendre Junod. Luis Garmendia et Luis Crespon de Dorda, de San Sebastián et Tolosa, envoyèrent un article rectificatif aux trois quotidiens régionaux et le virent refusé, les rédactions ne voulant (ou ne pouvant) les faire paraître. Déjà, solidaire, le comité de San Sebastián avait voulu donner un banquet en l'honneur de Junod.

Quoi qu'il en soit, le président Huber, que sa santé retient souvent éloigné de Genève, ressent l'impérieux besoin de dire, *à l'intention des*

délégués, la doctrine du CICR en la matière, dans un entretien téléphonique avec Chenevière, président par intérim :
> [...] à ce propos le Comité international n'est pas dans la position du gouvernement d'un État souverain qui considère que son honneur est mis en cause par des questions de personnes. Les délégués du CI doivent donc se dire que leur situation est en quelque sorte celle de missionnaires plutôt que celle de diplomates. Par conséquent, leur prestige, de même que celui du CI, est un prestige moral et non politique. Le CI doit avant tout mettre sa dignité dans sa volonté inébranlable de secourir aussi longtemps que possible, et donc adopter une attitude patiente aussi longtemps que cela ne nuit pas à sa mission humanitaire. En particulier, il ne doit rien faire qui puisse paraître inspirer le souci principal de sauvegarder son prestige ou d'agir sous l'influence de raisons d'amour-propre.
>
> S'il est obligé d'abandonner son action en Espagne, ce doit être pour des motifs techniques, parce qu'il n'aura pas été mis matériellement en mesure de remplir son rôle secourable.
>
> Il convient en effet de se rappeler que le Comité n'exerce pas une action strictement personnelle en Espagne, mais qu'il est le mandataire de tous ceux qui lui ont remis des dons. Il n'est donc pas absolument libre de suspendre ses activités comme il le ferait s'il n'était responsable de ses actes qu'envers lui-même. Il ne doit pas s'exposer à ce que les donateurs, c'est-à-dire en quelque sorte ses mandants, lui reprochent d'avoir suspendu ses activités en leur faveur pour des motifs de susceptibilité personnelle et sans avoir épuisé toutes les possibilités de continuer, fût-ce d'une manière réduite, l'action qui lui a été confiée par des tiers.
>
> Il est évident toutefois que cela ne signifie pas, que le CICR doive, en tout état de cause, accepter n'importe quel affront ni qu'il ne doive pas prendre la défense de ses délégués injustement accusés. Mais la ligne de conduite à adopter étant très difficile à définir, il convient de considérer avec le plus grand soin toutes démarches et protestations qu'il fera, en particulier dans le cas de la campagne menée contre le Dr Junod. D'ici quelques jours, le CI verra plus clairement comment il doit agir au cas où aucune rectification satisfaisante ne serait faite par le Gouvernement de Salamanque[11].

Ces maximes diffusées, la paix règne de nouveau dans les rangs des délégués qui ne comprennent pas toujours les subtilités et les devoirs impérieux de la diplomatie de l'institution. Mais déjà d'autres incertitudes planent. Arrêté en pleine rue à Zaragoza, de Rham est expulsé. Il attend à Saint-Jean-de-Luz, où nous l'avons rencontré lors de l'épisode de la lettre collective. Le délégué général, disposant d'un sauf-conduit spécial, n'est pas inquiété. Il n'en va pas de même pour Schumacher (à Séville) et pour Courvoisier, qui, le mercredi 27, au passage de la frontière qu'il effectue tous les deux jours, est arrêté par un garde civil qui lui communique l'ordre arrivé de Salamanque : « *Tout étranger actuellement sur le territoire militaire, et les délégués du CICR, non possesseurs d'un salvo conducto signé du généralissime, devaient quitter l'Espagne dans les*

24 heures. » Deux solutions sont proposées : quitter l'Espagne immédiatement, sans espoir de retour, si on ne possède pas le parchemin, ou bien rester pour arranger ses affaires personnelles sous contrôle de la police. Courvoisier opte pour la première solution, car, *en réalité*, il ne possède qu'un sauf-conduit émis et signé par l'autorité de Burgos (Mola) et non par celle de Salamanque (Franco). Il préfère rester en France, confiant dans les démarches que Pourtalès entreprend sans tarder. Dans un souci compréhensible de confidentialité, Courvoisier laisse dans l'ignorance le personnel de la délégation. Or, quelle est sa surprise d'apprendre le lendemain que ce n'est qu'un secret de polichinelle. Non seulement à la délégation, mais dans toute la ville. Beaucoup, avec curiosité, attendent la réaction des délégués. Après quinze jours d'attente à Saint-Jean-de-Luz, il retournera à San Sebastián le 10 février.

Depuis les premiers jours de janvier, Courvoisier avait poursuivi sa tâche de *passeur*, c'est-à-dire le franchissement de la frontière par des femmes et des enfants (parfois seuls, généralement binationaux) qui rejoignent le chef de famille en France. Ce passage se fait sans tapage et surtout sans plan préconçu. Il fonctionne dans les deux zones, et de nombreux couples se retrouvent au gré d'interventions que nous pouvons qualifier de non officielles. On en devine la trace dans les comptes rendus des délégués ou bien dans les relations qu'en firent les contemporains.

Trois jours plus tard, depuis Saint-Jean-de-Luz, Pourtalès se met au téléphone avec Chenevière, doit-il prendre contact avec l'ambassadeur d'Angleterre? En l'absence de Junod (il n'arrivera à Saint-Jean-de-Luz que le 29 au matin) les Anglais tentent de remettre en route, pour leur propre compte, les négociations sur les échanges de prisonniers politiques (non-combattants ou otages). Le Comité ne se désintéresse nullement de l'action britannique. Mais aucune proposition formelle ne doit être faite. Il faut attendre l'arrivée de Junod, muni d'instructions spéciales. Une part active plus importante doit être prise dans la défense du délégué général. La campagne de rumeurs continue, et le courrier est systématiquement contrôlé par la censure. Pour parer à cet inconvénient, Pourtalès franchit dès qu'il le peut la frontière pour poster son courrier en France. Arrivé en compagnie de jeunes délégués, il était précédé d'une réputation flatteuse. Plus âgé que ses amis et possédant une solide pratique bancaire, il était crédité d'une expérience qui parfois manque aux autres délégués. Nous ignorons s'il maîtrisait le castillan, mais certainement l'allemand, car il eut des contacts nombreux avec les membres du corps diplomatique du Reich à Salamanque. Il dispose aussi — aristocrate, comte de noblesse genevoise (neuchâteloise?) — d'un préjugé favorable de la part des autorités franquistes. Très rapidement — était-ce une décision consécutive à la campagne de dénigrement qui entraînera le départ de Junod? — il avait été décidé de lui confier la responsabilité de délégué général. Hormis des contacts avec Vallellano et Sangróniz, et son intervention en faveur de Junod au mois de janvier, il se consacre à l'évacuation de réfugiés isolés. Par exemple, lorsqu'il fait état d'un voyage au cours duquel, à Zamora, le 13 janvier, il a recueilli un enfant dont la mère avait été fusillée. Étrangement, dans le livre *Contre-attaque en Espagne* que publia l'écrivain Ramón Sender, l'auteur narre la mort de son épouse (Amparo Barayón Miguel). Celle-ci se trouvait à Zamora où elle fut fusillée : « *Un mois après avoir été arrêtée, on lui amena un curé qui la confessa, puis elle fut transportée au cimetière où on l'assassina. Par mon ami, le directeur des Eaux et Forêts, je fus mis au courant. Il était parvenu à racheter ses filles et la domestique qui les accompagnait. Je m'adressai à la Croix-Rouge internationale qui, au bout de deux mois, me ramena mes deux enfants [Ramón, deux ans, et Andrée, nouveau-né]. Je veux que s'exprime ici ma gratitude à cette organisation et personnellement au docteur Junod de Genève. Ils se sont en vain appliqués à obtenir une explication sur l'assassinat de ma pauvre femme. À Zamora, on n'a su quoi leur dire.* »

Pourtalès avait pris connaissance de l'article paru dans le *Diario de Navarra*. Estimant qu'il faut intervenir sans retard, il reprend la route immédiatement. Au téléphone, le comte de Vallellano lui certifie qu'« *une enquête avait déjà été ordonnée afin d'établir l'origine de l'information radiodiffusée* ». Il était convaincu que la presse étrangère (*Le Jour*, notoirement de droite, avec pour directeur Léon Bailby), en était l'origine. Moyennement rassuré, Pourtalès attendait de recevoir d'autres précisions, lorsqu'un appel de Courvoisier éveille son attention. Confidentiellement, Stevenson aurait laissé filtrer que le gouvernement nationaliste basque était, de jour en jour, dans une situation de plus en plus précaire; il serait opportun, d'évacuer les femmes et les enfants *avant qu'il ne soit trop tard*. Le délégué rejoint immédiatement Sangróniz, qui s'est préalablement entretenu avec Franco. Concernant l'affaire Junod, le général Franco serait fort mécontent et aurait ordonné une enquête. Mais l'affaire de Bilbao est, pour le gouvernement de Salamanque, d'un tout autre ordre. On ne traite pas avec un gouvernement dont on ne reconnaît pas l'existence. En revanche, si le CICR fait des propositions pour des échanges, on les examinera avec intérêt.

Pourtalès note que l'échec des négociations sur les otages, le bombardement de Bilbao et ses suites tragiques ayant causé une certaine effervescence à San Sebastián et un mécontentement profond dans les familles, le gouvernement franquiste tente d'en faire porter la responsabilité aux délégués du CICR. Ce sentiment diffus est corroboré lors de l'entretien qu'il a, le 22, avec Vallellano. En dépit des relations cordiales qu'il entretient avec l'aristocratique président de la Croix-Rouge, il trace de celui-ci un portait au vitriol : « *Le comte de Vallellano, grand seigneur espagnol, chef du parti royaliste, essentiellement homme politique, ne possède que des notions vagues sur la Croix-Rouge en général et en particulier sur les fonctions du CICR, dont le rôle ne lui semble guère dépasser celui d'un fournisseur bénévole de matériel sanitaire.* »

Pédagogue, Pourtalès entreprend de lui présenter, dans un résumé succinct, la vocation du CICR, n'hésitant pas à remonter à la Première Guerre mondiale. Le Comité international, à qui les deux gouvernements espagnols avaient accordé leur appui, était en droit d'espérer que ses délégués voient reconnus leurs efforts. Depuis quelques semaines, en zone nationaliste, ils étaient en butte à une campagne de diffamation injustifiée, à l'exemple du délégué de Zaragoza qui avait dû quitter précipitamment le territoire national en vingt-quatre heures. Il appartenait au président de la CRN d'intervenir énergiquement auprès des autorités pour que des explications soient données. Vallellano regrettait sincèrement les événements et n'avait pas été alerté de la campagne contre Junod, sinon par la presse. Mais, excellent dialecticien, puisque le démenti du CICR avait été adressé à Salamanque, c'était donc au gouvernement de répondre. Pour de Rham, expulsé, le président ayant été informé en faisait une affaire personnelle. Au début février, nouvelle entrevue avec le président de l'Assemblée suprême. *On* déplore toujours les attaques, *on* a démenti, mais *on* est incapable d'en apporter la preuve. Incidemment, une explication surgit en ce qui concerne les permis de circuler : une ordonnance tenue secrète aurait été prise à l'encontre des délégués. Mais des mesures spéciales vont leur permettre de rejoindre leur poste.

Enfin... Junod, le 28 au soir, en compagnie de Weber, quitte Genève après une entrevue avec Chenevière et le major Lander. A Saint-Jean-de-Luz les attendent les quatre délégués, Pourtalès, Graz, Courvoisier et de Rham. Tous sont heureux du retour du délégué général, ainsi que leurs amis espagnols qui étaient, eux aussi, sur le quai d'arrivée. Réunis à l'hôtel de la Poste, ils se disent navrés de la campagne de presse et de radio lancée contre le CICR.

Comment, rétrospectivement, Junod commente-t-il ce chapitre douloureux[12]? Il commence par la citation d'un journal de la Phalange : « *Parmi les gens qui prétendent que les Basques [...] ont parfois fait preuve d'un peu d'humanité [...] se trouve un renégat et misérable idiot...* »

Pas de précision sur le journal : était-ce *El Diario Vasco*, de San Sebastián, le *Diario de Burgos* ou bien *El Norte de Castilla*, à Valladolid, siège de la police politique? Ou d'autres encore... le délégué ne le précise pas — nous savons que l'initiateur en fut le *Diario de Navarra*, à Pamplona, ville dans laquelle Junod comptait de nombreux amis — mais il observe que cette *appréciation peu flatteuse* se termine par un long communiqué sur l'échange des otages. Rappelant son rôle dans l'échange des nobles prisonnières otages à Bilbao il discerne dans « *le communiqué méprisant la réponse du gouvernement à son action. Puisque mon crédit paraît ici complètement épuisé, je dois laisser à d'autres délégués la chance d'être mieux accueillis par les autorités franquistes. Mais je ne suis nullement découragé. Je comprends mieux encore, après ce demi-*

échec, l'immense tâche que peut, et que doit assumer le Comité international de la Croix-Rouge au milieu des horreurs de la guerre civile. »

Junod détaille l'émulation que son action provoque dans les légations et le corps diplomatique (britannique surtout), sans dissimuler les amours-propres en jeu... Des émissaires des deux camps viennent le voir, à l'insu de leur gouvernement parfois, le conjurant de continuer sa mission « *que rend impossible pour moi, dans le Nord, l'insolente vanité de quelques caballeros.* » Pas un mot sur les motifs avancés par les *blancs*. Non plus que sur le dernier périple entrepris en Espagne *blanche*, détaillé dans son exposé sur la période du 1er au 9 février 1937, Junod ne mentionnera les accusations personnelles qui l'ont beaucoup attristé.

Reprenons. Le lendemain, avec ses amis, ils se retrouvent. Les dernières instructions du Comité sont remises, discrétion et prudence sont le lot des *missionnaires tolérés* selon l'expression du président Huber. Tout est devenu difficile; autour des délégués, en zone nationaliste, les visages sont fermés. Paradoxalement, les relations entre Pourtalès et Vallellano sont excellentes, ce qui n'empêche « *le matériel d'hôpital de 200 lits de dormir encore dans les caves de la Croix-Rouge à Burgos* ». Rappelons-nous, ce matériel avait été livré en novembre par Broccard. C'est ce qu'Étienne Clouzot désignait par l'expression *guerre des hôpitaux,* alors que le Service de santé souhaitait destiner cet hôpital au front de Madrid. Les représailles répondent aux représailles. Exécutions d'otages à Bilbao contre bombardements; arrestations de 750 otages à San Sebastián, dont beaucoup parmi ceux qui, arrêtés lors de la prise de la ville, avaient été libérés. Sont enfermées trois femmes ayant fait partie du premier échange. Tel est le panorama que retrouve Junod. Si les bateaux de guerre anglais sont disponibles, Weber et Graz partiront pour Santander et Bilbao le 1er février. Au cours de la réunion du 21 janvier, à Genève, le problème des destroyers britanniques effectuant des allers-retours entre Santander ou Bilbao et Saint-Jean-de-Luz avait été posé. Les nationalistes prétendaient que ces bateaux traversaient les champs de mines à la demande des délégués du CICR. Il leur fut recommandé de n'utiliser ces bateaux que lorsqu'une place leur serait offerte. A cet effet, Junod rend visite à l'ambassadeur Chilton, à l'ordre du jour, le blocus de la côte cantabrique. Junod signifie que le CICR ne veut pas intervenir pour forcer le blocus. L'ambassadeur et son secrétaire sont du même avis, ce dernier rappelant le blocus de l'Allemagne au cours de la guerre de 1914-1918. Les destroyers anglais se contentent d'approcher de Bilbao à 2 ou 4 miles, ce qui, en détachant une vedette, permet de transporter les délégués et le courrier.

De grandes précautions ont été prises pour la dernière tournée. Un télégramme destiné à Sangróniz l'informe du départ de Junod, de son entrée en territoire nationaliste et de son itinéraire; le secrétaire du généralissime peut-il faciliter le passage au délégué général? Muntadas se rend à la frontière. La réponse de Sangróniz, priant le commandant des douanes, à Irún, d'accorder toutes facilités, est arrivée. Le secrétaire de Franco confirme au Comité l'autorisation accordée. Le lundi 1er février, *en compagnie de ses deux amis carlistes,* Luis de Cuadra y Raúl, marquis de Guadalmina[13], et Maristañy, ils prennent la route et s'arrêtent pour déjeuner à Burgos dans un hôtel-restaurant (sans doute Infante Isabel) où le propriétaire « *me fait remarquer que j'ai beaucoup d'audace de revenir en Espagne, que je suis considéré comme franc-maçon et que je pourrais me faire fusiller* ». Vivement, Junod dément ces bruits, soutenu par ses commensaux. Affecté profondément, il a la confirmation qu'il n'y a pas eu, de la part des autorités, de démenti.

Le comte de Vallellano étant absent, Junod continue son voyage. Sur la route de Valladolid, *à 42 kilomètres de Burgos* — d'après la précision donnée le lieu-dit devait être Villodrigo — les passagers aperçoivent deux voitures imbriquées l'une dans l'autre, avec plusieurs blessés. Le hasard, toujours lui, fait qu'un des occupants est Carlos Rojas, comte de Torrellano, qui revient de Séville avec une famille de *rouges* qu'il doit échanger contre son beau-frère à Madrid. Après leur avoir prodigué des soins, les blessés sont emmenés à Burgos, où Junod a le *bonheur* de rencontrer Vallellano. Tous deux omettent les problèmes en cours (la campagne de dénigrement); le président a fait le nécessaire pour les laissez-passer de Rham et de Courvoisier. Quant au cas de Schumacher, il s'avoue impuissant. Le délégué et ses accompagnateurs arrivent à Salamanque dans la soirée. Immédiatement, Junod se rend au quartier général et rencontre Sangróniz. Il lui remet une note écrite, à laquelle le secrétaire de Franco est prié de répondre : *a)* apporter un rectificatif aux fausses nouvelles, expliquant en peu de mots ce que représente le Comité international; *b)* une réponse sur les questions de secours proposées par l'Angleterre et la Suède; *c)* le libellé d'un accord qui fasse pendant à celui de Catalogne; *d)* enfin, la position du gouvernement concernant les transferts d'argent entre les zones.

Sangróniz conseille de voir Queipo de Llano à Séville, remettant au délégué un mot de recommandation pour le chef de cabinet civil, Carlos Padros. Mercredi 3 février, on est à Séville. L'accès du quartier général est interdit, le général Franco ayant précédé la délégation de deux heures. La journée se passe en une promenade touristique au cours de laquelle Junod ne peut pas ne pas remarquer le nombre inusité de soldats allemands et italiens déambulant; il n'en souffle mot. Le jeudi, rencontre avec Carlos Padros, qui introduit le docteur Junod auprès du chef d'état-major et celui-ci auprès du général commandant en chef l'armée du Sud, Gonzalo Queipo de Llano y Sierra. Ce général, dont nous ne détaillerons pas les états de service, avait une connaissance intuitive des nouvelles possibilités de la radio et l'utilisa comme un vecteur de propagande contre ses adversaires, initiant une émission fort populaire retransmise par les autres émetteurs de la zone nationaliste. Le contenu de ces monologues (*charlas*), à l'endroit des républicains, était particulièrement haineux et injurieux. Après les présentations d'usage — nous ignorons si un des accompagnateurs servait d'interprète, mais Queipo ayant séjourné près d'un an en France avait peut-être acquis quelques rudiments de français — Junod expose le motif de l'entrevue, la situation faite à Werner Schumacher. Alors, le général entre dans une violente colère, précisant que *ce monsieur* a commis des fautes graves, qu'il le considère comme un *rouge* et que c'est lui, Queipo, qui s'est plaint des agissements de Schumacher à Salamanque. Il avance que le délégué « *s'est permis de transmettre de l'argent à des familles rouges de Séville* », argent probablement volé par des « *canailles sans principes* ». Junod fait remarquer qu'il se passe la même chose dans la zone républicaine et que les sommes distribuées sont beaucoup plus importantes du côté *blanc* que du côté *rouge*. Pour le général, il n'y a aucun rapport, « *on ne saurait comparer des honnêtes gens à des voleurs* ». Les familles *rouges* de Séville ne sont pas dignes d'intérêt et les transmissions d'argent ne peuvent être acceptées. S'il reconnaît s'être trompé au sujet de la carte mentionnée à la radio, il ne présente aucune excuse. Ponctuant la fin de sa péroraison par une plainte acerbe de ne recevoir aucun matériel sanitaire, malgré les promesses de Schumacher. Junod a une extraordinaire patience, à moins qu'il ne soit impressionné par les cris et les vociférations du général. Ce matériel a été remis par le CI à la Croix-Rouge de Burgos, et il rappelle le sort de l'hôpital de campagne de 200 lits, immobilisé dans les caves à Burgos. Queipo répond qu'il n'a rien à faire avec la Croix-Rouge de Burgos mais bien avec celle de Séville.

Ramenant la discussion sur un terrain qui lui est familier, Junod déplore les attaques radiophoniques, rappelant que le CICR ne désire qu'une chose, venir en aide aux blessés, aux prisonniers et à la population civile. Avant de se retirer, Junod sollicite « *la plus grande discrétion sur ma visite [...] mais que nous serions heureux s'il voulait dire un mot lors d'une de ses radiodiffusions et signaler qu'après une entrevue avec le délégué du Comité international de la Croix-Rouge, il est persuadé de la profonde neutralité du Comité international dans son action en Espagne.* »

On peut supposer que Junod sortit stupéfié de sa visite auprès d'un général qui avait une réputation d'homme violent et de redoutable *debater*. Quoi qu'il en soit, le lendemain, il traverse la frontière de Gibraltar et retrouve le docteur Schumacher; il lui conseille de rentrer en Suisse. Heureusement, les fiches confidentielles ont pu être sauvées, contrairement à ce qu'affirmait le consul suisse, et les bureaux de Séville sont normalement fermés. Alors que, samedi, Schumacher embarque sur un navire à destination de Marseille pour arriver le mardi 10 à Genève, Junod retourne à Séville. Le consul suisse lui conte par le menu les vicissitudes du délégué local. Il dévoile aussi que, d'après ses informateurs, il y aurait des divergences entre les généraux Mola et Queipo, prétendument opposés sur l'intervention des jésuites[14] dans les affaires militaires. Où l'on retrouve les problèmes évoqués autour des négociations triangulaires de Saint-Jean-de-Luz. Est prévue une visite à la secrétaire de la délégation, Remedios Aquino. Celle-ci constate que depuis l'allocution de Queipo le crédit du CICR est égal à zéro dans l'opinion publique et que si le docteur Schumacher devait revenir, « *il faudrait que ce soit par la grande porte, après une radiodiffusion démentant toutes les fausses nouvelles antérieures* ».

En soirée, le même jour, Junod et ses accompagnateurs arrivent à Salamanque. Il se précipite chez Sangróniz; pas de réponse, sauf pour celle concernant un accord comparable à celui de la Catalogne qui est négative. Baraíbar suggère que Junod lui procure la liste des gens que le CICR veut échanger, et il verra ce qu'il peut faire auprès du gouvernement. Comme nous le constatons, c'est le flou. Dépité, Junod revient, en passant par Burgos où, le 7, avec Pourtalès, il fait le point. Ce dernier lui fait part d'une conversation avec Vallellano, on aurait abordé des propositions faites par le gouvernement de Salamanque. Échaudé, Junod conseille de solliciter un exposé écrit soit au comte, soit à Salamanque.

Sitôt les fêtes de *Nochebuena*[15] passées, marquées par une réception de l'ensemble des membres de la Croix-Rouge madrilène dans les locaux de la C/Abascal, Vizcaya communique avec Genève. Clouzot le chapitre sur des contacts probables avec la commission de la Société des nations qui enquête alors à Madrid. Le délégué ne semble cependant pas manifester, à ce sujet, l'allant qu'avait Henny. A cette occasion, on apprend que plus de 400 femmes et 1.500 à 2.000 prisonniers auraient été libérés. Le sort du fils Miaja fait l'objet de plusieurs communications, Junod confirmant que le rejeton du général se trouve bien à Pamplona. La Commission internationale de la SDN, fin décembre, avait recommandé une évacuation de la population non-combattante. La Junta de Defensa de Madrid dicte qu'à partir du 9 janvier, l'évacuation de la population civile est obligatoire.

Les autorités prennent des dispositions pour faciliter l'évacuation de la population civile. Enrique Jiménez, président du Comité d'évacuation, déclare à ce sujet à l'envoyé spécial de l'Agence Havas :

> [...] Madrid compte un peu plus d'un million d'habitants mais a vu ce chiffre augmenter de près de la moitié par l'arrivée de réfugiés venant de points occupés par les rebelles, de l'Andalousie à l'Extrémadure notamment. Jusqu'à présent notre tâche a consisté principalement à refouler 450.000 personnes venues à Madrid pendant la retraite et réparties maintenant dans différents points de la zone loyale. Il faut maintenant s'occuper du peuple de Madrid. Nos moyens par camions jusqu'à Chinchon et Tembleque puis par chemin de fer permettent tous les jours à 8.000 ou 10.000 personnes de quitter la capitale. [...]
> Nous n'ignorons pas la résistance que beaucoup d'habitants apportent à notre décision, mais nous leur donnons l'assurance que leurs logis dès leur départ seront placés sous la surveillance de la Sûreté[16].
> [...] La Généralité de Catalogne nous a promis cent autocars qui arri-

veront incessamment, et la Croix-Rouge Internationale nous a fait la même proposition que nous avons accueillie avec reconnaissance. [...]
Ce sont 500.000 réfugiés qui doivent, prioritairement, être évacués. Arbenz rencontre le général Miaja, Enrique Jiménez et le maire (alcalde), Cayetano Redondo, auxquels il propose un plan d'évacuation échelonné : en premier lieu la population de la *grande banlieue*, qui a dû se réfugier dans le centre-ville et dans les quartiers est, dans des appartements réquisitionnés; ensuite, la *population immédiate,* qui est aussi dans le même cas. L'estimation de cette population serait de 350.000 à évacuer avant la population sédentaire, *qui d'ailleurs ne désire nullement quitter Madrid*. L'intervention proprement dite du CICR dans l'évacuation massive de dizaines de milliers de réfugiés, avec les moyens matériels et logistiques que cela supposait[17], était évidemment hors de portée du Comité international et ne pouvait être envisagée que pour un petit nombre. C'est ce dernier point qu'Arbenz, dans une entrevue avec le délégué aux évacuations propose, c'est-à-dire l'évacuation à l'*étranger* — dans un premier temps — de femmes et d'enfants. Jiménez promet à Arbenz toutes facilités pour l'évacuation de cette population et son transport jusqu'à Alicante ou à la frontière. La Croix-Rouge locale est prête à faire accompagner les convois par des médecins et des infirmiers.

Auparavant, Barbey avait été sollicité par un certain nombre de problèmes concernant des envois de vêtements pour des enfants, ainsi que par des problèmes d'adoption. Des associations, comme des familles à l'étranger, seraient disposées à accueillir pour des durées plus ou moins longues, des enfants espagnols. Les autorités souhaitent laisser les enfants groupés en colonies. Elles accepteraient volontiers que des enfants malades séjournent dans des sanatoriums inoccupés en Suisse. Mais le Conseil fédéral suisse, ce fut une attitude constante, n'y est pas favorable.

René Massigli, représentant de France auprès de la SDN, fait part à Chenevière que « *les occupants de l'avion descendu étaient tous compris dans la demande d'indemnité adressée au gouvernement de Valence par le gouvernement français, aussi bien les personnes de nationalité française et espagnole que les Suisses* ». Cette réclamation, présentée à Alvarez del Vayo, mardi 26 janvier, par une délégation composée de Chenevière et Clouzot, est reçue par le ministre espagnol. L'entrevue a été préparée par une note de Max Huber rappelant la doctrine du CICR : aborder l'entretien d'une façon naturelle, sans aucune récrimination touchant par exemple au refus d'autoriser une délégation à Valence; exprimer des regrets de n'avoir pas pu convaincre le gouvernement. Cette entrée en matière ne devra pas prendre la forme d'une nouvelle demande, à un autre niveau, mais « *plutôt questionner M. del Vayo sur la façon dont pourra poursuivre désormais l'action de la Croix-Rouge en Espagne gouvernementale, action qui ne peut se poursuivre sans l'appui du gouvernement et sans une entente à peu près constante avec celui-ci* ».

Au cours de la réunion, le ministre, d'emblée, sépare le principe humanitaire de celui de la politique. Il ignore tout des décisions prises au sujet de la délégation, ainsi que sur l'échange des otages, dont le choix revient au gouvernement. A titre d'exemple sont cités les échanges négociés par le consul anglais, qui a fait libérer à Majorque des personnes d'opinion républicaine, mais dont l'activité politique était nulle. Parallèlement, la Croix-Rouge s'associait au problème des *asilés* soulevé en session de la SDN par l'ambassadeur du Chili. Et del Vayo ajoutant que cela devait se traiter exclusivement de gouvernement à gouvernement.

Federica Montseny Mañé, ministre de la Santé et de l'Aide sociale, avait contribué à l'organisation de l'évacuation des enfants en Catalogne et en Valence, comme à l'étranger, principalement en France. Invitée à une session de la Commission d'hygiène de la SDN, en compagnie des docteurs Cuatrocasas et Marín de Bernardo, elle séjourne à l'hôtel Carlton, à Genève, dans la *suite* auparavant louée par le Négus, *triste présage :* « *Je garde un souvenir amer de ce séjour en Suisse, à la fin de janvier et début de février 1937. Ce monde protégé, entouré de ses privilèges qui semblaient intangibles, cette bureaucratie courtoise et glaciale, qui nous écoutait avec une apparente déférence, mais qui ne comprenait ni ne voulait rien savoir du drame dans lequel se débattait l'Espagne, m'exaspérait [...]*[18]. » Chenevière propose à Junod de faire « *une visite à cette dame où il pourrait mieux lui causer, sans être entouré de curieux* ». Dans un premier mouvement, Junod refuse l'invitation, alors que le docteur Henny s'y rend. Dans sa modeste formulation, on peut comprendre comment, parfois, les membres de la Commission abordaient les problèmes qualifiés aujourd'hui de *relations publiques*.

Simultanément est mentionnée l'attitude agressive de la flotte nationaliste envers les bateaux commerçant avec les ports républicains. Le cas du *Komsomol* (34 marins et 2 femmes, tous Russes) est exemplaire; dans un premier voyage, il avait débarqué à Carthagène des tanks et des avions. Au cours d'un second voyage, il fut le premier cargo arraisonné et coulé dans les eaux internationales par le croiseur nationaliste *Canarias*, au large du cap de Palos (Murcia), le 14 décembre 1936, prétextant une cargaison d'armes alors que son chargement était du magnésium. L'amiral Francisco Moreno, commandant le *Canarias,* admet dans ses mémoires, que son action contraire au droit international — agissant de sa propre initiative? — coupa à la racine le flux des bateaux soviétiques. Cet acte de piraterie provoqua un scandale international sans effet notable sur la politique d'arraisonnement menée par la flotte franquiste tout au long de la guerre. Quant au *Smidovitch* (9 officiers et 23 marins), arraisonné en mer Catabrique, il ne transportait que des denrées alimentaires; considéré comme *presa buena* (bonne prise), son équipage fut détenu. A leur sujet commence une longue période d'attente et d'incertitude.

La situation sur le front est calme, Arbenz en profite pour rendre visite au général Miaja; au conseiller à l'ordre public, José Cazorla

Maure, puis au gouverneur civil, Miguel Villalta Gisbert, qui était aussi président de la Commission de ravitaillement. L'évacuation à l'étranger d'un certain nombre de personnes dites *sensibles* est toujours à l'ordre du jour. Le 10 février, Miaja communique le télégramme qu'il vient de recevoir de Valence [lettre du 14.2.1937], dans lequel la Croix-Rouge n'est pas autorisée à faire des évacuations et d'autant moins à sortir qui que ce soit d'Espagne; c'est le gouvernement qui doit accorder les autorisations, fixer les conditions qu'il estime opportunes.

Arbenz n'insiste pas. Justifiant ses demandes répétées, il signale que 1.064 dossiers ont été déposés aux bureaux de la délégation. L'esprit de résistance de la Junte est à son plus haut niveau et toute sollicitation en faveur de sympathisants, déclarés ou non, de la cause insurgée est défavorablement accueillie. L'hôpital de la Croix-Rouge d'Alcalá de Henares ayant été bombardé, Arbenz accompagné du délégué adjoint s'y rend immédiatement. En réalité, ce n'est qu'un poste de secours *signalé par un très petit drapeau de la Croix-Rouge*. Deux morts et un blessé, alors que le bâtiment n'a subi que peu de destructions.

Délégué destiné à l'Aragón, Paul de Rham, est à Saint-Jean-de-Luz le 18 décembre. A Zaragoza, dans un premier temps, il établit des contacts avec les parents des scouts d'Ordesa qui se trouvent à Barcelone pour les plus âgés, les plus jeunes étant à Tarbes [depuis Saragosse du 1er.1.1937 et du 29.1.1937, de Saint-Jean-de-Luz]. Pendant son séjour, il rencontre le cardinal Gerlier, à Tarbes. Il intercède aussi auprès de son collègue et ami par l'intermédiaire de la Commission : « *[...] nous avons prié le Dr Horace Barbey, qui vient précisément de revenir à Genève, de se concerter avec le Dr Marti à Barcelone, afin d'examiner s'il serait possible d'obtenir du gouvernement catalan l'autorisation de renvoyer à Saragosse les boy-scouts visités par vous. Nous craignons toutefois que les conditions passées en octobre dernier à la sortie d'Espagne de ces éclaireurs ne permettent pas d'effectuer le rapatriement désiré.* » Paul de Rham, ingénieur, délégué de l'Amitié internationale, portait une double casquette. Précisons que les conditions mentionnées sont celles du paiement de la pension des boy-scouts. Clouzot conseille à de Rham de saisir cette occasion pour contacter l'ambassadeur Herbette, qui s'était toujours intéressé à ces enfants de Zaragoza, et lui communiquer qu'il n'était pas question d'organiser leur rapatriement tant qu'on n'aurait pas l'assentiment de la Generalitat de Catalogne.

Dans les rues de la capitale d'Aragón en compagnie du président de la Croix-Rouge, de Rham est arrêté par les gardes civils. Ses papiers contrôlés, son expulsion lui est signifiée; il aurait omis de présenter sa lettre d'introduction auprès du général Franco. Raccompagné à la frontière le 15 janvier, il attend la suite des événements à Saint-Jean-de-Luz. Il ne retournera à Zaragoza que dans les premiers jours de février, à la suite d'une intervention du comte de Vallellano. Arrêté de nouveau, le 25 février, il est reconduit à la frontière, le lendemain, sans un mot d'explication. Le docteur Irigo, de la Croix-Rouge de Zaragoza, écrit que le délégué a été prié de quitter la ville dans les 24 heures. Il n'a pas été traité comme les autres délégués et n'a pas obtenu l'autorisation de téléphoner à Burgos. Au cours de cette courte période, son courrier personnel ne lui a pas été remis. Devant la Commission d'Espagne, le 1er mars, de Rham précise que Zaragoza est devenu le centre névralgique de l'état-major du corps d'armée qui dirigera ses efforts sur la Catalogne. La présence d'un étranger n'y est pas supportée.

Le même jour, en présence de Pourtalès, on débat du sort fait à Schumacher, considéré comme un *espion* et un *communiste* par les autorités militaires, qui n'en fournirent pas la preuve. Queipo était prêt à accepter l'envoi d'un autre délégué, à la condition qu'il parle espagnol. Le consul suisse Sterlin estimait que l'opposition à Schumacher viendrait du côté des jésuites, offensés parce qu'il n'aurait pas répondu à un questionnaire relatif à sa pratique religieuse. Ce n'est que le 5 mars que la Commission, en présence de Schumacher, revient sur son expulsion. De son point de vue, le délégué attribue son éviction à ses rencontres avec des officiers italiens et allemands, signalées à Genève. A ce moment-là, la présence de forces armées italiennes et allemandes en Espagne était occultée et niée.

Georges Graz [r. du 19.2.1937], le 12 janvier, quitte Genève pour Bilbao, qu'il ne peut rejoindre par suite du manque de communications sur la côte cantabrique, car les ports ont été minés. Le 3 février, le gouverneur militaire de San Sebastián avertit le commandant de l'*Echo* que le minage des ports va s'intensifier par suite de la mise en service du poseur de mines *Júpiter*. Cependant, les ports de Bermeo et de Suances seront laissés *libres* pour faciliter la tâche des destroyers britanniques. Le minage, en réalité, semble n'avoir été qu'une opération d'intoxication de la part des franquistes avec la complicité inconsciente des autorités britanniques et françaises[19]. Graz planifie avec Junod le retour des enfants du collège de Valmaseda, de Bilbao. Dans une description sur les évacuations, on apprend que Weber a évacué 100 enfants de divers collèges qui avaient leurs parents en zone nationale. Avec Weber, le 1er février, il embarque sur un contre-torpilleur anglais. Au large de Bilbao (à 25 km), une vedette transborde Graz, Weber et le consul anglais Stevenson. Contrairement aux rumeurs et aux informations de la presse française, la ville et sa périphérie sont calmes. Élargissant ses prérogatives autonomistes le gouvernement provisoire basque émet de nouveaux billets de banque frappés du sceau de la *République basque*, de 5, 10, 25 et 100 pesetas; ils ont cours dans toute la Vizcaya. Il semble que ces billets étaient refusés dans la province de Santander qui avait sa propre monnaie! Ainsi qu'en Asturies où, en mars 1937, furent mis en circulation des billets appelés *belarminos*! Les échanges économiques locaux n'en sont pas facilités, les paysans refusant — lorsqu'ils le peuvent — ces nouvelles vignettes, leur préférant les derniers billets de 25 pesetas émis avant juillet 1936, vulgairement *chapaprietas,* du nom de l'économiste Joaquín Chaparrieta Torregrosa, qui fut ministre de l'Économie du gouvernement de Portela Valladares. Mais les anciens billets sont retirés de la circulation; quant aux pièces de monnaie en argent, elles sont remplacées par des pièces de nickel. Cependant, la situation économique et matérielle empire. Les marchés aux victuailles sont presque vides et peu fréquentés. Les articles de consommation courante ont tous renchéri. On ne peut trouver des vivres qu'à l'aide de la carte de rationnement. La ration de pain, de 100 à 125 g par personne, est distribuée quatre fois par semaine; plus de beurre, d'huile, de graisse, de sucre, etc., depuis longtemps. La viande n'est plus allouée depuis un mois; quant au poisson il ne l'est que deux fois par semaine. Le lait a disparu, sauf pour les hôpitaux, et le lait condensé est réquisitionné pour le front. Les autres produits, savon et charbon, sont destinés à l'industrie. Le rationnement est appliqué aussi pour les légumes, les produits secs, le riz, le café. La famine n'est pas totale, mais la pénurie est grande. Pour tous ceux trop pauvres pour s'approvisionner au marché noir — bien présent! — des *comedores* (cantines, réfectoires) furent organisés, en priorité pour les familles en charge d'enfants et les anciens.

Le minage de la côte n'autorise que partiellement la navigation de *bateaux vivriers.* Graz observe que « *ni le gouvernement ni aucune organisation quelconque ne nous a demandé notre appui ou notre intermédiaire pour un envoi de vivres* ». A ce sujet, lorsqu'une demande de ce type fut faite, elle ne concernait que des produits destinés aux enfants, sans doute parce que les républicains n'ignoraient pas que la Croix-Rouge internationale était impuissante à assurer un ravitaillement alimentaire important. Graz livre ses réflexions qui rejoignent celles de Junod émises lors de sa visite à l'ambassade britannique quelques semaines plus tôt, crainte de se voir accusés de *briseurs de blocus* et de se départir de leur neutralité. Le souci est sans doute légitime, mais le parallèle avec des briseurs de blocus exagéré, surtout lorsque la vie d'une population entière est menacée. Si un projet humanitaire était malgré tout entrepris, il ne faudrait le faire qu'après s'être assuré « *d'un accord du côté de Salamanca, si on ne veut pas voir diminuer notre prestige déjà fortement entamé* », ajoute Graz.

Officiellement, la délégation est toujours en cour auprès des autorités. Mais la rumeur publique l'associe aux franquistes dans la responsabilité de l'échec de l'échange d'otages; ajoutant que le CICR n'est pas aussi influent qu'on le pense et qu'il ne sert pas à grand-chose! Et Graz de constater que « *la campagne exercée de l'autre côté contre notre institution, au lieu de nous servir comme nous aurions pu l'espérer, nous a nui* ». Il prône en conséquence une position attentiste, orientant ses efforts sur les informations aux familles, les visites au prisonniers et aux hôpitaux, etc. Enfin, le délégué estime amèrement qu'il ne faut faire que ce qui est demandé officiellement, sans le solliciter, car, en cas d'échec, *« comme il est à prévoir, on nous en rendra responsables »*.

Les évacuations sont suspendues. Pourtant, le 16 février, organisé par le consul Stevenson à la demande du gouvernement basque, un transport quitte le port de Bermeo sans que le délégué ait été informé. Il y a peut-être sur ce bateau des cas humanitaires, mais également *« un grand nombre de délégués du gouvernement se rendant en mission officielle en France »*. Graz, amer, s'étonne, le danger des mines n'existerait-il donc que pour des évacuations faites sous les auspices du CICR!

Sont abordées avec une grande prudence les relations avec la Croix-Rouge basque. Aucun de ses membres n'est médecin, ne sait ce que représente la Croix-Rouge, ni quels sont ses buts. Le critère de recrutement et de composition du bureau est uniquement politique, ses membres représentant l'éventail des organisations; sa seule activité est le contrôle de l'ancien hôpital de la Croix-Rouge qui hospitalise des blessés graves. En dépit d'une vision somme toute critique, Graz a d'excellentes relations avec ce bureau, dont il n'aurait rencontré que le président et le trésorier! En conséquence, le délégué traite directement avec le chef de la Santé militaire, docteur Unceta.

Le travail administratif s'accroît, et les bureaux, dans une annexe de l'hôpital, sont notoirement insuffisants. Malgré des demandes répétées auprès de la Croix-Rouge et n'obtenant pas de réponse, Graz s'adresse au docteur Unceta, qui met à disposition trois pièces dans une villa spacieuse. Les huit à dix bénévoles sont encore à l'étroit, et il faudrait engager des dactylos professionnelles afin de répondre aux nombreuses lettres reçues. Plus de 20.000 fiches de renseignements sont parties; en retour, il en a été reçu 12.000. Car le courrier arrive, une fois par semaine — toujours grâce aux destroyers anglais! — et le flux est d'environ 2.000 lettres à chaque voyage. La censure s'exerce dans les deux sens, compliquant à plaisir tout le mécanisme. Une précision : cette censure dépendrait de Valence et non de Bilbao; les ordres sévères reçus seraient appliqués avec *l'esprit le plus étroit possible*. Le courrier privé des délégués et la correspondance officielle avec Genève, rassemblée dans un pli spécial est remise par le capitaine du bateau au consul d'Angleterre, qui *le confie* à la censure. Cette procédure, peut-être humiliante pour Georges Graz, n'est que tout à fait naturelle pour le consul anglais, qui se remémore sans doute le cas du consul fusillé pour avoir transporté dans la valise diplomatique des documents dits *sensibles*.

A sa demande, Graz [r. n° 4 du 19.2.1937] rencontre le président Aguirre. Au cours d'une cordiale conversation le délégué du CICR reste sur une prudente réserve. Cependant, il glisse incidemment quelques mots sur les massacres du 4 janvier. Le président répond *« qu'il était le premier à déplorer ce triste événement; que c'était une tache sur son gouvernement, qu'il en avait été extrêmement déprimé. »* Quelles mesures envisage le gouvernement pour éviter le retour de tels débordements? Une assurance formelle est donnée que cela ne se renouvellerait plus. Sans perdre de vue que la cause première en était les intenses bombardements aériens, le président reconnaît qu'il a eu trop confiance en ses collègues, rapidement débordés. D'après le président Aguirre, les représentants franquistes se seraient engagés sur un gel des attaques aériennes sur la ville. Les choses ont évolué, les gardes des prisons sont maintenant des Basques nationalistes et non des miliciens de partis politiques. Les prisonniers seront distribués dans des camps déployés en périphérie. Est abordée la question des otages et de l'évacuation de la population. Si Aguirre souhaite apporter une solution, il est soumis à la pression de ceux qui veulent durcir la position gouvernementale face à l'attitude, elle aussi intransigeante, de Salamanque. Graz assure le président que le CICR avait toute confiance dans *son idéal chrétien et humanitaire.* Aguirre, abordant le problème des otages, souhaite que cela se règle sur une base de réelle réciprocité, car *on* (les groupes politiques proches du gouvernement de Valence) « *ne comprendraient pas des mesures de clémence de la part du gouvernement basque* ».

Graz entretient des relations quasi hebdomadaires avec Weber, à Santander, deux heures et demie de route (120 km environ). Le trajet se fait aisément, grâce aux pièces d'identité et au magique *salvo conducto* en règle. Quant au téléphone il fonctionne parfaitement. Après un séjour d'environ deux semaines, Graz revient à Saint-Jean-de-Luz, le 17 février. Le mécanisme était le suivant : alternativement, chacun se rendait chaque dimanche au siège de son collègue. Puis, tous les quinze jours environ, empruntant un destroyer britannique, ramenait à Saint-Jean-de-Luz les fiches de nouvelles établies à Santander et à Bilbao. Dans ce creuset qu'est cette ville franco-basque, où se diffusent des informations de toutes sortes (l'invraisemblance le disputant à l'intoxication), notre délégué a beaucoup de mal à observer sereinement la situation. Muntadas communique à Burckhardt qu'il vient de rencontrer le vice-consul britannique de Bilbao; ce matin, 194 personnes ont été ramenées par un destroyer britannique sous la houlette de Graz.

Pourtalès est à Saint-Jean-de-Luz. La CE lui fait parvenir une note cadrant les contacts qu'il devra maintenir avec le président Vallellano. Tout d'abord en réponse aux dernières récriminations qui, toutes, concernent le sort subi, dans la zone républicaine du nord, par des médecins ou des infirmières sympathisants de la cause nationaliste. Les nombreuses démarches de Weber avaient échoué. Le sort des trois infirmières et du médecin de Somiedo nécessitèrent un voyage et une intervention auprès des autorités de Bilbao et de Gijón. Les réponses avaient été que ces personnes étaient décédées. La Commission rappelant qu'elle ne *pouvait que partager ses sentiments d'horreur et d'indignation.* Le CICR recevait des deux parties de semblables réclamations, et il doit se plier à une obligation d'impartialité afin de ne pas compromettre « *son activité principale : son secours aux deux parties, et cela dans l'intérêt des deux parties. Ce qui entraînait le devoir de ne pas prendre position et de ne rien publier avant d'avoir donné aussi à l'autre partie la possibilité de se faire entendre.* »

Málaga tombe le 8 février à la suite d'une offensive éclair menée par les chars du corps expéditionnaire italien et les troupes du duc de Séville sous le commandement en chef de Queipo de Llano. La population, jetée sur la route côtière, mêlée aux miliciens retraitant, a été sévèrement bombardée, tant par l'aviation que par la marine. Sur l'injonction de Genève, Pourtalès entreprend un rapide voyage [*r.* du 1er.3.1937]. Des bruits persistants ont couru concernant des exactions commises par les troupes franquistes dès leur entrée dans la ville. Pas d'information concernant l'arrestation du consul d'Angleterre et du journaliste Arthur Koestler dans ses notes; il n'a pas souhaité aborder la *question des adultes*, a *contrario,* il parle d'*intoxication* au sujet des orphelins. Le général Queipo de Llano, rencontré à Séville, aurait déclaré que 9.000 prisonniers de *droit commun* avaient été faits à Málaga; trois conseils de guerre siégeaient en permanence pour les juger à raison de 50 cas par jour et que 15 avaient été condamnés à mort. Nous savons maintenant que la répression fut féroce. Elle sera une des plus sanglantes de la guerre, près de 4.000 personnes fusillées dans la première semaine, des milliers d'autres emprisonnés; occasionnant, dit-on, une démarche du Duce auprès de Franco[20]. De retour à Séville le délégué utilise les services du consul suisse[21] pour faire parvenir un compte rendu succinct de sa visite auprès de Queipo. Une proposition d'échange du lieutenant Rojas Díaz a aussi été abordée.

Quant à lui, Courvoisier ne se rendra à Málaga que le 9 avril. Il donne dans son recueil une description saisissante de la prise de la ville par les Tabors rifains, les légionnaires, les phalangistes et les Flèches noires italiennes : « *Au cours d'une répression impitoyable, quatre mille personnes furent exécutées. On parlait de viols, de tortures et de mutilations. Les avions allemands et italiens avaient pris en chasse des milliers de personnes qui fuyaient vers Almeria.* [...] »[22]

Aux accusations portées, les services de propagande franquiste répondent indirectement que près de 17.000 orphelins — en réalité seulement 2.000 — auraient été trouvés à Málaga par les services sociaux nationalistes; ces orphelins seraient les enfants des nombreux sympathisants de la cause insurgée exécutés par les républicains. Le soulèvement avait triomphé dans Málaga le 18 juillet, mais sous la direction du gouverneur civil, les forces républicaines, composées de gardes d'assaut, de carabiniers et de membres d'organisations ouvrières, firent avorter la rébellion. Des scènes violentes se déroulèrent et une partie du centre de la ville fut détruite par le feu. De nombreuses exécutions et des pillages eurent lieu par une foule excitée et survoltée par la présence dans la rade des bateaux de la flotte républicaine.

Par suite de la suppression de la délégation de Zaragoza et l'absence prolongée — définitive en réalité — de Junod, des instructions sont données à la délégation de Saint-Jean-de-Luz. Elles concernent les demandes de nouvelles dont est revue l'organisation. Centralisation des cas spéciaux à Saint-Jean-de-Luz, sous la responsabilité de Muntadas, deux fichiers alphabétiques pour les évacuations dans l'un ou l'autre sens seront constitués. La question des échanges individuels passe au second plan, sauf cas imprévu. Quant au tri du courrier, les sacs en provenance ou à destination seront ouverts, triés et censurés afin d'alléger la charge des délégations. Priées de s'abstenir de la façon la plus catégorique d'envois de lettres, elles sont également avisées de ne plus accepter aucune transmission d'argent. Des consignes de prudence sont distillées, tout particulièrement envers les autorités nationalistes, mais aussi en direction des cadres de la Croix-Rouge de Burgos. Le fonctionnement de la délégation de Saint-Jean-de-Luz intrigue le consul de la République à Bayonne. A sa demande, l'ambassadeur Luis Araquistain y Quevedo[23] signale au président Huber le comportement partial des agents de la délégation du CICR [Annexe 23a]. Et du comportement favorable aux nationalistes de Muntadas et de Pardo, agent en douane. Le problème posé par des membres de la CRR qui, manifestement, avaient des sympathies envers les rebelles a déjà été évoqué. Comme ceux qui choisirent un engagement dans la Croix-Rouge pour échapper à la conscription. Il ne faut donc pas s'étonner de rencontrer des cas tels que celui cité par l'ambassadeur espagnol. Ce qui l'est davantage, ce sont les remarques faites par des délégués qui reprochaient aux dirigeants républicains d'effectuer un recrutement de *rouges*, alors que pour les délégués séjournant en zone nationaliste le problème inverse n'est jamais mentionné, ni la possibilité par hypothèse envisagée!

A Genève, Junod rencontre le comte Vinci, président de la Croix-Rouge italienne; l'objet en était l'arraisonnement de bateaux républicains et de leurs équipages dans les ports italiens. Un télégramme des syndicats de marins basques protestait contre la décision du gouvernement italien de *déporter* à Séville les équipages de bateaux immatriculés à Bilbao : *Artxanda Mendi, Arantza Mendi, Uribitarte, Kauldi, Maxti, Bizkaya, Jupiter, Indautxu*, priant qu'ils soient transférés à la frontière française.

Junod arrive à Barcelone, le jeudi 18. Depuis son séjour d'août 1936, c'est son premier retour en zone républicaine. Ont été décrites les interventions du délégué général en zone républicaine du nord et nationaliste. Un bilan non négligeable pourtant fort éloigné de ce qu'il ambitionnait. Volontaire et fougueux, il a poussé ses tentatives aussi loin que lui permirent ses forces, escomptant arracher un échange général de tous les prisonniers politiques. Peut-être a-t-il voulu aller plus loin encore. Mais il a été ligoté dans un enjeu diplomatique qui d'arbitre potentiel l'a transformé en otage. Les campagnes de dénigrement dans la zone franquiste l'ont déstabilisé, l'acculant à une absence prolongée de plusieurs semaines. Ce temps a-t-il été mis à profit pour mettre au point son dernier voyage qui lui permit de quitter cette zone nationaliste la tête haute? Ce parcours du nord au sud de la zone franquiste n'a produit aucun effet sur la marche des négociations, bien au contraire, nous verrons qu'elles seront gelées pour longtemps. Aussi pouvons-nous comprendre qu'il arrive à Barcelone dans un état d'esprit amer et critique : *« Puisque vous êtes "grillé" chez les Blancs, allez travailler chez les Rouges. Je ne connais ni Blancs ni Rouges et je fais remarquer d'ailleurs que si je vais travailler chez les Rouges, ce sera nécessairement pour y sauver quelques prisonniers Blancs. Mais qu'importe. Ce sont partout des hommes qui souffrent, et je ne veux connaître qu'eux. Au printemps 1937, un ordre de Genève me déplace auprès du gouvernement de la République qui vient de se replier sur Valence. Je retrouve sur les routes de Catalogne mes impressions du début de la révolution : les innombrables contrôles des miliciens en salopettes bleues, un peu défraîchies par l'hiver, les banderoles de la FAI, les chansons et les poings levés. »*[24]

Sur le quai de gare catalane il retrouve Marti en compagnie du président de la Croix-Rouge de Barcelone, Pedro Estrañy [compte rendu pour la période du 16 février au 24 mars 1937]. A une quinzaine de jours près, son arrivée coïncidait avec la chute de Málaga. Des rumeurs colportaient que le Comité de la Croix-Rouge de la ville avait été massacré. A tort, puisque d'après Pourtalès, les membres de ce comité, sauf un, seraient tous partis avant l'entrée des troupes italiennes. Visite incontournable, on rencontre Companys, président de la Generalitat. Celui-ci, alors que les autorités de Salamanque n'ont pas signé l'accord sur l'évacuation de la population civile, réitère son intention de laisser partir femmes et enfants à l'étranger. Il adhère aussi à un échange dans toute l'Espagne.

Munis de l'autorisation du président du Tribunal d'audience, Josep Andreu Abelló — que Junod qualifie de ministre de la Justice alors que c'était en réalité Rafael Vidiella — une visite de la prison des femmes de Las Corts (ancien couvent du Bon Pasteur) a lieu, le 20, en compagnie de Marti[25]. Elle renferme 85 femmes, dont trois pour délits de droit commun, dans des conditions d'hygiène parfaites. *« C'est le type de prison modèle »*, décrit Junod, qui s'inquiète du motif de détention, *parce qu'elles sont des fascistes*. Quelques jours plus tard, près de la moitié de celles-ci seront libérées, grâce à l'intervention du CICR. En rade de Barcelone, Junod retrouve le commandant Burrough, sur son destroyer où, en compagnie de Marti et du consul anglais King, il assiste au culte. Le commandant décrit le voyage fait il y a peu à Majorque pour ramener deux otages, Sadi de Buen père et Espinosa, échangés contre le commandant Lazaro et le fils du général Goded, suite à une transaction conduite par le représentant diplomatique anglais Forbes, avec l'aval du gouvernement de Valence. L'opération capote en raison du refus de la Generalitat de livrer le fils du général Goded. On constate, dit avec force excessive Junod, *l'indépendance totale entre la Catalogne et Madrid!* Burrough faisant en sens inverse la traversée avec les otages, les autorités catalanes manifestaient, elles, leur mauvaise volonté. Pendant les bombardements aériens des 30 janvier et 5 février 1937[26], « *le tiers des victimes de cette double agression furent des enfants accueillis à la Maison de l'enfance de San Felipe Nori* », originaires de Madrid. Dans ses *Mémoires,* le président de la République écrivait[27] : « *Au cours du bombardement d'hier sur Barcelone, un projectile est tombé sur un collège d'enfants. En me faisant part de l'événement par téléphone, on a parlé de trente morts parmi les décombres. Quand le cardinal de Tolède l'apprendra, il entonnera le cantique de Siméon.* »[28]

Le séjour de Junod à Barcelone ne passe pas inaperçu. Sous le titre « Le travail en Espagne du CICR », *Solidaridad obrera* écrit :

[...] le docteur est venu en avion inspecter ses délégations. Existe-t-il un lien officiel entre le CICR et la Croix-Rouge du côté rebelle? Officiel, non. Le CICR a aidé la Croix-Rouge de Burgos par devoir d'humanité. Mais ne peut être reconnue officiellement une Croix-Rouge si ne l'a pas été auparavant le gouvernement. Nous n'avons pas de concomitances avec cette organisation; mais nous avons réparti les secours entre les deux parties parce que l'objet de notre institution est d'aider les blessés, de quelque côté qu'ils soient.

Quittent par la route Barcelone, dimanche 21 février, Junod, Estrañy et deux Basques, de Leizaola (conseiller de la Justice) et le délégué du PNV à Valence (était-ce Galíndez?). D'après le délégué, Estrañy, piètre conducteur, lui confie le volant : « *Les jardins de Valence sont de véritables bouquets de roses et d'orangers, mais la ville offre l'aspect d'une indescriptible cohue. Deux cent mille personnes sont venues s'y réfugier, fuyant le siège de Madrid ou les ruines de Málaga, tombée depuis peu de jours aux mains des franquistes.* »

Dès leur arrivée, Ogilvie Forbes est approché, puis Junod se présente devant le ministre des Affaires étrangères, del Vayo. Après Marti, Junod repart à la charge. La démarche est identique, obtenir de la part du gouvernement l'autorisation d'implanter une délégation à Valence. Del Vayo est d'accord, mais ne voit pas encore la nécessité d'accepter la présence à demeure d'un délégué à Valence.

Reçu froidement — d'après le rapporteur, le président du Conseil ne lui aurait même pas offert un siège! — Junod perçoit la nécessité de déployer une diplomatie à long terme. Aussi se lance-t-il dans une description des activités du Comité international. Il récapitule tout ce qu'il a fait dans la zone nord pour les *rouges.* Caballero, ignorant, change d'attitude et, concernant le problème des otages, préconise l'établissement d'une liste de personnes *blanches;* en face de chacun de ces noms, le gouvernement indiquerait les personnes *rouges* qu'il demande en échange. Junod préfère sa méthode qui institue une progressivité naturelle : femmes, enfants, vieillards, médecins, Croix-Rouge, enfin otages politiques. Concret, Caballero lui demande une première liste. Par lettre,

Junod propose les deux sœurs et la femme de Miguel Primo de Rivera, ainsi que la sœur de Queipo de Llano. En réponse arrive une liste, déséquilibrée, où il y a quinze noms d'un côté contre soixante-quinze de l'autre. Sont proposés par Valence, entre autres, Raimundo Fernández Cuesta, secrétaire général de la Phalange; Manolo Valdés, chef de la Phalange de Vizcaya; Lizarza, carliste; Miguel Primo de Rivera; Javier de Astrain, etc., sans omettre la mère et la sœur du général Aranda, la sœur du général Millán Astray, et des membres de la propre famille de Franco. En retour étaient Carrasco y Formiguera, les quatre frères du ministre Irujo, le fils du président Largo Caballero et d'autres.

Junod, à Madrid, retrouve son ami Andrés. Toujours en admiration devant le savoir-faire du délégué-adjoint qui « *a su se ménager des sympathies de tout le monde : des délégués des prisons, du général Miaja, qui lui donne des entrées partout...* » En sa compagnie, il apporte au général de bonnes nouvelles de la santé de son fils.

La délégation a élargi le nombre de ses collaborateurs et a participé à la libération de près de 300 détenus, ensuite hébergés dans des ambassades. Le nombre total d'*asilés* dans Madrid est estimé par Junod à 8.500. Si, en ce qui concerne le nombre total approximatif des *asilés*, Junod avance un chiffre correct, son estimation sur le nombre de ceux qui se trouvaient dans l'ambassade de Norvège est erronée : ce ne sont que 811 noms que comprenait la liste remise par l'ambassade aux autorités espagnoles[29]. Schlayer, dans un livre relatant son expérience en Espagne, dénombre 900 présents dans les locaux. Notre délégué fait la tournée des diplomates encore en poste : Suisse, France, Grande-Bretagne, Chili, Turquie, Argentine... Tout n'est pas rose, il y a des litiges C/Abascal. Entre Arbenz et Vizcaya, cela ne va pas. Après le départ de Henny, l'adjoint avait chaussé les bottes de délégué en titre et ne veut pas s'effacer devant un nouveau délégué ignorant la situation madrilène et... la langue. Junod arbitre, Arbenz s'occupera de l'administration et Vizcaya fera les démarches auprès des autorités. Visite de l'hôpital de la Croix-Rouge, Avenida de la Reina Victoria, avec Vizcaya.

Chapitre VII
En zone républicaine

Que se passe-t-il à la section madrilène? Il y a quelques mois, huit sections composaient l'effectif de ce comité « *avec beaucoup de jeunes de droite qui ont pris du service dans la Croix-Rouge pour ne pas être obligés d'aller au front* », remarque Junod. Les autorités militaires leur ont signifié l'obligation de rejoindre les unités combattantes (*Sanidad militar*). Le Comité central « *est désert et mort, et la Croix-Rouge n'a plus de prestige. M. Luna, membre du Secours rouge en même temps que de la Croix-Rouge, a essayé d'introduire le Secours rouge dans la Croix-Rouge.* » Ce problème ne peut être évacué, car le comité directeur du Secours rouge souhaite rencontrer Junod. Une probable fusion des deux organismes chez les républicains sera à l'ordre du jour de la prochaine Conférence internationale, pense-t-on à Genève. La probable chute de la capitale est abordée. Arbenz et Vizcaya, ayant résolu de rester, iraient à la légation suisse. Il y avait « *48 réfugiés dans cette légation, qui n'a accepté que les personnes représentant des intérêts suisses en Espagne* ». Il y a aussi des problèmes personnels, Aurelio Romeo, le président, et sa famille, auxquels il faudra donner asile. D'autres encore, tel López Aragonés, membre du Comité, adhérent au PSOE, a envisagé de rester lorsque les *blancs* arriveront. Dans ce cas, comme dans celui de membres du parti républicain, Junod ne peut prendre parti, les nationalistes n'étant pas particulièrement portés à l'indulgence.

Pour Marti, février a débuté sous les meilleurs auspices. Du matériel sanitaire arrive, deux ambulances pour Madrid et pour le front d'Aragon, puis des caisses de lait condensé (le fameux lait suisse!), des médicaments (22 caisses). Cette courte énumération nous autorise à faire deux observations. La première, c'est que l'aide en matériel médical reprend et la seconde que la Croix-Rouge internationale en tire immédiatement un bénéfice moral indéniable.

Une tournée sur le front de Zaragoza est organisée; elle durera deux jours [r. n° 8]. Le premier arrêt comprend une visite de l'hôpital de la Croix-Rouge à Lérida. Dans un couvent, Marti compte 100 lits (deux lits par cellule avec eau courante). Devant l'hygiène suisse, les hôpitaux espagnols trouvent rarement grâce. Celui-ci n'échappe pas à la règle. Mais il a une importance secondaire, car il en existe un, provincial, de 800 lits, équipé pour recevoir les blessés et malades graves du front. L'hôpital de la Croix-Rouge de Sastago, à 3 km du front, dans une école du village où on a installé 35 lits, très bien tenu mais nettement insuffisant pour le nombre de malades et de blessés. Devant se déplacer vers le sud-ouest, il sera remplacé par un élément transportable (*Docker*). Le besoin en médicaments et de matériel chirurgical est criant. Ne se contentant pas de décrire le volet technique de sa visite, Marti brosse l'esquisse d'un village médiéval, dans une zone aride, avec ses quatre vaches et son manque chronique d'eau potable. Dernier hôpital visité, celui de Valfarta, est en pleine réorganisation, tant en nombre de lits qu'en praticiens.

Quant à Junod [r. n° 13], poursuivant sa tournée par Aranjuez, Valdepeñas, le défilé de Despeñaperros et Bailén, il est le 6 mars au soir à Linares, à une cinquantaine de kilomètres au nord de Jaen et à une soixantaine du sanctuaire de la Virgen de la Cabeza, où se déroule le siège dont il sera question plus avant. Marty, consul de France pour cette ville et Jaen, le reçoit. Junod est venu chercher une jeune fille dont nous ne connaîtrons que le prénom (Maria Lourdes) et la conduire à Alicante. Alors que les documents administratifs n'ont pas encore été réunis, en compagnie de l'adolescente, il repart immédiatement; cette *récupération* étant à la limite de la légalité. Arrivés dans la soirée à Alicante, Neuville, consul, frère du chargé d'affaires français à Madrid, les reçoit. Le surlendemain, en accord avec le consul britannique Brooks, la jeune fille embarque sur un destroyer anglais pour Gibraltar. Incidemment, nous apprenons que le consulat français hébergeait à ce moment-là 18 déserteurs des Brigades internationales[1].

Nouvelle cité, nouvelle province, Murcia, où se rend Junod avec Brooks. Tous deux souhaitent visiter un *camp de concentration* établi dans un petit village. Si le camp est en construction, il ne s'y trouve encore aucun prisonnier. On rencontre, au local de la Croix-Rouge, le président, Garcia et celui de la section de Carthagène, Lope de Aro (ou de Haro). La discussion tourne autour d'échanges individuels concernant la famille de ce dernier. Il semble que Lope de Aro était engagé avec Mlle Milá dans un échange concernant Mme Gálvez de Haya.

Retour à Valence et rencontre avec Giral, président d'une commission des échanges, conjointement avec Alvarez del Vayo et Juan Peiró Belis[2]. Ce dernier, anarcho-syndicaliste, ministre de l'Industrie dans le second gouvernement de Largo Caballero, pratiqua une aide humanitaire et attaqua durement dans la presse *ceux qui avaient fait couler le sang par plaisir, parce qu'ils pouvaient tuer impunément.*

Le gouvernement aurait accepté les propositions de Junod : un délégué désigné à Valence, aucun échange d'otages en dehors du CICR, enfin une liste d'échanges proposée par le Conseil des ministres. Un équilibrage, sur la demande de Junod, est opéré, 61 contre 80. Apparemment, il « *provient de ce que le général Queipo de Llano offre vingt-trois cas contre une seule personne, Mme Galvés de Haya, femme d'un aviateur de Burgos.* »

Tout allait trop bien... ou trop vite. Un coup de téléphone de Genève, le 13 mars, stoppe la transaction. Le corps diplomatique aurait proposé au gouvernement républicain sa médiation et le CI décide de limiter son action à la Catalogne. Ignorant tout des nouveaux développements, Junod rentre à Barcelone. Que s'est-il passé? Plusieurs communications téléphoniques depuis Genève décrivent le plan esquissé par Pourtalès dont Junod avait eu vent par des diplomates à Valence. Échange d'*asilés* (8.500) et de prisonniers (5.000) contre 14.000 prisonniers du côté nationaliste; on ferait passer tout ce monde à travers les lignes du front, lors d'un armistice. Pour Junod, le projet semble pour le moins *chimérique*. D'autant que la Catalogne serait considérée comme partie prenante dans ce projet. Alors que le Comité l'incite à entreprendre des négociations particulières avec la Generalitat, Junod estime que la Catalogne hésitera à agir trop indépendamment du gouvernement républicain. C'est le moment choisi par le Conseil des ministres de la République pour se diriger (en français) au président du CICR le 12 mars :

> Le Conseil de ministres du gouvernement de la République a pris la décision de s'adresser exclusivement au Comité International de la Croix-Rouge pour toutes les affaires de change, soit des prisonniers non-combattants, soit des prisonniers de guerre. N'importe quelle personne ou collectivité peut faire des indications à propos des échanges au Gouvernement espagnol, mais toujours par le moyen du Comité International de la Croix-Rouge. [...] et de vous prier avoir l'obligeance de désigner un délégué permanent à Valencia pour qu'il puisse s'entretenir plus habituellement avec le Gouvernement espagnol[3].

Ce succès couronne les efforts déployés par Marti et Junod. Il est la consécration officielle à un moment où les délégués pouvaient légitimement s'interroger sur la pérennité de leur fonction. Est-ce la justification des négociations qui vont être engagées avec les Catalans? Malgré le doute exprimé par Junod quant à leur bien-fondé, discipliné, il écrit au président de la Generalitat. Il lui signale qu'il a été reçu par le président du Conseil et le ministre Giral. Que le *gouvernement de Valence* s'est déclaré d'accord de régler tous les problèmes d'échanges de non-combattants par l'intermédiaire du CICR et qu'à cet effet une commission a été nommée. Un délégué permanent est agréé auprès du *gouvernement de la République espagnole*. Junod fait part que des ambassadeurs de puissances étrangères ont offert de collaborer avec le CICR en vue d'un échange général. Est-ce que le *gouvernement catalan* envisage avec sympathie cet échange? Et d'en régler les modalités avec le gouvernement de Valence et celui de Franco? Le président de la Generalitat ne répond pas, souhaitant s'entretenir avec les membres de son gouvernement.

Un appel de Irujo, le 17 mars, fait précipitamment prendre l'avion pour Manises, l'aérodrome de Valence, à Junod où il retrouve le frère du ministre, Juan Ignacio de Irujo, ingénieur forestier à Pamplona, échangé depuis peu. Voici l'historique de cette libération. Sur proposition de la Ligue consulaire, composée d'un certain nombre de membres du corps diplomatique de l'aire hispanique séjournant à Saint-Jean-de-Luz, et tout spécialement de son doyen l'ambassadeur du Chili, le consul du Chili à Madrid, de Rafols, connaissant *personnellement* le général Franco, se rend à Salamanque. Là, après avoir consulté le frère, Nicolás, il est reçu par le généralissime — souligne Junod — auquel il expose le problème général des otages et des *asilés*. Curieusement, ces propositions, laisse-t-on entendre, seraient celles du canevas de Junod. Pour prouver la bonne volonté de Salamanque, le négociateur propose au généralissime d'accorder la liberté au frère de Irujo, incarcéré à Pamplona. Franco y souscrit mais souhaite en échange la libération de Raimundo Fernández Cuesta y Merelo. Militant des premières heures du mouvement phalangiste, celui-ci fut nommé secrétaire général par José Antonio Primo de Rivera, dont il était l'ami. Arrêté à Madrid, Fernández Cuesta sera libéré en août ou septembre 1937 contre Justino de Azcárate y Flórez, frère de l'ambassadeur républicain à Londres, ministre du gouvernement éphémère de Martínez Barrio, et arrêté par les rebelles à Burgos[4]. Les initiateurs de ce plan étaient Schlayer, avec de Rafols, d'une part, et un officier du SIM républicain, Luis Calderón, de l'autre. Cependant, en dépit de l'ordre explicite du chef de l'État, le consul chilien rencontre de nombreuses difficultés et ne peut faire libérer Juan Ignacio de Irujo qu'en pleine nuit, muni d'un faux passeport!

Démarche abordée alors que le CICR est tenu par le corps diplomatique dans l'ignorance la plus totale. C'est lors du deuxième voyage de Junod à Valence que Rafols, au nom de la Ligue consulaire, requiert son aide. Car si le frère de Irujo avait été libéré, il n'y a pas eu contrepartie! Junod y consent, à condition que le diplomate chilien, de son côté, s'engage à faire libérer le fils du général Miaja. En même temps, Junod recommande à Vizcaya la plus extrême prudence afin de ne pas compromettre le prestige du CICR. Heureusement, tout s'arrange, et José Giral accepte d'inclure dans l'échange-test le nom de Raimundo Fernández Cuesta! Deux jours plus tard, rappel à Genève pour étudier les nouvelles propositions apportées par Pourtalès. Toute cette semaine, du mercredi 24 au 31, les propositions et contre-propositions entre Genève et Valence, entre Genève et Salamanque vont bon train [Annexe 22a]. On échafaude... on suppute [réunion du 25 mars, sous la présidence de Max Huber, en présence de Pourtalès et de Junod] : « *Il faut coordonner les approches des deux délégués pour aborder équitablement et parallèlement les deux gouvernements. [...] Agir en synchronisme* », précise le président Huber à l'intention de Junod et de Pourtalès. Grande fut la tentation pour Junod, profitant des négociations qui se nouaient, de retourner à Salamanque. Encouragé par sa réussite en zone gouvernementale, il estimait être en mesure de les mener à bien, *Pourtalès piétinant,* lui semblait-il. Une lettre de Vallellano lui coupe l'herbe sous les pieds. Le président de la CRN « *préférerait que Junod ne retourne plus à Burgos et qu'il reste du côté gouvernemental* » [CE du 19.03.1937].

Le mois se termine par la publication de la circulaire 335 détaillant l'action du CICR en Espagne et la présentation, par Marcel Junod, du bilan général de son action devant la Commission d'Espagne [*r.* n° 14 du

15.4.1937]. La densité de ce document fait qu'il sera plus particulièrement disséqué dans la conclusion traitant de la politique engagée par le CICR pendant les trente mois de la guerre civile. Les idées forces seront reprises en grande partie par le CI. Ce bilan, évidemment, tient compte des approches que Pourtalès, suite aux propositions du président Huber, avait faites auprès du président de la CRN. Les textes soumis, en français et en espagnol, comportent des interprétations diverses et floues. C'est une approche que nous rencontrerons périodiquement. Quoi qu'il en soit, le généralissime et son entourage, constate Pourtalès, « *ne veulent pas admettre que l'autre partie s'inspire des mêmes sentiments de bonne foi et d'honnêteté que ceux dont ils veulent eux-mêmes faire preuve* » [r. du 6.4.1937]. Tout est motif à suspicion et entraîne une nouvelle rédaction des articles du protocole. Ne pouvant satisfaire à un échange général immédiat, Pourtalès tourne ses efforts vers des échanges partiels, principalement de personnalités. Mais en zone nationaliste, on est attentif à toute nouvelle en provenance de l'autre bord. Des bruits défavorables circulant sur Vizcaya, le délégué adjoint à Madrid, suscitent une vigoureuse prise de position de Pourtalès, appuyé par le beau-frère de Franco, Serrano Suñer, arrivé le 20 février de la zone républicaine d'où il s'était évadé[5]. « *De Vizcaya était considéré dans les milieux nationalistes de Madrid comme une des personnes ayant fait le plus grand bien et presque comme un héros.* » La duchesse de la Victoria — la direction des hôpitaux de la CRN venait de lui être confiée — ayant bénéficié à Madrid du dévouement de Henny et de Vizcaya, est aussi de cet avis. D'autre part, au cours de la réunion du 30 mars, la Commission étudia la situation de Vizcaya, dont la vie aurait été menacée en raison de son intervention en faveur de prisonniers et de sympathisants franquistes.

Au plan des informations générales, on apprend que le général Burguete, ex-président de la Croix-Rouge espagnole, retourné à Valence, est décédé d'une crise d'urémie, le 1er avril. La guerre qui déchirait l'Espagne et les deuils personnels (ses deux enfants furent fusillés par les rebelles) l'affectèrent profondément. Peu de jours avant sa mort, Burguete avait dirigé une lettre ouverte à Queipo de Llano. Dans cette missive, il traitait l'officier franquiste de « *lâche, parjure, et deux fois traître [...] misérable* [ivrogne] *aux mains ensanglantées* [par les exécutions ordonnées] ». La nouvelle du décès de Burguete parvint au Comité international par le canal du consul d'Espagne à Genève, Cipriano Rivas Chérif (beau-frère du président Azaña, il était le représentant de la République à la Société des nations)[6].

Une demande d'accréditation est déposée pour un nouveau délégué, Philippe Hahn, dont la convention est signée le 9 courant. Beau-frère de Junod, il n'est pas médecin, mais dispose d'un atout majeur qui a fait défaut aux autres délégués, il est professeur... d'espagnol, à Yverdon. Les échanges de vues continuent sur la définition du *prisonnier civil non-combattant,* qui n'est pas identique selon que l'on est à Salamanque ou à

Valence! Un projet d'accord est présenté aux deux parties. Concrétisé par une lettre de Max Huber au gouvernement de Valence du 27.3.1937[7].

Sur ces entrefaites, deux problèmes nécessitent l'avis de Junod, le règlement partiel de l'évacuation des scouts d'Ordesa et leur départ de Lourdes à Zaragoza, lié à l'échange du deuxième groupe de jeunes adolescents contre des acteurs d'une troupe théâtrale itinérante *(Naranjas de la China)*. Le second concerne le sort des femmes et des enfants qui se trouvent dans le sanctuaire de la Virgen de la Cabeza. A ce moment-là, pour une période couvrant une grande partie du mois d'avril, Junod est à Genève d'où il est en contact avec les délégués sur le terrain. Il quitte Genève dans les premiers jours de mai et, dès son arrivée le dimanche 9 mai, à Valence, se fait annoncer auprès du ministre Giral, qui lui a demandé *de venir le voir immédiatement* [rapport couvrant la période du 7 au 28 mai, présenté le 1er juin à Genève]. Reçu par le ministre, il lui remet les documents officialisant la venue de Marti à Valence et de Hahn, qui va reprendre sa succession à Barcelone. Après avoir exposé le point de vue du CI au sujet des échanges, Junod rappelle la pétition de principe de Salamanque qui est tout à fait favorable au projet, *« mais dans un cadre de sécurité se basant sur l'application des paragraphes 9 et 10 »*, c'est-à-dire la renonciation de la prise de nouveaux otages et la suspension de toute exécution capitale de prisonniers civils non-combattants.

Pour le gouvernement républicain, en revanche, l'article *3* ne saurait être accepté, car *« les fascistes entretiennent sur le terrain loyal un système d'espionnage et de complot »* et ces arrestations — provisoires — ne sont que prétexte à interrogatoire. Quant aux exécutions (art. *10*), *« elles sont de plus en plus rares, et depuis quatre mois le Conseil des ministres n'a ratifié aucune peine de mort »*. Enfin, Giral s'étonne que les listes-tests n'aient pas encore été ratifiées, répétant qu'il est partisan d'échanges répétés. Le remerciant, Junod estime que le Comité serait très heureux d'avoir confirmation de ces précisions par une lettre. Le point de vue du Comité est exposé dans les commentaires au protocole proposé sur le nouveau mode de listes d'offres. Giral, par ailleurs tenu informé des gestions engagées par le comte de Vallellano, se déclare favorablement impressionné. Les services d'écoute républicains avaient capté un télégramme envoyé par le comte à Majorque réclamant la liste des prisonniers. Le mercredi, revirement de Giral : il est opposé aux listes, prétextant que le *choix des personnes est impossible à faire* et que la commission des échanges de Valence fournira au CI *« des listes de demandes amples et variées et que peu importe le nombre de personnes qui seront retrouvées »*. C'est au CI de choisir les personnes — encore en vie — que l'on peut échanger. Peu importe qu'il n'y ait pas adéquation entre le nombre de recherchés et ceux qu'on retrouve, la commission n'exigeant aucun détail. Junod n'est pas convaincu, trouvant la proposition de Giral inapplicable et lui propose de lui faire parvenir un aide-mémoire pour éclaircir tout cela.

Mais des complications surviennent pour des négociations qui nécessitent un gouvernement stable. Largo Caballero étant fortement contesté par une partie du gouvernement, le cabinet entre en crise; Juan Negrín en constitue un nouveau, le 17 mai. Ce n'est qu'une semaine plus tard que le ministre de la Justice, Irujo, reçoit Junod, l'assurant des bonnes dispositions du gouvernement vis-à-vis du CICR. Le lendemain, Giral, ministre des Affaires étrangères, convoque le délégué; il réitère son point de vue sur les listes de demandes. La discussion reprend autour d'une nouvelle présentation faite par Junod de deux listes identiques (offres et demandes) de 250 noms. Le ministre manifestant la grande difficulté du choix, Junod offre ses services. Giral mettra à la disposition des délégués du CICR les listes des prisonniers (sauf la Catalogne et Gijón), soit 18.500 noms!

Madrid connaît une nouvelle période de fièvre en mars, lors de l'offensive nationaliste sur Guadalajara et sur le Jarama, dont le but était de parachever le siège de la capitale. Au sud, l'attaque s'essouffle alors qu'elle atteint des proportions alarmantes dans le nord-est. Pluie et brouillard perturbant les évolutions de l'aviation franquiste et des troupes motorisées italiennes, la contre-attaque républicaine met partiellement en fuite le *Corpo di Truppe Volontarie*. Un premier groupe de prisonniers italiens permet au gouvernement républicain d'apporter la preuve éclatante devant la SDN de l'engagement en Espagne d'unités régulières de l'armée italienne. Comme chaque fois que les combats s'intensifient dans la périphérie, la lutte contre la *Cinquième colonne* prend pour cible une partie de la *clientèle* du bureau des recherches de la Croix-Rouge, ainsi que tous ceux qui manifestent de la *tiédeur* envers le régime. Apparaît ce qui est dénoncé comme le *complot de la délivrance d'ordonnances médicales* permettant l'attribution de lait à de faux malades.

Les batailles de Guadalajara et du Jarama achèvent les combats qui avaient pour objectif la chute de la capitale. A partir d'avril 1937, le centre de gravité de l'affrontement se déplace vers d'autres fronts, principalement celui du nord. Malgré tout, les troupes républicaines tenteront de desserrer l'étau par des attaques ponctuelles, surtout en direction de la Cité universitaire. Nous savons que C/Abascal, siège de la délégation, se trouvait à environ deux kilomètres en droite ligne de cette zone et que ses membres devaient vivre et travailler dans des conditions pour le moins inconfortables créées par les bombardements de l'artillerie franquiste qui dominait, depuis le Garabitas, toute la zone. Le nombre de victimes s'accroissant, une campagne dans la presse réclame des bombardements de représailles sur Burgos et Salamanca. Au titre de la défense passive, des instructions divulguées par la Junta incitent la population à ne pas emprunter, lors des bombardements, les rues orientées est-ouest (Gran Vía, Alcalá ou... Abascal) et à se réfugier sous les porches. Dans les rues orientées nord-sud, il faudra suivre le côté est des trottoirs. Enfin, ne pas traverser les places, mais en faire le tour...

Par décision du 24 avril des autorités de Valence, la Junte déléguée de défense de Madrid est dissoute. On peut estimer qu'elle fut victime de la lutte pour le pouvoir que se livraient le président Largo Caballero et le Parti communiste espagnol. Le niveau supérieur de responsabilité étant déplacé à Valence, la tâche de la délégation du CICR à Madrid se complique.

Une campagne est lancée par le quotidien *Claridad* dans les premiers jours d'avril, sur la nécessaire vaccination contre le typhus et le choléra. La Croix-Rouge commence à vacciner dans ses locaux, en liaison avec l'Inspection sanitaire chargée d'assainir les immeubles considérés comme des foyers d'infection, et le Comité d'évacuation de la population. Enfin, une des dernières dispositions de la Junte est la mise en place d'une Junte de la Santé qui se réunit le 21 avril et comprend des représentants des associations sociales et médicales.

Le mois se termine par les *tournées* de diverses délégations étrangères. En particulier celle dirigée par la duchesse d'Atholl, accompagnée de membres du Parlement britannique. Cette députation affronte une dure campagne de presse touchant à l'attitude de la Grande-Bretagne dans la non-intervention. Une autre démarche fait ressortir l'appui donné par l'Église anglicane face à celle de la hiérarchie catholique alignée inconditionnellement sur la position des insurgés.

Devant la Commission d'Espagne réunie en séance plénière le lundi 5 avril, Graz présente un important compte rendu sur la situation dans la côte cantabrique républicaine, tout particulièrement de Bilbao.

Depuis janvier, au point de vue économique, politique et militaire, la situation empire vertigineusement. Une véritable phobie touchant à l'espionnage se développe. De nombreux résidents du quartier des Arenas, cette officieuse zone neutre où se sont réfugiés les Basques aisés et sympathisants franquistes, ont été détenus pour protester contre des arrestations du *côté blanc*. Le consul de Belgique a été interpellé, ainsi que la mère du vice-consul belge. Les postes de police établis aux entrées de la ville fouillent tout le monde, et Weber a dû se déchausser! Le courrier du service des nouvelles fait l'objet d'un contrôle tatillon aggravé par la mésentente entre les services de l'Intérieur et des Communications. Les sacs postaux se promènent d'un service à l'autre; aucun contrôle ne peut être exercé, des fiches disparaissent.

Sont au point mort, comme nous l'avons vu par ailleurs, les échanges de prisonniers. Pour maintenir le calme dans les prisons, on laisse entendre aux détenus qu'on s'occupe de leur sort. Le délégué leur a rendu visite et estime les conditions de détention satisfaisantes. Sauf en ce qui concerne la nourriture, mais Graz précise que « *la population civile, elle aussi, souffre des mêmes privations* ». On ne distribue pas de paquets familiaux, le ministère de l'Intérieur s'y opposant. A la proposition de les remettre à l'Assistance sociale, Graz a répondu négativement, « *disant qu'il préférait les rendre aux expéditeurs, ce qui a été compris* ».

Les contacts avec les autorités sont difficiles. Soupçonné de sympathies avec la droite, le personnel de la délégation (dix infirmières et six bénévoles) est interrogé ou perquisitionné, en dépit des protestations du délégué. Après enquête, Graz a été prévenu que le personnel doit prouver son affiliation politique. De surcroît, un *contrôleur* va être désigné pour « *contrôler, au nom de la Croix-Rouge d'Euzkadi, le travail de la délégation. Ce contrôleur serait au-dessus de Graz et aurait le droit d'ouvrir les lettres, etc.* » Graz a préféré venir demander l'avis du Comité. « *Faut-il continuer de travailler dans ces conditions ou faut-il refuser catégoriquement?* » Le délégué a avisé le chef de la Santé militaire qu'il partait en fermant ses bureaux.

Cette dernière phrase nous éclaire sur les motifs du déplacement de Graz à Genève et de la réunion plénière de la Commission. Est menacée l'existence même de la délégation de Bilbao. Chenevière, qui dirige les débats, estime pour sa part que le fait d'accepter un contrôle entraîne une ingérence intolérable dans l'activité humanitaire du CICR. En réponse, Graz propose que, dès son retour à Bilbao, il expose au chef des *relations extérieures* qu'une partie de son activité a un caractère confidentiel qui touche aux évacuations, activité exercée par ailleurs au profit des Basques. Si le contrôle est maintenu, le CICR arrêtera ses activités.

La Commission ne peut en rester là. Une large discussion s'instaure, faisant apparaître en pleine lumière les vertus dialectiques de cette instance. Du premier tour de table, il ressort que si le contrôle est maintenu le délégué doit s'accrocher à tout ce qui reste. Pour le service des nouvelles confidentielles, Chenevière propose que Graz, dès son retour à Bilbao, soumette au chef des relations extérieures que la partie confidentielle soit *exemptée* de contrôle. Si ce principe n'est pas accepté, alors on se prive de la partie confidentielle.

Barbey, à Barcelone, a dû travailler avec une personne en qui il n'avait pas confiance, car elle avait été imposée par le gouvernement. Il n'a pas cessé son activité pour autant. Aujourd'hui, c'est un cas inhabituel, on ne peut accepter qu'un délégué soit sous la direction d'un contrôleur désigné par une Croix-Rouge nationale. C'est un fait hiérarchique; a-t-on fait une démarche auprès de Irujo? Graz l'a rencontré, le résultat n'est pas brillant. Officiellement les gens sont très bien disposés; les faits prouvent le contraire. Quelle est la différence entre un contrôleur et les deux censures? Est-ce que le contrôleur trouvera quelque chose de plus que les censeurs? interroge Patry. Graz craint que le contrôleur ne soit chargé de recevoir les visiteurs venant aux renseignements. En conséquence, il serait alors aux ordres du contrôleur. Graz ne doit pas accepter la subordination. Il ne doit pas lier son sort et celui de sa délégation avec ce bureau. S'il n'obtient pas satisfaction, il faut se retirer et suspendre les services du Comité international.

Chenevière rappelle qu'aucun accord officiel n'existe pour le transport des délégués ou du matériel entre le CICR et les bateaux anglais ou français; c'est un *gentlemen's agreement*. Graz n'a jamais eu de difficulté à ce sujet. Mais un accord serait peut-être nécessaire pour l'évacuation des civils, qui actuellement ne se pose pas. Sur la répartition des évacués, depuis le 15 février, les Anglais ont évacué 600 à 700 personnes se répartissant en 400 à 500 séparatistes basques et 150 à 200 personnes envoyées en *mission spéciale*.

Graz a eu des contacts avec quelques-uns de ses collègues et des conversations avec des personnalités politiques. Pourtalès est apprécié à Salamanque et Courvoisier a une bonne image à San Sebastián. « *La situation du CICR vis-à-vis des nationalistes est excellente. Graz craint d'avoir trop demandé du côté rouge et d'avoir peut-être un peu indisposé les autorités de ce fait.* » Voici, longuement détaillé, un après-midi de travail de la Commission. Qui, avant de clore ses travaux, prend toujours le pouls du président Max Huber.

Les évacuations en perspective

Concernant le golfe de Biscaye et la côte cantabrique, la période d'avril à juin de 1937 est particulièrement difficile à décrire, tant les événements sont imbriqués et pour beaucoup encore approximativement éclaircis. Nous avons l'exemple d'une absence quasi totale d'étude historique exhaustive sur les mouvements des bateaux dans la zone cantabrique. Les travaux existants sont partiels et d'une étrange pauvreté. Leur connaissance est fondamentale pour tous ceux qui veulent approcher leur exacte relation mais aussi pour nous-mêmes qui étudions les faits, gestes et intentions des délégués du CICR. Ils sont au premier chef tributaires de ces navires inconfortables mais rapides et disponibles que sont les destroyers britanniques.

Dans les derniers jours de mars, le général Franco proteste auprès de l'Amirauté britannique de la présence excessive, du point de vue nationaliste, des destroyers qui se porteraient au secours des navires marchands transportant des armes ou du ravitaillement qui tentent de rompre le blocus naval : la limite des eaux territoriales était de 6 miles pour les deux camps mais seulement de 3 pour les Anglais. Le gouvernement de Bilbao avait affrété près de douze navires, sans compter les bâtiments approvisionnant Santander et Gijón. Un autre flux était constitué par des minéraliers échangeant du charbon du pays de Galles contre du minerai de fer de Bilbao.

Le 24 mars, le capitaine de frégate Caslon, sur le *Blanche,* avec sa flottille — *Beagle, Brilliant* et *Brazen* qui s'illustreront au cours de l'évacuation de Bilbao — remplace la flottille C. Dans les premiers jours d'avril, Caslon conduit deux voyages de réfugiés entre Bermeo et Saint-Jean-de-Luz et rend visite au président Aguirre en compagnie de Stevenson. Le commandant britannique est satisfait du travail effectué par les dragueurs de mines basques, sous la direction d'Eguía, ministre de la Marine. Parallèlement, le *Beagle* évacuait 163 réfugiés de Bermeo. Ce jour-là, le révérend Hewlett Johnson, doyen de Canterbury, venu enquêter sur les bombardements aériens et le sort des enfants, avait visité Durango. Il embarqua sur le bateau français *Aisne*[1]. Le 5 avril a lieu un des incidents les plus graves entre les flottes britannique et franquiste. Alors que le *Blanche* se dirige sur Gijón pour recueillir le consul Stevenson, le *Beagle* convoie des réfugiés retournant à Bilbao avec à son bord le correspondant de presse du *Times,* George Steer[2]. Le destroyer *Thorpehall* se porte au secours d'un navire marchand attaqué par un *bou* (bateau de pêche armé) que le croiseur nationaliste *Cervera* appuie. Suite à cet incident, le ministre Anthony Eden signale l'existence d'un blocus total. En conséquence, après de nombreuses réunions, le gouvernement britannique prend la décision de protéger en haute mer ses navires, si nécessaire par la force; sans hâte, incitant les bateaux marchands britanniques à se concentrer dans la baie de Saint-Jean-de-Luz. Interprétant cette information comme les prémices à la constitution d'un convoi pour forcer le blocus, Franco mande Troncoso auprès de l'ambassadeur Chilton : la flotte nationaliste, par tous les moyens en sa possession, interdira l'entrée des navires anglais dans le port de Bilbao! A la Chambre des Communes, le Premier ministre Baldwin, répondant aux attaques du major Attlee, recommande la prudence : « *Nous ne reconnaîtrons ni concéderons* [dans la zone cantabrique] *le droit de belligérance et nous ne tolérerons aucun acte d'hostilité contre nos navires marchands en haute mer. Cependant, le gouvernement britannique a communiqué à sa marine marchande, en vue de la situation actuelle existante à proximité du port de Bilbao et devant le risque de navigation dans ces eaux, de recommander aux navires anglais de n'y pénétrer tant qu'existent ces circonstances.* » Arrivent le *Hood* et le *Shropshire,* sous le commandement du vice-amiral Geoffrey Blake, qui prend contact avec le commandant Calson. L'amiral recommande la formation d'un convoi des navires chargés de vivres qu'il escortera. La politique de l'Amirauté gagne en fermeté, car il y va de la survie du commerce britannique. Soixante-deux navires marchands anglais commerçaient avec les deux parties en conflit, et le ministre du Commerce ne souhaite pas que l'on interfère dans cette navigation. Un autre argument fut celui rappelé de l'activité déployée par les bateaux basques transportant du minerai de fer pendant la guerre de 1914-1918, malgré le blocus des sous-marins allemands. De surcroît, une communication du président Aguirre précise que pendant la première quinzaine d'avril il y a eu 26 entrées et 32 sorties de bateaux de Bilbao, toutes sans difficulté dans les eaux territoriales.

    Peu à peu, l'éventualité d'une évacuation massive est envisagée. La situation générale ne fait qu'empirer, et la pression des forces nationalistes se fait insistante. Autour du consul Stevenson, négociateur incontournable, se nouent les tractations pour constituer une *force navale* nécessaire et suffisante. Disons-le nettement, ces négociations seront conduites *en marge* du Comité international.

A Saint-Jean-de-Luz, la dernière semaine d'avril connaît une grande effervescence. Non seulement par le mouillage dans la rade de nombreux bateaux marchands ou militaires, mais aussi par la présence de représentants des différents belligérants. Les franquistes, nous l'avons vu, autour de Troncoso, agitent la menace d'un blocus renforcé et la saisie élargie à tous les bateaux qui voudraient se rendre à Bilbao. Ils diffusent l'interdiction par Franco de toute évacuation planifiée d'enfants depuis Bilbao, surtout en direction de l'URSS. Quant au gouvernement basque, il délègue pour partie ses pouvoirs au consul britannique de Bilbao. Devant l'impossibilité d'obtenir davantage de destroyers pour évacuer des femmes et des enfants de Bilbao, Stevenson aurait proposé que les Basques prêtent le *Habana*[3] pour transporter 5.000 personnes par voyage et un autre bateau qui en transporterait 1.500, le *Goizeko Izarra (Warrior)*[4]. Le *Habana* a-t-il été sous la sauvegarde du CICR? Nous ne pouvons apporter une réponse satisfaisante. Parfois, le *non-dit* fait partie intégrante de toute négociation. Stevenson transmet la suggestion au vice-amiral Blake, de déléguer un certain nombre d'officiers et de marins accompagnant et protégeant les bateaux. Ce dernier répond négativement mais accordera la protection de la flotte, au cas ou *Pregny*[5] accepte cette offre et à condition que Stevenson fasse personnellement chaque voyage sur le bateau, qui ne devrait transporter que des femmes et des enfants. Junod confie à Muntadas que le CICR ne *s'embarquera* pas dans une telle affaire sans une demande écrite de l'ambassade britannique.

Mardi 27 avril, à Saint-Jean-de-Luz, rencontre de l'ambassadeur Herbette avec Stevenson, accompagné du vice-consul[6]. Le consul juge satisfaisante la situation alimentaire à Bilbao, au moins pour trois semaines. L'évacuation en masse des femmes et des enfants est à l'ordre du jour, entièrement sous son contrôle, et à condition que les femmes et les enfants désignés soient autorisés à partir. L'ambassadeur craint que des enfants puissent être embarqués contre le gré de leur famille. Le consul en connaît le risque, il faut répartir les réfugiés entre plusieurs pays. Par les soins d'organisations privées collaborant entre elles dans la recherche de fonds, car il en estime le gouvernement basque démuni. Supposition erronée, le gouvernement basque assurant une part non négligeable de la subsistance de ses réfugiés. Quant à la durée du séjour, on est dans le flou. Toujours pessimiste, le Français s'interroge sur la nécessité de rattacher cette évacuation en masse au problème des otages à libérer. Mais l'Anglais ne souhaite pas le faire craignant de voir le gouvernement de Bilbao considérer cette démarche comme un chantage déguisé. Enfin, le consentement de la partie adverse devra être sollicité.

Quelques observations s'imposent. En premier lieu, reconnaissance de l'efficacité de la marine marchande britannique quant au ravitaillement de Bilbao. Ensuite, prééminence de Stevenson au cours des préparatifs de l'évacuation. Cette fonction primordiale de coordonnateur et de négociateur est ignorée ou omise dans de nombreux ouvrages qui ne font qu'indiquer la présence de la flotte britannique dans cette zone. Stevenson apparaît ici comme l'interlocuteur discret, sinon secret, du gouvernement britannique auprès du gouvernement basque[7]. Ayant des pouvoirs très étendus qui excèdent de beaucoup ceux de consul *ordinaire* d'une ville de moyenne importance, pouvoirs reconnus à un homme qui devait posséder une vigueur et un courage peu communs, il manifeste au cours des négociations une autorité certaine, battue en brèche pourtant dans le problème des otages. Deuxièmement, précocité de la prise en compte du problème. Dès février est envisagée l'évacuation d'enfants exclusivement dirigés vers la France. Mille huit cents sont enregistrés à Bilbao : certificat médical, fiche d'identité en quatre exemplaires et quatre photos constitueront le dossier individuel. Dans les tractations menées autour de l'organisation de cette expédition, Mrs Manning (Parti travailliste britannique) est sur un pied d'égalité avec le consul Stevenson. Elle représente le Comité d'aide médicale et le National Joint Committee (NJC), la partie médicale étant couverte par les docteurs Ellis et Russel[8].

Nous détaillerons plus avant quelles furent les responsabilités du CICR dans ce qui apparaît comme un non-engagement des délégués dans ces évacuations. Un premier élément de réponse peut être avancé, la Commission d'Espagne refuse de cautionner sans l'agrément formel des autorités de Salamanque. Celui-ci ne sera — sauf dans le cas du *Habana,* et encore! — jamais accordé. Le CICR aurait-il dû être plus audacieux?

A Saint-Jean-de-Luz, Weber [*r.* du 22.3.1937] donne le point de vue du gouvernement de Santander désireux de procéder à des échanges à condition de ne pas traiter directement avec les militaires, le CICR assurant la réciprocité de l'autre côté. On recherche des moyens maritimes pour convoyer des enfants en France. Sous la direction de l'Assistance sociale qui prend des contacts avec des associations charitables en France, le délégué ne s'occupant que de leur transport.

A Santander et Gijón, la situation est incertaine. Si l'ordre public est rétabli, peu de précisions sont données sur les problèmes que les autorités affrontent. Le ravitaillement, insuffisant, empire. Quant aux relations entre Bilbao et Santander, elles seraient conflictuelles, surtout entre Basques et Asturiens. Le plan d'évacuation arrêté par manque de moyens de navigation n'autorise que l'évacuation partielle de 100 enfants, mais un plan général d'évacuation est à l'étude, et leur hospitalisation se ferait à l'étranger. Sollicitées, les autorités françaises semblent éventuellement disposées à les recevoir. En ce qui concerne les échanges, le gouverneur réplique : « *Cela ne nous intéresse en aucune façon. Nous sommes en guerre, et nous avons déjà fait le sacrifice de nos propres familles qui se trouvent en terrain blanc.* »[9]

Courvoisier veut renouer avec les évacuations entre Bilbao et San Sebastián, plus de 1.000 personnes souhaitaient retourner à Bilbao! Mais la veille du départ du premier bateau, le 29 mars, le gouverneur militaire de San Sebastián lui apprend que les évacuations sont suspendues. Décision suivie de la fermeture provisoire de la frontière franco-espagnole et du gel des déplacements de personnes. De nombreux mouvements de troupes étant perceptibles, l'offensive contre Bilbao passe à la vitesse supérieure.

Dans l'état des documents disponibles [les rapports 13 et 14 couvrant en partie avril-mai n'ayant pu être consultés], l'activité du délégué de San Sebastián ne peut être totalement décryptée. Cependant, grâce à l'exposé présenté devant la CE le 26 mars, nous avons connaissance de sa rencontre avec le général José Solchaga Zala, dont l'état-major était à Vitoria, et qui était le chef du premier groupe d'armées. Le problème des évacuations est inutilement évoqué. Le délégué de Bilbao (Graz), dont la vie peut être mise en danger au cours de l'offensive projetée, serait autorisé à se munir d'un drapeau à croix rouge! Il semble disposer auprès des autorités nationalistes d'un préjugé favorable. En outre, Courvoisier négocie la publication par la presse espagnole d'un article sur les activités du CICR au motif que la population les ignore. Au milieu d'avril, il est approché par la CRN, comme nous le verrons bientôt, au cours de l'épisode du sanctuaire de la Virgen de la Cabeza.

Le premier rapport de Jean d'Amman couvre la période du 9 avril au 8 mai. Après un stage de onze jours à la Villa Moynier, il est reçu par Raymond Courvoisier et présenté au comte de la Granja. Un laissez-passer pour Salamanque lui est remis; il s'y rend le 28. Pourtalès participe alors à des discussions se déroulant sur le même plan que celles qui ont lieu à Valence. Nous verrons que le nouveau délégué assiste à toutes les négociations ayant trait au sanctuaire de la Cabeza, sans vraiment participer; ce sera une expérience pour l'implication future du délégué novice. Une autorisation générale de visite des prisons est déposée auprès du généralissime; le principe n'est pas d'emblée rejeté. A-t-il rencontré le général Franco lors de la remise de son laissez-passer général? Comme pour tous les autres délégués, pas de précisions.

A Barcelone, Marti [r. n° 10 du 3.3.1937] accueille Junod; ensemble, ils inspectent la prison des femmes de Las Corts. Leur parvient l'autorisation pour celle de Montjuich. *Château-prison*, comme le qualifie Marti, il *enferme* environ 700 prisonniers, condamnés pour la plupart de 20 à 30 ans de prison. Les prévenus sont logés dans de petites cellules humides et sombres. Quant aux condamnés, ils logent dans de grandes salles par groupes d'une soixantaine. Si les conditions sont assez difficiles, compte tenu de la vétusté du château, règne cependant une entente assez bonne entre les prisonniers et leurs gardiens, qui sont sous le contrôle de l'*Izquierda catalana* et de l'État catalan, « *les partis les plus à droite de ce régime, et le directeur de Montjuich déclare avec fierté que la FAI n'a aucun contrôle dans sa prison* ».

En Catalogne, la situation se dégrade sur le plan de la sécurité et des relations entre anarchistes et ceux que Marti [*r.* n° 11 du 22.3.1937] qualifie de gouvernementaux. D'après les renseignements dont dispose le délégué, les luttes d'influence sont vives dans les villes de moindre importance et dans les villages. La FAI ne veut pas se laisser déposséder du pouvoir qu'elle détient depuis les journées de juillet 1936. L'antagonisme s'accroît pour le contrôle des matières premières (essence — benzine —, charbon, etc.) et des produits de première nécessité (blé, farine, légumes secs).

Aguadé (*sic*), chef de la Sécurité intérieure, ainsi que celui de la police, Eroles, ont été conspués; ces deux personnes devront probablement démissionner. Il y a une grosse effervescence au ministère de l'Intérieur, « *ce qui explique nos difficultés pour avoir un entretien avec Aguadé, qui seul peut actuellement trancher la question des boys-scouts de Saragosse. Depuis le 27 février, j'ai eu trois rendez-vous avec Aguadé, mais sans qu'il me soit possible de l'atteindre. Le Conseil de la Junte de Défense est dissous [...]* »[10]. Cela porte sur les quinze jours écoulés. Il retrace imparfaitement, mais fidèlement dans le fond, les événements qui agitent la Catalogne.

Philippe Hahn [au président Favre, 30.4.1937] pose des questions pertinentes sur les effets des bombardements aériens. Il fait partie de ceux qui pressentirent l'horreur et la souffrance qu'allaient subir les populations des villes ouvertes. Connaissant parfaitement l'espagnol et point trop surpris par l'usage du catalan, le samedi 1er mai — exceptionnellement, la célébration en avait été suspendue — il parcourt les rues de Barcelone et fait partager à son correspondant son étonnement à la lecture d'affiches et banderoles exposant les mots d'ordre de lutte des organisations ouvrières, ainsi que leurs revendications, instauration de tribunaux ouvriers et une police ouvrière; enfin *suppression de l'échange des personnalités*. C'est-à-dire l'échange d'otages, nécessairement sympathisants des insurgés et issus de la classe moyenne ou de l'aristocratie. Quant à la Generalitat, Hahn la crédite de modérée, à l'écoute du problème des centaines de prêtres emprisonnés. Des religieuses ont été évacuées par le consul anglais. Au cours d'une rencontre, le président du tribunal de cassation fait la proposition suivante : en trois jours il pourrait libérer *los curas* — nom de code *Thomas* — les curés (400 à Barcelone et 200 à Tarragona et à Gerona). Pour cela, il faut le consentement des services de la Sécurité. Il n'y aurait pas de difficulté; tous veulent se *débarrasser de détenus encombrants*. Après, que se passera-t-il? Devront-ils aller dans l'autre Espagne? Être accueillis en France? Le Saint-Siège leur fournira-t-il des moyens de subsistance? « *Si l'autre côté faisait un geste... tout irait mieux. La prison est si encombrée* », ajoute Hahn.

Les *événements de mai* (3 au 8 mai), décrits par la presse et une prolixe littérature, mirent aux prises anarchistes et communistes, ces derniers appuyés par près de 10.000 gardes d'assaut et carabiniers envoyés par le gouvernement de Valence. Le détonateur en fut le contrôle de la centrale téléphonique occupée par la CNT (Hahn parle de la FAI). Les *horreurs de la guerre*, vont pendant deux jours l'empêcher de sortir de son domicile, « *tant les balles sifflaient dans les rues. Entre partis de gauche ils se mitraillaient à coups de fusils automatiques, de pistolets, de mitrailleuses, de mortiers, de bombes à main. [...] Des gamins armés de gros pistolets se lançaient à l'assaut des barricades élevées par la police. Les morts s'approchent de mille, le nombre des blessés est considérable. La Généralité a dû recourir à l'aide du gouvernement de Valence qui n'a pas hésité à envoyer ici plus de dix mille hommes ayant fait leur preuve au front. [...]* » Hahn pressent que le gouvernement veut désarmer tous les partis. Le chiffre officiel parle de 400 tués et de 1.000 blessés. Après l'armistice du 7 mai furent commis des règlements de comptes dont les victimes étaient principalement des membres de la CNT. Les journalistes anarchistes italiens Camillo Berneri et Barbieri, sont retrouvés par la Croix-Rouge, criblés de balles, dans la nuit du 6 au 7 mai[11]. Ces lignes prouvent l'intérêt que notre délégué porte à l'Espagne : « *Jamais je ne me serais imaginé un chaos comme celui de cette semaine! L'ordre n'existait plus, c'était le règne du bon plaisir! Si ce peuple avait de la culture il pourrait donner des résultats splendides. J'ai l'impression — évidemment je ne lis que les journaux d'ici — que le gouvernement républicain fortifie sa situation générale. Combien de temps cette guerre durera-t-elle? Aucun des adversaires ne semble décidé à céder.* » [Lettre du 14.5.1937.]

La Virgen de la Cabeza

Ce siège ressemblait point par point à ceux de Tolède et d'Oviedo. Il était l'enjeu dans les deux camps d'une grande campagne de propagande. Celle dirigée par le général Queipo de Llano, sur *Radio-Sevilla;* mais aussi du côté républicain par *Altavoz del Frente*, avec la participation de nombreux reporters et écrivains étrangers. Un service de propagande identique existait chez les nationalistes (*Servicio nacional de propaganda*).

Récapitulons-en la genèse. Majoritairement, en juillet 1936, les forces de l'ordre rallièrent les insurgés. En quasi-totalité dans les zones où ces derniers eurent rapidement le dessus. Dans les zones restées aux mains des républicains ou dont le sort restait suspendu aux combats en cours, les gardes civils principalement — mais aussi parfois les gardes d'assaut — soit louvoyèrent attendant la possibilité de rejoindre les rebelles, soit trompèrent délibérément les autorités légales feignant un ralliement tardif. Dans la région de Jaén, les petites garnisons se trouvaient éloignées de la zone contrôlée par le général Queipo de Llano. Elles optèrent pour une procédure de rassemblement, espérant gagner du temps dans l'attente souhaitée des troupes rebelles. De leur côté, les républicains voyaient favorablement un rassemblement de forces armées que l'on pensait plus facilement contrôler. En août 1936 se rassemble, dans une zone aride d'Andalousie, non loin de Córdoba, une troupe assez disparate et composite commandée par le capitaine Cortés. Si le personnel combattant, majoritairement des gardes civils, n'était pas supérieur à 270, en revanche il y avait 865 non-combattants (femmes, personnes âgées, enfants et *11 prisonniers*). Ralliés à la cause de la rébellion — mais se trouvant derrière les lignes républicaines — ils organisent matériellement un camp retranché sur le site du sanctuaire de la Virgen de la Cabeza et de la ferme proche de Lugar Nuevo[1]. Encerclés par les forces républicaines, les combats se poursuivent pendant plusieurs mois. Un hiver rude et un printemps pluvieux, les conditions climatiques influent davantage sur la situation générale que les attaques peu nombreuses et malhabilement conduites par les forces insuffisantes des assiégeants. Quant aux assiégés, ils reçoivent un ravitaillement conséquent au cours de 157 vols, avec entre autres comme pilotes Carlos Haya, Uselodd Marchenko, Carlos Muntadas et Antonio Bazan. Missions pas toujours de tout repos[2] : les conditions atmosphériques de janvier — et la présence de la chasse républicaine — occasionnèrent des pertes sensibles à l'aviation nationaliste. Avec la réorganisation de ce que l'on a appelé l'Armée populaire, la situation change. Dès le début d'avril, l'artillerie ouvre la voie à des attaques répétées. A partir du 14 avril, le cercle se resserre.

Au moment où la résistance des assiégés faiblit, le général Franco sollicite le CICR. A ce propos, nous n'avons pas trouvé trace d'une intervention du CICR ou de membres du corps diplomatique antérieure, lorsque Genève est sollicité par Burgos. Le marquis de Rialp, au nom de la CRN, téléphone, le 19, à Raymond Courvoisier pour lui faire part de son inquiétude au sujet du sort d'environ « *un millier de femmes et d'enfants appartenant pour la plupart à des familles de gardes civils et réfugiés depuis huit mois dans le sanctuaire de la Virgen de la Cabeza* ».

Le marquis « *demandait l'intervention du CICR et le priait d'envoyer des délégués au sanctuaire sans donner d'avertissement préalable et pour assurer la vie sauve des femmes et des enfants, si ceux-ci venaient à se rendre.* » Courvoisier précise comment les choses sont perçues du côté nationaliste. Le général [Franco?] souhaite être prévenu par télégramme du départ de Valence des délégués-négociateurs, étant entendu que si les délégués s'interposent, c'est qu'ils ont obtenu des garanties sur le sort des femmes et des enfants. Dans ce cas, Salamanque conseillera la reddition aux défenseurs lorsque les garanties seront jugées satisfaisantes par Genève. En réponse, Chenevière observe qu'une garantie écrite ne pourrait peut-être pas être obtenue et qu'une garantie orale n'autoriserait pas le Comité international à prendre une quelconque responsabilité. Courvoisier soutient que le CI serait le seul arbitre, car le général Franco lui fait confiance. Vallellano, reconnaissant que cette démarche tentée *in extremis* était embarrassante, regrette que l'on n'ait pas posé le problème plus tôt, mais que si les garanties étaient insuffisantes, il faudrait accepter « *le sacrifice total de gens déjà sacrifiés* ».

On donne des instructions à Marti, à Marseille, et à Vizcaya, à Madrid, pour qu'ils se rejoignent le 21 à Valence. Le 20, Marti à Barcelone *rate* l'avion direct. C'est par la route qu'il rejoint Valence. Parallèlement, Vizcaya se rend auprès du général Miaja, sous le prétexte de lui donner des nouvelles de son fils, et sollicite l'autorisation de se rendre au sanctuaire. Huber, en personne, donne les consignes suivantes : *a)* la mission ne concerne que la protection des femmes et des enfants; *b)* le délégué du CICR ne doit se rendre au sanctuaire qu'en possession de l'autorisation des deux parties; *c)* constatant la difficulté d'argumenter sur un éventuel massacre des femmes et des enfants, les gouvernementaux n'admettant pas cette supposition; *d)* de mettre l'accent sur l'état psychologique des assiégés qui les interdirait de se rendre de peur de faire massacrer leurs femmes et leurs enfants; *e)* enfin, l'ordre de reddition de la garnison incombe au généralissime.

Avant de solliciter l'autorisation d'aller sur place, on attendra la réponse de Courvoisier, qui aura consulté Vallellano. Ensuite, Junod contactera téléphoniquement le président du Conseil pour préparer l'entrevue avec les délégués munis de directives écrites : le CICR s'inquiète du sort de la *population civile qui se trouve dans la localité assiégée* (d'après les renseignements, plus de mille femmes et enfants); ce que feront les délégués quand ils seront sur place; l'évacuation éventuelle de la population civile dont les délégués pourraient être chargés par les gouvernementaux. Tel est, schématiquement, le plan établi.

Pourtant, on n'attend pas la réponse de Salamanque pour affiner la stratégie à l'encontre du gouvernement républicain [CE, procès-verbal du 21 avril 1937, Junod et Pourtalès y assistaient]. Junod, la veille, avait donné à Marti la consigne *de ne parler à personne* avant qu'il ait reçu les dernières instructions. Le délégué général apparaît ici comme l'élément moteur de cette négociation triangulaire. Il avance le thème de reddition immédiate, alors que le colonel Favre voudrait que les délégués s'abstiennent de toute proposition de reddition, qui ne regarde que les militaires, et se bornent à envisager l'éventualité d'une évacuation des femmes et des enfants, expliquant que les assiégés sont sans doute mal renseignés sur les intentions du gouvernement de Valence[3]. Les survols du sanctuaire par l'aviation nationaliste ou républicaine, on ne sait plus très bien, sont évoqués pour en demander la suspension au cours des négociations. On assiste, de la part des nationalistes à une partie de poker menteur, dans laquelle le sort des assiégés non-combattants autorise, du point de vue humanitaire, une solution heureuse du siège avec leur retour dans les lignes nationalistes, sous la protection de la Croix-Rouge!

A Valence, Marti [*r.* du 4.5.1937], accompagné d'Andrés de Vizcaya, dans son rôle d'interprète-négociateur, se rend immédiatement au siège du gouvernement. Ce n'est qu'après de longues palabres et grâce à l'intervention de Giral, que Largo Caballero les reçoit et écoute les propositions du CICR. D'emblée, le président n'autorise pas les délégués à pénétrer dans le périmètre assiégé, ne pouvant garantir leur sécurité. Les autorités républicaines apprécient fort peu qu'un organisme international négocie, *s'immisce,* dans un problème d'ordre strictement militaire. Pour Marti, le CICR ne s'intéresse qu'au sort des femmes et des enfants, et le triomphe des armées républicaines n'en serait pas amoindri. Pour finir, Largo Caballero se rend aux arguments des délégués et accepte qu'ils s'entretiennent avec les assiégés, à l'aide d'un haut-parleur, mais ne tentent, sous aucun prétexte, de pénétrer dans le sanctuaire, réitère-t-il.

Des ordres sont transmis, des sauf-conduits rédigés. Un coup de téléphone alerte l'état-major d'Andújar. Après un voyage dans l'automobile de Vizcaya, effectué en deux étapes par Linares, où ils couchent, ils arrivent vendredi 23, dans la matinée. La région dans laquelle est édifié le sanctuaire fait partie de la Sierra Morena, à une quinzaine de kilomètres d'Andújar. C'est un site caillouteux surplombant les eaux de la retenue de l'Encinarejo. La pente y est vertigineuse.

Le siège se restreint au sanctuaire; Lugar Nuevo, une grande propriété rurale située à 3 km, ayant depuis une dizaine de jours été évacuée. Les délégués prennent contact avec le lieutenant-colonel Antonio Cordón[4], chef des opérations pour le secteur de Córdoba, sous la direction du lieutenant-colonel Jesús Pérez Salas. Les forces militaires républicaines engagées, composées d'une à plusieurs brigades (1.000 à 3.000 hommes environ, dont des membres des Brigades internationales), étaient sous le commandement de Pedro Martínez Cartón, chef de la XXVe brigade, député communiste à Badajoz, qui organisa les milices en Extrémadure et la 16e brigade à Ciudad Real. Au cours de la matinée, les délégués écoutent le compte rendu des démarches effectuées par l'état-major afin que les assiégés libèrent les non-combattants.

En réponse à cet appel à la reddition, l'aviation rebelle bombardait Andújar, provoquant de nombreuses destructions et près de cinquante victimes. Le 1er avril, six avions bombardèrent Jaén. La ville n'ayant pas encore été prise pour cible, la population ne prêta qu'une attention distraite au passage de l'escadrille. Ce bombardement fit environ cent tués. Le lendemain, 300 prisonniers furent massacrés, dont le propre frère du capitaine Cortés.

Après le déjeuner, tardif comme d'habitude en Espagne, des dispositions matérielles sont prises pour communiquer avec les assiégés; un texte est rédigé. L'état-major sollicite un camion haut-parleur à Jaén.

Les délégués et des membres de l'état-major arrivent au poste de commandement de la Casilla de Flores, à environ 800 m des lignes des assiégés. Le drapeau de la Croix-Rouge est déployé et le feu cesse; silence sur l'ensemble du front. A l'aide d'un mégaphone portable, on annonce aux assiégés la présence des délégués qui ne peuvent encore s'adresser à eux, car le camion haut-parleur est tombé en panne; enfin, il arrive. Alors que les délégués prennent la parole, à 20 h 30, un avion rebelle vient jeter des vivres aux assiégés, comme quotidiennement, sans lâcher de bombes, ni mitrailler les tranchées. En se nommant, Vizcaya lit le texte préparé (en espagnol) :

    Nous sommes les délégués du Comité international de la Croix-Rouge, le docteur Marti et Vizcaya, et nous venons vous parler par ordre de notre Comité de Genève et avec l'autorisation du président du Conseil des ministres et du ministre de la Guerre espagnols[5].

    Nous ne venons pas personnellement [au sanctuaire] parce que les autorités militaires ne nous le permettent pas, mais celles-ci nous assurent que, si vous le désirez, vous pouvez envoyer maintenant vos parlementaires, qui seront traités en cette qualité et qui pourront ainsi se convaincre de l'authenticité de notre personnalité et du mandat international dont nous sommes investis.

    Nous connaissons avec le monde entier votre angoissante situation, et la Croix-Rouge internationale réalisant la magnifique œuvre humanitaire qu'elle accomplit de l'un et l'autre côté désire que vos souffrances s'achèvent et vous affirme que, accomplissant les dispositions du Gouvernement espagnol, toutes les vies seront respectées et la liberté immédiate accordée aux femmes et aux enfants. Je crois[6] que vous êtes déjà au courant de nos démarches par vos chefs[7].

Ce texte est relu par le *speaker* qui demande une réponse immédiate. N'en obtenant pas, les délégués s'avancent jusqu'à environ 300 m des lignes et répètent leur message. Toujours rien, mais des miliciens presque au contact des assiégés affirment que ces derniers ont parfaitement compris le message, mais qu'il fallait que les délégués leur rendent visite, le lendemain à 10 heures. Ne tenant pas compte du message anonyme, le texte est répété. Puis Vizcaya, en espagnol, et Marti, en français, demandent une réponse rapide et précise, ils attendent la venue des parlementaires car ils ne sont pas autorisés à entrer dans le sanctuaire. Depuis ce dernier, par mégaphone, au nom du chef (*Jefe*) [lieutenant Cortés], les délégués du CICR sont invités à venir eux-mêmes rencontrer les assiégés le lendemain samedi, à 10 heures. En réponse, avec insistance, sont répétés les termes du texte du CICR, à plusieurs reprises jusqu'à la fin de la trêve. Puis Cordón s'adresse aux assiégés les mettant en face de leurs responsabilités et précisant que tous les efforts avaient été faits pour éviter des souffrances inutiles aux femmes et aux enfants. A 23 heures, le feu reprend. La trêve aura duré six heures.

    Samedi 24, Marti prend contact avec la délégation de Valence. Balta est chargé d'interroger Genève où avait été organisée une permanence, afin d'assurer les communications entre Valence et Saint-Jean-de-Luz. La journée se poursuit par une visite de Lugar Nuevo.

    Dans la matinée du dimanche, Beck (agent consulaire suisse à Valence) et non Balta, adjoint, répond au téléphone. Genève laisse Marti maître de ses décisions. Les deux délégués décident alors de renouveler leurs démarches auprès des assiégés qui ont dû recevoir de nouvelles instructions de leurs supérieurs au travers de l'héliographe de Porcuna.

Cordón donne l'ordre de cessez-le-feu dès 14 h 30 dans tous les secteurs entourant le sanctuaire. A 15 h 30, les délégués atteignent le PC et, constatant que les hostilités sont réellement suspendues, hissent le drapeau de la Croix-Rouge. Ils sont en compagnie du lieutenant-colonel, alors que le *speaker* se trouve à 300 m des tranchées rebelles. Par mégaphone, il transmet la détermination des délégués du CICR d'engager les pourparlers et réitère, à cet effet, l'invitation à des parlementaires qui seront respectés quelle que soit l'issue de la négociation. Le message est répété à plusieurs reprises. Du sanctuaire, on répond que « *les délégués du CICR qui doivent venir en personne visiter les assiégés* ».

Constatant l'impasse, Marti demande à Cordón l'autorisation de rejoindre les premières lignes (où se trouve le *speaker*) et de parlementer en personne avec les assiégés. Cordón accepte. Les délégués, vont dans les tranchées, en compagnie de plusieurs officiers. De là, ils réitèrent leur demande. On répond immédiatement du sanctuaire qu'on enverra *deux individus*, dans une demi-heure, porteurs d'une lettre; que ces messagers « *se rendraient à mi-chemin du sanctuaire et de notre PC, par la route, et que deux autres individus gouvernementaux devraient se rendre à leur rencontre* ». Cette proposition est transmise à Cordón, resté plus bas, dans son PC. Fort en colère par ces tergiversations, l'officier exige que les émissaires viennent lui remettre, à lui-même, le courrier; les insurgés ne peuvent inverser les rôles en posant des conditions.

Apparaît un avion rebelle qui largue trois parachutes contenant probablement de la correspondance[8] : deux tombent dans le *no man's land* entre les lignes, le troisième dans le sanctuaire. Le ravitaillement et les munitions étaient contenus dans des cylindres métalliques. Reprenant l'initiative, le lieutenant-colonel, par le téléphone de campagne, ordonne que les paquets tombés dans les lignes gouvernementales soient ramassés par les miliciens. Que les missives contenues, traitant peut-être de la reddition, après avoir été contrôlées, soient intégralement rendues aux assiégés, Cordón, attendant de leur part, qu'ils ne *gâchent* pas la journée!

Alors que l'on retransmet ces paroles, deux soldats quittent le sanctuaire porteurs d'un drapeau blanc. L'émotion est grande. Promptement, les délégués retournent vers le lieutenant-colonel, sollicitant la permission de se rendre au-devant des deux soldats. L'officier, blessé dans son amour-propre, exige que les émissaires viennent jusqu'à lui. Mais ils s'arrêtent à mi-chemin, au niveau des premières lignes républicaines. Un milicien redescend le chemin vociférant que les émissaires sont porteurs d'une lettre de leur *chef* et qu'ils ont reçu l'ordre de ne pas aller plus avant. Dépêché, un motocycliste apporte le pli. Cortés propose un plan d'évacuation [Annexe 24a] des malades, blessés graves, vieillards, femmes et enfants par groupes de quarante au maximum qui rejoindraient Porcuna, c'est-à-dire les nationalistes!

Les délégués prennent connaissance de cette missive, envoyée ouverte, en présence de Cordón, et constatent qu'ils « *sont dans l'impossibilité de répondre affirmativement à de telles demandes* ». Au nom des délégués, l'officier supérieur rédige la réponse dans laquelle « *il exprime ses regrets de ne pouvoir accepter de pareilles conditions, mais il assure la vie sauve à tous et la liberté immédiate aux femmes et aux enfants* », en zone loyale. Une heure est donnée pour la réponse. Marti et Vizcaya, qui ne peuvent obtenir copie de la lettre, signent. Avec l'autorisation du lieutenant-colonel, avant la tombée de la nuit, les délégués se hâtent. Ils prennent la voiture du CICR, en compagnie d'un officier de l'état-major d'Andújar et du garde du corps de Vizcaya.

Les émissaires[9] saluent militairement, les officiers et soldats gouvernementaux levant le poing. Marti serre la main du sergent de la garde civile et, lui montrant leurs carnets de la Croix-Rouge, lui remet la lettre. A la question : est-ce que les assiégés ont été avertis de la démarche du CICR, les émissaires se présentent comme des subordonnés, confient que deux jours plus tôt Salamanque les avait prévenus de la présence des délégués à Andújar. A Marti, qui espère que les propositions de la Croix-Rouge seront acceptées, le sergent répond que son *chef* jugera.

Marti souligne la parfaite correction de l'entrevue. Présent, un journaliste de l'agence Havas, correspondant auprès de l'état-major d'Andújar, promet de ne pas mentionner l'entrevue. Tout de suite après, les délégués rejoignent le PC du colonel Cordón et attendent la réponse des assiégés. Pendant ce temps, quelques soldats du sanctuaire recherchent les parachutes tombés entre les lignes. Malgré l'étonnement de ses officiers, le commandant républicain ordonne qu'on les laisse faire.

Une heure plus tard, les mêmes émissaires redescendent et les délégués vont à leur rencontre. Le plus gradé précise qu'il n'y a pas de réponse. En présence de l'officier de l'état-major, Marti lit et constate, en effet, qu'il n'y a pas lieu de poursuivre les négociations. Il exprime ses regrets. Chacun repart de son côté.

Dix minutes plus tard, les hostilités reprennent, lorsque les émissaires rejoignent le sanctuaire. La trêve aura duré cinq heures. Les délégués regagnent Andújar, où ils apprennent que l'aviation rebelle, avertie sans doute par les observateurs de Porcuna, bombarde *copieusement* les lignes républicaines. Le lendemain lundi, Marti et Vizcaya regagnent Valence, le ministère de la Guerre leur intimant de retourner sans délai dans la capitale administrative de la République.

Voyons les observations apportées par Marti. Tout d'abord la correction parfaite des militaires républicains[10], en tout premier du lieutenant-colonel Cordón qui a facilité la tâche des délégués. Ceux-ci, dans une démarche commune, signeront une lettre adressée à Antonio Cordón dans laquelle après l'avoir remercié vivement « *pour les attentions et aides que vous nous avez procurées [...] afin de mettre fin aux souffrances des femmes et des enfants qui étaient dans ce sanctuaire* », ils promettent leur aide, s'il estime utile une autre initiative humanitaire. Quant aux responsabilités de l'échec des négociations, ils les attribuent soit aux difficultés de communications — par héliographe — entre Porcuna et le sanctuaire, soit à la détermination suicidaire du capitaine Cortés de ne pas se rendre. Cordón avait exprimé un grand optimisme quant au résultat des négociations et un convoi de *véhicules à moteur* avait été envisagé. Craignant qu'un bombardement aérien en cas de reddition du sanctuaire provoque « *la fureur de la population et puisse se tourner contre les prisonniers* », les femmes et les enfants auraient été transportés en lieu sûr. Marti termine en précisant que le gouvernement, sans reddition, n'aurait pas autorisé l'évacuation des non-combattants.

Quelle version en donne le Service historique de l'Armée[11]? Que le général Franco ayant estimé impossible une défense prolongée du sanctuaire, le sort final des assiégés devant être remis entre les mains de la Croix-Rouge internationale. Mais Cortés, le 20 avril, se dirigeait au généralissime par l'intermédiaire de l'héliographe, lui demandant en substance de bien vouloir suspendre les démarches auprès du CICR, car il y allait de *la dignité nationale.* Pour sa part, Queipo de Llano avertissait Cortés de l'arrivée prochaine de parlementaires avec *un drapeau blanc*, l'enjoignant de bien vouloir les accueillir. Qui répond négativement, toujours au « *nom du prestige de la Patrie* »; il continuera la résistance « *jusqu'au dernier homme* », décision irrévocable. Après lui avoir conseillé de rompre l'encerclement en extrême limite, le commandant de la région sud répète qu'il faut respecter les ordres du général Franco. Cortés répond à côté de la question, sollicitant de nouveau l'emploi massif de l'aviation pour soulager les assiégés. Le 22, un message lui annonce l'arrivée prochaine d'un docteur Martín (*sic*), délégué de la Croix-Rouge en Suisse, qui se présenterait et parlerait par haut-parleur : « *Le docteur Martín — suivant les instructions du général Franco — a l'assurance de sauver les femmes et les enfants* [parce que] *ont été prises toutes les dispositions pour qu'ils puissent partir.* » On ne sait vraiment qui avait fait cette promesse? Contre quoi? Était-ce en contrepartie du départ de réfugiés de Bilbao? Enfin, pendant deux jours et lorsqu'ils abandonneraient le sanctuaire, l'aviation n'interviendrait pas.

Arrivée confirmée du docteur Martín qui se présentera ce même jour, le 23, ajoutant que « *la Croix-Rouge internationale répond des vies des femmes et des enfants et qu'elle les conduira dans la zone blanche du Généralissime Franco* ». De son côté, Franco, par un télégramme retransmis par Porcuna, au chef de la position, le félicite ainsi que ses glorieuses troupes, précisant qu'il faut sauver des vies précieuses, « *évitant les souffrances d'êtres faibles et innocents* ». Ainsi la collaboration de la Croix-Rouge signifie une opportunité : « *Femmes et enfants iront dans la zone amie, tandis que les défenseurs du sanctuaire pourront, s'ils le peuvent, l'abandonner et rejoindre les lignes nationales* ».

Cortés, le 23, réunit les familles, leur explique le contenu du message et réussit à les convaincre sur sa ligne de position, s'assurer des intentions du délégué de la Croix-Rouge. A cet effet, il faudrait qu'il puisse négocier et lui remettre les deux conditions suivantes : évacuation par groupes de 40 personnes (blessés, malades graves, anciens, femmes et enfants) dans des véhicules se rendant directement dans le territoire national; aucun autre groupe ne partirait sans obtenir, par l'héliographe de Porcuna, la confirmation de leur arrivée.

On voit ondoyer le drapeau de la Croix-Rouge. Un docteur Martín et un docteur (*sic*) Vizcaya, par haut-parleur, expriment leur intention de sauver les femmes et les enfants, sans préciser leur évacuation dans la zone nationale. Ajoutant qu'ils ne disposaient pas de l'autorisation de se rendre au sanctuaire. Nous trouvons pour le reste de la journée une description voisine de celle de Marti avec, comme seule contradiction, la proposition faite par les délégués aux défenseurs qu'ils désignent une commission chargée de le rencontrer.

Le 24 (10 heures du matin), contre toute attente, personne ne se présente. Et Cortés de passer par une période de dépression soulignée par l'héliogramme qu'il fait parvenir dans lequel il appelle de ses vœux « *la colonne de secours salvatrice* ». Le lendemain, Cortés décide d'envoyer les parlementaires, puisque les délégués, se soumettant aux ordres, ne veulent pas le rejoindre. Propositions déjà mentionnées, et rejetées par des délégués, dira dans un message le commandant, « *qui se sont détournés de la mission humanitaire qu'ils disaient apporter, faisant des propositions de reddition, en même temps que refusant aux femmes et aux enfants d'aller dans notre zone* ». Il a consulté les femmes qui auraient dit « *qu'elles étaient disposées à mourir aux côtés des braves [...]* ».

Queipo, le 28, communique au camp assiégé que des négociations sont menées avec la Croix-Rouge pour l'évacuation des blessés, anciens, femmes et enfants qui seraient sous la protection du CICR en attendant leur échange. Le CI garantirait la vie des défenseurs lors de leur reddition, considérés comme prisonniers de guerre. Dernière tentative sans probabilité aucune de la mener à bout[12].

A été décrit avec précision l'appui aérien accordé aux assiégés, par des avions de la Légion Condor, mais aussi des avions italiens. Que Junod, dans son intervention auprès de Largo Caballero en faveur d'un aviateur italien surnommé *Semprebene*[13], nous fait toucher du doigt. Ce jeune, jugé et condamné à mort, avait fait un atterrissage forcé après avoir ravitaillé le sanctuaire; il avait dix-neuf ans.

Cordón décrit cet épisode[14]. Que dit-il? Tout d'abord, qu'il prit langue, après un premier cessez-le-feu, avec le capitaine Cortés, lui annonçant la présence des délégués du CICR. Tout de suite après, il céda le microphone aux délégués. « *Ceux-ci exposèrent au chef des assiégés l'objet de leur mission et le prièrent d'envoyer ses représentants pour discuter avec eux de l'évacuation des femmes et des enfants. Cortés répondit que cette affaire le concernait et qu'il voulait traiter personnellement; à cet effet, il les invitait à monter au sanctuaire. Ceux-ci répondant que le commandement républicain ne les autorisait pas à le faire, Cortés prit acte disant qu'était rompue toute possibilité de négociation. »* La seconde rencontre recoupe le récit de Marti, faisant retomber la responsabilité sur Cortés. L'entrevue eut lieu sur les avant-postes. Aux conditions exposées par Cortés, les représentants du CICR ne promirent que de garantir la vie des non-combattants hors du sanctuaire, sous la protection des autorités républicaines. Ajoutant que la vie de combattants qui se rendraient serait respectée.

Deux télétypes sont mentionnés[15]. Le premier transmis par Cordón au colonel Morales, chef de la 21e division : « *Très urgent. En ce moment 6 heures après-midi assiégés de la Virgen de la Cabeza ont envoyé des parlementaires à la Croix-Rouge, donnant les conditions pour évacuer femmes, enfants et anciens. Ils répondirent ce que j'ai dicté en cherchant une totale reddition, mais si celle-ci n'est pas acceptée, dites-moi si j'accepte évacuation femmes, enfants et anciens seulement.* » Cordón se rangeait à la proposition de la Croix-Rouge d'évacuer les non-combattants, sans les conduire en zone nationaliste, mais il avait besoin de l'avis de son supérieur. Depuis Valence, un second télétype rétorque : « *Très urgent. Le ministre a décidé vous communiquer ne pas admettre une évacuation quelconque du sanctuaire de la Cabeza qui ne soit pas précédé de la reddition inconditionnelle de tout le personnel combattant, garantissant dans tel cas le complet respect des personnes.* » Largo Caballero était disposé à sanctionner le colonel Morales s'il ne remplissait pas cet ordre.

A travers ces lignes, nous avons un large aperçu de la position prise par les autorités de Salamanque et la CRN. Ils souhaitaient une intervention du CICR en faveur des assiégés, mais, confrontés à diverses contradictions, hésitaient sur la méthode et les moyens à employer. En revanche, manifestement, le CICR ne veut, et ne peut, devenir la courroie de transmission de la CRN et du gouvernement de Salamanque. Les cicatrices touchant à l'épisode Junod sont trop récentes pour qu'il ne soit pas suspicieux quant à la démarche des nationalistes. Cependant, Courvoisier s'est en partie engagé auprès de Vallellano. D'autant que l'argument du sort des femmes et des enfants est sensible et touche de près le cœur même de l'institution, Genève se mobilisant massivement pour pouvoir contrôler à tout instant le déroulement de l'intervention. Le choix des délégués est important, Marti réputé homme d'une seule pièce, massif mais en même temps chaleureux et populaire; Vizcaya, désigné non seulement parce qu'Espagnol et parfait connaisseur de la situation, mais aussi parce que pratiquant correctement le français. La précision dans l'utilisation du vocabulaire comptait. D'autant que, de chaque côté, le discours était approximatif et enrobé de sous-entendus.

Comment Courvoisier dépeint-il cette dramatique semaine? Étrangement, l'auteur qui respecte une chronologie bien utile dans un ouvrage relatant son expérience de délégué, nous fait part d'un voyage [débattu par la Commission] qu'il entreprend, le 9 avril, à Málaga, en compagnie de Carlos Haya, *l'un des pilotes personnels de Franco*. Haya a fait de nombreuses missions au-dessus du sanctuaire de la Virgen de la Cabeza, pilotant un Douglas-421 ou un Junker-52, y parachutant des tubes métalliques remplis de vivres, de médicaments et de munitions. Trois jours plus tard, Courvoisier quitte Séville : « *Les autorités militaires franquistes demandaient au CICR d'intervenir pour tenter l'évacuation du millier de civils, vieillards, femmes et enfants, qui se trouvaient enfermés à l'intérieur du monastère de Santa Maria de la Cabeza. Leur situation était désespérée. La garnison, forte de 250 officiers et gendarmes renforcés par 100 phalangistes, refusait de se rendre. [...] les Républicains bombardaient les bâtiments et le nombre des morts et des blessés ne cessait d'augmenter. Seuls des pigeons voyageurs assuraient encore la liaison entre la place forte et l'extérieur, Séville ou Cordoue.*

« *Je partis pour Saint-Jean-de-Luz et j'informai Genève de la gravité des faits. On devait sauver ces malheureux, mais comment? Ils refusaient de se séparer des soldats. [...]*

« *Nous obtînmes enfin le principe d'une trêve. Le vendredi 23 avril, les combats cessent brusquement. [...] Il faut faire vite. Pour la première fois l'emblème de la Croix-Rouge va jouer un rôle qui ne lui a jamais été dévolu : il remplace le drapeau blanc des parlementaires. Avec ce drapeau, Marti s'avance seul dans la plaine. Il s'arrête à 300 mètres du monastère et annonce par haut-parleur pourquoi il ne veut ni ne peut entrer dans la place. Il demande que trois représentants le rejoignent pour s'entendre avec lui sur les modalités d'évacuation des civils. [...] Tout le front restait silencieux. [...]. A l'heure dite, le combat reprit de plus belle. Marti et moi repartîmes vers l'arrière, chacun de notre côté, le dos voûté, notre élan brisé.*

« *Il y eut une nouvelle trêve le dimanche 25 avril. Nous revoilà sur place, anxieux et bouleversés. Devant nous, le monastère se détache dans le bleu galène du ciel. Marti — que je voudrais tant pouvoir rejoindre — marche à nouveau, seul, drapeau en main. Je le suis avec des jumelles. A 800 mètres, sa minuscule silhouette s'immobilise. Marti s'annonce, demande des parlementaires. [...] Il est 17 h 30. Enfin! les assiégés répondent qu'ils délèguent deux des leurs. Les voici. Marti leur serre la main. Tout est silence. Les trois hommes se séparent [...].*

« *Les Nationalistes ne se rendront pas! Par haut-parleurs, les Républicains annoncent qu'ils dégagent leur responsabilité et que les combats reprendront à 19 heures. Ils sont 20.000 hommes, que soutiennent aviation et artillerie. Finalement, la reddition avait eu lieu aux conditions prévues.* »[16]

Quid des tractations chez les nationalistes? Une première indication se trouve dans le rapport du 1er mai, rédigé par Horace de Pourtalès et Raymond Courvoisier [12e de la série archivée; nous n'avons pas pu consulter les feuillets numérotés de 7 à 11], qui tente d'éclaircir les raisons de l'échec des pourparlers. Courvoisier revient à Salamanque dans la soirée du jeudi 29. De Saint-Jean-de-Luz, d'où le matin il avait téléphoné à Junod, dit-il. En réalité, trois jours plus tôt, toujours de Saint-Jean-de-Luz, au colonel Favre[17], précise la main courante de la Commission! Quoi qu'il en soit, il communique à Genève une lettre du comte de Vallellano : « *Je vous confirme le message transmis des instructions qui venaient d'être données à Santa Maria* [de la Cabeza], *afin que la sortie des femmes et enfants reste conditionnée au respect absolu de leur vie, et que la CR internationale doit se porter garante de ce que cette condition soit acquise, c'est-à-dire que ces défenseurs de Santa Maria ont reçu l'ordre de se rendre si le respect de la vie des femmes et des enfants est complètement garanti.* » Au cours de la réunion (Pourtalès, Amman et Courvoisier) avec Vallellano, Courvoisier détaille les entrevues des délégués avec la garnison et expose son point de vue sur leur échec. Nous comprenons, le 29 au soir, quatre jours après, que des tentatives pour solutionner le problème du sanctuaire sont relancées, à l'initiative du haut-commandement franquiste. Une audience auprès du général en chef est demandée, et accordée, pour le lendemain vendredi. Cette fois encore, le front de Madrid, ou d'ailleurs, nécessite sa présence[18]. L'entrevue a lieu, à la même heure, avec le général Francisco Martín Moreno, chef de l'état-major général de l'armée[19]. Sont présents, Vallellano, Pourtalès et Courvoisier. Le président de la CRN expose les derniers développements suite aux renseignements fournis par Junod, à Genève, et par Courvoisier.

Pourtalès retient que le CICR vient de connaître une rebuffade singulière alors même qu'il avait obtenu, par son acharnement, l'accord du gouvernement de Valence. Un article dans *Hoja Oficial del Lunes* (de San Sebastián) ayant injustement attaqué le CICR, le mettant « *dans une situation fâcheuse devant l'opinion publique nationaliste* ». Le CICR n'entreprendra donc plus de démarche auprès de Valence s'il n'est pas en possession d'ordres explicites donnés aux défenseurs du sanctuaire. Et souhaite que la coordination entre les diverses forces soit effective, car un avion a survolé les négociateurs, alors qu'il avait été entendu qu'il n'y aurait pas de provocation.

Dans une longue déclaration, le général expose que l'échec est le résultat d'un malentendu. Franco avait l'intention de sauver la vie des femmes et des enfants sans soulever le sort de la garnison. Les instructions données concernaient la *remise* (la reddition) contre la garantie de vie sauve, des femmes et des enfants aux délégués. Mais il n'y avait rien au sujet des combattants, sinon le *conseil* de se rendre. Quant à l'article, il avait soulevé l'indignation du généralissime qui avait décidé que le censeur responsable devait être sévèrement puni. Le tour de table se termine par le protocole suivant dans lequel le généralissime demande au CICR d'entreprendre une nouvelle tentative sur les bases suivantes : vie sauve et mise en liberté des femmes et des enfants dans un même endroit et sous la protection du CICR; les hommes de la garnison auront la vie sauve et seront traités en prisonniers de guerre; leur sécurité sera garantie par le CICR. Moyennant ces garanties, le généralissime donnera à la garnison l'ordre formel de *se rendre*. Tout survol sera rigoureusement interdit pendant la durée des pourparlers et l'évacuation de la garnison.

Les points ci-dessus sont, téléphoniquement, communiqués au général Franco et à Queipo de Llano, le même jour, qui, après s'être concertés, confirment qu'ils ne pourront jamais donner, à une garnison encerclée, l'ordre de se rendre, « *les soldats doivent se défendre jusqu'à la mort, selon les lois de la guerre* ». Dans sa première démarche, le général Franco n'entendait utiliser le terme de *reddition* que pour les femmes et les enfants. Le quiproquo venait du terme espagnol *entregarse* dont l'acception peut être aussi bien *se livrer* ou *se rendre*. Les Suisses utilisaient le terme de reddition dans son acception archaïque *rendre*. C'est dans ce sens qu'inconsciemment fut utilisé ce terme par la Commission d'Espagne. De son côté, le généralissime affirme son intention de faire quelque chose en faveur des femmes et des enfants blessés ou malades. Il prie le CICR d'entreprendre une ultime démarche pour sauver ces centaines de vies humaines. Pour terminer, le général Martín Moreno reconnaît que le CICR a agi en toute bonne foi et que « *la demande de reddition n'était que la conséquence d'un malentendu* ».

On reprend contact avec Genève le 1er mai. La teneur des derniers entretiens de Salamanque est livrée. Une ultime tentative est sollicitée; Junod est prié d'entrer en contact avec Valence. Le CICR accepte de déposer une dernière requête, à la condition que Salamanque en obtienne l'acceptation du capitaine Cortés. En revanche, le CICR ne pourra pas réunir toutes les femmes et tous les enfants dans un camp sous son contrôle, encore moins leur retour du côté *blanc*.

Dans un dernier effort, les forces républicaines pénètrent dans le sanctuaire. Le capitaine Cortés est grièvement blessé, les défenseurs se rendent[20]. Le sanctuaire est occupé le 1er mai 1937; à 15 h 15, le drapeau blanc est hissé[21]. Après une longue attente au cours de laquelle furent prises par la presse de nombreuses photos et le commandant Martínez Cartón de prononcer une allocution, tous descendirent vers la route Madrid-Cadíz, où ils retrouvent les camions et les ambulances qui vont les conduire à Andújar. Les hommes indemnes — parmi les prisonniers il y avait le directeur du journal de Jaén (*La Mañana*, tendance de droite), divers prêtres et un sujet italien — sont internés à Andújar dans des bâtiments scolaires; les femmes et enfants, dans les locaux du Secours rouge (ancienne caserne de la garde civile); quant aux blessés et malades, ils sont répartis dans différents hôpitaux militaires et à l'hôpital central d'Andújar. Le lendemain, à 17 heures, part pour Valence (prison de San Miguel de los Reyes) un train avec 142 prisonniers; à 21 heures, un second convoi comprenant 567 femmes et enfants pour le Viso del Marqués. Enfin le 4, à 3 heures, un train sanitaire comprenant 102 prisonniers blessés ou malades. Les femmes et les enfants, au nombre de 546, étaient hospitalisés à Viso del Marqués (province de Ciudad-Real). Toutes ces informations, pendant quelques semaines, furent soigneusement occultées aux membres de la délégation du CICR. Ce n'est qu'en juin que Junod et Marti, le lendemain de leur rencontre avec Cordón, visitèrent les survivants de la garnison.

L'épisode du sanctuaire de Santa Maria de la Cabeza se termine par une victoire des républicains. La durée de ce siège peut être attribuée à l'acharnement et l'entêtement du capitaine Cortés, largement soutenu par de nombreux ravitaillements aériens. Mais davantage aux tergiversations continuelles et aux pauvres moyens militaires mis en œuvre par les républicains. Quant à l'intervention du CICR, tardive sans doute — il ne pouvait, échaudé qu'il avait été lors du siège de l'Alcázar de Tolède, prendre une initiative — elle révèle des difficultés de compréhension entre des hommes de culture et de langues différentes.

Les commentaires sur l'attitude du Comité international continuèrent. La station de radio de la Phalange de Valladolid[22], le 10 mai, à 23 h 45, après avoir salué le courage du capitaine Cortés, souligne l'injustice qui avait été faite à celui-ci *« en l'assassinant, bien qu'il ait capitulé et qu'il ait été protégé par la Croix-Rouge internationale.* » L'orateur relève les manquements faits aux lois internationales sur la capitulation, met en garde Marti qu'il ne se résigne à l'assassinat de femmes qui *auraient pris les armes pendant le siège.*

Salamanque reconnaît que l'échec des négociations ne peut pas être imputé au CICR, remarque Pourtalès. Le général Franco aurait fait dire combien il avait apprécié les efforts du Comité. Les difficultés proviendraient à la suite d'un *défaut d'entente* entre l'état-major de Salamanque et celui de Séville, le général Queipo ayant une attitude jusqu'au-boutiste.

En réponse, la presse républicaine (*El Mercantíl*) diffuse un tout autre point de vue réfutant la thèse franquiste qui avançait que l'évacuation des femmes et des enfants du sanctuaire était la contrepartie de celle des enfants de Bilbao. Et reproduit intégralement la lettre du *docteur Roland Martín au Chef des opérations du Sud, Andújar, D. Antonio Cordón.* Dans *ABC*, une dépêche d'agence (*Febus*) donne le texte de la lettre que remit Marti au capitaine Cortés. *Solidaridad obrera*, de Barcelone, intitulant « *Les négociations avec les factieux de la Virgen de la Cabeza n'ont pas donné de résultat* », décrivait l'action des représentants du CICR, le docteur *Marty*, de nationalité suédoise, et de Vizcaya, en faveur des femmes, enfants, anciens et malades. Mais à cette action humanitaire répondirent les prétentions des assiégés qui voulaient que l'évacuation se fasse en territoire rebelle, dit le journal. Sous le titre *« Le réduit rebelle de la Virgen de la Cabeza est tombé samedi au pouvoir des troupes républicaines »*, un autre quotidien relate la chute du réduit. Il apporte des précisions sur *les prisonniers qui se trouvaient à l'intérieur du sanctuaire :* quelques gardes d'assaut, le commandant Nofuentes et son fils, ainsi que la femme et les enfants du lieutenant-colonel de la garde nationale républicaine, Pablo Iglesias[23]. Cet épisode concernant des otages détenus dans le sanctuaire est sans doute à examiner de plus près.

Sans tarder, le Comité international remercie le gouvernement le 5 mai d'avoir bien voulu autoriser le docteur Marti et Vizcaya à se rendre au quartier général des troupes assiégeant le sanctuaire [Annexe 25a].

A la demande du gouvernement, Marti retourne à Valence le 29 avril, en compagnie de son jeune adjoint âgé de 22 ans, Luis Baltá, et de sa secrétaire, Anna Crass Hartung[24]. Il compte reprendre possession des bureaux qu'il avait déjà installés, lors de son premier séjour. Les locaux sont libres, l'installation électrique et téléphonique ayant été démantelée; les meubles et les portes ont disparu! Dans l'impossibilité de trouver des bureaux plus vastes et aménagés, Marti décide de rester C/Sorni, 13 et de refaire l'installation. Lors de l'ouverture officielle, le 2 mai, il avait dix collaborateurs. Mais très rapidement le personnel comprend 22 membres, dont 3 femmes. Sa répartition syndicale était de 8 UGT, 10 CNT, le reste IR. L'âge moyen était de 18 à 37 ans. Le nombre des demandes de nouvelles se stabilisant (du 1er au 26 avril il y avait eu 9.251 demandes), un texte est confié à la presse, toutes tendances confondues[25].

Depuis la diffusion de ces appels, on note une continuelle augmentation des demandes de renseignements. Autre activité, la visite le 28 mai de la prison modèle de Valence, prison cellulaire typique sur quatre ailes de deux étages. Chaque cellule, construite pour un seul prisonnier, en contient deux ou trois. Ce jour-là il y avait 1.234 détenus dont 35 étrangers appartenant aux Brigades internationales. Le même jour, la prison des femmes procure au délégué *un soulagement, une impression de calme et de relatif bien-être*. L'établissement, très propre, est assez vaste avec des dortoirs. Quelques cellules, pour les détenues *importantes*, dont deux accompagnées de leurs enfants. Au cours de cette visite fut prise la photo en couverture de l'ouvrage, Roland Marti est en compagnie de la mère de l'auteur. Troisième établissement sur l'agenda du délégué, la prison militaire de San Miguel de los Reyes; pas de permis de visite.

Mai est le théâtre de deux événements : la proposition faite par le gouvernement de Valence d'un échange d'officiers et de soldats italiens contre les membres des équipages des cargos soviétiques *Komsomol* et *Smidovitch;* et l'échange de Mme Galvés, épouse de l'aviateur Carlos de Haya González, pilote préféré de Franco, contre l'écrivain et journaliste Arthur Koestler, détenu à Séville.

Deux versions[26] de cet échange. Arrêté le lendemain de l'entrée des troupes nationalistes dans Málaga, le 9 février, par Luis Bolín, chef du service d'information nationaliste, Arthur Koestler est transféré le samedi 13 février à Séville. A minuit, il est incarcéré dans la prison provinciale; il va y rester détenu jusqu'au 12 mai, jour de son transfert à La Linea, dans un avion piloté par Haya. Emprisonné encore vingt-quatre heures dans la prison de cette ville, Koestler touche le sol britannique de

Gibraltar, le 14 mai. Il continue : « *Le caballero en chemise noire* [le pilote Haya] *fut tué pendant la bataille de Teruel au printemps 1938. [...] Quant à ma libération finale, je la dois aux efforts d'amis et d'inconnus, de personnes privées et d'organisations. Parmi eux se trouvaient un certain nombre de conservateurs de la Chambre des Communes sympathiques aux rebelles. Ils ne devaient pas aimer beaucoup mes écrits, pour autant qu'ils les eussent lus; cependant, ils intervinrent en ma faveur.* »

Koestler remerciera le CICR par lettre, le 3 juin. Dans un autre ouvrage[27], il est plus explicite. Koestler ajoute : « *[...] Arrivé à Londres j'appris tous les marchandages qui s'étaient déroulés pour arriver à ma libération. Après avoir été séparés, sir Peter fut conduit à l'hôtel où il séjournait sous la surveillance de la police. Vingt-quatre heures après arriva à Malaga un contre-torpilleur (destroyer) britannique, le* Basilisk. *Son commandant intervint auprès des autorités locales et, grâce à son intervention, sir Peter put regagner Gibraltar. Comme je n'étais pas sujet britannique, on ne pouvait rien faire pour moi. Cependant, sir Peter informa le* News Chronicle *de mon arrestation, envoyant un télégramme depuis le* Basilisk, *ce qui donna le signal de la campagne publique en vertu de laquelle je fus sauvé. [...] Parmi ceux qui signèrent des lettres ou des télégrammes, il y avait cinquante-huit membres de la Chambre des Communes britannique, dont la moitié était des conservateurs. [...] De même que le ministre des Affaires étrangères, M. Eden, [...] qui déclara que le gouvernement de Sa Majesté britannique était intervenu pour M. Koestler en dépit qu'il était citoyen tchécoslovaque [...]. La menace de Franco était considérée comme un pas de plus vers l'abolition de la liberté intellectuelle dans l'Europe vacillante. [...]* »

Continuons par Marcel Junod : « *A l'hôtel* [d']*Inglés*[28], *à Valence, je vois passer parfois dans le hall une très belle femme, un peu dédaigneuse, qui porte en elle toute la noblesse sévillane.* Muy guapa, *ne peut s'empêcher de murmurer le garçon.*

[...] J'apprends qu'elle est la femme d'un aviateur franquiste. On lui a épargné la prison. Elle est libre de loger à l'hôtel, mais sous la surveillance étroite de la police. Son charme et sa beauté sont certainement pour quelque chose dans le traitement de faveur qu'on lui accorde.

« *M. Giral me parle d'elle. Il vient de recevoir de la délégation de Grande-Bretagne une liste de vingt noms de républicains détenus à Séville : le général Queipo de Llano les offre généreusement, tous les vingt, contre la femme de l'aviateur. Giral a un fin sourire :* Queipo voudrait nous allécher, mais je ne marche pas... Vous allez faire une contre-proposition : un homme nous intéresse, un seul. Il n'est pas espagnol, mais c'est un ami de la République. Son nom est Koestler.

« *Koestler... Connais pas*[29]. *C'est un journaliste hongrois qui a été condamné à mort par Franco pour avoir envoyé des dépêches à un journal anglais. Je vous serais reconnaissant de télégraphier d'urgence à Genève, car sa vie est en danger. Je vais téléphoner en rentrant. [...] Koestler contre la belle Sévillane? Oui, Salamanque est d'accord. On parlemente encore pour la réalisation de l'échange. Koestler est à La Linea, à la frontière de Gibraltar, mais les franquistes ne le laisseront passer en territoire britannique avant que la femme de l'aviateur soit montée à bord d'un navire anglais.*

« *C'est à mon avis à Leech* [Leche[30]], *ministre de la Grande-Bretagne à Valence, que revient l'honneur d'accompagner la noble Sévillane jusqu'à la coupée du* HMS Hunter. *La radio prévient Gibraltar. Le petit journaliste hongrois que Franco allait faire fusiller est libéré. Destins croisés : Koestler va vers le succès. Ses livres, depuis lors, l'ont rendu célèbre. Mais huit jours plus tard, la belle Sévillane portera des robes de deuil : son mari tombe d'un avion en flammes sur le front de Madrid.* »

Que décrivait-il dans sa correspondance du 1ᵉʳ juin 1937?

« *Échanges. — Après que Salamanque eut par trois fois refusé l'échange de Mme Galvés de Haya contre M. Koestler, il arriva un télégramme de Gibraltar à l'ambassade d'Angleterre de Valence, le 12 mai, informant le ministre que cet échange était accepté et que, si j'étais à Valence, on me priait de m'en occuper. J'en fis part à Giral qui l'accepta, mais me demanda d'envoyer à Gibraltar un émissaire du gouvernement qui reconnaîtrait Koestler pour qu'aucune confusion ne soit possible. Comme je m'étonnais un peu de cette méfiance, je lui proposai tout simplement de s'adresser au consul anglais de Malaga. La chose se passa alors comme suit : M. Koestler fut transféré de Malaga au poste frontière de La Linea; Mme de Haya fut transférée sur un bateau de guerre anglais. M. Koestler passa à Gibraltar, et, dès que nous en eûmes confirmation, Mme de Haya partit sur le bateau-hôpital* Maine *pour Gibraltar.* »

Pourtalès apporte quelques précisions. L'échange de Mme Haya contre Koestler n'aurait pas été agréé par le général Franco, malgré un préavis favorable de Queipo. Franco trouvait « *incompréhensible que l'on veuille échanger un condamné à mort pour espionnage contre une femme dont le seul tort était d'être l'épouse d'un aviateur qui faisait bravement son devoir* ». Et le 15 mai, par téléphone, « *Courvoisier aimerait accompagner l'aviateur Haya à Málaga pour assister à l'échange de sa femme. De Pourtalès n'est pas d'avis que cela soit utile.* »

Chapitre VIII
Euzkadi dans la tourmente

Profitant de la rotation d'un destroyer britannique, Graz fait parvenir, le 9 mai, un de ses derniers exposés. Les troupes du *gouvernement de Salamanque* ont lancé une offensive sur tous les fronts et se trouvent à une quinzaine de kilomètres de Bilbao. La plupart des villes dépendant de la délégation de Bilbao, Durango, Marquina, Guernica, Bermeo, etc., sont au pouvoir des troupes « *rebelles* » (les guillemets sont de Graz). Il décrit longuement les bombardements de Bilbao et de Santander. Les avions survolent Bilbao quasi sans interruption. Il y a jusqu'à quinze alertes par jour, d'une demi-heure chacune. Le délégué estime que les objectifs de ces bombardements sont principalement des points stratégiques : fabriques, casernes, ponts, routes, etc. Pourtant, des habitations sont atteintes, elles aussi, et on déplore la mort de civils, femmes et enfants. Étrangement, Graz dénonce une presse partiale qui « *exagère à plaisir les agressions sur la population civile sans défense, mais le gouvernement a installé toutes les casernes à côté des hôpitaux ou à côté des églises et, à Las Arenas par exemple, l'hôpital est encadré par trois casernes. Objectivement,* dit-il, *les bombes sont destinées aux casernes, une seule a atteint l'hôpital.* »

Graz « *estime qu'étant donné la mauvaise foi des autorités il est très délicat pour le CICR de prêter son autorité ou son prestige à une œuvre dont on peut mettre en doute la stricte correction* ». Il n'accorde pas crédit aux protestations du gouvernement nationaliste basque, avec lequel il traverse une période d'incompréhension et de froid réciproques : « *J'ai visité Durango complètement détruit par le bombardement aérien. J'ai vu Guernica flambant encore et les maisons s'écroulant les unes après les autres; je ne veux m'étendre sur ces événements qui vous sont connus. Le gouvernement basque ne m'a du reste présenté aucune réclamation officielle; je les mentionne simplement pour faire comprendre que les esprits sont tout à fait montés et qu'il n'est pas question de faire des démarches d'aucune sorte en ce moment.* » [r. n° 6 du 9.5.1937].

Était-il accompagné de journalistes lorsqu'il visite Durango et Guernica en flammes? Il reconnaît avoir reçu une lettre du chef du gouvernement basque. Après avoir décrit les épouvantables et inhumains bombardements subis par les cités basques, où se trouvent 300.000 femmes et enfants, Aguirre sollicite l'aide du CICR [Annexe 26a].

Le cabinet de presse de la présidence du Conseil d'Euzkadi télégraphie au secrétariat d'État du Vatican, ainsi qu'à diverses capitales (Londres, Paris, Mexico, etc.) un texte de véhémente protestation. Le 29, le président Aguirre intervient auprès des correspondants de presse :

Devant le Tribunal de Dieu et de l'Histoire, où nous serons tous jugés, je déclare que durant trois heures et demie les avions allemands ont bombardé avec une férocité sans pareille la population civile de la ville héroïque de Guernica, la réduisant en cendres, pourchassant à la mitrailleuse femmes et enfants qui périrent en grand nombre[1].

Dans la soirée du 26 avril arrivèrent à Bilbao les premières informations sur le bombardement de Guernica. Se trouvaient dans la capitale basque, entre autres, quatre correspondants étrangers, trois Britanniques et un Belge : George Lowther Steer, du *Times* de Londres; Noel Monks, du *Daily Express* de Londres; Christopher Holme, de l'agence de presse *Reuter*, de Londres; Mathieu Corman, correspondant du quotidien parisien *Ce Soir*, dont le premier numéro parut le 2 mars 1937. Steer avait été en Éthiopie, côté éthiopien; Monks, côté italien. Apprenant que Guernica était en flammes, ils parcoururent rapidement les 30 kilomètres séparant les deux villes. Dès leur retour, dans la nuit, ils télégraphièrent à leurs journaux respectifs. Que disaient ces premières descriptions? La ville avait été incendiée dans l'après-midi du 26 avril par des avions allemands. Des centaines de civils étaient morts à la suite d'un bombardement de trois heures et demie. Un des journalistes britanniques, Monks, notait pour le *Daily Express* : « *J'ai vu beaucoup de spectacles affreux en Espagne dans les derniers six mois, mais rien de plus terrible que l'anéantissement de Guernica, ancienne capitale basque, par les bombardiers de Franco.* »[2]

Généralement, la presse anglo-saxonne reprend la version donnée par les premiers témoins, ainsi que par les habitants de la ville bombardée. Singulièrement, la dépêche de Steer, publiée dans *The Times* et le *New York Times*, est un des rapports de presse les plus significatifs sur la guerre civile d'Espagne, d'après l'auteur de l'étude précédemment citée. Il y avait dans la ville environ 7.000 habitants et plus de 3.000 réfugiés. Le bourg fut en grande partie détruit et l'hôpital des Josefinas un des premiers touchés. Il y eut de nombreux morts et blessés. « *Toute la cité fut bientôt en flammes, sauf la Casa de Juntas historique, avec ses riches archives. [...] Le fameux chêne de Guernica, vieux tronc desséché âgé de six cents ans [...], fut épargné. La noble église paroissiale de Santa María fut épargnée... A deux heures du matin, Guernica brûlait d'un bout à l'autre...* » L'usine d'armements de Guernica *Astra-Unceta*, fort *heureusement* en sortit indemne ainsi que le pont de Renteria, objet pourtant du bombardement!

Dès l'arrivée des troupes nationalistes, l'*Arbre* fut placé sous la garde des Maures, d'autres disent des requetés. Un journaliste français, Georges Berniard, arrivé le 29 avril, se trouvait sur les lieux. Il est arrêté et sa vie menacée.

Nous avons une autre indication, la lettre que Alberto de Onaindía Zuloaga, prêtre basque, chanoine à Valladolid, partisan de la cause

nationaliste basque, adressa, depuis Saint-Jean-de-Luz, au cardinal Gomá. Le prêtre se trouvait à Guernica le jour même du bombardement :
« *J'arrive de Bilbao avec l'âme blessée après avoir assisté personnellement au crime horrible perpétré contre la pacifique cité de Guernica, symbole des traditions séculaires du peuple basque. L'aviation allemande a bombardé la cité durant trois longues heures. Avions de chasse et de bombardement, bimoteurs et trimoteurs ont arrosé de mitraille et de bombes incendiaires tandis que la population effrayée fuyait sur les routes et collines mitraillées par l'aviation. [...] un peuple croyant a été assassiné par des criminels qui ne ressentent le moindre sentiment d'humanité. Monseigneur, la ville brûlait en totalité... Il y aurait des milliers de victimes. Des radios militaires nient le bombardement ou l'attribuent aux rouges. C'est une calomnie après un crime. Eibar aussi fut brûlée par l'aviation. Interprétant le sentiment du peuple le plus chrétien au monde, [...] au nom de la religion que nous représentons, je vous prie d'interposer votre médiation pour que la guerre se poursuive dans des formes légales, si cela peut se désigner comme légal. Avec les assassins nous ne pouvons traiter. [...] »*[3].

Comment pouvait-on tenter de conclure une paix avec ceux qui exterminaient la population? Quant aux responsabilités, les nationalistes basques ne pouvaient oublier que le général Mola avait solennellement promis de raser la Vizcaya s'ils ne se rendaient pas. Onaindía, après avoir écrit au Nonce apostolique à Paris, le rencontra dans la capitale française. En réponse, le Nonce lui aurait suggéré *discrètement* la reddition de Bilbao. Le prêtre déploya une grande activité pour diffuser l'événement, attirant l'attention du IIe bureau de l'état-major de Salamanque sur la profonde perplexité existant au sein des milieux nationalistes.

A la suite de ces prises de position, un groupe d'intellectuels catholiques de France, Belgique, Italie, Angleterre et Hollande, au nombre desquels nous avons François Mauriac, Jacques Maritain, Gabriel Marcel, Paul Vignaux, Luigi Sturzo, W. Crawford, etc., signèrent un manifeste *Pour le Peuple basque,* qui se terminait par : « *Dans ces circonstances, il correspond aux catholiques, sans distinction de parti auquel ils appartiennent, d'élever la voix pour que soit évité au monde le massacre sans pitié d'un peuple chrétien. Rien ne justifie, rien n'excuse les bombardements de cités ouvertes comme Guernica.* »

La campagne d'explication et d'intimidation lancée par les services d'information de Salamanque rejetait les allégations des républicains au sujet de la nationalité des avions et avançait que la ville aurait été détruite par des mineurs asturiens. La presse française adopta en l'occurrence une position souvent proche de celle des franquistes. Parallèlement, *La Croix* avait une attitude mesurée, expression de la préoccupation et du doute que la propagande franquiste avait introduite. Le signataire se refusait à prendre parti tant que les preuves n'auraient pas été clairement établies de la responsabilité des troupes de Mola ou de celle des aviateurs allemands.

Pour terminer par l'affirmation que « *rien de bon peut naître d'une collaboration avec les ennemis de la religion* »[4]. Prise de position peut-être inconsciente, mais qui avait le mérite de la clarté.

Quelques jours plus tard, le Foreign Office reçoit un message de Chilton, l'informant que « *Herr von Goss, attaché de presse auprès de l'ambassade d'Allemagne en Espagne, avait délibérément déclaré au comte Horace de Pourtalès, de la Croix-Rouge internationale : Bien sûr nous* [c'est-à-dire les Allemands] *avons bombardé Guernica, la réduisant en miettes* »[5]. Selon la version allemande, cette action était nécessaire militairement. Nous n'avons pas trouvé trace, dans les archives, d'une telle déclaration aux membres de la Commission.

Le CICR n'eut pas de position officielle explicite. Au cours de la semaine, la quasi-totalité des moyens de la Commission, en délégués ou en membres à Genève, était mobilisée par l'hypothétique solution du problème posé par les otages du réduit de la Virgen de la Cabeza.

Courvoisier [*r.* n° 15], en compagnie du commandant militaire de Zarauz, visite Guernica le 13 juin : « *[..] La ville est presque entièrement détruite. Seules restent encore debout quelques rares maisons isolées. Je crois pouvoir certifier, après ce que j'ai vu et ce que j'ai entendu, que Guernica a été brûlée par les gouvernementaux lors de leur retraite. J'espère pouvoir envoyer au Comité un rapport plus détaillé prochainement, à ce sujet-là.* »[6] Ce point de vue est à rapprocher de ce qu'il décrira plus tard dans son autobiographie dans laquelle il *découvre* la présence des aviateurs allemands, les renvoyant dos à dos avec des républicains destructeurs : « *Je décidai d'aller à Guernica, la Cité sainte des Basques espagnols; cette petite ville de 7.000 habitants n'était plus, comme la Chio de Victor Hugo, que ruines et deuils. Elle était morte le 26 avril. Ce jour-là, à 16 h 40, les Heinkel des escadrilles allemandes placées sous les ordres du lieutenant-colonel Wolfram von Richthofen étaient apparues dans le ciel. D'abord, les Heinkel avaient lâché leurs bombes incendiaires de 250 à 500 kilos, puis les Junkers étaient arrivés pour mitrailler les rues. Des petites agglomérations avaient été, elles aussi, bombardées sans pitié. Le raid se termina à 19 h 45, laissant 1.600 morts et plus d'un millier de blessés sur le terrain. C'était sans doute la première fois qu'une ville était anéantie, depuis le ciel, par les hommes. S'ajoutant à la fureur des bombardements, les excès des deux partis avaient fini par tout détruire de la ville. En se retirant, les Républicains firent sauter les églises et les monuments encore debout. A la fin de ce qui avait été une rue, on voyait le flanc d'une colline entièrement rasé. « Par les Rouges », disaient les uns, « par les Fascistes », affirmaient les autres. Ainsi, de chaque côté, le patrimoine national disparaissait. Le chêne sacré lui-même, sous lequel, autrefois, les dignitaires basques venaient jurer de respecter les coutumes et les franchises (los Fueros), n'était plus que cendres.* »[7]

Junod a-t-il été présent? Ronald Fraser le laisse entendre, qui mentionne le représentant de la Croix-Rouge *suisse,* alors que la cité brûlait encore. Un des protagonistes que l'auteur interroge, Juan Manuel Epalza, vice-président du mouvement de jeunesse du PNV à Bilbao, nationaliste basque engagé, aurait rencontré Junod le lendemain du bombardement de Guernica, au milieu des ruines, le 27 ou le 28 avril :
« Quand on pense qu'on dira que nous sommes les responsables, lui dis-je au docteur Junod, représentant de la Croix-Rouge suisse, lorsque quelques heures plus tard nous marchions au milieu des ruines qui fumaient encore, rappelle Juan Manuel Epalza, qui venait de rentrer de Bilbao. Non, répondit le docteur Junod, cela n'est pas possible. Vous n'imaginez pas quel genre d'ennemis nous avons, lui dis-je. »[8]

Confusion sur la personne? On ne trouve pas dans l'ouvrage de Junod ni nulle part ailleurs mention de ce passage. D'autres signalent également la présence de Marti, sans plus de précisions.

Deux mois plus tard, en juin, dans un article de la *Revue internationale de la Croix-Rouge* (signé *Prof. L.D.*[9]) relatif à la *protection contre la guerre chimique,* le problème des bombardements aériens est abordé au travers de témoignages et d'articles parus dans la presse parisienne. Le premier fragment, reproduit partiellement, ne comporte pas d'indication d'origine ni de précision de lieu. Nous le reconnaîtrons sans peine (comme le reconnut le comte de Vallellano qui éleva une protestation) :

> […] Le bombardement, qui a duré huit heures, a eu lieu notamment pendant le marché. L'adversaire a lancé plus d'un millier de bombes incendiaires. Le couvent aménagé en *hôpital d'urgence* a été détruit, ainsi que les églises et de très nombreuses maisons. Les avions sont descendus à quarante mètres pour mitrailler la population. Les incendies continuent dans toute la ville. […]
> Le plan d'attaque était logiquement et efficacement meurtrier. Son but était incontestablement de terroriser le gouvernement et les populations pour les amener à se rendre.

Texte suivi par des extraits d'articles parus dans *Le Temps*[10] détaillant les derniers jours de Málaga et la fuite dramatique de sa population :

> […] Il est difficile de se représenter, sans l'avoir vu, ce flot humain couvrant, en la débordant des deux côtés, la chaussée à perte de vue, et, talonné par une peur aveugle, ne s'arrêtant ni jour ni nuit. […] Femmes chargées d'enfants, les pieds enveloppés de chiffons, miliciens sans armes, vieillards clopinant; toute une population hirsute et affolée, une famille, parfois recrue de fatigue et souvent sans presque nourriture depuis deux ou trois jours, s'écroulait dans une des criques rocheuses du bord de la mer, mais repartait aussitôt.

Au cours de la réunion de la CE [12 septembre], la réclamation du président de la CRN est examinée. Vallellano s'offusque de la partialité du CICR qui *« s'est refusé systématiquement à donner publicité aux protestations qui lui ont été adressées par la Croix-Rouge nationale pour des crimes parfaitement prouvés [...] »*, attendant « *la plus absolue rectification de la mensongère information* »[11].

Junod estime qu'il est « *regrettable qu'on ait pris en exemple pour cet article, précisément des événements actuels et sur le champ d'activité des délégués* ». Comme il n'est pas spécifié « *que la première partie traite de Guernica et la seconde de Málaga* », Junod estime que la plainte de Vallellano est compréhensible. Une rectification est envisagée à laquelle, seul, s'oppose Clouzot. Lors de la parution, les membres du Comité international avaient approuvé le texte suffisamment explicite, tout en gardant une part de neutralité, car mentionnant qu'il s'agissait de citations. Cette démarche apparaît, *a posteriori*, comme modérée, attentive à ne pas mécontenter les nationalistes et acceptant la version tronquée du comte qui en conteste une qui lui est défavorable.

Devant l'impossibilité d'obtenir des forces assaillantes une diminution de la pression aérienne sur Bilbao, l'évacuation de la population devient, pour le gouvernement basque, la priorité des priorités. De toutes parts parviennent des sollicitations auprès de ceux qui disposent des moyens d'effectuer ces transports maritimes et de les protéger, les gouvernements français et anglais. Nous verrons que, le moment venu, les forces navales anglaises s'engageront beaucoup plus que les françaises.

Depuis les bords du Léman, le CICR interroge Chilton et Herbette :

Notre délégué Bilbao nous transmet message gouvernement basque demandant quels moyens évacuation et subsistance peut offrir CICR en faveur femmes et enfants de Bilbao Stop CI ne dispose aucun moyen matériel évacuation ou subsistance mais est prêt à coopérer avec vous si vous jugez utile selon ses moyens et particulièrement par services de son délégué Bilbao M. Graz Stop Serions reconnaissants être informés des mesures envisagées par autorités britanniques (françaises) Stop[12].

Nous avons une indication de l'attitude partiale et profranquiste de l'ambassadeur anglais, identique chez le français, lorsque le délégué-adjoint Muntadas téléphone à Junod. Pour Muntadas, l'ambassade britannique est contre les évacuations qui se font par ordre supérieur. Muntadas semble être de cet avis et pense que *si tout le monde reste chez soi les villes ne seraient pas pillées et brûlées!* Le général Franco aurait refusé l'autorisation des évacuations. Malgré cela 1.500 enfants ont été évacués, et plusieurs milliers de personnes auraient demandé leur passeport. Sont comprises les listes présentées par Graz au gouvernement basque. Ces évacuations se feront sur le *Habana* qui, au départ de Bilbao, sera escorté, *à partir des 3 miles,* par les destroyers anglais. Muntadas ajoute qu'il craint que Graz ne puisse quitter Bilbao, d'après Stevenson. Graz a refusé de partir; il ne pourra plus quitter la ville, car aucun bateau anglais ne retournera à Bilbao! Weber a la même réaction. Le lendemain, Muntadas poursuit ses informations, certaines vérifiées, d'autres provenant de la rumeur publique ambiante à Saint-Jean-de-Luz. Des drapeaux, ou fanions, de l'Ordre de Malte seraient utilisés par les bateaux évacuant Bilbao. Le Comité international ne peut rien faire; il n'y a pas lieu à rectification. Remarque assez curieuse, car Muntadas n'ignore pas que les Services de santé des deux camps usent de la Croix de Malte. La réponse de Genève est encore plus inquiétante. Ou bien, au bout du fil, on feint d'ignorer les usages des sections nationales.

Courvoisier pronostique la chute prochaine de Bilbao et se propose d'aller lui-même porter du lait condensé aux enfants. Pourtalès est inquiet au sujet des femmes et enfants de Bilbao (liste de 1.000 personnes dont 250 intéressent Valence). Enfin, prenant à son compte la proposition des Basques de l'étranger, le CICR s'autorise à demander à :

S.E. le général Franco s'il serait possible de déterminer dans Bilbao ou à proximité une *zone franche* où les femmes et les enfants, malades et vieillards non évacués pourraient trouver sécurité conformément à ce que S.E. a généreusement accordé en ce qui concerne Madrid.

En réponse, Vallellano, le 7 mai, remet la dépêche de Rialp :

Instructions chef cabinet diplomatique exécutées il me prie de te dire qu'il a reçu le télégramme et attend résultat de l'acceptation de l'idée émise par Croix-Rouge Internationale au sujet zone de sécurité garantie par Croix-Rouge depuis Bilbao à Santander où puissent trouver refuge les non-combattants puisque dans le paragraphe 5 de la réponse du gouvernement à l'ambassadeur anglais on a dit que du fait qu'il existait en territoire rouge une zone éloignée de l'action de la guerre où la population peut éviter le péril, l'évacuation à l'étranger n'était pas nécessaire et à cette indication l'ambassadeur répondit qu'il communiquerait cette indication aux dirigeants basques. Le gouvernement national attend une réponse qui, jusqu'à aujourd'hui, n'est pas encore arrivée. Marquis de RIALP. »[13]

L'ambassadeur anglais répercute la réponse de Stevenson :

Référence v/tél. 3 mai consul britannique assure que votre délégué Bilbao coopère déjà avec lui Stop Évacuation sera effectuée d'abord par bâtiments français et anglais dont le premier arrivera Pauillac ce soir Stop Autorités françaises accueilleraient sûrement avec plaisir coopération Intercroixrouge débarquement Stop Chilton[14].

Pourtalès est l'intermédiaire avec Salamanque autour de la proposition de zone neutre, rejetée par les nationalistes basques (le 11 mai) :

M. de Pourtalès a parlé à Salamanque avec M. de Vallellano de la question des évacuations d'enfants. Celles-ci (individuelles ou collectives) ne pourront se faire que sur une base d'échange. Il y a en France tout un nombre d'enfants qui ont été évacués d'Espagne gouvernementale mais dont les parents résident en Espagne nationaliste. Ces enfants sont réclamés et n'ont pu encore rentrer dans leurs foyers. Un télégramme a été adressé par le marquis de Rialp à Vallellano au sujet de la création d'une zone neutre à Bilbao[15].

Graz rencontre Chilton. L'historique de la négociation est rappelé. Pour autant, l'ambassadeur s'étonne que le général Franco attende la réponse du gouvernement britannique. Il ne ressort nullement du texte de la note que le gouvernement anglais puisse servir d'intermédiaire auprès du gouvernement basque. Quelques jours après, Stevenson apprend à Graz qu'il a été chargé de faire un sondage auprès du gouvernement basque et qu'il souhaite sa présence lors d'une entrevue avec le président Aguirre.

En réunion, Stevenson expose à Aguirre sa suggestion : le gouvernement basque serait-il disposé *à créer une zone neutre entre Bilbao et Santander pour épargner les horreurs de la guerre à la population civile non-combattante*, tout en reconnaissant que cette proposition est irréaliste, car il n'existe pas, entre les deux capitales, d'agglomération assez importante pour accueillir les réfugiés. Le second touche à l'insuffisance d'eau et de ravitaillement, « *il ne peut être question d'improviser à la hâte des baraquements ou des campements pour 300.000 personnes* ». Une évacuation massive susciterait une vague défaitiste et entraînerait la panique. Aguirre acquiesce. Il reprend à son compte tous les arguments du consul, « *vu l'esprit de notre âme basque, il ne sera jamais question d'émigrer à Santander dont l'esprit est tout différent de notre mentalité chrétienne et nationaliste basque* »*!* Par ailleurs, l'offre émanant de Franco l'incite à la rejeter sans crainte, « *la situation nous étant favorable depuis quelques jours et la Vizcaya deviendra le tombeau où périront les dernières ressources de Franco. Vous pourrez donc dire à l'ambassadeur d'Angleterre que nous ne pourrons en aucun cas envisager la création de cette zone neutre.* » Puis, se dirigeant au témoin, il ajoute : « *Vous pouvez donc dire, monsieur Graz, à la Croix-Rouge internationale que le Gouvernement basque ne peut envisager la création de cette zone.* » Le délégué fait alors observer qu'il n'est pas, personnellement, chargé d'une démarche officielle, omettant bien entendu de parler du télégramme du 5 mai! Le 20, dans la presse, le général Franco aurait réitéré l'offre. Soldant l'opération, Graz ajoute, *in fine,* les arguments de Stevenson, rappelant à la Commission d'Espagne que c'est au général Franco « *d'indiquer la manière dont il envisage sa création* [de la zone] *et d'exposer les modalités pratiques de son établissement* ».

Ce sont ces bombardements aériens qui accélèrent les évacuations [r. n° 6 du 9.5.1937]. Le gouvernement basque se porte garant auprès des consuls. Elles se feront sans aucune distinction politique et toutes les personnes, femmes, enfants et hommes de moins de 15 ans et de plus de 65 ans, pourront quitter librement le territoire. Pourtant, contrairement à ces bonnes intentions, Graz assure que des personnes non affiliées à un parti politique ou *non recommandées* ne peuvent embarquer. Appuyant son propos, le délégué relève le départ du *Habana,* jeudi 6 mai, avec environ 1.600 enfants[16], pour lequel il a voulu en inscrire, sans succès, 30. Quant au second bateau faisant partie de ce convoi, le *Goizeko Izarra,* il transporte 1.000 personnes, la plupart étant, dit-il, *des familles des chefs du gouvernement.* Aucun contrôle n'aurait eu lieu pour ces évacuations réservées aux non-combattants. Enfin, Graz se fait l'écho de la rumeur qui avance qu'une grosse réserve d'or était dissimulée dans les soutes du *Habana.* Trois autres bateaux marchands français, *Carimade, Château-Margaux* et *Château-Palmer,* protégés par le contre-torpilleur espagnol *Ciscar* et les *bous Vizcaya* et *Guipúzkoa*[17], avec 2.000 personnes, quittent Bilbao le 9 mai. Deux super-destroyers français, l'*Audacieux* et le *Fantasque,* se seraient trouvés devant la baie de Bilbao (Abra de Bilbao), ce jour-là, pour escorter divers bateaux marchands français qui transportaient des réfugiés au port de Bordeaux.

Sont encore dans les prisons du Carmel et de Larrinaga quelque 2.100 otages, dont 800 travaillent aux fortifications. Toutes facilités lui ayant été données, Graz visite les prisons. Il n'y avait pas eu de visite depuis deux mois et aucun colis n'avait été distribué depuis quatre. Mais l'essentiel, la sécurité, est assuré, et les détenus ont bon moral bien que souffrant de faim; c'était le sort de tout le monde. Graz, profitant du désordre qui gagne, peut leur faire parvenir quelques colis. Une trentaine de femmes, dont deux infirmières de la Croix-Rouge, sont emprisonnées en dépit des démarches du délégué.

Le 16 mai, le *Habana,* escorté par des bateaux de la *Navy,* transporte environ 3.500 personnes à Bordeaux [*r.* n° 7 du 17.5.1937]. Cette fois, le gouvernement écoute les doléances de Graz, et l'opération est faite sans trop tenir compte des convictions politiques. Dorénavant, les contrôles sont sommaires d'après le consul Stevenson, indigné, qui a découvert — comment? — que des repris de justice sont montés à bord après avoir obtenu passeports et visas! Quant au consul français, Casteran, manifestant peu de zèle dans ces opérations, tout comme son ambassadeur, il confie au délégué du CICR que le gouvernement français est excédé des évacuations organisées par les Britanniques sans en aviser les autorités françaises. Par exemple, il aurait appris par la presse le départ du *Habana* pour Bordeaux! Chenevière, informé par la délégation française de Genève, téléphone à Graz. La France n'a pas été consultée avant les évacuations sous protection britannique en ce qui concerne la réception des évacués en France; elle ne les admet que contre son gré. L'Angleterre, elle-même, n'a jusqu'à présent pas reçu de réfugiés. On parle aussi de la zone neutre et de la réponse à la demande au gouvernement basque de protéger la population civile. De son côté, le CE n'hésite pas à faire part de ses réserves à diverses sections nationales de la Croix-Rouge. Par exemple, Chenevière se confie au marquis de Lillers, le 8 mai :

> En ce qui concerne le blocus de Bilbao, le public a tendance à considérer d'une façon simpliste un problème aussi complexe que l'évacuation de la population civile d'une ville cernée par terre et par mer. Notre délégué à Santander, Pierre Weber, nous annonce d'autre part qu'il y a dans ce port un bateau prêt à partir avec 500 enfants dont la majeure partie doit se rendre à l'île d'Oléron. [...] Nous ne voudrions pas

prendre la responsabilité d'organiser une évacuation qui ne fut pas assurée de plein accord des deux parties intéressées.

Il se fait, tant dans le golfe de Gascogne que dans la Méditerranée, beaucoup d'évacuations par voie maritime auxquelles nous n'avons aucune part. Nous en reconnaissons l'intérêt et nous apprécions les efforts de ceux qui se vouent à ces interventions humanitaires unilatérales. Mais toutes les évacuations que nos délégués ont organisées et accompagnées ont été négociées par le CI sur la base de l'échange et de la réciprocité[18].

Une autre rumeur circulait dans les cercles diplomatiques, le gouvernement de Bilbao ne disposerait pas des moyens financiers pour participer à l'entretien de ces réfugiés; quant aux organisations françaises, elles arriveraient à la limite de leurs possibilités. A la requête du Quai d'Orsay, le consul Casteran aurait fait une estimation complète incitant le gouvernement français à ne plus y participer. Le consul programme son départ en compagnie de celui de la Suisse. Le consul britannique, quant à lui, passe de plus en plus de temps sur les bateaux de son pays. Reste à Graz la possibilité de se réfugier à Santander.

En dépit des propos alarmistes de Muntadas, Georges Graz retourne à Saint-Jean-de-Luz, ayant sur le conseil de Stevenson emprunté le destroyer du dimanche qui reviendra mardi 18 à Bilbao. Le courrier est rédigé et posté, pas de censure. L'avance des troupes nationales se ralentit, il faut les laisser souffler. En revanche, les attaques aériennes se multiplient. Des villes encore au pouvoir du gouvernement basque sont évacuées : Munguía, Plencia et Amorabieta. Dans la capitale basque, l'alerte retentit dès le lever du jour et ensuite toutes les demi-heures. La population vit pratiquement dans les refuges, contrainte par une police qui s'assure du respect des règles de défense passive. Les rues sont désertes et la ville ne renaît qu'au soir. La population serait d'environ 600.000 habitants, dont plus de 150.000 dans les localités proches. Le personnel de la délégation, par suite des réquisitions militaires, est réduit à quatre personnes. Cependant le bureau fonctionne quotidiennement. Près de 300 à 400 personnes viennent demander des nouvelles des leurs. Au premier coup de sirène, tous se précipitent vers l'abri le plus proche.

Commencent des entretiens autour d'un échange probable d'aviateurs russes contre des aviateurs allemands [r. n° 8 du 8.6.1937]. Mlle Bücher reçoit une proposition faite par von Trœschler, vice-consul d'Allemagne à Genève, au sujet de l'échange de trois aviateurs allemands contre deux personnalités françaises et un député basque.

Un événement passe inaperçu. Dans l'après-midi du 22 mai, une délégation officieuse britannique atterrit à Bilbao. Elle est composée entre autres d'Harry Pursey et McKinnon Wood. Le capitaine de frégate à la retraite Harry Pursey était un spécialiste en mines marines et Wood, expert en aviation. Tous deux avaient été chargés d'enquêter sur le blocus de Bilbao, les champs de mines et les activités aériennes allemandes dans le nord. Et d'en rendre compte aux sympathisants de la cause républicaine espagnole de la Chambre des Communes. Après avoir envoyé le rapport, Pursey se convertira en ardent défenseur de la cause basque.

En l'absence de Graz et Weber, Pourtalès est prié d'entreprendre des démarches en vue de faire escorter par un ou deux destroyers anglais, le transport d'enfants de Santander. Il rendra visite à l'ambassadeur anglais pour faire un premier sondage. Suivant la réponse, il télégraphiera à Weber lui demandant la date de départ prévue pour convoi. Weber intervient auprès du gouvernement pour y adjoindre les enfants inscrits sur les listes du CICR. Il semble que ces enfants appartiennent à des familles de droite qui souhaitent les mettre à l'abri dans un premier temps à Saint-Jean pour leur faire rejoindre la zone franquiste. Weber obtient l'accord des autorités [*r.* du 5.5.1937]. Par le même procédé, des précisions sont apportées sur le convoi d'enfants, accueillis et entretenus en France par le *Comité de acogida de niños de España* dans la colonie de l'île d'Oléron (Gironde).

Un intense trafic téléphonique tente de discerner la réalité des évacuations, tant de Bilbao que depuis Santander. Les nouvelles du matin sont contredites l'après-midi ou bien perdent de leur crédibilité. Une zone neutre à Bilbao... l'idée revient et repart! A Santander, y aura-t-il assez de bateaux? Divergences? Le CICR approuve la collaboration de Weber à cette évacuation à condition qu'un nombre identique d'enfants de *blancs* soit évacué en même temps. S'il n'y a que des enfants *rouges,* il faut tout laisser à l'UISE. Le délégué doit juger par lui-même si le nombre des enfants *blancs* est suffisant.

Est-ce par mimétisme? Une agitation frénétique saisit la délégation. De bon matin, le jeudi 27 mai, à Saint-Jean-de-Luz, arrive Weber. Il souhaite rencontrer rapidement Courvoisier pour régler l'évacuation des enfants de Santander et la remise de ceux dont les parents se trouvent chez les nationalistes qui repartiraient directement pour San Sebastián. Une note de la main de Favre à ce sujet l'attend :

> Votre télégramme de Saint-Jean-de-Luz nous est transmis par tél. De combien d'enfants s'agit-il? Quelle destination exacte? Qui les accueillera en France? Les enfants inscrits sur nos listes sont-ils compris? Attendons réponse pour prendre décision Intercroixrouge 9527. Nous avons fait demander par la délégation de Saint-Jean-de-Luz, que le bateau évacuant les 500 enfants soit convoyé par la flotte britannique[19].

Le bateau destiné à cette évacuation quittera Santander aussitôt que le gouverneur obtiendra l'autorisation du gouvernement français de laisser débarquer les enfants en France [*r.* du 27 mai]. Une prise de contact a lieu avec Mme Quintana de Aragones, déléguée de la Croix-Rouge cubaine à Biarritz, au sujet de l'embarquement de Cubains demeurant à Santander et de l'utilisation du pavillon de la Croix-Rouge par le navire qui les convoiera. Se trouvent aussi à Gijón des Cubains, dont le docteur Marino Díaz Quinones est le délégué spécial.

Pourtalès, le 27 avril à Salamanque, ne peut rencontrer Franco. C'est toujours l'accord sur les échanges qui bloque. Le délégué, en compagnie de Serrano Suñer, aurait négocié la rédaction des listes prêtes pour le 12 avril, tenant compte du principe d'égalité, y compris des personnes d'importance secondaire et de divers partis politiques, de même qu'un panachage avec Bilbao et la Catalogne. Enfin, le principe de plénipotentiaires à Genève est admis, sous réserve de réciprocité, de même que les envois modérés d'argent, avec une autorisation spéciale, au cas par cas. Pour la visite du fils Miaja, Franco remet — en mains propres un peu plus tard, semble-t-il — une autorisation. D'après le délégué, le détenu se porte bien et n'a aucune observation à formuler.

La capitale connaît maintenant une accalmie relative, les franquistes ayant tourné leurs efforts vers d'autres théâtres d'opérations. Non que les bombardements aient diminué pour autant, mais la lassitude entraîne une accoutumance parfois dangereuse. En un mois, il y a eu plus de 200 morts et 600 blessés consécutifs aux bombardements aléatoires quotidiens. L'état sanitaire est mauvais, les ordures encombrant les rues et les immeubles détruits ou endommagés, les mouches sont devenues une plaie. On conseille une vaccination préventive contre le typhus et la variole. Pour nos délégués, un nouveau gouvernement peut devenir une source de soucis, encore que la nomination de Manuel de Irujo, ami de Junod, comme ministre de la Justice, soit satisfaisante. Plus inquiétante est la mise en route de procédures policières sévères et expéditives envers les membres du POUM, accusés de trotskisme, les étrangers d'espionnage, et les supposés membres de la *Cinquième colonne*. La rumeur courait que les pièces de monnaie disparaissaient volontairement occasionnant des problèmes de circulation monétaire et provoquant une augmentation artificielle des prix non négligeable. Le ravitaillement est toujours irrégulier, peu diversifié; il arrive même que le pain manque.

A été déjà décrite la situation de Valence — en 1930, cité tranquille de 300.000 habitants — quasi asphyxiée par plus de 900.000 citadins éparpillés sur toute la superficie, débordant en périphérie. L'administration et sa cohorte de fonctionnaires apportent leur lot de complications sur le plan du ravitaillement et de difficultés de circulation. A partir du jeudi 20 mai, le président de la République Manuel Azaña séjourne à la Pobleta, à quelque vingt kilomètres de l'agglomération.

Pour les délégués du CICR, la présence du chef de l'État permettra-t-elle la résolution des nombreux problèmes que la délégation de Valence rencontre? Surtout sur le plan des libertés individuelles avec ce que l'on a appelé les *prisons secrètes*. Rien n'est moins sûr. Apprenant que des femmes et des enfants de Bilbao sont évacués par des *navires-ambulances* français et anglais, le CI estime que cela peut servir d'argument pour évacuer du territoire républicain les femmes, enfants et vieillards du sanctuaire de Notre-Dame de la Cabeza qui séjournent dans une localité inconnue. Dès son arrivée, Marti est sollicité par Genève pour une de ces négociations dont nous avons déjà eu à connaître la complexité.

L'évacuation de Madrid et l'accueil à Valence des réfugiés, femmes et enfants, faisant partie des listes du CICR sont toujours tributaires des moyens de transport, camions ou autocars. Les Croix-Rouges belge, suisse, suédoise vont malaisément tenter de trouver une solution. Des organismes neutres sont aussi sur la même voie, par exemple le Comité Jeanson, à Bruxelles, dont le colonel Favre signale la présence à Dronsart, directeur de la Croix-Rouge de Belgique. Une démarche identique est faite auprès de la Croix-Rouge suédoise.

Le 19 mai, Marcel Junod rend une visite protocolaire à Manuel de Irujo, ministre de la Justice dans le gouvernement du docteur Negrín. Le texte relatant l'entrevue est muet quant à la partie concrète de la conversation. Le même jour arrivent les félicitations officielles octroyées à Marti pour la tâche accomplie au sanctuaire et les remerciements de la Commission d'Espagne pour son exposé extrêmement précis.

Toujours en mai, des problèmes surgissent au sujet de fausses fiches de recherches émises par une section dénommée *Comité local de la Croix-Rouge de Guadalajara*, d'un fantomatique Comité International à Gènova *(sic!).* Hahn [r. du 19.7.1937] interroge le président Favre, que peut-on faire? Le délégué profite de ce courrier pour proposer un échange de familles entre les deux parties. La lecture attentive de la correspondance et des rapports fait apparaître un train-train quotidien. Le délégué s'interroge sur le sens de sa mission et questionne Genève : « *Est-ce que notre œuvre est satisfaisante et suffisante?* » Il voudrait pouvoir répondre efficacement aux problèmes qui surgissent quotidiennement et comprendre ce qui se passe au plan général. Comme toujours, les problèmes d'argent sont en filigrane : on organise la vente de cartes. *Thomas* (les prêtres en général) attirent son attention. Le délégué du gouvernement à l'ordre public en Catalogne, Paulino Gómez Sáez, avait été directeur à la Défense dans le gouvernement basque, nommé délégué général à l'Ordre public en Catalogne, puis dans le dernier gouvernement Negrín, ministre de l'Intérieur; il pourrait peut-être faciliter le départ des prêtres emprisonnés (122 pour Barcelone et 66 en province). Leur mise en liberté ne manquerait pas de provoquer « *un grand revirement des opinions qui croyaient que les prêtres étaient tués ou maltraités* » [12.6.1937]. Le délégué à l'ordre public promet d'intervenir auprès du gouvernement.

Ces problèmes tournent autour du sens de sa mission, encore et toujours, et son rôle du délégué. Concernant la jeunesse dans le camp républicain, il observe une défection sensible des jeunes gens envers le pouvoir. « *Ceux qui le peuvent cherchent à s'embusquer. J'ai eu plusieurs demandes avec recommandations de consulats, mais inutile de frapper à notre porte, toutes les places sont déjà occupées.* » L'animosité envers le gouvernement grandit de jour en jour, malgré le rétablissement de l'ordre et de la sécurité. Le délégué apporte une critique sévère envers les autorités, rien ne se ferait pour mettre la population, à Barcelone, à l'abri des bombardements aériens, *pas le moindre refuge véritable*.

On échafaude encore autour d'un échange ou d'une libération des prisonniers de N.-D. de la Cabeza. De même, l'évacuation de femmes et d'enfants de Madrid, pour partie sans doute ceux qui se trouvent dans les ambassades, est de nouveau à l'ordre du jour. Vizcaya a obtenu une réponse favorable de Valence concernant cette évacuation. A Madrid, il reprend les choses en main. L'évacuation des femmes et des enfants de Madrid à l'étranger, au nombre de 5.000 environ, ayant été acceptée par le gouvernement de Valence, la délégation demande d'urgence une dizaine d'autocars, suivis de deux camions pour le transport de l'essence; on ne dispose que d'un seul autocar à Madrid. Il faudrait prévoir aussi d'envoyer un bateau de passagers à Valence.

Courvoisier visite la colonie d'enfants de Pedernales — village qui vient d'être conquis par les nationalistes — installée dans une magnifique villa de Zarauz mise à disposition par le commandant militaire. Ces garçons et filles, en groupe égal, sont au nombre de 160, de 6 à 14 ans. Des sœurs catholiques les soignent et les éduquent. D'après Courvoisier, les conditions de vie sont excellentes, plage et parc à disposition pour jouer. Les enfants sont enchantés par leur nouvelle résidence.

Le délégué [*r.* n° 15 du 26.6.1937] parcourt les hôpitaux et les postes de secours. Si « *les médecins espagnols sont de tout premier ordre, les conditions dans lesquelles ils travaillent sont extrêmement difficiles* ». Et de décrire le « *poste de secours de Derio, où les blessés n'arrivent à la salle d'opérations qu'après trois heures et demie de transport sur une civière, dans des conditions épouvantables. La plupart des blessés ne peuvent survivre à l'effort de ce long transport.* » Chaque jour, plus près de *la première ligne du front*, écrit-il, il est sous le feu de l'artillerie et les soldats tout proches sont déchiquetés par l'obus qui s'abat sur leur position. « *Ce fut, ce jour-là, mon véritable baptême du feu.* »[20]

Un poste de secours est installé à Munguía. Courvoisier narre sa visite à l'hôpital improvisé. « *Des hommes gisent à même le sol dans leurs uniformes maculés de sang et de boue. [...] Il n'y a pas de lit ni de linge, aucun médicament, nul bloc-opératoire dans cet hôpital. Encore moins de réfrigérateurs ou de ventilation, l'électricité est coupée.* » Le chirurgien chef opère depuis quarante heures, « *on essaie de les soulager, et c'est tout, ils ont été blessés sur le front, ils sont condamnés* ».

Graz rédige son avant-dernier rapport [*r.* n° 8 du 8.6.1937] sur la situation de Bilbao au cours des dernières semaines. Il est fatigué et doit s'aliter, les derniers jours de mai sont froids et pluvieux. Lassitude aggravée par les déplacements répétés que le délégué effectue sur la ligne de front pour se rendre compte *de visu* d'une situation que la presse de Bilbao dissimule par *des succès imaginaires et les nouvelles les plus invraisemblables circulent*. L'ensemble des troupes attaquantes se trouve sous le commandement du général Dávila (remplaçant le général Mola tué, le 3 juin, dans un accident d'avion). Ils font porter leurs efforts sur Munguía, Lemona, Yurre et Aranzazu, et les routes sont bombardées par l'aviation. Au cours de la semaine, il visite Armiza, Lemoniz, Munguía, Larrabezúa, Usanzolo, Orduña, Arciniega, Valmaseda.

Dimanche 11, le temps se dégage. Pour la rupture de la ligne intérieure de défense intervient une artillerie puissante de 144 pièces comprenant entre autres des mortiers de 260 et des obusiers de 305. Deux indications méritent une explication. La première est la fortification principale de Bilbao décrite pompeusement comme *El Cinturón de Hierro* (la Ceinture de Fer par analogie avec la ligne Maginot française). Cet ouvrage fortifié avait été en partie conçu et réalisé par un ingénieur militaire, Alejandro Goicoechea Omar[21], qui se trouvait à Bilbao lors de la guerre civile et participa à la construction des fortifications. La seconde concerne les monts Jata et Sollube, depuis lesquels, à compter du 31 mai, six pièces d'artillerie (obusiers) bombardaient la région de El Desierto, Sestao et Baracaldo, gênant la circulation sur la route ouest principalement longeant le Nervion à Arenas et, par là-même, Graz dont le domicile se trouve dans cette localité. Ce sont, dit-il, « *des obus de 305, tirant toutes les vingt minutes des projectiles de 1,14 m de hauteur* ». L'effet sur la population est dévastateur, alors même que l'aviation rebelle, cependant présente, ne bombarde pas Bilbao. Les « *dégâts pratiques sont presque nuls* », car il y aurait des obus non explosés! La presse ne mentionne pas ces bombardements, ce qui paradoxalement augmente leur importance à la faveur de la rumeur publique. L'ordre règne, mais Graz signale que 35 miliciens asturiens, se livrant au pillage et à des exactions, auraient été fusillés. Le moral est bon, les attaquants piétinant, et « *il n'est pas question d'une reddition quelconque, on a même foi en une victoire prochaine!* »

Koltsov, le journaliste soviétique, est à Bilbao au cours de cette semaine, du mardi 1er juin au 10. Il parcourt les lignes du front et les fortifications. Depuis la fuite de l'ingénieur (*traître* et *saboteur*, dit-il), le commandement a tenté de remédier aux défaillances les plus criantes. Les sapeurs travaillent sous les attaques constantes de l'aviation. Le journaliste ne signale pas la présence parmi eux de prisonniers politiques. Il rencontre Aguirre, des membres du gouvernement ou représentants des organisations politiques. Indications sommaires sur la situation générale dans la ville, longues queues devant les magasins pour percevoir un peu de pain et d'huile. Figures livides des femmes et des enfants, les habitants ressemblent à des fantômes. Mais la vie est plus forte, le soir venu les mères de famille sortent les chaises devant les porches des maisons entourées de leur nombreuse famille. Description courte mais dense d'une cité fatiguée, sans espoir. Rien sur la Croix-Rouge, rien sur la présence des navires anglais, quelques mots sur les enfants basques évacués sur le *Habana* : le cinéaste russe Karmen fera partie du voyage, en compagnie du pilote français Guidez.

Dans cette atmosphère crépusculaire, les rumeurs vont bon train : arrivée prochaine de nombreux avions républicains, ou bien intervention britannique en faveur d'un protectorat sur le Pays basque. Enfin, les partisans de la reddition auraient choisi comme porte-drapeau le député Julio Jáuregui[22].

Graz fait une tournée générale des prisons, le 28 mai. Bon moral, les succès des troupes franquistes y sont pour quelque chose! Le 4 juin, sur les chantiers des fortifications et des tranchées, des prisonniers seraient utilisés; leur vie ne court aucun danger, estime-t-il. Cette déclaration est en contradiction avec l'intense activité aérienne sur le front, les fortifications et les nœuds routiers. Autre objection, la situation alimentaire serait de jour en jour meilleure, écrit-il, alors que d'autres témoignages la considèrent dramatique. Graz donne comme explication l'arrivée de *« deux bateaux de commerce anglais tous les jours et tous bien entendu viennent pour charger du minerai de fer »*. Le gouvernement français avait rédigé des instructions pour le transport de vivres sur les bateaux battant pavillon national. En revanche, l'état sanitaire s'aggrave avec de nombreux cas de typhoïde, ainsi que des troubles nerveux ou mentaux. La situation personnelle du délégué reste liée à celle de Stevenson.

Le bureau de la délégation reprend vie provisoirement; la Croix-Rouge locale a détaché huit nouveaux employés. La masse des demandes pour la zone rebelle augmente, de même que les recherches de disparus. Les évacuations continuent, mais les personnes recommandées par le CICR sont écartées, car n'appartenant pas à une organisation politique! Graz décide une démarche conjointe après avoir constitué un dossier d'une cinquantaine de femmes, *de condition très modeste pour la plupart, et pas du tout caractérisées comme de droite*, avec les consuls de France et d'Angleterre. Ils protestent auprès du ministre de l'Assistance sociale (Juan Gracia Colás) ou de celui de l'Intérieur, qui repousse cette démarche : elles auraient mal compris les employés. Le délégué propose alors qu'on les confronte avec les femmes. La rencontre est dévastatrice, *fautifs,* les préposés sont sanctionnés. Promesse est faite d'inclure, lors de chaque départ, un groupe de 50 à 100 femmes et leurs enfants. Le secrétaire général à l'Intérieur, présent, reconnaît que dans la pratique *« était demandée la filiation politique dans un but de statistique, afin que la balance soit égale entre les différents partis et pour faciliter les enquêtes de police, etc. »*. Obtenant satisfaction, Graz, en compagnie de 200 personnes inscrites sur ses listes, se présente à l'embarquement sur le *Habana,* le 6 juin, d'environ 4.000 passagers pour Bordeaux.

Quelques mots sur le premier échange de prisonniers, étrangers pour la plupart. Le délégué se rend auprès de Telesforo de Monzón, ministre de la Justice, qui est tout à fait d'accord, à condition que le gouvernement le soit aussi sur les journalistes français en cause. Finalement, après des entretiens avec les différents consuls, le gouvernement basque ratifie un échange comprenant deux aviateurs allemands (Walter Kinzle et Gunther

Schulze), un condamné pour espionnage (Emile Schaeidt), et un Suisse prisonnier de guerre (Hermann Maurer), tous détenus à Bilbao. Salamanque libérant deux aviateurs russes, le pilote espagnol Juan Olmos Genoves et le journaliste français Mallet [Henri Malet-Dauban, correspondant de l'Agence Havas en zone nationaliste]. Graz aurait souhaité ajouter un autre aviateur allemand, le lieutenant Wandel — pilotant un He-51 abattu lors d'une incursion sur Durango, il avait été condamné à mort — et l'échanger contre deux journalistes anglais (lesquels?). Mais Stevenson jugea la contrepartie non équitable et « *a conseillé au gouvernement basque de conserver Wandel pour un autre échange de même valeur* ».

Arrivés sur l'aviso français l'*Audacieux* qui, avec le *Fantasque*, composait une partie de la flotte française affectée aux patrouilles navales de la non-intervention en mer Cantabrique, à Saint-Jean-de-Luz, les prisonniers sont remis, le dimanche 30, à l'ambassade de France où les rejoignent les quatre venant de la zone rebelle.

Burckhardt reçoit Mme Small au sujet du départ d'enfants *blancs* du territoire *rouge,* ainsi que de la sortie de 300 enfants *rouges* de Santander. Mme Palencia, ambassadrice espagnole, aurait reçu du gouvernement suédois la permission d'envoyer 500 enfants en Suède. Le nombre d'enfants dépend du fait que leur mère puisse ou non les accompagner. Cela implique un groupe d'environ 320 personnes, dont 200 enfants, sauf ceux en dessous de 5 ans. Pour Mme Cornill, du ministère de Santé belge, ces évacuations ne semblent pas se présenter favorablement[23].

Dans la nuit du vendredi 11 juin, Graz *débarque à Bilbao*, dans le port même, le matin [*r.* n° 9 du 8.7.1937], peu de changements en six jours d'absence. Bombardements aériens et par l'artillerie se sont multipliés. « *Ce matin même, de 10 h 30 à 13 heures, il y eut quatre alertes avec 20 à 30 avions de bombardement au-dessus de Bilbao.* »

Reprise de contact avec les consulats anglais et français. Où en sommes-nous avec l'évacuation de la population civile? Les listes remises au ministère de l'Intérieur ont-elles été prises en considération? Le *Habana,* avec à bord 4.000 enfants, dont 1.500 destinés à la Russie, part pour la France ce soir samedi (en réalité le lendemain matin, l'embarquement se fait de nuit) à destination de Pauillac, en compagnie du navire marchand français *Ploubazlanec.*

Samedi, d'intenses combats aériens se déroulent au-dessus des collines autour de Bilbao. Les canons à longue portée se mettent de la partie et commencent, dans l'après-midi, à envoyer des obus qui tombent tous les quarts d'heure sur les casernes situées autour du ministère de l'Agriculture. Toujours d'après Graz, peu de dégâts, mais un effet incalculable sur la population. Alors qu'il quitte la délégation, des balles perdues sifflent dangereusement. Il regagne précipitamment les locaux. Les hauteurs dominant le vallon étroit dans lequel coule le Nervion divisant Bilbao en deux secteurs inégaux réunis par sept ponts étaient progressivement occupées par les assaillants.

Le lendemain, les habitants sont réveillés dès 5 heures par une intense canonnade et le roulement des bombes aériennes. Malgré les alertes continuelles, Graz se rend en auto à Bilbao. Durant son trajet, des obus de mortiers *éclatent* sur la route à proximité de sa voiture. *Relativement peu rassuré,* il arrive à la délégation. De nombreuses personnes attendent déjà en dépit des bombardements et sont réconfortées en voyant que les bureaux de la Croix-Rouge restent ouverts. La journée est une suite ininterrompue de fusillades dans les collines et d'obus dans les rues. Les combats aériens continuent; jusqu'à 68 avions de bombardement sont dénombrés par le consul et le délégué depuis le consulat. Les avions ayant disparu du ciel, Georges Graz, par le Desierto, reprend la route d'Arenas. Plusieurs villas ont été détruites, dont celles du consul britannique et de son père. Le pont transbordeur reliant Arenas à Portugalete ne fonctionne plus, les câbles ont été coupés. Étonnamment, en dépit des destructions, il y a peu de morts et de blessés. Agité, inquiet, le délégué retourne à Bilbao; au passage, il recueille dans son véhicule le consul de Suisse. Bilbao est calme, peu éclairé, sa population traumatisée. Dès son arrivée au consulat français, il apprend que le consul anglais, par chance, n'était pas dans sa maison détruite lors du bombardement. Des tracts auraient intimé les habitants à s'éloigner du pont transbordeur visé par l'artillerie. Les troupes désertent et les bateaux de pêche se dirigent vers la pleine mer. Dernière information concernant ce quartier protégé par le drapeau de la Croix-Rouge avec une garde attitrée, les « *gudaris se sont embarqués à 3 heures du matin en espérant aller en France* ».

Au cours de ces deux semaines, les tractations entre des membres du gouvernement nationaliste basque et des émissaires italiens se poursuivirent à Saint-Jean-de-Luz sous les auspices de l'ambassade britannique. Le sort de la capitale basque est en balance. Un échange de quatre Italiens contre quatre Anglais est réalisé; aucune mention dans les rapports du CICR. Le père Onaindía, qui informait périodiquement le président Aguirre de l'état de ses conversations avec les Italiens[24], eût préféré qu'on choisisse quatre Basques. Cavaletti, consul italien, aurait rencontré Irujo, qui lui aurait assuré que les dernières troupes restant à Bilbao comprendraient des bataillons basques afin d'éviter les violences et les destructions. Le prêtre proposait une réunion entre parlementaires basques et officiers italiens pour une éventuelle reddition sous le contrôle de bataillons basques qui intégreraient les troupes italiennes, ainsi qu'une garantie pour la population civile. Ces négociations procédaient de la part des parlementaires et des militaires basques d'une méconnaissance profonde de la réalité de la situation politique et militaire. Poursuivies, de part et d'autre, elles aboutirent, en août, à ce qui fut appelé le *Pacte de Santoña*. Mais, dans l'immédiat, des conversations ont lieu entre des officiers du bataillon Gordexola, du PNV, avec le commandant Aguilar, militaire, partisan de Franco, vivant clandestinement à Baracaldo. Les officiers basques voulaient se mettre sous son commandement. A la suite d'une réunion de cet officier avec l'état-major des *gudaris*, il fut décidé de cesser le combat et de demander aux forces franquistes d'accélérer leur progression[25]. Cette attitude eut pour résultat que les troupes franquistes trouvèrent l'arsenal et les usines d'armement en état de fonctionner.

Dans la nuit du dimanche au lundi, sous la présidence d'Aguirre, le gouvernement, élargi à l'état-major, se réunit dans le grand salon présidentiel de l'hôtel Carlton, afin de juger de la situation générale[26]. A 4 heures du matin, la décision de défendre la cité est prise en dépit de la démoralisation évidente des troupes et d'un désordre indescriptible. La population civile serait évacuée vers l'est, car la rade se trouve sous le feu des *305* nationalistes. Est sollicitée la médiation du gouvernement britannique afin que l'aviation et l'artillerie nationalistes ne bombardent pas la cité, les Basques promettant de l'évacuer. Stevenson, présent à cette réunion, quittera Bilbao le mardi 15, alors que les journaux titrent : « Avec le dos au mur... » A partir de cette date, et jusqu'au 19 juin, jour de l'occupation de la ville, près de 10.000 réfugiés furent transportés à Santander, tout particulièrement par le *Thorpehall* et le *Alice Marie,* sous la protection de la *Navy*.

Lundi 14, vers 9 heures, Georges Graz — il a dormi dans les locaux de la Calle Gordóniz — profitant d'une accalmie des bombardements passe au consulat français. On ferme, le consul partira sur un bateau de guerre français, le lendemain. Obligeant, il propose de prendre Graz avec lui. La quasi-totalité de la délégation est absente, car la circulation devient très dangereuse. Intermittents, des obus entretiennent une panique constante parmi la population. Quant à l'aviation, elle se contente, d'après Graz, de ne bombarder que le front immédiat. Les ponts seraient visés et les chaussées sont parsemées d'énormes nids-de-poule. Vers midi, le ciel se couvre, les avions s'absentent. Graz reprend sa voiture et se rend à Arenas. Le sort de sa maison l'inquiète. Il en revient au début de l'après-midi, s'arrête à plusieurs reprises, la route est sous la mitraille. Il rejoint son bureau, impossible d'y travailler, les vagues de bombardiers par trois se succèdent. Il en compte quatre-vingt-deux! *« Cela serait magnifique de suivre leurs évolutions si on ne pensait qu'ils n'ont qu'un but : la destruction et la mort.* » De nouveau, chez le consul français qui estime que la situation est suffisamment dangereuse, un aviso français sera mardi matin à Castro Urdiales. Il prendra à son bord le consul suisse et le délégué du CICR, s'ils le souhaitent.

Le consulat britannique ne répond plus au téléphone. Personne ne répond. Le central téléphonique est souvent dérangé par les alertes aériennes. Le soir, vers 20 heures, Graz au bout du fil retrouve Stevenson, qui doit se rendre à la présidence du gouvernement. Le délégué le rejoint dans une salle attenante au hall d'entrée. L'atmosphère est sombre, l'agitation extrême, tout le personnel politique et militaire entre et sort en courant. Stevenson va-t-il partir? Il n'en sait rien, *« il a du reste l'air complètement affolé et paraît avoir perdu le contrôle de sa réflexion »*.

Nous avons vu que le consul *rouge* (comme l'appelaient les franquistes), quittera Bilbao mardi. En effet, à 3 h 30, écrit Graz, le consul britannique lui téléphone à Arenas. Graz y est remonté au début de la nuit, croisant des miliciens sac au dos, des civils chargés de leurs hardes avec leurs enfants, qui embarquent à Portugalete sur tout ce qui peut flotter, bateaux de pêche, à moteur. « *[...] la nuit est troublée des cris d'enfants et par le bruit des véhicules de toutes sortes qui s'enfuient loin du front. J'ai décidé de partir dans un quart d'heure de la plage de X..., * [me] *dit Stevenson, je ne sais si vous aurez le temps de venir. [...] la situation est désespérée et ne pouvant être utile à quelque chose, j'ai résolu de partir immédiatement.* » Sur le destroyer *Kempenfelt* en compagnie d'un fonctionnaire de son consulat et du gérant de la Société du câble télégraphique[27].

Cette nuit même, la petite escadre basque quitte la rade, à Santurce, en face d'Arenas. Le gouvernement de Valence avait, par radio, ordonné au commandement des forces navales du Cantabrique d'aller à Santander. En dépit des ordres et des contrordres reçus, les deux destroyers se dirigèrent vers les côtes françaises, le 15 juin; le *Ciscar* et le *José Luis Díez,* le premier à La Pallice (avec 118 passagers, dont la majorité sont d'âge militaire) et le second au Verdon. Là, le chef des forces navales cantabriques, Navarro y Margati, les commandants Evaristo López et Vicente Agulló abandonnèrent leur navire[28]. Quant au sous-marin *C-6,* il rejoint Gijón. Dans les dernières heures, le *Thurston,* cargo britannique, ramène en France dans ses cales les archives du gouvernement basque.

La nuit portant conseil, tôt levé (à 4 heures), le délégué se rend chez son voisin, Biderboost, le consul suisse. Il lui fait part de son intention de rester. Arenas sera occupé ce soir-même, dit-il, car les troupes nationalistes basques reculent en désordre sans se défendre. Les deux Suisses sont sur la même longueur d'onde et laisseront Casteran partir seul. Par des routes bombardées et endommagées, en prenant mille précautions, ils atteignent Castro Urdiales à 6 h 30. L'aviso français est arrivé dans la nuit et Casteran est prêt à embarquer dans le canot. Le consul et le délégué lui font part de leur intention de rester et le remercient de son aide. De retour à Bilbao, toujours par des routes bombardées, traversant des zones où se déroulent des combats sporadiques, ils reçoivent au siège de la délégation l'inspecteur en chef des prisons de Bilbao, Joaquín María Zubiría. Ce dernier craint pour sa vie quand les franquistes arriveront, ils le fusilleront immédiatement! Graz regrette de ne pouvoir faire quelque chose, la Croix-Rouge ne possédant aucun bateau. Mais il suppose que la meilleure garantie serait qu'il demeure « *jusqu'au dernier moment avec les prisonniers dont il a assumé la responsabilité et la garde* ». Les prisonniers interviendront eux-mêmes, au vu des efforts qu'il a faits en leur faveur. Zubiría était intervenu en faveur des prisonniers lors des massacres du 3 janvier[29]. L'inspecteur regagne la prison, promettant de tout faire pour que la vie des détenus soit respectée. Puis le délégué télégraphie un message codé.

Juste à temps, le câble sous-marin étant coupé peu après.
Provisoirement, la ville est calme. Graz retourne à Arenas. Est-ce pour mettre à l'abri des documents? Ne les avait-il pas remis le matin à Casteran? Malheureusement, les bombardements aériens reprennent et les obus tombent dans la rade, entravant les mouvements des derniers bateaux chargés de responsables ou de soldats. Après s'être abrités temporairement dans le refuge de la maison mitoyenne (appartenant au chef de la maternité de Arenas), tous deux vont à Algorta, évacuer les malades et les infirmières de l'hôpital. Le voyage est trop périlleux, aussi le maire d'Algorta refuse de laisser évacuer l'hôpital, les rues présentent un grand danger. Venant de Guecho et Berango, les *Flechas* italiennes occupaient partiellement Algorta[30]. Ce sera fait de nuit.

Retour à Arenas, tous deux se trouvent dans l'œil du cyclone, « *des obus sifflent sur la voiture et nous passons un moment très désagréable* ». Ils se réfugient dans un abri. Des miliciens asturiens franchissent le Nervion sur des bateaux à moteur, le pont transbordeur ayant été détruit en partie par des mines et des obus. Ces miliciens intiment aux habitants de quitter leurs maisons et de se rendre sur la rive ouest de l'estuaire. Puis ils installent des sacs de sable, des mitrailleuses, amènent des caisses de munitions et occupent la maison attenante de celle de Graz. Un combat de rues s'engage entre les mineurs asturiens et des jeunes réfractaires, dissimulés dans la zone de sécurité pendant la guerre, qui sortent béret rouge et fusil et, du toit de leurs villas, ouvrent le feu sur les miliciens.

Graz et Guérin décident de quitter leur domicile, mais ne peuvent gagner Bilbao, car les bombardements augmentent en intensité. A 20 heures, ils sont au Desierto, chez Biderboost, qui veut partir, lui aussi. Tous trois prennent alors la décision de se diriger vers Santander dès qu'ils le pourront. Graz se promettant de revenir dès que possible.

Les rues de Bilbao sont coupées par des barricades et des murs de ciment. On place des charges explosives sur les ponts. Au bureau des télégraphes, personne, les guichets sont déserts. Sur la route, « *des milliers de chars, d'autos et de piétons, avec bébés et vieillards, qui portant une couverture, qui portant quelques habits ou une vieille valise* », du bétail, des moutons, en toute hâte la population quitte la ville. Graz et sa voiture, avec les consuls suisse et belge et leurs familles, forment un petit convoi. « *Depuis Castro Urdiales jusqu'à Laredo, des miliciens postés tous les 200 mètres sur la route nous obligent, sous peine de mort, à éteindre toute lumière, car la flotte du général Franco surveille la côte et chaque fois qu'une lumière apparaît, ils tirent sur la route.* » Arrivés au milieu de la nuit à El Astillero (au fond de la rade de Santander), ils apprennent que le consul d'Angleterre et Weber, appelés par un câble de l'ambassade, sont partis à Saint-Jean-de-Luz.

Le gouvernement basque quitte la capitale d'Euzkadi dans les premières heures du jeudi 17. Au cours de la session permanente, la veille, la décision est prise d'abandonner la ville privée de vivres, d'eau et d'électricité. Est constituée une Junte de défense comprenant les ministres Leizaola (nationaliste), Aznar (socialiste) et Astigarrabia (communiste). La mission de cette Junte n'était pas d'encadrer des forces militaires chargées de défendre désespérément la place repoussant toute idée de reddition, mais d'en conduire l'évacuation sous une forme ordonnée, si possible. Le vendredi se pose la question du sort des installations industrielles, des édifices publics et des prisonniers. Le conseiller Leizaola, qui aurait décidé de sauver Bilbao en découvrant le *complot* ourdi pour détruire la cité, prend le commandement et envoie des bataillons basques protéger les édifices et les installations. Il libérera les prisonniers et les conduira dans les lignes nationalistes. Des versions parfois divergentes décrivent cet épisode. En particulier Azaña, à qui on avait fait la relation : « *Il avait été nécessaire de remettre en liberté les prisonniers politiques. Ils formaient une colonne de deux mille personnes, se déplaçant à pied au long des routes en état lamentable, parce que les camions étaient pour les troupes.* » D'autres parlent que l'évacuation des prisonniers fut le fait du ministre de la Justice, Leizaola, qui libéra tous les prisonniers politiques et les fit diriger vers Archanda accompagnés par une escorte. Le journal d'une unité de la VIe brigade ajoute que dans la matinée du 19 « *rejoignirent leurs rangs les prisonniers de Bilbao et des miliciens au nombre de 2.150, accompagnés de nombreuses familles* »[31].

A 2 heures du matin sautent les ponts sur le Nervion. L'état-major du général Gámir quitte Bilbao précipitamment. Les troupes franquistes entrent dans la ville. Elles constatent des destructions inégalement réparties. Sur les photographies consultées, dont on ne peut ignorer le parti pris, pas de grandes destructions d'immeubles. En revanche, sont mises en relief celles des ponts et la tâche des pontonniers afin de rétablir une circulation indispensable entre les rives du Nervion.

Courvoisier est présent : « *J'avançais avec les arrière-gardes dans une région offrant l'infernale vision de la fin du monde. Ruines noircies, carcasses calcinées, volutes de fumée poussées par le vent au-dessus de paysages couverts de soldats, morts, postes de secours, hôpitaux de l'arrière, prisons et camps surchargés, tout était trop inhumain.* » Courvoisier utilisant inconsciemment une description proche de celle que faisait Henry Dunant dans *Un souvenir de Solférino*. Dans la foulée, l'autorisation lui avait été donnée « *d'entrer avec les troupes nationalistes à Bilbao pour prendre M. Graz sous sa protection* », [r. du 26.5.1937].

Bilbao est occupé par les forces franquistes le 19. Dès le 17 ou le 18, 1.200 prisonniers de Larrinaga et du Carmelo de Begoña s'évadaient avec leurs gardiens, écrit Courvoisier, qui les reçoit « *à Amorabieta, où régnait un enthousiasme indescriptible, au moment où les prisonniers allaient être emmenés par camions à Durango. Leur aspect était évidemment navrant, la plupart d'entre eux à l'apparence squelettique [...] et tous en général très fatigués et très déprimés. Ils furent recueillis à San Sebastián par les autorités et immédiatement accueillis par leurs familles ou par des amis* » [*r.* n° 15 du 14.7.1937]. Quant à d'Amman, il parle d'une visite effectuée sur le port de Bilbao, *avant* la prise de la ville, en tant que « *camarade de l'armée suisse et non de délégué* ». Nous n'avons pas d'autre détail, en l'état de nos recherches, sur cette *promenade*.

Le général Franco arrive le 20, dans la capitale basque. Des messes furent célébrées dans les églises de Bilbao réunissant soldats franquistes et *gudaris* en uniforme. La répression, dit le délégué, fut minime lors de l'entrée des troupes. On pense qu'une intervention du cardinal Pacelli, à l'initiative de François Mauriac, auprès du cardinal Gomá fut entendue.

Muni d'un laissez-passer spécial, Courvoisier entre à Bilbao, le 22. La semaine précédente, il avait suivi les événements et était informé, heure par heure, par Genève, de l'évolution de la situation.

« *Trois jours plus tard, à l'aube, muni de toutes les autorisations nécessaires, je quittais San Sebastián avec, dans ma voiture, quatre collaboratrices de la Croix-Rouge espagnole. Un camion chargé de deux tonnes de vivres suivait. [...] La distribution s'effectua à Portugalete* [dans la banlieue de Bilbao]. *Puis je continuai vers Bilbao, seul.*

« *Plus d'eau potable, plus d'électricité, plus de gaz. [...] Je cherchais la maison qui abritait la délégation du CICR. C'était une villa encore intacte, portes et fenêtres closes. Des voisines me confirmèrent ce que je redoutais : Le délégué suisse ? Il est parti ! Il a pris le dernier bateau pour Saint-Jean-de-Luz juste avant l'arrivée des nationalistes.* »

Quelques observations [*r.* n° 15] : il fallut passer sous les fourches Caudines de la tatillonne administration militaire pour la délivrance de l'autorisation de déplacement. Les communications entre les rives du Nervion étaient difficiles. Quant à la camionnette de vivres, elle n'arrive que le 26 juin. « *Bilbao, très vite, s'organisa. Les magasins rouvraient, les services publics fonctionnaient, le ravitaillement était régulièrement assuré par la route et la mer. La ville perdit un peu son aspect tragique et il fut, enfin! possible d'y loger. Il était temps, nous étions épuisés.* »

Chaque soir, le délégué et ses collaboratrices sont tenus de rentrer à San Sebastián, effectuant des centaines de kilomètres inutiles. Courant d'orphelinat en hôpital, de prison en campement, établissant les longues listes de réfugiés, prisonniers, décédés, disparus. Il est à la limite de ses forces. « *Il me semblait que ce voyage dans la misère n'aurait jamais de fin* », dit-il, très las. Toutes les prisons sont pleines, y compris celle de Vitoria. Il les parcourt. Là encore [*r.* n° 17], il est bref, sec : « *Les prisonniers sont traités plutôt favorablement et leurs conditions d'hygiène sont bonnes.* » Plus tard, beaucoup plus tard, le recul des ans lui donne l'occasion, ravivant ses souvenirs[32], d'être beaucoup plus proche de la souffrance de ces centaines d'hommes qui le regardent, les yeux enfiévrés, avec une même angoisse et un même espoir.

De nombreux commentaires ont tenté et tentent encore d'éclaircir la responsabilité exacte du gouvernement et des bataillons basques lors de la chute de Bilbao, laissant intactes les capacités industrielles de la ville.

Les unités abandonnèrent leurs positions ou se rendirent sans combattre. En ce qui concerne les destructions, la décision fut prise de n'effectuer que celles « *qui ne doivent excéder de ce que réclament les exigences de la lutte, car organiser l'anéantissement total de l'industrie et de la cité serait organiser la faim lors de la victoire* ». Leizaola en donna l'ordre, après avoir fait sauter les ponts sur la Ría (le Nervion). La chute de Bilbao fut à l'origine d'une polémique, n'hésitant pas à parler de trahison[33]. La presse anarchiste stigmatisa tous ceux qui permirent que le potentiel industriel de Bilbao soit livré aux ennemis, répercutant un télégramme d'*ABC* de Séville qui signalait qu'avaient été fusillés « *cinquante-huit individus appartenant à la CNT qui tentèrent d'incendier la cité avant que n'entrent les colonnes nationales* »...

La balance penche maintenant en faveur de l'armée nationaliste. Au plan international, le plus important du point de vue du général Franco, son audience s'élargit, incitant de nombreux gouvernements, dont le britannique ou le suisse, à déléguer à Burgos des représentants officieux. Sur le plan humain proprement dit, plus de 15.000 soldats sont faits prisonniers, près de 8.000 ont déserté, d'après les services nationalistes. Quant à celui des morts et des blessés il dépasse les 6.000.

Le dernier séjour de Weber à Santander avait été tout particulièrement consacré à l'improbable évacuation d'un groupe important d'enfants. [Annexe 28a.] Graz reprendra partiellement tout cela. Prise de contact avec Van den Brouk, consul français, à Torrelavega, où il demeure. Visite à Perret, agent consulaire suisse. Tous trois se rendent auprès du vice-consul belge, Bellorger, directeur de la fabrique Solvay, propriétaire d'un bateau qui se rend deux fois pas mois à Bayonne, avec l'autorisation de Salamanque. Paradoxalement, nous aurons d'autres exemples d'*exceptions* dont bénéficièrent généralement des représentants de grands groupes multinationaux. En cas de danger, une place sera réservée au délégué. Le télégramme envoyé à Genève ne pourra que tranquilliser le Comité.

Avec Van den Brouk, visite de courtoisie au gouverneur, Juan Ruiz Olazarán. En une seule semaine, Santander et sa province accueilleront plus de 80.000 réfugiés civils. Aussi le problème du logement et du ravitaillement devient-il inextricable. Les autorités sont plus souples dans la délivrance de passeports aux personnes recommandées par le CICR. De même pour le départ d'enfants dont la liste avait été préparée par Weber. L'Assistance sociale et les Relations extérieures sont habilitées. Après des tractations dans les jours suivants, la liste de 149 enfants, étudiée par le conseiller Laviño, est acceptée intégralement, moins une famille.

Un accord est paraphé entre l'UISE et la province de Santander. Le CICR est sur la même longueur d'onde. Les 140 enfants présentés par le CICR sont accompagnés par 800 autres choisis par l'Assistance sociale, dont 300 envoyés en Suisse et 500 autres en Suède. Concrétisant la négociation, un bateau affrété par l'UISE, porteur de vivres pour le ravitaillement de la population civile, transportera 800 enfants pour le compte de celle-ci et 140 pour le CICR. Ces derniers iront à San Sebastián, communiquera le délégué Weber à Genève. Si est légitime le souci d'équilibrer la désignation des enfants (*rouges* et *blancs*), inversement on ne comprend pas l'acharnement mis à évacuer les enfants *blancs,* lorsque l'issue de la confrontation ne fait aucun doute. Celui des enfants des combattants républicains nous apparaît en revanche comme des plus précaires. Il y avait aussi de multiples difficultés au cours de ces périlleuses évacuations pour lesquelles tous les paramètres n'avaient pas été envisagés. Par exemple, les considérations développées par le docteur Hans von Fischer, de la Fédération suisse des Samaritains ouvriers :

> D'un côté il y a la question d'organisation de l'évacuation qui jusqu'à présent n'a pas été très satisfaisante. Ceci n'est qu'une des raisons pourquoi les dirigeants des deux parties en Espagne ne sont pas du tout enchantés de l'idée de l'évacuation des enfants et parfois même s'y opposent formellement comme cela était le cas par exemple de la part du gouvernement de Valence au moment de la fondation de la Communauté d'action suisse pour les enfants d'Espagne. L'expérience faite au sud de la France a montré que les enfants espagnols avaient beaucoup de mal à s'acclimater, même dans le pays voisin. [...] Les difficultés seront plus grandes encore dans un pays comme le nôtre, dont la population a tout de même un caractère assez différent de celui des Espagnols.[34]

D'après Graz, le bateau n'est pas venu à Santander, mais à Avilés, à l'ouest de Gijón. Il avait été affrété par *une association anglaise politique d'aide à l'Espagne républicaine.* Les vivres ont été remis au gouvernement d'Asturies, sans qu'on en connaisse la destination. Le 22 juin, Graz reçoit le capitaine du *Marion Moller* (commandant Mario). Tous deux se rendent chez le gouverneur pour lui proposer de prendre les 140 enfants du CICR et les 300 de l'Assistance sociale, complétant avec des réfugiés (femmes et enfants). Genève précisait que l'UISE n'était plus partie prenante et déclinait toute responsabilité en ce qui concernait les enfants destinés à la Suède, mais acceptait ceux qui iraient en Suisse auxquels on joindrait les 140 du CICR. Lors de la prise de position de Graz expliquant à Laviño l'attitude nouvelle de l'UISE, le conseiller parlant de mauvaise foi entra dans une grande colère et exhiba l'accord signé par le représentant de l'UISE. En dépit des raisons avancées par le délégué du CI faisant ressortir que 300 plus 140 départs ce n'était pas négligeable, rien n'y fait, toutes les dispositions ayant été prises pour un départ en Suède des 500 enfants! Laviño s'opposait au départ excipant qu'il y avait eu un accord signé, et que l'accord ayant été dénoncé par l'UISE, l'évacuation ne se ferait pas. De surcroît, des articles étant parus annonçant la réalisation de cette superbe évacuation *dans le pays des contes d'Andersen*, il se trouvait dans une situation fort désagréable envers les parents. En dépit d'une nouvelle visite de Graz, l'opposition à un départ partiel reste totale. L'évacuation des enfants ne peut se faire[35]. Jusqu'au jour de son départ, le 24, le délégué tente de fléchir les autorités, sans succès. Depuis Saint-Jean-de-Luz, il précise qu'il a ramené avec lui la famille Puente et dix à douze enfants des listes du CICR. Le calme régnait à Santander lors de son départ. Il est pessimiste sur le sort de Santander. En ce qui concerne l'évacuation du *Marion Moller* il n'a aucune idée des personnes — on a avancé le chiffre de 2.000 — parties avec ce bateau. Lors de l'embarquement il régnait un désordre pire que celui au cours de l'évacuation de Bilbao. Mlle Müller s'est rendue à Pauillac. Elle assiste à l'arrivée, le jeudi matin, des femmes, des enfants, des vieillards et quatre enfants sans parents, attendus par la délégation basque. Tous étaient en loques et affamés[36]. Précisons que pour le transport de 1.700 réfugiés, le commandant du *Marion Moller* aurait demandé 40.000 FF!

Revenons sur la dualité des pouvoirs qui coexistent à Santander entre le gouvernement local et celui d'Aguirre. Le président basque, le 22 au soir, déjeune avec une partie de son cabinet ministériel et... le *proconsul* Stevenson, à Trucios, au sud de Laredo. Le quartier général basque était établi à Villaverde de Trucios, où le gouvernement en *exil* trouvait refuge. Avant son départ, il avait choisi 17 otages, parmi ceux détenus à Bilbao, pour les utiliser dans un échange qui interviendra au mois d'août à Santoña, où ils furent libérés.

Le général Franco avait chargé Vallellano de présider une commission chargée de l'échange général des otages détenus dans les diverses parties. On passa par tous les stades dans cette négociation avant d'arriver à un blocage généralisé consécutif à l'écroulement du front. De la part de l'état-major de Solchaga, à Vitoria, le délégué général obtient l'autorisation de visite des 3.500 prisonniers, sous réserve de la présence d'un officier. Pourtalès, Courvoisier et Amman inspectent les huit camps de Vitoria, dont la prison centrale (chaque cellule contient 8 à 10 prisonniers). Ces derniers sont traités *avec humanité,* malgré l'encombrement.

Une des premières visites du délégué d'Amman des centres pénitentiaires est consacrée à San Pedro de Cardeña, au sud de Burgos [r. n° 5 du 19.6.1937]. Dans ce couvent désaffecté se trouvent 900 prisonniers provenant du front nord. Tous travaillent à la construction d'une route. Les locaux, à la propreté rigoureuse, sont bien aérés, avec matelas, oreiller et couverture. Les aliments, goûtés, sont excellents; le menu est identique à celui de la troupe. Dans les temps libres, récitation du chapelet (*rosarios*) dans la chapelle, par plus de 50 % des prisonniers, Basques pour la plupart. D'Amman, dans ce concert de louanges, émet quelques réserves : « *Il est certes regrettable que les délégués de ce côté-ci ne puissent aller visiter les prisons sans être accompagnés et à l'improviste. Mais on fera difficilement admettre qu'un étranger, tout revêtu qu'il soit de sa qualité de délégué du CICR, puisse aller fourrer son nez à l'improviste dans un organisme quelconque du gouvernement de S.E. le Généralissime.* »

Chapitre IX

L'agonie de la zone nord

A été décrite la chute de Bilbao et le court séjour de Graz, à Santander, qu'il quitte le 24 juin. Nerveusement fatigué, pendant quelques semaines il assure une permanence à Saint-Jean-de-Luz. Sur les évacuations d'enfants, en particulier en Grande-Bretagne et en URSS, il rappelle que le président du gouvernement basque lui avait confié « *qu'il préférerait que les enfants basques soient évacués sur la Perse ou l'URSS plutôt que sur Santander...* » [*r.* du 1.7.1937].

Tous étaient convaincus que Santander allait tomber dans une semaine. Cependant, les forces attaquantes marquent une pause, provoquée par la fatigue de leurs propres troupes et peut-être aussi par une offensive déclenchée par les républicains. En juillet, la terrible bataille de Brunete eut pour résultat de retarder d'un mois la décision finale du front nord. Les hôpitaux de Madrid et de sa périphérie sont débordés par un afflux de nombreux blessés déshydratés, les combats se déroulant sous une chaleur caniculaire. Peu d'indications à la délégation sur le sort de ces blessés. Sanidad militar et CSI interviennent pour les soins de première urgence. La Croix-Rouge restant en général toujours en arrière, sauf en ce qui concerne les soins apportés aux blessés civils des bombardements aériens.

Les conditions de ravitaillement étaient mauvaises à Santander. Un décret, en février, instituait le *plat unique*. Les repas distribués dans le cadre des *Comedores de l'Asistencia social* (cantines) étaient destinés aux non-assujettis à l'impôt. Des mesures de rationnement touchèrent la consommation et la distribution de tous les produits, y compris le charbon, l'essence, le gasoil et la consommation électrique.

Graz est avisé qu'un échange d'aviateurs, étrangers pour la plupart, aura lieu à Hendaye le 19 juillet. Sept aviateurs (italiens et allemands) qui étaient à Valence, embarquent sur le *Maine*. Parmi les pilotes *légionnaires* capturés dans les environs du sanctuaire de la Virgen de la Cabeza, il y avait Cenni, Bandini et Pesca. A Salamanque, de leur côté, Courvoisier et Muntadas, reconduisent à la frontière les aviateurs républicains : Manuel García Gómez, José Bastida Porras, José Yanguas, Giuseppe Krisai, Jean Ferack, Smolyanovich et Pientkowskij; on parle aussi de Juan Olmos Genovese. L'échange se fait exactement au milieu du pont, en présence du commandant Troncoso, de Francesco Cavaletti, consul d'Italie, et de Múgica Irureta, consul espagnol à Hendaye, par Courvoisier et Muntadas qui font traverser alternativement le pont aux deux groupes de prisonniers, après vérification de leur identité. Quelques photographies sont prises. Sur l'aviso français *Somme*, Graz arrive à Santander [*r.* du 16.08.1937] où la situation est calme. Préventivement, les forces commandées par le général Gámir attaquent sur le flanc ouest des Asturies, sans succès. En réponse, les raids aériens reprennent sur Santander, trois à quatre alertes par jour. Non loin de la délégation, une bombe explose, deux personnes devant l'entrée sont tuées. L'offensive, appuyée par plus de 200 avions, est déclenchée en direction de Reinosa, au sud de Santander. Dans le lointain, on entend le roulement ininterrompu de l'artillerie. D'après la rumeur publique, l'attaque serait très puissante; la presse est censurée. Les routes sont encombrées de nombreux camions militaires. Santander a changé depuis un mois. Les magasins ne disposent plus de marchandises et sont fermés pour la plupart ainsi que les établissements publics et les cafés. Quelques hôtels et restaurants restent ouverts pour les miliciens, retour du front; la nuit, obscurité totale. « *Ce n'est plus la ville gaie et insouciante du passé, c'est une ville presque en état de siège* », décrit-il. Les informations filtrent malaisément. Reinosa, et son importante fabrique d'armes, est occupée.

Avant son départ, Graz avait rencontré Troncoso, qui le chargea d'entrer en contact avec le directeur des prisons à Santander afin qu'il protège la vie des prisonniers, lui promettant, avec l'accord de Burgos, la vie sauve. Une proposition identique était faite en direction des forces de l'ordre. Le délégué rencontre le commandant des gardes d'assaut en tête à tête. Et lui fait part, de la garantie d'indulgence offerte par les nationalistes, si la vie des otages était respectée. Démarche bien accueillie... mais l'officier, muté à Valence, part sur le *Kenfig Pool,* bateau anglais qui n'évacue que des femmes et des enfants! Déçu, Graz sollicite un autre officier des forces de l'ordre.

Lors d'une réunion, un autre thème est soulevé, en présence du consul de France. Avec le vice-président Monzón, ministre de l'Intérieur, et le ministre de la Défense et de la Justice, Leizaola, dans le cadre d'une *hypothèse éventuelle*, est évoquée l'évacuation des blessés basques hospitalisés dans la province de Santander[1]. Séquelle de la chute précipitée et contestée de Bilbao, les représentants basques craignaient l'hostilité de la population de Santander envers ces blessés. Or, ils étaient traités comme les autres. Leizaola aurait obtenu des assurances de la part des autorités françaises au sujet d'un premier convoi de 600 grands mutilés à embarquer sur le *Bobie*, aménagé à cet effet, et se trouvant à Santoña. Il y aurait 1.000 grands blessés (infirmes, mutilés, aveugles) à évacuer. Exclusivement ceux-ci et non les autres 4.000. On parle de 5.000 blessés à Genève avec utilisation de bateaux-hôpitaux et de trains-hôpitaux pour les conduire en zone républicaine, Valence s'opposant au départ d'hommes en état de porter les armes. Pour autant, le gouvernement basque prie le CICR de faire une démarche auprès de Valence pour autoriser cette évacuation [CE du 30.06.1937]. Si les gouvernements français et anglais étaient prêts à hospitaliser ces blessés, le gouvernement basque *ne s'opposerait pas à un internement, après guérison, jusqu'à la fin des hostilités*. D'autres précisions sont données concernant le *modus operandi* sous l'entière responsabilité du gouvernement d'Euzkadi. A travers ces propositions, Graz conclut que « *les Basques considèrent, quant à eux, que la guerre est terminée et qu'ils n'ont aucune envie de la continuer au côté de gens dont tout les sépare* ».

Confidentiellement, il s'enquiert du sort des 17 otages que « *le gouvernement* [basque] *avait entraînés à sa suite* » à Santander. Ils se trouvent dans une dépendance de la villa occupée par le gouvernement basque; ils ne courent aucun danger, car ils sont sous la surveillance de miliciens basques. On serait prêt à les échanger *contre les leurs* aux mains de Franco. Van den Brouk, le consul français, propose leur remise en liberté sans condition; ce serait un geste de générosité magnifique! Dubitatifs, les deux ministres avouent que le président Aguirre en négocie l'échange. Graz suppose « *qu'ils garderont précieusement ces otages pour garantir peut-être leur vie personnelle* ». Est-ce pour s'entretenir sur tous ces problèmes que, du 19 au 29 juillet, le président Aguirre s'était rendu à Valence, auprès du gouvernement républicain et du président Azaña[2]?

Les autorités de Santander veulent augmenter la fréquence des sorties, mais de nombreux contretemps se produisent lorsque, clandestinement, des déserteurs montent à bord. En Grande-Bretagne, la *Navy* et le gouvernement, soumis à une pression constante de la part des nationaux, sont partagés entre leur position non-interventionniste, d'une part, et une opinion publique les poussant à protéger les navires marchands, de l'autre. Si le consul français à Santander poursuit ses activités, l'Anglais, Bates, a cessé ses fonctions, son gouvernement ne souhaitant pas rencontrer les mêmes difficultés de dernière minute que celles connues, à Bilbao, par Stevenson. Pour répondre à la préoccupation du commandement de la flotte britannique de garantir la sécurité des navires marchands britanniques évacuant la population civile de Santander, il fallait vérifier la qualité de non-combattant des évacués. Souvent constatée, l'intervention de bénévoles, étrangers fréquemment, à tous les niveaux, fut une des caractéristiques de la guerre civile. Harry Pursey, capitaine de frégate à la retraite et journaliste, de sa propre initiative, se constitue *consul officieux* pour participer à l'évacuation de la population. Ne disposant d'aucun pouvoir *officiel*, et durant la première période jusqu'au 8 juillet, il réussit à organiser la sortie de Santander d'environ 19.000 personnes, sur neuf bateaux anglais et six français. A cette date, l'accès du port de Santander est *bloqué* par la marine nationaliste. Cependant, dans la semaine du 8 au 15 sortent de Santander, sur des bateaux anglais en général, 6.600 réfugiés. Les évacuations se poursuivent depuis Gijón, El Musel, Avilés et le petit port de Ribadesella, où accostent, dans le courant de la seconde quinzaine de juillet, onze bateaux marchands anglais. A partir de cette période, excepté sur le *McGregor* (1.500 passagers), peu de réfugiés réussirent à quitter Santander.

Pour Graz, la désignation des partants s'effectuerait avec la même partialité qu'à Bilbao. Théoriquement, d'après l'accord paraphé entre les deux gouvernements, les visas doivent être donnés par le consulat de France. En pratique, seulement trois bateaux sur dix sont inspectés. Le contrôle sanitaire est inexistant, et de nombreuses épidémies auraient éclaté en France, à l'arrivée des réfugiés. Chargé d'une inspection prophylactique, le docteur Thomas, de la marine française, ne peut la conduire. Les autorités françaises s'en émeuvent; la radio avise le 14, pour d'autres le 11, qu'elles n'accueilleront plus de réfugiés espagnols. Or, d'après Gretton, sont en mer plus de 7.000 réfugiés! L'attitude des autorités portuaires françaises s'adoucit, aucun bateau n'est refoulé. Jusqu'au 26 août (chute de Santander), de nombreuses embarcations tentent leur chance, soit en abordant les navires britanniques ou français dans les eaux internationales, soit en se dirigeant vers les côtes françaises.

La rupture du front intervient entre le 14 et le 17 août. Au conseil du gouvernement du 22, on constate qu'il ne subsiste que la solution du repli vers les Asturies. C'est dans cette direction que se rue la population, dans un désordre indescriptible. Puis la route est coupée. De leur côté, les bataillons basques se dérobent aux ordres et se concentrent à Laredo. Ils y attendent l'arrivée problématique de bateaux qui les évacueraient en France. Arrivent le *Bobie* et le *Seven Seas Spray*. Le lendemain, les franquistes sont à Torrelavega. Le président Aguirre, accompagné de quelques ministres, rejoint Saint-Jean-de-Luz en avion. Le mercredi 25, l'état-major — le général Gámir, le gouverneur socialiste Juan Ruiz et des assesseurs soviétiques — dans les entrailles du sous-marin *C-4*, gagnent Gijón. Membres de la Junte et du Conseil prennent les derniers avions, la débandade est générale. Sur les quais, des centaines de combattants, désespérés, recherchent l'embarcation salvatrice, en vain! Quelques-uns échangent des coups de feu avec les passagers des bateaux partants; d'autres, effondrés, se suicident. Quand le consul *officieux*, Pursey, et une responsable de la *Save the Children Fund*[3], Miss Caton, veulent, dans les dernières heures sortir du port, le moteur de leur petit bateau tombe en panne. Fort heureusement, ils sont recueillis par le destroyer *Foxhound*. Un navire marchand britannique, le *Seabank,* à la limite des eaux territoriales, secourt les embarcations désemparées.

Cinquième colonne et forces de l'ordre se soulèvent, hissent le drapeau blanc et envoient des émissaires vers les lignes nationales. Rappelons, à ce sujet, les contacts qu'avait tenus Graz avec certains de leurs représentants. L'occupation n'est plus qu'une question d'heures.

Dans cet environnement propice à une reddition, se situe l'épisode touchant à l'échange d'otages *de marque* que le gouvernement basque avait emmenés avec lui et sur lequel Graz interrogea deux ministres. Postérieurement, Casteran signalera que « *le gouvernement basque a retenu néanmoins dix-sept otages qui ont été envoyés, premièrement à Villaverde de Trucios, puis après à Santander, où ils ont été libérés le jour de la prise de cette ville* »[4].

Arrive, le 25 août, « *le Keith, pour évacuer de Santoña dix-sept otages nationaux espagnols et un nombre égal de dirigeants nationalistes basques. A bord de ce destroyer voyageaient Leizaola, Nardiz* [conseiller à l'Agriculture] *et le colonel Troncoso, commandant militaire de la Bidassoa. Il s'agissait simplement de sortir de Santoña le plus grand nombre possible de dirigeants basques. [...] On sait aussi que Leizaola, dans un premier temps, tenta d'embarquer cent cinquante dirigeants basques. [...] Sur le* Keith *purent partir quinze dirigeants et officiers* »[5].

Une autre version détaille que le *Keith* évacua de Santoña une certaine quantité de prisonniers nationalistes et de fonctionnaires du gouvernement basque, à parts égales. Supervisant l'échange étaient présents deux consuls britanniques, deux officiers nationalistes et deux autres fonctionnaires basques, qui partagèrent *harmonieusement* la vie à bord[6].

Nouvelle tentative de diversion, l'armée républicaine s'engage le 24 août, à Belchite, en direction de Zaragoza. Dans un premier temps, la pénétration est importante. Contrairement à ce qu'en attendait le haut-commandement du général Pozas, Franco ne distrait pas un seul soldat de la zone nord. Dans le siège de Belchite — toujours la fascination des places-fortes — les assiégeants usent leurs forces. Franco fait appel à des forces retirées du front madrilène, ainsi qu'une puissante force aérienne, qui lui permet de stabiliser le front. Des erreurs stratégiques avivèrent la controverse entre le général Pozas et le ministre Prieto, qui attribuait l'échec de l'offensive aux « *manœuvres politiques et à la quantité énorme d'officiers russes qui pullulaient en Aragón, traitant les militaires espagnols comme s'ils étaient un peuple colonisé* »[7].

Jeudi 26, les troupes de la VI[a] Brigada de Navarra et la division italienne Littorio pénètrent à Santander les premières. Se déroule alors, ce qui a été appelé le *Pacto de Santoña* ou *Pacte de Laredo* ou encore *Reddition de Guriezo*. Le Pays basque totalement occupé, pour certains nationalistes, la tentation d'un reddition séparée et négociée est grande. Était-ce le fait d'individualités ou d'un mouvement généralisé? Dans le cadre de cette étude, on ne peut traiter de la globalité de cet épisode. La Junte — certains membres — conduisit des négociations. Un intermédiaire était nécessaire. Dans ce qui fut considéré comme une démarche personnelle, Rafael Picavea, député basque, aurait participé à des négociations avec les franquistes à Paris en 1937 : « *L'ambassadeur italien à Salamanque, Cantalupo, indiquait aussi que d'après le gouvernement de Salamanque le centre du mouvement basque favorable à une reddition se trouvait à Paris et qu'il était conduit par Picavea. Pour ce motif Cantalupo estimait opportun que, depuis l'ambassade d'Italie à Paris, on traite indirectement avec Picavea afin de connaître la vérité sur une possible demande de reddition.* »[8] Par ailleurs, Aguirre à Paris au début août, d'après l'ambassade italienne, devait y rencontrer l'ex-président du Mexique, qui servirait d'intermédiaire. Cependant, les diplomates italiens eurent comme instruction de ne pas s'entretenir avec le président basque, sans doute effrayés par les dispositions que prendrait, l'apprenant, le général Franco. Quoi qu'il en soit, le jour du début de l'offensive sur Santander, Ajuriaguerra s'emploie à contacter les représentants italiens. Une rencontre a lieu à l'hôtel Miramar, à Biarritz, aux premières heures du mercredi 18. Le plénipotentiaire basque demandait que « *les bataillons basques qui se rendraient soient considérés comme prisonniers des... Italiens* ». Pour Onaindía, les bataillons basques à Santoña et Laredo étaient en rébellion. Ajuriaguerra retourne à Santander, pour prendre la direction de la reddition. Aguirre, à Saint-Jean-de-Luz, s'inquiétait des bateaux qui devaient évacuer les combattants; il n'en arriva que deux.

Le commandement italien, de son propre chef, avait mené les négociations sans en informer Franco. Lorsqu'il le fut, ses ordres firent débarquer les officiers *gudaris* qui étaient sur le *Bobie* et le *Seven Seas Spray*, à Laredo. Dans la cité et la périphérie ne restent que quelques poches de résistance, essentiellement composées d'Asturiens. Le chef du service de Santé de l'armée du nord, le docteur José Luis Arenillas, tente d'organiser la résistance; fait prisonnier, il est pendu[9]. Les négociateurs de la Junte, Juan de Ajuriaguerra, ingénieur aux fonderies Babcock & Wilcox, président du Parti nationaliste basque de Vizcaya, et Lucio de Arteche, se rendent. En compagnie d'autres chefs militaires et politiques, ils sont internés dans le vieux *penal* du Dueso, à proximité de Santoña, et les camps de concentration de Castro et Laredo, sous la garde de trois bataillons des *Chemises noires* et des *carabinieri* italiens. Le 4 septembre, ces militaires sont relevés par des troupes franquistes.

Bilan impressionnant : 30.000 Basques, 20.000 miliciens originaires de la province de Santander, de très nombreux officiers et cadres politiques sont faits prisonniers. Le gouvernement basque, alors à Paris, initia une intense propagande auprès des gouvernements étrangers pour les sensibiliser sur le sort de ces milliers d'hommes que les photographes de presse montraient entassés sur les gradins des stades.

Cette capitulation pose des problèmes au sein de la coalition gouvernementale, minimisés par la nécessité de ressouder la coalition de Front populaire autour du gouvernement républicain. Pour la presse étrangère, sympathisante de la cause républicaine, c'est la stupeur, la rage.

Des informations capitales agitent le microcosme à Burgos. Un décret[10] (Annexe 5b) réorganise le fonctionnement des camps de prisonniers de guerre y instaurant le *droit au travail* pour tous les prisonniers. En outre, une inspection générale et un office central sont créés. Son inspecteur, le colonel Martín Pinillos, dépend directement du quartier général. L'office central va rassembler tous les fichiers de prisonniers et les renseignements afférents à leur utilisation. On indique, dans les journaux nationalistes, lors de l'anniversaire du *Movimiento,* que le nombre des prisonniers républicains depuis le début des hostilités est d'environ 115.000 ; une forte proportion aurait été *libérée.*

La seconde information concerne la nomination de Mgr Antoniutti, nonce du Pape, envoyé *officieux* du Saint-Siège auprès du gouvernement nationaliste. A Pamplona, il est reçu par le cardinal Gomá. Début août, d'Amman, qui observait que les *préventions* de l'Église envers le CICR s'effaçaient, s'entretient avec l'archevêque de Burgos.

Ajoutons-en une troisième. Bien que portant la date du 1er juillet, la *Lettre collective des évêques* n'est distribuée qu'à la fin du mois. Alors que l'engagement total de l'Église espagnole en faveur de l'État franquiste est ignoré dans les archives du CICR, nous retrouvons des annotations fugitives sur des rencontres de délégués avec des prélats. Sans que transparaissent d'indications sur le contenu d'entrevues protocolaires ou diplomatiques. Comme pour d'autres rencontres *en marge,* nous avons peu de précisions, tout au plus des suppositions.

D'Amman est avisé [r. n° 8 du 16 au 31.7.1937] que le CICR aurait l'agrément du gouvernement de Valence pour l'évacuation d'environ 4.000 personnes de Madrid. Plus de 3.000 sont inscrites à la délégation. Parallèlement à une intervention en faveur de condamnés pour espionnage, d'Amman procède à une recherche d'étrangers ayant contracté un engagement dans le *Tercio de Extranjeros* (Légion étrangère espagnole), les Phalangistes ou les Requetés. Pas d'explication rationnelle à cette démarche, sinon celle de confronter ces engagés (Irlandais, Français, Portugais, etc.) dans les rangs nationalistes à ceux prisonniers des troupes républicaines. Trois *gubernativos* se trouvent dans la grande prison centrale de Burgos : Jaime Pérez Unzuela et sa femme, accusés d'espionnage (ils ont connu Henny à Madrid, d'où ils ont rejoint la zone franquiste) et le condamné polonais Zandberg. Au même moment, d'Amman reçoit Mlle Müller, de l'UISE, qui effectue une tournée dans les colonies scolaires[11].

Vallellano est fort mécontent de ce que le délégué de Santander, en l'occurrence Graz, n'ait pas transféré son siège à Gijón, « *pour ne pas laisser un seul jour en souffrance les intérêts des nationalistes* ». Naïvement, le comte estimait que le rôle essentiel du CICR était de protéger les intérêts des nationalistes dans la zone rouge !

A Santander, les blessés républicains, non évacués en France, ont été hospitalisés. Une partie ayant été emmenée dans les Asturies par les leurs, ceux restés en zone nationaliste séjournent dans les hôpitaux avec les soins voulus. Quant aux prisonniers, en raison de leur grand nombre, sont prises à leur encontre des mesures expéditives. La plupart ayant été *forcés* de prendre les armes, estime l'inspecteur général, passeront, en fonction de leur classe d'âge, directement dans les rangs nationalistes ! Un faible contingent est interné dans l'attente d'une instruction judiciaire. « *On en relâche des centaines par jour.* [...] *J'ai assisté en gare de Burgos à la distribution de vivres, lors de l'arrivée d'un train de ces prisonniers. C'est la première fois depuis des mois qu'ils touchaient un pain entier et du pain blanc. J'ai vu des hommes se signer avec et le baiser avant de l'entamer. Ces gestes m'ont rassuré sur leur moral, qui n'a nul besoin d'une visite du délégué du CICR, pour être remonté. »*

Le délégué visite l'hôpital de Leganés, près de Madrid. Sur le retour, arrêt à Valladolid, un chantier de terrassement employant des prisonniers. Fin août, à Lerma (50 km au sud de Burgos), un dépôt vient d'ouvrir et reçoit une partie des prisonniers de Santander. Ils y séjournent le temps de leur *classification,* dit-il. Ce centre de triage est installé dans l'ancien grand palais du duc de Lerma, locaux rudimentaires mais suffisants pour un séjour de courte durée. Après une description sommaire de la vie et des occupations dans ce camp — on ne fait pas travailler *les hommes* — dont la gymnastique et le *drill,* d'Amman expose que la direction du camp fit défiler les prisonniers *« devant moi, le bras levé, pour rendre les honneurs au délégué du CICR. A la fin août, il y avait déjà 25.000 prisonniers de Santander libérés ou incorporés. Cela s'explique du fait que 80 % de la Province de Santander était nationaliste. »* [*r.* n° 12 du 12.9.1937]. La population, sans ressources, est nourrie par l'*Auxilio social* dans des cantines. Les réfugiés sont innombrables et, parqués dans de grands locaux, *« ils passent jour et nuit à même le plancher, attendant leur départ. Leur état est navrant. Beaucoup d'enfants* [sont] *tuberculeux par suite des souffrances endurées pendant des mois. »*

Junod, à Valence, s'intéresse aux prisonniers de guerre italiens, à San Miguel de los Reyes. Il observe un traitement différencié, les Transalpins étant mieux logés, et mieux traités, que les Espagnols. Un plan Schlayer lui est communiqué; celui-ci, à Salamanque, continue la tâche commencée en faveur des *asilés* à Madrid. Afin d'apprécier la situation, un an après le début de la guerre, Junod prend la route de Madrid. Première surprise, les relations entre Arbenz et Vizcaya connaissent de nouveau des hauts et des bas. Le délégué en titre est plus actif que jamais, mais irritable. Le service de distribution de vivres qu'il a mis sur pied fonctionne parfaitement, *« il est fait tout à fait démocratique. C'est certainement ce service qui a rendu populaire la délégation de Madrid. »* Au sujet de la division du travail entre Vizcaya et Arbenz, Junod exprime un sentiment mesuré : il lui est difficile de choisir entre son cœur (Vizcaya) et la raison (Arbenz). C'est décidé, Vizcaya ne fera plus de démarches officielles. Arbenz, auprès de Miaja, suffit, et Marti à Valence. Autre son de cloche au Comité central de la CRE, des griefs sont avancés contre le délégué adjoint; il serait *fasciste,* car il est toujours en contact avec les *asilés,* les prisonniers libérés, et effectue de fréquentes visites dans les prisons. Junod prend sa défense, en expliquant à la commission qu'il vaut mieux que *« ce soit de Vizcaya qui fasse le travail susceptible d'être critiqué pour qu'au moins Arbenz reste inattaquable! »* [*r.* à la CE du 7.7.1937.]

Les griefs contre le Comité international sont d'ordre politique. Ce dernier mentionnait dans ses circulaires trois Croix-Rouges (Madrid, Burgos et Bilbao). En bon dialecticien, Junod répond que personne ne contestait la prééminence de la CRR, et que le fait que celle-ci pose cette question délicate est l'aveu qu'elle ne se sent pas très sûre. La collaboration avec le CI est déficiente, car le Comité central ne dispose pas de représentant à Valence. Un ami de Giral, Ramón Rubio Vicenti, député de la Gauche républicaine, sera nommé délégué de la Croix-Rouge à Valence; il collaborera efficacement avec Romeo qui, de l'avis de Junod, est le membre le plus intègre et le plus compréhensif du Comité central. Quant à la Croix-Rouge catalane, elle continue de disposer d'une trop grande indépendance. Soulignant le comportement du président de la Croix-Rouge de Barcelone, l'*anarchiste* Estrañy, qui *« s'est rendu à Paris dans une voiture couverte de croix rouges. Cette voiture a été remarquée tous les soirs dans les quartiers de Paris où l'on s'amuse, fait qui a soulevé l'indignation des milieux de la Croix-Rouge française »*.

Depuis Madrid, les évacuations

Abordons l'évacuation d'un certain nombre de Madrilènes à l'initiative et sous la direction du CICR. Le comité était sollicité de toutes parts pour *« donner connaissance des demandes qui vous ont été faites par des Espagnols habitant Lisbonne au sujet de la possibilité de voir transférer en notre ville des femmes et des enfants espagnols demeurés à Madrid »*[1]. Vizcaya tente d'obtenir la délivrance de passeports pour les familles souhaitant se rendre à l'étranger. Valence approuve l'évacuation de Madrid des femmes et de leurs enfants, dont les parents ou amis peuvent subvenir à leurs besoins à l'étranger; et celle d'environ 8.000 réfugiés des ambassades étrangères de Madrid, à l'exception de 2.400 hommes de 18 à 45 ans qui seraient échangés contre un nombre égal de prisonniers politiques détenus par les nationalistes[2]. Miaja ayant de nouveau réitéré l'ordre d'évacuation de la population civile, le ministre de l'Intérieur, par circulaire spéciale du 1er juillet visant la population de Madrid, autorise les femmes, enfants et hommes de plus de 45 ans à quitter Madrid.

Philippe Hahn [r. du 16.7.1937] rencontre Irujo. Peu après, il demande audience auprès du conseiller à l'Ordre public, Gómez Sáez. Est abordé le problème de la délivrance de passeports en faveur de femmes, enfants ou vieillards. Le principal écueil est la nécessité de disposer de secours, ou bien de parents, qui permettent de subvenir aux besoins à l'étranger. Une grande partie des demandeurs se dirigera vers la zone adverse. Le gouvernement le sait; comme il sait que Salamanque ne fait rien pour faciliter le retour, en zone républicaine, des sympathisants qui se trouvent en zone rebelle. Hahn est incité à poursuivre *« côté gouvernemental, les tractations pour l'évacuation sans contrepartie »*, à l'étonnement du délégué qui estime que la position du gouvernement républicain est plus équitable et que les efforts unilatéraux sont voués à l'échec. Les gouvernementaux, de son point de vue, se sont montrés plus larges que leurs adversaires. Au fur et à mesure que la guerre se prolonge, il est impératif que les accords soient équilibrés. « *Je ferai encore un effort pour aboutir à une évacuation, mais je vous assure que j'ai honte de venir toujours les mains vides...* », ajoutant que les passeports collectifs pour plusieurs établissements sont prêts [*r.* du 16.7.1937]. Quant aux évacuations de civils catalans, sur la demande de Junod, elles sont suspendues dans l'attente de la solution de celles de Madrid. De la bouche même des représentants diplomatiques français, Hahn apprend qu'ils « *obtenaient facilement la sortie des femmes et des enfants à condition qu'il ne s'agisse pas de personnes trop compromises* ». Et de préciser que « *ce que peut la France, le CICR le peut également, mieux même* ». Une tentative identique est engagée en ce qui concerne les prêtres, mais là aussi sans se faire trop d'illusions, puisqu'il n'y a rien à offrir en échange. Le bruit court de tractations souterraines[3].

Tout tourne autour d'une libéralisation du culte, principalement catholique, que le gouvernement républicain prendrait à son compte, mais que la hiérarchie ecclésiastique, à Rome et à Burgos, ne veut pas entériner. Le vicaire général de Barcelone, Torrent, s'oppose aux pourparlers et à toute célébration publique du culte en Catalogne rouge, menaçant de *sanctions canoniques* ceux qui auraient tendance à *collaborer* avec les autorités. Devant le Conseil des ministres, Manuel de Irujo défend son projet d'autoriser, en privé, l'exercice du culte. L'objectif étant à terme l'ouverture au culte des édifices religieux. Ajoutant : « *Tant que je serai à la tête de ce ministère je me consacrerai au rétablissement des lois de la République respectueuses de la conscience individuelle.* »[4]

Le 20 juillet, le CICR est autorisé à évacuer de Madrid environ 4.000 personnes, dont les listes se trouvent à la direction générale de la Sûreté. Un mémorandum est établi[5]. Près de 6.000 personnes de nationalité espagnole (hommes, femmes, enfants) ont sollicité le concours de la délégation du CICR. Arbenz estime à « *environ 500 personnes par jour celles qui quittent Madrid, ce qui fait approximativement 80.000 personnes. Mais, en réalité, la population de Madrid a quand même augmenté d'un quart, en raison de toutes les personnes qui s'y sont réfugiées* » [*r.* du 20.8.1937]. Reste à résoudre celle du transport matériel des intéressés. Il semble pouvoir être assuré grâce à l'aide des gouvernements britannique et français. Transport et nourriture sont *libres* sur les bateaux. Il ne faut payer que la boisson. Junod signale une quote-part de 100 Ptas par personne pour supporter une partie des frais de voyage. Sollicité, le gouvernement français donne un accord de principe pour l'utilisation de ses navires depuis Valence. A la condition que ces réfugiés ne soient pas à la charge du gouvernement français et soient hébergés et entretenus par leurs parents ou par les soins du CICR[6]. Une note parvient à Max Huber, le Conseil fédéral suisse alloue une subvention de 60.000 FS pour 4.000 personnes.

Août se traîne quelque peu, sous une chaleur étouffante, à Barcelone. Sur les fronts, la situation est calme. Quant à l'arrière, « *les esprits sont las et tendus. Quand cela finira-t-il, se demandent les gens. La question vivres est redevenue plus aiguë, les prix montent sans cesse et les salaires sont restés identiques. De là un sourd mécontentement.* » La lutte pour le pouvoir entre communistes et anarchistes se poursuit dans les colonnes des journaux. La mobilisation de classes d'âge, y compris parmi les hommes mariés, se fait lourdement sentir. Maintenant, la Catalogne est vraiment en guerre. Les employés de la délégation sont démotivés. Le 14 août, le délégué les rassemble autour d'une petite fête pour commémorer la 100.000e demande de renseignements.

Liée sans doute à la dernière visite au ministre Irujo, l'évacuation d'un certain nombre d'enfants des collèges est toujours pendante. Tout d'un coup, le conseiller Gómez Sáez offre de *relâcher* tous les enfants en dessous de 14 ans; pour les jeunes filles pas de limite d'âge. Mais, car il y a un mais, il faut que l'*autre côté* fasse quelque chose. Pourtant, l'affaire se dénoue. Le voyage à bord de l'*Éméréthie* est, par suite de mauvais temps, reporté sur le chemin de fer. Les cent enfants sont récupérés à Puigcerda (poste frontière et gare de La Tour-de-Carol) par Courvoisier et Daniel Clouzot, qui les accompagnent à Hendaye.

D'après Arbenz, à Madrid, on voudrait à recevoir le plus vite possible des camions. Le chargé d'affaires britannique se propose de faire venir un convoi de camions pour évacuer 600 personnes de Madrid à la fois. Junod estimait que les Anglais ne voudraient évacuer que les familles *blanches* pour donner un certain contrepoids aux évacuations faites à Bilbao. Une fois sur place, on distribuera les passeports à une cadence accélérée. Car qui dit évacuation, dit passeport. Quelles sont les procédures pour en obtenir la délivrance? Pour Madrid, la seule autorité est le ministre de Gobernación (Intérieur), à Barcelone. Le ministère délégué au gouverneur civil de Madrid qui a la charge des demandes, investit un commissaire général d'enquêter sur chaque cas. Le résultat est transmis à Barcelone. S'il en reçoit l'autorisation, le gouverneur civil signe par procuration les passeports. Seules les femmes sont dispensées d'un *aval político*. Obtiennent un passeport, les enfants, les femmes et hommes de plus de 45 ans. Les hommes exemptés ou ayant une permission du ministère de la Défense nationale peuvent y prétendre. Le Comité central de la CRR, en ce qui concerne les malades ou les handicapés, est autorisé à présenter leurs passeports. La durée des démarches, au minimum de deux mois jusqu'à présent, le nombre de passeports n'a pas excédé la centaine. Ceux qui ont quitté l'Espagne républicaine l'ont fait pour la plupart avec un sauf-conduit spécial remis aux réfugiés espagnols ayant quitté les ambassades et légations.

L'évacuation de plusieurs milliers de personnes nécessite des véhicules. Le gouvernement n'en avait pas, les moyens militaires les réquisitionnant[7]. Des propositions limitées furent faites par divers organismes, tels la Croix-Rouge belge et Ayuda suiza de Rodolfo Olgiati qui transporta près de 3.000 personnes dans la même période. C'était insuffisant. Décision est prise de constituer un convoi au départ de Genève. La subvention du Conseil fédéral et les membres de la Croix-Rouge furent mobilisés. Douze autocars et trois camions quittent Genève le mercredi 1er septembre et après de multiples péripéties (pannes et accidents) arrivent à Valence le 9, deux jours après à Madrid.

Une convention avait été établie entre le CICR et Frédéric Tissot en qualité de commandant de la colonne de la Croix-Rouge suisse[8]. Gozenbach et Hahn [lettre du 11.9.1937] sont au Perthus, le 5 septembre, pour les accueillir. Ce fut une déception, le premier car arrive, seul, avec une heure de retard! Puis, une heure après, arrive un second avec le docteur Frédéric de Fischer, secrétaire général de la Croix-Rouge suisse. Quant au gros de la colonne, il est resté à Perpignan avec un retard de plus de trois heures, la caravane ignorant où se trouvait son chef! De surcroît, les fonctionnaires à la frontière font du zèle, et il faut que le délégué du CICR parle *haut et ferme* pour que le convoi puisse franchir la douane et arrive à Barcelone avec plus de quatre heures de retard sur l'horaire. Un autre camion tombe en panne et doit être remorqué. A proximité du siège de la CRE, le groupe de camions et de cars stationne jusqu'au mercredi au matin, lorsqu'ils partent à 9 heures, avec là aussi plus de quatre heures de retard. Un seul mécanicien s'est ingénié à réparer le moteur défaillant; pas de pièces de rechange, l'équipement était insuffisant. Hahn doit leur prêter le gros camion du CICR, chargé de la *benzine* supplémentaire qu'ils n'avaient pas eu la précaution d'emporter. « *Les réflexions faites par les Espagnols n'étaient pas flatteuses pour notre organisation. A tous les rendez-vous, nos hôtes accouraient à l'heure!* »

Au cours du séjour, la Croix-Rouge organise des manifestations de sympathie. Discours, photos, défilés, rien ne manque. Malheureusement, dit le délégué, « *mon impression sur l'organisation de ce convoi n'est pas favorable. Hâtivement préparé, avec un matériel humain inconnu, un matériel en cars disparate, avec des cars insuffisamment préparés, le convoi donnera au CICR, je le crains, des soucis.* » Pour l'anecdote, rappelons qu'au passage à Carcassonne, les conducteurs des véhicules s'exprimant entre eux en dialecte alémanique, provoquèrent de l'hostilité de la part des sympathisants de la cause républicaine. Par la suite, un penchant prononcé pour la *dive bouteille* fut défavorablement remarqué, « *faisant honte à leur pays par leur tenue inconcevable. Il y a de leur propre faute et aussi celle de leurs propres chefs qui se sont montrés faibles trop souvent.* » Les véhicules accidentés sont substitués par des camions de la CNT (Confédération nationale du travail), de l'ambassade du Chili et de l'Ayuda suiza. Trois départs hebdomadaires depuis

Valence : le mardi, sur le *Djebel Zerjon*; le mercredi, sur l'*Éméréthie* et le samedi sur le *Maine*. Pour un total de 450 personnes en tout par semaine. Les bagages et les listes définitives des évacués devaient se trouver à Valence trois jours avant, pour le contrôle en douane et la police. A Marti incombait la tâche d'aplanir les difficultés de dernière minute, l'« *indécision des gens de Madrid nous a valu des changements assez fréquents* » [r. de Junod du 17 septembre au 6.11.1937].

Graz, quai du Port à Marseille, se consacre exclusivement à l'accueil des réfugiés arrivant sur le *Maine* ou l'*Éméréthie*. Et les installe le plus confortablement possible dans le train après avoir satisfait aux procédures administratives, en ce qui concerne tous ceux qui se proposaient de rejoindre la zone nationaliste. Quant aux autres, les difficultés commençaient, mais c'était le consul espagnol qui alors les guidait.

Courvoisier regagne la Suisse, en août, fatigué. Neuf mois de mission avaient fait de lui, dit-il, un autre homme. Après avoir reçu un accueil chaleureux au siège, pendant plusieurs jours il participe à l'activité de la Commission d'Espagne. Sollicité pour retourner en Espagne, il accepte. Mais il demande et obtient une période de repos; l'ambiance de la guerre l'oppressant, il éprouve le besoin de s'exprimer sur son vécu de délégué. En obtient-il l'autorisation? Partiellement, sans doute, excluant la partie confidentielle de sa mission. Il rencontre la presse et la radio, et s'étend sur ce qu'il a vu et cru comprendre dans la zone nationaliste. Comme officier, il effectue une période militaire. Il transmet son expérience : on ne tirait pas *à blanc,* on n'utilisait pas de grenades en plâtre sur le front. Il décrit, à des soldats incrédules, les bombardements massifs de l'aviation et de l'artillerie. Début septembre, il retourne en Espagne.

Pourtalès séjourne fréquemment, au cours de cette période, à Genève. Est en jeu le projet d'échange global d'un certain nombre de prisonniers. Fin août, il expose ses entretiens avec Serrano Suñer, le beau-frère du général Franco, qui prend le pas sur Sangróniz. Si ce dernier avait toujours été méfiant envers le CICR, on peut constater que le nouveau porte-parole du généralissime est encore plus critique. Dans le cas des Madrilènes évacués, il transmet les chaleureux remerciements de Franco et son appréciation de l'œuvre humanitaire entreprise. En revanche, l'échange des prisonniers piétinant, d'après Salamanque, en raison des retards et des changements d'attitude du gouvernement de Valence, cela avait provoqué une atmosphère défavorable. Paradoxalement, l'échange général pouvait être bénéfique pour le camp nationaliste, « *puisque les prisonniers aux mains des gouvernementaux comprenaient les meilleurs avocats, les plus illustres médecins, l'aristocratie intellectuelle et sociale de l'Espagne* ». De son côté, le gouvernement de Valence se soucierait moins de ces éléments extrémistes ou subversifs aux mains des nationalistes. Seuls quelque « *huit cents chefs marxistes ou parents des dirigeants de Valence seraient demandés* » [r. du 23.8.1937].

L'échange du chef phalangiste Raimundo Fernández Cuesta contre Ignacio de Irujo avait été approuvé, en dépit de l'opposition des carlistes qui le détenaient à Pamplona. Or, Fernández Cuesta ne fut pas libéré, alors que le frère du ministre Irujo deviendra un conseiller influent du gouvernement de Valence. Franco ne veut plus effectuer d'échanges de prisonniers sans garanties. Ils se feraient par tranches successives, en fixant par exemple une proportion de 5 % de personnalités de premier plan. « *Le gouvernement de Salamanque estime à 200-250 le nombre de ces personnes détenues par lui. En les répartissant ainsi il pense pouvoir tenir Valence en haleine jusqu'à ce qu'ait été effectué l'échange d'environ 5.000 personnes. Tous mes efforts sont pour convaincre Serrano Suñer que ce projet était inapplicable en soi et serait l'échec des négociations. Tout au plus ai-je obtenu qu'il admette le voyage de Vallellano à Genève, porteur de deux listes d'offres et de demandes susceptibles de modification après discussion avec l'expert de Valence ou le docteur Junod. Les exigences de Valence quant à l'exclusion des militaires et l'échange en nombre égal des hommes de 18 à 45 ans, je réussis à en faire admettre le principe. Serrano Suñer me fit remarquer que la première de ces conditions était au désavantage de Salamanque car au début du soulèvement de nombreux officiers avaient été faits prisonniers à Madrid et Barcelone, alors que dans la zone blanche les régiments s'étant insurgés en bloc aucun prisonnier militaire de sympathie du gouvernement n'avait été fait* » [r. n° 4 du 23.8.1937]. Serrano Suñer oublie les officiers demeurés loyaux à la République qui, dans la zone rebelle, furent fusillés.

Des réunions se tiennent en présence du comte de Vallellano, de l'ex-chargé d'affaires de Norvège, Schlayer[9], et du représentant anglais Geoffrey Thompson, diplomate, qui succéda Henry Chilton, quand celui-ci se retira. Rien ne sort de ces fébriles négociations, Franco s'opposant à tout échange de prisonniers contre des *asilés* d'*âge militaire*.

Au cours de la deuxième semaine d'août, Marti entreprend une grande tournée des établissements pénitentiaires dans le sud républicain. Nous allons en donner succinctement une description qui nous instruira sur ce que pouvaient être les journées des délégués [r. du 23.8.1937, le plus volumineux que rédigèrent les délégués : 26 pages!]. Sollicitant du ministre de la Justice, Manuel de Irujo, un permis spécial, celui-ci préfère lui adjoindre un fonctionnaire de la Direction générale des prisons qui épie ses faits et gestes et insiste pour que *le délégué s'exprime en espagnol* lors de ses entretiens.

Le mardi 10 août, départ de Valence de bon matin. Arrivée à Alicante, rencontre avec les membres du Comité local de la Croix-Rouge; ensuite visite du *reformatorio de adultos,* une des prisons locales. De passage, camp de travail de Orihuela, puis, le soir, réception par le comité de la Croix-Rouge de Murcia et, en sa compagnie, visite de son hôpital. Mercredi, toujours à Murcia, on visite la prison provinciale. A Cartagena, prise de contact avec les membres de la Croix-Rouge. Visite de la prison préventive, puis de l'hôpital de l'institution à l'aspect abandonné. A Totana, inspection du camp de travail, sis dans un couvent de religieux. La journée se termine à Huercal-Overa par une réunion avec le comité local de la Croix-Rouge réduit à un seul membre!

Avec le comité d'Almería qui végète, un tour à la prison provinciale, jeudi, puis à Ingenio. Une heure plus tard, Marti déjeune en compagnie des secrétaires d'un Britannique, Phillips, absent. Celui-ci a utilisé ses relations pour opérer quelques échanges par Gibraltar. Il avait été soupçonné d'avoir utilisé le pavillon de la Croix-Rouge à l'usage d'un service des nouvelles, à des fins commerciales. Ce système a pour origine Almería, qui fait parvenir ces fiches, au moyen d'un bateau britannique, à Gibraltar, d'où elles sont envoyées dans toute l'Espagne nationaliste. En route, Huelma est l'étape suivante; pas de président de la Croix-Rouge. A Jaén, en soirée, on rencontre le jeune secrétaire de la Croix-Rouge locale. Visite de la prison provinciale menée tambour battant. Vendredi à Linares, à midi, rencontre avec le comité local de la CRR. A Ubeda, visite de courtoisie à la section d'information de l'état-major de l'armée du Sud avec lequel Marti avait été en contact lors de l'épisode du Sanctuaire de la Virgen de la Cabeza. Il souhaitait obtenir du lieutenant-colonel Cabrerizo des informations sur le sort des femmes et enfants évacués à Viso del Marqués. Puis une section locale en plein épanouissement qui possède un petit hôpital. Le soir, à Viso del Marqués, rencontre des réfugiées et du délégué du gouvernement responsable. Un peu de tourisme, depuis le château du marquis de Santa Cruz, la vue est exceptionnelle alentour. La prochaine étape est la colonie des orphelins de la garde civile du balneario de Fuensanta, à 10 km de Ciudad Real (Ciudad Leal pour les républicains), où l'on rencontre, en soirée, un comité local réduit à un secrétaire et un président. Le lendemain matin, à l'hôpital provincial où opère le chirurgien-président de la Croix-Rouge locale. Visite de la prison provinciale sur la route d'Albacete, atteint à 16 heures. Dans cette agglomération, quartier-général des Brigades internationales, Marti sollicite des informations sur des volontaires disparus. La Croix-Rouge est quasi inexistante[10]. Prise de contact avec le comité local à Chinchilla, et visite du *penal* dans un ancien château.

Dès son retour, Marti adresse au ministre de la Justice une lettre lui exprimant sa reconnaissance pour les facilités rencontrées au cours de la tournée. Le bilan en est satisfaisant en ce qui concerne l'hygiène, la discipline, y compris l'alimentation en dépit des circonstances actuelles. Cependant, quelques critiques sont apportées sur la prison d'Almería. La réponse d'Irujo est que bien que « *Rome ne se soit pas fait en un jour* », tout sera entrepris pour remédier à cet état de choses. La presse reprend le thème, sans doute informée par le ministère. Quand Salamanque, quelques jours plus tard, relate très exactement cette tournée, elle « *s'étonne que ne soient pas visitées les prisons extra-officielles, comme Santa Ursula, où se passent tant d'atrocités* ».

L'activité débordante de septembre ne laisse guère de temps à la réorganisation indispensable qu'entraînent les dispositions sur la militarisation d'une partie des brigades de la Croix-Rouge. Une bombe éclate à la délégation de Valence, Luis Baltá, « *le fidèle et très dévoué collaborateur, laisse dans un cruel embarras* » le docteur Marti. En réalité, sous le coup d'une incorporation dans le service de santé, il déserte et se *faufile* à bord de l'*Éméréthie* avec une fausse identité. Arrivé à Genève, il est interpellé par la police en gare de Cornavin. Malgré son appel à l'aide auprès de la Villa Moynier, il sera refoulé sur Lyon. Junod dit que Baltá, Ferrer et Ramón « *nous ont faussé compagnie dans des conditions connues et il était impossible pour nous de les en empêcher* ». Au cours de sa réunion du 28 septembre, la CE débat sur cet épisode. Favre, président, est le seul à souligner qu'une éventuelle intervention en faveur de Baltá ferait du CICR le complice d'une désertion. Consulté, Junod répond qu'il avait été *favorable* à la fuite de l'ancien délégué adjoint et des autres. Pour Marti, ces jeunes gens, incorporables, sont partis « *sans me demander de tenter la moindre démarche afin de leur épargner le départ au front* ».

Au service des nouvelles, deux adjoints sont pressentis. Un, pour la partie administrative avec les autorités, l'autre, pour la partie technique, fiches, embarquements, etc. [r. du 18.9.1937]. Ce sont des jeunes gens de toute confiance, l'un avocat, l'autre commerçant. Les deux sont des officiers de *complément* (gradés qui n'avaient pas été appelés). Ils font partie d'un personnel de 34 collaborateurs, dont 8 femmes. Un mois plus tard, ces adjoints sont mobilisés, et Marti est contraint d'employer un nouvel adjoint, Juan Fernández-Yañez Ozores. Architecte connu à Madrid, la quarantaine, ami du ministre Giral et chaudement recommandé par Vizcaya, il était cependant, d'après Junod, « *sympathisant des fascistes, comme à peu près toute la délégation, à l'exception du docteur Marti!* ». Mobilisés, d'autres collaborateurs sont remplacés par des jeunes filles ou des hommes âgés.

La région des Asturies a été singulièrement oubliée, voire ignorée, par le CICR. Quelques rares séjours ont été effectués par Junod et Weber. Un contact rugueux avec le président du Conseil des Asturies et de León, Belarmino Tomás Alvarez est à l'origine de commentaires défavorables de la Commission d'Espagne. Aucune délégation n'avait été envisagée à Gijón, ni davantage un décalage de Graz lorsque sa présence à Santander devint inutile. L'occupation de la province de Santander par les nationalistes provoque un changement radical dans la direction politique du Conseil provincial. Il se transforme en *Conseil souverain des Asturies et de León*, assumant tous les pouvoirs civils et militaires de la Junte déléguée du gouvernement du Nord le 6 août. « *Il n'y a plus de civils et de militaires, mais un ensemble indifférencié, total, d'hommes et de femmes, obligés à vaincre* », proclame Tomás, prônant une politique de résistance à outrance, « [nous sommes] *disposés à mourir quelles que soient les circonstances* ». Les mesures prises sont radicales : fermeture de tous les spectacles, des bars et des cafés, réquisition des appareils de radio, création et fonctionnement permanent de tribunaux populaires. Pour une population dépassant les 300.000 habitants, les évacuations ne sont pas à l'ordre du jour[11]. Du fait de la perte de Bilbao et Santander, le blocus naval s'intensifie; le ravitaillement s'amenuise. Identique, un blocus aérien féroce intercepte et abat les rares avions civils qui se rendent dans cette zone[12]. Opérés par la Légion Condor, ils provoquent une protestation indignée du Conseil *souverain* des Asturies auprès de la SDN et du CICR : « *Si les bombardements se poursuivent, tous les prisonniers politiques seront exécutés* », menace-t-il. Déclaration révélant que l'état d'esprit des défenseurs avait atteint un stade de nervosité incontrôlée[13]. Valence fait part de son désagrément et intime Tomás de retrouver calme et sérénité indispensables à l'accomplissement de sa tâche. Un télégramme du CICR envoyé au général Franco produisit *une impression extrêmement défavorable,* suivant les termes de Pourtalès. L'erreur commise par la CE avait été de joindre à sa requête le texte du gouverneur. Pourtalès s'aligne sur la position de Burgos et tente d'apaiser l'entourage du général :

Burgos, le 15 octobre 1937. A S. E. le Chef de l'État national général Franco. Le comte de Vallellano m'a fait part de l'impression défavorable qu'avait produite sur V.E. la lecture du télégramme du CICR, à Genève, en date du 12 octobre, et se référant à la situation des prisonniers à Gijón. [...] qui pourrait prêter à une interprétation ne correspondant nullement avec les sentiments qui l'avaient dictée au CICR. Les premières lignes de ce télégramme ne font que reproduire le sens de plusieurs dépêches adressées au CICR par les dirigeants actuels de Gijón, dépêches auxquelles le CICR avait tout d'abord décidé de ne pas donner suite. [...] le CICR a estimé de son devoir de mettre V. E. au courant de la grave et menaçante situation où se trouveraient ces prisonniers, au sort desquels, il en est certain, vous portez le plus vif intérêt. C'est uniquement dans un but humanitaire que le CICR est intervenu auprès des dites autorités à Gijón [...].

Pourtalès occulte le sort des civils bombardés par les nationalistes. Volontairement, puisqu'au cours d'une longue conversation avec Serrano Suñer il précise que « *l'utilité du CICR dépendait de la confiance qu'il pourrait inspirer aux deux parties, et non seulement à une* ».

A partir de la seconde quinzaine de septembre, des bateaux viennent régulièrement dans les ports asturiens, principalement la nuit, embarquer depuis le Musel, Ribadesella, Avilés, femmes, enfants et vieillards, contre l'avis de certains hommes politiques surpris que l'on évacue ceux qui ne courent aucun péril, alors que tant d'hommes politiques, eux, sont condamnés à une mort certaine si on les arrêtait. Pour autant, nous avons de nombreuses observations contraires. Des politiques, ou leurs familiers, partirent précocement, profitant du flot des évacués. La flottille des destroyers anglais est présente et assure la sécurité.

Le 1ᵉʳ septembre, le général Dávila diffuse son instruction générale pour l'attaque des Asturies. Les opérations se déroulent dans un terrain montagneux dont les sommets avoisinent les 2.000 mètres; les qualités manœuvrières de l'assaillant y excellant, l'avance est quotidiennement sensible et les combats se rapprochent de la capitale. Est occupé, le 27 septembre, Ribadesella. La panique gagne Gijón, envahi de blessés, et les routes encombrées de soldats en retraite. Dimanche 17 octobre, Belarmino Tomás convoque les principales personnalités politiques et militaires. Tardivement, le 18, arrivait dans le port de Musel le *Reina* avec un abondant matériel militaire. Pour les uns, il faut évacuer les combattants, les conduire dans la zone est, où ils reprendraient le combat. Franco autoriserait, avance-t-on, leur départ à condition que l'industrie et les mines de charbon restent intactes. Sont choisis pour leur *retraite* les ports de Gijón, Musel, Candás, Avilés et San Juan de la Nieva. Quant aux jusqu'au-boutistes, ils envisagent une résistance à outrance dans l'attente de l'hiver et des pluies. Mercredi, la ville abandonnée par ses dirigeants est sans contrôle. Le Conseil quitte Gijón par la voie aérienne, les sous-marins et le destroyer *Ciscar* ayant été coulés par l'aviation nationaliste. Six avions avec des fonctionnaires et des assesseurs soviétiques atterrirent à Bayonne. Furent abandonnés un certain nombre de Poliarkov I-16 *(Mosca)*. Des membres du Conseil étaient sur le remorqueur *Platón*; le colonel Prada, chef de l'armée du Nord, et le capitaine de frégate Valentín de Fuentes, avec 80 cadres et officiers, sur le torpilleur *N° 3*, quittaient Gijón. La seule autorité restante est le colonel José Franco Fusió, directeur de la fabrique d'armes de Trubia. Le même scénario se répète. Les forces de l'ordre, aidées par la *Cinquième colonne,* désarment les derniers miliciens et occupent les édifices publics, en particulier la radio émettrice à partir de laquelle ils contactent les troupes franquistes. La guerre des Asturies terminée, la zone cantabrique est en totale possession des nationalistes. Le bilan du point de vue humain et économique est désastreux pour la République espagnole. Les combattants cherchèrent, à tout prix, à sortir du piège. Ceux qui prirent le large, souvent sur des embarcations de fortune, affrontèrent soit une mort probable (la mer étant démontée), soit leur capture par la flotte nationaliste[14].

La mission de Junod [*r*. n° 19] couvre la période du 17 septembre au 6 novembre, à Barcelone, Valence et en particulier Madrid. Quelle est la situation de la délégation de Madrid? L'antagonisme latent entre Arbenz, délégué en titre, et Vizcaya a été souligné. Lors de son passage, en mars, Junod avait distribué les rôles. Mais les bonnes résolutions ne durent jamais longtemps. Cette mésentente continuelle était affaire de caractère entre un Espagnol, indépendant, et un officier de l'armée suisse, fort attaché à la hiérarchie. La tension aggravée par les quinze mois de guerre (pour Vizcaya) et huit mois (pour Arbenz) ont mis à mal leur système nerveux réciproque. « *Chacun d'eux est fatigué et je pourrais citer cent anecdotes le démontrant* », écrit Junod, qui les réunit et tente d'instaurer un climat d'entente. Arbenz s'efforcera de moins élever la voix, et Vizcaya a mieux compris son rôle d'adjoint. Enfin, une meilleure collaboration est recherchée avec le Comité central. L'inspection du bureau de distribution des vivres et de celui des nouvelles apporte du baume au cœur du délégué général. Chaque personne secourue dispose d'une fiche. Quant au service des nouvelles, il fonctionne parfaitement grâce au dévouement du *vieux M. Weber,* tout entier dévoué à sa tâche.

Revenons sur les évacuations de Madrid. Elles ne furent pas seulement le fait du CICR, mais aussi des ambassades, la Grande-Bretagne en particulier, qui, sous la direction de John Leche, avait obtenu l'autorisation d'évacuer 1.200 femmes et enfants, grâce à l'intervention d'un ami personnel de Prieto, Evaristo de Echevarrieta, vicaire de Bermeo[15]. Ce chiffre fut largement dépassé (sans doute plus de 3.000). Les moyens de transport comprenaient des cars et taxis de la CNT, de la légation du Chili, des taxis UGT et les quatre vastes ambulances écossaises. Si la liaison Madrid-Valence et maritime avec le *Maine, l'Éméréthie* (de la Cie de navigation Paquet) et le *Gibel Zerjon*[16] était satisfaisante, l'arrivée des évacués à Marseille donnait lieu parfois à des incidents regrettables. A la suite de l'affaire Troncoso, dont nous parlerons plus avant, les autorités françaises interdisaient le séjour en France à tout ressortissant espagnol démuni de visa et le dirigeait sur Hendaye et la zone nationaliste. Insuffisamment renseignés, explique Junod, les Anglais acceptaient toutes les personnes sur les listes ouvertes au consulat. Or, parmi ces personnes, certaines étaient républicaines, et leur passage en zone franquiste pouvait occasionner leur arrestation[17]. En revanche, les précautions avaient été prises par la délégation du CICR. Les familles étaient averties qu'elles ne pourraient séjourner en France; toutes, ou presque toutes, se rendaient dans la zone nationaliste. A Valence, pendant un mois, Pierre Weber assure leur embarquement pour Marseille. Graz, dans la capitale phocéenne, les accueille et transfère en gare Saint-Charles ces évacués, dans un grand tohu-bohu, de nombreuses associations intervenant : le Service social d'aide aux émigrants, des congrégations religieuses, le Secours blanc. Il y avait là une grande tâche pour le CICR, trop grande peut-être pour un délégué qui devient « *le bouc émissaire auquel les évacués expriment leur mécontentement de devoir payer le prix du billet, de ne pas pouvoir séjourner en France, de l'accueil inhumain que la France leur fait, etc.* »[18] [*R.* du 16.11.1937].

Les réfugiés arrivent dans un grand état de fatigue. Il y a beaucoup d'enfants, des bébés en particulier, des personnes âgées aussi, parfois handicapées. L'accueil et les premiers soins sont à la charge d'un groupe d'infirmières françaises, presque toutes membres de l'UFF (Union des Femmes de France), sous la direction de Mme Lasserre, directrice du *Nid marin,* à Hendaye-Plage. Celles-ci reçoivent les réfugiés, dans la grande salle des pas perdus de la gare, avec un bol de café au lait et des sandwiches. Puis elles conduisent les enfants jusqu'à Irún. Courvoisier et

Muntadas, à bord de leurs voitures respectives, le font pour les personnes âgées malades ou handicapées. Quant aux adultes, après le court trajet de 400 m, de la gare au poste de douane, ils traversent à pied le pont international d'Irún, et cela par n'importe quel temps. Non sans récriminations de la part de certaines réfugiées qui, après avoir protesté d'avoir effectué Marseille-Hendaye en voitures normales et non en *sleepings* ou wagons-restaurants, s'offusquent de porter leurs bagages ou du retard de ceux-ci. « *Ces malheureux [...] dans des trains, en troisième classe, avec le minimum de nourriture et le maximum de froid. [...]* », nous décrit Courvoisier. « *Des scènes déchirantes éclataient lorsque les évacués retrouvaient la terre espagnole. Les vieillards, notamment, se signaient, saluaient le drapeau, baisaient le sol. Larmes et rires alternaient sans cesse. Il y eut ainsi une quinzaine de convois.* »[19]

En gare d'Hendaye, les arrivées ont lieu le matin, au milieu d'une grande affluence de parents envahissant les quais, mais aussi de curieux. Souhaitant conserver un caractère de confidentialité, les délégués obtiennent que le public soit refoulé par les gendarmes et qu'assistent, seuls, les représentants de la CRN, le comte de la Granja et Pedroso; les délégués de *Nacho Enea*, fonctionnaires franquistes, enfin Muntadas et Courvoisier. Apparaît ainsi, pour la première fois, le terme de *Nacho Enea* (*C'est ma maison*). Cette villa de Saint-Jean-de-Luz, au bout de l'avenue Larreguy, appartenait au marquis de Caviedes. Les franquistes y installèrent un groupe important de fonctionnaires : « *L'étroite rue devant la villa était fréquemment congestionnée par des voitures militaires et des messagers qui allaient et venaient aux quartiers généraux de Burgos et de Salamanque.* »[20] Située après le *Bar Vasco*, dit Koltsov, « *à l'intérieur il y a d'authentiques services d'ambassade ou consulaires. Dans la salle d'attente, beaucoup de monde. Sur les murs, des affiches et des drapeaux fascistes et monarchistes, des troncs pour dons en faveur de l'armée fasciste et de la Phalange espagnole [...]. Au-dessus de la cheminée sont affichées les instructions concernant le passage de la frontière. On demande : 1) un visa français de sortie ou de transit; 2) l'autorisation des autorités militaires; 3) présenter ses bagages à la douane; 4) passer à pied le pont.* »[21] Souhaitant rencontrer le responsable de cette officine, le journaliste apprend qu'il s'appelle Berenville[22]. Ce dernier lui remit un questionnaire à diriger au chef de la VIe Division, à Burgos! Les deux édifices sont le siège d'une ambassade illégale, à proximité de l'ambassade française auprès de la République espagnole!

Étonnement lorsque l'on observe la liberté de mouvement, pour les franchissements de frontière, du colonel Troncoso, commandant militaire de la Bidassoa (Irún). Ce colonel (commandant, suivant d'autres sources) Julián Troncoso y Sagrado est arrêté à Bayonne, le 22 septembre. Courvoisier, le même jour, téléphone à la Commission réunie, sollicitant l'autorisation de rendre visite au colonel Troncoso, en prison. Vivement, Pourtalès s'y oppose; quant à Patry, il indique qu'il faut s'abstenir de toute démarche. Un commando franquiste avait tenté de monter à bord des sous-marins républicains *C-2* à Brest, et *C-4* à Bordeaux pour s'en emparer. Sans hésiter, Troncoso reconnaît être l'initiateur de l'équipée, en compagnie de quelques *Grands* d'Espagne, dont un aurait été son chauffeur! La presse française de droite accusait le ministre Marx Dormoy d'avoir fait arrêter une *des personnalités les plus importantes de l'entourage de Franco* et avoir compromis les relations entre la France et *l'Espagne de demain...* Au sortir du cabinet du juge d'instruction, Troncoso menace les autorités françaises : s'il n'est pas promptement relâché, le consul de France de San Sebastián sera retenu comme otage! Par mesure de rétorsion, le général Franco fait garder à vue Desmartis, consul à Málaga. Poursuivant cette campagne d'intimidation, le 4 janvier 1938, les franquistes arrêtèrent et emprisonnèrent l'agent consulaire à Irún, Ducourau. Provocation qui déchaîna une campagne contre l'ambassadeur de France exigeant, à cor et à cri, sa destitution. Herbette, démis[23], se retire en Suisse.

De l'autre côté de la frontière officie l'organisation féminine de l'*Auxilio de invierno* qui distribue boissons chaudes et omelettes aux arrivants. Depuis Salamanque, Pourtalès [r. n° 6 du 12 au 17.10.1937] transmet la reconnaissance des autorités au CICR par le président de Vallellano, qui le remercie pour son activité en faveur de ces réfugiés, déclarant que tous les rapatriés, sans aucune exception, n'avaient que des paroles élogieuses pour l'œuvre du CICR, tout particulièrement Arbenz, à Madrid, et Graz, à Marseille. L'évacuation de cette population produit un effet favorable mais passager compte tenu des frais engagés. Si les franquistes mettaient des fonds à la disposition du CICR, on pourrait envisager favorablement une prolongation. Après avoir manifesté sa satisfaction de voir que le CICR évacuait, dans des conditions somme toute excellentes, des milliers de sympathisants franquistes, alors qu'une évacuation analogue ne pouvait pas s'envisager pour la zone nationaliste, Salamanque souffle le chaud et le froid. Par une volte-face dont il était coutumier, le général Franco, quinze jours plus tôt, avait incorporé les *asilés* dans l'échange de 2.000 prisonniers. Il prétend maintenant ne pas vouloir mettre sur le même plan *asilés* et prisonniers, prétextant que ces derniers avaient combattu alors que les *asilés* s'étaient tenus, dans les ambassades, à l'écart. De nouveaux protagonistes durcissent la position du généralissime; n'était-ce pas sa pente naturelle? Raimundo Fernández Cuesta y Merelo remarque qu'il y aurait quelque injustice à faire sortir des *asilés,* qu'on considère comme des gens peu intéressants, avant de s'occuper en priorité des prisonniers.

Avec l'arrivée de ces réfugiés, les bureaux de San Sebastián sont envahis par une foule souhaitant que tel ou tel de ses parents quitte Madrid. Dans un premier temps, 4.000 demandes ont été acceptées; or, le CICR pouvant prolonger les évacuations, le nombre a été porté à 6.000. Il apparaît que ce sont 25.000 demandes qui ont été déposées en zone franquiste, dépassant de beaucoup le nombre autorisé, mais aussi les possibilités techniques de transport et les ressources financières du CI, qui a épuisé les 150.000 FS disponibles. L'Assemblée suprême de la Croix-Rouge l'expose aux demandeurs, espérant dissiper tout malentendu.

D'Amman et Courvoisier [r. n° 21 du 30.10.1937] intercèdent en faveur de Joaquin Maurín Juliá, homme politique aragonais, emprisonné[24]. Courvoisier, à diverses reprises, téléphone au marquis de Rialp, recevant de vagues réponses. Au cours d'une entrevue, le délégué s'entend répondre qu'il ne faut plus mentionner cet otage! En zone républicaine, Maurín subit, de la part des communistes, un ostracisme comparable. John McGovern, député travailliste britannique, représentant la Commission internationale de défense du POUM, sollicita du ministre Irujo d'inclure Maurín dans la liste des échanges proposée par le CICR. Au cours d'une réunion du gouvernement Negrín, cette demande fut activement combattue par les ministres communistes.

Parallèlement, se poursuivent les négociations autour de l'échange des marins russes[25], considérés comme prisonniers de guerre par les nationalistes. Le CICR, le 12 juillet, communique la liste de l'équipage du *Komsomol,* sans préciser le lieu de détention. Le 25 août, un échange de 4 officiers et 8 marins du *Komsomol* contre 9 aviateurs italiens et espagnols est repoussé par Valence. Le Comité propose alors l'échange de l'ensemble des 20 officiers soviétiques contre un nombre égal d'aviateurs, et des 46 marins contre des soldats italiens. En septembre, on apprend qu'une partie des marins aurait été conduite en Allemagne pour être échangée contre des Allemands détenus en URSS. Malgré les dénégations de Litvinov, dans les derniers jours du mois, 24 marins du *Komsomol* regagnent leur pays. Courvoisier, le 1er octobre, sur le pont international d'Irún, procède à l'échange d'une vingtaine de marins russes, choisis parmi les 40 du *Smidovitch*[26], et de Justino Azcárate et Tomás Hernández, contre 20 prisonniers italiens.

Se pose l'épineux problème des quatre journalistes du *Heraldo de Aragón*, prisonniers sur le front de Madrid. Courvoisier [r. n° 23], se rend à Zaragoza, zone du front, où les officiers de l'état-major sont peu réceptifs aux demandes de la Croix-Rouge locale dont le rôle, à leurs yeux, est exclusivement de porter secours aux blessés, d'organiser les hôpitaux, etc. Malgré sa bonne volonté, le président de la section locale est impuissant. Courvoisier rencontre le directeur du conseil d'administration du quotidien, Antonio Mompeon Motos, vieille connaissance du docteur Junod, dont il parle en *termes élogieux*. Tout cela aurait dû être résolu, dit-il. Il téléphone à Serrano Suñer et à Vallellano, inutilement.

Au cours d'une tournée d'inspection [r. n° 24] des prisons et des camps de concentration, Courvoisier commence par Larrinaga, dans la banlieue sud de Bilbao. Construite en 1860, la prison est sur la hauteur et comprend quatre étages de cellules. Des médecins, prisonniers, s'occupent de leurs 2.200 camarades. Les conditions de vie et de nourriture seraient bonnes, et les détenus peuvent se promener dans les trois patios qui leur sont réservés. Les prisonniers parlant le français posent tous la même question : « *Vous êtes ici, n'est-ce pas, pour l'échange général des prisonniers ?* » Parmi eux, des condamnés à mort; d'autres ont des amis déjà passés par les armes, *l'angoisse habite ces hommes*. Atmosphère morbide, en dépit de l'optimisme du délégué. Au Carmelo de Begoña, ancien couvent entouré d'un parc à côté d'une caserne, abritant 1.200 prisonniers, même traitement. La quarantaine de prêtres emprisonnés obéissent à la même discipline que les autres prisonniers et subissent un sort identique. Avec une différence de taille, ils sont maintenus dans un isolement total. « *Lorsque je pénètre dans leur salle, ils sont alignés sur deux rangs, immobiles, tenant chacun dans leur main une Bible. Je crois n'avoir jamais été aussi fortement impressionné qu'en voyant ces prêtres prisonniers. [...] il règne une atmosphère de calme et de tranquillité.* » Rencontre avec un jeune Suisse de 24 ans, originaire de Zurich, qui s'était battu dans les Brigades internationales, en compagnie de 700 à 800 compagnons[27], alémaniques ou romands. « *Je ne pouvais plus rien pour lui, mais il ne me croyait pas, et je ne pouvais pas le lui dire.* » Était-il condamné à mort ? Le délégué reste muet.

Los Escolapios, un ancien collège, abritait 3.700 prisonniers. Dans la cour, ceux qui parlent français peuvent converser avec le délégué. Leur espoir est l'échange général, tout en déclarant qu'ils sont bien traités et nourris. Courvoisier donne un *satisfecit* à l'administration pénitentiaire. Un certain nombre d'épouses viennent intercéder auprès de lui pour que le CICR agisse en faveur des condamnés à mort.

Les exécutions recommencèrent en octobre. Le 14, ce furent quatorze suppliciés, dont six nationalistes basques. D'après le journal basque en exil, *Euzko Deya,* 250 condamnations avaient été exécutées à la fin décembre 1937. Des sources italiennes décrivent ainsi la répression : au début novembre, 11.000 détenus avaient été libérés pour être incorporés en grande partie dans les rangs de l'armée nationaliste, 5.600 se trouvaient dans des bataillons disciplinaires et 5.600 étaient en attente d'un jugement. D'après les mêmes sources, à la fin de 1938, 655 sentences de mort avaient été prononcées, 145 auraient été exécutées[28].

Il fait un froid glacial. En compagnie du commandant-chef des camps de concentration et de deux officiers de son état-major, Courvoisier quitte son hôtel. Ils prennent la route de Santander et empruntent un sentier de pleine montagne qu'ils gravissent jusqu'au petit village de Gallarta. Depuis ce dernier lieu-dit, on surplombe la vallée jusqu'à la mer. Le camp se trouve dans un ancien dispensaire qui sert de logement à 200 prisonniers. Ils couchent sur des bat-flanc en planches avec matelas en crin et couverture. Les murs sont passés à la chaux et, là aussi, propreté et ordre sont *frappants*. Les prisonniers travaillent dans une mine de fer exploitée à ciel ouvert, plus exactement dans deux cavités énormes de 250 m de profondeur : « *Tout au fond du cratère s'agitaient des centaines de silhouettes, celles des prisonniers républicains. Il fallait extraire beaucoup de minerai de fer : la bataille de Teruel venait de commencer.* »[29] La première, *Concha una* appartient à une société anglaise, et celle de droite, *Concha dos,* à une société franco-belge. « *Les prisonniers sont payés par les propriétaires des mines comme des ouvriers ordinaires. Ils travaillent 8 heures par jour et leur salaire est à la journée de 7,50 pesetas. Ils ne touchent pas leur argent, mais il est à leur disposition. Le directeur du camp leur retire 1,50 peseta par jour pour la nourriture et 2 pesetas pour leur femme et 1 peseta par enfant.* » La rétribution des prisonniers-ouvriers dépend de leur rendement.

On change de vallée. On grimpe, avec un funiculaire, à plus de 800 m, sur une nouvelle étendue, ouverte à tous les vents, aride, parsemée de cavités et de pylônes, la *Arboleda,* par dérision. Dans un enchevêtrement métallique, tirés par des locomotives, glissent des wagonnets de minerai. Dans le fond, les hommes — des prisonniers — travaillent. Le camp comprend des baraques, chacune pour douze hommes. Élogieux, le rapport termine : « *Pas un seul instant je n'aurai pu croire que les hommes que je voyais étaient des prisonniers. Ils accomplissaient leur travail dans une ambiance tout à fait supportable et d'après leurs déclarations ils préfèrent de beaucoup être dans un camp que dans une prison.* » Son amphytrion, l'ingénieur de la Franco-Belge, lui montre la statistique de rendement qui, après quatre semaines de présence, est de 5 % supérieure à celle d'un ouvrier professionnel.

Une série de photographies[30], pour justifier le traitement humain dont les autorités nationalistes prétendaient faire bénéficier leurs prisonniers, est envoyée à Genève. D'autres camps de travail existent dans la région, mais tous n'ont pas l'importance de ceux qui viennent d'être visités. En effet, les prisonniers travaillent selon leur spécialité dans des usines d'armement, des arsenaux ou des garages, etc.

Apportons un autre éclairage[31]. Dès l'occupation partielle de la zone nord, l'activité économique et industrielle passe sous la direction d'une Commission militaire d'incorporation et de mobilisation industrielle. Avec pour mission la mise en marche des hauts-fourneaux, des laminoirs et, évidemment, du secteur minier. La main-d'œuvre faisant défaut, les mines de fer de la région de Bilbao emploieront des prisonniers de guerre passant directement des camps de classification aux camps de travail. Plus de 700 prisonniers y sont affectés : Gallarta (295), la Arboleda (319) et Galdames (104). Un nouveau camp sur le site de la Arboleda sera installé en 1938 pour 300 prisonniers. Avec la militarisation du camp, les conditions de vie s'aggravent, la durée du travail étant de 8 heures sur six jours avec heures supplémentaires.

D'Amman renouvelle ses démarches, pour Courvoisier et lui-même, afin d'obtenir l'autorisation de visite des prisonniers dans leurs secteurs respectifs[32]. Les prisonniers du front des Asturies sont encore peu nombreux, environ 2.000. Les combattants asturiens « *sont plus ardents à la lutte et préfèrent mourir les armes à la main dans les tranchées : aussi les combats à l'arme blanche sont fréquents dans ce secteur* » [r. n° 13 du 15.09.1937 au 16.10.1937].

Mais tout d'un coup, le front s'écroule. Les prisonniers aux mains des républicains sont *libérés*, au nombre de 2.000 et non de 5.000 comme cela avait été précédemment annoncé. D'Amman et Courvoisier ne peuvent obtenir de *salvo conducto* « *durant les premiers jours, où il eût été précisément intéressant de constater de visu comment certaines choses se passent* ». Si les indications reçues correspondent à la réalité, les *services humanitaires* auraient été rapidement organisés. De même, que l'intervention de l'*Auxilio social*[33] quasi immédiate avec l'arrivée d'un bateau chargé de vivres. Le nombre de prisonniers dépasserait les 50.000. Dès qu'ils seront distribués dans les divers camps, d'Amman recevra l'autorisation d'inspection. Le délégué fait le point sur la situation des prisonniers militaires répartis en camps-dépôts et en bataillons de travailleurs au nombre de vingt et un. Les internés se consacrent à la réfection des routes, ponts, voies ferrées, canaux, etc., sous l'autorité du commandement militaire. Quant aux trente-six camps et dépôts, dont quinze dans le secteur de Courvoisier, ils « *s'ouvrent et se ferment suivant la marche plus ou moins rapide de la classification* ». En compagnie de l'inspecteur, le délégué se rend au grand bagne de Dueso, où se trouvent 3.200 prisonniers, et au dépôt de Santander, dans les dépendances du Palais Royal de la Magdalena, contenant 500 prisonniers.

Mauvaise nouvelle, l'autorisation générale de visite des prisons dites civiles est refusée. Reste la visite ponctuelle avec autorisation préalable, procédure utilisée pour la prison de Tolosa. Parallèlement, d'Amman se rend dans les hôpitaux de la zone où sont soignés, pour partie, des blessés républicains. Le directeur de l'hôpital San Francisco Javier, docteur Bermejillo, à Oña (Burgos), le remercie pour le matériel chirurgical que le CICR a destiné à cet établissement.

Des visites individuelles sont accordées, après consultation du dossier. Le délégué intervient sur des cas spéciaux, tel celui du Polonais Zandberg, qui voit sa peine capitale commuée en 30 ans. Le délégué reconnaît qu'il « *arrive à faire du meilleur travail en traitant directement avec les autorités qu'en passant par le canal de la Jefatura suprema de la CRN dont l'intervention se borne à une démarche platonique* ».

A Barcelone, aussi, les échanges individuels deviennent impossibles. « *Nous avons été trop larges vis-à-vis de nos adversaires politiques, à eux de nous prouver qu'ils tiennent à leurs amis restés de ce côté en nous rendant des nôtres restés là-bas* », écrit d'Hahn. L'autre côté ne laisse pas sortir des gens de *gauche*. Si bien que les délégués du CICR dans la zone nationaliste ne tentent plus de démarche. Pourtant, sollicités, ils continuent de faire parvenir des fiches d'évacuation à Barcelone. Hahn leur répond qu'ils se pénètrent de l'adage *donnant-donnant* : « *D'une façon générale je ne vois pas d'inconvénient à laisser sortir lesdites personnes (malades, vieillards, veuves, etc.) puisque le sentiment d'humanité conseille d'en faire autant. Mais ce même sentiment que je prône, nous devons le rencontrer de la part des factieux : œil pour œil, dent pour dent »*, écrit le conseiller à l'Ordre public. Maxime inspirant la conduite des républicains. En conséquence, la délégation de Barcelone suspend ses démarches pour l'obtention de passeports.

José Giral communique à Hahn la traduction d'un rapport du consul d'Hendaye. Ce texte important [Annexe 29a] fait l'objet d'une correspondance au colonel Favre. Il insiste sur l'agacement qu'éprouvent les autorités républicaines de constater que la grande majorité des personnes évacuées de Madrid par les soins du CICR, dès qu'elles posent le pied en France, se déclarent enthousiastes de la cause franquiste.

Avec précaution, Hahn admet l'exactitude des faits relatés. Le nombre de gens qui souhaitent partir à cause du manque de nourriture et la peur des bombardements augmente. Mais comme leurs adversaires ne laissent sortir personne, les autorités républicaines ne veulent plus autoriser d'évacuations. Le délégué estime que son action ne doit plus se diriger vers des évacuations à sens unique, mais vers une aide envers ceux qui souffrent, et tout particulièrement des familles. A cet effet, le camion du CICR est à la disposition de l'*Ayuda infantil* afin d'assurer le transport des vivres dans différentes localités où se trouvent des colonies.

Les derniers jours de décembre bruissent d'informations dramatiques parvenues de l'ex-zone nord. Le ministère d'État câble :

> Très urgent. Le gouvernement espagnol reçoit des nouvelles annonçant que les rebelles ont fusillé ces jours passés à Bilbao 140 républicains provenant des armées du nord, entre eux le colonel Azcárate, le commandant La Fuente et le commandant Arenillas[34]. Des informations nous font craindre que les rebelles s'apprêtent à exécuter le 4 janvier 900 condamnés à mort à Bilbao et à Santoña, simulant l'existence d'un complot afin de se justifier devant l'opinion internationale. La mise à exécution de ces sinistres projets paralyserait les bonnes dispositions du gouvernement pour accueillir et approuver les échanges proposés qu'il étudie avec toute diligence. [Transmis le 29.12.1937.]

Et Hahn d'ajouter : « *L'opinion se montre de plus en plus excitée et si l'on veut éviter des représailles il faut coûte que coûte arriver à faire suspendre ces exécutions annoncées. Sinon nantissez l'opinion internationale afin de prévenir des actions qui paraissent un défi à tout sentiment humain et chrétien. De notre intervention énergique dépend en grande partie notre prestige.* »

Hahn soulignait ce qui allait devenir un sentiment généralisé en zone républicaine : l'existence d'un traitement différencié du CICR face aux problèmes humanitaires posés dans les deux zones. « *Le reproche qu'on fait au CICR (reproche d'ailleurs réfuté tant par Junod que par moi) est que le CICR n'élève pas la voix aussi haut quand il s'agit des autorités de Salamanca que lorsqu'il s'agit de celles d'ici. Pour le bien de l'Espagne il faut arriver coûte que coûte à calmer cette soif de condamnations capitales. Une chose est certaine : les exécutions en masse dans le Nord sont connues ici et le public commence à réclamer des mesures de réciprocité. Malgré toutes les interventions étrangères, le gouvernement ne pourra à la longue se refuser à écouter ces réclamations. [...] Veuillez [M. Favre] engager toute votre influence et celle du CICR tout entier pour que les principes d'humanité ne soient pas foulés aux pieds plus longtemps dans cette pauvre Espagne toute pantelante. Quel triste Noël!* » [Lettre du 28.12.1937.]

Pourtalès se rend au siège de l'ambassade [r. du 19.11.1937]. Il s'entretient avec Thompson et Innes, chargé du service d'échange des prisonniers à l'ambassade. Une proposition de Valence, par l'intermédiaire de l'ambassade d'Espagne à Londres et du Foreign Office, pour un échange général de prisonniers, est faite.

Huit jours plus tard, le délégué débute [r. n° 8 du 30.11.1937] par un sombre exposé de la situation. Queipo de Llano a encore fait des siennes, prenant pour cible cette fois le comte de Pourtalès. Dans son entrevue avec Sangróniz, le délégué s'accorde avec le chef de cabinet « *pour passer l'éponge sur cette déplaisante affaire et la considérer comme définitivement liquidée* »! Par une inversion sémantique assez singulière, Pourtalès fait alors allusion aux difficultés que rencontrent les délégations du CICR du côté gouvernemental pouvant rendre leur maintien impossible dans cette zone, avance-t-il prudemment. Le représentant de Franco reconnaît que cela serait fort dommageable aux nationalistes demeurés en territoire gouvernemental. Alors, constate Pourtalès, la poursuite des évacuations de femmes et d'enfants, suspendue de part et d'autre, serait la conséquence d'un manque de compréhension et de bonne volonté de Salamanque? Soulignant la tiédeur de la CRN, il le prie d'user de toute son influence pour « *qu'on accorde des mesures de réciprocité qui seules rendraient possible la continuation des travaux du CICR en territoire gouvernemental* ». Brutalement, Sangróniz lui répond que si l'accueil des nationalistes envers Genève et ses délégués n'est pas celui attendu, cela provient de ce que Burgos opine que « *la Croix-Rouge internationale pouvait rendre des grands services du côté gouvernemental, mais qu'elle n'avait que faire chez eux. Désarmé par cette réponse, j'estimai inutile de poursuivre la discussion plus avant.* » Soulignons la franchise du secrétaire et corrélativement la naïveté du délégué. Pour autant, sur une question pratique comme celle de la reprise des évacuations sur la base d'un accord réciproque, le délégué estime que Franco pourrait ne pas être hostile à la libre sortie de femmes, enfants et vieillards. Si les nationalistes y étaient favorables, on pourrait obtenir la réciprocité de Barcelone.

Le 21, à Burgos, c'est avec Serrano Suñer qu'est Pourtalès. Le beau-frère de Franco, peu à peu, est l'intermédiaire incontournable. Pour preuve, l'inquiétude manifestée au sujet des listes des disparus des prisons de Madrid, en novembre 1936. Le CICR n'avait pas souhaité leur communication, Schlayer les envoya tout de même à Burgos. Serrano Suñer n'ignorait rien des événements, il était à Madrid à ce moment-là, à la clinique du docteur Marañon. Étrangement, il manifeste un mépris mordant à l'encontre du chargé d'affaires norvégien qu'il qualifie d'*individu dangereux et d'imposteur*.

Comme avec Sangróniz, Pourtalès constate que le CICR se heurte du côté nationaliste à une indifférence constante et à une incompréhension totale de la tâche poursuivie des deux côtés, d'où découleraient des difficultés en territoire gouvernemental. Tout cela n'entraîne aucune réaction favorable. Depuis un an qu'il officie en Espagne, Pourtalès note qu'il « *n'a jamais constaté un état d'esprit aussi intransigeant et intraitable que celui auquel je me suis heurté à chaque pas à mon présent voyage. Il semble que la haine de tout ce qui est rouge va grandissant et que tout jugement objectif soulève immédiatement la suspicion.* »

Soumettant son projet d'accord réciproque de libre sortie de femmes et d'enfants, il s'entend répondre que du côté nationaliste les familles des dirigeants rouges jouissaient de la plus totale liberté et qu'il n'en était pas de même de l'autre côté. Quant à ceux voulant quitter Madrid, la famine les poussait à partir et non un quelconque sentiment patriotique. Bien peu offrent de l'intérêt pour les nationalistes. Devant l'attitude mesurée mais offusquée de Pourtalès, le *cuñado* (beau-frère) promet d'en parler.

Qu'en retire Pourtalès devant la Commission? « *Cette conversation avec un homme* [Sangróniz] *qui est mon ami personnel, et qui est une des rares personnes ici qui reconnaît à sa juste valeur le travail du Comité, démontrera à la Commission l'état d'esprit qui règne à Burgos actuellement et contre lequel nos efforts se brisent sans cesse.* » Il retrouve Vallellano, découragé et démoralisé. L'apparence de pouvoir dont il croyait disposer s'évanouit avec l'arrivée de nouveaux collaborateurs auprès du général Franco. Il a souhaité démissionner, dit-il. On lui reprocherait un certain insuccès dans les échanges et d'en avoir désigné un réel ou supposé responsable. Enfin, il est mécontent d'une marginalisation de la CRN.

Les prisonniers sont maintenant classifiés sous la houlette d'un inspecteur général. Le bilan des Asturies est de 35.000, logés provisoirement dans des locaux utilisables, casernes, écoles, couvents, baraquements... Quant à ceux n'ayant pas été immédiatement incorporés dans les forces armées, on ne sait pas encore comment les occuper, « *ils passent leurs journées désœuvrés, battant la semelle aux alentours des cantonnements* », détaille d'Amman [r. du 1er au 15.11.1937]. Seuls les spécialistes sont employés pour la réparation des ouvrages d'art. Une précision cependant : les mineurs ont été renvoyés dans les mines, « *ils travaillent sous la surveillance de la police* ». Il y a beaucoup plus de malades que de blessés dans les hôpitaux.

Revient le problème des visites individuelles aux jours et heures de visite réglementaires. Les prisonniers peuvent recevoir des dons en nature et en espèces. D'Amman précise que la faveur dont il jouit lui permet de pouvoir visiter les prisonniers en dehors des jours et heures réglementaires et *de leur parler en français*.

Plus dramatique est celui des condamnations à mort, fréquentes. A cet égard, d'Amman s'étonne des *« trop nombreuses demandes d'intervention, qui peuvent nuire à notre activité en général, affaibliraient la prise en considération de nos démarches et diminueraient les chances d'efficacité de celles-ci. Il est vrai que lorsqu'il s'agit de vies humaines à défendre, nous n'avons pas à choisir, puisque l'une vaut l'autre. Tout au plus pourrait-on prendre comme critère de discrimination le degré de gravité des motifs ayant entraîné la peine capitale. Mais est-ce à nous de juger ce degré ? C'est ainsi que je viens de recevoir du CICR vingt-trois demandes d'intervention pour des condamnés à mort de Santander, datées du 4 novembre. J'hésite à les transmettre purement et simplement au comte de Vallellano et avant de le faire, je vais me renseigner d'abord auprès des autorités judiciaires compétentes. [...] des interventions en faveur d'étrangers ont plus de chances d'aboutir que celles faites en faveur d'Espagnols, car comme chacun l'Espagnol n'aime pas qu'on se mêle de ses propres affaires et le chef de l'État a d'autre part prouvé à maintes occasions sa mansuétude envers les étrangers condamnés. Et notre rôle d'intermédiaire en faveur d'étrangers paraît beaucoup plus justifié aux yeux des autorités espagnoles. »*

Consulté, Vallellano répond vaguement, tout en attirant l'attention du délégué de ne pas limiter ses interventions aux seuls étrangers, car les condamnés nationalistes seraient à leur tour écartés de toute action humanitaire. Le rapport aborde ensuite les évacuations isolées. Peu nombreuses, depuis la zone nationale, elles sont suspendues à la délivrance de nouveaux passeports à Valence. Lorsque le délégué fait observer à la *Jefatura suprema* que pour atteindre un nombre identique que celui sorti de la zone gouvernementale, il faudrait poursuivre les évacuations, on lui rétorque qu'il avait raison si on se plaçait sur le seul plan de la quantité, *« mais que si on rapportait le nombre de ceux qui sont sortis au nombre de ceux qui désirent sortir, la proportion des sortis serait bien supérieure du côté national. Cette subtile réplique me donne le désir de connaître la généalogie de Machiavel. »*

Le 16 novembre, Londres nomme Robert Hodgson, diplomate, à la tête d'une mission commerciale à Burgos[35]. De son côté, Franco désigne le duc d'Albe[36] pour une mission identique à Londres, où il avait une audience privilégiée auprès des hommes d'État conservateurs britanniques. Le 9 décembre, Pourtalès rencontre Chilton. La CE lui avait conseillé de s'abstenir de toute initiative, pour ne pas nuire à l'action du gouvernement britannique. Chilton ne cache pas son scepticisme quant au succès de cette nouvelle tentative dont l'initiative revient cette fois à Barcelone qui, par l'intermédiaire d'Azcárate, a fait parvenir au Foreign Office une proposition d'échange dont les termes sont inspirés par Irujo. Une réorganisation de l'ambassade est entreprise. Hodgson, *agent spécial* de Grande-Bretagne auprès de Franco, s'installe à Salamanque. John Leche, à Barcelone, est élevé au rang de ministre des services administratifs d'ambassade dirigés par Goodmann[37], consul à San Sebastián, secondé par Innes. Nous aurons l'occasion de revenir sur cette nouvelle orientation de la diplomatie britannique, un compromis étant recherché.

Les contacts de Junod — en fait par l'intermédiaire de Pourtalès — étaient sur le même plan : tractations pour des échanges (officiellement), propositions de compromis (dans la coulisse). Companys, en accord avec Salvador de Madariaga et Miguel Maura, aurait avancé le projet de deux Espagnes, ou bien encore d'une *dictature libérale*. Enfin, un intermédiaire entre les deux camps, Angel Baza, à la demande de Indalecio Prieto, ministre de la Guerre, vint interroger en prison Fernández Cuesta, après Guadalajara. Pouvait-on s'entendre entre Espagnols? Le phalangiste reconnut que son seul moment de joie avait été la nouvelle de la déroute des Italiens! Et Baza de préciser : « *Il est absurde de penser que nous ne puissions nous entendre avec des hommes comme celui-là, chez qui chaque regard exprime la noblesse et la sincérité!* »[38]

Giral reçoit une proposition d'échange de *gudaris* qui émane de plusieurs canaux[39]. Tout d'abord, de Lorenzo Martínez Fuset, commandant le corps judiciaire militaire; enfin, du chargé d'affaires britannique. Martínez Fuset fit ses études universitaires à Grenade, où il établit une relation amicale avec le poète Federico García Lorca. Franco lui confia des missions délicates, telles que celle de mettre à l'abri Mme Franco et sa fille. Chargé des questions juridiques, il créa la *colonne juridique,* qui agit avec rudesse et fut l'instrument de la politique de représailles. L'échange porterait sur 200 *jefes* — officiers à partir du grade de capitaine — et officiers incarcérés dans les prisons républicaines contre 200 *jefes* et officiers *gudaris* — miliciens basques. Arrivent de Genève deux listes. Mais la surprise de Giral est grande de voir que la liste de nationalistes comprend des militaires professionnels de grade et de spécialisation réputés, alors que celle des *gudaris* offerts est d'officiers miliciens et de commissaires politiques! La proposition du général Franco *ne variatur* interdit toute modification. S'ajoute à cette pression, celle menaçant de fusiller les *gudaris* si les prétentions de Salamanque étaient rejetées. Effectivement, le ministre Irujo apprend que, dans les derniers jours, 140 républicains de Bilbao, ayant appartenu à l'armée du nord, avaient été fusillés et que 900 autres le seraient le jour commémorant le 4 janvier 1937, quand avaient été assaillies les prisons de Bilbao. Un télégramme alarmé est envoyé au chargé d'affaires Leche et au CICR. Le gouvernement républicain accepte le principe de l'échange, se disposant à le réaliser immédiatement pour 25 *Jefes* et officiers.

Chapitre X
On s'installe dans la guerre

Dans un texte confidentiel [n° 15, de juin 1937], Junod avait fait le point sur les renseignements dont il disposait touchant la prison de Santa Ursula. Tout d'abord, l'agent consulaire Beck lui avait signalé la disparition d'un Suisse, Coudret, retrouvé après bien des recherches dans l'ancien couvent de Santa Ursula, transformé en prison secrète de *gubernación,* relevant directement du ministre de l'Intérieur, Galarza. Parallèlement, des bruits persistants parvenaient sur des prisonniers *maltraités,* voire *torturés.* Miguel Garcia Andrés, un employé de Leche, chargé d'affaires britannique, disparut. Le diplomate intervient auprès de la direction de la Sécurité et du ministère de l'Intérieur qui confessent leur ignorance sur le sort de l'employé (sujet espagnol). Une nouvelle démarche faite auprès de Galarza, restant sans réponse, l'ambassade britannique était très impressionnée et abattue lorsqu'un coup de téléphone anonyme lui apprend que le jeune Miguel se trouverait à Santa Ursula. Brutalement, Leche intervient auprès de Galarza, qui reconnaît l'incarcération du jeune Espagnol. Le Foreign Office convoqua alors l'ambassadeur d'Espagne à Londres, et le jeune homme fut libéré quelques jours plus tard.

Junod se présente à la prison de Santa Ursula mais ne peut visiter que la section des femmes, à l'état sanitaire lamentable. Pour les hommes, du fait de la présence de militaires, son accès lui en est refusé. Par la suite, le délégué reçut plusieurs lettres de prisonniers ayant été incarcérés dans cet établissement. *« Arrachement des ongles, brûlures de la pulpe des doigts, séjour dans des armoires étroites, dans des positions extrêmement fatigantes, exposition des prisonniers dans la cour de prison pendant plusieurs jours complètement dévêtus, passages à tabac d'où fractures de côtes et fortes meurtrissures, etc. »,* telle est la litanie des plaintes.

Le domestique libéré avait signalé la présence dans la prison d'un membre de la délégation basque de Barcelone, disparu depuis un mois. Junod se *« fait un malin plaisir d'aller annoncer* [lui-même] *au ministre de la Justice la présence de son ami à Santa Ursula, chose qu'il ignorait complètement, cette prison dépendant du ministre de l'Intérieur ».* Les langues se déliant, Junod apprend que deux ministres auraient assisté aux tortures : l'ancien ministre de la Gobernación, Galarza, et García Oliver, ancien ministre de la Justice. Le nouveau ministre de la Justice, Irujo, *« m'a promis de voir lui-même cette prison et d'y faire changer la garde. J'ai appris que la prison de Santa Ursula abritait 16 à 18 Allemands, dont quatre mécaniciens du champ d'aviation de Badalona, près de Barcelone, engagés dans la Lufthansa, un maître d'hôtel allemand de Murcia, deux*

Français et un Letton. J'ai averti le ministre de la Justice que la Croix-Rouge s'occuperait de ces Allemands vu que personne ne pouvait défendre leurs intérêts à Valence. » [Annexe au rapport du 1er juin 1937.]

Dix ans plus tard, Junod poursuit sa narration : « *Partout en Espagne, chez les Blancs et chez les Rouges, à Burgos, à Madrid, à Valence, à Barcelone, les délégués du Comité international de la Croix-Rouge font le même travail. Cette trame que nous tissons inlassablement au-dessus de la nation déchirée est un réseau de misères et d'angoisses, d'appels désespérés et de drames bouleversants.*

Après les parents des disparus, les mères et les sœurs des fusillés, ce sont les prisonniers eux-mêmes qui nous écrivent. Du fond de ces cachots où tant d'hommes vivent, séparés du monde, nous parviennent d'atroces révélations, d'épouvantables plaintes. Que faire? Nous n'avons ni mandat, ni droit d'intervention. Et il faut beaucoup de courage pour aller dire à ces hommes qui gouvernent la mêlée révolutionnaire : dans vos prisons, on a infligé tel supplice... »

Junod se rend auprès de Irujo et lui tend la lettre que lui a fait parvenir un détenu de Santa Ursula, transféré à la Cárcel Modelo : « *Nous avons été pendant deux mois soumis à toutes sortes de martyres et de tourments. Pour nous obliger à avouer, on nous mettait dans une armoire où l'on ne peut se tenir debout et, y étant, on a tiré sur moi un coup de feu, à une distance de 20 cm pour m'effrayer. On nous a mis dans des tiroirs de 1 mètre de haut sur 80 cm de large où l'on peut seulement être à genoux. On nous a mis des fers aux pieds, on nous a menés dans une crypte à Santa Ursula où nous étions nus entre des os de cadavres et des excréments. On nous a battus, et plusieurs d'entre nous ont des côtes rompues, des vomissements de sang, des muscles disloqués. [...] En arrivant dans cette prison (la Cárcel Modelo) quelques-uns d'entre nous ont dû passer vingt à vingt-cinq jours dans l'infirmerie. Un de nous est devenu fou à la prison de Santa Ursula et il est maintenant dans un asile. Ils nous ont laissés deux à trois jours sans manger. Dans ces armoires, celui d'entre nous qui y est resté le moins y a passé neuf jours. On a arraché les cheveux un à un, à un Allemand...* »

Le ministre le soupçonnait, mais la guerre terrible que vivait la République, sans l'excuser, pouvait faire admettre des circonstances atténuantes et souscrire à la nécessité d'une police vigilante et agissante.

« *Mais, Monsieur le Ministre, pourquoi interner des gens dans des conditions aussi atroces, qui sont dégradantes pour les gardiens eux-mêmes. Je sais bien que je n'ai aucun droit officiel de me mêler de tout cela. [...]* »

Irujo, approuve.

« *Alors... Que désirez-vous?*

« *Pourquoi ne pas appliquer à tous ces détenus le même régime que celui de la Cárcel Modelo? La République espagnole a construit les plus belles prisons du monde. Elle les a appelées "prisons modèles".*

« [...] Le ministre m'a compris. Mais quand je l'ai quitté son regard semblait dire : ne vous mêlez pas trop de toutes ces choses. »[1]

Un témoignage fortifie le délégué du CICR, celui des époux Clara et Pavel Thalmann, journalistes helvétiques[2]. Après avoir milité, puis combattu sur le front d'Aragón comme sympathisants du POUM (Parti ouvrier d'unification marxiste), ils sont incarcérés à la prison de la Puerta del Angel, à Barcelone. Pour la plupart *incomunicados* (au secret), les détenus de toutes nationalités sont membres d'organisations anarchistes, du PSOE, du POUM ou des marxistes italiens. Parmi eux, le journaliste Erwin Wolf, secrétaire de Trotsky en Norvège (*libéré* le 17 septembre 1937, depuis personne ne l'a revu, il aurait été assassiné)[3].

Transférés vers la mi-juillet 1937, les Thalmann sont incarcérés à Santa Ursula, ex-cloître de nonnes, dans lequel 250 à 300 personnes des deux sexes étaient détenues quasi clandestinement; les hommes au rez-de-chaussée, les femmes à l'étage. Les commissaires responsables en étaient Vazquez, Schleier, Leo, Rabinowitch et un Polonais qu'on appelait le *Boxeur,* auparavant à Madrid. Pas de cellules communes, car les pièces du cloître étaient trop petites. La majorité des emprisonnés étaient des antifascistes. Le bâtiment se trouvait dans un quartier animé du centre. On y percevait le bruit des voitures et des tramways, ainsi que les conversations des passants. Dans une tour, entassés, une centaine de miliciens anarchistes (de la *Columna de hierro?*).

Que se passe-t-il pour les journalistes suisses? Pavel rencontre des Allemands. Un de Stuttgart, Pedro Hirten, ouvrier métallurgiste, marié avec la sœur du secrétaire de Largo Caballero. D'autres, tel Fritz Raab, spécialiste aéronautique, constructeur d'avions pour la CNT, à Gerona, avait engagé des Allemands, ouvriers métallurgistes, Kuno Brandel et Waldemar Bolze. Les prisonniers étaient brutalisés au cours d'interrogatoires nocturnes se déroulant dans un autre local de Valence. *« Personne ne sait quels sont les critères d'après lesquels ils torturent certains et pas d'autres. Dans ma cellule il y a un Yougoslave qu'ils enferment parfois vingt-quatre heures dans une cage si étroite que ses jambes en sont tout enflées et qu'il en perd connaissance. Il fait ses besoins dans ses vêtements »*, confiait un socialiste hollandais édenté[4].

A la suite d'une intense campagne internationale — des socialistes suisses alertèrent le secrétaire de la IIe Internationale, de Brouckère, qui se rendit en Espagne et intervint énergiquement auprès des socialistes espagnols — les Thalmann[5] sont *délivrés* par des policiers du commissariat central et *placés sous la protection directe du ministère de l'Intérieur.* Ils sont ensuite hébergés à l'hôtel Inglés, un des meilleurs de la ville. Dans les chambres, le sol était recouvert d'un épais tapis et il y avait de magnifiques salles de bains. Quant aux repas du restaurant, ils étaient proprement succulents. La plupart des clients de l'hôtel étaient de hauts fonctionnaires ou des officiers de l'armée populaire. Des correspondants de presse y avaient établi leurs quartiers, ainsi que Marcel Junod. Après des rencontres avec des membres du ministère de l'Intérieur, les journalistes sont reçus par le ministre Zugazagoitia, qui se fait expliquer la situation. Des ordres donnés, leurs passeports rendus, un véhicule et deux hommes d'escorte les accompagnent jusqu'à la frontière.

Dans les archives du CICR, un rapport concerne onze personnes[6] provenant de la fabrique de construction d'avions de Sabadell recoupant ce que décrit Thalmann. L'état de santé du constructeur d'avions Raab était déplorable, le cœur ainsi qu'une de ses jambes, paralysée et froide. Inculpé d'espionnage, il était détenu depuis mars 1937. Régulièrement battu, il a été mis dans une armoire, puis dans la morgue (cimetière souterrain du couvent) et « *y est resté 18 jours, plusieurs jours sans manger. Ensuite dans une cellule de châtiment (1 m^2 de surface, 1,60 m de hauteur) et y est resté plusieurs semaines. Ensuite au cajón (1,10 m de longueur, 0,60 m de hauteur, 0,70 m de largeur) fermé par le haut avec deux cadenas. N'obtenant pas le droit de sortir pour ses besoins. Ensuite transféré dans une cellule incommuniquée.* » Ce prisonnier connaissait très bien Alvarez del Vayo, Indalecio Prieto et le colonel Angel Pastor Velasco[7]. Mais ses lettres sont détournées.

Quelques observations sur la concordance entre les deux sources, l'ouvrage des époux Thalmann et le rapport sans doute réalisé par Junod et Marti : mêmes détenus, mêmes faits, même période. Probablement, les lettres remises à Zugazagoitia et à Irujo de l'autre ont la même origine.

Le ministre de l'Intérieur admet difficilement l'intervention des délégués. On ne peut voir les détenus tant qu'ils sont en préventive. C'est pourtant le moment le plus difficile pour les familles qui ne savent rien d'eux, où, quand, comment sont les questions lancinantes. Junod s'était adressé au ministre le 4 octobre, sollicitant une visite de Santa Ursula. Refus, excepté pour les cas strictement indispensables, parce que cette prison contient environ une centaine de personnes accusées d'espionnage. [R. de Junod pour la période du 17.9.1937 au 6.11.1937.] Enfin, Marti peut visiter cette prison et secourir les prisonniers; Prieto montre à l'endroit du CICR une meilleure bonne volonté. Concernant les prisonniers de guerre, la réponse tarde mais n'est pas négative. Les difficultés proviennent des aviateurs, car on a peu de renseignements sur les républicains, étrangers essentiellement, tombés dans les lignes franquistes.

Le SIM (Servicio de Investigación Militar), institué en août 1937 par Indalecio Prieto, alors ministre de Défense nationale, comme l'autorité de police la plus importante, avait été chargé de combattre les ennemis du régime, sous la direction provisoire de Prudencio Sayagües[8]. Service strictement militaire, il ne devait fonctionner que dans ce cadre. Sous la direction du lieutenant-colonel Manuel Uribarri Barrutell[9], il absorba les activités de la police secrète, dite de *gobernación*. Ce fut son apogée; sa renommée s'étendit tragiquement dans toute la zone républicaine. Marti laisse entendre que le chef réel était un Russe, Orlov, représentant le NKVD. Recrutés dans tous les milieux, les agents étaient naturellement triés ; beaucoup provenaient de la police. Rapidement, le gouvernement perd tout contrôle de cet organisme. Le second gouvernement Negrín, après le départ de Prieto et de Zugazagoitia, réunira en une seule organisation, tous les services de police sous l'autorité du SIM qui fonctionnera de manière autonome sous le contrôle, purement formel, du ministère de la Défense nationale. « *Il possède les pleins pouvoirs pour arrêter n'importe qui, l'interroger et le garder incommuniqué jusqu'à ce que l'enquête soit terminée.* » Le champ d'application de ses investigations touche toutes les personnes, civiles, militaires ou d'anciens condamnés sans exclusive. L'étendue de ces pouvoirs mécontente beaucoup de gens. Les méthodes du SIM sont celles des *tchekas* ou *chekas*. Sur dénonciation, sous n'importe quel prétexte, on arrête, soumet à la question, met au secret pendant des semaines ou des mois. Le suspect est arrêté et mis au secret, dans des *comisariados de gobernación*. Durant la période d'*incommunication* on établit une *déclaration* qui sert de pièce d'accusation au procès, obtenue par la menace, le passage à tabac, les douches froides, le jeûne prolongé, les peines corporelles, les promesses de grâce.

Dans le cadre de ses fonctions, Hahn transmet au directeur un certain nombre de formulaires destinés aux prisonniers allemands dans les prisons du château de Montjuich. Après des mises en garde, il reçoit une lettre de la main d'Uribarri, chef du *Servicio de investigación militar* [Annexe 30a]. Celle-ci ne doit pas nous étonner, car elle révèle ce que fut parfois la conduite des délégués, dans l'une et l'autre zone. L'intervention directe auprès du directeur d'une prison, dans la zone nationaliste, était inimaginable. L'examen des chapitres consacrés aux interventions des délégués dans cette partie de l'Espagne montre avec clarté leur difficulté dans l'approche, la visite et l'intervention dans les camps ou les prisons.

La sécurité des prisonniers est souvent remise en cause par des *sacas* et des assassinats. En avril, des prisonniers auraient été extraits du bateau-prison *Villa de Madrid* par des policiers du SIM et *froidement exécutés*. Une plainte a été déposée auprès du ministre de la Justice de la Generalitat. Après une visite de Junod, le président de l'Audience, Andreu, n'a pas contesté et l'assure que justice sera faite.

Marti et Junod ont vu de nombreux directeurs de prison « *avec lesquels nous avons parlé très franchement de la protection à donner aux prisonniers au dernier moment, avant l'entrée des nationalistes à Barcelone. Tous sont incertains car bien peu d'entre eux peuvent garantir que tout se passera sans incidents et d'autre part la majorité craint les représailles des nationalistes. L'un d'eux a même demandé la protection du drapeau de la Croix-Rouge pour sa prison.* »

A Valence, les arrestations décidées par le SIM sont nombreuses. Une rumeur prétend que 283 prisonniers auraient disparu après leur exécution. Le délégué général des prisons, Antonio Fernández Moreno, est indigné, tous les prisonniers seraient envoyés aux fortifications. Le changement brutal d'un état d'inaction à celui d'une activité intense sous le soleil est risqué pour des hommes à l'organisme affaibli par une longue détention. Les *déclarations,* d'après le délégué, seraient toujours obtenues sous la menace et parfois de force. Un jeune homme ayant dénoncé une centaine de personnes, dont la plupart ont été condamnées à mort, aurait fait la déclaration après que plusieurs ongles lui aient été arrachés. Cependant, Junod n'a aucune preuve, et il n'a pas rencontré d'opposition de la part des autorités du SIM lorsqu'il a recherché les civils allemands destinés à être échangés. D'après Fernández Moreno, les exécutions pour toute la zone s'élèvent à 25 par jour.

Auparavant, pour le CICR, les portes étaient fermées. Les requêtes restaient sans réponses. Tout-puissant, « *Uribarri, dépassa les limites permises. Il institua son propre tribunal, condamna à mort une quinzaine de prisonniers, et les tua. Nous n'avons pas pu connaître les noms des victimes, mais ces exécutions eurent lieu, et ont été confirmées quasi officiellement. Ce fut l'occasion tant attendue par les ennemis du SIM, qui déclenchèrent une forte campagne contre Uribarri, qui s'enfuit, en mai 1938, à Cuba, accompagné de quelques-uns de ses principaux officiers. Il y eut partout un soupir de soulagement.* » [R. de Marti du 29.6.1938.]

La confirmation d'assassinats effectués par les agents du SIM est apportée. Les noms de ces suppliciés ont été divulgués par le Tribunal d'espionnage n° 3. Parmi eux, le docteur Degollada et un des anciens collaborateurs du CICR, Capella. Tous reconnaissent maintenant que le responsable de cette atmosphère criminelle était le lieutenant-colonel Uribarri. Dès qu'il s'est senti soupçonné, avec deux de ses lieutenants, il s'est enfui en France, emportant une grande quantité de bijoux volés.

Un nouveau décret précise « *qu'au début de l'interrogatoire de chaque prisonnier, le juge président le tribunal demande aux prisonniers si la déclaration qu'ils ont signée l'a été sous menace ou par force. Si tel est le cas, le procès est révisé et de nouvelles déclarations sont faites* ».

Un Espagnol s'exprimant en français est engagé pour aider Marti, et « *il fait souvent seul ses tournées avec notre auto et notre chauffeur* ». Après une entrevue avec Garcés, une autorisation de visiter les prisons, de remise de l'argent et des vivres aux détenus est obtenue. C'est le cas du lieutenant-colonel Mariano Gómez Ulla, du corps de Santé militaire et chirurgien réputé, arrêté et détenu, puis échangé, qui reçut la visite de Marti. Les prisonniers du SIM sont légion, « *mais il est préférable de n'agir effectivement que pour un nombre restreint de cas plutôt que de compromettre notre action par des enquêtes trop nombreuses* ».

Par une large incorporation, l'armée atteint un chiffre total de 450.000 hommes; les Brigades internationales sont intégrées dans l'armée en leur faisant tenir le rôle de la Légion étrangère[10]. Le 31 octobre 1937, le gouvernement est transféré à Barcelone. Tel un coup de pied dans la fourmilière, le décret de mobilisation générale perturbe notablement le personnel masculin des délégations du CICR. Yañez, son adjoint, chapitré, son activité devant être exclusivement Croix-Rouge et non politique, l'a quitté. Compte tenu des difficultés rencontrées, Marti décide de supprimer ce poste. Est-ce la conséquence des consignes discrètes d'économie venues de Genève ? Nous verrons que les délégations commencent à resserrer les boulons. A ce jour, la délégation comporte 48 employés, un comptable, un chauffeur, un camionneur et deux brancardiers-manœuvres.

Pendant que Pourtalès s'échine sur le problème de l'échange des otages, d'Amman, malgré un apriorisme favorable en faveur des nationalistes, s'évertue néanmoins à mener à bien sa mission. Il avait déjà effectué une minitournée sur la zone des combats pour la période du 1er au 15 novembre. La suivante comprend Burgos, León, Oviedo, Gijón et Avilés. Imprudemment, il part sans autorisation, parce qu'il n'a pu rencontrer le colonel Martín Pinillos, inspecteur général des camps de concentration, absent. A ses risques et périls, muni exclusivement d'une recommandation de l'Asamblea Suprema de la CRN et du commandant en chef du Service de santé militaire de l'armée du nord.

Il traverse des localités asturiennes ravagées par les combats et les incendies systématiques. La fameuse région des *mineurs des Asturies* souffre d'une grande misère. Partout des files, devant les *comedores* de la Phalange. A Oviedo, d'Amman exposant le but de sa visite, s'enquiert de Martín Pinillos. On l'autorise à voir les prisonniers, accompagné d'un garde civil parlant français. Visite longue et complète du camp et de la prison, 1.500 dans le premier et une centaine dans le second où se trouvent les condamnés à mort. Le dimanche précédent, on avait fusillé huit officiers supérieurs *marxistes,* dont le colonel José Franco Fusió.

En fin de matinée, d'Amman se présente au bureau de la *Comisión clasificadora* de la province : mêmes procédures et formulaires que partout. Martín Pinillos n'est pas là et l'inspecteur de la province absent jusqu'au soir. Son remplaçant, très aimablement, documente d'Amman sur les camps de la province. Il y a quatre commissions : Oviedo, Gijón, Llanes et Luarca. Et douze camps de prisonniers : Gijón (2), Oviedo, Andes, Avilés, Celario, Figueras, Llanes, Luarca, Los Cabos, Navia et Ortiguera. Le médecin des deux camps de Gijón précise que si l'un des camps est bien installé, l'autre, rudimentaire, se trouve à la Plaza de Toros. C'est ce dernier que, *naturellement,* le délégué souhaite visiter, 900 à 1.000 prisonniers couchent sous les gradins, avec des planches comme grabat. Les locaux sont dans une saleté repoussante. Dans la prison, des condamnés à mort, « *en tant qu'assassins, comme beaucoup de miliciens en Asturies, qui relèvent du droit commun* »...

Le camp de prisonniers d'Avilés se trouve à 15 km à l'ouest de Gijón. Là, les choses se gâtent. Le chef, en l'absence d'une autorisation du commandant de la place, ne veut pas autoriser la visite. D'Amman, toujours en compagnie du médecin interprète, se rend à Avilés, où le commandant de la place téléphone au gouverneur des Asturies. N'étant pas au courant de la présence du délégué du CICR, il justifie son refus d'une autorisation qui dépendrait du généralissime! Rentré bredouille à Gijón, on lui notifie d'avoir à se présenter devant l'inspecteur général, rentré de Galice. Escomptant son aide, d'Amman lui conte ses démêlés. Évidemment, le colonel se porte du côté de ses subordonnés et sermonne le délégué du CICR. Quant au délégué de l'ordre public, « *il examina mes papiers avec le malin désir d'y découvrir un vice de forme susceptible de me créer des difficultés, et me congédia sans autre* ».

Est confirmé le grand nombre de prisonniers, environ 60.000. Une moyenne de 1.500 par camp, ce qui posait beaucoup de problèmes. Si chez les Basques, des prisonniers purement et simplement, avaient été enrôlés dans les unités franquistes, il n'en était pas de même pour les Asturiens, nettement plus hostiles. « *C'est ainsi qu'encore maintenant d'innombrables patrouilles parcourent la campagne à la recherche de miliciens et de dinamiteros cachés dans les bois avec armes, qui la nuit ne se font pas faute d'abattre des nationaux.* » Quant aux réfugiés civils, pris en charge par l'*Auxilio social,* d'Amman estime leur nombre inférieur à celui de Bilbao ou de Santander.

D'Amman clôt l'année 1937 par une tournée générale d'une quinzaine de jours en Andalousie [*r.* n° 19]. L'objectif est de visiter, entre autres, les prisons, les camps-dépôts de prisonniers de guerre, les hôpitaux ainsi que le secteur contrôlé par l'*Auxilio social, comedores* et *asilios* pour enfants. Premièrement, il constate que, d'une façon générale, « *les prisonniers sont bien mieux traités aux points de vue matériel [...] et moral, même mieux qu'en Castille et dans le Nord. Ceci est dû au caractère andalou bon enfant à qui répugnent les mesures de rigueur, et contrastant avec la sévérité du Castillan beaucoup plus stramm* (dur) ». Deuxièmement, le professionnalisme des *officiers de prison,* qui sont un corps d'élite, préoccupés du *relèvement* des prisonniers, davantage maintenant qu'il s'agit de politiques qu'on veut *désintoxiquer* et *rééduquer.* Ce ne sont pas des gardes-chiourmes : « *Le corps d'officiers se recrutait à la suite d'études spéciales dans une école à Madrid et d'examens portant sur les branches juridiques, pénitentiaires, d'éducation, de morale sociale, de pédagogie, de psychologie, etc. Une telle organisation explique le grand nombre de Cárcel Modelo de construction récente existant en Espagne. [...] Le fait que les prisonniers politiques sont entre les mains d'une telle équipe de professionnels sélectionnés est une garantie de leur traitement humanitaire.* » Déclaration corrigée par le fait que le délégué ne peut visiter les prisons librement, des directives strictes encadrent le parcours dans les locaux, et il ne peut prendre *contact intimement* avec les détenus. Les *gubernativos preventivos* sont détenus de longs mois sans faire l'objet de la moindre enquête ou interrogatoire. On les garde au titre de suspects. Ce qui, d'après d'Amman, pouvait se comprendre dans les premiers mois de la guerre civile, est critiquable aujourd'hui. Trop de détenus disent : « *Je ne sais pas pourquoi j'ai été arrêté; on ne m'a jamais interrogé.* » Et le délégué « *de regretter que le*

CICR doive borner son rôle humanitaire à contrôler le gîte et le couvert de cette catégorie de prisonniers. »

Quelques mots sur l'itinéraire emprunté au départ de Burgos. Passage obligé par Salamanque pour obtenir les autorisations nécessaires. Puis Béjar, Plasencia — où rien n'est dit sur la présence de prisonniers britanniques des Brigades internationales — puis Cáceres et Mérida. A Séville, il rencontre Queipo de Llano. Ce dernier, après Serrano Suñer, n'est pas partisan d'une visite *illustrée* par des photos que pourrait réaliser le délégué! Cependant, l'accueil à l'état-major est excellent en faveur « *d'un camarade de l'armée suisse* ». Les camps et prisons se trouvent à Séville même, à Guillena Canal, Puerto Santa Maria, San Fernando, Algeciras, San Roque, Málaga, Granada[11].

Dernière observation : la quasi-exclusion de l'Andalousie de l'aire humanitaire du CICR (région *prétéritée* qualifie-t-il) justifie que les familles se considèrent abandonnées, tant du point de vue des messages familiaux que des échanges.

Depuis la fin d'octobre de 1937, les nationalistes ont partiellement *digéré* la zone cantabrique. Les mines de fer et de charbon remises en production grâce à l'utilisation, en priorité, de prisonniers, les hauts-fourneaux, les arsenaux ainsi que les usines d'armement peu touchées par les bombardements, participent à l'effort de guerre. Cependant, le contrôle et l'enrôlement de dizaines de milliers d'hommes ne peuvent se faire trop rapidement. La conquête de ces régions augmente d'environ 19.000 km^2 le territoire nationaliste et d'un million et demi d'habitants supplémentaires. Dans un premier temps, la tâche des administrateurs s'accroît et les contraint à imposer un programme accéléré de réfection des infrastructures et de réhabilitation des villes et villages gravement endommagés. Le ministère de l'Intérieur, le 28 mars, met sur pied un organisme, le *Servicio nacional de regiones devastadas y reparaciones*, chargé de la direction et de la coordination de tous les projets de reconstruction, hors du domaine militaire. Quant à ce qui allait être appelé *la pacification,* elle se transforme en une gigantesque traque d'indésirables politiques. La machine judiciaire tourne à fond. De nombreux *opposants* sont arrêtés, soit dans la population civile, soit parmi les prisonniers du champ de bataille; ils font l'objet de procédures sommaires, expéditives. La plupart sont condamnés à 30 ans d'emprisonnement, d'autres à la peine de mort; des centaines d'exécutions et environ 10.000 condamnations à de longues peines. Le clergé basque, frappé par l'arrestation de dizaines de prêtres, seize ecclésiastiques seront fusillés, ainsi que plusieurs femmes (principalement des Asturiennes).

Ce sont les derniers mois de la délégation à Burgos. D'Amman se fait communiquer par Martín Pinillos le chiffre des détenus en camps de *rassemblement* qui est de 140.000. En ce qui concerne l'aide à leur apporter, la démarche est plus délicate, et le délégué préfère mettre dans le coup la CRN. A cet effet, il rédige un projet de lettre, qu'il soumet au comte de Torrellano; celui-ci n'ose l'envoyer à Salamanque sans en référer au comte de Vallellano! Le projet est peu conforme aux principes de neutralité du CICR, on recueillerait des fonds auprès d'organismes politiques des deux tendances, d'où source de complications.

Chapitre XI
1938 : le tournant...

Quels sont les événements majeurs dans les deux zones? Le nœud de l'intérêt militaire se déplace vers l'est. Alors que Franco prépare une offensive sur Madrid, prenant pour axe, de nouveau, Guadalajara et Alcalá, c'est à l'arrière de sa concentration militaire, en Aragón, que la bataille de Teruel[1] devrait commencer, initialement le 13 décembre 1937. Mais les conditions climatiques sont tellement défavorables que l'on retarde la date de l'attaque. La précipitation, au cours du rassemblement des troupes, et la date choisie ont pour conséquence que de nombreuses unités furent dirigées vers le front ne disposant pas de l'équipement approprié aux conditions atmosphériques, la précieuse couverture du soldat espagnol et la capote de drap. Cependant, la décision est prise de lancer les troupes. Le thermomètre plus bas que zéro, le froid intense, sous une violente tempête de neige — pendant trois jours consécutifs — les troupes républicaines mises en marche dans la nuit traversent les lignes ennemies. Le lendemain, la poche de Teruel est partiellement fermée, les communications avec Zaragoza sont coupées. Le 19, la ville est encerclée. Franco suspend la préparation de l'offensive en direction de Madrid — défi continuel — et les troupes nationalistes, contenant les assauts républicains, entament leur contre-offensive[2].

Pénétrant dans l'agglomération, les républicains commencent le siège, mythique, comme en d'autres occasions. Un message confié à des prisonniers libérés et radiodiffusé intime la population civile, sans distinction d'âge et de sexe, de quitter la zone des combats et se diriger vers l'arrière du front, sous la protection d'un drapeau blanc. Passé le délai fixé, tous seraient considérés comme des combattants. Bien évidemment, le colonel Rey d'Harcourt fait répondre que la garnison et *la population* se défendront à tout prix. Après de grandes difficultés, l'occupation de la cité est annoncée le 21, la presse républicaine proclamant la bonne nouvelle. Cependant subsistent deux réduits que leurs défenseurs tentent de rendre inexpugnables. Parallèlement, des appels au secours sont lancés aux troupes nationalistes. Nous avons, à ce sujet, la répétition des échanges télégraphiques opérés dans d'autres sièges similaires. Les soldats, pendant des jours et des jours, pâtissent de conditions de vie épouvantables. Les malades et ceux atteints d'hypothermie prolongée se comptent par milliers, plus nombreux dans le camp des franquistes qui sont en rase campagne. Le front, par la force des choses, se stabilise. Aussi en raison de la détermination du commandement républicain qui décide de faire des exemples, en fusillant les *paniquards* et *les agents de l'ennemi*.

Que se passait-il dans les réduits des colonels Rey d'Harcourt et Barba Badosa?[3] Le nombre des assiégés était d'environ 1.750 dans le *Seminario* (séminaire) et 2.000 dans la *Comandancia* (siège du gouverneur militaire), entourés d'environ 4.000 non-combattants (femmes, enfants, vieillards, blessés). Dans le séminaire, Mgr Anselmo Polanco[4], évêque, célèbre la messe de *Nochebuena,* dans des circonstances apocalyptiques. Les combats se poursuivent jusqu'au 31 dans l'après-midi. Cette nuit, la neige tombe encore et le thermomètre descend jusqu'à — 20°C! Les conditions sont telles, pour des hommes peu protégés, que le nombre de malades et de gelés augmente vertigineusement. La situation des assiégés est angoissante, le chiffre des blessés démesuré, l'eau et le ravitaillement manquent. Réfugiée dans les édifices centraux, la population civile souffre non seulement des rigueurs des combats, mais aussi du manque d'eau, de faim et de froid. Les assiégeants proposent alors l'évacuation des non-combattants devenus des otages. En réponse, le 7 janvier, le colonel Rey d'Harcourt donne mandat au président du comité local de la CRN, Jesús Vinyas, de proposer l'évacuation des blessés qui le souhaiteraient, des femmes, enfants et vieillards. Un câble du général Rojo au ministre Indalecio Prieto détaille le message reçu depuis Teruel :

> Les autorités de la Croix-Rouge internationale sollicitent le chef de la 84e Brigade mixte [républicaine] : 1) que les blessés et malades de l'hôpital de l'Asunción puissent être évacués; 2) que les femmes, anciens et enfants du même hôpital soient transférés à leur domicile ou évacués avec un passeport à l'étranger.

Après un échange téléphonique, on communique aux assiégés :

> [Qu']on accède aux désirs exprimés par le délégué de la Croix-Rouge internationale au sujet de l'évacuation des blessés, malades, femmes, enfants et anciens [...][5].

Donnant les modalités et itinéraires choisis. Le même dispositif est offert au second réduit, ajoutant qu'en raison de l'impossibilité d'intervenir officiellement, la Croix-Rouge internationale proposait que ses représentants soient remplacés par deux médecins nationalistes choisis parmi ceux se trouvant dans la *Comandancia.*

L'exode des captifs commence. Le 8, en fin d'après-midi, les *jefes* et les officiers, l'évêque Polanco et le personnel de la CRN sont conduits à Valence. Une centaine de camions transportèrent les évacués au château de Mora de Rubielos. Ayant séparé les hommes des femmes, les premiers iront dans le *penal* de San Miguel de los Reyes, les seconds dans diverses prisons. Les 25 prisonniers importants, officiers, évêque et quelques personnalités, dont le gouverneur civil, sont dirigés sur Barcelone. Hormis les religieux, ils seront internés dans le château de Montjuich. Seront conduites par la suite des tractations pour échanger l'évêque. Azaña avait confié à son beau-frère, Cipriano de Rivas Chérif, des documents constituant une partie de ses *Mémoires.* Le vice-consul d'Espagne à Genève, Espinosa San Martín, les déroba et les remit au frère du général Franco. Leur troc fut proposé, sans succès, contre Mgr Polanco ou l'écrivain phalangiste Sánchez Mazas[6].

Quelle est donc l'explication de cette hypothétique intervention du CICR en faveur des non-combattants de Teruel? L'ouvrage du Service historique militaire livre, pour la période considérée, un ensemble de radiogrammes entre Teruel et le quartier général des opérations (Cella ou Caudé). Tous ces textes comportent, entre autres indications, de constants encouragements à la résistance. Le 28 décembre, le colonel Rey d'Harcourt, pour la première fois, évoque le sort de la population qui se trouve dans le réduit : « *Il est nécessaire que le monde civilisé connaisse les horribles crimes commis par l'ennemi qui bombarde la population civile, prenant pour cible le personnel qui tente de sauver les vies enterrées par la destruction des édifices à proximité du Seminario.* »

On apprend que les *rouges* ont évacué toute la population civile, le 1er janvier. Un radiogramme demande, le 8, l'autorisation d'évacuer les blessés grâce à une intervention de la Croix-Rouge. Quelques heures plus tard, une communication précise qu'en l'absence de la Croix-Rouge internationale se sont présentés deux médecins prisonniers, porteurs d'un message du commandement républicain, garantissant que la population civile et les blessés seraient traités avec humanité. Commence l'évacuation des blessés et des civils. Enfin, les deux réduits se rendent.

Formellement, le CICR n'intervient pas, ni depuis Genève, ni auprès de l'état-major de Franco. Quel est donc l'initiateur de l'appel à la Croix-Rouge? N'apparaît pas, dans les transmissions radio, de mention de l'institution que depuis la place assiégée. Alors, peut-être est-ce le président de la Croix-Rouge locale, parmi les défenseurs, en compagnie d'autres membres du corps médical? Dans ce cas se développe une forme d'auto-intoxication des responsables de la Croix-Rouge de Teruel qui espèrent, par leur sollicitation, faire intervenir quasi magiquement le CICR? Plus vraisemblable est l'hypothèse d'une intervention directe de la part du propre colonel Rey d'Harcourt. Les conditions des défenseurs devenues insupportables, l'évacuation des blessés et de la population non-combattante, diminuant le nombre de bouches à nourrir, permettrait de prolonger encore quelque peu la résistance. Cependant, ne perdons pas de vue que, personnellement, le colonel soumet à son état-major une consultation (par vote!) afin de décider du sort de la garnison. Un document est signé par les officiers qui ont accepté, à la majorité, de se rendre[7]. Précisons que 80 % de ceux-ci étaient blessés ou morts. Procédure étrange dans la culture militaire espagnole et singulière pour que nous n'estimions pas que l'apparition *ex abrupto* d'une Croix-Rouge internationale absente apparaisse comme un prétexte. Est inconsciemment justifié pour notre analyse l'acte de reddition paraphé par la quasi-totalité des officiers valides qui ne mentionne pas la Croix-Rouge.

Quelques observations à la périphérie de ces péripéties : à l'évidence, il n'y avait pas à Teruel de délégué du CICR. Ni du côté républicain : Marti était à Valence et Junod à Genève. Quant à Arbenz, il n'a pas quitté Madrid. Non plus dans la zone nationaliste, le seul délégué qui séjourna en Aragón fut Paul de Rham, pour une courte période, en janvier 1937. Alors que d'Amman est à Burgos, Pourtalès se trouve au QG de Salamanque, le 8 janvier 1938. Franco, à Medinacelli, prépare l'offensive sur Madrid (il aurait établi son QG dans un train). Courvoisier rentre définitivement à Genève, en février. En décembre et janvier, le 20, il participe aux échanges d'officiers nationalistes contre des *gudaris* basques. Mais il réussit — comment? — à aller dans la zone des combats : « *Je me rendis sur le front de Teruel à la fin de l'année et trouvai la région envahie par des représentants de la presse nationale et internationale* [qui] *attendaient, d'un moment à l'autre, la chute de la ville. Environ 180.000 hommes, appuyés par une quantité énorme d'artillerie et d'aviation, se livraient une bataille impitoyable. L'hiver était, cette année, particulièrement rigoureux. Il faisait — 15° ou — 20° en permanence. La couche de neige atteignait un mètre.*

« *Le 29 décembre, au lever du jour, quatre voitures de presse*[8] *s'apprêtaient à partir pour le front, dont on ignorait la position exacte, et vers lequel elles avanceraient en colonne aussi loin que possible. On entendait distinctement le bruit sourd des bombardements. J'allais monter dans une des voitures quand une inquiétude soudaine me commanda de ne pas me joindre au convoi et de retourner à San Sebastián. Quelques heures plus tard, j'appris qu'un des véhicules avait été détruit et ses occupants tués lors d'une attaque aérienne.* »[9]

Sous la pression constante de plusieurs corps d'armée et d'une artillerie puissante, le 22 janvier, Teruel tombe dans les mains des nationalistes, et le front se stabilise pour une courte période. Le bilan humain de cette bataille hivernale est lourd. Périrent des milliers d'hommes et des dizaines de milliers furent blessés ou victimes du froid.

Touchant à l'échange des *gudaris* basques, nous avons, dans le chapitre précédent, donné la parole à José Giral, ministre des Affaires étrangères. Qui n'apporte pas, aux yeux du délégué (Hahn), d'appréciables résultats. Se confiant, il précise amèrement : « *Je me heurte à une incompréhension complète, chaque partie semble ne chercher qu'à supprimer le plus grand nombre de ses adversaires. Les prisonniers sont exposés à des risques plus grands que ceux que courent les combattants. Si les négociations d'échange en cours échouent, cela aurait pour conséquence la mort de centaines sinon de milliers de prisonniers.* » Arrivent des renseignements sur les 31 *gudaris* fusillés. Salamanque ne s'était engagé à respecter la vie d'autres prisonniers que celles des 200 *gudaris* de la liste d'offres. Ceux fusillés (31) avaient été condamnés il y a plusieurs semaines et « *n'avaient pas été exécutés parce que l'on ne*

voulait pas exécuter trop de prisonniers à la fois. On a procédé par groupes et le dernier l'a été entre Noël et la fin de l'année. »
Un échange a lieu le 20 janvier. Le reçu paraphé par le consul d'Espagne à Hendaye est en sa possession. Junod a un reçu identique de la main du comte de la Granja. Courvoisier est présent lors du premier échange de *gudaris* : « *Le 20 janvier, quatre-vingts officiers prisonniers de guerre furent libérés. C'était le plus important échange de militaires jamais réalisé. A la même heure, quarante et un nationalistes arrivaient à Cerbère et autant de républicains à Hendaye. [...] Moi-même j'éprouvais un trouble profond. Ce qui se réalisait enfin, il avait fallu que nous l'exigions durant des semaines en faisant valoir, inlassablement, tous les arguments.* »[10]

Sur le problème des bombardements indiscrimés et aveugles, le CICR, reprend l'initiative diplomatique. La 348e Circulaire aux Comités centraux des Sociétés nationales de la Croix-Rouge, en date du 30 mai 1938, donne son point de vue [Annexe 32a]. Reconnaissance implicite, pour la première fois, le CICR prend une initiative *publique* sur les effets des bombardements. Et pas de condamnation, autre que générale, appelant les deux parties à faire preuve de modération.

Anticipant sur les décisions futures, début janvier 1938, au bureau de Burgos [*r.* d'Amman du 1er au 15.1.1938] quelques-unes parmi les dactylos partent. Quant au chef du service des nouvelles, Mlle Acinaga, convolant, elle est remplacée par son adjoint, Bosch. En effet, la décision de supprimer la délégation de Burgos est prise. Les économies l'imposent, au grand regret du délégué qui estime que la présence à Burgos facilitait les démarches nécessaires à l'accomplissement de sa mission. Ce sera fait depuis San Sebastián, en attendant une suppression définitive. Le service des nouvelles de la zone entière sera repris par la CRN qui en assumera la charge, répartie entre toutes les assemblées (sections) locales, la centralisation s'opérant à Burgos et à San Sebastián. La décision genevoise qui doit, formellement, être ratifiée par celle de la Junta suprema. Le service entrera en vigueur en février, coïncidant avec la fermeture de la délégation de Burgos et le transfert d'Amman à San Sebastián. La suppression de celle de Valence, et peut-être de Madrid, est envisagée [*r.* du 1er au 15.2.1938].

D'Amman s'installe à San Sebastián, en compagnie de Courvoisier. Pendant la période de transition, d'Amman a du mal à s'acclimater; satisfait de ses fonctions, il voudrait être fixé sur ses relations avec Muntadas. Le personnel est très dévoué, supérieur à celui de Burgos, et Ruiz de la Arena s'occupe de la comptabilité. Le délégué général porte sur la présence de Courvoisier un regard approbateur. Il a fait preuve de dévouement et de diligence pendant les quinze mois de son séjour en Espagne. Sa bonne humeur et son tact lui ont acquis la sympathie générale et tous regrettent de le voir quitter San Sebastián.

Touchant la délégation de Madrid, une manœuvre singulière parvient au délégué. Vallellano fait savoir que la secrétaire générale du Mouvement féminin, Mme Criado, « *avait reçu par une voie indirecte la prière instante de faire donner par la radio officielle de Salamanca un communiqué affirmant les tendances rouges du CICR, afin que ce communiqué, parvenant aux oreilles des gouvernementaux, modifie l'opinion de ceux-ci sur le CICR et sur ses collaborateurs de Madrid accusés de fascisme et menacés de ce fait. De Vallellano estime qu'il ne peut en aucune façon donner suite à une telle supplique et a tenu à me mettre au courant de cette démarche faite par... M. Vizcaya!* »[11] [*R.* n° 20 du 16.01.1938.]

Un nouveau ministère est créé : *Seguridad interior, Orden público y Inspección de fronteras* (Sécurité intérieure, Ordre public et Inspection des frontières), sous l'autorité directe de Franco, avec siège à Valladolid; à sa tête, le général Severiano Martínez Anido[12]. D'Amman lui rend visite et, au cours d'un *cordial entretien,* le général lui fait part qu'il faut maintenant s'adresser à lui pour tous les problèmes traitant les *gubernativos preventivos.* La direction générale des prisons est transférée à Valladolid. D'Amman en profite pour solliciter la visite d'une prison dans cette ville, où il y en a deux, une *jeune* et une *vieille.* Cette dernière, très ancienne, devant la *surabondance* des prisonniers, a été remise en service. La promesse ne fut pas tenue et l'autorisation attendue en vain.

C'est alors que *Radio-Salamanca,* dans une rubrique spéciale autorisée par le généralissime, divulgue les noms de prisonniers de guerre soignés dans des hôpitaux nationaux. Et d'Amman de s'étonner que le CICR (ses délégués, y compris lui-même) n'ait eu *cette idée éminemment humanitaire.* Les délégués, en *zone contraire,* devraient arracher la réciproque. Enfin, du 27 mars au 21 avril [*r.* n° 26], dans les provinces de Navarra, Aragón, Teruel, Soria et Logroño, il entreprend un voyage d'inspection des prisons, camps de concentration, hôpitaux militaires et de la Croix-Rouge et services d'information des Asambleas locales. Incidemment, le 27 mars, étant un dimanche, nous apprenons que les *bureaux officiels* (l'administration civile) étaient ouverts tous les dimanches matin pendant la guerre. C'est aussi le serment au drapeau d'une nouvelle promotion d'*alféreces provisionales*[13] de brigades navarraises, qui se prolonge toute la matinée sur la Plaza Mayor de Pamplona, où se masse l'ensemble de la population. L'après-midi, inauguration du dispensaire de l'Assemblée provinciale de la Croix-Rouge, à laquelle assistent Amman, Pourtalès et Vallellano. On avait fait coïncider cette cérémonie avec celle du matin, pour bénéficier de la présence des *hautes personnalités* de passage : l'ambassadeur du Portugal, le général López-Pinto, commandant la 6ª Region militar, le général Orgaz, chef des écoles d'aspirants officiers, l'*alcalde* (maire), le colonel commandant en chef le service sanitaire de l'armée, etc. Les locaux sont bénis par l'évêque de Pamplona et on passe aux discours où « *le nombre et la longueur desquels en Espagne peuvent rivaliser avec notre pays* ». L'hommage rendu au CICR par le président de la Croix-Rouge de Pamplona, ainsi que par le comte de Vallellano et la marquise de Valdeiglesias, fut fidèlement transcrit dans la presse.

Accompagne le délégué dans sa tournée du lendemain, en qualité d'interprète pour les formalités touchant à l'organisation de la visite, le vice-président de l'*Asamblea provincial,* comte de Alvo, ancien député de la Navarre, cousin d'Alphonse XIII, dont l'épouse était prisonnière sur le *Villa de Madrid*, bateau-prison ancré en rade de Barcelone. Est présent le duc de Zaragoza, rentré depuis 48 heures de la zone gouvernementale avec les *asilés* de l'ambassade française à Madrid. Principalement, tout d'abord le Cuartel de la Merced, camp de triage avec, répartis en trois compagnies, 1.600 prisonniers directement en provenance du front. Dans l'attente de la commission de classification, la durée de la détention était d'environ deux mois au cours de laquelle une mise en condition psychologique par des affiches et des pancartes appropriées est conduite. Par exemple : « *Étouffez vos haines et vos rancœurs si vous en avez et remplacez-les par l'amour et le dévouement à la Patrie* » ou bien « *Ne craignez rien, dans l'Espagne de Franco ne règne pas la terreur mais l'amour* ». Puis la prison provinciale de Pamplona, où est incarcéré le frère de Irujo; le directeur le fait venir dans son bureau. A d'Amman, qui le trouve en bonne santé, il déclare n'avoir aucune plainte et recevoir fréquemment la visite de sa famille.

Sur une éminence se trouve, à 8 km de Pamplona, le fort Alfonso-XIII de San Cristóbal. Une route moderne y conduit. De nombreux casernements et divers bâtiments souterrains et mi-souterrains peuvent héberger une garnison de 3.000 hommes. Pourtant, ces constructions sont dépassées; la forteresse avait été désaffectée avant la guerre et servait de prison militaire. Les bâtiments massifs et hauts sont impressionnants, ils renferment 2.558 condamnés à des peines sévères. Le lundi 28 mars, le fort était dans un épais brouillard, il faisait très froid. « *Pour se réchauffer, les hommes drapés dans leurs couvertures se donnaient le bras par groupes et tournaient en rond, inlassablement, tous dans le même sens, pour ne pas se heurter, ronde infernale d'assassins, de bandits aux regards haineux, en majorité des Asturiens.* » Le délégué est étonné par le manque d'organisation évident consécutif au caractère provisoire de ce *penal*. Le directeur, qui avait été destitué lors de l'avènement de la République, dirigeait, d'après le délégué, la prison à titre provisoire. « *Deux hommes étaient morts dans la journée (de mort naturelle). En redescendant, nous avons rencontré le camion du ravitaillement sur le haut duquel était juché un cercueil prêt à tomber. Nous fîmes signe au chauffeur; un peu plus bas nous trouvâmes l'autre cercueil tombé au milieu de la route et en miettes...* »

La petite troupe va à Zaragoza, après un détour par l'Abadia de Lebanza. Le gouverneur militaire, général Rañoy, procure les autorisations. Est parcouru, au pas de charge, l'hôpital de la faculté de médecine où sont soignés des malades provenant des camps, suivi du dépôt de prisonniers de San Juan, majoritairement Asturiens. C'est au tour de l'Académie militaire de San Gregorio : « *Cet établissement fut fondé par le général Primo de Rivera, sous l'instigation de Franco qui en fut le premier et le dernier directeur, puisque fermé par la République, lorsque Franco fut envoyé comme gouverneur aux Canaries.* » Actuellement, les casernes abritent un peu plus de 1.000 prisonniers, dont la moitié attendent leur classification. Il ne se prononce pas sur le camp situé en pleine ville, C/Saturnino Calleja.

Ne restent que des *monceaux de ruines vidés de toute population civile*, à Teruel, où fonctionnent encore des postes de secours et un hôpital dans un bâtiment épargné. Des mines républicaines détruisirent le quartier proche de la Plaza Mayor, *où se trouvaient les bureaux de la Croix-Rouge et l'hôpital;* l'accès en est interdit.

A Soria, on rencontre le gouverneur militaire, colonel Guernica, il avait été prisonnier à Santander. Apprenant le motif du passage du délégué, il observe « *en termes ironiques que je préfère ne pas rapporter ici, n'avoir pas eu la faveur de bénéficier des services du CICR et de son délégué durant sa longue détention. [...] Pendant ses quinze mois de détention on n'avait reçu qu'une seule fois la visite du délégué du CICR à Santander [...] entouré d'un imposant cortège d'officiers et de commissaires du peuple. On leur demande : Êtes-vous bien ici? Êtes-vous contents? Oui, nous sommes contents. Et le colonel d'ajouter, nous savions ce qu'il nous en eût coûté de répondre autrement.* »

Un ancien couvent où sont internés un peu plus de 500 prisonniers de guerre (classe A); quant à la prison provinciale, elle contient un mélange de *gubernativos* et de détenus en instance de jugement dans un état de surpeuplement inimaginable. Dans une annexe, 21 femmes dont deux avec leurs bébés : « *[...] sont jeunes et trouvent le moyen de se procurer de la poudre, des bâtons de rouge et des fusains. La plupart proviennent de la cathédrale de Sigüenza* [occupée en octobre 1936] *où s'étaient barricadés les gouvernementaux, épisode du début du Movimiento. Je me renseigne sur l'une d'entre elles dont il a été souvent question pour un échange. J'apprends qu'elle a trouvé moyen de se faire enlever par un commandant d'aviation et on en a perdu la trace. [...] Notre visite provoque grande excitation dans le poulailler. On s'imagine que je viens les prendre pour un échange. Je leur remets des fiches de nouvelles pour écrire de l'autre côté. Elles parlent toutes à la fois et font un ramage assourdissant.* »

Le camp d'internement de Logroño, dans la Plaza de Toros, est un dépôt de passage à l'effectif d'environ 1.000 prisonniers, dont un groupe assez important d'étrangers des Brigades internationales (Scandinaves, Américains, etc.). D'Amman doit s'exprimer en français, allemand, italien ou anglais pour arriver à se faire comprendre! Il y a là aussi 56 officiers nationalistes basques.

Pour terminer, l'hôpital militaire installé dans les bâtiments modernes du séminaire diocésain. Trois cents blessés y sont soignés, principalement d'amputation de doigts et de pieds gelés lors de la bataille de Teruel, en décembre-janvier. Ce sont presque tous des légionnaires du Tercio, avec quelques Français, dont un jeune de 17 ans que le général Franco, à la demande de sa mère, vient de libérer de son contrat. Cet adolescent est furieux, et le délégué a toutes les peines du monde à le calmer. Le dépôt des *gubernativos* est installé dans un cinéma pour une centaine de détenus avec 24 femmes et deux bébés.

Comme toujours, les conclusions sont instructives. Les procédures d'enquête fort longues augmentent la durée du séjour dans les camps de transit. En dépit d'un corps d'officiers pénitentiaires dont le régime fait l'éloge, beaucoup de commandants sont choisis « *dans le rebut des officiers retraités et laissent à désirer* ». Oisiveté et inaction sont fréquents, malgré le décret du général Franco promulguant le droit au travail de tous les prisonniers. Emploi qui dépend souvent du pouvoir local et non d'un organisme central. « *Peut-être le ministère des Travaux publics nouvellement créé va-t-il ordonner l'ouverture de grands chantiers pour utiliser systématiquement cette main-d'œuvre. Mañana! Mañana!* » La récapitulation des prisonniers visités en dénombre 7.408. Pour conclure sur une note plus enjouée, constatons l'accueil empressé de tous les officiers et autorités au *camarada del ejercito suizo* (camarade de l'armée suisse) allant jusqu'à faire défiler les prisonniers en son honneur, le bras levé! Il intervient pour faire libérer la femme d'un prisonnier. Ce couple et son enfant avaient été arrêtés lors de l'arraisonnement du *Galdames*. Un non-lieu a été prononcé en sa faveur; elle était toujours détenue.

Contacts multiples et inutiles parfois entre Pourtalès [r. n° 12 des 3 et 4.03.1938] et l'état-major de Franco au sujet des échanges réduits aux 200 *gudaris,* dont 41 avaient été échangés le 20 janvier. Les discussions traînent en longueur et n'ont pas progressé depuis le 12 février, Pourtalès ayant l'impression que les nationalistes espèrent prendre Madrid très prochainement. Dans la province de Santander (600.000 habitants) les gouvernementaux auraient fusillé pendant *l'occupation,* dit-il, 2.500 personnes. Pour leur part, les tribunaux militaires nationalistes en jugent plusieurs milliers, mais 400 sont condamnés à mort.

Les exécutions capitales continuent, il leur est donné une certaine publicité. Par exemple, dans la presse sur trois lignes dans *Voz de España,* de San Sebastián le 26 juin, sous le titre « *Sentence faite* ». Un second articulet mentionne le procès de 17 *jefecillos* (petits chefs) qui participèrent au soulèvement et à l'évasion du fort de San Cristóbal. Toujours dans la presse, le conseil des ministres du 5 juillet, à Burgos, s'indigne que les « *rouges aient fusillé un groupe de prisonniers nationalistes après que le gouvernement rouge eut donné son accord à un échange de prisonniers* ».

Pourtalès reçoit un message de Nicolás Franco. Une rencontre impromptue a lieu dans la nuit du 5 au 6 mars, à la Comandancia d'Irún.

Quel en est le motif? Un frère de sa femme (Isabel Pascual de Pobill y Robello), prisonnier des gouvernementaux, fait partie de l'échange. Or, parallèlement, le généralissime, son beau-frère Felipe Polo y Martínez Valdés, le colonel Martínez Fuset et les affaires étrangères s'occupent de cette question, ignorant ce que fait l'autre. Au cours de cette réunion, il est convenu que Burgos adressera une note au représentant diplomatique anglais, insistant qu'aucun échange ne sera autorisé avant que ne soit effectué l'échange des 200. Nicolás Franco espère porter l'échange des 159 *gudaris* restants à 200. Le solde (41) serait composé, au gré de Barcelone, soit de prisonniers de la liste des 750 ou de ceux de Teruel, soit 41 prisonniers civils à choisir, par Barcelone, dans une liste d'environ 70 prisonniers civils, liste remise au CICR.

Une conférence réunit les personnalités suivantes : colonel Martínez Fuset, Felipe Polo, marquis de Rialp, colonel Gonzalo, chef état-major des prisonniers de guerre, comte de la Granja, sir Robert Hodgson et le délégué général [*r.* n° 14 de Pourtalès]. Martínez Fuset remet sur le tapis la question des échanges. Des concessions ont été faites et tout aurait été mis en œuvre pour aboutir! Barcelone se dérobe alors que Burgos tente un effort supplémentaire et a remis une liste de 224 prisonniers basques et de Málaga. A partir de cette liste, Barcelone pourrait choisir 41 noms retrouvés et non encore échangés de la liste des 270 et le solde par des officiers blancs condamnés à mort ou à perpétuité du côté gouvernemental. Pourtalès fait remarquer que le CICR depuis décembre met tout en œuvre pour faire aboutir l'échange. Au conseil des ministres, surchargé de travail, les décisions des échanges passent au second plan. Au total, les dirigeants nationalistes sont convaincus que l'autorité du CICR, côté gouvernemental, avait été quelque peu ébranlée par les nombreuses interventions effectuées lors des évacuations de Madrid.

Officiellement, Thompson annonce que le gouvernement britannique a désigné le Field Marshall Sir Phillip Chetwode, chargé d'une commission d'échange de prisonniers de guerre pour arbitrer un échange général, avec siège à Toulouse. Le résultat tangible de son action fut la libération d'une centaine de Britanniques, membres des Brigades internationales, échangés contre des soldats italiens. Depuis son bureau, Pourtalès télégraphie à Leche pour qu'il s'entende avec Hahn afin de préparer une démarche commune auprès du ministre des Affaires étrangères à Burgos, le général Francisco Gómez-Jordana Souza. Comte de Jordana, il assuma le poste de président du Tribunal suprême de justice militaire, de vice-président du gouvernement et de ministre des Affaires étrangères. Avec Léon Bérard, envoyé du gouvernement français, il fut l'auteur du protocole qui établit les relations diplomatiques entre la France et l'Espagne nationaliste.

Jordana absent, le général Espinosa de los Monteros, sous-secrétaire d'État, reçoit Pourtalès. Espinosa, en juillet 1936, se trouvait à Madrid. Il se réfugia à l'ambassade de France, d'où il réussit à gagner la France.

Prototype parfait du diplomate, il semble être l'animateur de la nouvelle politique étrangère du généralissime. Sangróniz est maintenant relégué à des fonctions protocolaires. Chaque jour, le problème des échanges des 159 *gudaris* [*r.* n° 15 du 28.03.1938] est débattu. Les résultats acquis dans ce domaine ne sont aucunement en rapport avec le temps, le travail et l'argent que le CICR consacre à son activité. Les démarches continuelles que les délégués s'obligent de faire auprès des deux gouvernements tendent plutôt à miner leur autorité et les rendre suspects. Cela ressort d'une dépêche que Leche adresse à l'ambassade d'Angleterre à Hendaye. En effet, c'est aux Anglais que le gouvernement de Barcelone adresse sa proposition d'échange général. En revanche, pour Pourtalès, le gouvernement de Burgos paraît vouloir confier de plus en plus au CICR les négociations. Auparavant, c'était Salamanque qui provoquait des difficultés. Le CICR pourra-t-il retrouver sa liberté vis-à-vis des deux parties et prendre la décision qui lui conviendra et, s'il le souhaite, renoncer aux échanges? Et Pourtalès de livrer le fond de sa pensée : « *J'ai été le plus fervent animateur et c'est avec regret que j'en arrive à cette conclusion. Le comité préférera continuer dans la voie échanges-travail plutôt que d'abandonner les principaux objectifs qu'il a poursuivis jusqu'ici.* »

Dès son retour de vacances, d'Amman est sommé de répondre aux critiques du gouvernement d'Euzkadi touchant au rapport sur les prisons de Dueso (Santoña) et de Larrinaga (Bilbao). On ne comprend pas très bien le cheminement d'observations, selon toute apparence, devant rester confidentielles. Deux hypothèses peuvent être avancées. Pour une raison inconnue, volontairement, la Commission aurait communiqué ce rapport n° 14 à un (ou plusieurs) membres de l'ex-gouvernement d'Euzkadi avec lequel elle entretenait des relations privilégiées. Deux noms surgissent, Leizaola et Irujo. L'hypothèse seconde peut avoir pour origine une publicité tapageuse des autorités franquistes, alimentée par Vallellano, à qui, par gentillesse, le délégué aurait communiqué le contenu de son compte rendu. Quoi qu'il en soit, d'Amman [*r.* n° 26 *bis* du 28.04.1938] persiste et signe, le directeur de Dueso, López de Calle, n'a rien d'un garde-chiourme. De vieille famille basque, retraité de l'administration pénitentiaire, ses capacités professionnelles l'auraient désigné chef du *penal* le plus important de la zone nationaliste. L'établissement pénitentiaire est ultramoderne et l'infirmerie, où les malades sont soignés par leurs propres camarades médecins, est magnifique. Les prisonniers sont serrés, mais le délégué n'a jamais reçu de plainte à ce sujet. D'après lui « *la promiscuité ne semble pas incommoder les Ibères* ». Au sujet de la prison de Larrinaga, d'Amman admet ignorer cet établissement, qui a été visité par Courvoisier. Ruiz de la Arena, adjoint d'Amman, qui avait accompagné le visiteur, admet que le chiffre avancé de 2.400 est exact et que, là aussi, les prisonniers sont *serrés,* mais que la nourriture est bonne. Quant au manque d'eau, le responsable en serait le gouvernement d'Euzkadi. Lors de sa retraite, il aurait fait couper les canalisations alimentant Bilbao; maintenant, le grand réservoir est réparé. Pourtant, contrairement à ses dires, le *pantano* d'Ordunte n'avait pas été détruit; c'est la sécheresse prolongée qui impose des économies et le rationnement. Plus tard, après avoir interrogé le sous-délégué Barreiro, d'Amman reconnaîtra que certaines prisons provisoires, hâtivement installées, doivent faire face à un afflux exagéré de détenus, par exemple à la Universidad, Escolapios et le bateau-prison *Upo-Mendi*, auparavant à Vigo. Le dernier reproche concerne la mortalité, dont la responsabilité serait le manque d'hygiène et de soins médicaux que le délégué ne peut admettre tant que cela n'aura pas été établi. « *Il y a des morts, certes, comme dans toute agglomération, et aussi parce qu'il y a des juges...* »

Les conclusions sont intéressantes, car elles posent le vrai problème de ces inspections, sommaires et hâtives : « *Le reproche fait aux délégués du CICR de se borner à voir les reclus alignés dans les cours n'est pas justifié, car il ne dépend pas des délégués de déterminer et imposer le mode d'inspection : ils sont malheureusement obligés d'accepter le mode qui leur est concédé. Cette façon sommaire de prendre contact avec les prisonniers a fait l'objet de mes regrets dans plusieurs rapports. Mais pareille critique est déplacée dans la bouche de gens qui ont sur la conscience les faits et gestes dont les bateaux-prisons de Bilbao furent le théâtre. Cette façon de faire visiter les prisons aux délégués du CICR est commune aux deux Espagnes.* »

Le 14 mai, d'Amman [r. n° 27 *bis*] visite le seul *penal* féminin de la zone nationaliste, à Santuraran-Motrico[14], pour le grand nombre de femmes condamnées à perpétuité ou à détention prolongée. L'effectif est de 761 femmes provenant de toutes les prisons. « *Mais les Asturiennes, les terribles Asturiennes, y forment un gros contingent. Idem les Basques.* » L'impression est très favorable alors que le *penal* est en période d'aménagement. Miguel Navas, par ailleurs directeur de la prison d'Ondarreta, est garant que l'on peut encore améliorer les installations. Le délégué nous dit — d'où tient-il l'information? — que « *Don Navas est désigné pour prendre la direction des prisons de Madrid dès la libération de la capitale* ».

La presse imprime les dernières statistiques sur les prisonniers[15] : *1.* Soumis à instruction pour crime (environ), 10.000. *2.* Employés en services spéciaux selon capacités techniques, 6.997. *3.* Répartis dans 81 bataillons de travailleurs, 30.962. *4.* Dans les camps de concentration, 42.885. Total des prisonniers pris les armes à la main, 90.844.

Depuis fin avril, 2.000 nouveaux prisonniers ont été faits dans les dernières offensives. Le 3 mai, dans *Voz de España* (San Sebastián), paraît un petit entrefilet au titre évocateur : « *La communion des prisonniers de Ondarreta* ». On apprend qu'a été célébrée dans cette prison la communion des prisonniers :

Assistèrent à la cérémonie diverses autorités et personnalités, entre elles M. Jean D'Amnian (*sic*), délégué du Comité international de la Croix-Rouge. Don Miguel Navas, directeur de la prison, reçut de nombreux compliments pour l'ordre et l'état sanitaire élogieux dans lequel se trouve la prison.

Nouvelle tournée d'inspection [*r.* n° 28 du 21 au 30 mai] : la *Galicia* (Galice) est choisie. Pour la première fois, un délégué du CICR va se rendre dans cette province ignorée où cependant se trouvent plusieurs camps et prisons de détenus *gubernativos* et de condamnés à mort, ou à perpétuité. La direction générale des prisons accorde une autorisation de visiter les prisons de La Coruña, Lugo, Vigo et Orense, et la direction générale des camps de Cedeira (Coruña), Rianjo, Camposancos (Pontevedra) et León. Pour la prison maritime du Ferrol, sous la juridiction du ministère de la Défense nationale, l'autorisation ne vint jamais.

La journée du samedi est occupée à parcourir les 400 km séparant San Sebastián de Gijón, avec de courts arrêts à Bilbao, Santander, Torrelavega et quelques détours occasionnés par des routes en reconstruction. Qui se poursuit le lendemain par la très belle nationale qui longe la mer; région aujourd'hui dénommée *Costa Verde*. Après Avilés, à Soto del Barco, un pont détruit oblige à remonter le rio Nalón jusqu'à Pravia. A Ribadeo, la frontière entre les Asturies et la Galicia est atteinte. Toujours par la route tortueuse qui longe la partie nord de la province, Viveiro et Ortigueira, on atteint Campo del Hospital. De là, une route secondaire conduit au camp de Cedeira. Fort heureusement, pour une description double et croisée du camp, nous avons d'Amman, puis Juan Antonio Cabezas[16].

Pour le délégué, c'est en réalité un dépôt installé dans les hangars d'une fabrique de poissons, au milieu des dunes au bord de la mer, ouvert en novembre 1937, après la prise de Gijón. Y furent transportés des prisonniers des Asturies, intentionnellement installés aux extrêmes confins de la Galicia, *pour éviter tous contacts avec les leurs*. Il y avait, au début, 800 détenus; seulement 163, dont un Anglais, maintenant. Le camp devrait disparaître prochainement. Les locaux sont détestables : « *[...] pas d'installation hygiénique, on se lave au rio voisin, latrines-tranchées dans le sable; l'eau potable est rare* ». Les abords, délimités par des barbelés posés à même le sable. Un seul dortoir avec des lits hétéroclites construits par les prisonniers si serrés que des espèces de hamacs pendent où « *les occupants accèdent par des échelles mobiles ou des cordes. Désordre inénarrable, propreté très relative.* » Manque de linge et vêtements, tous sont dans un *accoutrement carnavalesque*. Quant à l'encadrement, il est composé d'un commandant, vieux lieutenant de réserve, un médecin alférez et un aumônier. Pour la garde extérieure, des réservistes ou des soutiens de famille retirés du front. Pas d'infirmerie, le médecin se fait aider par un infirmier prisonnier. En conclusion, ce camp lui fait une impression lamentable et son chef est inférieur à sa tâche.

Qu'en dit l'*interné-témoin?* A bord du *Montseny*[17] et de quelques autres barcasses, les Asturiens arrivèrent au petit port de pêcheurs de Cedeira. Les dunes encerclent quelques vieux édifices ayant servi à une fabrique de conserves de poissons, paralysée par la guerre. Les prisonniers sont conduits dans une grande baraque qui, par comparaison avec leur minuscule barque de pêche, leur semble un palais. Les sols de ciment, aux murs courent des étagères de bois ayant servi à l'outillage de la fabrique de conserves. Au centre du local, un gros tas de paille servira à la literie des prisonniers. Précédant le repas du soir, se présente le chef de camp, « *un vieux commandant de réserve se nommant don José, mais qui, dès le premier instant, fut surnommé Sacona* [familièrement, sac-à-vin] *à cause de son volumineux ventre. Il lissa ses imposantes moustaches blanches et prononça quelques mots avec un épouvantable accent gallego. Il tenta de justifier l'installation déficiente par les modestes moyens qu'il disposait. On vit tout de suite que don José était plutôt bonasse. Il prononça quelques paroles qui se voulaient aimables. [...] Le lieutenant manchot, nommé Sequeirós, semblait avoir mauvais caractère, et peu conforme avec les phrases tranquillisantes de Sacona.* »[18]

Cette nuit même, ils purent vérifier qu'il n'y avait pas de w.-c. à l'intérieur et qu'il était impossible de quitter la baraque sans croiser le canon d'un fusil... L'eau potable était à plus d'un kilomètre. Le surlendemain, un groupe de phalangistes vinrent chercher des prisonniers dont ils avaient le signalement. Pour les internés, cela s'appelait la *visita negra* (la visite noire). Au cours du mois de mai, Juan Antonio Cabezas projette de s'évader. Il examine soigneusement les abords et le fonctionnement du camp : entrées, sorties, gardes, etc. Or, c'est au cours de cette période qu'a lieu la visite d'Amman, non mentionnée par Cabezas.

Après un passage au Ferrol, au cours duquel a lieu une prise de contact avec la section de la Croix-Rouge et Sanidad militar de Galicia, qui dispose de 10.000 lits pour les blessés et les convalescents, le délégué visite un train-hôpital et un bateau-hôpital, tous deux admirablement agencés. Le lundi, en compagnie du président de la CRN, il se rend auprès du commandant du district maritime (de la côte cantabrique). L'amiral est un homme ombrageux, à cheval sur les règlements, et *pas facile à aborder.* Il ne peut autoriser la visite de la prison maritime qui, d'après lui, ne contenait pas de prisonniers *gubernativos.* Tout au plus autorise-t-il celle de l'hôpital maritime. Lorsqu'il apprend que le délégué est venu s'enquérir de la fille du député de La Coruña, Casares Quiroga, il licencie sans commentaire la délégation[19]!

Alors qu'ils arrivent dans la première salle de l'hôpital de la marine, un coup de téléphone enjoint le médecin-chef et le délégué de rejoindre un bureau dans lequel se trouvent le général commandant la place et l'amiral, étonnés de ne pas avoir été avisés par leur supérieur direct, le général Gil Yuste, chef de la 8ª Region militar, du passage du délégué; général de division retraité, il n'exerça que des tâches bureaucratiques.

Conseil est donné à d'Amman de se rendre à La Coruña pour obtenir l'autorisation en bonne et due forme, lui permettant d'accomplir sa mission officielle. Alors, il pourra rencontrer la fille de Casares Quiroga, « *dont la famille inspire aux Espagnols le plus profond mépris, mépris qu'il ne m'oblige pas à partager* ». L'entretien se déroule dans un climat de violence extrême. Voyant qu'il avait affaire à « *un fou — le terme n'est pas de moi mais d'un membre de la Croix-Rouge — je me contentais de lui dire que je connaissais très bien le général Gil Yuste pour avoir vécu pendant cinq mois dans le même hôtel à Burgos* »; qu'il le rencontrerait mais qu'il ne pourrait revenir au Ferrol. Le directeur de l'hôpital et le président de la CRN, catastrophés, le supplièrent de revenir, car il y allait de leur prestige. Le délégué promit de faire l'impossible pour leur donner cette satisfaction d'amour-propre, mais, fataliste, admet « *que les délégués du CICR étaient cuirassés contre ce genre d'incidents* ».

A la Coruña, 4.000 lits sont répartis entre onze hôpitaux. Il n'en visite qu'un, au caractère improvisé, où les installations hygiéniques laissent à désirer. Ensuite, en compagnie du président de l'Assemblée provinciale de la CRN — encore un général à la retraite! — il est reçu par le chef de la 8ª R.M. auquel il montre les autorisations en son pouvoir. Le général Gil Yuste s'étonne qu'il lui en sollicite une, puisqu'il est hiérarchiquement inférieur aux signataires des ordres. Sans conter la genèse du conflit, d'Amman qui pratique l'axiome ibérique, *surtout pas d'histoires*, explique que certains chefs, stricts et scrupuleux exigent qu'il possède aussi une autorisation du *Jefe de la region*. Pas dupe, de bonne grâce, le général dicte à son chef d'E.M. un sésame capable de lui ouvrir toutes les portes.

Puis c'est au tour de la prison provinciale. Dans un site admirable, à l'extrémité de la presqu'île de La Coruña, éloignée de l'agglomération, il y a 623 détenus, dont 180 droits communs, 414 condamnés politiques et 29 *gubernativos*. Ce sont des cellules et des dortoirs occupés pour moitié, ordre et propreté exemplaires. Une infirmerie en activité avec 12 malades; quant aux visites, elles ont lieu deux fois par semaine, d'une durée de 15 minutes. Un Allemand d'Argentine, établi à Vigo, est incarcéré depuis dix-neuf mois, sans en connaître le motif.

L'après-midi, à l'hôtel, d'Amman rencontre l'inspecteur en second des camps, le lieutenant-colonel Cossio, qui insiste pour que la visite se poursuive par celle des camps de Camposancos et de León, les plus importants de la région. Curieux, d'Amman interroge l'officier sur la manière dont se déroulent la capture ou la reddition d'un prisonnier jusqu'à son arrivée au camp, car les délégués du CICR ne sont pas documentés, ne pouvant aller en première ligne. Désarmés, les prisonniers conduits à l'état-major de la brigade sont interrogés par des officiers spécialisés. Un formulaire est consigné qui constitue la première pièce présentée à la commission de classification. On leur retire leur argent *rouge* remplacé par de l'argent national. Trouvés en possession de sommes exagérées, celles-ci sont confisquées, de même que bijoux, objets de valeur, etc.

On reprend la route. Visite de la colonie scolaire de Madrid et Tolède, sise à Caldas de Reyes, et de la colonie de filles de Madrid à Redondela. On continue sur Pontevedra. La prison, ancienne, n'est pas accessible. Quant aux cas spéciaux, ils occasionnent au délégué une convocation au quartier de la garde civile où il lui est expliqué, avec beaucoup de déférence, que la personne qu'il vient de rencontrer — Ossorio Taffall, parent du député — est sous une stricte surveillance et que l'on contrôle toutes les personnes qui lui rendent visite. « *Je m'en tire à bon compte. Il est décidément périlleux de traiter des cas spéciaux.* »

A Vigo, premier port d'Espagne pour le transport transatlantique et capitale économique de la province, toutes les autorisations sont fournies pour visiter la prison et le camp de Camposancos. La prison est en bordure de l'avenue principale. Construction ancienne, mais modernisée, les 178 détenus, dont 28 femmes, sont à l'étroit. Un ou deux détenus par cellule, très propre, avec lit. La majorité des détenus, des intellectuels ou de classe aisée, sont correctement vêtus. Infirmerie avec dernier confort sanitaire; bonne tenue générale.

Arrivée à Camposancos, à 50 km au sud de Vigo, village sur l'embouchure du rio Miño, frontière avec le Portugal. Cette région touristique, très fréquentée avant la guerre, est tombée dans une grande léthargie. Le camp de détention a été installé dans l'immense collège cédé par les jésuites, qui demeurent encore dans une aile. Là aussi, nous avons la version d'Amman et celle de Cabezas.

Pour d'Amman, le camp a été créé en octobre 1937 et le chiffre maximum de prisonniers a été de 3.166. Par suite de la classification, le camp se vide et, lors du passage du délégué, ne s'y trouvent que 982 détenus, tous Asturiens. Les dortoirs sont au premier étage, divisés en chambrettes, mais les séparations étaient tellement minces que les prisonniers se sont empressés de les abattre pour communiquer avec leurs voisins sans que l'administration réagisse. Comme le collège est immense, les détenus sont à l'aise dans des chambres claires et bien aérées. Il y a des paillasses et une ou deux couvertures par homme. L'infirmerie comprend une centaine de lits avec un médecin, deux *practicantes* et des infirmiers prisonniers; y sont soignés énergiquement des malades vénériens. « *Dans tous les camps d'Asturiens les médecins sont unanimes à me décrire l'état de saleté repoussant dans lequel sont arrivés les prisonniers : je m'en étais aperçu lors de mon voyage en novembre!* » Trois préaux pour jouer au football, trois heures de gymnastique par jour en trois groupes, avec de grandes galeries couvertes pour la pluie. Lavabos et w.-c. s'alignent à perte de vue dans les préaux. Les cuisines, comme toujours, trouvent grâce pour le délégué. L'impression générale est bonne. Mais le chef est traité par d'Amman de *ramollo*. En revanche le médecin, homme jeune et décidé, a été pour le délégué un guide parfait.

Seconde version[20] : à proximité du *pueblo* de La Guardia se trouve l'ancien monastère de Camposancos, reconstruit par les jésuites au XIXe siècle pour y installer un collège secondaire, fameux dans toute la Galice. Lors de la chute des Asturies, le collège ne fonctionnait pas et seuls restaient quelques membres de la communauté. Transformé en camp de concentration, y statua le tribunal militaire des Asturies n° 1 devant lequel seront traduits les prisonniers asturiens. Dès leur arrivée, l'auteur et ses compagnons virent devant la porte des charpentiers affairés à fabriquer des cercueils qu'ils appuyaient verticalement contre le mur. Cette scène les terrifia. De même que l'accueil d'un sous-officier requeté irritable et violent. Quelques jours plus tard, ils comparurent devant le tribunal, en fin d'après-midi, le 19 octobre 1938. Ce fut le dernier conseil de guerre célébré dans ce camp. Un peu moins de dix minutes sont consacrées à chaque accusé. Sont condamnés à mort deux journalistes, les autres à de longues peines d'emprisonnement. Les détenus étaient répartis dans chacune des cours en fonction de leur condamnation. Ils disposaient de couvertures, de paille et des portes qui, posées sur des briques, servaient de bat-flanc. Les chambres et les couloirs restants avaient été *baptisés* par les détenus qui y avaient construit des sortes de cabanes pour s'abriter du froid. La seule visite était celle du père jésuite Covaleda. Il n'est pas mentionné d'activité médicale. Le 14 février, le camp est fermé et les prisonniers transférés à la prison de Celanova, dans la province d'Orense.

Où Amman arrive, le 27 mai. Il commence, tout d'abord, par la prison provinciale où se trouvent 388 hommes, dont 276 *gubernativos*. Les trois visites se font sous la conduite du commandant de la place qui avait été prisonnier à Santander pendant quatorze mois. Visite rapide : cuisines convenables, nourriture bonne (les Galiciens sont gourmands). Les locaux sont propres, ils ont tous un lit. Les condamnés à mort entourent le délégué, le suppliant d'intervenir en leur faveur. Le chantier d'El Cuñal emploie des *gubernativos* et une compagnie de travailleurs à des travaux de nivellement gigantesques pour un camp militaire d'instruction. Réfectoire et dortoir uniques sont immenses.

Sur le *penal* de Celanova, voyons la description d'Amman, celle de Cabezas, complétée par un autre témoin, Enrique Clemente Martínez, qui fut emprisonné de février 1939 à septembre 1940. Qu'en dit d'Amman? Le pénitencier est installé dans le luxueux monastère-collège des Pères de Saint Augustin. Il y a 1.207 internés, dont 98 % sont condamnés à 30 ans, tous des Asturiens. Un capitaine des gardes civils et un officier de prison administrent la prison. Les prisonniers couchent dans les dortoirs des élèves, 12 par chambre et trois grands dortoirs de 120 hommes, chaque. La propreté est exemplaire, lavabos et w.-c., eau courante. Comme pour les autres, pas de poisson, la pêche est interdite à proximité de la frontière portugaise. Pas encore d'infirmerie, mais trois médecins prisonniers. Le service religieux est assuré par trois pères.

Pour le journaliste asturien, le monastère bénédictin fondé par saint Rosendo était une prison politique où se trouvent tous les Asturiens jugés à Camposancos qui n'ont pas été condamnés à mort. C'était une construction massive avec des cloîtres de la Renaissance, dénommé *El Escorial de Galicia*. L'administration comprenait un nombre important d'officiers et de sous-officiers. En février 1939, un des prisonniers, médecin à Bilbao, reçut une lettre de son épouse transmise par la *Cruz Roja Internacional;* seule fois où l'auteur mentionne le CICR. Le second témoin, Clemente Martínez, fait à peu près le même récit. Arrivé un peu plus tard, il décrit l'agglomération sous les fenêtres grillagées et s'attarde sur l'organisation culturelle interne des détenus, des conférences de toutes sortes y étaient prodiguées, dans un milieu fortement politisé.

La dernière visite d'Amman concerne le grand camp de regroupement de León, créé en novembre 1937, comprenant deux ensembles : San Marcos, avec 3.347 détenus, et Santa Ana (bâtiment annexe), 1.205.

San Marcos est un splendide palais (ancienne Commanderie) du XVIe siècle de style plateresque à l'aspect monumental imposant. Il y a quatre compagnies encasernées. « *Quand j'y pénètre les hommes sont réunis dans le cloître et assistent à la messe, à l'issue de laquelle ils chantent en chœur avec un ensemble remarquable, car les Asturiens sont des chanteurs réputés. On raconte que, sur le front, ils occupaient leurs loisirs dans les tranchées à chanter alternativement de part et d'autre les chants du pays.* » Il y a quatre aumôniers, aidés par des *dames*, à la surprise du délégué. Les quatorze grands dortoirs sont installés sous les grandes galeries couvertes du cloître. Pas de lavabo, les hommes vont se laver au rio voisin. Pas de w.-c., de grandes cuves de fer en guise d'urinoirs, et on les vide chaque jour! Infirmerie confortable de 30 lits. Nombreux personnel sanitaire. Moyenne de la mortalité : 0,0075 %, exactement! En ce qui concerne, les vaccinations (antityphiques) le médecin dit que les prisonniers sont réfractaires, craignant qu'on leur inculque un poison ou une maladie. L'annexe (Santa Ana) se trouve dans les dépendances ayant servi à un régiment de cavalerie.

Arrivent en zone nationaliste des représentants officieux de nombreux pays. Celui de la Suisse, Eugène Broye[21], Fribourgeois et camarade de promotion d'Amman, se fixe à Burgos dans le même hôtel que le délégué du CICR. Amman en profite pour légaliser son intervention en faveur de Suisses, membres des Brigades internationales, internés à San Pedro de Cardeña. Ils pourraient être échangés contre un nombre équivalent de prisonniers étrangers, italiens ou allemands. L'officieux représentant marche sur la pointe des pieds en la matière. En effet, ces prisonniers « *ne sauraient revendiquer la protection de notre gouvernement puisqu'en s'engageant en Espagne ils ont enfreint aux lois suisses* ». Broye poursuit, soulignant que le Département politique à Berne ne veut pas de négociations officielles avec l'ambassade d'Italie, car cela entraînerait indirectement la reconnaissance de l'intervention italienne dans la guerre.

Mgr Antoniutti, nonce apostolique auprès du gouvernement nationaliste, est remplacé par Mgr Cicognani qui, dès son arrivée, a une entrevue avec le cardinal Gomá. Mgr Antoniutti, avant son départ, rencontre d'Amman autour du thème des enfants espagnols réfugiés dans divers pays et leur rapatriement. Bien évidemment, le sort des quelques adolescents réfugiés en Suisse est abordé, le prélat regrettant que le nombre d'enfants accueillis en Suisse ait été si minime.

Amman sollicite de l'inspectorat la liste des onze prisonniers suisses; elle lui sera communiquée le 14 juillet [r. n° 32]. Le fichier central de l'inspectorat des camps est consultable depuis le mois de mai. Ce qui n'est pas le cas pour un fichier central des prisons qui n'existe toujours pas. Pour faciliter le service d'information dans les camps et les prisons, le délégué propose un modèle d'affiches à distribuer dans les établissements pénitentiaires.

Par mesure d'économie, le Comité international décide de resserrer le dispositif des délégations. Dans la zone républicaine, Valence est sacrifié. Décision prise dès le 15 février, ce n'est que la semaine suivante, le mardi 22, qu'en présence du président de la Croix-Rouge locale, Muñoz Carbonero, la passation des pouvoirs se fait. Le personnel est repris intégralement afin de ne pas le priver des précieuses cartes de travail. Bien évidemment, le départ du délégué de la CICR fait *jaser*, personne n'étant convaincu par l'explication officielle. De même qu'il fallut faire paraître un rectificatif dans la presse — *El Pueblo*, répété dans la radio — pour assurer qu'en dépit d'une fermeture identique dans la zone nationaliste, le service des nouvelles persistait. Mais l'ensemble du personnel croyait, quant à lui, que la fermeture était due aux dernières aventures de plusieurs collaborateurs : fuites à l'étranger, désertions, emprisonnements, disparitions, etc.

Mardi 8 mars, la délégation de Valence, dont la naissance avait été si ardue, cessait d'exister. Quel était le nouveau rôle de la Croix-Rouge de Valence? Prioritairement, le service des nouvelles pour l'agglomération au sens large et en faveur des prisonniers, après entente avec le directeur général des prisons, Vicente Sol. Quant à la délégation de Barcelone, elle reprend un rôle moteur, car elle se trouve auprès du gouvernement et de l'administration centrale.

Marti effectue une tournée [r. du 25.03.1938] dans le Sud, avec ses deux secrétaires, Mme Crass et Mlle Garcia Gil. En commençant par Almería, le but étant de visiter, ou de revisiter, un certain nombre d'établissements pénitentiaires, politiques et militaires. Pour la première fois, Marti mentionne les prisonniers italiens : 41 à San Miguel de los Reyes, 199 au Colegio de los Escolapios, où il distribue les vêtements qui leur sont destinés. Puis le délégué continue par les prisons et camps de travail de Gandía et de Venta de Araoz (Almería), ainsi que les prisons de Guadix et de Ubeda, non encore visitées. Retour à Valencia en passant par Madrid afin de visiter des détenus à Pozuelo de la República. Partout la délégation est bien accueillie, tant par les prisonniers, qui veulent écrire aux leurs en zone adverse, que par le personnel pénitentiaire. La voiture aux croix rouges et à l'inscription *Comité internacional* attirait les curieux, et les formules de messages sont remplies par centaines. Dans des hôtels bondés est toujours réservée une place à la Croix-Rouge internationale, car tous, ou presque tous, avaient eu, par l'intermédiaire du CICR, des nouvelles de leur famille. Dès son retour à Barcelone, Marti s'entretient avec le docteur d'Harcourt, chef de la Jefatura de Sanidad del Ejercito de Tierra, chirurgien d'une quarantaine d'années. Le bateau-prison est transformé en bateau-hôpital pour les prisonniers malades détenus par le SIM. Fréquemment, le port de Barcelone étant bombardé, la rade est dangereuse pour l'*Uruguay,* atteint à deux reprises. Le CICR voudrait que les bateaux-prisons, l'*Uruguay* et l'*Argentina,* soient déplacés.

Profitant de ses allées et venues entre San Sebastián et Burgos consécutives aux tractations sur les échanges, en particulier des *gudaris,* Pourtalès [*r.* du 25.04.1938] décide d'aller à l'ancien monastère de San Pedro de Cardeña où sont emprisonnés les étrangers membres des Brigades internationales. Il se fait accompagner d'un photographe dans l'espoir de faire quelques photos; autorisation accordée. Environ 2.000 prisonniers sont dans ce camp, dont 1.350 Espagnols, soit 650 brigadistes environ. Le monastère est entouré de trois côtés par la forêt et du quatrième par un ruisseau. Les *étrangers,* comme le délégué les qualifie, se tenaient dans une prairie, en petits groupes, par affinités ou nationalités. Furent interrogés un Anglais, un Français, un Allemand, un Russe et un Américain, choix particulièrement éclectique. Tous, de classes sociales diverses, ont contracté un engagement politique pour certains, pour d'autres les conditions économiques dans leur pays d'origine les encouragèrent. « *Tous les types y sont représentés, du professeur de lycée au véritable gangster* », note-t-il, ajoutant « *que leur situation actuelle était nettement meilleure que celle dont ils jouissaient alors qu'ils combattaient dans l'armée gouvernementale* ».

Les repas sont abondants, et les dortoirs, des galeries aérées et éclairées où chaque prisonnier dispose d'une paillasse et d'une couverture. Les installations sanitaires suffisantes, alors que l'on ne dispose pas de lavabos et douches pour tous, mais le ruisseau y supplée! Infirmerie moderne, bien aménagée, avec un médecin militaire, deux pharmaciens et trois sœurs. Deux prêtres catholiques s'occupent de la *rééducation spirituelle* des prisonniers.

Ne pouvant travailler, contrairement aux Espagnols qui reçoivent 2 Ptas par jour, les brigadistes ne parviennent pas à acheter le strict nécessaire à la cantine. Le délégué leur promet des cigarettes, dès qu'il en aura l'autorisation, et leur distribue des cartes pour donner de leurs nouvelles aux familles. Le groupe anglo-saxon est le plus important : « *J'estime à environ 200 le nombre des ressortissants britanniques et à plus de 50 celui des citoyens des États-Unis. En outre une cinquantaine de Français, autant d'Allemands, de Scandinaves, une trentaine de Tchèques, des Polonais, des Russes, quelques Chinois et enfin deux Suisses dont un Carougeois ».* Trois Français, Raymond Champoudry, Aristide et Julien Panchot, venus chercher des oranges à Vinaroz, arrêtés par les nationalistes, sans explications, échouent dans ce camp.

La zone républicaine est coupée

Ce paragraphe autorise une transition pour traiter de l'information majeure de 1938, la zone républicaine coupée en deux. Après la prise de Teruel, les forces nationalistes opèrent un recentrage en Aragón et préparent une offensive qui va se dérouler en deux temps. La première phase dans le sud de l'Ebre, à partir du 9 mars. Le 17, le front totalement enfoncé, les nationalistes avancent de 100 km et occupent le sud de la province. Pour la première fois en Espagne, on utilise la rupture et la poursuite avec la mise en œuvre d'une coordination logistique de tous leurs moyens. Surprises, les forces républicaines battent en retraite souvent dans un total désordre; les officiers disent que les hommes fuient, quant aux soldats, ils se plaignent d'avoir été abandonnés. La seconde phase est le franchissement du front nord de l'Ebre et l'occupation quasi totale de la province, 7.000 km^2 et 10.000 prisonniers. La traversée du Maestrazgo entraîne l'arrivée à la mer, à Vinaroz, le 15 avril, et l'occupation d'une bande côtière jusqu'à l'embouchure de l'Ebre avec la prise de Tortosa.

Arrivé à Burgos, Pourtalès [*r.* du 22 au 28.04.1938], auprès de Martínez Fuset et de Polo, *« réclame la liste des 400 prisonniers du Sud promise, par le comte de la Granja, au mois de janvier ».* Ils déclarent ne pas saisir l'intérêt de cette liste aux yeux de Barcelone, qui ne semblait pas vouloir donner suite à l'échange des 159. Lorsque le délégué expose que le fait que cette liste ne leur ait pas été remise les a conduits à suspendre les négociations, Burgos ayant manqué à la parole donnée, la remise de la liste fut immédiate. Martínez Fuset insiste encore une fois sur l'intérêt du gouvernement du généralissime. Au cours de la conversation, le colonel ne cacha pas qu'il avait subi les reproches du généralissime et qu'il était décidé à ne s'occuper désormais que des échanges de militaires et de laisser au général Espinosa de los Monteros et au marquis de Rialp le soin de négocier ceux des civils.

Le soir même, Pourtalès remet à Espinosa de los Monteros les renseignements *confidentiels* confiés par Junod. Il insiste sur le danger encouru par les prisonniers en zone gouvernementale et l'exigence d'accepter les propositions de Barcelone. En réponse, le généralissime est plus que jamais déterminé à n'admettre que des groupes d'au moins vingt personnes, mais il est inutile de proposer des échanges individuels. Ainsi, il venait d'autoriser le troc d'une cinquantaine de prisonniers russes et anglais contre un nombre égal d'aviateurs et de civils allemands. Hodgson, avec lequel il a un long entretien, ne dissimule pas son découragement devant l'attitude négative de Burgos. Sa situation est d'autant plus difficile que, ni son gouvernement ni son collègue à Barcelone, Leche, n'apprécient réellement les difficultés auxquelles il doit faire face et s'impatientent chaque jour davantage. Leche a finalement résolu la question en évacuant de son propre chef un certain nombre de personnes et en mettant ainsi Burgos devant le fait accompli. Jusqu'ici les nationalistes acceptent de bonne grâce ces échanges forcés et renvoient à Barcelone la contrepartie, mais les Anglais jouissent d'une situation privilégiée et peuvent se permettre certaines libertés, « *la question des échanges, loin de se simplifier, est aujourd'hui plus difficile à résoudre que jamais, et ceci au moment où, à Barcelone, les exécutions se multiplient et où plusieurs prisonniers qui, depuis des mois, étaient l'objet de notre sollicitude ont payé de leur vie l'intransigeance de leurs amis nationalistes. La sévérité de certains jugements rendus récemment à Barcelone et tout spécialement l'exécution de plusieurs jeunes femmes ont scandalisé l'opinion publique et, je le crains, ont donné lieu à des représailles. Il m'a été affirmé que la mort de Carrasco y Formiguera, le séparatiste catalan bien connu et bien d'autres encore, en a été la conséquence directe. Aussi ai-je profité d'un entretien avec mon ami, Serrano Suñer, ministre de l'Intérieur, pour le rendre attentif au danger qu'il y aurait à laisser s'établir un régime de représailles suivies de contre-représailles, dont l'issue, étant donné la qualité des prisonniers nationalistes aux mains des gouvernementaux, ne pourrait être qu'au désavantage de son parti. [...] J'ai quitté Burgos avec la triste conviction que le douloureux conflit qui déchire l'Espagne s'envenime chaque jour davantage et que sa dernière phase sera plus sanguinaire encore que les précédentes.* »

D'Amman a une rencontre infructueuse avec Martínez Fuset et Felipe Polo : Burgos décide de ne plus communiquer de listes de prisonniers détenus du côté nationaliste[1], mais continuera d'envisager avec sympathie les propositions du CICR. Profitant de ces bonnes dispositions, le délégué retourne à San Pedro de Cardeña afin de distribuer, aussi bien aux étrangers qu'aux Espagnols, des cigarettes, 2.000 paquets de vingt cigarettes chacun. Chaque prisonnier en reçut. Une douzaine de Suisses, dans un état lamentable et misérable, manquant de tout — vêtements, chaussures et objets de première nécessité — attirent son attention. A chacun, il remet 20 Ptas, ce qui leur permet d'acheter un équipement neuf. Certains sont emprisonnés depuis un an. Pas de travail, pas d'argent, rien de leurs familles, ils sont en loques. Un de ceux-ci ne pouvait quitter sa paillasse, *car sa tenue, bien malgré lui, était jugée peu convenable.* Tout envoi de vêtement serait le bienvenu, car il est impossible d'en trouver pour les prisonniers. Comme c'était la seconde visite, à peu d'intervalle, certains avaient déjà reçu des messages de leurs familles par l'entremise du CICR. Ils marquèrent leur reconnaissance en remerciant à grands cris le délégué. Les trois camionneurs français, encore prisonniers, ont bon espoir d'être bientôt libérés.

Lui aussi, Hodgson, avait effectué une visite à San Pedro de Cardeña, dont il communiqua l'état pitoyable au président Chamberlain. Peu après sa visite, dans la perspective d'un échange avec des prisonniers italiens, 190 Britanniques sont transférés dans la province de Cáceres, à Plasencia.

Franco, maintenant sûr d'une victoire à sa portée, souhaite-t-il se dégager des alliés encombrants que sont les Allemands? Et obtenir du second, l'Italie, le retrait de ses volontaires? Mais bien davantage, il recherchait un accord avec l'Angleterre disposée pour des raisons économiques, et avec la France, dont le gouvernement avait passagèrement ouvert la frontière au matériel militaire provenant de l'URSS. Ces tentatives trouvaient un écho auprès du Saint-Siège, des représentants de l'Allemagne, y compris de cercles proches des franquistes à Paris. Dans la zone nationaliste aussi, le moral accuse une chute significative.

Sur le plan intérieur, Prieto démissionné ou démissionnant, Negrín remanie le gouvernement. Le 1er mai, il propose les *Trece Puntos* (les Treize Points) pour une paix des braves, rejetée immédiatement par Franco. Un document, profusément traduit et diffusé, énumérait un certain nombre de propositions. A son tour, dans un discours remarqué, le 18 juillet, Azaña soulignera *« que la guerre civile est épuisée [...] que l'ennemi d'un Espagnol est toujours un autre Espagnol »*. Réclamant le départ de tous les envahisseurs, il appelle *« tous les Espagnols à un destin commun »*, et lance la phrase fameuse par laquelle *« la Patrie donnait à tous ses fils paix, pitié et pardon »*, sous-entendant explicitement une paix négociée. Dix jours plus tard, le président Azaña, accompagné de Rivas Chérif, rencontre Leche[2], dans le musée local de Vich. Le choix d'un rendez-vous peu éloigné de sa résidence, et celle de l'ambassadeur (Caldetas), ne plaidait pas en faveur d'une confidentialité assurée...

Le 23 avril, l'offensive reprend, en direction de Castellón de la Plana, avec comme objectif l'encerclement de Madrid. On laisse la Catalogne de côté. Le continuel mauvais temps ralentit le rythme de progression, de même que les nombreux points fortifiés. Castellón, occupé vendredi 13 mai, l'avance se poursuit. Sagunto est la cible suivante. L'armée républicaine du Levant, réorganisée et réarmée, avait récupéré en partie. Elle est de nouveau désorganisée et dans une situation difficile.

Junod revient sur les bombardements de Barcelone. Il a des contacts amicaux avec les capitaines des destroyers britanniques; ceux-ci vont d'un port républicain à un port nationaliste. Ils disposent de nombreuses informations et sont les yeux et les oreilles de l'Amirauté et du gouvernement britanniques. Deux croiseurs et quatre destroyers patrouillaient entre Gandía, dont les installations portuaires étaient propriété britannique, et Barcelone. Cette présence permettait d'apporter une aide aux navires marchands anglais en difficulté. Que lui retrace le capitaine du croiseur *Devonshire* : *a)* Les Anglais auraient obtenu de Franco que l'aviation ne bombarderait que des objectifs militaires. Mais les franquistes ajoutaient que dans Barcelone se trouvaient plus de quatre-vingts objectifs militaires... ainsi que les bâtiments où siégeaient les ministères et les administrations de l'État! *b)* L'état-major de Palma de Mallorca n'aurait pas ordonné le bombardement, décidé par le chef de l'escadrille ou l'officier supérieur italien présent, ou bien encore Mussolini! *c)* Depuis deux mois n'auraient été bombardés que les objectifs militaires au cours de petits raids sur les ports, centrales électriques, etc.

Pour sa part, Hahn [rapport du 24.03.1938] décrit les bombardements subis par la capitale catalane. Tout d'abord l'importance des destructions : des blocs de maisons écroulés en totalité, des blessés et des morts par centaines sur le perron de la gare dans un enchevêtrement de poutres de fer, le ballet incessant des véhicules de Croix-Rouge, les salles de l'hôpital et les couloirs où sont couchés, à même le sol, *les blessés, sans couverture, sans pansement, râlant ou gémissant, qu'il faut enjamber*. Les objectifs n'étaient certainement pas militaires, dit le délégué. Mais « *de semer la panique, paralyser la vie de la cité, obliger la population à faire pression sur le gouvernement. La population de toutes les couches de la Société a fui la cité en grande partie. Les routes conduisant hors de la ville étaient sillonnées de gens portant des matelas et des couvertures pour dormir en plein air [...] certains de nos collaborateurs sont partis sous l'empire de la crainte...* » Et de terminer horrifié sur « *cette méthode de guerre cruelle, stupide puisqu'elle atteint des gens innocents pour la plupart et même des partisans...* » s'interrogeant sur ce que serait « *une attaque aérienne en masse par cinquante avions sur une seule ville* [suisse] *Les conséquences seraient catastrophiques. [...] Il est urgent de trouver une formule d'accord pour condamner ces attaques. Il y va de notre civilisation!* »

Hahn, le 31 mars, quitte la Catalogne, confiant la délégation à Marti. Il ne pourra pas nous donner son point de vue sur les dispositions que prend, au début d'avril, le gouvernement de Franco concernant la Catalogne [Annexe 31a]. Prémices d'une probable offensive, Burgos suspend la validité juridique du statut d'autonomie. Dans la perspective d'une victoire nationaliste, c'est l'enterrement annoncé de la Generalitat et de l'autonomie catalane qui, sur le plan politique, ne représente presque plus rien. Observation corroborée par la lettre confidentielle qu'écrit Luis Companys au président Juan Negrín, le 25 du mois, dans laquelle il élève une protestation véhémente concernant des faits qui ébranlent la confiance et le moral de l'arrière. Les abus perpétrés par les forces de police, par exemple les 19 cadavres retrouvés à Sitgès, les mains attachées, porteurs de papiers prouvant qu'ils avaient été extraits du *Villa Madrid*. Les juges des tribunaux d'urgence permanente *(guardia permanente)*, nommés par le gouvernement central en contravention des accords sur l'autonomie, se distinguent par la brièveté des procédures et leur dureté. Sur le terrain militaire, alors que l'ennemi a envahi la Catalogne, aucun officier ou commissaire catalan n'était représenté dans le conseil supérieur de la Guerre, et la Generalitat était tenue dans l'ignorance de la conduite des opérations. Le statut de la Catalogne persiste, mais Companys constate qu'il est peu ou prou foulé aux pieds par le gouvernement républicain au détriment des intérêts mêmes de l'Espagne et de la Catalogne.

Après accord pour l'utilisation des destroyers britanniques jusqu'à Valence [r. du 3 avril au 8 mai 1938], Junod requiert un sauf-conduit et le libre passage de lait condensé et de médicaments. Réponse négative au motif que le général Miaja n'a pas besoin de matériel sanitaire! Tout ceci enrobé d'une interdiction hypothétique du *cabotage maritime*. Enfin, Rafael Ureña, sous-secrétaire d'État aux Affaires étrangères, laisse entendre que le passeport diplomatique serait suffisant. A bord du destroyer *Glowworm*[3] et à l'arrivée, Junod ne subira aucun contrôle!

Arbenz, de Vizcaya et le consul Beck sont là, ainsi que Muñoz Carbonero, docteur, président d'une Croix-Rouge locale qui fonctionne parfaitement avec un afflux de 1.200 demandes de formulaires de messages par semaine, consécutif à l'évacuation sur Valence de la population de Teruel. Beaucoup d'arrestations ont été opérées; cela touche aussi les collaborateurs du CICR. Avec Vizcaya, mais sans Arbenz, Junod rencontre le suppléant du directeur général des prisons, Antonio Fernández Moreno. Comme d'autres fonctionnaires, il est inquiet et pense que son meilleur passeport lors de l'arrivée des nationalistes est d'assurer la sécurité des prisonniers. En conséquence, certaines prisons sont plus sûres les unes que les autres. Il serait souhaitable que lors du *dernier moment*, un navire étranger se trouve dans le port pour une intervention éventuelle! Junod en parle à Leche, qui transmet au Foreign Office ces indications. A Valence, les tribunaux spéciaux composés de quinze personnes, trois magistrats de carrière et douze représentants des partis politiques, fonctionnent à plein, et les condamnations à mort sont nombreuses.

La XVIe Conférence internationale

Dès avril 1938, le chantier de la Conférence internationale de Londres est sur les rails[1]. Un avant-projet de Convention est communiqué à un certain nombre de sociétés de la Croix-Rouge, dont l'Angleterre, puissance invitante.

Une première alerte émanait de la protestation du président Romeo Lozano sur l'interprétation donnée par l'Annuaire de 1937 qui notifiait l'existence de trois Croix-Rouges espagnoles : Madrid, Burgos et Bilbao. Pour lui, il n'en existait qu'une seule, celle de Madrid. Les comités désignés par le gouvernement basque et par la Junta de Burgos ne peuvent être considérés comme *officiels,* écrivait-il [Annexe 27a]. Le président

Huber répondit affirmativement, avançant cependant la nécessité objective de tenir compte des autres sections, officieuses sans doute, mais ayant une existence bien réelle.

Une année passe sans que cette question ait été abordée. Au printemps de 1938, la question est posée à Pourtalès [*r*. du 8.06.1938] : qu'exprime la CRN au sujet d'une invitation probable à la XVIe Conférence? Retournant les termes de l'équation, le comte de Torrellano, secrétaire général, sans répondre positivement à une hypothétique invitation, s'étonne de l'invitation lancée à la Croix-Rouge de Madrid (de Barcelone, disent-ils, rattachant la section au siège du gouvernement républicain), alors que la nationaliste en est exclue. La présence d'une seule Croix-Rouge lui semble inadmissible. Est-ce de la responsabilité de la Ligue des sociétés de lancer les invitations? demande-t-il. C'est donc à celle-ci qu'il formulera des reproches en sollicitant l'aide des sociétés italienne et allemande. Alarmé, Pourtalès, maintenant une *prudente réserve,* précise que ni la LSCR ni le CICR ne sauraient assumer une responsabilité dans l'organisation de la Conférence : cela ressort de la société nationale invitante, c'est-à-dire la britannique, ainsi que de la Commission permanente. Ayant préparé son dossier, le délégué remet au comte une copie du rapport de la CRR à la XVIe Conférence faisant ressortir *la modération et l'esprit conciliant de son contenu.* Peut-être l'Asamblea suprema pourrait-elle solliciter l'intermédiaire du Portugal qui est en termes excellents avec la Croix-Rouge britannique?

Respectant les instructions et l'approche conseillées par la CE, Hodgson est joint. Il ignore absolument tout de la XVIe Conférence qui va se dérouler dans son pays! Étonné que la Croix-Rouge nationaliste n'ait pas été conviée, il se promet de télégraphier à ce sujet au Foreign Office, sans mentionner la source de ses informations... le CICR ne voulant, à aucun moment, apparaître comme étant le promoteur de la négociation. Pourtalès rencontre Vallellano avec lequel il s'entretient sur le thème de la Conférence de Londres. Curieux, le président de la CRN découvre les mécanismes régissant les rencontres au plus haut niveau des Sociétés de la Croix-Rouge. Conciliant, il affirme ne vouloir faire aucune réclamation à la Croix-Rouge et s'en tenir à sa décision. Il ne faut pas chercher à imposer sa présence, il en va de notre dignité, dit-il. Néanmoins, si la CRN était invitée à la dernière heure, constate-t-il, il ne pourrait personnellement s'y rendre, car il devait se consacrer à des tâches beaucoup plus importantes en Espagne, en l'occurrence assister à la prestation de serment de jeunes officiers, parmi lesquels figure un de ses fils! Sans doute le comte de Torrellano y serait présent. Encore que Pourtalès estime que « *les projets du président, en fin de cause* [devront] *s'accorder avec les instructions qu'il recevra du ministre des Affaires étrangères »,* lorsque la convocation anglaise parviendra à Burgos.

Le 20 mai, au cours d'un voyage préparatoire à Londres, le secrétaire Clouzot emporte dans ses bagages une lettre personnelle de Huber pour être remise à Arthur Stanley, président du Comité exécutif de la Croix-Rouge de Grande-Bretagne. Quelques jours plus tard, la raison évidente étant toujours le problème de la représentation, le président anglais interroge : *doit-on inviter la Croix-Rouge de Burgos à Londres?*

S'ensuit une série de réunions, autour du Comité exécutif et de la Commission d'Espagne, où l'on examine le prérapport envoyé par le président Romeo. Une note rédigée par Chenevière tente de résoudre ce problème des invitations. Le fait de discuter de cette problématique prouve qu'inconsciemment le CICR avait déjà fait son choix : seraient invitées les deux sections, Burgos et Madrid. Au cours de la réunion préparatoire[2] à la Conférence de Londres, le dernier jour de mai, une dialectique subtile se dessine :

> Si on considère, en première ligne, le principe selon lequel une Croix-Rouge doit se rattacher à un gouvernement, le fait que le gouvernement de Barcelone est seul reconnu, seule la Croix-Rouge gouvernementale doit être invitée. Mais si on considère d'abord le point de vue pratique, l'état de fait (c'est-à-dire notre collaboration effective avec deux Croix-Rouges travaillant également) on peut faire abstraction du fait qu'un seul gouvernement est reconnu.
>
> L'un et l'autre des points de vue sont admissibles. Qui est-ce qui représente la Croix-Rouge espagnole? Est-ce une seule branche, ou l'une ou l'autre, ou les deux conjointement? [...]

Huber précise encore :

> Ou l'on se place sur le point de vue qu'une Croix-Rouge doit correspondre à un État signataire, donc de n'inviter que la Croix-Rouge correspondante à l'État invité.
>
> Ou bien sur le point de vue de l'activité pratique des deux CR agissant dans deux parties distinctes d'un État signataire, représenté en fait par deux gouvernements : donc inviter les deux Croix-Rouges.

La réponse faite à Arthur Stanley[3] tranche providentiellement le nœud gordien : c'est à la Croix-Rouge et au gouvernement du pays qui reçoit la Conférence qu'il appartient de se prononcer. La responsabilité est transférée sur les bords de la Tamise, quittant ceux du Léman.

Une exhaustive relation de cette XVIe Conférence devrait participer d'une étude particulière. Nous la rappellerons sommairement. Les deux Croix-Rouges furent invitées à assister à ce grand rassemblement qui eut lieu à Londres, du 20 au 24 juin, au Palais St. James. Toutes deux étaient informées de l'ordre du jour et du *modus operandi* de la Conférence. Le sort de la guerre civile en faveur des *rebelles,* en l'occurrence les nationalistes, déséquilibra les débats. Aucune des délégations présentes ne prit fait et cause pour le président Romeo lorsqu'il défendit la légitimité de sa délégation. Là aussi, sur le plan diplomatique, les jeux étaient faits.

Répondant aux propositions du CICR, la Croix-Rouge de Madrid avait envoyé un long rapport ne différant pas sensiblement de celui du CICR affirmant que le Comité avait non seulement le droit mais l'obligation d'offrir ses services. Quant à la Croix-Rouge nationaliste, pendant la Conférence, elle agira de concert avec les sections italienne, allemande, suisse, hollandaise et portugaise.

Sous la présidence d'Arthur Stanley, président du Comité exécutif de la Croix-Rouge britannique, étaient représentées cinquante-quatre Sociétés nationales. Pour la Croix-Rouge républicaine : le Dr Aurelio Romeo Lozano, président, Vincente Orche Martínez, Julián Fernández Alvarez. Et pour la Croix-Rouge nationaliste : marquise de Valdeiglesias, marquis del Moral et comtes de Torrellano et de La Granja.

Les sections présentèrent un compte rendu de leur activité. Celle de Madrid, une statistique de son activité sanitaire et de l'aide à la population civile et aux mutilés de guerre. Si elle n'a pas pu être complétée, elle donne une idée de l'effort considérable accompli par ce comité. Également des communications sur les points 3 et 5 de l'ordre du jour :

> 3. Collaboration des Sociétés nationales avec les pouvoirs publics de leurs pays respectifs : a) en vue de l'action en temps de guerre; b) en vue de l'action en temps de guerre civile;
> 5. Rôle et action de la Croix-Rouge en temps de guerre civile;

et une bibliographie sur les publications. Quant à la Croix-Rouge de Burgos, elle expose plusieurs rapports touchant principalement au matériel sanitaire reçu, évacuations, nouvelles des prisonniers, etc.

Alors que le président de LSCR, Norman Davis, fait une communication sur la nécessité de *modérer les bombardements aériens* dont souffrent surtout les populations civiles, le Dr Romeo Lozano (Madrid) enchaîne :

> J'ai entendu avec une émotion profonde les paroles de M. Norman Davis et je tiens à dire combien je suis d'accord avec la proposition qu'il a faite concernant le bombardement des villes ouvertes. Ces bombardements comportent pour les femmes et pour les enfants des souffrances terribles, et j'espère que cette Conférence se prononcera d'une manière catégorique contre les bombardements dont les résultats sont tellement atroces. [...]
>
> J'ai constaté la présence dans cette salle de délégués prétendant représenter la Croix-Rouge espagnole, mais qui n'ont pas été désignés à cet effet par le Comité central de la Société que j'ai l'honneur de présider. [...]

Le comte de la Granja (Espagne nationaliste) prend la parole :

> Je vous demande la permission de répondre à la question qui vient d'être posée. Depuis 1936, deux organisations de Croix-Rouge travaillent en Espagne, l'une avec son siège à Madrid, et l'autre à Burgos. Il n'appartient ni à la Ligue des Sociétés de la Croix-Rouge ni au Comité international de la Croix-Rouge de trancher la question de savoir quel est le gouvernement reconnu de l'Espagne. C'est là une question politique qui n'est pas de la compétence de la Croix-Rouge. La Croix-Rouge de Madrid ayant été invitée à participer à cette conférence, une invitation ne

pouvait être refusée à l'organisation dont le siège est à Burgos sans faire preuve de partialité. [...]
Pour clore le débat, l'Hon. Arthur Stanley (président) reprend :
Je suis sûr d'interpréter l'avis unanime de la Conférence en disant que sous aucun prétexte cette Conférence n'acceptera d'entrer dans une discussion politique.
Nous sommes ici pour traiter de questions concernant la Croix-Rouge. Nous connaissons tous l'existence de deux organisations de Croix-Rouge en Espagne, qui font l'une et l'autre un excellent travail. [...]
La délégation de Madrid fait parvenir la déclaration suivante (datée du 23 juin), jointe au compte rendu de la séance :
Au nom de la Croix-Rouge espagnole j'ai prié à la séance plénière de la Conférence internationale de m'expliquer les titres y autorisant la présence d'autres personnes qui, bien qu'appartenant à la Croix-Rouge espagnole, ne forment pas partie de sa délégation officielle.
L'aimable réponse de la Présidence n'a pas éclairci cette question.
J'ai pu constater qu'une autre délégation espagnole de la Croix-Rouge autre que celle que j'ai l'honneur de présider a été admise à la Conférence et y prend part aux délibérations, ce qui, d'après l'avis de notre délégation, constitue une infraction des dispositions du Règlement, vu qu'elle n'appartient pas à une Société nationale officiellement reconnue par le Comité international et qu'il en existe déjà une qui a été officiellement invitée et qui représente la Société nationale d'Espagne, jouissant de tous les droits statutaires. [...]
L'ordre du jour de la Conférence, dont les réunions de travail eurent lieu dans les locaux de la *British Medical Association House,* comprenait huit points qui allaient du rapport de la Commission permanente à l'organisation des secours spécialisés. Quatre points répondaient aux préoccupations des Sociétés locales qui étaient, de près ou de loin, concernées avec le conflit espagnol.
A la collaboration des Sociétés nationales avec les pouvoirs publics de leur pays respectif (en temps de paix ou en temps de guerre), le point 3. La conflagration mondiale qui suivra la guerre d'Espagne prouvera le bien-fondé d'une question qui n'était pas de pure forme. L'attitude des Croix-Rouges allemande et italienne en fera la démonstration. Les points 5, *5bis* et *5ter* nous touchent de plus près.
Le cinquième point comprenait un rapport rédigé par Walter Yung, docteur en droit, président du Tribunal de première instance à Genève, membre du CICR, présenté par le CICR : « *Le rôle et l'action de la Croix-Rouge en temps de guerre civile* », dont nous donnerons quelques extraits et qui fut envoyé aux Sociétés nationales, avant la Conférence et notamment aux *deux Croix-Rouges espagnoles.*
Considérant que la résolution XIV de 1921, que nous avons déjà mentionnée, avait explicité les problèmes et les situations nées dans des conflits autres qu'une guerre internationale, les trois grandes catégories étaient à nouveau traitées :

1. Les « *troubles d'importance plus ou moins minime, sporadiques, grèves ouvrières, états de révolution latente caractérisés par des actes terroristes ou révolutionnaires, échauffourées, etc.* »

Le CICR estimait que devoir intervenir dans ce cas, sans doute du côté des rebelles qui auraient besoin d'aide, revenait à la Croix-Rouge nationale, alors qu'évidemment les autorités considéreraient les rebelles comme relevant exclusivement du droit pénal interne.

2. Les « *troubles graves que le gouvernement disposant de la police ou de l'armée cherche à réprimer en luttant contre les groupes armés et organisés : guerre civile ou révolution au sens strict du mot, avec combats de rues, etc.* »

De même que, dans les cas précédents, les Sociétés nationales devaient intervenir, avec sans doute plus de difficultés. En conséquence, le CICR pouvait envisager d'offrir son aide « *pour l'assistance aux victimes des deux bords* ». Pour les prisonniers politiques, on devrait les assimiler aux règles et principes de la Convention de 1929 sur les prisonniers de guerre.

3. Une « *guerre civile mettant aux prises deux organismes politiques antagonistes (légitimes ou non) exerçant leur pouvoir sur une partie du territoire national et disposant chacun d'une armée.* » (Cas de l'Espagne)

Les deux parties étant séparées par une ligne de front, deux Croix-Rouges nationales étaient nécessaires. L'une d'elles, étant plus ou moins improvisée avec l'aide d'organisations locales ou étrangères, l'appui du CICR, probablement indispensable, doit être offert spontanément.

Tenant compte de ces trois situations, un projet était proposé à la Conférence. La première partie traitait des malades et des blessés. Elle stipulait que toute mesure de représailles à leur égard était absolument interdite. La deuxième des « *prisonniers de guerre et détenus politiques* », distinguait les personnes prises les armes à la main (prisonniers de guerre), des détenus politiques, pour lesquels le traitement devait être au moins identique aux précédents. Ce paragraphe stipulait là aussi que « *les représailles à leur égard sont interdites* ». Quant aux détenus politiques, alors que leur régime devait être au moins identique à celui des prisonniers de guerre, leur « *détention devait prendre fin aussitôt que possible* », par « *voies d'échanges entre les deux parties* ».

La population non combattante était traitée dans la troisième partie : la liberté de mouvement, y compris celle de quitter l'un ou l'autre territoire, était entière, sans représailles, ni prise d'otages. Il fallait respecter leur droit à recevoir des nouvelles et en envoyer.

Le lecteur se souviendra des diverses tentatives faites pour établir des zones de sécurité dans la banlieue nord de Bilbao (Las Arenas), à Santander, à Madrid (Barrio de Salamanca) puis de nouveau entre Bilbao et Santander. Il ne semble pas que ces exemples aient été beaucoup étudiés et le projet de résolution se contente de prier le CICR « *d'en signaler les heureux effets aux gouvernements intéressés...* ».

La protection des femmes et des enfants contre les souffrances de la guerre — et particulièrement des bombardements aériens — découle aussi de la création de refuges et davantage encore de l'interdiction de la prise d'otages. Là aussi, les recommandations sont de pure forme.

Ces prises de position se heurtaient à la conception de guerre totale qui était celle des deux camps, surtout des nationalistes. A la Conférence de 1938 participèrent deux Croix-Rouges antagonistes qui rendirent difficile l'adoption du projet primitif défendu par le CICR sur le rôle de la Croix-Rouge en cas de guerre civile.

La résolution XIV reprit une partie seulement de ces intentions, par exemple « *sur le traitement humain pour tous les détenus politiques* », le « *respect de la vie et de la liberté pour tous les non-combattants* » ou bien encore « *des mesures efficaces pour la protection des enfants* ». Thème bien plus général que ce que proposait le CICR mais plus satisfaisant que la résolution XIV de la Conférence de 1921, et rappelé dans la résolution IX[4] :

> Les cinquante-quatre Sociétés nationales de la Croix-Rouge [...] s'adressent au nom de l'Humanité aux autorités compétentes de tous les pays afin d'empêcher ou de restreindre les bombardements aériens de façon que soit sauvegardée la vie des femmes, enfants et vieillards sans défense. Les Sociétés adressent un appel à ces autorités pour que, dans tous les lieux où la vie des civils peut être mise en danger par des opérations militaires, il soit pourvu à l'évacuation des femmes et des enfants dans des zones de sécurité sous la protection de la Croix-Rouge.
>
> Les Sociétés nationales de la Croix-Rouge désirent exprimer leur fervent espoir que des mesures efficaces seront prises sans délai en vue d'aboutir à des accords sur ce point entre tous les gouvernements conformément à l'esprit chevaleresque et humain qui est celui de la Croix-Rouge.

Le CICR considérait que sa tâche principale résidait dans un secours direct aux victimes. Son rôle n'était pas de rechercher les responsabilités encourues par les protagonistes du conflit. Ses délégués ne pouvaient que constater les agissements des uns et des autres. Leur liberté de manœuvre et la pertinence de leur mission dépendaient de la tolérance que l'un ou l'autre belligérant voulait bien leur accorder. Afin d'apprécier les risques encourus par la population, la Commission incita les délégués à enquêter sur les résultats de ces bombardements, de *visu* (difficilement), en utilisant les sources officielles ou, plus couramment, la presse. Dans ce dernier cas, le délégué retransmettait presque toujours une vision partiale.

Pour la quatrième partie touchant à l'intervention de la Croix-Rouge, en général, lorsqu'elle ne pouvait agir, et à celle du CICR, en particulier, qui en découlait, il était précisé que, sur demande ou de sa propre initiative, il offrirait les services de ses délégués, l'intervention avec le concours d'autres Sociétés étrangères devant recueillir l'assentiment des parties concernées, sur *toute l'étendue du territoire où sévira la guerre civile*. Enfin, cette intervention ne pourrait être considérée *comme un geste de reconnaissance d'un état de guerre ou de belligérance*. La présence des deux Croix-Rouges nationales rendait difficile l'adoption d'un texte aussi précis et après un long débat où s'affrontèrent la thèse du renvoi à une autre Conférence ou bien un amendement dans un sens plus général, ce fut le compromis qui l'emporta. La résolution (XIV), adoptée à l'unanimité, se distinguait de la résolution XIV de 1921 par le fait qu'elle donnait un mandat plus explicite au CICR, dont l'action, encouragée, tendrait davantage vers *un traitement humain pour tous les détenus politiques*. En voici la teneur[5] :

La XVIe Conférence internationale de la Croix-Rouge,

ayant pris connaissance avec un vif intérêt du rapport du Comité international de la Croix-Rouge touchant le rôle et l'action de la Croix-Rouge en temps de guerre civile,

rappelant la résolution relative à la guerre civile adoptée par la Xe Conférence en 1921,

rend hommage à l'œuvre spontanément entreprise par le Comité international de la Croix-Rouge dans les conflits présentant le caractère de guerre civile, et lui fait entièrement confiance pour poursuivre son action avec le concours des Sociétés nationales, dans le but d'obtenir en pareil cas le respect des grands principes qui inspirent la Croix-Rouge,

invite le Comité international et les Sociétés nationales de la Croix-Rouge à diriger leurs efforts communs en vue d'obtenir :

a) l'application des principes humanitaires qui ont trouvé leur expression dans les deux Conventions de Genève de 1929 et laX[e] Convention de La Haye de 1907, spécialement en ce qui concerne le traitement des blessés, des malades et des prisonniers de guerre, ainsi que l'immunité du personnel et du matériel sanitaires;

b) un traitement humain pour tous les détenus politiques, leur échange et, dans toute la mesure du possible, leur libération;

c) le respect de la vie et de la liberté des non-combattants;

d) des facilités pour la transmission des renseignements de caractère personnel et pour le regroupement des familles;

e) des mesures efficaces pour la protection des enfants;

demande au Comité international de continuer, en s'inspirant de ses expériences pratiques, l'étude générale des problèmes soulevés par la guerre civile dans le domaine de la Croix-Rouge et de soumettre les résultats de son examen à la prochaine Conférence internationale de la Croix-Rouge.

Pour le CICR, l'action internationale depuis la Grande Guerre, la plus importante, fut l'aide aux victimes de la guerre civile d'Espagne. Cependant, en dépit de l'appel et des circulaires envoyées, trente-six Sociétés seulement sur soixante contribuèrent par des dons en argent et en matériel, exclusivement pendant la première année de la guerre. Ces contributions ne représentaient que 30 % des moyens mis à la disposition du CICR, quatre d'entre elles fournissant à elles seules 80 % des subventions en argent des Sociétés nationales.

Postérieurement à la proposition faite par le baron Stjernstedt, pour la Suède, suggérant que la prochaine Conférence internationale se tienne à Stockholm, en 1942, la Croix-Rouge de Burgos fait parvenir la lettre suivante au président de la Conférence :

> A la séance inaugurale de la Conférence, la délégation de la Suède a prié les membres des autres délégations d'accepter l'hospitalité de la Croix-Rouge suédoise pour que la XVIIe Conférence internationale de Croix-Rouge se tienne à Stockholm, malgré que la question du lieu et date de la prochaine Conférence est marquée à l'ordre du jour avec le n° 11.
> Je n'ai aucune objection à y opposer et si cette question est votée, je le ferai pour l'acceptation de la proposition suédoise, mais je prie V.E. de bien vouloir communiquer aux membres de la XVIe Conférence le désir exprimé dans le document ci-joint par la Croix-Rouge nationale espagnole de ce que la prochaine Conférence ait lieu à Madrid.
>   Comte de TORRELLANO.
> Lieu et date de la XVIIe Conférence internationale de la Croix-Rouge.
> Par accord de la XVe Conférence internationale de la Croix-Rouge, célébrée à Tokyo en 1934, la XVIe Conférence qui se célèbre actuellement à Londres aurait dû avoir lieu à Madrid. C'est en considération de ce fait que, au nom de la Croix-Rouge nationale espagnole, j'ai l'honneur de demander à MM. les Délégués ci-présents d'accepter l'hospitalité de notre Croix-Rouge pour la célébration de la XVIIe Conférence à Madrid, en 1942.   Comte de VALLELLANO.

Dans les couloirs de la Conférence, Torrellano suggère à Max Huber une entrevue avec les délégués de Madrid au sujet de l'échange de prisonniers et de l'évacuation des *asilés*. Autour d'une tasse de café, le président Huber propose, à Romeo Lozano la rencontre, stipulant que le CI organiserait l'entrevue à condition de disposer d'un accord écrit. Après une protestation de pure forme, Romeo semble d'accord; il posera la question à son gouvernement. Mais, le 24, un télégramme du ministre Irujo informe que 39 prisonniers condamnés ont été exécutés par les franquistes. Toute rencontre devient alors inutile, et Huber, à son grand regret, apprend à Torrellano que la délégation de la Croix-Rouge de Madrid a quitté son hôtel.

Séquelle de l'épisode se déroulant dans les coulisses de la conférence, d'Amman reçoit à Burgos la visite de Julián Fernández Alvarez qui a rejoint le camp nationaliste. Membre de la délégation républicaine, on peut s'interroger sur les raisons qui autorisèrent sa présence dans la délégation. Après avoir remercié *a posteriori* les membres du CICR rencontrés à Londres, il prie la Commission d'Espagne de recommander au docteur *(sic)* Arbenz de prendre soin du rejeton qu'il a laissé en zone républicaine. Message difficile à transmettre, constate d'Amman.

Chapitre XII
Difficultés des délégués

Elles continuent pour le passage du matériel sanitaire (instruments de chirurgie), des produits alimentaires, des vêtements, etc. L'extension de libre entrée est souhaitée pour les derniers articles. Un miniconflit surgit entre Vallellano, qui répète que les envois doivent être adressés à la CRN, et Pourtalès, qui ne peut l'admettre. Froissé, le comte remet une liste urgente de matériel sanitaire pour la Croix-Rouge. Depuis qu'il ne s'occupe plus des prisonniers, mais uniquement de la Croix-Rouge, il est plus à cheval que jamais sur ses prérogatives. De surcroît, il se plaint des lenteurs et du mauvais fonctionnement du service des nouvelles des prisonniers de guerre du côté gouvernemental. A part la liste, fournie par le CICR, du personnel de la Croix-Rouge de Teruel, aucune demande n'a été agréée. Des centaines ou même des milliers de demandes ont été faites concernant les prisonniers de Brunete, Belchite, Teruel. Pas une seule réponse n'est parvenue aux demandeurs. Pourtant, du côté gouvernemental, on a notifié que les délégations de Barcelone et de Madrid avaient obtenu des listes d'une dizaine de milliers de prisonniers de guerre. Que sont devenues ces listes? Ont-elles été communiquées à Burgos? En réponse, Pourtalès attire son attention en précisant que la situation avait été la même pendant deux ans du côté nationaliste, et que c'est par l'entremise du colonel Martín Pinillos et l'inspection des camps de prisonniers que l'on avait obtenu quelques renseignements sur les prisonniers gouvernementaux en territoire nationaliste.

On fait le point des problèmes financiers et ils sont nombreux [r. du 9.08.1938]. Robert Hodgson, rentré la veille de Londres, est surpris que le CICR n'ait pas perçu de contribution financière de son gouvernement. Une décision favorable avait été prise. La participation de la Croix-Rouge nationale aux frais de la délégation de San Sebastián est considérée comme une contribution à l'œuvre de la Commission d'Espagne. Pourtalès émet des réserves quant à son contrôle et fait observer que le CICR envisage cette contribution comme un don mensuel.

Les pourparlers d'échanges sont au point mort. Une commission présidée par le maréchal Philip Chetwode en est chargée. Au camp de Plasencia, administré par les Italiens qui s'occupent du ravitaillement, de l'entretien des prisonniers et en assurent la garde, il y a 190 Britanniques destinés à être échangés contre un nombre identique de prisonniers italiens. A été transféré à la prison de Burgos le capitaine Franck Ryan; officier irlandais de l'IRA (depuis 1918), volontaire dans les Brigades internationales. Capitaine dans le bataillon britannique, fait prisonnier à Calaceite, dans les environs de Gandesa, il est condamné à mort à

Zaragoza[1]. Eamon de Valera intervint personnellement auprès de Franco pour obtenir la grâce du prisonnier. Sa condamnation à mort fut commuée en 30 années de détention. Maintenu au secret, il écrivit à plusieurs reprises au Comité international.

Martínez Fuset absent, Pourtalès rencontre le commandant Felipe Polo. Il a la confirmation, que les nationalistes désirent poursuivre les pourparlers. La proposition d'échange de Barcelone concernant 287 prisonniers est confiée à Polo, qui la transmet au quartier général [r. du 31.08.1938]. Le beau-frère de Franco est impressionné par l'offre des 56 officiers restant de la liste des 270 qui intéressent Franco. Les autres personnes étant choisies parmi les *asilés,* Polo craint que le généralissime n'admette pas leur échange contre des prisonniers condamnés à mort et maintienne son opinion que les personnes ayant trouvé asile dans les ambassades ne peuvent être assimilées à des prisonniers. Si tel est le cas, le CICR remettra la proposition à la commission arbitrale de Toulouse, se déchargeant de l'affaire. Hodgson exprime le souhait que la coopération entre les représentants britanniques et les organes du Comité soit plus *intime,* à la suite de la création de la commission de Toulouse. Quant à Philip Chetwode, il compte sur l'active collaboration du Comité.

Le colonel Mosley, agent de liaison entre Burgos et Toulouse, a préparé un avant-projet sur des échanges par groupes de 1.000, désignés en bloc pour certaines catégories, simples soldats et prisonniers *gubernativos,* anonymes. Peu d'entre eux consentiraient à retourner en territoire gouvernemental, il propose de les installer dans des camps, à Minorque, sous la surveillance et à la charge du CICR. On trouverait en Angleterre les fonds nécessaires. Au cours de ces jours d'été, par l'entremise de la Commission Chetwode, un échange de 300 prisonniers de chaque camp est mené à bien, comprenant 99 détenus des prisons des Canaries.

La *Jefatura del Aire* nationaliste sollicite l'intervention de la délégation de Barcelone pour fournir des fortifiants et des médicaments à une trentaine d'aviateurs emprisonnés dans diverses prisons. Ce traitement serait le pendant de celui que reçoivent les aviateurs gouvernementaux en zone nationale « *très bien traités et ne manquant de rien,* [alors] *que l'ennemi ne se soucie pas ou n'est pas en mesure de rendre la pareille* ».

Obstinément, Pourtalès poursuit son enquête sur la situation des équipages des navires russes *Konsomol* et *Smidovitch.* Courvoisier les avait rencontrés en octobre 1937. Les Russes étaient internés à Tolosa, où se trouvaient, séparés, Polonais, Espagnols et Russes. Le capitaine du *Smidovitch,* Vasili Glotov, s'entretint librement avec le délégué. Les marins étaient aidés par le consul norvégien de Pasajes et ne manquaient de rien. Un second groupe était à Puerto de Santa María (Cádiz). Cette question concernait Junod. Déjà, au mois d'août 1937, il avait reçu la visite de Mlle Dicker, porte-parole d'un Comité de familles de marins russes du *Komsomol* : « *Elle aurait souhaité savoir si ces marins étaient traités comme prisonniers de guerre. Elle a été indignée d'apprendre que c'était bien le cas. Elle a promis de fournir les listes des noms de ces prisonniers dressées par leurs familles.* » [Compte rendu du 30.08.1937.] Interrogé, le colonel Fuset répond qu'il ignore toujours leur sort. « *N'ayons aucune crainte à leur sujet* », ajoute, fataliste, Pourtalès. Revenant à charge, quelques jours plus tard : pas de renseignements, les otages restent introuvables, les recherches se poursuivent. Épisode confus, les renseignements qu'en donnent les protagonistes sont contradictoires. Pour Courvoisier, le sort des Russes détenus à Tolosa est excellent, logés dans des cellules par groupes de trois, ils sont bien *habillés et bien chaussés*. Au contraire, pour Giral, logés de manière immonde, ils souffrent de privations et de mauvais traitements. Par la suite, José Giral nous apprend que huit marins (le 23 juillet) et huit autres (le 19 août) ont été échangés contre des civils allemands internés en zone républicaine. Resteraient le capitaine du *Smidovitch* et quatre derniers marins[2].

L'Inspectorat des camps de prisonniers est consulté. Quels sont, parmi les prisonniers de nationalité américaine, ceux ayant fait partie (réellement) de la brigade Abraham-Lincoln? Tous, semble-t-il, voudraient en être pour percevoir les subsides envoyées par cette association. Les Américains, encore au nombre de 87, 14 en seront échangés incessamment. Le sort des étrangers prisonniers en zone nationaliste fut dramatique, les pages précédentes en ont déjà donné une noire description. Parmi les Américains du Nord, 287 furent faits prisonniers, dont 187 tués ou fusillés. Leopold Berman raconte qu'ils « *étaient constamment soumis à des tracasseries. Ils devaient crier des slogans fascistes [...] la nourriture était exécrable et d'épouvantables conditions sanitaires.* »[3] Aux brigadistes américains, à San Pedro de Cardeña, d'Amman fait parvenir, par l'inspectorat, 4.708 Ptas (contre-valeur de 440 $), soit 54,10 Ptas par homme. Mais, avoue-t-il, « *je nourris quelque crainte quant à la remise de tout cet argent et de tout ce matériel (des vêtements et des couvertures), car la tentation sera grande de faire profiter des Espagnols plutôt que des étrangers* ». Heureusement, le reçu collectif des 73 Américains de San Pedro et des 14 transférés à Ondarreta (San Sebastián) est transmis à Genève. L'échange eut lieu en octobre contre des Italiens; il avait été préparé par l'ambassadeur américain[4] avec le marquis de Rialp. Le CICR assura les formalités et le passage de la frontière à Irún. Des vêtements et du linge leur ont été remis, ainsi que lettres et argent. Livres et magazines, tolérés en nombre limité, doivent être adressés par l'entremise de l'inspectorat qui se charge de la censure. Étourdiment interrogée, l'ambassade d'Allemagne, à San Sebastián, répond négativement au sujet d'une aide à apporter aux brigadistes allemands internés.

Lorsque Pourtalès veut retourner au camp de San Pedro, il s'en voit refuser l'accès par le commandant, une ancienne connaissance. Un ordre du quartier général interdit l'entrée de tous les camps. Bien que cette nouvelle mesure — par extension — soit préjudiciable au travail du CICR du côté gouvernemental et que les Conventions de la Croix-Rouge imposent de laisser un libre accès aux prisonniers de guerre, le généralissime a décidé de ne plus admettre de visite ou d'inspection des camps ou des prisons. Le décret est destiné aux journalistes ou autres personnalités, lui dit-on. Il ne viserait pas les délégués du CICR, mais ne prend-il pas souvent ses désirs pour des réalités? Les camps avaient été librement ouverts aux attachés militaires et aux représentants de la presse qui émirent des critiques sévères concernant le traitement des prisonniers et l'aménagement des camps. Avant son départ à Nuremberg, le général Espinosa de los Monteros, sous-secrétaire aux Affaires étrangères, où il représentera Franco au Rassemblement national-socialiste, promet d'intervenir auprès du généralissime.

La médiation d'Amman en faveur de ses compatriotes est d'autant plus méritoire que, pour la première fois, le délégué s'exprime sur les volontaires suisses des Brigades internationales. Ils sont une douzaine détenus à San Pedro de Cardeña. Considérés comme *déserteurs* par l'armée suisse, un certain nombre fut incarcéré pour des durées plus ou moins longues, dès leur retour. A-t-on fait subir le même sort aux Suisses volontaires dans les forces nationalistes? L'inspecteur des camps communique, le 14 juillet 1938, la liste des Suisses internés[5]. Une démarche est tentée auprès du nouvel ambassadeur *officieux* du gouvernement suisse, Eugène Broye.

Au mois d'août, Pourtalès [lettres à Broye des 1er et 11.09.1938], après accord, interroge le commandant Polo, peut-on envisager la libération (ou l'expulsion) des prisonniers suisses? Mitigée, la réponse avance que, parmi les prisonniers étrangers libérés sur parole, certains, retournés dans les rangs républicains, furent de nouveau faits prisonniers! Leur libération se négociera par voie d'échange. Néanmoins, conscient qu'une image négative se développe dans l'opinion internationale autour du thème du traitement des prisonniers, le *Departamento Nacional de Cinematografía* (Service national cinématographique) tourne un documentaire. D'Amman estime qu'il n'est nullement *truqué;* il reproduit fidèlement des scènes dont il a été le témoin. Par exemple [r. du 31.07.1938], les prêtres basques emprisonnés à Nanclares de la Oca (Alava). Au nombre de 62 et condamnés à diverses peines, beaucoup à 30 ans, les uns appartiennent au clergé régulier, les autres (la majorité) au séculier. Autorisés à porter le vêtement ecclésiastique, ils disent la messe dans une grande salle où sont dressés une dizaine d'autels. Dans une vaste aile, ils occupent des chambres individuelles avec réfectoire et salle de lecture, permission de se promener dans le parc. Surveillance discrète exercée par un officier que d'Amman a bien connu et deux gardes civils. Le délégué n'a pu s'entretenir avec les prêtres, ils étaient en retraite spirituelle.

Quelques informations sur l'évasion collective de San Cristóbal, épisode qui aurait permis de découvrir un *vaste complot d'évasion,* très habile, devant embraser toute la zone nationaliste! L'entreprise aurait raté par la précipitation des comploteurs, à l'intérieur de San Cristóbal; une grande partie a été rattrapée et serait déjà jugée. En conséquence, on réorganise l'administration, la garde des camps et, simultanément, éloignement des prisonniers; en un mot, on transfère dans le Sud une partie des prisonniers basques et asturiens. Dans ces conditions, les visites sont suspendues. Elles seront rétablies dès que la situation sera redevenue normale. Le responsable du Service national de prisonniers au ministère de la Justice, Maximo Cuervo, dans un courrier [30.06.1938 à Vitoria], *discrimine*, à l'intention d'Amman, le traitement que reçoivent les délégués pour les visites dans les différentes prisons. Celles qui abritent des militaires dépendent de l'Inspection des prisonniers de guerre. Quant à celles qui sont à proprement parler des établissements de condamnés (par les tribunaux) « *comme vous avez pu observer dans le temps où vous avez accompli votre mission en Espagne, le traitement juste et humanitaire que nous accordons aux prisonniers, je suppose que vous aurez déjà formé un jugement exact sur le zèle et l'intérêt que nous mettons à bien accomplir le service qui nous est confié, et je crois que vous devez avoir suffisamment de renseignements pour former un jugement définitif et considérer comme terminées vos démarches concernant nos prisons.* »

Les exécutions se poursuivent *à cadence régulière*. Pour s'assurer que les choses se passent dans les formes prévues par le Code pénal militaire, d'Amman souhaiterait assister à une exécution! Vallellano, « *révélant de ma part des instincts sanguinaires insoupçonnés; [...] pareille demande n'aurait aucune chance d'être favorablement accueillie et il n'a pas caché sa répugnance à transmettre une requête aussi macabre* » [r. du 1er au 15.8.1938]. Précisions, elles aussi, sinistres : le 21 août sont fusillées 17 personnes à Bilbao, dont Irujo souhaite obtenir l'identité. Le 17 septembre, à la prison de Larrinaga, 6 prisonniers sont exécutés et 3 autres à celle de Burgos.

Les visites partielles des prisons continuent. Il se présente à Larrinaga et Escolapios, à Bilbao, qui avaient fait l'objet de plaintes du gouvernement d'Euzkadi en exil; visite rapide et circonscrite à quelques détenus. Seule indication, à Larrinaga il y a 1.816 prisonniers et à Los Escolapios, 4.836. Les plus *suspects,* un quart, ont été transférés dans le Sud. Compte tenu des conditions très dures, cette évacuation a déclenché, au plan international, une protestation indignée. Interrogé, le sous-directeur des prisons répond que ce fut « *une entreprise formidable, dont les difficultés de réalisation dépassèrent toutes les prévisions. Quant aux conditions des prisonniers durant le transfert, elles ne furent évidemment pas très confortables mais le personnel accompagnant eut à les supporter comme les détenus. On utilisa des trains spéciaux et les trains ordinaires, selon la longueur du trajet. Nourriture froide emportée au départ.* » Et d'Amman de commenter [r. du 20 août au 30.9.1938] : « *Ces conditions sont celles des transports de troupes. En effet, je connais des soldats qui voyagèrent ainsi quatre jours et quatre nuits : ils trouvèrent cela dur, mais* regular, *n'imaginant pas que les choses puissent se passer autrement, tant est grande l'endurance de l'Ibère.* »

Officiellement, le délégué est informé que la Direction générale des prisons s'est résolue à constituer un *Registrado de penados y rebeldes* (fichier des condamnés et rebelles). Il facilitera, à n'en pas douter, les recherches[6]. Sans doute froissé par les recherches tous azimuts d'Amman, Vallellano lui adresse, le 13 octobre, une lettre au vitriol.

Le délégué propose à la Commission de ne plus s'adresser au comte en même temps qu'à une autre administration. « *Le Jefe Supremo s'est fâché de ce que nous nous soyons adressés directement au ministère des Affaires étrangères...* » Avec quelque brutalité, le délégué constate avoir suffisamment « *expérimenté l'inactivité durant mon séjour à Burgos de V. [Vallellano] et de ses acolytes* »!

A une enquête requise par le gouvernement d'Euzkadi sur le transfert des prisonniers, relayée par la CE, à moins que ce ne soit par Berne. d'Amman admet : « *Quant à entasser les hommes dans des fourgons comme du bétail, c'est le mode de transport des troupes : j'ai vu souvent, de mes yeux vu, des trains militaires dont le spectacle m'a effaré. Malgré toute leur discipline, nos troupes suisses se mutineraient si on voulait les obliger à voyager dans de pareilles conditions, dont je vous épargne les détails. Il est dès lors difficile de protester en faveur des prisonniers. C'est pourquoi les plaintes du gouvernement basque, aussi bien renseigné que moi, me paraissent tendancieuses.* » [R. du 15.10.1938.]

Cet *a priori* s'accompagne d'autocensure, la lettre de demande d'explications auprès du service des prisonniers reste sous le coude. Pour autant, il obtient des précisions au sujet des dernières peines capitales : une femme a été exécutée pour avoir participé à des assassinats et des vols, ainsi que deux habitants de Valmaseda, et que le nombre de 19 n'était pas exact, mais bien inférieur. Les renseignements sont donnés à titre confidentiel dans l'espoir que le CICR (textuellement) : « *...sabrá desvirtuar la exageración que en estos asuntos pone la fantasia o la mala intención de algunos informadores* »[7] Est-ce malicieusement? D'Amman ajoute qu'il reçut du même *auditor* trois fiches-réponses de prisonniers relatant que, le 23 octobre, ils allaient bien, alors qu'à leur sujet l'auditeur avait ajouté *exécuté le 24 octobre*, c'est-à-dire le lendemain!

Pour la première fois, on prévoit l'institution d'un service chargé de collecter et d'expédier des vivres à la population dans l'autre zone. A cet effet, l'*Oficina nacional de ayuda* (ONA, Bureau national d'aide) est créée pour faire parvenir des paquets *standard* en zone républicaine. Comme le lecteur l'aura compris, ce service est hors du champ de fonctionnement du CICR. Mais, pour ne pas attendre *la semaine des quatre jeudis,* comme dit d'Amman, il s'enquiert auprès de la Granja de son fonctionnement. Alors qu'aucune publicité n'a été faite dans la presse, ce service est déjà débordé. Les paquets confectionnés sont expédiés par les agents du SIPM en France, selon un acheminement secret. L'expéditeur signe un formulaire assurant que le destinataire n'est pas *rouge!* Le compte rendu se termine par : « *Sin otras novedades dignas de mención* », prouvant abondamment ses progrès en castillan.

De Marseille, Junod prépare son voyage en zone centre-sud [*r*. du 20.07.1938]. Arrivé le 19 juin, il se rend au consulat anglais, le croiseur britannique *Penelope*[8] sera à quai, mardi; il pourra charger 8 tonnes de vivres pour le Grao de Gandía (au sud de Valence) et Madrid. Jeudi, chargement par les marins anglais, départ vendredi et par une mer tranquille, à petite vitesse on arrive samedi à Gandía.

Attendent Beck et Vizcaya accompagnés de Mme Ristori et ses deux enfants, contrepartie de l'échange de Mme Rufilanchas (fille de Luis Rufilanchas Salcedo, député PSOE de Madrid) et ses deux enfants. Ils partiront à Marseille. Quant aux vivres, transférés sur un camion des *carabineros* (carabiniers), ils sont mis à la disposition du CICR.

Muñoz Carbonero est déprimé, sept de ses collaborateurs ont été arrêtés, d'autres sont partis et se cachent. La rumeur prétend « *qu'il suffirait d'être dans la Croix-Rouge internationale pour être arrêté* ». Ce n'est pas faux, comme le constate Junod, plusieurs des collaborateurs appartiennent à des familles de droite suspectes, et la moindre petite critique de leur part suffit à les conduire au commissariat, souvent, pour des périodes fort longues, sans aucune explication, nécessitant l'intervention du délégué. Pour couper court à cette dérive, Junod par lettre, précise que le CICR ne peut intervenir que lorsque le motif de la détention est lié à une affaire Croix-Rouge exclusivement. Enfin, la presse locale diffuse un communiqué sur les conditions dans lesquelles sont recueillies les fiches individuelles de nouvelles et non collectives. Une certaine concurrence provient d'associations telles que le Secours rouge international (SRI), le Secours international antifasciste (SIA) ou les Femmes libres, qui sont de véritables officines parallèles.

Dernier écueil, l'amalgame entre le *Socorro blanco* (Secours blanc, organisme clandestin des franquistes chargé d'aider leurs sympathisants) et la Croix-Rouge. La position impartiale du CICR dans les deux zones permet de répondre, plus ou moins facilement, à cette accusation. Muñoz Carbonero s'est intéressé au sort des membres de la Croix-Rouge de Teruel, toujours détenus, en particulier Mme Toran, présidente, et ses trois filles, infirmières. Junod a rencontré les sœurs Iñigo et d'autres infirmières auxquelles il remet de l'argent pour acheter des vêtements qui leur font défaut. En résumé, la situation de la sous-délégation de la Croix-Rouge à Valence est relativement satisfaisante et le service des nouvelles va en augmentant. La ville est surpeuplée. L'évacuation serait pratiquement impossible et on craint des scènes de violence.

En effet, le rumeur court que, lors de l'arrivée des nationalistes à Castellón, des sympathisants s'empressèrent de tracer sur les murs de leurs maisons « *Viva Franco! Arriba España!* ». Revenues sur les lieux, les troupes gouvernementales auraient fusillé plusieurs centaines de ces sympathisants contre les murs du bâtiment de l'Assistance sociale[9].

A Valence, les délégués du CICR ont de nouveau la tentation de résoudre le sort des prisonniers et des otages en les mettant à l'abri des représailles. Junod, après une visite auprès du doyen du corps consulaire, est séduit par une négociation dont l'objet serait d'assurer l'ordre lors des derniers jours de la ville, moyennant la garantie de l'évacuation de plusieurs centaines de dirigeants du Front populaire, tous condamnés à mort par les nationalistes. Il prend contact avec José Sánchez Requena, secrétaire régional du Parti syndicaliste. Par un décret paru dans le *Diario Oficial del Consejo de la Defensa,* il avait été nommé sous-secrétaire à la Présidence. Il serait d'accord à condition « *qu'un bateau de guerre anglais ou français soit à proximité immédiate du port et que les autorités navales britanniques accordent la permission aux dirigeants du Front populaire de s'y embarquer en cas de danger.* » La validité du projet apparaît douteuse. Ce que constatèrent Eirik Labonne, ambassadeur de France, et John Leche, ministre plénipotentiaire d'Angleterre.

Des prisonniers allemands font partie d'un échange probable. On ne comprend pas très bien le décompte du rapport, ni leur origine. Sont-ils militaires ou bien civils arrêtés sur place. Un, parmi ceux-ci, ne veut pas figurer dans l'échange, car antifasciste et juif. Quant aux autres, ils seraient conduits à Marseille sur un bateau de guerre anglais. Les 7.000 à 8.000 prisonniers (*gubernativos* et militaires) dans la région de Valence ont été embrigadés dans trente bataillons de travailleurs, disséminés sur le front de Sagunto, pour travailler à des ouvrages fortifiés. Les femmes, emprisonnées à Alacuas, ont été transférées à Cehegin (province de Murcia) à l'exception des *gubernativas*.

Le front est calme à Madrid. Depuis deux mois, aucun obus n'est tombé sur la ville. La délivrance des passeports est tributaire d'une autorisation de Valence, puis de Barcelone. Les *asilés* reçoivent leur courrier à partir des sacs diplomatiques que Junod confie au ministre suisse Egger. Le service des nouvelles prend de l'ampleur.

Junod retourne à Barcelone à bord du *Hareward*[10]. Marti, de son côté, est à Perpignan, où il a conduit quatre aviateurs allemands échangés contre quatre aviateurs russes. Si le front est tranquille, les bombardements du port et autres objectifs sont quotidiens. « *Il est rare que nous passions une nuit sans alarme.* »

Il tire des conclusions sur l'activité du CICR. Les délégations de Madrid et de Barcelone emploient, chacune 72 collaborateurs, dont beaucoup sont là depuis le premier jour. Les frais qui incombent à la Commission sont ceux des traitements et des assurances des délégués ainsi que du ravitaillement de leurs collaborateurs. Si, pour des motifs économiques, on supprimait une délégation de chaque côté, un coup très fort serait porté à l'activité du CICR. « *Il faut à tout prix maintenir l'état de choses, ou se décider à faire un grand sacrifice* », conclut Junod. Le

conflit n'est pas près de se terminer; il faut prévoir une campagne d'hiver en se donnant les moyens matériels de la mener à bien.
Le décret n° 281 du 28 mai 1937 de Salamanque reconnaissait le droit au travail de tous les prisonniers. Pour ce qui concerne les prisonniers de guerre, ils étaient envoyés dans des bataillons de travailleurs *(Batallones de trabajadores)* ou dans des ateliers du Service de récupération de l'armée. En revanche, les prisonniers *gubernativos* (politiques) en étaient exclus. Un décret *(Orden)* du lundi 24 octobre[11] adressé au chef du Service national des prisons prévoit la création d'un *Patronato Central* (Patronage central) adjoint audit service, chargé de l'organisation et du contrôle du travail.

L'autorisation de visite des camps et des prisons est toujours subordonnée, à on ne sait quelle abstraite autorité, toute-puissante, auprès de laquelle aussi bien le président de la CRN que d'autres personnalités interviendraient incessamment. De même, lorsque d'Amman rencontre le comte de Rodezno, ministre de la Justice, ce dernier ne semble pas être au fait de la nécessité pour les nationalistes, de respecter au minimum les Conventions de Genève. Il est vrai sans doute que, pour eux, n'existaient pas de prisonniers de guerre, mais des prisonniers tout court.

Depuis le Grand Hôtel, quai Sadi-Carnot, à Perpignan, Junod [r. du 4.09.1938] complète les indications données par téléphone de sa rencontre avec la Commission britannique d'échanges, à Toulouse. Étaient présents Philip Chetwode, le colonel Haig et M. Dick; pour le CICR, Pourtalès et Junod. Huit longs mois ont passé depuis que le gouvernement de Londres a fait ses propositions. Peu avant son départ, en novembre, Pourtalès [lettre à la CE du 5.11.1938] a un bref entretien avec le colonel Mosley, qui l'informe que la commission n'a procédé jusqu'à maintenant à aucun échange, comme on pouvait le prévoir; elle veut maintenir le principe d'échanges par grandes catégories. La commission se heurte à la même difficulté avec les républicains : Barcelone exige la non-exécution de tous les condamnés à mort, ce que Burgos refuse. Pourtant, les Britanniques ont bon espoir : « *L'échange se ferait à travers les lignes de combat à un point de la Sierra aux environs de l'Escurial.* » On ne prévoit pas la coopération du CICR, sauf peut-être pour la mise à disposition de moyens de transport à Madrid. Pourtalès ne voit pas l'utilité de reprendre contact avec la commission Chetwode. Car, si la commission n'a pas eu de résultat, les ambassades d'Angleterre à Barcelone et à Saint-Jean-de-Luz (Leche et Hodgson) déploient une grande activité en matière d'échanges individuels, dont le plus important serait celui de Miguel Primo de Rivera et de Domínguez Arevalo (frère du ministre de la Justice à Burgos), contre les deux frères Irujo et en dernier lieu du docteur Gómez Ulla contre le docteur Bago.

Marti [le 25.09.1938] trace un tableau sommaire et sombre de l'actuelle situation à Barcelone. Il a longtemps hésité à donner une description objective craignant d'être taxé de la noircir volontairement, espérant que le gouvernement pourvoirait à un ravitaillement équitable. Les locaux de la délégation sont le siège d'un lamentable défilé de pauvres gens, femmes, enfants, vieillards, malades, dans un état de faiblesse extrême, souvent *vraie misère physiologique,* qui viennent chercher un secours, aussi minime soit-il. Le CICR est, pour eux, la dernière instance. Plus de 600 familles sont secourues par une à quatre boîtes de lait condensé. Il arrive que des femmes refusent de quitter les locaux. Quotidiennement, des scènes de désespoir se succèdent. Le délégué regrette de ne pouvoir apporter de l'aide autrement qu'en paroles, terminant son courrier par un appel au secours. A la veille de l'hiver, le dénuement affecte toutes les classes mais surtout, précise-t-il, les non-syndiqués. Ce ne sont pas seulement les classes défavorisées qui sollicitent du secours. De leur côté, les autorités républicaines justifient le sévère rationnement par la nécessité de constituer des réserves afin de soutenir le siège de la Catalogne. Alors qu'au plan de la guerre psychologique, les 15 et 22 octobre, à Madrid, quelques *« escadrilles de trimoteurs nationalistes déversent sur Madrid des milliers de petits pains, dénommés Vienés, emballés dans des cornets »*[12]. Parmi ceux, qui ont ramassé ces pains est arrêté un Suisse, pour la liberté duquel Arbenz doit intervenir. En définitive, les *délinquants* ont été relâchés après enquête sur leurs *antécédents* par la police. La même opération aurait été effectuée à Barcelone. En réponse, l'aviation républicaine a jeté sur des villes nationalistes des chaussettes et des chemises[13].

Dans les premiers jours de novembre, Pourtalès vient prendre congé des autorités et introduire le nouveau délégué principal du CICR. Ce poste incombe à Jean d'Amman; Graz succède comme adjoint. Avant de décrire plus précisément ce chassé-croisé, situons les dernières semaines du comte de Pourtalès. Il a un long entretien avec le colonel José Ungría Jiménez[14]. Ce dernier se mit aux ordres du général Miaja, puis se réfugia dans l'ambassade de France à Madrid, qu'il quitta aidé par l'attaché naval. De nombreuses légendes ont circulé sur le personnage, lorsque, par exemple, se faisant passer pour un conseiller militaire français de l'ambassade, il obtint une audience auprès du président Negrín! Ungría acquiert une importance grandissante. Réunissant les fils des divers réseaux qui tissent leur toile dans la zone républicaine, il recueille avec avidité les renseignements qu'apportent les ralliés de la dernière heure. Nous avons déjà mentionné le projet de distribution de paquets *standard* à une partie de la population civile de Barcelone et Madrid. Le généralissime vient de charger le colonel, du fait de sa connaissance de la zone républicaine, d'organiser à San Sebastián, un bureau pour secourir les nationalistes en territoire gouvernemental. Le système proposé par le CICR semble plus avantageux, tant du point de vue économique que de celui de la sécurité du transport. Le colonel se range aux arguments de Pourtalès; il dispose d'un fonds de 100.000 FF lui permettant de verser à Saint-Jean-de-Luz la contre-valeur des paquets distribués. Ce thème, tout au long du dernier trimestre, est récurrent. Un bureau *ad hoc* mis sur pied, dirigé officiellement par le comte de Leyva, ouvre dans les derniers jours de novembre sous le patronyme de *Oficina nacional de auxilios*. Ce serait une *émanation conjuguée du SIPM et de la CRN*. La direction effective en est assurée par le capitaine Rivière, dont le secrétaire est le fils de Espinosa de los Monteros.

Continuant sa tournée d'adieux, il remet au commandant Polo une lettre destinée au généralissime annonçant son départ. Le commandant propose d'accompagner Pourtalès, le lendemain, à San Pedro de Cardeña. Visite superflue, compte tenu du nombre d'inspections que d'Amman et lui-même ont faites. Comme prévu, ils ne sont pas autorisés à rencontrer les deux prisonniers majeurs, Franck Ryan et le Russe Alexis Nicolaïevitch Blednin, au secret, à la prison provinciale de Burgos.

Dans le bureau de Espinosa de los Monteros s'effectue la passation des pouvoirs. La candidature du capitaine Graz à la délégation de San Sebastián est présentée. Pourtalès fait ressortir le rôle joué par celui-ci à Bilbao en faveur des sympathisants nationalistes et lors de la prise de Santander. Pour le poste de délégué général, Pourtalès prie les autorités de ratifier la nomination d'Amman, qui se plaignait de ne pas être traité sur un pied d'égalité avec les diplomates. Hormis les blessures d'amour-propre que ressentaient les délégués, voyons ce qu'éprouvaient, à leur égard, leurs interlocuteurs de Burgos[15].

En novembre 1938, lors du remplacement, en zone nationaliste, de Pourtalès par le docteur d'Amman en qualité d'*encargado general* du CICR pour toute la zone, Graz occupait le poste d'ajoint. Les autorités de Burgos ne s'opposèrent pas à sa désignation, estimant que son travail à Bilbao avait été positif. A une demande d'informations, le représentant *officieux* nationaliste à Berne précisa que si son niveau social était inférieur de celui de Pourtalès, son abord était agréable. Ses qualités d'efficacité et sa condition de *démocrate* encore qu'« *on ne pouvait pour cela le considérer de rouge. On pense qu'il ne l'est pas!* » étaient reconnues. La renonciation de Pourtalès était due au fait qu'il avait trouvé un autre emploi[16].

Au sujet d'Amman, Burgos avait surveillé ses activités, surtout lors de ses rencontres avec des condamnés à mort. Soulignant la non-adhésion d'Amman à la cause franquiste, soulignant ses critiques constantes à l'identique des autres délégués du CICR. « *M. d'Amman venait avec la réputation d'être un sympathisant, étant considéré de droite et bon catholique, mais on n'a réellement pas constaté cette sympathie à notre Cause[17]* », ajoutait-il.

En septembre, le gouvernement Negrín avait proposé à Genève, à la satisfaction de Joseph Avenol, secrétaire général de l'organisation, le retrait des volontaires étrangers, sous le contrôle de la Société des nations. Une commission de quinze officiers de diverses nationalités contrôlera ce retrait. Les Brigades internationales sont retirées du front.

Leur rôle était terminé. Le 15 novembre, une grande parade a lieu à Barcelone. Une foule immense, une émotion intense et de nombreux discours accompagnent les volontaires, qui quittèrent la zone républicaine par bateau ou par train. Il en reste pourtant plusieurs milliers en Catalogne, principalement, mais aussi dans la zone centre-sud. La commission de la SDN dénombre 12.673 brigadistes de vingt-neuf nationalités; du côté nationaliste, 10.000 Italiens débarquaient à Naples, le 20 octobre. Restaient encore 12.000 soldats de la division *Littorio,* ainsi que des officiers et cadres encadrant des unités nationalistes.

Établissons, pour ce qui concerne les volontaires étrangers chez les républicains, un bilan provisoire. Entre 30.000 et 50.000 volontaires — mais jamais plus de 18.000 en même temps; près de quarante nationalités combattirent sur presque tous les fronts. Au milieu de 1938, 15.000 à 20.000 d'entre eux avaient trouvé la mort et 2.500 étaient blessés. Près de 20.000 furent présents dans le corps sanitaire et autres tâches auxiliaires. Chez leurs adversaires, il y eut environ 120.000 Italiens, 25.000 Allemands et 20.000 Portugais.

Parallèlement, un Comité de secours aux prisonniers de la guerre d'Espagne publie en décembre 1938 un *Livre blanc.* Comprenant le médecin-général français Peloquin, le colonel suédois Brats, les colonels français Vincent et Bienfait, le major anglais Niels Hunter, le sénateur Marius Moutet et le général de brigade Jules Dumont, ce Comité obtint l'élargissement et l'évacuation de 100 Britanniques, 95 Français, 85 Canadiens et 11 Suisses[18].

Les délégués effectuent une nouvelle visite du château-prison de Montjuich en décembre, le gouverneur-directeur est un colonel *bon enfant, aimé de tous.* Il a instauré un régime supportable et adouci le sort des condamnés à mort. Cette prison et celle de Karl-Marx dépendent du gouverneur militaire, le général José Riquelme y López-Bago, qui avait commandé les forces qui tentèrent de prendre l'Alcázar de Tolède. A Montjuich, il y a environ 200 condamnés à mort sur des matelas, serrés les uns contre les autres. Visite rapide et désagréable, ces condamnés sont *« alignés sur deux rangs, silencieux, quêtant une parole d'espoir ».* Par crainte d'évasion, ils n'ont pas droit à la promenade, mais peuvent recevoir leurs familles une fois par semaine. Les autres étages sont occupés par 200 soldats ou officiers. Pour nourriture, un gros morceau de pain et un plat unique, comme les gardiens.

Chapitre XIII
Fin de la République

L'offensive nationaliste sur Valence s'essouffle, lorsque, dans la nuit du 24 au 25 juillet, les troupes républicaines de Catalogne franchissent l'Ebre. Hormis, les affrontements de Madrid (à la Cité universitaire) aucun événement n'a atteint une densité symbolique et médiatique aussi forte que la bataille de Gandesa, plus communément appelée de l'Ebre. Par la puissance, la volonté mais aussi l'espoir insensé du gouvernement républicain d'imposer, grâce à une offensive diplomatique parallèle en faveur d'un cessez-le-feu conduisant à un règlement du conflit, que par la violence des combats, leur âpreté sanguinaire, le nombre important des moyens mis en œuvre des deux côtés et celui des victimes. Commence une bataille d'artillerie meurtrière avec l'omniprésence de l'aviation, sous une chaleur étouffante et épuisante. En dépit de quelques tentatives du corps d'armée de Madrid, l'armée de Catalogne, peu à peu, laminée, écrasée, cède. Le résultat le plus probant fut l'usure d'une grande partie de l'armée républicaine, en état d'infériorité manifeste (hommes et matériel).

Le front est enfoncé, le 30 octobre, et la sierra de Caballs, pour laquelle d'âpres combats avaient coûté tant de vies humaines, tombe. Premières chutes de neige, les républicains abandonnent la rive droite du fleuve. La bataille de l'Ebre perdue, le 16 novembre, les républicains se retirent. Ces désastres ne restent pas sans incidence à Barcelone :

« *[...] Aux horreurs de la famine [...] s'ajoutent celles de la guerre aérienne. La capitale de la Catalogne est particulièrement visée. Les bombes tombent au hasard des maisons et des rues.*

« *Je me souviens d'un matin de septembre* [1938]... *Je les ai vus arriver. Comme toujours ils ont passé derrière la colline de Montjuich et se sont dirigés droit sur la ville. [...] En bas, à la Croix-Rouge espagnole, ils préparaient l'ambulance. L'appel n'a pas tardé. Les bombes étaient tombées dans le vieux quartier, [...] sur une école d'enfants.*

« *[...] le toit et les étages supérieurs s'étaient effondrés, ensevelissant plus de cent enfants. Alors nous nous sommes mis à creuser les décombres comme des fous. Nos mains tremblaient en soulevant les pierres. Il fallait faire attention, car on ne savait pas si un de ces petits corps était encore vivant. Nous n'avons retrouvé que dix cadavres entiers. Les autres étaient déchiquetés. C'était atroce. J'ai vu un infirmier qui tenait une tête blonde entre ses mains. D'autres ont retrouvé de petits pieds d'anges. Plus rien n'était vivant dans l'école des enfants. Je pensais constamment : « Cette guerre est trop horrible... »*[1]

Le dernier jour du mois, le nouvel ambassadeur de France, Jules Henry, remplaçant Eirik Labonne, présente ses lettres de créance au président Azaña en son palais de Pedralbes[2].

Les jours de la République sont cependant comptés. La conquête de la Catalogne semble inéluctable. Les lignes de front et les villes sont quotidiennement bombardées. De nombreux réfugiés se pressent à la frontière. Quant aux blessés, pour la plupart ceux qui se trouvaient dans la zone catalane, ils avaient été rassemblés à Mataro, au nord de Barcelone. La semaine du 12 au 18 décembre se conclut par le passage de la frontière d'un groupe d'environ 300 grands blessés des Brigades internationales qui devraient être dirigés dans douze pays différents.

Sur l'injonction du gouvernement républicain [r. n° 19 de Marti du 20.12.1938], le colonel Bach et le capitaine-médecin Sanmarti interviennent auprès de Mme Crass Hartung. Français, le colonel Bach faisait partie de la Commission de retrait des volontaires étrangers; quant au capitaine-médecin Sanmarti, Espagnol, il était le chef de la Centrale sanitaire internationale (CSI). Tous deux demandent au CICR « *d'assurer l'assistance médicale d'un groupe d'environ trois cents blessés de la Brigade internationale à rapatrier* ».

Auprès de Marti, le colonel Bach, par téléphone et *ès qualités*, soulignant l'urgence de l'évacuation, précise que le gouvernement espagnol et la Commission de retrait des volontaires estiment que l'assistance aux blessés est normalement du ressort de la Croix-Rouge. Les autorités de Perpignan, en l'occurrence le préfet Didkowski et la Croix-Rouge française, ont été alertées. La demande officielle du gouvernement républicain arrive le 14, signée par le colonel Cordón, sous-secrétaire à la Guerre. Ainsi que la saisie des autorités françaises par la Commission de retrait et l'annonce que l'aide de la Croix-Rouge de Perpignan serait garantie.

En possession de ces informations, Marti, immédiatement, transmet à Genève la liste des blessés à transporter. Prudent, pour laisser à la Croix-Rouge française le temps de se retourner, il fait retarder le départ du train sanitaire, le capitaine Sanmarti étant informé qu'il faut laisser du temps pour conclure une entreprise fort complexe. Intrigué par une démarche qui tente d'éluder les contacts officiels d'État à État, Marti apprend que d'autres convois de blessés, par le passé, s'étaient effectués dans des conditions pas très légales (!) et que ces rapatriements dépendaient des fluctuations politiques entre la France et l'Espagne.

Le convoi posait un autre problème. Chaque pays intéressé acceptant le rapatriement de ses blessés se chargeait des frais. Pour sa part, la France facilitait le passage sur son territoire si les passeports étaient en règle. Ces problèmes administratifs solutionnés, il ne restait qu'à organiser l'assistance médicale, au cours du voyage. Marti, qui avait rencontré « *le trop fameux député communiste André Marty* », le 18, à Cerbère, apprit que le président du Conseil, Juan Negrín, le premier, suggérait de saisir le CICR, par l'intermédiaire de Sanmarti. Aussi, s'interroge Marti, pourquoi attendre l'aide de la Croix-Rouge française? Dans une partie de son exposé, ne faisant pas abstraction de ses opinions, le délégué du CICR tente de démonter le mécanisme qui a pu conduire à une démarche compliquée. Revenons à l'aspect formel et chronologique. Le 16, Sanmarti — il disposait d'informations dont Marti semblait démuni — *reconnaît* que si le CICR manifeste son intérêt, la Croix-Rouge de Perpignan fait des difficultés soulignant qu'auparavant, la CSI faisant office de *Bon Samaritain,* pourquoi ne continuerait-elle pas encore? Peu de temps après, nouvelle explication : la Croix-Rouge locale française n'aurait pas été sollicitée officiellement, la Centrale sanitaire n'intervenant que lorsque les organismes locaux refusaient leur secours. Marti se précipite à Perpignan où, le 17, à 18 heures, le chef de cabinet du préfet l'accueille et lui signifie nettement « *qu'on n'avait pas besoin de nous* [le CICR] », la CSI étant présente à Cerbère, comme de coutume. De son côté, Mme Desperamons, une des deux présidents de la Croix-Rouge locale, « *membre de l'Action française, ne pouvait décemment travailler en accord avec la CSI* ». En conséquence, la préfecture endossait entièrement la responsabilité de ce refus! La CSI continuera de s'occuper de ce convoi et des suivants. Le CICR reste alors dans l'expectative; le docteur Alec Cramer, prévenu, est prié d'attendre. Pourtant, le lendemain dimanche, sur le quai de gare de Cerbère, accompagné du représentant du Département politique fédéral suisse — venu accueillir les blessés de sa nationalité — Marti rencontre le préfet Didkowski; celui-ci avoue ne pas comprendre les raisons profondes du refus de la Croix-Rouge locale. Les démarches n'ont pas été convenablement menées. Le ministère de l'Intérieur aurait dû solliciter l'aide de la Croix-Rouge. Le matin même, devant l'insistance du Parti communiste français, c'est fait. A cette requête, convoquées, quatre infirmières de la Croix-Rouge, avec du matériel sanitaire, vont arriver. Pour le délégué du CICR cette démarche, nettement politique, est perçue comme la nécessité de répondre positivement à un appel incontournable d'assistance à des blessés. Avisées en fin de matinée, les infirmières arrivent à Cerbère à 13 h 15, en même temps que le convoi des blessés. Elles regagneront Perpignan dans la soirée.

Parfaitement agencé, il comprend des wagons où les blessés sont répartis par nationalités. Dans un wagon sanitaire spécial, la quarantaine de blessés graves, sur brancards superposés, par groupes de trois, précédé par un wagon laboratoire (radiographie et salle d'opérations) très bien *installé,* d'après le docteur Marti. Quant aux autres blessés, ils sont répartis dans des wagons de première classe, en compagnie du personnel sanitaire et des médecins de la CSI espagnole. Tout cela supervisé par un officier-délégué de la Croix-Rouge de Barcelone.

Arrivés sans aucun retard — à la demande expresse de Marti qui craignait des désordres en gare — les blessés *valides* sont transférés dans une salle de la gare où s'affairent les infirmières de la Croix-Rouge française et de la CSI. Le rapport souligne que les infirmières de la Croix-Rouge portaient des uniformes immaculés alors que pour celles de la Centrale, « *on notait très nettement la différence de classe* ». Mais les infirmières venues de Catalogne avaient vécu ces dernières journées dans des conditions peu comparables à celles des infirmières perpignanaises. Commission de contrôle et police française procèdent à l'examen des passeports. Pour terminer, une collation, par groupes, leur est offerte. Les blessés couchés sont brancardés dans les nouveaux wagons, transbordement rendu nécessaire par l'écartement de voie différent entre les réseaux ferrés espagnol et français, qui doivent les conduire pour la plupart à Paris. Faute de train sanitaire, « *ils reposaient simplement sur des couchettes de première classe, inconfortables. Le préfet, touché par leur aspect misérable, comprit la nécessité de wagons adéquats et me dit qu'il en ferait la demande pour les convois futurs.* »

Les blessés suisses reçoivent les soins dévoués d'une infirmière venue tout spécialement de Genève. Le *wagon suisse* sera attelé à l'express Cerbère-Genève. Parmi les 21 blessés de nationalité suisse, un ne regagne pas son pays. Accueillis en gare de Genève par le docteur Fischer, de la Centrale sanitaire suisse et des Samaritains ouvriers (pour les organismes proches de la gauche), la police genevoise, deux médecins de la Croix-Rouge suisse et le docteur Mégevant, pour les autorités cantonales; Alec Cramer représentait le CICR. Quant aux autres blessés, leur train fait partie de l'express de Paris. Tous étaient satisfaits des soins reçus et de l'accueil des organisations ouvrières de la région qui distribuèrent cigarettes et boissons. Marti croit savoir que la Norvège, la Suède et le Danemark règlent le rapatriement de leurs ressortissants. Les États-Unis prennent à leur charge le voyage jusqu'à Paris, escomptant le remboursement par le gouvernement espagnol du *ticket* Paris-Amérique. L'Angleterre règle tout, après avoir fait signer une reconnaissance de dette. La Suisse, elle, se fera rembourser une partie des frais par des organisations ouvrières [CE, p.-v. n° 490, 3.01.1939].

La veille de Noël, l'attaque se poursuit sur le rio Segre. Elle se développe le 3 janvier. Le front est totalement rompu. Pour pallier les pertes subies, le gouvernement appelle sous les drapeaux tous les hommes de 17 à 55 ans. Peine perdue, le 14 janvier, Tarragona est occupé. Les nouvelles du front arrivent déformées par la censure et la volonté têtue des autorités d'occulter ou de minimiser la déroute. Les rues de Barcelone sont encombrées par des milliers de réfugiés. Tous les jours, venus trouver refuge, arrivent dans la capitale catalane des paysans avec leurs maigres bagages sur des charrettes de fortune. La situation générale dans la ville est effroyable. Les blessés gisent par centaines dans les stations du métro et dans les dépendances des deux arènes. On parlait d'une vingtaine de mille de blessés et il n'y avait pratiquement pas d'ambulances[3]. La disette atteint des sommets en dépit des réserves qui auraient été faites pour soutenir un siège. Au cours de cette semaine commencent des pillages de magasins de l'intendance par la population — des femmes, décidées à tout — malgré la résistance des policiers. Évidemment, on accuse les réseaux de la *Cinquième colonne*. Les bombardements se concentrent tout spécialement sur le port, y coulant les bateaux pouvant servir à l'évacuation. Quant à la population, elle se divise en deux parts égales : ceux qui décident de rester par sympathie, passivité ou indifférence, en dépit du manque quasi total d'électricité, des ordures dans les rues et du roulement continuel des explosions des bombes. Ceux qui choisissent de partir, craignaient pour leur vie et celle de leur famille. Mais davantage sans doute parce qu'ils ont perdu tout espoir et qu'ils ne veulent pas se trouver dans une ville où les rues, les maisons, deviendraient le théâtre de combats meurtriers tels ceux connus à Madrid.

Pour les forces franquistes, c'est une véritable promenade. Aucun esprit de résistance n'anime la capitale catalane. C'est alors que le ministre Zugazagoitia, secrétaire général à la Défense, est convoqué le 23 janvier par Negrín. Décision est prise de transférer l'appareil administratif de l'État hors de Barcelone, dans la province de Gerona. Mais dans l'impossibilité de trouver des locaux dans cette agglomération, le gouvernement Negrín s'installe dans le château de Figueras. Quittent également la capitale catalane la Generalitat et son président Companys, ainsi que l'ex-gouvernement d'Euzkadi avec son *lehendakari*, Aguirre. Les rues de la ville se vident. Des dizaines de milliers d'habitants et de soldats mêlés partent vers le nord, utilisant toutes sortes de transports.

C'est le moment choisi pour le *Diario Oficial del Ministerio de Defensa Nacional* (Journal officiel du ministère de Défense nationale) de promulguer, le 24, un décret signé par le président de la République, Azaña, et le président du Conseil, Negrín, dont l'article premier dit textuellement : « *L'état de guerre est déclaré sur le territoire de la République...* » Cette mesure signifiait que les circonstances, pour la République, étaient désespérées. Pendant toute la durée de la guerre civile, les politiques ne s'étaient résolus à accepter la situation réelle craignant que le commandement militaire impose sa loi et résolve la guerre civile par d'autres moyens que ceux utilisés. Pour les militaires professionnels dans la zone du centre, cela impliquait que le seul pouvoir légal était maintenant celui de l'autorité militaire.

Venant de Perpignan, Junod et Marti passent, le 12 janvier, à El Colell, l'ancien couvent des Escolapios, au nord-est de Gerona, où est installée une prison du SIM, sous l'autorité de l'ancien directeur de l'*Uruguay*. S'y trouvent 232 prisonniers, parmi lesquels 32 aviateurs espagnols; arrêtés au début de la guerre, ils ne prirent pas part aux hostilités. C'est la prison la mieux aménagée; chaque détenu y possède un lit pour chacun des quatre à cinq prisonniers de chaque cellule. Promenade autorisée le matin et l'après-midi. Le SIM, dans cette prison, a voulu « *donner l'impression d'une humanisation parfaite dans le traitement des prisonniers* ». En revanche, l'infirmerie, petite, ne possède qu'une instrumentation insuffisante.

Les délégués arrivent à Barcelone en plein bombardement : « *Les rues de la ville sont sales, les ordures ne sont plus enlevées. Une odeur nauséabonde se répand partout. L'eau commence à manquer.* »

Inquiets [*r*. du 17.01.1939], ils vont au *Preventorio G* (ancien couvent de las Damas Juanas), auparavant une des fameuses *checas* de Barcelone. Les histoires les plus horribles et insolites ont circulé sur cette prison du SIM où étaient détenus jusqu'à 700 prisonniers. Si un nombre important de ceux-ci y furent malmenés, les délégués avouent ne pas posséder de preuves sur les tortures qui y auraient été exercées. Elle n'abrite plus que 400 détenus dans des cellules pour quatre. Pas de lits, des vieux matelas; nourriture suffisante. On ne mentionne pas la prison de San Elías et ses 350 détenus en provenance des *checas,* condamnés à mort ou à la prison à vie. Quant au *Preventorio C* ou *Seminario,* il était C/Diputación, 225. Marti avait visité cette prison quelques mois plus tôt, alors *refugio Francisco Macía,* abritant des réfugiés du Nord : 4.000 y mangeaient, 2.000 y couchaient. C'était infect, d'un saleté repoussante, chacun faisait sa cuisine et jetait les détritus par terre. Les réfugiés furent évacués dans des villages et le SIM y installa les détenus malades des bateaux-prisons *Uruguay* et *Argentina :* propreté et ordre pour des groupes de 15 à 20 détenus sur de vastes matelas; pas de lits. Dans l'infirmerie, il y a une salle d'opération avec une instrumentation rudimentaire mais suffisante. Environ 600 prisonniers dont les plus valides employés sur les routes. Pas de visites, aucun d'eux n'est au secret.

A la délégation, les familles de détenus arrivent, anxieuses; il faut tout faire pour éviter un massacre. Junod rencontre le ministre de Grande-Bretagne, John Leche : quel sort attend les 5.000 prisonniers encore à Barcelone? L'ambassadeur français, Jules Henry, lui aussi, est inquiet. Il consulte le président Negrín. La réponse viendra le lundi 23 : le transfert général des prisonniers est décidé, en même temps que celui du gouvernement! Comme il était prévisible, les ordres ne sont pas exécutés, sinon partiellement ou tardivement.

Trois jours plus tard, la directrice de la prison des femmes Las Corts (ou Cortes) appelle la délégation du CICR. Que doit-elle faire? Les parents des prisonnières empêchent tout transfert aux quelques soldats qui se sont présentés. L'administration ne répond plus. Junod et Marti n'hésitent pas, ils traversent une partie de la ville en direction des faubourgs. Mais ils sont arrêtés par un barrage de soldats armés de mitraillettes, on réquisitionne tous les véhicules pour l'armée. Junod se défend, c'est une voiture de la Croix-Rouge, ils se rendent entre les deux fronts; on les laisse passer. A la prison, ils entrent directement dans la cour. Aux grilles, des femmes s'accrochent : « *Viva la Cruz Roja! Sauvez-nous!* » La directrice « *est une jeune femme, blonde, très maquillée. Toutes les clefs des cellules sont posées en vrac sur la table.*

Les gardiennes de la prison sont aussi là, lourdaudes et sales; l'anxiété exprimée par ces visages bornés n'est pas moindre que celle que traduisent dans la cour les hurlements de leurs prisonnières. Elles se demandent avec raison si les rôles ne vont pas changer. La libération va signifier pour elles l'incarcération, et elles me supplient de leur accorder... la protection de la Croix-Rouge. » La directrice ajoute qu'elle a simplement fait son travail, elle est disposée à ouvrir les portes des cellules. Un camion est dans la cour, Junod y fait monter les femmes âgées et malades. Les prisonnières s'accrochent désespérément à leurs misérables hardes qu'elles ne veulent abandonner. « *Il me faut élever la voix...* » Quant aux autres, les plus jeunes, elles disparaissent dans la rue avec leurs familles, sans demander leur reste.

Poursuivant sa narration, Junod[4] aborde maintenant ce qui se passe au château de Montjuich. Les bateaux franquistes bombardant la ville prennent pour cible la forteresse, qu'ils croient occupée par des soldats. Les officiers de tir étaient-ils mal renseignés? Certainement pas, depuis très longtemps, aussi bien Vallellano que l'état-major étaient informés de la présence de prisonniers dans le fort. « *Les gens de notre délégation ont vu le bombardement. Notre infirmière belge, Mme Perdomo, décide avec notre chauffeur de monter là-haut voir ce qui se passe. Quand ils arrivent au château, le bombardement dure encore. L'officier de garde affolé, les emmène immédiatement à l'infirmerie. Un obus, entré par la fenêtre, a explosé dans une cellule, décapitant un homme et en blessant plusieurs autres.* »

Le drapeau blanc est hissé, le feu des bateaux cesse aussitôt. Et l'officier de garde confie les clefs de la prison à l'infirmière et s'enfuit avec ses hommes. De Barcelone, on croit à une mutinerie. Un détachement de soixante hommes, après avoir arrêté l'officier en fuite, s'avance prudemment, dans la cour du fort. Seule dans la cour, une femme en costume d'infirmière les attend. « *Tout semble tranquille à l'intérieur du fort. Les prisonniers sont toujours dans leurs cellules mais des visages angoissés apparaissent aux barreaux.* »

Un dialogue s'instaure entre le *capitán* et l'infirmière. Impressionné, l'officier s'excuse presque, *il devait fusiller tout le monde, mais le sang a assez coulé.* Le drapeau blanc est amené. Mais le bombardement reprenant, un drapeau à la croix rouge confectionné en hâte est hissé au-dessus du drapeau républicain. Le feu cesse. « *Six cents hommes, au fond de leurs cellules, lèvent leurs yeux pleins d'espoir vers la croix rouge sur fond blanc qui claque au vent, au sommet du fort.* »

Voyons la version de Mme Julia La Haye Jonkheer, qui déclare être membre du CICR de Barcelone[5]. Elle veut *rétablir la vérité* sur des événements importants qui lui ont permis de protéger et de sauver des personnes détenues dans le fort de Montjuich, avec l'aide du chauffeur de la Croix-Rouge, Pedro Clotet.

Le samedi 21 janvier, comme elle le fait hebdomadairement, elle se rend au fort visiter un être cher, détenu et condamné à mort. Le gouverneur du château, déprimé par l'avance des franquistes et les nombreux bombardements de l'aviation sur le port et le fort, dans un entretien, exprime à l'infirmière son légitime et paternel souhait d'éloigner ses enfants des lieux des combats.

Consultés par téléphone, Junod et Marti, profitant de l'occasion, décident d'étendre la protection de la Croix-Rouge sur les centaines de détenus, obtenant, dans le même temps, qu'ils ne soient pas transférés et que leurs vies soient respectées. La contrepartie consistait à emmener à Gerona les filles du gouverneur. Par la suite, mercredi, Mme La Haye s'installe dans le château établissant un continuel contact entre les prisonniers et les peu nombreux représentants de l'administration. Trois fois de suite se présentent des détachements de gardes d'assaut avec un ordre de transfert. La Croix-Rouge veille et, avec diplomatie, prières et arguties, obtient des délais. Dans l'après-midi, au milieu des bombardements, montent au fort le sergent du CICR Vicente Cesteros et l'aide-chauffeur de nationalité suisse, Carlos Brünner, apportant tabac, lait et autres aliments pour les détenus, ainsi que des instructions de Junod et Marti afin de faire tout le possible pour sauver les prisonniers de Montjuich, indiquant qu'ils tentaient une démarche semblable en faveur des autres prisons et *checas*.

En délégation, des détenus déposent une pétition : que les antifascistes emprisonnés, essentiellement membres du POUM ou libertaires, soient séparés. Le gouverneur accède à la demande et libère les antifascistes. Un peu plus tard, une quarantaine de gardes d'assaut se présentent pour effectuer le transfert de tous les prisonniers. Un marchandage commence — les fils du téléphone avaient été coupés — et en fin de compte seulement 80 prisonniers partent convoyés par les gardes. Qui étaient-ils?

Au lever du jour, le 26, l'artillerie nationaliste entreprend un bombardement précis sur le fort depuis le Prat (c'est-à-dire de l'autre côté de l'embouchure du Llobregat). Le directeur met sa voiture en marche et manifeste l'intention d'abandonner le château, c'est le moment choisi pour le départ des gardiens. Alors, afin d'aviser les nationalistes, Mme La Haye ordonne à Pedro Cholet et à des volontaires, malgré l'avis contraire d'officiers prisonniers, de hisser deux drapeaux blancs : l'artillerie cesse le feu. On les remplace alors par deux autres comportant des croix rouges rapidement confectionnées. Tous attendent anxieux, lorsque le gouverneur revient avec dans les reins le revolver d'un jeune lieutenant et des carabiniers. Qui a hissé ces drapeaux, demande-t-on? L'infirmière s'avançant, justifie sa démarche par les plus élémentaires devoirs de justice et d'humanité. On prend ses nom et adresse de son domicile. Les soldats repartent, exténués, moralement fatigués. Tout de suite après, l'infirmière descend à la Calle Lauria rendre compte de sa mission. Dans les rues, les troupes franquistes se déploient.

Quelques désaccords : le premier récit composé de souvenirs, le second rédigé à chaud dans les jours qui suivirent. Mais l'essentiel porte sur l'identité de l'infirmière, dans un cas Mme Perdomo, de nationalité belge, dans l'autre Mme La Haye Jonkheer, elle aussi non espagnole. Était-ce une même et unique personne?

Junod et Marti souhaitaient se rendre dans toutes les prisons de Barcelone, sans exception. Cela ne put se faire à San Elías ainsi qu'à la Cárcel Modelo. La première prison, visitée en décembre, était dans ce cas. Avant l'arrivée des franquistes, les 350 prisonniers y sont toujours reclus. Pourtant le 24, en fin d'après-midi, le directeur reçoit un téléphone du directeur général des prisons intimant de mettre en marche tous les détenus pour Figueras, sans délai ni compromis. Ils sont rassemblés dans la cour. Dans la demi-heure se présente un officier du corps pénitentiaire chargé du transfert mais ne disposant pas d'un ordre écrit. L'employé du greffe, courtoisement, refuse d'accéder au transport, en dépit des nombreux et menaçants coups de téléphone. Arrivent trois douzaines de soldats et leurs officiers. Le greffier poursuit sa résistance, faisant valoir que le voyage jusqu'au train, au moment où rôde l'aviation, est forcément très dangereux. L'officier décide alors de rassembler tout le monde et fait mettre en batterie des mitrailleuses. Assommés, les détenus s'alignent, à genoux, devant les murs. Un ronronnement, des avions nationalistes arrivent et bombardent des objectifs tout autour du *penal*. Capitaine et soldats courent se mettre à l'abri. Alors, les détenus se précipitent vers la sortie et se sauvent dans toutes les directions.

Ce sont les troupes du général Yagüe qui s'établirent au fort de Montjuich et libérèrent, d'après leur rapport au QG de Franco, environ 1.000 prisonniers[6]. A partir de midi, l'occupation des banlieues ouest et sud de Barcelone commence. Junod est encore à Barcelone, C/Lauria[7] : *« A 13 h 30, le premier tank s'arrête devant notre maison. Il est occupé par des soldats allemands. Juchée au milieu d'eux, une femme rit et fait à la foule le salut fasciste. Je reconnais une des anciennes détenues de Las Cortes. C'est une juive allemande qui avait été arrêtée comme trotskiste*[8]. *Dans l'après-midi, les balcons de Barcelone se couvrent de drapeaux rouge et or. Sur la colline du Tibidabo apparaît une immense oriflamme nationaliste. [...] Le soir, Barcelone est complètement occupé.*

« [...] Je me présente au colonel Ungría, le grand chef de la police franquiste, pour obtenir mes laissez-passer. Se souviendra-t-il du renégat et misérable idiot que dénonçait le communiqué de Salamanque? En me tendant mon salvo conducto timbré des cinq flèches de la phalange, il sourit : "J'ai retrouvé dans les papiers de mon prédécesseur un document qui peut vous intéresser..." Sur une fiche de la police républicaine, qui m'a suivi partout depuis trois ans, à Madrid, à Valence, à Barcelone, je lis : "JUNOD Marcel, delegado de la Cruz Roja Internacional." Et sous mon nom, ce seul mot, souligné deux fois à l'encre rouge : OJO. Ce qui voulait dire : ATTENTION. »[9]

Les délégués rencontrent le surlendemain le colonel Alcovillas et le comte de Vallellano; le colonel Ungría n'est pas cité [p.-v. du 3.02.1939]. Junod et Marti, présents à cette réunion, décrivent à leurs pairs les derniers jours à Barcelone. Précisant qu'ils « *fermèrent la délégation le 25 janvier, à 11 h 30, les nationalistes entrant dans la ville le 26 à 16 heures.* » Enfin, que l'évacuation de la Cárcel Modelo aurait été organisée par le docteur Marti.

Que s'était-il passé à la Cárcel Modelo? Le 15 janvier, provenant de Tarragona, des colonnes de prisonniers furent entassés dans la Modelo. Le samedi 21, le SIM fait cerner la prison par des cordons de gardes d'assaut, éliminant tout contact avec l'extérieur. Les prisonniers rassemblés dans les cours respectives de chaque division, les cellules fouillées, environ 600 détenus dont le nom était vérifié, au cours de la nuit, sont regroupés dans des autocars formant une caravane sévèrement gardée par des motocyclistes et des véhicules armés qui se dirigent à la gare du Nord. Ils montent dans un train formé de wagons de voyageurs. Au petit matin, le train se met en marche et s'arrête quelques heures plus tard. Les prisonniers descendent en bordure d'un champ, entourés d'un cordon de policiers en armes et sont enfermés dans une usine désaffectée près de La Carriga, au nord de Granollers. Toujours avec leurs gardes, auxquels s'étaient joints des soldats de la division Lister, en zigzags, dans le froid et la neige, ils se retrouvent dans la montagne au-dessus de Sabadell, destinés à creuser des fortifications. La tentative ne se prolonge pas. Par des routes secondaires, ils atteignent Gerona mais ne s'arrêtent pas, poursuivant toujours vers le nord, sous la pluie, le vent, la neige et le froid mordant. Lundi 6 février, repos pour toute la colonne. Arrivent le lendemain des soldats en débandade se précipitant à la frontière. Les prisonniers craignent pour leur vie; mais leurs gardiens fraternisent avec eux et les laissent partir. Tentant leur chance, par petits groupes, ils se dirigent vers la montagne et la France, remontant le cours des rivières. Dans l'après-midi du 8 février, une petite vallée au fond de laquelle se trouvent deux écriteaux : sur l'un *France,* sur l'autre *España*. Au bout du chemin, encadrés par des Sénégalais, ils arrivent à Lamanère (au-dessus de Prats-de-Mollo). Après quelques péripéties, conduits à Amélie-les-Bains, ils sont internés dans le château de Port-les-Bains. Le soir, à l'aide d'un interprète, le chef du camp leur expose qu'étant considérés comme des prisonniers de guerre, des tractations étaient engagées pour les échanger contre des Français, pilotes ou membres des Brigades internationales, emprisonnés dans les camps de concentration de Franco[10].

Au même instant, C/San Jerónimo, à San Sebastián, d'Amman reçoit une proposition de l'ambassade d'Italie : *1.* Un échange a été conclu de 74 Italiens contre un nombre identique de membres des Brigades internationales (53 Anglais, 11 Suisses et 10 Suédois) dont la réalisation est suspendue par le manque de moyens de transport en zone républicaine sud pour embarquer les Italiens à Gandía. *2.* Est en négociation un autre projet d'échange de 14 Italiens contre 10 Danois et 4 Chiliens. *3.* Ainsi qu'un échange de 68 Italiens contre 68 Français. *4.* Actuellement, il y a 180 Italiens prisonniers en zone républicaine; en déduisant les 74 du premier échange, il resterait 106 Italiens encore disponibles.

Or, l'ambassade italienne craint que les autorités françaises utilisent les prisonniers nationalistes entrés en France (à Amélie-les-Bains) pour négocier un échange global de tous les prisonniers français (militaires ou politiques). Dans ce cas, le sort des Italiens est en jeu. L'Italie se considère prioritaire et sollicite le CICR pour intervenir soit auprès des autorités françaises, soit auprès du gouvernement espagnol en exil — s'il dispose encore d'un quelconque pouvoir — pour que les 68 Français soient réservés pour l'échange projeté avec les 68 Italiens. L'ambassadeur poursuit sa comptabilité, incluant d'autres États, pour arriver à échanger la totalité des prisonniers italiens. En outre, le CICR pourrait faire les démarches pour qu'un navire français transporte ces prisonniers à Palma de Majorque ou à Barcelone, les Anglais ne disposant que d'une seule unité dans la région, le *Devonshire,* actuellement débordé. Bien entendu, il y a urgence, le sort des Italiens devient chaque jour plus angoissant. Si les négociations échouaient, l'Italie se tournerait vers les États-Unis, qui ont une centaine de prisonniers en Espagne nationale.

Se présentent au fort d'Amélie le comte de Vallellano et des membres de la CRN. Le président expose à ses compatriotes les termes de l'échange : considérés comme prisonniers de guerre, s'ils souhaitent rentrer immédiatement, le gouvernement de Burgos accédera au *chantage français.* Dans le cas contraire, *on négociera vigoureusement leur liberté.* Les ex-prisonniers de la Cárcel Modelo ne veulent pas se soumettre. Leur séjour dans le château se prolongera de dix jours. De leur côté, Junod et Marti auraient dû rejoindre Figueras pour s'occuper des prisonniers que les républicains avaient convoyé pendant leur retraite. Les destructions de routes, l'encombrement provoqué par les convois militaires retardent nos deux délégués qui arrivent finalement à Zaragoza, de là Saint-Jean-de-Luz et Genève où ils assistent à la réunion du 3 février déjà mentionnée.

Désigné pour occuper le poste de délégué à Valence, Hahn se rend à la frontière. Le 2 février, à Perpignan, il rencontre l'ambassadeur de France, Jules Henry. Les nouvelles sont confuses. Grâce à la complaisance du consul belge de Sète, qui lui prête une voiture, il se rend au Perthus; le stock de vivres déposé par le CICR est épuisé. Il continue sur la Junquera et obtient du lieutenant-colonel Puente l'autorisation de circuler. Au Fort Français, il est auprès *« des blessés entassés dans de grandes salles obscures, sur de la paille. Tout est sale, pas de salle de consultation, manque de matériel sanitaire. Cela paraît invraisemblable que les autorités françaises n'aient pas prévu ce cas. »*

Dès son retour, il donne un premier résumé de l'exode à venir. Le nombre de réfugiés passant sur le territoire français est relativement minime pour le moment, et ils ne manquent de rien. En revanche, sur le territoire espagnol, près de la frontière, il y a des dizaines de milliers de réfugiés, femmes, enfants et hommes, dont personne ne s'occupe, n'ayant aucune nourriture, buvant l'eau des ruisseaux. Les réfugiés espagnols près de la frontière française obtiennent encore quelque nourriture, mais ceux de l'arrière n'ont absolument rien. Le délégué demande d'urgence l'envoi de médecins et de matériel pour tous les réfugiés sur le territoire espagnol ne pouvant pénétrer en France.

Le lendemain, il est à Figueras, au siège de la Croix-Rouge locale. Tous sont harassés, les nerfs à bout, à cause des bombardements qui ont lieu tous les après-midi. Pas de refuges, le délégué conseille de s'éparpiller dans les champs alentour. Retour en France pour y chercher des médicaments et des vêtements qu'il transporte le lendemain à Figueras grâce à un camion de l'*Ayuda suiza*. La Croix-Rouge est fermée. On revient, en hâte mais difficilement à cause de l'embouteillage dans l'étroite rue de France. Les médicaments sont déposés dans un dispensaire militaire. Sont chargés des fugitifs, femmes et enfants, venus de toutes les régions d'Espagne, au cours de quatre voyages du Perthus au Boulou. Le délégué participe à ceux de l'*Ayuda suiza* (Aide suisse) évoqués plus loin.

Arrivent, dimanche 5, Junod et Marti. Tous trois montent au Perthus et à la frontière. C'est un exode lamentable, *une débandade impressionnante* de va-nu-pieds, de charrettes et de chars, de mules, d'autos et de camions qui déferle sans interruption : « *Gardes mobiles, soldats, rivalisent de zèle et maintiennent parfaitement le service d'ordre. Nous espérons toujours obtenir des nouvelles de nos détenus. [...] Le front s'est rapproché, on nous déconseille de nous aventurer plus loin à l'intérieur.* » [Hahn à la CE du 7.2.1939.]

Ce jour-là, le gouvernement français autorise le passage de la frontière aux combattants. A Figueras, on apprend l'arrivée en France du président Azaña, à 6 heures du matin, par le col de Llí, aux Illas, petite localité française. L'accompagnaient le président des Cortes, Martínez Barrio, le docteur Negrín, chef du gouvernement, et le ministre Giral. Quelques heures plus tard, ce fut au tour de la Generalitat, du président Companys, et du gouvernement nationaliste basque d'emprunter le même passage. Cette nouvelle provoque une grande sensation et accroît la déroute.

Lundi, nos délégués sont au Perthus. Passent maintenant de nombreux soldats qui sont désarmés. Des montagnes de fusils de tous calibres, y compris de chasse, s'entassent sur les bas-côtés. Puis des hommes des Brigades internationales, en ordre et sous « *le contrôle d'une Commission militaire internationale présidée par un général finlandais, flanqué de quelques officiers français et anglais, d'un capitaine danois et d'un officier iranien!* », décrit Hahn. Il restait environ 2.500 brigadistes désignés sous le vocable de *Agrupación de fuerzas internacionales*. Après avoir combattu à Vich et à Figueras, ces soldats croisèrent la frontière, les 7 et 9 février, respectivement par le Perthus et Port-Bou[11]. Un détenu politique (parmi ceux attendus) est reconnu. D'après des renseignements, dit-il, « *à El Colell, quarante-huit individus, condamnés à mort, auraient été exécutés le jour de la prise de Barcelone* ». Quant aux aviateurs, ils auraient tous été libérés.

Quelques détails complémentaires avec la description faite par des volontaires humanitaires — Schweiserische Arbeitgemeinschaft für Spanienkinder (Comité suisse pour les enfants d'Espagne) — autres que ceux du CICR :

A partir du dimanche 5 février, il était interdit à quiconque de pénétrer en territoire espagnol. Les véhicules ont encore transporté leur cargaison humaine pendant la nuit dans les camps de regroupement rapidement improvisés près de Perpignan. De jour, les autorités françaises ne laissaient franchir la frontière qu'aux hommes. J'aimerais vous donner un aperçu de cette horrible migration des peuples dont j'ai été le témoin [...]. Nos deux camions, depuis environ une semaine avant la chute de Barcelone, étaient au service de l'évacuation de nos foyers d'enfants. L'*Ayuda infantil*, qui gérait ces foyers, avait trouvé pour la plupart des colonies d'enfants de Barcelone, des maisons du nord de la Catalogne où ils étaient en sécurité. L'*Ayuda infantil* voulait sauver ces enfants dans ces régions avant le combat final pour Barcelone. Mais Barcelone tomba plus vite qu'on ne l'avait prévu. C'est ainsi que l'évacuation programmée se transforma en une fuite sauvage et en panique. L'*Ayuda Infantil* perdit elle-même tout contrôle sur les enfants qui lui avaient été confiés. La directrice de l'*Ayuda infantil* qui, entre-temps, vient d'arriver à Perpignan, ne sait même pas encore aujourd'hui où se trouve le moindre enfant de sa colonie. [...]

Barcelone est occupé le jeudi 26 janvier à 4 heures de l'après-midi par les troupes de Franco. Le matin de ce même jour, nos collaborateurs arrivèrent alors qu'ils voulaient sauver encore des vivres du camp de l'*Ayuda infantil* jusqu'au moment où la foule affamée entrait de force dans le camp en tirant des coups de revolver, et que des sacs et des caisses étaient traînés hors du camp dans la rue pour le contenu desquelles le peuple se bagarrait. [...] A midi, *Dufour* et *Dunant* quittèrent la ville, chargés d'enfants provenant de la colonie *Wasserfluh*. Alors que le même soir, ces camions voulaient, encore une fois, revenir dans la ville, ils furent arrêtés, car les rues étaient barrées et que la ville était conquise. Quatre jours terribles suivirent pour nos trois collaborateurs et les enfants dont ils avaient la charge. Le voyage, effectué sur des routes encombrées par des bandes de fugitifs, d'attelages avec des ânes et d'automobiles, et souvent bombardées, se poursuivra vers Gérone, Figueras et la frontière française. Le dernier acte de la tragédie ce furent les 36 heures que les deux camions durent passer, sous une pluie battante, à la frontière. Dans les deux camions gisaient quatre-vingt-dix personnes avec leurs bagages recouverts d'une bâche en guise de seule et unique protection contre la pluie. Et pourtant, ils avaient plus de chance que les milliers de leurs compagnons d'infortune qui, en pleine campagne, sans la moindre protection, durent surmonter les interminables et froides nuits[12].

C'est au tour du colonel Patry et de Marcel Junod[13] : arrivés à Perpignan le dimanche 12 février, ils prennent immédiatement contact avec les représentants de la CRN, le comte de La Granja et de Morenas, ainsi qu'avec Didkowski, préfet des Pyrénées-Orientales. A Prats-de-Mollo, où se trouvent non seulement des miliciens, mais des prisonniers nationalistes, il y a environ 150 officiers et 400 à 500 soldats, dans le dénuement le plus complet. Les délégués dénoncent la violation des droits humanitaires et l'état sanitaire désastreux des supposés prisonniers. Depuis leur arrivée, ils n'ont perçu que très peu de nourriture, et c'est le jour de l'arrivée des délégués du CICR qu'ils reçoivent du pain et de la viande qu'ils cuisent malaisément avec des moyens de fortune. « *A voir ainsi ces pauvres gens, j'ai pensé aux romanichels qui font leur popote au bord de la route près d'un village* », dit Patry. Une camionnette avec du lait condensé et des bananes accompagnait les délégués. Avec l'accord du commissaire spécial [de police] une distribution avait été autorisée. Mais les promeneurs ou les sympathisants républicains qui se trouvent aux abords du champ s'indignent : « *Naturellement, on ravitaille les franquistes!* » Le maire, prévenu, s'oppose alors à la distribution. Après avoir longuement parlementé, les bananes sont partagées entre les malades franquistes et ceux du camp des républicains. Tout est bien qui finit bien.

Lundi, ils se rendent au fort d'Amélie-les-Bains, où se trouvent 300 militaires mêlés à des politiques. « *Quoiqu'ils fussent mieux logés que ceux de Prats-de-Mollo, nous leur avons fait une petite distribution de vivres.* »

Junod et Patry organisent le retour en Espagne nationaliste des 630 officiers et soldats de Prats-de-Mollo. Une douzaine d'autocars les transportent au Perthus. Aucun camion n'était prévu à Figueras. Dans l'attente, ils sont hébergés dans des appartements. Ce sont finalement les voitures abandonnées par les républicains qui, remises en route, ramenèrent à Gerona les ex-prisonniers.

D'Amman, le 18 février, accompagné par Mme Crass et un représentant du consulat d'Allemagne, se rend au monastère du Colell, où avaient été fusillés trente-huit détenus; trois étaient morts de fatigue et de faim. De même, près de la frontière, furent exécutés quelques officiers faits prisonniers à Teruel, dont le colonel Rey d'Harcourt, ainsi que l'évêque Mgr Polanco[14].

Après l'entrée des nationalistes à Barcelone, prétextant que les archives du SIM retrouvées prouvaient l'existence de prisons spéciales *(checas)* dans lesquelles les prisonniers avaient été l'objet de graves sévices, la CRN exprima, par lettre, son étonnement que les délégués du CICR ne lui en aient jamais signalé l'existence. Pour Genève, ces prisons, *inconnues de la population,* ne lui avaient pas été signalées et ses délégués n'avaient pu y pénétrer. Parallèlement, le Comité international transmet cette plainte au président Negrín qui propose la création d'une commission d'enquête conjointe du CICR et de la SDN.

L'aventure du trésor du Prado ne se confond pas avec celle du CICR. Sauf, peut-être, sur un point : il fut évacué à Genève, où il sera exposé.

En filigrane apparaissent des protagonistes proches du CICR. Comme déjà mentionné, dans les premiers jours de novembre 1936, constitué d'innombrables œuvres d'art, principalement des collections du Prado, il est soigneusement évacué à Valence et entreposé dans l'église La Patriarca et dans les Torres de Serrano. La décision, semble-t-il, ne fut pas seulement prise à cause des bombardements aériens; le gouvernement et le président Azaña considéraient que le trésor de l'art espagnol devait se trouver là où résidait le pouvoir.

La première intervention étrangère en sa faveur fut le fait du délégué bolivien auprès de la SDN. Dès le 5 octobre 1936, il préconisait la création d'un Comité neutre et technique, à la manière de la Croix-Rouge, capable de sauver les monuments espagnols des violences de la guerre. Le 13 mars 1937, le diplomate autrichien Coudenhove-Karlegi demandait au secrétaire général Joseph Avenol que les œuvres d'art menacées soient confiées à la SDN. Une autre proposait de transférer à Genève ces œuvres sous la protection de la Croix-Rouge internationale. Cette initiative se heurtait à l'attitude prudente d'Avenol; non-interventionniste, tout comme le gouvernement français, il ne voulait pas s'immiscer dans les affaires espagnoles. Par ailleurs, la position du gouvernement républicain était résolument opposée à toute sortie des œuvres d'art. Différente, une proposition fut faite à l'identique de la décision de la Generalitat de Catalogne qui, sous le prétexte d'une exposition à Paris, y transféra l'extraordinaire collection d'art médiéval catalan où elle demeura, à Maisons-Laffitte, jusqu'à la fin de la guerre.

De son côté, le président Azaña soutint le projet d'une exposition itinérante à Paris, Londres et Genève, en dépit des dangers du voyage. Mais, si le gouvernement républicain restait sourd à ces demandes, il ne perdait pas de vue l'opinion internationale et, pour contrer les critiques, il facilita à des experts la visite des locaux où étaient entreposées les peintures, sculptures et autres œuvres d'art. Experts qui publièrent deux descriptions relatant favorablement leur mission. Le sort des armes entraîne un nouveau déménagement vers le nord de la Catalogne. Les tableaux du Prado, du palais de Liria et de l'Académie de San Fernando vont au château de Peralada, à 30 km de la frontière française. C'était un bâtiment solide et bien protégé, mais des explosifs entreposés faisaient courir un risque à la collection! Les livres, tapisseries et objets d'orfèvrerie iront dans la crypte du couvent des Carmélites.

Le 23 janvier, le président de la République, le gouvernement et l'appareil de l'État se trouvent à Figueras : le président dans le château de Peralada, le gouvernement et les Cortes dans le château de Figueras, et le docteur Negrín à la Masía del Torero, à quelques kilomètres du col des Illas. L'aviation nationaliste se rapproche dangereusement et menace le trésor artistique. Le gouvernement républicain se résout alors à demander l'aide internationale par l'entremise de ses ambassadeurs de Paris et de Londres auprès de l'Office international des musées, dont le président était Salvador de Madariaga, qui présentait toutes les garanties de neutralité nécessaires. Le secrétaire de la SDN s'oppose au motif de la non-intervention — ce qui semblait logique — alors que, assuré du support du gouvernement français, il participe de l'idée qu'un comité *ad hoc* plus ou moins indépendant pourrait conduire la négociation! Privé et apolitique, ce Comité international pour la sauvegarde des trésors d'art espagnol agira en dehors des organismes nationaux et internationaux, bénéficiant cependant de leur assentiment. Cela se concrétise par l'*Accord de Figueras,* les 2 et 3 février. Au cours de cette soirée, le mariage du fils aîné du Président avec Rosita Díaz et ses festivités eurent lieu dans le château[15]. Les participants ignorèrent tout de la négociation. En peu de jours s'organise le sauvetage. L'ensemble des œuvres, en un convoi de camions espagnols, traverse la frontière évitant les bombardements aériens, du 4 au 11 février. Les œuvres sont entreposées dans le château d'Aubiry[16]. Puis c'est à Genève où le trésor contenu dans vingt-deux wagons de 1.668 colis d'un poids total d'environ 140 tonnes est déposé dans les locaux de la Société des nations, à deux pas du siège de la Croix-Rouge internationale. Retour en Espagne, le 10 mai, après d'intenses négociations avec Madrid : il était temps, le 8 mai, l'Espagne — comme l'Allemagne — quitte la SDN!

Seuls restèrent 174 tableaux et 21 tapisseries, exposés au musée d'Art et d'Histoire, après que le conseiller fédéral chargé des Affaires étrangères, Giuseppe Motta, membre du CICR, fut intervenu auprès du gouvernement espagnol. L'exposition fut organisée par le directeur des Musées nationaux de France, David-Weil, et Paul Lachenal, qui avait été à la tête du Département cantonal de l'instruction publique. Adrien Lachenal, qui avait remplacé son frère, avait conclu un accord sur « *le produit financier de l'exposition qui couvrira les frais et le solde serait mis à la disposition du gouvernement espagnol* ». Le nombre de 400.000 visiteurs en trois mois permit un excédent de recettes de 350.000 FS soit 1.750.000 FS aujourd'hui. Quant aux frais du sauvetage proprement dits, ils ne seront jamais remboursés par le gouvernement espagnol[17]! L'exposition connaît un grand succès jusqu'au 31 août, jour de sa clôture. Edouard Chapuisat, au nom du CICR, intervint en avril auprès de Paul Lachenal, afin que le reliquat des bénéfices de l'exposition soit offert au Comité international. Si la demande reçut un accueil favorable de la part du comité de l'exposition, il n'en fut pas de même de celle du gouvernement espagnol de Burgos.

Arrivé à San Sebastián le 7 janvier, Graz prend contact avec d'Amman [*r.* pour janvier 1939]. Aussitôt le travail de la délégation est distribué. Aidé par Ruiz de la Arena, adjoint, Graz se consacrera tout particulièrement aux tâches administratives : service des recherches, des nouvelles, du courrier et des envois de matériel CICR. D'Amman, quant à lui, se réservant les échanges, les relations avec la CRN et les autorités nationales et locales, l'inspectorat des camps, le chef des prisons, la Santé militaire ainsi que les agences diplomatiques et consulaires. Au plan formel, les deux délégués rendent une visite protocolaire à l'Asamblea suprema et au ministère des Affaires étrangères. Ainsi qu'auprès du chef du service de la presse étrangère, marquis Pablo Merry del Val[18], au ministère de l'Intérieur, car le délégué souhaitait visiter les services sanitaires et de prisonniers en première ligne. Graz est accueilli par les autorités avec des paroles fort élogieuses. Un communiqué est distribué à la presse et à la radio; tous les documents officiels lui sont remis. Rencontre le 26, avec Vallellano et, bien plus amicale, avec le ministre des Affaires étrangères, le général Espinosa de los Monteros, dont Graz s'était occupé des neveux prisonniers à Bilbao. On continue par le colonel Pinillos, puis Antonio Maseda, délégué à la protection des mineurs.

Les visites dans les prisons sont toujours difficiles, alors que d'Amman se contente de visites individuelles. En revanche, les inspections générales n'ont pas l'heur de plaire au *Jefe du Servicio nacional de prisiones*, « *un monsieur ombrageux et une forte tête* ». De même, le service des fiches est fortement perturbé par des ralentissements administratifs. Il en est de même de la distribution des paquets dans l'autre zone. Au travers de toutes les conversations soutenues avec les divers responsables, Ungría, Espinosa de los Monteros, etc., on dénote que l'attente de la chute de Madrid paralyse quasi totalement toutes les initiatives. Par exemple, lorsque le délégué s'enquiert du sort de l'officier norvégien des Brigades, Dalland, il se dirige à San Pedro de Cardeña pour apporter une cinquantaine de paquets aux Américains et aux Suédois. Surprise, tous avaient été transférés au camp de Zapatari (San Sebastián) en vue de leur échange prochain. Il remet alors de l'argent aux sept Norvégiens et aux deux Suisses présents. « *Avec tout l'argent que la Croix-Rouge norvégienne met à leur disposition, ces gaillards sont choyés* », remarque-t-il.

Prévenu d'avoir à se rendre à Barcelone, d'Amman s'adresse à Serrano Suñer, ministre de la *Gobernación* (fusion de l'Intérieur et de l'Ordre public, depuis la mort du général Martínez Anido), pour obtenir le précieux *salvo conducto* individuel. Ne voyant rien venir, il incorpore un convoi de ravitaillement et de matériel sanitaire organisé par la CRN. Vallellano avait oublié volontairement de le prendre avec lui : « *Comme j'allais à Barcelone m'occuper des ennemis, je ne méritais pas les attentions qu'il eut à Barcelone envers les docteurs Junod et Marti chargés d'aller protéger les prisonniers nationaux emmenés à Gerona et Figueras.* »

Retardée par la circulation, la colonne mettra trois jours pour effectuer le trajet Burgos-Barcelone. La Croix-Rouge locale, atomisée, est remplacée par une nouvelle Asamblea. Celle-ci encourage Vallellano à faire main basse, non seulement sur le stock de vivres du CICR, mais aussi sur les fichiers du service d'information et de recherches. Le personnel de la délégation est réduit, mais Mme Crass et Ramos, comptable, assurent être en mesure de faire fonctionner le service. Ne pouvant se rendre utile dans une ville complètement désorganisée où « *toutes les autorités étaient littéralement sur les dents et dans l'impossibilité de recevoir le délégué du CICR* », d'Amman retourne à Burgos.

Du 1er au 28 février, Graz et d'Amman sont littéralement sur les routes! Écartelés entre Burgos et Barcelone, San Sebastián et Barcelone et un court retour de Graz à Genève, cette période est difficilement vécue. Les colis et envois de vivres ou de vêtements pour les prisonniers et les populations civiles sont fortement perturbés. Les chemins de fer accaparés par l'armée, l'envoi de vivres en Catalogne, et les mouvements de troupes soit pour la mise au repos, soit pour la concentration d'une puissante force autour de Madrid, Américains et Suisses ne peuvent être aidés.

A Barcelone, les arrestations s'opèrent « *à un rythme accéléré et continu, vu le grand nombre de ceux qui n'ont pas eu matériellement le temps ni les moyens de transport pour s'enfuir* ». D'après d'Amman, les conseils de guerre siègent en permanence, les séances sont publiques; les journaux donnant des comptes rendus quotidiens. « *Tous ceux qui ont commis ou participé directement à des assassinats subissent impitoyablement la loi du talion dans les vingt-quatre heures.* » Le délégué ne se pose pas la question de connaître la validité de procédures précipitées qui aboutissent à une condamnation radicale. En ce qui concerne le personnel de la délégation, le délégué se soucie de leur sort : Mlle de Riedder, Belge, et un des chauffeurs, Carlos Brünner, Suisse (dont il a été question pour l'affaire de Montjuich), sont arrêtés et mis au secret. Arrestation due sans doute à l'homonymie d'un certain Otto Brünner, Suisse lui aussi, ayant commandé la brigade *Tchapaïev* au cours de la bataille de Brunete. Otto Brünner aurait été, en compagnie de Rudolf Frei, responsable du SIM (Servicio de investigación militar) des Brigades internationales pour les ressortissants helvétiques. Après la bataille de Gandesa, le diplomate suisse Broye aurait reconnu, à tort, le corps d'Otto Brünner. Ce dernier, revenu en Suisse, fut condamné à six mois de prison[19]. D'Amman s'agite, intervient, alerte les consuls, les autorités. Rien ne bouge.

Les *ex-prisonniers,* retour de France, rentrent par Irún ou le Perthus. Ils sont hébergés provisoirement dans des camps les rassemblant, attendant leur classification, c'est-à-dire l'*aval* de deux personnes. Quant aux miliciens et réfugiés qui optent pour Franco, ils gagnent Irún. D'Amman assiste à leur arrivée. Spectacle lamentable, tous se plaignent du traitement subi en France : pas ou peu de nourriture, logement précaire ou inexistant. Lors de leur retour, on les aligne devant de vastes corbeilles dans lesquelles ils doivent déposer tous les objets en leur possession *dont ils ne pourraient justifier être les légitimes propriétaires* au moment de la fouille ultérieure. Cet avertissement, sur un ton *paternel* précise d'Amman, de restitution volontaire, leur évitera tout sanction judiciaire! Pleuvent les objets les plus hétéroclites; ceux qui n'ont pas de valeur sont immédiatement rendus. Seraient passés par Irún 55.000 hommes (très peu de femmes) remis à l'Inspectorat général des camps de concentration et soumis à la procédure de classification générale. Des problèmes de ravitaillement et de logement doivent être résolus; le *système D* joue sans trop d'accrocs [r. du 1ᵉʳ mars].

Derniers soubresauts de l'Armée populaire dans la zone centre, en décembre, la bataille de Peñarroya et la tentative avortée de Motril ne retardèrent pas la chute inéluctable de la Catalogne. Un nouveau coup du sort fut celui de la reddition de l'île de Menorca. Celle-ci était restée fidèle à la République et servit de base pour l'expédition de Bayo. Nous n'avons pas, dans les sources du CICR, d'informations sur une implication quelconque dans l'une ou l'autre des îles des Baléares.

Situation confuse, à l'agonie à Madrid, où on estime que 400 à 500 personnes meurent par semaine, en partie de la faim. Les magasins vides, les rares produits se vendent au marché noir à des prix incroyables. Dans les restaurants, on ne sert que des harengs et des lentilles. Importées massivement, elles deviennent la nourriture de base du Centre-Sud, dans le langage populaire on les appelle les *pilules de résistance de Negrín*. La nourriture reste le thème de conversation numéro un. Les maisons sont glaciales — c'était le troisième hiver sans chauffage — et souvent sans électricité. L'état sanitaire accuse les effets de la malnutrition, de l'hygiène inexistante par manque de savon et d'eau parfois avec une prolifération des maladies parasitaires.

Si est atteinte la santé physique, le moral l'est aussi : agressivité dans les queues devant les commerces, dans le métro, qu'accompagne la critique virulente de tous ceux qui sont considérés comme les responsables, parmi lesquels ouvertement les membres du gouvernement. Les cafés, cinémas et autres endroits de plaisir, paradoxalement, débordent d'une multitude d'uniformes et de femmes. La cité et ses habitants, au bord du précipice, s'étourdissent, attendant avec anxiété et peur, mais aussi un lâche soulagement, la fin. Mais la misère est grande pour les petits, les enfants, mendiant, implorant la charité, disputant aux chiens le contenu des caisses à ordures. Sur les fronts, tout est calme. Pas d'attaque, seule l'artillerie ennemie tire... un coup de canon, très précisément chaque quart d'heure, chaque fois dans un quartier différent de la ville. On ne savait jamais qui serait touché et quand... La délégation de Madrid semble être aux abonnés absents. Si les communications téléphoniques avec le reste de la zone centre existent, il n'y a plus de contact avec la France, sinon au travers des appareils de radio de la flotte britannique et des moyens militaires. Les fiches restent dans les classeurs et les distributions de vivres ou de lait se poursuivent parcimonieusement.

Dans cette lourde atmosphère d'abattement demeurait un parti de la résistance, la tendance *négriniste*. Après être passé en France le 9, avec les troupes nationalistes sur les talons, Negrín, le lendemain à Toulouse, prend l'avion d'Air France — vol Toulouse-Casablanca — en compagnie du ministre des Affaires étrangères, Alvarez del Vayo, et du chef du

SIM, Santiago Garcés. Ils atterrissent à Alicante et se rendent à Valence au quartier général du chef militaire de la zone centre-sud, le général Miaja. Le 12, rencontre à Madrid du colonel Casado, chef de l'armée du centre. Celui-ci leur fait part d'une situation inquiétante, on manque de tout. A Madrid, socialistes, républicains et CNT viennent, le 16 février, tout juste d'affirmer dans une résolution « *leur incompatibilité avec le parti communiste* » et leur inquiétude de la conjoncture militaire. Pour les uns, il faut trouver une solution radicale, y compris dans une reddition négociée. Pour les autres, on doit résister en attendant l'éclatement d'une guerre mondiale. Deux politiques divergentes; de leur affrontement naîtront les événements tragiques des semaines de mars.

Quittant la frontière, Hahn arrive le 7 à Marseille. Vendredi 11 février, Hahn [*r.* du 13.2.1939] à bord d'un destroyer anglais, après trois jours de navigation, arrive à Gandía. Au port l'attendent le consul britannique et le docteur Castañero, de la Croix-Rouge, qui se partagent les caisses amenées. Miaja, de fort méchante humeur, refuse la remise de paquets aux prisonniers de guerre italiens, « *incriminant la Croix-Rouge internationale de ce qu'elle ne faisait rien pour son fils détenu à Burgos* ». Quant à la situation à Valence, elle n'est guère propice à un travail régulier, il règne un grand désordre. Le fichier de la direction générale des prisons s'est perdu lors de la retraite de Catalogne. Le courrier est tributaire des autorités françaises ou anglaises et de leurs bateaux qui opèrent des rotations hebdomadaires. L'échange des prisonniers, essentiellement des Italiens, est lui aussi en panne. En définitive, en quelques jours, Hahn arrive à un pronostic fataliste : « [...] *les gens sont fatigués, on s'attend à des événements importants.* »

En raison des difficultés multiples rencontrées lors de la distribution des vivres, celle-ci est suspendue. Seules seront effectuées celles de proximité (dans un rayon maximum de 100 km). Si les conditions le permettent, les lointaines seront regroupées en une seule fois. Quoi qu'il en soit, en tenant compte de la situation, le délégué reste pessimiste sur l'avenir de cette activité. Les paquets destinés aux prisonniers italiens leur ont finalement été remis, mais les échanges sont suspendus sur ordre du président du Conseil, Negrín.

Romeo Lozano, président du Comité central de la CRR, est de retour à Madrid. Son état physique est précaire et son fils souhaiterait qu'il puisse rejoindre son épouse, à Perpignan depuis quelques mois, en compagnie du reste de sa famille. La difficulté consiste dans la disponibilité des moyens de transport; les autorités anglaises font des embarras en ce qui concerne les Espagnols. A Genève, la Commission d'Espagne, après en avoir discuté avec Junod, est d'avis qu'il faut favoriser l'évacuation de Romeo et sa famille. Une démarche est faite auprès de Norman King. Derechef est proposée une éventuelle évacuation de sympathisants républicains (femmes, enfants, vieillards) qui craignent des représailles alors qu'ils n'ont trempé dans aucun crime. Le délégué répercute qu'à la suite des exécutions effectuées à Barcelone par les nationalistes, après le 26 janvier, l'inquiétude gagne la population. « *Il est vrai que le peuple espagnol est tellement passionné et intolérant que toutes les suppositions trouvent aisément crédit et parfois se confirment...* » Ajoutant qu'à de nombreuses reprises il a entendu dire que la « *CRI* (Cruz Roja Internacional) *avait travaillé de préférence en faveur de Burgos. On cite notamment l'évacuation de plus de trois mille personnes de Madrid et on pense que le CICR fera maintenant un geste analogue en faveur de braves gens républicains (assertions faciles à réfuter). Si je vous dis tout cela, c'est pour vous donner une image de la situation ici.* »

La venue annoncée de Junod n'est pas *désirable;* elle est risquée, ajoute Hahn, qui a rencontré à Madrid, « *le captif* [terme utilisé] *Garcés, chef du SIM, autrefois à Barcelone. Junod s'était entretenu avec lui au moment où il passait la frontière* », en compagnie d'un diplomate anglais, Richard. Or, Garcés fut arrêté peu après par la police française et remis en liberté. D'après le chef de la police, Junod était responsable de son arrestation; alors qu'il avait procuré des *facilités* [à Junod], celui-ci n'aurait pas eu une conduite *chevaleresque*, le dénonçant à la police française! Malgré les objections d'Arbenz et de Hahn, Garcés répétait qu'à « *la frontière, M. Junod, en compagnie de l'Anglais, m'a dénoncé et m'a fait arrêter* ».

Depuis quelques jours, Léon Bérard, sénateur et ministre sous la IIIe République, poursuit de difficiles négociations avec le général Jordana, ministre des Affaires étrangères. Il fallait régler le sort de ce qui se trouvait sur le territoire français : or, bijoux, trésor artistique, armes, matériel de guerre divers, bétail, véhicules, etc. Le retour à la normalité fit céder sur presque tout, et tout d'abord sur la reconnaissance de l'État franquiste. Pour le gouvernement français, la priorité était que tous, ou presque tous, les réfugiés espagnols devaient cesser d'être à la charge de la France et se rapatrient au plus vite.

Sont signés les accords franco-espagnols le 25 février, à Burgos, établissant « *toutes les conditions nécessaires pour garantir l'indépendance et l'intégrité de l'Espagne* ». Deux jours plus tard les gouvernements français et anglais reconnaissent le gouvernement franquiste. Au cours d'un débat tumultueux à la Chambre des Communes, le leader travailliste Attlee présente une motion de censure et accuse Chamberlain d'avoir reconnu « *les rebelles espagnols de manière inconditionnelle, ce qui constituait une violation flagrante des traditions internationales et ajoutait un nouveau à une politique qui détruisait progressivement la confiance des pays démocratiques dans la bonne foi de la Grande-Bretagne* ».

Dans la nuit du 27, depuis Colonges-sous-Salève, où il se trouve, le président Azaña dirige un télégramme au président des Cortes, Diego Martínez Barrio, à Paris, lui présentant sa démission. Ce dernier, après avoir tenté en vain de joindre le président Negrín, refuse d'assurer l'intérim de la présidence à la magistrature suprême et convoque pour le

5 mars la délégation permanente des Cortes. Le 28, l'ambassadeur Pascua quitte les locaux de l'ambassade. Quiñones de León, ami personnel du roi Alfonso XIII, avait participé au complot conduisant au *pronunciamiento*. Depuis Paris, où il demeurait, il fut un des organisateurs majeurs du service d'espionnage nationaliste (SIFNE). Deux heures et demie plus tard, abandonnant sa couverture d'espion actif, il prend possession de l'ambassade au nom du gouvernement de Burgos. Le 2 mars 1939, les deux pays procèdent à l'échange des ambassadeurs. Le maréchal Pétain est nommé à Burgos; José Félix de Lequerica vient à Paris.

La République n'avait plus d'existence sur le plan international. Sa présence dans la zone centre-sud se réduisait à un gouvernement sans bases légales, une représentation nationale atomisée, une administration volatilisée. Depuis la déclaration de l'état de guerre, le pouvoir est dans les mains des militaires professionnels. Pouvoir théorique qui leur sera bientôt disputé. En dépit du discrédit que la rébellion avait porté à leur corporation et au bouleversement provoqué par la création d'une armée populaire aux cadres rajeunis, ils étaient toujours présents et, peut-on dire, réellement tout-puissants. Les militaires, et un nombre de plus en plus important de politiques, recherchent désespérément une solution. Pour les premiers, c'est d'une reddition négociée qu'il s'agit, et des contacts sont pris avec d'autres officiers ayant des relations secrètes avec des membres du SIPM en zone républicaine. Ce sont eux qui conduisent les négociations, titillés par les diplomates anglais. Nous avons abondamment fait toucher du doigt la présence diplomatique au cours de la guerre civile pour constater que maintenant, au travers des représentants français et anglais, elle sera bien présente. Et d'autres, de tendance pacifiste, comme des membres de la Croix-Rouge internationale, avançait-on. Nombreux sont ceux qui ont décrit le vécu de la population à l'arrière, signalant que la rumeur publique considérait la majorité du corps médical, y compris celui de la Santé publique, comme sympathisante des franquistes. Il en était de même pour les membres de la CRR et ceux employés par le CICR[20]. Sans oublier la présence de la *Cinquième colonne* et de ses sympathisants, infiltrés dans tous les rouages de l'armée et de l'administration. Par exemple, deux médecins militaires et un universitaire, Antonio Luna (était-ce un parent de l'inspecteur général médecin de la Croix-Rouge Guillermo Luna?), feront office d'intermédiaires avec les membres du SIPM à Madrid. Pour sa part, le gouvernement est conscient que, pour durer et poursuivre sa politique de résistance à outrance, il lui faut opérer une reprise en main des forces armées. Comme il ne contrôle que les unités dont les officiers sont communistes ou sympathisants, il lui faut diviser ses adversaires.

La pression de Burgos, au cours des négociations secrètes, chaque jour devient plus forte avec la menace du déclenchement d'une ultime et sanglante offensive. Angoissé, pressé, dépassé, le colonel Casado rencontre le président Negrín et lui soumet l'absolue nécessité de renoncer à toute résistance pour éviter un plus grand désastre. La réponse du président Negrín se traduit par une valse de nominations d'officiers supérieurs. Dans son esprit, cela devrait permettre de désarticuler l'opposition, encore discrète, mais qui se dévoile en refusant les affectations décidées.

Constatant la décomposition avancée du pouvoir, les phalangistes et membres de la *Cinquième colonne* à Cartagena se soulèvent. Nous ne rentrerons pas dans le détail des combats qui s'ensuivirent. Soulignons que la flotte républicaine, craignant de se trouver bombardée à loisir ou attaquée depuis la terre, prend la mer et, après une courte traversée, arrive au port de Bizerte, où elle s'interne. Son départ enleva toute crédibilité au plan d'évacuation des cadres politiques et militaires qui pouvaient, légitimement, craindre pour leur vie.

En réponse aux tentatives de Negrín ou agissant en fonction d'un plan préconçu, le 5 mars, Casado constitue un Conseil national de défense *(Consejo Nacional de Defensa)* composé du général Miaja, de Julián Besteiro, Wenceslao Carillo, José González Marín, Eduardo Val, José del Rio et Miguel San Andrés. La création de cette autorité politico-militaire pose un problème crucial au débile gouvernement Negrín. Immédiatement, les derniers conseillers russes se préparent à quitter l'Espagne, ainsi qu'un certain nombre de politiques communistes. Une tentative suicidaire est engagée afin d'écraser le Conseil national de défense. Depuis Alcalá de Henares, des troupes commandées par des officiers communistes, ou sympathisants, sont dirigées sur Madrid où, le 6 mars, une bataille de rues commence à leur initiative. La capitale se transforme en un immense et complexe champ de bataille, y compris C/Abascal, un moment partagée entre les deux adversaires. Peu d'indications sur ce que ressentirent les délégués. Au cours d'échauffourées violentes et meurtrières périrent plus de 200 soldats, et il y eut environ 500 blessés; 15.000 prisonniers seront concentrés à Alcalá de Henares.

Conscient que les jours de son gouvernement sont comptés, Negrín réclame des moyens aériens afin que les ministres et les cadres du parti communiste puissent partir. Le premier vol, le 6, depuis Los Llanos, comprend Dolores Ibárruri, le colonel Cordón (que nous avons rencontré au cours de l'épisode de la Virgen de la Cabeza), le député français Jean Catelas. Dans un second avion, le couple Rafael Alberti et des conseillers soviétiques; enfin dans le dernier, Negrín et les membres du gouvernement, Alvarez del Vayo, Ossorio y Tafall et Garcés. D'un autre aérodrome partent des personnalités communistes telles que Hidalgo de Cisneros, Uribe, Modesto, Tagüeña, Lister, etc.

Valence connaît un instant de tranquillité précaire. Miaja est à Madrid, remplacé par le général José Aranguren. Un changement très sensible s'opère dans l'administration. Hahn [lettre à Patry du 6.03.1939] prend contact avec le procureur qui a reçu des instructions garantissant le sort des prisonniers. Le délégué demande que la séparation soit effective entre détenus politiques et de droit commun. Le nouveau directeur pénitentiaire, Vines, améliore sensiblement le traitement des prisonniers.

Se profile la perspective d'un échange longtemps préparé. Celui du fils Miaja contre Miguel Primo de Rivera, frère de José Antonio Primo de Rivera, interné dans le *Reformatorio de adultos* (Maison de correction des adultes) d'Alicante, qu'il quitte le 7 mars pour Valence. Une série de télégrammes, depuis le 21 février, ont été échangés entre le délégué, les deux gouvernements et Genève. La transaction fut constamment ajournée par suite de la succession d'événements de ces trois mois. Un télégramme, le 4 mars, contient :

> Confirmons échange Isaac. Collaborez avec consul anglais Valence.

et du 5 :

> José Miaja Isaac à disposition autorités anglaises demain lundi pour passage frontière Stop Communiquez Cowan et Hay consulat britannique pour embarquement Primo de Rivera éventuellement demain sur Devonshire Stop Télégraphiez embarquement Stop Docteur Patry.

Hahn et Muñoz se précipitent chez Miaja dont l'émotion est profonde. Si les militaires s'imposent partout — ceux du Conseil de Casado — l'échange se fera sans difficulté. Miguel Primo de Rivera, en prison, se porte bien et heureux de sa prochaine libération. Précisons que les Anglais avaient mis en balance le fils de Largo Caballero. A ce sujet, le délégué se plaint du manque de coordination et de la propension, dit-il, des Anglais de faire cavalier seul; d'immixtion n'hésite-t-il pas à affirmer.

Le dernier télégramme portait aussi sur un échange de 83 Italiens contre des Américains. Nous retrouvons les tractations dont d'Amman nous avait déjà parlé, à San Sebastián. Le nouveau gouverneur militaire semble tout acquis. Mais ce qui préoccupe le délégué, c'est le sort des brigadistes démobilisés qui sont dépourvus de toute assistance, de même que les étrangers (Allemands, Polonais, Autrichiens, Italiens, etc.) relâchés par le SIM. Ils errent dans les rues démunis de tout, sans ressources, sans vêtements, ni savon ni vivres. Où couchent-ils, que font-ils de leur journée, qui leur donne un peu d'argent? Hahn se propose de demander aux autorités militaires de loger ces malheureux dans des casernes ou autres locaux inoccupés. Ensuite, un passeport spécial provisoire muni de visa serait sollicité auprès du consul français.

Le président Romeo Lozano et sa famille, arrivés mardi de Madrid, ont été confiés par le délégué du CICR à un bateau britannique. Dès qu'il pose le pied à Marseille, il manifeste sa reconnaissance envers le CICR.

Cette semaine tumultueuse l'a été aussi à Valence. Le départ de Miguel Primo de Rivera s'effectue dans de bonnes conditions : le 9, au matin, il monte à bord de l'*Intrepid*. A la demande faite de ramener Miaja Isaac dans la zone centre-sud, les Anglais se font tirer l'oreille, enfin José Isaac arrive en zone républicaine le 21, jour anniversaire de son père. Les premiers contacts avec les nouvelles autorités impressionnent favorablement notre délégué. Efficacité et concision militaire, les abus du SIM seront corrigés, et le chef, Appelanis, incarcéré. Par décret, le 22, le SIM est dissous. Beaucoup de libérations, les châtiments corporels semblent être abolis. Si les gens respirent plus librement, on note un raffermissement de l'autorité.

Le lieutenant-colonel Garijo et le commandant Ortega, de l'état-major de Madrid, prennent l'avion, le 24 mars, pour Burgos-Gamonal. Ils proposent aux nationalistes une capitulation par étapes en vingt-quatre jours et la possibilité d'émigrer sans obstacle pour ceux qui le souhaitent. Les nationalistes, bien sûr, n'acceptent aucune de ces propositions, exigeant une capitulation sans conditions garantie par la remise immédiate des derniers avions républicains. De fait, les négociations en cours, les émissions radiophoniques ainsi que les affiches placardées feront beaucoup pour la dissolution des structures militaires républicaines.

Exactement à 13 heures, mardi 28, devant les tranchées de l'hôpital Clínico, dans la Cité universitaire, au nom de l'état-major républicain, le colonel Adolfo Prada Vaquero offre la reddition sans conditions de l'armée du centre au colonel Eduardo Losas, commandant la 16e division. Le front de Madrid, qui avait coûté tant de vies, cesse d'exister. Les soldats montent sur les parapets. La population civile, dans les rues, laisse exploser sa joie. *La guerre est finie!* Cette phrase court les rues et les tranchées madrilènes, les campagnes d'Extremadura, d'Andalucía. La *Cinquième colonne* s'approprie la rue et les édifices publics.

Les membres du Conseil quittent Madrid. Julián Besteiro reste. L'ancien président du Parlement, malade, était beaucoup trop faible pour suivre ses amis. Opposé à toute violence, il ne s'était pas manifesté activement pendant la guerre. A la demande d'Azaña, il entama des négociations à Londres, au cours du couronnement de George VI, qui échouèrent. Besteiro savait qu'il serait emprisonné par des vainqueurs sans pitié. Il n'avait pourtant rien à se reprocher. Le tribunal militaire trouva cependant des motifs pour le condamner à une lourde peine de trente ans d'emprisonnement. Si la tentative de conciliation avait abouti, prétendit le tribunal, cela aurait signifié la *défaite de l'État nationaliste*. A Carmona, dans la prison installée dans un vieux monastère, près de Séville, il n'y avait pas d'hôpital pour les prisonniers; Julián Besteiro y décédait le 20 septembre 1940. Melchor Rodríguez — dont nous avons parlé lors des *sacas* de novembre 1936 — par intérim, remet au nouveau maire, Alberto Alcocer, nommé à ce poste en... octobre 1936, les clés de la ville. A la même heure s'opère le passage de témoin entre le Comité central de la Croix-Rouge et l'Asamblea Suprema de la Croix-Rouge nationaliste. López Aragonés en avait été accrédité comme président par intérim, Ramón Rubio (trésorier) et Martínez Selles (secrétaire général), quelques jours seulement avant l'occupation de Madrid. Le président remit au représentant des autorités de Franco l'institution[21] :

A Madrid, le vingt-huit mars mil neuf cent trente-neuf, à une heure de l'après-midi, le docteur D. Ventura López Aragonés, comme vice-président du Comité central de la Croix-Rouge espagnole et président provisoire de celui-ci, en son nom et en tant que représentant, remet en ce moment l'Institution de Madrid, ainsi que tous les services qui dépendent d'elle, à D^a· Concepción Amores, comme déléguée du gouvernement de la Phalange espagnole traditionaliste et des J.O.N.S., suivant sa dénomination.

(s.) C. de Amores y Ayala.   (s.) Ventura López Aragonés.

Les phalangistes occupèrent le siège de la Croix-Rouge, C/Eduardo Dato, et les requetés, ceux du Socorro Rojo, C/Abascal.

Pendant une semaine, Hahn ne put communiquer avec Genève, les destroyers anglais refusant d'accoster à Gandía. Depuis février, le CICR tentait de solutionner l'échange de brigadistes encore nombreux à San Pedro de Cardeña, avec les 168 prisonniers italiens de la zone centre-sud, spécialement à Valence et Alicante [lettre à la CE du 9.03.1939]. Les nouvelles autorités, en l'occurrence le Conseil national de défense, étaient préoccupées par la négociation d'une reddition simultanée avec l'évacuation des sympathisants républicains (politiques, militaires et syndicalistes) qui risquaient des représailles. Hahn, venu par deux fois à Madrid à ce sujet dans les semaines passées, intercédait auprès de Miaja, qui n'avait que deux idées en tête, le sort de son fils et son devenir propre, c'est-à-dire son départ en France; il se rendit en Afrique du Nord en avion.

L'accord obtenu à Madrid pour un échange d'Italiens contre des brigadistes [r. du 2.04.1939] achoppe sur les modalités d'évacuation. Les Anglais signifient ne pouvoir embarquer que 51 Italiens, soit l'exacte contrepartie des brigadistes (Anglais et Suisses). Volontaire, le délégué contacte le consul Goodden pour qu'il se mette en relations avec l'Amirauté anglaise afin d'obtenir l'évacuation de tous les Italiens et leur acheminement sur Palma de Majorque. Mercredi 29 mars, le consul anglais donne son assentiment pour une évacuation totale. Aussitôt, avec Beck, Hahn se rend à l'état-major pour que le *Jefe* (général José Aranguren) organise la remise formelle des 167 Italiens. Dans Valence, ce sont des moments de désordre indescriptible. Les soldats de l'armée républicaine arrivent en débandade, sans armes en général. Au point du jour, à Gandía, sur des camions et en plusieurs voyages, les Italiens sont dirigés vers le port au milieu d'une foule curieuse et hostile. Les vedettes à moteur anglaises emmènent par groupes ces hommes, gardés par des Espagnols et un détachement anglais. A la prison, les détenus politiques s'arment et sortent dans la rue pour *ramasser* le pouvoir. Leur premier détenu est un Italien (militaire) communiste qui a refusé de suivre ses camarades à Palma. Un des officiers italiens signale la présence d'autres prisonniers italiens malades, à Almería et près de Valence (asile d'aliénés). Pas de précision sur l'heure d'embarquement, ni sur le bâtiment, probablement le croiseur *Sussex*[22]. D'autres sources indiquent que ce jour arrivèrent, dans le courant de l'après-midi en provenance de Madrid, le colonel Casado accompagné de membres du Conseil et d'un certain nombre de personnalités (au total, 164 hommes, 20 femmes et 6 enfants) qui embarquèrent sur le *Galatea* (ou le *Sussex*) pour être transbordés sur le navire-hôpital *Maine*, qui les conduisit à Marseille. De là, ils gagnèrent l'Angleterre[23]. Étaient aussi à Gandía les députés français Forcinal et Tillon, André Ullmann, journaliste, ainsi que des membres du Comité international d'évacuation[24].

A son retour, Hahn constate que Valence est en fête, pavoisé aux couleurs nationales. Se pressent à la délégation, les détenus politiques relâchés peu auparavant, demandant des vivres. Les communications téléphoniques sont renouées avec Madrid, qui apprend que l'ordre est assuré par les gardes d'assaut et un nombre élevé de phalangistes. Les troupes nationalistes avancent à grands pas. Le 30, le CTV est à Alicante et le corps d'armée de Galicia entre à Valence.

Tard dans la matinée, Hahn est avisé de l'arrivée tardive de 27 autres Italiens à Gandía. Mauvaise nouvelle, Goodden lui signale, le lendemain, que les vivres entreposés sur le quai ont été réquisitionnés. Il avait cherché à les récupérer auparavant, sans y parvenir du fait du manque de moyens de transport. Aussi, dans son courrier, Hahn prie-t-il Genève de ne plus rien envoyer. Les services de ravitaillement de l'État vont fonctionner et l'apport de la Croix-Rouge internationale n'est plus indiqué. Elle a fait largement sa part.

La guerre est finie... Un télégramme de la CE sollicite l'opinion du délégué sur l'éventualité d'un maintien de l'activité de la délégation. De son point de vue, la mission d'intermédiaire et de protecteur devient sans objet. Tout au plus pourrait-on s'occuper des réfugiés sur le territoire français qui ont besoin de secours. Pour ceux qui restent pour le moment en France, il faudrait trouver le moyen d'établir une liste détaillée et la remettre à une dernière délégation, Barcelone peut-être, vu les facilités de communications avec la France et Genève.

Quant à la protection des prisonniers politiques, Hahn estime que l'on ne peut plus intervenir, c'est une affaire intérieure espagnole et les organisations étrangères n'y ont pas leur place. De surcroît, connaissant la susceptibilité du peuple espagnol à cet égard, que le CICR ferait fausse route en maintenant ce genre d'activité. « [...] *nous devons nous borner à liquider d'ici au 15 avril, en aviser les autorités et reprendre le chemin du pays. Il faut laisser le nouvel État s'installer à sa guise. Même l'intervention en faveur des prisonniers de guerre étrangers devient sans objet (les Russes exceptés) cela est du ressort des pays respectifs.* »

Sur les fronts du centre-sud, les troupes républicaines quittent leurs positions. Les nationalistes avancent sans résistance. Apportons quelques clichés : « *Alors, commandant, quand est-ce que nous allons partir pour le Mexique ?* » demande un jeune soldat. Tous savaient la guerre perdue. « *Mais ils allaient nous laisser partir. Ils n'avaient pas intérêt à garder les républicains, ici, en Espagne.* »[25] Ambiance contradictoire, mélange de pessimisme résigné sur le sort de la guerre et d'optimisme infondé sur les possibilités d'un arrangement honorable avec les nationalistes. Un Norvégien, délégué d'un organisme humanitaire, n'entrevoyait pas, lui non plus, l'imminence d'une catastrophe. Quelques semaines plus tard, il était arrêté au siège du consulat norvégien. A Valence, tous tournaient en rond. Principalement les volontaires étrangers engagés aux côtés des républicains et tous ceux qui, à un degré ou un autre, occupèrent des postes de responsabilité, aussi infimes aient-ils été. Pour quitter cette zone, il fallait sacrifier à la manie administrative, fréquente en Espagne. D'abord, obtenir un passeport à la direction générale de la Sécurité, formalité assez rapide. Le Conseil de défense au cours de son éphémère existence avait donné des instructions spéciales : un ersatz de passeport sur une feuille de papier était délivré aux nombreux demandeurs. Des visas étaient nécessaires, surtout pour le Mexique, pays mythique. Il fallait un passeport que peu d'Espagnols possédaient. Bon prince, le consul en délivrait, de transit, autorisant l'entrée temporaire. La rumeur, toujours folle, entretenait l'espoir, on attendait des bateaux. Tous voulaient survivre, même s'ils devaient aller en Afrique sur une barque de pêche. Tous cherchaient comment sortir de ce piège. Cependant, il n'y avait plus de trafic maritime, les compagnies étrangères trouvaient le transport risqué et peu rentable. Les bateaux républicains ne naviguaient plus; la Méditerranée était contrôlée par les avions, les bateaux italiens et la flotte nationaliste.

L'ambiance, à Alicante, n'était pas différente de celle de Valence. Il y avait eu un navire britannique, l'*African Trader*, le 19 mars, c'était apparemment le dernier à partir. Depuis cette date, aucun bateau n'était arrivé. La marine nationaliste patrouillait au large. Seul à quai, le *Stanbrook*, un marchand britannique de moyen tonnage. Son armateur, dans un premier temps, aurait ordonné que le navire quitte le port, sans passagers ni marchandises. Pourtant, le capitaine se laisse fléchir par les arguments du gouverneur d'Alicante, Manolo Rodríguez[26]. Sur le port, les *carabineros* opèrent comme en période normale, posant des questions banales pour un voyage qui ne l'était pas.

Le navire était bondé. Il en arrivait toujours, qui voulaient partir. C'était un tumulte sauvage. On était assis sur des caisses ou des coffres, essayant de trouver assez de place pour étendre ses jambes. Sur le port, les voitures provoquaient des embouteillages, dans l'obscurité naissante. La nuit était sombre au-dessus de la mer et du port : pas de lune, pas d'étoiles. Sur le port, on voyait briller les phares des voitures arrêtées lorsque le navire déhale. A son arrivée dans le port d'Oran, le bâtiment britannique, battant pavillon panaméen, par suite des délais de quarantaine, fut menacé de saisie s'il ne réglait pas les frais portuaires estimés à 200.000 FF. La transaction eut lieu finalement avec 170.000 FF avancés par les organismes républicains à Paris.

Nous venons de donner un raccourci de ce que connurent des milliers d'Espagnols cherchant à fuir la zone centre-sud. Le 28, des milliers de réfugiés — plus de 12.000 dont un grand nombre d'*internationaux* — provenant du front du Levant et de Valence arrivent au port avec un jour de retard. Il n'y a plus de bateau. La *Cinquième colonne* est présente dans la ville. Avec l'assistance des consuls cubain, argentin et d'autres, de représentants du Comité d'entraide international (CICIAER) et du député Charles Tillon, un comité d'évacuation est créé dans l'attente des bateaux salvateurs qui, s'ils vinrent, ne purent s'approcher du port[27]. Lors de l'arrivée des troupes italiennes, le 30, un accord sur la création d'une *zone neutre* dans le port aurait été verbalement conclu entre le général Gambara et le Comité, à l'identique de celui de Santander. Une évacuation serait-elle tolérée? L'heure n'est plus, si elle ne l'a jamais été, à la mansuétude. Franco donne les ordres de transporter immédiatement les forces nécessaires pour remplacer les Italiens et amener à résipiscence les soldats se trouvant dans la nase du port. Affamés et assoiffés, les soldats républicains se rendent aux forces transalpines. Prisonniers de la dernière heure, ils furent internés dans divers camps de concentration et de transition — des Almendros et Albaterra — dont un ouvrage portant ironiquement le titre de *El año de la victoria* (l'Année de la victoire) relate le calvaire[28]. Le 1er avril 1939 inaugurait, dans toute l'Espagne, une époque sinistre et menaçante pour les vaincus.

La *nouvelle* Espagne...

> PARTE FINAL DE LA GUERRA:
> *En el dia de hoy, cautivo y desarmado el Ejército Rojo, han alcanzado las tropas nacionales sus últimos objetivos militares. La guerra ha terminado.*
> Burgos, 1° de abril de 1939. Año de la Victoria.

D'Amman devait participer au convoi de la CRN qui se rendit à Madrid dès sa chute. Son compte rendu [16 mars au 15 avril 1939] est confus. C'est une période mouvementée, dit-il, au cours de laquelle règne l'attente fébrile du déclenchement de l'offensive finale, après avoir vainement tenté de prendre contact avec le nouveau secrétaire d'État aux Affaires étrangères, Domingo de las Bárcenas y López de Mollinedo[1], Espinosa de los Monteros ayant été nommé chef des troupes d'occupation de Madrid. Le départ du convoi a lieu. La route directe ne peut être empruntée. On craint les *bandes rouges errantes non encore cueillies et désarmées,* et c'est par Valladolid et Avila, un long détour, que l'on arrive dans un Madrid plongé dans l'obscurité par manque d'électricité. « *Je retrouvai M. Arbenz et son personnel sains et saufs, échappés par miracle aux feux croisés de la semaine communiste* », commente-t-il. Le lendemain, avec son collègue, ils vont à l'Asamblea Suprema « *en train d'installer ses services au siège abandonné par la Croix-Rouge républicaine. Je présentai Arbenz aux membres du conseil.* »

Dans son rapport, le délégué ignore la passation de pouvoirs au siège de la Croix-Rouge, qu'il dit avoir été abandonné. Et il ne mentionne pas la présence, ou l'absence, de Vizcaya! Arbenz, rencontrant le soir même le comte de Vallellano, celui-ci le félicite vivement de son travail *dévoué et périlleux durant l'occupation rouge*. Évidemment, les tâches de la délégation sont interrompues par ce brusque changement de régime. Le voisinage avec la CRN facilite les contacts qu'Arbenz noue avec les nouvelles autorités. Davantage par la présence du secrétaire Fernández Alvarez, qui s'était *trompé de route* au retour de la Conférence de Londres! Le différend Arbenz-Vizcaya continue et d'Amman, tout en « *s'abstenant de porter un jugement sur un Monsieur qu'il ne connaît pas* », le fait licencier par Genève le 15 mai. Étrange conclusion d'une collaboration qui, nous semble-t-il, fut importante et fructueuse.

Travaillant à cheval sur la frontière, Graz, vendredi 19 mai, rapporte 500 fiches émanant de l'ancien Hôpital militaire de Perpignan, où ne s'y trouvent que des Espagnols, tout heureux de pouvoir réconforter les malades en leur apportant des nouvelles de leur famille : « *Je ne m'étends pas sur le travail qu'il nous a fallu pour convoquer 500 personnes et les faire répondre sur le verso de la fiche. J'ai dû parlementer une heure avant de savoir qui se chargeait de ces fiches; enfin une espèce de virago échevelée puant le ghetto et le communisme intégral m'a dit être la secrétaire espagnole (?) et que c'était elle qui s'occupait des fiches. Je lui ai remis les 500 réponses avec un grand sourire et m'attendant à des félicitations ou du moins à des remerciements... Je me suis fait traiter de la pire manière, que je lui apportais un surcroît de travail, qu'on l'embêtait avec ces fiches, etc. De sorte que j'ai laissé les fiches à l'hôpital ne sachant vraiment pas si elles ont été remises ou non. Je me permets de vous relater cet incident malheureusement tout à fait exact, car très franchement j'ai nettement l'impression que nous faisons un travail inutile tant que nous n'aurons pas la certitude que nos fiches sont bien distribuées à leur lieu de destination.* » [R. du 24.5.1939.]

Aucun employé de la délégation n'est payé depuis le 1er mai, si ce n'est par un lot hebdomadaire de vivres. Tous pourtant sont satisfaits de cette transaction, car tout manque à Barcelone. En ce moment, il y a une très grande misère, contrairement à Madrid ou à Valence qui seraient revenus à la *normalité*, dit-il. Environ 400.000 personnes sont parties en France : des techniciens, des artisans, toute la main-d'œuvre spécialisée. En Catalogne, l'industrie est paralysée. Le coton manque faute de devises et l'industrie textile tourne au ralenti. Dans la plupart des ménages ouvriers, dont le chef de famille est à l'étranger, la femme ne survit que grâce aux cuisines populaires de l'Auxilio social.

En découle un grand mécontentement. Tous espéraient monts et merveilles du changement de régime. De surcroît, la répression est dure, on exécute 45 à 50 personnes par jour à la Cárcel Modelo. La police n'ose pas s'aventurer, après le coucher du soleil, dans certains quartiers populaires de Barcelone (Tarrasa) « *étant encore pleins de meneurs anarchistes* », avoue, naïvement, le délégué.

S'il y a quelque amélioration, avec beaucoup d'optimisme, on est encore loin de la normale. « *Il existe encore un tel désordre et une telle anarchie dans tous les domaines qu'on ne voit pas très bien comment l'Espagne pourra se sortir de cette situation inextricable.* » A cet effet, le délégué demande instamment l'envoi de vivres, dont il souhaite en contrôler la distribution. Pragmatique, il reconnaît que les intermédiaires se servent, ainsi que les parents, amis, connaissances et relations du président, espérant qu'il en restera un peu pour les personnes à qui elles sont destinées et qui en ont grand besoin.

Depuis quelques semaines, *dixit* d'Amman, nous savons qu'il faut une permission du ministère de la Justice, à Vitoria, pour visiter les prisons. Mais il ne faut pas oublier que l'Espagne est le pays où tout est permis, ou tout défendu, suivant la manière de s'y prendre. Par conséquent, Graz rend une visite de politesse au directeur pénitentiaire de Barcelone, sans rien demander mais au contraire lui offrant ses services (en l'occurrence des couvertures). Le directeur, d'un certain âge, comprend admirablement bien son rôle. « *Il est adoré des détenus, et ne demande qu'à améliorer leur sort* », aussi est-il enchanté du don de 400 couvertures et 50 caisses de lait condensé que lui remet le délégué. Les prisonniers ont besoin de tout, dit en confidence le fonctionnaire. Profitant de ces bonnes dispositions, Graz fait la tournée des différents établissements.

Cárcel Celular (Modelo), la plus grande de Barcelone, avec une capacité *normale* de 1.800 cellules avec 1.800 lits, 1.800 couvertures, etc., où sont actuellement entassés 8.400 détenus! Les peu nombreux condamnés de droit commun sont mélangés avec les prisonniers politiques; ceux en prison préventive avec les condamnés, la minorité. Une division partielle des prisonniers est faite par étages : prisonniers déjà condamnés, troisième galerie; condamnés de droit commun, quatrième galerie; prison préventive, deuxième galerie... Cette séparation est imparfaite et peu fréquemment appliquée. Chaque cellule pour un détenu comprend un lit, pour le plus ancien détenu et 6 à 8 compagnons supplémentaires. Les privilégiés ont un matelas grâce à leur parent, la plupart couchent à même le sol. Identique observation en ce qui concerne les couvertures : seulement 2.000 pour toute la prison, les 2.000 premiers ont été servis, les autres en ont reçu de leur parenté, sinon ils s'en passent. Le matin, un peu de lait en poudre additionné de dix parties d'eau avec du malt. A 14 heures un plat, genre soupe épaisse de lentilles ou haricots avec quelques pommes de terre, une orange, 200 grammes de pain; le soir, même menu. Évidemment, sans être variée ou abondante, la nourriture est suffisante, et personne ne peut dire qu'il souffre de la faim. Il y avait beaucoup de parasites mais maintenant fonctionne journellement une brigade de désinfection, et l'état sanitaire est bon. L'infirmerie est propre. C'est surtout là que le lait et les couvertures ont été répartis.

Las Corts, un ancien couvent, est une prison de femmes d'une capacité normale de 400 détenues. Il y en a 1.300 femmes et 80 enfants en dessous de 2 ans, qu'on n'a pas voulu séparer de leur mère. Le délégué ne visite pas mais donne la consigne de fournir 200 couvertures et le plus possible de lait, car il considère que c'est d'abord aux femmes et enfants que l'on doit porter secours.

A San Elías se trouvent 1.000 prisonniers. Pueblo Nuevo, nouvelle prison ouverte depuis une semaine, 800 détenus. Montjuich, avec environ 500 prisonniers, tous condamnés à de fortes peines à perpétuité.

Le délégué s'entretient avec quelques prisonniers, dont Carlos Brünner, sans témoin. Tous en général sont contents de la nourriture et du traitement, mais la plupart, « *et pour une fois je crois que c'est vrai!* », ne savent pas pourquoi ils ont été arrêtés et attendent encore d'être interrogés par un juge ou de savoir ce qu'on leur reproche. Graz observe qu'à son avis personne ne s'occupe du sort des prisonniers, sauf leurs parents, évidemment.

Les arrestations se poursuivent, inlassablement, inexorablement. Chaque semaine, un des employés de la délégation est arrêté par la police, il suffit d'une simple dénonciation sans aucune preuve. Graz se démène pour eux et le CICR n'est pas de trop pour les défendre. Mlle Ridder, ex-secrétaire de 1936 à 1939, arrêtée dans les premiers jours de février, a passé trois mois en prison, et ce n'est que grâce aux *prières* conjuguées du consul de Belgique et de Graz qu'on a consenti à étudier les motifs de son arrestation : une dénonciation, sans connaître le dénonciateur, elle avait des idées *de gauche* (*sic*). Il y a eu jugement, sans avocat, bien entendu, et elle a été condamnée à l'expulsion, ce qui rétrospectivement nous semble une peine légère! Et pourtant, trois semaines plus tard, elle est toujours en prison attendant le bon plaisir des autorités. Le consul de Belgique ne peut rien faire : « *Il règne ici une telle désorganisation et une telle pétaudière qu'il est impossible de s'en faire une idée juste à l'étranger.* » [R. confidentiel du 24.05.1939.]

Un ancien collaborateur, un certain Dreds, arrêté depuis deux mois, est relâché grâce à l'intervention de Graz — avec excuses — on s'était trompé de nom! Une jeune collaboratrice de 18 ans, Mlle de Agostin, est arrêtée, toujours sur dénonciation, à la place de sa mère qui était à l'hôpital. Après deux mois de prison, le juge, à la requête du délégué, reconnaît qu'il n'y avait rien contre elle et qu'on allait la relâcher immédiatement. Il y a un mois... mais en Espagne personne n'est pressé. Quant au sergent Cesteros, un ancien déjà mentionné, arrêté il y a peu sur une dénonciation provenant de... Valladolid, spécifiant qu'il était au service des Brigades *internationales*. Après trois heures de discussion pénible, les policiers veulent bien admettre que le Comité *international* de la Croix-Rouge était différent des Brigades *internationales*, et il est relâché. Et Graz de livrer ses réflexions sur ces dérapages continuels : « *Ici, à part une très petite partie de personnes ayant une certaine instruction (tout est relatif!), il ne faut pas oublier que l'on a affaire à des illettrés ou peu s'en faut. Les autorités sont très bienveillantes avec nous et connaissent le travail du CICR...* »

Revenons sur Carlos Brünner, arrêté dans les premiers jours de février. Gozenbach et Graz sont intervenus pour connaître les raisons de son arrestation : était-ce une dénonciation, le geste inamical d'un voisin malveillant? Interrogé, le juge répondit, il y a un mois, qu'on allait le relâcher, faute de preuves. La délégation apprend qu'il a été condamné à mort, suite à un jugement sans avocat et sans témoins à décharge! Samedi 20, demande d'audience auprès de l'auditeur de guerre, au cours de laquelle Graz s'étonne de cette procédure sommaire. Voyant que le délégué prend les choses à cœur — dans ce pays où a coulé tant de sang, que vaut un homme de plus ou de moins! — l'auditeur n'entérine pas le jugement pour permettre de recueillir des témoignages favorables en faveur de l'accusé. Heureusement, quelques personnes veulent bien témoigner, et le jugement sera cassé. Et Graz de faire constater que la présence des délégués est indispensable. Le cas de Brünner peut servir d'exemple. S'il s'était agi d'un pauvre diable n'ayant personne pour intervenir en sa faveur, « *car en cette période de terreur blanche un Espagnol est trop couard et lâche pour oser déposer en faveur de quelqu'un* », ajoute Graz, il aurait cessé d'exister. Peut-être, un jour, se serait-on avisé qu'on s'était trompé de personne!

Le 20 avril 1939 [note de Graz pour Burckhardt], six infirmières de l'hôpital Clínico de Barcelone étaient arrêtées par la police et emprisonnées à las Corts sur la dénonciation... d'autres infirmières disant que, pendant la période républicaine, elles faisaient partie du *Comité sanitaire de la CNT*. D'après la dénonciation, elles ne faisaient partie ni du Secours rouge ni de la Croix-Rouge catalane. On ne sait pas à quelle école elles ont été formées, mais on pense que ce fut pendant la guerre. Le 28 avril, mises à la disposition de l'auditeur de guerre de Barcelone, elles n'ont pas encore été interrogées ni à plus forte raison condamnées. Quand l'auditeur aura le temps d'examiner les charges retenues, leur procès sera alors appelé. Pour le moment, elles sont en prison préventive; il n'y a du reste aucune différence avec la définitive.

Graz se renseigne tout d'abord auprès de Mme Mathilde Almet, directrice de l'hôpital de la Croix-Rouge, qui ignore tout, car il ne s'agit pas de son hôpital. Le délégué continue auprès de la comtesse de Valle de Canet, présidente d'honneur de la Croix-Rouge de Barcelone, qui ne sait rien. Du directeur de l'hôpital Clínico, oui, des infirmières ont été arrêtées, mais il ne sait pas pour quel motif. Maintenant, c'est Mme Perdomo qui demande des renseignements à la police. Quelques mois plus tard, la détention se poursuivait.

Tirant la leçon de ces désagréments, qu'il connut déjà en zone républicaine du nord à Bilbao et dont il créditait jusqu'alors exclusivement les *rouges* sanguinaires, Graz, malgré un triste constat d'impuissance, tente pourtant de ne point trop accabler les vainqueurs. Il se plaît à constater que le prestige du CICR est toujours intact auprès des autorités et qu'il n'a que des amis parmi les chefs. Il en a *la douce illusion,* comme il le reconnaît amèrement, tout en observant une neutralité acrobatique lors des multiples invitations qu'il reçoit pour des manifestations officielles à caractère politique.

Abandonnons quelque peu la Catalogne et laissons courir notre regard sur l'ouest et le centre de l'Espagne. Nous avons Arbenz à Madrid, qu'il quitte au début de mai. Ses derniers mois avaient été empoisonnés par une querelle avec Vizcaya, l'adjoint. Il était sans doute difficile de partager une même responsabilité pendant une aussi longue période. Le dernier compte rendu du capitaine Arbenz est daté, à Genève, du 24 mai. Le comte de Vallellano souhaiterait qu'une délégation continue à Madrid et à Barcelone. Ainsi que le service des nouvelles, en dépit d'un pronostic pessimiste et sans doute un peu tendancieux d'Arbenz sur les capacités administratives des Espagnols. A Madrid, il y a plus de 200.000 prisonniers politiques. Les tribunaux militaires ne disposent que de neuf juges d'instruction. Quant aux tribunaux civils, ils seront rétablis le 10 juin. Alors que les délégués du CICR peuvent visiter les détenus, Arbenz doute que la Croix-Rouge soit disposée à entreprendre une action en leur faveur. En ce qui concerne les prisonniers de l'armée républicaine, après avoir été sommairement rassemblés, ils sont libérés très provisoirement. Ils seront rappelés, par ordre alphabétique, pour subir la procédure de classification.

Les magasins sont bien approvisionnés au point de vue alimentaire, mais la population n'a pas d'argent. La presque totalité des employés et ouvriers a été congédiée lors de l'entrée des nationalistes, sans percevoir de salaire. Attendant leur *depuración*, inoccupés, leur misère est grande. La distribution de vivres doit continuer, car il y a une vingtaine de tonnes de marchandises, spécialement de lait.

Retourné à San Sebastián, d'Amman répond point par point à Genève sur les suggestions faites de liquidation des délégations. C'est au travers d'un état des lieux que d'Amman satisfait à la question posée : doit-on continuer à assurer une présence du CICR en Espagne alors que la guerre civile est terminée et que les deux zones sont fondues en une seule, la *Nueva España?* Les prisonniers de guerre dépendent du bon vouloir des vainqueurs. Ils seront, pour les uns jugés, pour d'autres contrôlés et internés pour une période plus ou moins longue. D'Amman ne pense pas que le CICR soit compétent à leur égard. Différent est le cas des étrangers, et il estime qu'ils seront expulsés à plus ou moins brève échéance. Sauf ceux qu'il considère comme des *outlaws*, c'est-à-dire sans papiers d'identité; pour eux, la présence d'un délégué serait utile. Le sort des prisonniers politiques, ou *gubernativos*, est pour d'Amman hors du cadre du CICR. *Charbonnier est maître chez soi*, la mission de la Croix-Rouge est terminée. Dans les autres activités, enfants à l'étranger, visite des hôpitaux, distributions de vivres, de vêtements, service des nouvelles, le délégué parie sur une normalisation progressive. Qui implique par conséquent une fermeture elle aussi progressive commençant par San Sebastián, Barcelone pour ne laisser, pendant un laps de temps à étudier, que Madrid. Ce choix correspond à celui de Vallellano qui souhaite, pour asseoir son autorité, que le représentant du CICR reste dans la capitale.

Ce récit [daté du 16.04.1939] est suivi par un second touchant au sort des prisonniers. Est abordée la répression en Catalogne, sa spécificité et les rancœurs accumulées. D'emblée, nous devinons que nous sommes dans une situation identique à celle créée par le gouvernement en exil d'Euzkadi lorsqu'il était scandalisé par le traitement qu'avaient subi les Basques transférés en Andalousie, par suite de l'évasion collective de San Cristóbal. Cette fois, c'est une Croix-Rouge *nordique*, sans doute la suédoise, qui proteste des mauvais traitements que subiraient les détenus, tant espagnols qu'étrangers. Des prisonniers suisses s'en plaignent à d'Amman, qui leur fait remarquer que les recrues espagnoles, dans le Tercio, reçoivent, elles aussi, des *coups de cravache!*

D'Amman reconnaît que les conditions laissent à désirer et ne sont pas *strictement conformes* aux prescriptions de la Convention de Genève sur les prisonniers de guerre. Enfin, qu'elles ne sont pas uniformes, différant d'un camp à l'autre pour le logement, les vêtements et la nourriture. Le sort des malades est identique, tous étant évacués sur les hôpitaux lors des cas graves, les bénins étant traités dans les infirmeries. Des améliorations sont sans doute possibles facilement, mais l'inertie ou la paresse des chefs les rendent utopiques. Le délégué avance ce qui souvent a justifié aux yeux des délégués un certain laxisme : « [...] *le prisonnier espagnol, fataliste, accepte son sort avec une résignation inépuisable...* » En deux ans, il n'a pas reçu de plainte, soit par crainte, soit par fierté, dignité et plus encore par endurance poussée à l'extrême, toutes caractéristiques de l'*Ibère*. Alors que les étrangers, principalement les nordiques et les anglo-saxons, sont *douillets* et habitués à un certain confort, et les plaintes pleuvaient lors des visites! Quant aux vêtements, les améliorations sont impossibles par manque de tissu et de toile, y compris pour les civils. Les stocks sont réservés aux besoins de l'armée.

Voyons maintenant le fond. Les responsables en seraient les communistes, qui ont entrepris une campagne insidieuse contre les mauvaises conditions régnant dans les camps et prisons de Franco, reprenant ce qu'ont déclaré les prisonniers étrangers de San Pedro de Cardeña échangés et libérés. Et la clé est, à son avis, ce que lui aurait confié un brigadiste international, intellectuel juif, interprète-traducteur au camp, jouissant d'un régime de faveur : « *Même si on me libère avant d'autres, je refuserai et resterai ici le dernier, pour voir ce qui s'y passe!* »

Cette campagne sévit en Scandinavie, Finlande et Suisse et soulève l'opinion publique. D'Amman a reçu simultanément, de Suède, Norvège, Danemark, Finlande et Suisse, des demandes écrites ou verbales pour tenter d'améliorer le sort des prisonniers ressortissants de ces pays. Le représentant suisse, Broye, de même, a été sommé par Berne d'agir en ce sens. « *La manœuvre aurait réussi et les pays visés sont tombés dans le panneau* »*!* précise d'Amman. Franco aurait promis d'être généreux lors de la reddition. Seuls les criminels seront punis, les autres recouvreront la liberté au fur et à mesure de la classification qui est longue, car elle doit s'étendre à des dizaines de milliers de prisonniers. Le Caudillo, dans *sa générosité,* a fait lever les sanctions qui avaient été prises lors de l'escapade de San Cristóbal, les visites sont permises. Mesure qui a réconforté les détenus! Tel est, abrégé, le texte de la lettre du 16 avril.

Dans le droit-fil de ce qui a été dévoilé, la réponse d'Amman à la sollicitation angoissée de la Centrale sanitaire internationale au sujet de son personnel emprisonné, dont beaucoup étaient espagnols, pour le placer sous la protection du CICR, en est une preuve surabondante. Il fallait déterminer quel était le statut des membres de la CSI. Étaient-ils rattachés à Sanidad militar? Dans quelle mesure? Aggravée par la difficulté de retrouver tous les membres de la Centrale dans la masse des prisonniers. En définitive, il n'entrevoit pas de leur faire bénéficier de la Convention de Genève relative au personnel sanitaire...

Convoqué à Genève, il revient chargé d'un certain nombre de démarches, sans doute pour amender ses précédentes prises de position. Auprès du colonel Ungría, sur le sort de journalistes arrêtés lors de la chute de la zone centre-sud. Qui étaient-ils? Il y avait A. V. Philips, du *News Chronicle*. Quant à Kim Philby, du *Times,* il ne resta que quelques semaines, ainsi qu'un politicien-écrivain conservateur britannique, Julian Amery, qui produit à son retour *Approach March*. Le sort des prisonniers nord-américains et cubains est aggravé pour ces derniers par le fait que n'existent pas de relations diplomatiques. Il y a des médecins emprisonnés — par exemple les docteurs Lozano Domínguez et Mariano Fernández — qu'en pense Vallellano? Enfin, les enfants évacués, environ 2.000, dans des colonies en URSS; le thème revient fréquemment. Les parents ne répondent pas aux questionnaires des services de Maseda. Une négociation partielle touche 123 enfants basques contre des marins russes. Le problème est plus complexe pour les 400 enfants de Morelia, au Mexique.

Le 20 mai, d'Amman est à San Sebastián : on ferme la délégation de Saint-Jean-de-Luz, et celle de San Sebastián est réduite. Puis il est invité à l'Exposition internationale d'art sacré, la Suisse participant au comité de parrainage, par le sous-secrétaire d'État aux Beaux-Arts, Eugenio d'Ors[2]. Pendant de celle organisée à Genève avec une partie des tableaux du trésor artistique espagnol, elle eut lieu à Vitoria et permit au délégué de rencontrer et de s'entretenir avec le ministre de la Justice, comte de Rodezno, le Nonce, l'archevêque de Burgos et l'évêque de Vitoria, des journalistes qui l'interrogèrent sur ses fonctions. Pour la énième fois, il tente de rencontrer le directeur du Service national des prisons. A Burgos, le secrétaire général de la CRN, comte de Torrellano, reçoit d'Amman. Tous deux clarifient la situation actuelle de la Croix-Rouge espagnole, qui se réorganise. Mais l'information stupéfiante touche à l'audience exceptionnelle accordée par le maréchal Pétain, ambassadeur de France à Burgos [r. pour la période du 15 avril au 15 mai 1939]. Le maréchal a été très intéressé par l'organisation du CICR en Espagne et son labeur, et d'Amman lui remet une documentation sur le travail effectué. Quant aux réfugiés se trouvant en France, l'ambassadeur déplore leur retour au compte-gouttes. « *Nous en avons pour trois ans avec cette lenteur. Et on nous reproche notre lenteur à rendre le matériel...* », ajoute-t-il. Un brin cocardier, le délégué révèle que le maréchal avait considéré comme très instructive sa visite lors des manœuvres de l'armée suisse en 1937!

Puis c'est Valdenoceda, à 70 km de Burgos, où se trouvent des étrangers prisonniers. Heureusement, le directeur est absent, et son adjoint, bluffé par le brassard, l'auto et le fanion, ouvre toutes grandes les portes du *penal* et fait venir la dizaine d'ex-brigadistes que les ministres de Norvège, Danemark et États-Unis lui avaient prié de faire visiter. Le futur condamné à mort Dalland (Norvégien) « *a le sourire et ne doute pas de la gravité de son cas pas encore jugé* ». Il y a des Américains, jamais interrogés, qui ne savent pas pourquoi ils ne sont pas avec les autres prisonniers à San Pedro de Cardeña; « *question de lenteur sans doute, seule explication de beaucoup de choses dans ce pays* ». Un journaliste bulgare, depuis 1936, moisit en prison; la Bulgarie n'a encore jamais envoyé un de ses diplomates. Un Mexicain se désespère, il supplie d'Amman d'écrire à sa famille; les relations postales avec le Mexique n'existent pas. « *Tous ces prisonniers sont dans un état lamentable : maladies de peau par suite de l'absence totale de linge et de savon, vêtements en loques, nourriture exécrable et minimale.* » Un Allemand, illuminé pacifiste, erre, tenant des propos incohérents, montrant les marques « *des sévices qu'un agent de la Gestapo* » lui aurait administrés. Misère rassemblée dans un camp installé dans une ancienne fabrique où sont abrités 1.600 détenus. Si les prisonniers de guerre espagnols sont libérés, dit-on, par fractions de 2.000 à 3.000 par jour, sauf ceux appartenant aux classes retenues sous les drapeaux qui seront incorporés dans les unités victorieuses, c'est, semble-t-il, parce que leur nombre dépasse le million. En revanche, pour les étrangers, rien n'est prévu.

D'autant que les prisonniers, exaspérés, tentent de fuir dans les sierras environnantes. Ils sont repris. L'un des fugitifs aurait été fusillé, un jeune Allemand, Paul Hilke. Les autres ont été placés en isolement aggravé. Les Norvégiens et Américains ont la chance de recevoir la visite de leurs compatriotes du consulat. Toujours deux prisonniers suédois à San Pedro, ainsi que deux Suisses et un Russe blanc. Nous apprenons la naissance d'un autre camp, Aranda de Duero, avec 3.000 prisonniers, provenant de Madrid. Sans autre précision, on peut supposer que la plupart étaient des officiers ou des sous-officiers rassemblés dans les grands baraquements d'un grand chantier. Pas d'ombrage, un soleil torride sous lequel les détenus, en rangs serrés, évoluaient, moderne *drill* des vaincus!

D'Amman n'a pu visiter les locaux. Au greffe, il prend connaissance de l'hebdomadaire destiné aux prisonniers, écrit et réalisé par eux, *La Redención* (la Rédemption), distribué dans les prisons. La rédaction était installée dans la prison de Porlier (Madrid), dont le directeur est Amancio Tomé. L'équipe rédactionnelle comprenait un Argentin, un chimiste ex-phalangiste, un populaire caricaturiste, etc[3]. Le séjour de l'écrivain argentin Valentín de Pedro fut de courte durée, il fut échangé contre du blé! Le journal avait l'ambition, comme le soutenait son intitulé, de justifier le bien-fondé de la politique pénitentiaire du nouvel État, tout autant pour la consommation intérieure qu'internationale.

Chapitre XIV
L'exode... l'exil

A la frontière, les vagues de réfugiés se succédaient depuis deux mois. Tout d'abord, ceux disposant de passeports ou de documents particuliers; ensuite des blessés, en convois sanitaires de grands blessés ou de mutilés, au cours du dernier semestre de 1938.

On peut estimer que le nombre total de réfugiés espagnols en France à la fin janvier (quelques jours avant la grande vague de février) est de 40.000 à 45.000 (le quart sont des enfants); à rapprocher avec celui donné en 1938 de 35.000. La différence peut s'expliquer par le fait qu'un filet continu de réfugiés, des familles aisées ou disposant de visas, sont entrés en France au cours de 1938. Il y avait, concrètement, en juin 1938, 11.000 enfants espagnols. C'est le nombre approximatif qui s'y trouve encore à la veille de la grande vague de la fin de la campagne de Catalogne, chiffre cité par le ministre des Affaires étrangères, Georges Bonnet, le 26 janvier 1939, devant la Chambre des députés[1].

Après la chute de Barcelone, le gouvernement républicain sollicitait son homologue pour l'accueil d'un contingent de 100.000 à 150.000 réfugiés civils. Demande rejetée, après la réunion interministérielle du 26 janvier : il ne pourrait recevoir que les 3.000 enfants se trouvant en situation précaire près de la frontière[2]. Pourtant, le même jour, Didkowski, préfet des Pyrénées-Orientales, déclare : « *Tout est prévu pour accueillir les réfugiés qui seront traités humainement puis dirigés vers les départements désignés par le gouvernement.* »

29 janvier : le grand exode commence. De nombreux documents ont relaté le dramatique exode de février 1939, lorsque les réfugiés fuirent les combats en Catalogne. Il y avait, d'une part, la masse des combattants et, de l'autre, celle des civils (femmes, enfants, vieillards). Près de 170.000 femmes et enfants[3], du 5 au 10 février, viennent s'amonceler dans divers centres de regroupement. Pour le rapport Valière, dans les premiers jours de mars de 1939, le nombre de réfugiés était d'environ 170.000 répartis en 78.162 femmes, 78.629 enfants et 57.546 vieillards[4]. Il était de 230.000 pour le CICR, éparpillés dans près de 800 localités de 75 départements. Après quelques jours, plus de 45.000 femmes, enfants et vieillards sont dirigés vers les départements prévus du Centre et de l'Ouest. Néanmoins, dès leur arrivée en France, nombre de réfugiés retourneront dans les jours suivants en Espagne par l'intermédiaire de la Croix-Rouge. Les rapatriements au cours du mois de février (1er au 19, par Irún) concernent 7.534 réfugiés civils et 1.114 enfants[5]. A partir du 17 février, ils s'effectuent en trains spéciaux, à raison de 5.000 par jour pour les hommes, jusqu'à Hendaye et de là au poste-frontière d'Irún. En date du 4 mars 1939, à Pau, le préfet des Basses-Pyrénées s'adresse au ministre de l'Intérieur, pour lui faire part des difficultés rencontrées dans le rapatriement des femmes et des enfants, dont seulement 250 passent journellement la frontière pour rentrer en Espagne : « *Le contrôle sur le chiffre rigoureusement exact de ces retours autorisés est exercé de la façon la plus stricte. Si des hommes figurent dans ces convois, les autorités espagnoles font les remontrances les plus vives et menacent de les refouler ...* » Le préfet dit avoir été informé que ne seraient désormais admis en territoire nationaliste que les convois de femmes et enfants, d'origine catalane, n'ayant pas séjourné en France plus de deux mois.

L'attitude des autorités nationalistes manifeste la volonté de parvenir au traitement global du retour en Espagne, en contrepartie de la flotte réfugiée à Tunis et d'un accord généralisé (Bérard-Jordana). Sans doute, pour mettre fin aux difficultés sur la frontière, Bermejo, déjà consul d'Espagne à Bayonne avant juillet 1936, reprend son poste[6].

Témoignage de retours précoces, la presse des Basses-Pyrénées signale l'arrivée d'une centaine d'enfants venant des Pyrénées-Orientales, bientôt suivis de 620 réfugiés (enfants en majorité hébergés *en catastrophe* dans les installations du Polo de Beyris. Garat et Corrèges, médecins, auprès de ces « *épaves humaines, passent la nuit entière à leur chevet de douleur* »[7]. Pour pallier les insuffisances les plus criantes, le maire de Bayonne et le préfet des Basses-Pyrénées sollicitent la population en faveur des enfants hébergés à la ferme *Cabana* de Beyris, depuis quelques jours[8]. En écho, Burgos diffusera une information précisant que près de 3.000 enfants, ayant perdu leurs parents, sont attendus à la frontière[9].

Interrogeons-nous sur les mécanismes choisis par le gouvernement Daladier pour apporter une solution à la marée humaine qui traversait la frontière. Aurait-on pu prévoir pareille masse, la canaliser et la recevoir dans des conditions humaines? Enfin, lorsque la prospective est absente du champ des décideurs politiques, pouvait-on, malgré tout, traiter ceux qui passaient la frontière autrement qu'en ennemis ou en intrus? La réponse apportée par le gouvernement, mais plus certainement par le ministère de l'Intérieur, semble avoir été la seconde. Dès 1938, par suite de la situation intérieure en France, deux mouvements massifs de population vont servir d'alibi à une tentative sécuritaire : *a)* immigration d'exilés politiques, dont des juifs provenant du centre de l'Europe, principalement d'Allemagne et d'Autriche, mais pas exclusivement; *b)* arrivée de réfugiés politiques espagnols à partir de l'automne 1936.

Un arsenal réglementaire est progressivement mis en place. En tout premier lieu, le ministre de l'Intérieur Sarraut, diffuse une circulaire qui précise qu'« *il faut mener une action méthodique, énergique et prompte, en vue de débarrasser notre pays des éléments étrangers indésirables qui y circulent et agissent au mépris des lois et des règlements* »[10].

En date du 2 mai 1938, un décret-loi fait mention de l'assignation à résidence « *[...] de tout étranger frappé par un arrêté d'expulsion [qui] se trouve hors d'état d'obtenir le visa étranger* ».
Ces dispositions sont fortement aggravées. Est introduite la notion d'*internement* « *[...] de ces étrangers qui, en raison de leurs antécédents judiciaires ou leurs activités dangereuses pour la sécurité nationale, ne peuvent, sans péril pour l'ordre public, jouir de cette liberté encore trop grande que leur conserve l'assignation à résidence. Aussi est-il apparu indispensable de diriger cette catégorie d'étrangers vers des centres spéciaux où elle fera l'objet de la surveillance permanente que justifient leurs infractions permanentes aux règles de l'hospitalité.* » (Décret-loi du 12 novembre 1938.) Enfin, le 21 janvier 1939, paraphé par Lebrun, Daladier et Sarraut — respectivement président de la République, président du Conseil et ministre de l'Intérieur — un décret stipule qu'un « *centre spécial de rassemblement est créé dans la commune de Mende, au lieudit Rieucros. [...] Pourra être astreint à résider dans ce camp tout étranger soumis au régime établi par l'article 11 du décret-loi du 2 mai 1938, modifié par l'article 25 du décret-loi du 12 novembre 1938.* »

Observons que les camps établis pour *recevoir* les exilés espagnols procèdent d'une politique particulièrement contraignante à l'égard de tout réfugié de quelque origine ou contrée qu'il provienne. Par la suite, le décret-loi du 18 novembre 1939 — justifié par l'état de guerre — aggrave encore les dispositions prises. L'Administration va disposer de pouvoirs étendus. Expression de la xénophobie et du racisme latents dans la société française, la logique politique sera fort astucieusement complétée par la policière, non moins implacable, mise en œuvre par l'Administration, conduisant des milliers de personnes qualifiés d'*indésirables*, à être internées — parquées devrait-on dire — dans des conditions qui n'eurent rien à envier à celles mises en œuvre par les nazis.

Si les réfugiés non-combattants sont accueillis sommairement et dirigés vers les départements de l'intérieur au fur et à mesure de leur arrivée sur la frontière, les combattants, désarmés, sont *parqués* dans des camps de contrôle (de triage) à Lamanère, Prats-de-Mollo, fort d'Amélie-les-Bains, Arles-sur-Tech, Le Boulou et Bourg-Madame. Trois zones de rassemblement sont désignées : Argelès, Saint-Cyprien et Barcarès. Les conditions de séjour s'aggravant, les autorités militaire et préfectorale s'orientent dans deux directions : inciter un maximum de réfugiés à repartir dans leur pays, avec un succès ponctuel; pour les autres, organiser les conditions d'accueil et de sécurité. Conformément à la réglementation concernant les *fortes têtes* sont créés des camps au fort de Collioure, au Vernet et à Rieucros (il existait déjà). Puis six grands centres : Bram (Aude), pour les vieillards; Septfonds (Tarn-et-Garonne) et Vernet (Haute-Garonne), pour les ouvriers spécialisés; les Catalans étant dirigés sur Agde (Hérault) et Rivesaltes (Pyrénées-Orientales), les Basques sur Gurs (Basses-Pyrénées).

Les camps dits de *concentration*

Une première tournée, que nous considérons comme officielle, est conduite par Georges Patry, vice-président de la Commission, à la demande de Junod et de Marti, qui souhaitaient s'appuyer sur la hiérarchie pour pouvoir entreprendre plus aisément la tâche qu'ils pressentaient malaisée et incertaine. Contact est pris avec les représentants de la CRN (comte de la Granja et de Morenas) et le préfet des Pyrénées-Orientales, Raoul Didkowski, qui leur remet un permis de libre circulation avec autorisation permanente de pénétrer dans les camps.

Le groupe de délégués commence sa tournée à Prats-de-Mollo, où se trouvent non seulement des militaires républicains, mais des ex-prisonniers nationalistes qui étaient à la Cárcel Modelo de Barcelone, et dont nous avons conté l'odyssée. Ainsi qu'au fort d'Amélie-les-Bains, où il y a 300 militaires et des politiques, eux aussi nationalistes. Le CICR se considérait prioritairement investi d'une mission en faveur des prisonniers, exclusivement militaires de chacune des parties.

Argelès et Saint-Cyprien sont destinés à ceux entrés par Cerbère et le Perthus, environ 120.000. Pour beaucoup, ils arrivent à bord de leurs véhicules et *s'empalent* littéralement sur le sable de la plage. Simplement installés dans de rudimentaires aménagements, entourés d'une clôture de fils de fer barbelés, gardés par des spahis (patrouillant à cheval), des troupes de ligne et des gardes mobiles, les délégués ne mentionnent pas les Sénégalais. Cependant, Marti déclare à la Commission [22.02.1939] que la situation du camp d'Argelès *« est maintenant plus tranquille, mais les Sénégalais ont dû intervenir à l'arme blanche. Il n'y aurait pas eu de morts. »* Le 12, c'est le 7e Régiment de spahis qui est engagé. Manifestement, le parti pris de l'ordre militaire est privilégié!

En ce qui concerne les miliciens, dans un premier temps, deux groupes ont été constitués : ceux manifestant le désir de rentrer en Espagne nationaliste iront à Hendaye; quant aux autres — comment? — il avait été prévu (la rumeur circulait) de les rapatrier à Valence! L'hypothèse d'un retour en zone centre-sud nous a été confirmée par plusieurs protagonistes.

Qu'inspire au colonel Patry cette pénible situation : *« Vous voyez ces cent vingt mille réfugiés retenus, entre des fils de fer barbelés, sur une plage où souffle le froid mistral; n'est-ce pas pitoyable? Sans doute les miliciens se sont habitués, depuis deux ans, à vivre à la dure et ils sont aguerris... Et pourtant, si certains sont gais, d'autres sont comme prostrés. Que n'a-t-on fait certains préparatifs avant l'arrivée de tant de réfugiés? C'eût été, se dit-on, plus humain... »*[1] Après la critique vient la compréhension. Peut-être, au gouvernement français, avait-on estimé que la Catalogne ne capitulerait pas et qu'on n'aurait pas à recueillir autant de réfugiés. Enfin, sur la plage, par beau temps, *ils ne souffrent pas trop,* observent nos délégués! Admiratifs, ils contemplent les huttes construites avec des roseaux et parfois des débris de toutes sortes. Quand on donne aux réfugiés des tôles et des planches, ils construisent avec ingéniosité des baraques, constatent-ils, « *voilà un commencement de confort* ». Mieux conditionnés, deux baraquements abritent l'infirmerie. Des médecins et des infirmières espagnols soignent leurs compagnons avec des médicaments fournis par la Croix-Rouge française.

Une réunion avec la section de Perpignan et sa présidente, Mme Bardoux-Job, fait le point de l'aide apportée par des infirmières sur la frontière et des vivres qui ont réconforté les malheureux réfugiés. Elles ont exercé des activités variées, y compris des accouchements.

Puis, c'est Le Boulou et enfin Port-Vendres. Étaient ancrés dans ce dernier port, l'*Asni* (un ancien cargo) et le *Maréchal-Lyautey*; à Marseille, le *Patrie* et le *Providence,* en tant que navires-hôpitaux. A bord du *Maréchal-Lyautey*, qui sert en général de transport de troupes, reconverti en navire-hôpital, une équipe d'une douzaine de médecins de Marseille, avec son chef de service, y opère. Il semble que l'équipe médicale était dirigée par deux médecins de la Marine nationale ayant sous leurs ordres huit médecins. Le *Maréchal-Lyautey* (1.400 lits) était très bien équipé[2]. Le matériel est fourni par l'armée ou la Croix-Rouge. Ce sont des infirmières venues de Paris qui font les soins. Deux cents blessés sont dans les cabines, et les cas graves sont logés près de la salle d'opération. Au fur et à mesure que diminue la gravité des blessures, les blessés sont descendus dans les entrailles du bateau où « *ils sont couchés sur des cadres à deux étages avec matelas. Il est assez difficile de donner des soins aux blessés qui occupent les couchettes supérieures; pour le faire, les infirmières sont obligées de monter sur des échelles [...] »* Et le colonel continue : « *Nous avons vu aussi des choses curieuses; des plâtres qui n'avaient pas été enlevés depuis deux ans! Peut-être le malade a-t-il mieux aimé garder son plâtre que retourner au front! Nous avons vu aussi certains traitements de récente application et qui ont donné de bons résultats, bien qu'ils semblent contraires à toutes les règles jusqu'ici admises en chirurgie. En somme, on peut dire que ces blessés ont été bien traités dans les hôpitaux militaires espagnols. »*[3]

Un mois plus tard, Mme Piguet-Ramuz, après une visite sur le bateau-hôpital l'*Asni*, fait le constat amer suivant : « *Sept cents malades gravement atteints; absence de cabines. Les malades logés dans les cales en trois rangs de lits superposés. Une atmosphère intenable y règne...* » [CE, 30.03.1939].

Les gouvernementaux ont emmené avec eux, dit Patry, quelque 12.000 blessés[4], dont la plupart ne pouvaient pas marcher, déménageant tous les hôpitaux et les vidant de leur matériel. Quelquefois, les blessés étaient conduits à la frontière en brancards, par rotations successives. Quant au matériel (des tables chirurgicales) transporté sur des camions, on ne sait pas où il fut déposé, certainement pas dans les camps. Plus vraisemblablement, dans les immenses dépôts où se trouvait rassemblé le matériel de guerre. La Croix-Rouge (espagnole et non plus nationaliste) réclame à cor et à cri ce matériel et prie le CICR, conformément aux articles 14 et 16 de la Convention de Genève, d'en obtenir la restitution.

Fin février, de Rougé, président de la LSCR, est à Genève. Il a effectué une tournée dans le département frontalier et délivre le fruit de ses réflexions. De son point de vue, le problème des réfugiés civils (163.000) est *liquidé;* ils sont répartis dans toute la France. Quant à celui des blessés (12.000), pour le président toujours optimiste, il est aussi résolu. Nous avons vu que ce n'était pas aussi simple, compte tenu du retard pris par le Service de santé français. Disons, à la décharge du corps médical hexagonal, que ce furent trois autorités administratives qui intervinrent : le ministère de la Santé, celui de l'Intérieur et pour finir celui de la Guerre. Le problème était ardu. A partir du 4 février, la gare de Cerbère voyait arriver 1.000 blessés par jour avec un maximum, le 7, de 2.500. Fermé le 15, ce poste a vu passer 5.000 blessés. De même à Arles-sur-Tech, 1.000 blessés par jour, ainsi qu'à La Tour-de-Carol. Pour la plupart, les blessés sont soignés dans des conditions précaires, dans des baraquements inadaptés sur de la paille, après avoir subi de fatigants transbordements.

Alors que Junod, grippé, est alité, Mme Frick-Cramer, membre du Comité international, accompagnée de Mlle Bücher, est chargée d'un inventaire sur les camps, ainsi que de soumettre aux autorités françaises un projet d'échange de messages entre les Espagnols réfugiés et leur parenté en Espagne. Elles rencontrent le général Ménard, commandant la 17e Région militaire (Toulouse), qui avait était chargé, le 23 février, de coordonner l'ensemble des mesures concernant les réfugiés espagnols, en accord avec le général Fagalde (16e Région, Montpellier) et le préfet des Pyrénées-Orientales, Didkowski, que Junod avait déjà approché.

Il y a dans les camps environ 220.000 miliciens; les rapatriements (250 hommes par jour) sont arrêtés, la frontière côté nationaliste étant fermée. Nous savons que ces rapatriements suivirent les fluctuations des discussions entre gouvernements au sujet des récupérations de matériel et des dépôts d'or et de bijoux. Quoi qu'il en soit, le gouvernement français est inquiet de la charge financière et matérielle qui pèse sur le pays et serait reconnaissant de toute aide.

Quant aux civils, ils sont environ de 230.000; c'est un ordre de grandeur maximum. Un mois après le passage de la frontière, il semble que les autorités préfectorales françaises n'aient pas réussi à affiner les chiffres des réfugiés dirigés vers 75 départements (dans 800 localités).

Voyons maintenant, fin février, comment Jean Mistler, président de la Commission des finances, évalue le nombre de réfugiés à 340.000, se répartissant comme suit : enfants, 68.035; femmes, 63.543; vieillards, 9.029; miliciens et hommes valides dispersés, 11.476; non recensés, 11.024; soit un total de 163.107, dont 148.105 à la charge de l'État et

15.002 à la charge des particuliers ou des œuvres sociales; miliciens dans les camps, environ, 180.000; blessés, 10.000[5].
Pour Valière, le nombre de réfugiés, dans les premiers jours de mars de 1939, était de 170.000[6]. Sans oublier l'Afrique du Nord (Tunisie, Algérie, Maroc), où il y a environ 12.000 à 15.000 réfugiés[7]; le nombre des enfants est relativement négligeable (quelques centaines au maximum). L'ouvrage collectif[8] traitant de l'internement des Espagnols dans cette région estime à 10.300 environ le total de ceux-ci (dont environ 200 enfants sur le *Stanbrook* arrivé à Oran).

Peu après, le CICR dépêcha quelques délégués dans les camps d'internement — en particulier Marcel Junod et Pierre Jequier, assistés par deux itinérants, Robert Brunel et le docteur Max von Wyss — pour déterminer quels étaient les besoins et distribuer des fiches de messages aux familles. La dispersion ne facilite pas le recensement. Quant au système mis en œuvre par le ministère de l'Intérieur, il semble trop complexe et insuffisant à la fois pour la représentante du CICR, qui n'a pu rencontrer le ministre de l'Intérieur, absorbé par les débats à la Chambre et à la Commission des finances. Il mandate son chef de cabinet et le chef du Service des étrangers, Combes, de donner un avis favorable aux visites des camps par les délégués et à l'organisation du service de fiches et correspondance. Mme Frick-Cramer propose que ce soit le CICR qui entreprenne « *l'affaire et que les autres organismes de la Croix-Rouge* [n'étaient là] *que pour l'aider* ». La répartition des tâches, d'après la représentante du CICR, serait la suivante : la Croix-Rouge française accepte, après la mise à disposition de ses infirmières, d'activer les Comités locaux en liaison avec le Comité d'aide aux enfants espagnols présidé par Mme Malaterre-Sellier et le Comité national d'accueil aux réfugiés d'Espagne (appelé Comité de Bordeaux, catholique) qui, lui aussi, avait constitué un fichier complet des réfugiés. Parallèlement, la Ligue des Sociétés de la Croix-Rouge continuerait sa collaboration. Ce partage des tâches s'imposait certainement, les besoins de toutes sortes étant grands, et une nécessaire coordination se révélant impérieuse face au désordre existant dans l'accueil et l'hébergement des réfugiés.

Jequier et Junod [*r.* du 30.3.1939] sont reçus par le général Ménard, qui donne des instructions leur accordant toutes facilités. Il insiste pour que le CICR apporte des secours en vêtements, compte tenu de l'état de *loqueteux* de beaucoup de réfugiés. Au cours de l'après-midi, les deux délégués se rendent à Argelès et à Saint-Cyprien. Divisés en sections, les camps sont dirigés par un état-major espagnol. C'est auprès de cet état-major que travaillent les deux délégués. Les listes existantes n'ont aucun intérêt, elles sont incomplètes, avec des faux noms, périmées à cause des mutations. Il vaut mieux recommencer sur la base des fiches CICR. Une affiche est apposée faisant état de l'existence du service de nouvelles et de recherches pour la France et pour l'Espagne...

A compter du 6 avril 1939, le gouvernement français décide de confier le service des recherches et de regroupement des réfugiés au CICR et la rubrique d'annonces de *L'Intransigeant*[9] est supprimée. Cette procédure avait d'ailleurs été mise en œuvre par d'autres quotidiens nationaux, tel *l'Œuvre*, ou bien régionaux, comme l'*Indépendant des Pyrénées-Orientales*, de Perpignan.

Fin mars, voici la liste officielle des camps : dans les *Pyrénées-Orientales*, Argelès-sur-Mer, Saint-Cyprien et Barcarès; l'*Hérault*, Agde; le *Tarn-et-Garonne*, Septfonds; enfin, l'*Ariège*, Le Vernet et Mazères. A partir du 10 avril, un nouveau camp ouvre à Gurs, près d'Oloron-Sainte-Marie (*Basses-Pyrénées*).

Au camp du Barcarès, le 4 avril, Junod [r. du 7.04.1939] reçoit un excellent accueil. Que voit-il? Un camp divisé en deux parties : l'une composée de tentes et de baraques pour un campement provisoire, où l'on place les arrivants en attendant de les loger dans l'autre camp définitif avec des baraques en bois de type *Adrian*, mises au point au cours de la Première Guerre mondiale, bien aménagées, où les hommes couchent sur de la paille. Il y a une installation de douches et de latrines. Le nombre des hommes est de 46.000, tous républicains. On attend, dans quelques jours, 16.000 *franquistes*. Junod abusivement taxe de *franquistes* des soldats de l'armée républicaine qui, pour des motifs personnels, souhaitent retourner en Espagne. Cette décision prouve que le rapatriement définitif n'est pas encore programmé. Peut-être était-ce un peu tôt, quatre jours après la fin de la guerre? Le chef du camp, colonel Bois, et son commandant adjoint disposent de la liste complète, alphabétique et par secteur. Ils offrent de remplir 46.000 fiches avec le prénom, les deux noms et le département du camp, où se trouve le réfugié si le CICR leur offre 50.000 fiches en blanc pour la constitution de leurs fichiers. En l'espace de huit jours, le fichier complet du camp de Barcarès sera remis au CICR. De même, des fiches sont déposées à Port-Vendres, au bateau-hôpital *Ansi* (400 malades), à l'hôpital militaire, à l'hôpital Saint-Louis et à l'hôpital Saint-Jean, à Perpignan. Des fiches remplies sont déjà revenues et envoyées à Genève.

Graz, arrivé à la frontière, déjeune avec Junod et Jequier. Le thème de la réunion tourne autour de la nécessité d'accélérer la collecte et la diffusion des fiches. A cet effet, Junod estime qu'il faut diminuer le nombre de délégués en Espagne, où la Croix-Rouge fait parfaitement le travail, et muscler la délégation en France et à Genève.

Est-ce la conséquence de l'intervention de Mme Frick-Cramer? Toujours est-il que Philippe Gaussot, représentant du Comité catholique de Bordeaux, désireux de collaborer, rencontre Junod à Perpignan. Ce Comité posséderait à Bordeaux environ 100.000 fiches de réfugiés extrêmement complètes comprenant leur domicile en Espagne, profession et âge. L'Office national du travail français serait très intéressé par la profession de ces Espagnols au cas où ceux-ci voudraient élire domicile en France. Précision importante, les Basques sont très actifs au sein de ce comité. Mais Junod est méfiant; peut-être l'est-il devenu au travers des divers avatars subis tout au long de la guerre?

Suite à son dernier rapport [7.04.1939], la question du bateau-hôpital *Asni* est abordée. Au cours d'un entretien avec Kavanagh, de la Croix-Rouge britannique, Junod apprend que les frais d'installation de ses 650 lits à l'hôpital de Saint-Louis, y compris les dépenses nécessaires occasionnées par la restauration des salles (vitres brisées, planchers brûlés, etc.), s'élèveraient à un total de 200.000 FF. La dépense serait trop élevée pour la Croix-Rouge anglaise. Aussi, Kavanagh abandonne-t-il l'idée de collaborer au déclassement de l'*Asni*. Surtout, fait-il remarquer, la Croix-Rouge britannique ne serait disposée à agir qu'en cas de nécessité urgente, les autres interventions normales, routinières, revenant à la Croix-Rouge française. L'argument est parfaitement valable et Junod se range à son avis.

Rencontré, le général Ihler — remplaçant de Ménard, absent — est impatient de voir les Espagnols rentrer chez eux. Le CICR pourrait-il faire une démarche auprès du gouvernement espagnol? Les officiers présents, le général Ihler et le colonel Gauthier, de la gendarmerie, estiment qu'au moins 100.000 réfugiés sont désireux de rentrer en Espagne immédiatement. Par ailleurs, disent-ils — l'information semble excessive — 30.000 partiraient pour le Mexique[10] : « *[...] ce sont les fameux responsables pour lesquels Franco a fait une loi spéciale* » qui « *établissait la responsabilité politique de toutes personnes, juridiques comme physiques, qui, depuis le 1er octobre 1934 et avant le 18 juillet 1936, contribuèrent à créer des désordres ou aggraver la subversion de tous ordres dont fut victime l'Espagne, etc. [...] En conséquence étaient hors la loi tous les partis [...] qui avaient intégré le Front populaire [...] et qui s'étaient opposés au triomphe du mouvement national.* »[11]

Un comité franco-espagnol comprenant le professeur Langevin, Victor Basch, Pierre Cot et Alvarez del Vayo s'active conjointement avec un Comité britannique disposant de 60.000 £ de crédit pour effectuer ces émigrations en Amérique latine. Ce Comité a envoyé à Perpignan un général britannique, Molesworth, qui a participé à la Commission de la SDN pour le retrait des volontaires étrangers. Trois Sud-Américains sont chargés du *triage,* à Bordeaux : Fernando Torres Vivanco (Mexique), Pablo Neruda (Chili) et María Estrada y Acebal. Junod ne résiste pas à opérer une sorte de comptabilité dans laquelle il inclut les *30.000 irrésorbables* que l'on répartirait dans la Légion étrangère ou dans les colonies!

Un fait divers touche à l'attitude des 5.000 *franquistes* transférés de Saint-Cyprien à Barcarès. Furieux de ne pas avoir été conduits immédiatement à la frontière, ils lacèrent les tentes à coups de couteau! « *Triste mentalité mais surtout stupidité de ne pas les laisser rentrer de la part des autorités espagnoles. Ces hommes sont à bout de patience.* » Junod apporte les dernières précisions sur le déroulement des rapatriements et les indispensables formalités dont l'administration franquiste truffe toute démarche. Les avals nécessaires et les fiches de la Croix-Rouge, après avoir été visés par le gouverneur civil de Gerona et estampillés du sceau de la *Jefatura de frontera,* sont apportés au consulat d'Espagne à Perpignan par Graz. Là se trouve l'échelon administratif de l'État espagnol en France, Togores, que Junod considère comme le *chef* des franquistes pour tous les camps du sud. Chaque partant signe une décharge certifiant qu'*il part sous sa propre responsabilité et sans aucune garantie.* A Figueras, les femmes, enfants et vieillards sont renvoyés immédiatement dans leurs foyers. Ceux d'âge militaire possédant un aval politique et un peu d'argent peuvent rentrer chez eux. Les autres, plus malchanceux, seront internés. Le retour en Espagne comporte quelque risque. Les méthodes expéditives commencent à être connues.

Préfet et gouverneur se rencontrent fréquemment, soit à Gerona, soit à Perpignan. Mais les rapatriements piétinent. D'après les dires du général Ménard, le nombre des volontaires a sensiblement diminué. Il resterait dans les camps environ 170.000 miliciens, dont seulement 20.000 souhaitent être rapatriés.

Perpignan devient « *le centre de réunions de toute sorte de gens* », comme dit joliment Junod. Un général Kennedy (qui était-ce?) et une jeune Anglaise, dont il ne donne pas le nom, recruteraient des médecins pour la Chine[12].

Lundi 10 avril, Junod est à Gurs [*r.* du 11.04.1939], à 40 km de Pau, près d'Oloron-Sainte-Marie. Camp tout à fait isolé, il est à 9 km du village. Dans sa conception pour 20.000 hommes, un bon nombre de baraques en bois ont déjà été montées, les routes, douches et locaux d'administration sont en construction[13] alors que près de 3.000 Basques y sont déjà internés. Dans dix jours arriveront 3.000 internationaux (des *BI*) et tous les Espagnols ayant appartenu aux forces aériennes républicaines qui, pour le moment, sont à Argelès et à Saint-Cyprien.

Recevant le délégué, le commandant Terneau (remplacé au mois de juin par le chef d'escadron Davergne) — Jean Surchamp, préfet des Basses-Pyrénées, est présent — après avoir critiqué le Secours rouge, est d'accord pour faire le relevé de tous les noms des internés. Dès que possible, les fiches seront expédiées à Genève.

Pour cette visite, Marcel Junod n'est pas très loquace. Il ne nous donne pas d'informations sur l'énorme superficie du camp (80 hectares), un rectangle de 2 km de long et de 400 m de large. L'implantation est pour le moins singulière : sur une vaste lande argileuse et marécageuse dont l'inconvénient majeur, l'assainissement, va compliquer, ô combien! les conditions de ceux qui y seront détenus. Lors du passage de Junod, la pose des barbelés était terminée pour la totalité du camp, ainsi que le drainage — insuffisant et imparfait — des marécages. Lorsque le 25 avril, officiellement, le *centre d'accueil de Gurs* est remis aux militaires, plus de 15.000 Espagnols y sont *hébergés;* ils seront en mai

19.000. La capacité totale était théoriquement de 18.000 hommes dans 382 baraques de type *Adrian,* de 24 m de long sur 6 de large, et 46 baraques pour la troupe et les gardiens.

L'imprécision de son récit étonne. Alors que, par ailleurs, en Espagne, il a manifesté pugnacité et sagacité dans ses visites des prisons ou des camps, il a porté un regard acéré et critique sur le comportement des autorités pénitentiaires ou politiques desquelles dépendaient les détenus, comment se fait-il qu'il manifeste une passivité étonnante en France, à l'égard de camps dont pour beaucoup les espagnols — dans les deux zones — auraient supporté favorablement la comparaison. Était-ce de sa part la fatigue d'une longue mission, la lassitude, l'indigestion répétée de comportements cruels et d'inhumanité réunis? Ou bien une approche prudente devant ce qui allait devenir la norme des États, de beaucoup d'États, avant et au cours de la Seconde Guerre mondiale?

Junod se concerte avec Jequier et Brunel, qui lui font part de leurs tournées. Est remis sur le tapis le rapatriement des réfugiés qui s'impatientent. Il en reste, au milieu d'avril, encore de 15.000 à 20.000, toujours dans des conditions précaires. Junod pense qu'il faut envoyer une note *revendicative* au comte de la Granja, sans que cela implique une action plus vigoureuse du CICR. D'autant plus, semble-t-il, qu'il ne s'agit plus de retour de *franquistes,* comme lorsque l'alternative était Franco ou Negrín, mais plus simplement du retour *en Espagne (à la maison).* Dans la recherche des causes du retard, Junod avoue qu'il doit y en avoir de plus complexes que celui du ravitaillement. Pourquoi n'a-t-il pas discerné que la raison principale était la restitution à l'Espagne de Franco de tous les biens encore en possession du gouvernement républicain en exil, que le gouvernement français remettait avec réticence? Ne devait-il pas, tous les jours, assurer la subsistance des réfugiés espagnols? A ce moment-là fut avancé l'exemple de la retraite de Bourbaki, en 1870, lorsque le gouvernement Thiers remboursa au gouvernement suisse les frais occasionnés par l'entretien des troupes françaises internées...

Brunel et Junod quittent Perpignan, jeudi 13 avril au matin. Ils sont à Carcassonne aux environs de midi. Reçus par le préfet, qui s'excuse du retard mis à répondre au Comité à cause des fêtes de Pâques et leur remet un laissez-passer permanent [*r.* du 15.04.1939] pour tous les camps existants de son département, l'Aude[14]. Trois camps : Bram (créé le 6 février), 15.000 civils, hommes; Montolieu, 450 intellectuels, hommes; Couiza (créé le 8 février), 650 femmes et enfants; plus 1.800 réfugiés dans des familles françaises (dont la liste est à la préfecture). Il s'offre à leur remettre le fichier de tous les réfugiés à condition que les délégués en prennent note eux-mêmes! Citant en exemple, les deux jeunes gens venus de la part du Comité catholique de Bordeaux qui sont restés huit jours à la préfecture pour recopier les listes complètes! Ou bien le préfet fera réaliser le double de cette liste à prix coûtant.

A Bram, le capitaine de gendarmerie Cassagne, très aimable, refuse cependant d'organiser quoi que ce soit sans l'autorisation du préfet, un laissez-passer permanent n'étant pas suffisant de son point de vue! Il accepte tout de même que des fiches soient déposées. Brunel verra le commissaire spécial du camp avec qui il mettra les choses au point. Le camp héberge 15.000 hommes dans des baraquements identiques à ceux de Barcarès; chacun est entouré de barbelés. Une impression de prison s'en dégage, mais un ordre parfait y règne. Le médecin-chef, un capitaine français, fait visiter l'infirmerie[15] : 90 lits environ, d'un côté la chirurgie, de l'autre la médecine. Les cas graves sont évacués sur Carcassonne; pas d'épidémie infectieuse, en revanche, beaucoup de bronchites, pneumonies et des maladies vénériennes. Pas de douches dans le camp, on doit les installer sous peu.

A Montolieu, ils sont reçus par un lieutenant de gendarmerie. Ce dernier accepte d'organiser le service et enverra la liste des réfugiés et les fiches de nouvelles remplies. Beaucoup d'intérêt pour le service chez des Espagnols qui n'ont reçu aucune réponse aux lettres écrites en Espagne. Donnons la parole au délégué : « *Les hommes de ce camp sont tous des intellectuels[16] ou des gens de bonne condition que l'on a concentrés là pour les sortir du milieu assez louche des grands camps. Nous voyons là le jeune homme, ancien commissaire politique de l'armée rouge qui avait été fait prisonnier par les phalangistes à Belchite. Ceux-ci l'auraient enterré à moitié vivant, après lui avoir arraché les ongles (nous pouvons constater qu'ils sont tous aux trois quarts de leur croissance), lui avoir marqué les cinq flèches au fer rouge sur le torse (le lieutenant nous assure l'avoir constaté) et lui avoir donné des coups de crosse sur la tête (énorme dépression occipitale)! Par miracle, il parvint à se sauver. Actuellement le pauvre n'est plus normal et je ne vous donne aucune garantie de la véracité de son histoire.* »

Seul, Junod [*r.* des 15 et 18.04.1939], vendredi 14 avril, part pour Le Vernet (en Ariège). Ce camp se divise en deux :

1. Le Vernet, au nord de Pamiers, ancien camp militaire français, fait de baraquements vétustes auxquels on en a ajouté de nouveaux (type Barcarès) et contenant 10.000 hommes. La liste complète des réfugiés a été adressée à Mlle Bücher. Ce sont des officiers et des soldats de la 26ᵉ division, sous le commandement de Ricardo Sanz[17], mélangés avec d'autres miliciens et civils; bonne impression d'ordre et des travaux d'aménagement. En mars, le camp était dirigé par le commandant Samuel, puis par le commandant Soustres. Le camp que Junod inspecte lui semble presque idyllique. Dans le courant de l'été, les Espagnols seront éparpillés dans des compagnies de travail. Les nouveaux internés, pour la plupart des responsables politiques étrangers, connurent des conditions d'internement épouvantables.

2. Mazères est à 10 km au nord-est, dans une ancienne briqueterie désaffectée où sont entassés 5.000 hommes[18]. Impression pénible de saleté, de vermine. Pas de douches, ils vont se débarbouiller à la rivière par équipes. Trop nombreux, ils ne peuvent se laver complètement que tous les trois ou quatre jours. Comme dans tous les camps, on couche sur de la paille qui ressemble ici plutôt à de la poussière. Serrés comme des sardines de sorte que la nuit les couloirs de passage sont complètement encombrés, ils ne peuvent sortir pour faire leurs besoins. A cette fin, ils ont des pots de chambre ou des seaux qu'ils vident par la fenêtre! La solution viendrait de la construction de baraquements à côté de la briqueterie. A cet effet, le commandant du camp possède trente tentes militaires, mais la commune refuse de lui céder un seul pouce de terrain pour les y installer.

Les poux et les puces grouillent. Lors de son rapide passage à travers les dortoirs, le délégué voit des hommes se gratter ou s'épouiller. Le chef de camp demande à grands cris une machine à épouiller, en vain. Partout dans les camps, on réclame des sacs pour en faire des paillasses. La paille coûte cher, dure peu quand elle est jetée à même le sol, et il faut la renouveler souvent. Au contraire, les paillasses ont une durée beaucoup plus longue et facilitent l'hygiène des camps en supprimant la poussière, estime-t-il. L'infirmerie est dans un réduit. On y a installé de grossiers lits de bois avec de maigres paillasses. On ne peut accorder un régime spécial à aucun malade, car le camp ne reçoit rien à côté de l'ordinaire. Et pourtant beaucoup d'hommes souffrent d'entérite. La misère morale et matérielle de ces hommes qui ne savent ce que sera leur avenir, qui sont désœuvrés, loin de leurs familles, est saisissante. Or, répète Junod, pour des gens de bon sens il faut obtenir à tout prix des vêtements de rechange. De la part de l'Administration française, des erreurs grossières ont été commises. Gurs a été ouvert pour 6.000 à 7.000 Basques. Pourtant, les hommes ont été installés dans les baraquements avant que les douches puissent fonctionner, si bien qu'ils sont entrés dans leur future habitation avec leurs poux, leurs puces et leur vermine! Il est regrettable de constater qu'après un *premier effort admirable d'organisation,* de telles fautes soient commises. Enfin, Junod s'étonne, et nous avec lui, de ne pas avoir rencontré la Croix-Rouge française dans les camps militaires et même très peu dans les camps civils, à part trois infirmières au camp de Bram[19]. Quant à l'intervention de la Croix-Rouge anglaise, elle reste encore limitée aux dons des premiers jours : 6.000 chemises, 5.000 couvertures, etc. Un nouvel arrivage est attendu à Bordeaux, mais il ne permettra pas d'équiper plus de 20.000 hommes. Kavanagh, son représentant, préférerait que les secours soient orientés plutôt sur les hôpitaux (matériel, literie, etc.).

Junod rencontre les représentants du Comité catholique de Bordeaux. Ils tentent de prendre de vitesse les délégués. Junod estime que c'est un peu ridicule, ils ne poursuivent pas le même but. A Paris, Junod rencontrera Claude Bourdet et tentera de comprendre quels sont les projets de son Comité. Aujourd'hui, la situation est claire. Les exilés des camps sont à peu près maintenant informés du lieu de résidence en France de leurs familles, grâce aux services des grands quotidiens français : *L'Indépendant, Le Populaire, La Dépêche de Toulouse*, etc. La grande interrogation est la liaison possible avec l'Espagne. Il faut continuer à œuvrer à la constitution du fichier; il sera bientôt précieux pour tous!

De retour à Genève, Junod remet son ultime compte rendu [7 au 16 juin 1939] sur la mission Espagne à la Commission du même nom. Son périple dans les départements pyrénéens se termine à Paris, où il sert d'intermédiaire entre le ministre de l'Intérieur et le comte de la Granja, en présence du marquis de Lilliers, président de la Croix-Rouge française. En conclusion, il estime que le CICR doit encore s'occuper des militaires et des enfants; il reste encore de nombreuses colonies sur le territoire français, sans compter les enfants en Russie, en Belgique, en Angleterre et au Mexique. Quant au service des nouvelles en Espagne, il continue de fonctionner sous la responsabilité seule de la Croix-Rouge. Dans une de ses statistiques, la CE avance le nombre de 155.000 réfugiés, dont 120.000 militaires, 35.000 civils (femmes, vieillards et enfants) et 2.750 enfants hébergés dans 92 colonies.

Ne clôturons pas ce chapitre sur la dernière période de l'engagement de Marcel Junod en Espagne, sans mentionner le *Défilé de la Victoire*[20], le vendredi 19 mai, à Madrid, au cours duquel défilèrent plus de 250.000 soldats. A contrecœur, Junod n'ira pas Madrid. Le 11 avril, les membres de la Commission, à l'unanimité, n'autorisèrent pas sa présence, ni celle d'Amman, au *Desfile de la Victoria* pour y représenter le CICR, ni davantage à titre privé! Le président Huber estime que Junod et d'Amman « *auraient l'air de prendre parti pour les nationalistes* ». La place du CICR est auprès du belligérant, non auprès du vainqueur.

Graz convoque les parents des enfants évacués au Mexique. *Tous* auraient formulé une demande de rapatriement auprès de la *Protección de menores*. Paradoxalement, la plupart ne souhaitent cependant pas revoir leurs enfants tout de suite. Pourquoi ont-ils fait la demande? Est-ce seulement par manque d'argent? Avant son départ de Barcelone, Graz avait constitué un dossier de 77 demandes de rapatriement d'enfants espagnols à Morelia (Mexique), remis à Mme Josefa Abril de Rueda, déléguée de la Croix-Rouge mexicaine auprès du CICR. Étant donné la cessation des activités du CICR en Espagne, Mlle Odier sollicite Mlle de Morsier, de l'UISE : « *Nous serions heureux que l'UISE veuille bien s'en charger* », dit-elle. Copie de cette lettre est envoyée à Maseda, délégué extraordinaire pour le rapatriement des mineurs, avec la liste nominative des 451 enfants se trouvant à l'École España-Mexico et de ceux transférés à l'École industrielle *Hijos del Ejercito*, à Mexico.

Coopératif, le gouvernement portugais propose de mettre à disposition un navire pour rapatrier les enfants malades de l'École industrielle Espagne-Mexique à Morelia. Mexico serait d'accord en ce qui concerne les enfants réclamés par leurs parents.

En décembre 1939, il ne restera en France qu'approximativement 140.000 réfugiés espagnols, dont 40.000 femmes et enfants. Dans les *camps d'hébergement,* fin 1940 : Saint-Cyprien, 5.416; Barcarès, 34.908; Agde, 11.056; Le Vernet, 8.624; Septfonds, 6.677; Gurs, 15.995; divers, 1.012. Argelès-sur-Mer : hommes, 8.000; femmes, 3.500; enfants, 3.100. A l'hôpital de Perpignan, il y a de 750 à 800 malades (30 femmes et 60 enfants).

Il ne s'agit pas de minorer artificiellement l'importance de l'exil républicain espagnol, ni d'ignorer le drame des milliers d'innocents, femmes et enfants, qui supportèrent les rigueurs d'un déracinement dont tous eurent à souffrir. Sans oublier le traumatisme affectif et culturel dont on trouve trace encore dans la nostalgique rancœur que de nombreux écrits ou témoignages expriment. La sécheresse des chiffres présentés et leur relative importance ne pourront pas occulter les drames subis par une population bien plus nombreuse qui ne put ou ne voulut prendre le chemin de l'exil. Songeons au sort de ces milliers d'enfants, dont nous avons parlé, qui se trouvaient souvent abandonnés dans des refuges en Catalogne. Combien de temps subirent-ils une séparation douloureuse d'avec leurs parents? Et purent-ils seulement les retrouver ?

Est-ce la conséquence de plaintes fréquentes, toujours est-il qu'en août 1940 le CICR mandate en zone libre française le docteur Alec Cramer. Il est chargé de faire avancer un certain nombre de solutions : l'émigration au Mexique de réfugiés espagnols ou de membres des Brigades internationales impliquait l'octroi de visas pour certaines catégories d'internés pouvant être considérés comme apatrides. La seconde partie était l'inspection des trois camps de concentration importants : Argelès-sur-Mer, Le Vernet d'Ariège et Gurs, où 6.000 Juifs venaient d'arriver, expulsés du Palatinat et d'Alsace-Lorraine. Description terrifiante : installations improvisées, insuffisantes pour un proche hiver, misère physique et détresse morale, constate le délégué. C'est, parmi des groupes de toutes nationalités et de toutes conditions, le sort fait « *aux vieillards, femmes et enfants, de familles entières, dont le seul crime, pour la plupart, est d'être israélites ou d'origine israélite. Même à l'heure actuelle, ce n'est plus aux seuls Juifs qu'on en a, et nous assistons, impuissants et épouvantés, à l'expulsion brutale de populations entières qui doivent céder leur place à l'envahisseur.* » Pour le gouvernement français, à qui elle est remise, cette démarche occulte le sort fait encore à de nombreux Espagnols, mais aussi aux Tsiganes ou Gitans, dont le calvaire est souvent ignoré. Un an plus tard, le docteur Cramer constate une amélioration légère dans l'hébergement des camps. En revanche, les déportations commencent.

Deux thèmes agitent souterrainement la défunte Commission d'Espagne en 1941 : le sort des enfants et celui des réfugiés espagnols en France, en refuges ou en camps. Bien qu'aucun délégué ne soit réellement mandaté en France, le CICR reçoit ponctuellement des indications sur des situations particulièrement dramatiques.

Quittant les hôpitaux après leur guérison, les mutilés n'ont souvent pas les moyens de faire vivre leur famille et parfois de s'appareiller. La légation du Mexique, qui s'y était engagée, ne dispose plus de ressources régulières. Deux exemples sont communiqués au CICR afin d'obtenir une aide de sa part[21]. Le premier concerne la résidence de mutilés du château de La Valette, à Pressigny-lès-Pins (Loiret). Trente-quatre personnes sont hébergées, dont 16 hommes, 9 femmes et 9 enfants. Seize sont mutilées (14 hommes et 2 femmes) : manchots, boiteux, aveugle et trépané. L'autre résidence, la ferme des Bordes, près de Jargeau, n'est que mentionnée. Elle héberge 35 personnes et est identique à Pressigny.

N'oublions pas le sort de jeunes internés dans les camps de concentration et rappelons leur présence dans un certain nombre de camps : Agde, Argelès-sur-Mer, Bram, Noé, Rivesaltes, Gurs et le Récébédou. Le CICR a-t-il agi, réagi? Nous avons fort peu d'indications. Le 27 janvier 1941, une démarche est tentée pour obtenir la liste des enfants espagnols qui seraient hébergés au camp d'Argelès-sur-Mer ou dans d'autres localités du département des Pyrénées-Orientales. Le demandeur était le Congrès des Jeunesses américaines qui proteste contre le fait qu'un millier d'enfants espagnols se trouveraient rassemblés au camp du Barcarès, séparés de leurs familles, afin d'être rapatriés en Espagne.

L'ambassade d'Espagne note le retour « *de plusieurs centaines d'enfants rapatriés, mais orphelins ou enfants dont les parents se trouvaient déjà en Espagne* ». L'amiral Darlan, le 28 février 1941, communique au ministre des Affaires étrangères espagnol que 219 enfants de moins de 15 ans et 56 de plus de 15 ans sont partis du camp d'Argelès à destination de l'Espagne, mais qu'il convient de mentionner « *que ces étrangers étaient accompagnés de leurs parents* »[22].

Répression en Espagne nationaliste

Le nombre de prisonniers a encore considérablement augmenté. Graz est à la Cárcel Modelo [*r.* du 18.10.1939], le 28 septembre. Avec une capacité de 1.800 personnes, elle en contient actuellement 10.600! Graz rencontre Brünner, le Suisse, chauffeur de la délégation à Barcelone, seul à seul pendant environ une heure. Ils sont treize dans une cellule d'une personne et ils font trois tours de huit heures pour pouvoir dormir sur les quelques paillasses apportées par les parents des prisonniers.

« *Dans les autres prisons de Barcelone c'est la même accumulation de détenus. Pour pouvoir vous donner un chiffre officiel, je me suis adressé à un des chefs de la police de Barcelone qui m'a dit qu'à l'heure actuelle le chiffre officiel des prisonniers détenus en Espagne, comprenant les camps de concentration, les prisons de gubernativos et les condamnés, est* de 1.400.000. *Il paraîtrait que le généralissime Franco se préoccupe beaucoup de cette situation et prendrait des mesures pour en libérer une grande partie, mais en attendant rien n'a encore été fait.* » La nourriture est pauvre. On estime que chaque prisonnier a de la famille. Et Graz d'ajouter : « *Si tel n'est pas le cas je me demande vraiment comment font les prisonniers pour ne pas mourir de faim.* »

Personnellement, Brünner ne se plaint ni de la nourriture ni du traitement. Cependant, son moral est atteint, de même que celui de ses camarades, ils n'ont qu'une heure par jour pour se promener dans le préau de la prison; le reste du temps, ils sont inactifs. Ils souhaitent être chargés d'un travail quelconque pour occuper leur esprit, mais jusqu'à présent n'ont pas reçu de réponse. Bien que sa condamnation à mort ait été commuée, Brünner ignorant tout de son procès est toujours dans le quartier des condamnés à mort. « *A toute heure de la nuit, on vient chercher des camarades : ce sont des portes qui grincent et des pleurs. Vous pouvez imaginer l'état d'esprit et le moral des prisonniers se trouvant dans ce quartier.* »

Lorsque Graz apprend aux prisonniers de San Pedro de Cardeña que la dernière délégation du CICR va fermer ses portes, des lettres et des télégrammes le supplient de laisser un représentant ou un moyen quelconque pour venir en aide aux malheureux prisonniers. Le CICR est le seul qui puisse s'occuper d'eux. Il y a encore 455 prisonniers internationaux d'une quarantaine de nationalités. Un Basque libéré décrit la situation. La nourriture est juste suffisante, des haricots dans un vague bouillon. Quelques prisonniers, grâce aux transmissions d'argent, peuvent acheter des vivres supplémentaires. Il y a surtout une pénurie de vêtements, les prisonniers n'ont que ceux qu'ils portaient sur eux lors de leur capture. Pourrait-on faire quelque chose dans ce sens? Le pire, et il insiste sur ce point, le manque de nourriture et de vêtements n'étant encore que *broutille,* est le moral. Aucun prisonnier ne perçoit une issue quelconque à son sort. Ils sont tous là depuis une année, deux ans, n'ont jamais été interrogés et ne savent pas ce qu'ils vont devenir. Enfin, l'inactivité influe grandement sur le moral. A leur requête, on leur fait bâtir un mur de briques, d'un côté du préau; le lendemain, ils doivent enlever les briques et construire le mur du côté opposé! Les plus à plaindre sont les prisonniers allemands, tchécoslovaques, autrichiens, polonais et italiens, que leurs gouvernements considèrent comme des traîtres. Ils n'osent pas écrire à leurs familiers craignant de les compromettre. Les autres nationalités reçoivent encore, par l'intermédiaire du CICR ou par les représentants de leurs pays, quelques secours.

Junod rassemble les informations touchant à des *otages* étrangers encore emprisonnés en Espagne, les 110 marins russes des bateaux piratés en Méditerranée par la flotte franquiste. La délégation russe à la SDN aurait proposé un échange de ces marins contre des enfants espagnols (basques et catalans) réfugiés en URSS. De même, une démarche de

Leizaola, ex-ministre de la Justice de l'ex-gouvernement basque, concerne le rapatriement de 157 de ces enfants. Quatre expéditions convoyèrent 2.885 enfants espagnols vers les ports de Yalta et de Leningrad. Le CICR, mis à contribution, le 14 juillet 1939, par l'intermédiaire de la Croix-Rouge allemande, envoya des formules-messages à l'intention de ces enfants. Le gouvernement russe était d'accord pour rapatrier les enfants réclamés par leurs parents; seulement trois enfants purent rejoindre, en juin 1939, leurs parents en France. Au cours de la même période, sur intervention de l'archevêque de Malines, en Belgique, 130 enfants basques sont rapatriés[1]. Pour sa part, d'Amman intervient auprès du comte de Vallellano et d'autres personnalités proches du général Franco. Des démarches sont menées par le gouvernement suisse, l'ambassadeur de France à Genève, etc. Le 1er septembre 1939, date de la déclaration de guerre, les tractations furent interrompues, et les enfants restèrent en Russie pour de longues années.

Les derniers jours sont consacrés aux adieux protocolaires. Auprès de l'Asamblea Suprema de la Cruz Roja, à Madrid, où lui ont été présentés les remerciements de tous les membres pour l'aide apportée par le Comité international pendant et après la fin de la guerre. D'Amman prend congé des autorités de Barcelone et tout particulièrement du maire, Miguel Mateu Pla[2], qui au nom de sa ville a remercié le Comité. D'une manière générale, les autorités déplorent que l'activité du Comité soit terminée en Espagne, mais comprennent que le Comité doit consacrer ses efforts à d'autres buts. Jusqu'à la fin restent fidèles une dizaine de collaborateurs. Tous regrettent le CICR, et le délégué rend hommage à leur confiance, leur disponibilité et leur solidarité.

Lors de la fermeture de la délégation, voyons la description globale de la situation dans la capitale catalane faite par Graz [r. du 18.10.1939], jusqu'à présent admirateur discret de la cause nationale :

« *Tout à fait impartialement, je dois constater que la situation à Barcelone a beaucoup empiré pendant les trois derniers mois de juillet, août et septembre. Les délations n'ont fait qu'augmenter. Pour se montrer fidèle partisan du régime on invente n'importe quoi contre un tiers, et sans aucun contrôle la personne dénoncée est mise en prison. Elle y restera 5 ou 6 mois en attendant qu'un beau jour on la mette en liberté sans savoir pourquoi on l'avait emprisonnée.*

« *Le mécontentement grandit et tous les jours on lit dans les journaux des changements dans les dirigeants. Les chefs des Phalanges locales sont remplacés presque tous les mois. Il y a une grande misère et un manque absolu de certaines denrées. La vie a renchéri d'environ 300 % et la plupart des usines de Catalogne chôment, toujours faute de matières premières. Il est impossible de se procurer les matières suivantes de première nécessité : farine, riz, sucre, huile, pommes de terre, savon, chocolat, graisse ou beurre. On peut avoir environ 200 g de viande par semaine en faisant une queue interminable devant les boucheries. Pendant* le mois de septembre il y a eu trois distributions de pain. Je m'empresse de dire que cette situation est spécialement critique en Catalogne, car, m'étant rendu la semaine précédente à Valence et à Madrid, j'ai pu constater que, quant au pain par exemple, rien ne manquait dans ces provinces. Tout est cher, bien entendu, mais les magasins ont à peu près de tout.

« En Catalogne il en est autrement. La cause en est peut-être une mauvaise organisation des transports ou peut-être dans un but politique voulu. J'ai posé la question suivante à mes connaissances : pourquoi puisque on trouve des vivres dans d'autres provinces, les particuliers ne se font-ils pas envoyer des aliments par la poste ou par messageries ? J'ai appris que chaque Gouverneur interdit l'envoi de vivres dans d'autres provinces, sous peine de prison.

« Les personnes ayant des moyens peuvent se procurer les denrées manquantes à des prix tels que : 25 pesetas le litre d'huile, 10-15 pesetas le kilo de sucre, 8-10 pesetas la boîte de lait condensé, etc. Je me permets de donner ces quelques chiffres exacts simplement pour mettre en relief les difficultés qu'ont les personnes du peuple, qui ne comptent que sur des petites ressources pécuniaires, pour s'approvisionner. Je me demande vraiment ce qu'elles font pour pouvoir vivre. »

Sombre description, sombres pressentiments! Terminant par ce qui ressemble à un plaidoyer *pro domo*, il tient à préciser ce que la situation de l'Espagne lui inspire :

« A la fin du mois d'août, avant les événements internationaux, la situation intérieure en Espagne était assez mauvaise, vu le nombre toujours croissant des prisonniers et le manque de travail. Personnellement, en causant avec des amis espagnols, j'ai appris qu'on aurait pu craindre le pire, mais heureusement pour l'Espagne la situation internationale a calmé les esprits et les gens se résignent en espérant que les choses s'amélioreront.

« Le ton des journaux, qui en juillet et août était fortement francophobe et surtout anglophobe, s'est singulièrement radouci et le ton de la presse est devenu plus neutre. J'ai l'impression, me basant sur les nombreuses conversations que j'ai eues avec des particuliers, que dans le conflit mondial l'Espagne conservera sa neutralité ou plutôt suivra la ligne de conduite de l'Italie au point de vue de sa politique extérieure.

« En tout cas j'ai la conviction que, malgré que l'œuvre du Comité international de la Croix-Rouge n'a pas toujours été comprise comme elle le méritait, elle a pansé en Espagne de grandes douleurs et secouru beaucoup de misères, et laissera un souvenir durable parmi la population espagnole. »

Afin de formaliser l'émigration en Amérique de réfugiés espagnols, un compromis franco-mexicain est signé entre Luis I. Rodríguez, ministre des États-Unis du Mexique en France, et le gouvernement français pour l'évacuation d'un certain nombre d'Espagnols au Mexique[3]. Le gouvernement mexicain avait déjà accueilli plusieurs centaines d'enfants. Il précise qu'il est prêt à accorder l'hospitalité à des réfugiés espagnols des deux sexes. Le gouvernement du maréchal Pétain donne son accord, mais ce protocole reste suspendu à l'aval des autorités allemandes et dépend des obstacles que peut (ou va) soulever celui de Burgos. Avec la tacite complicité des autorités françaises, d'ex-responsables républicains livrés par la Gestapo aux autorités franquistes furent fusillés ou emprisonnés. Poursuivant ses efforts, en 1941, le gouvernement de Mexico acquiert deux propriétés, à proximité de Marseille, à l'intention de femmes et d'enfants espagnols : les châteaux de La Reynarde et de Montgrand[4]. De même est apportée une aide financière ou économique à quelques milliers de réfugiés — en zone *libre* — ainsi qu'à des mutilés de guerre et à leur famille. Lors de la rupture des relations diplomatiques entre les deux pays, ce fut la Suède, représentant les intérêts mexicains, qui reprit la tâche de soutenir les réfugiés.

Quant aux autorités républicaines exilées, le gouvernement du président Negrín, la Generalitat de Catalogne et le gouvernement d'Euzkadi, elles ne disposaient que de peu de moyens, et si les deux premières purent assurer une aide sélective à certains des leurs, un des représentants du Gouvernement autonome d'Euzkadi, le docteur Luis Bilbao, sollicitait du Comité international une aide en matériel sanitaire pour soigner 400 mutilés et blessés basques, une centaine d'enfants atteints de tuberculose osseuse ou pulmonaire, ainsi que pour soulager une population basque d'environ 40.000 personnes auxquelles le gouvernement autonome jusqu'alors apportait son secours.

Chapitre XV

Bilan et conclusion

> « Un délégué du Comité n'est pas seulement un homme qui soulage la souffrance. Il est aussi un témoin. Il signale à Genève les expériences qu'il a faites, il attire l'attention de ses chefs sur les améliorations qui devraient être apportées au droit humanitaire afin que l'homme, s'il doit souffrir, souffre le moins possible. »[1]

Lorsque j'entreprends la rédaction de ce chapitre, la presse et les médias décrivent quotidiennement des événements analogues de ceux subis par la péninsule Ibérique en 1936-1939 : ressorts idéologiques comparables, égale férocité envers l'autre camp, inertie et myopie des démocraties et non-intervention dévastatrice de la Société des nations (de l'ONU). Les nations et les hommes qui les gouvernent ignorent l'Histoire et perpétuent les mêmes erreurs. Sans doute en est-il aujourd'hui de même pour l'humanitaire, alors que les associations qui s'y consacrent prolifèrent et n'apportent souvent que des réponses brouillonnes et partielles.

Quelle problématique guidera nos pas dans l'établissement d'un bilan que nous souhaitons objectif? Ont été décrits les mécanismes mis en œuvre pour le fonctionnement de cette prodigieuse machine et de son action sur le territoire espagnol. Le bilan de trois années de présence effective d'une quinzaine de délégués n'est pas simple. Excepté Horace Barbey, tous ont rejoint la longue cohorte d'hommes et de femmes présents lors de cette intervention humanitaire. Avec les archives de la rue de la Paix subsistent deux autobiographies, tentatives de réécrire l'Histoire, leur histoire. Celle de Marcel Junod fourmille d'indications variées. Les événements ont été *reconstruits,* transcendés, au travers du prisme de l'expérience acquise lors de la Seconde Guerre mondiale. De même Raymond Courvoisier, dont l'activité déborda largement cette période. Produits d'une mémoire sélective, leurs ouvrages sont parfois en contradiction avec leurs rapports instantanés confiés à la Commission.

Missionnaire laïque, lors de son arrivée dans la péninsule Ibérique, chacun participe, en quelque sorte, d'un voyage initiatique singulier qui le marque et détermine inconsciemment sa présence et son action. Il est hors de notre propos de débattre des raisons de son engagement, pas davantage de le situer dans le microcosme politique, intellectuel et culturel suisse des années 30. Les événements traversés et affrontés, exceptionnels et redoutables, le perturberont et le marqueront pour longtemps.

Que ressentirent-ils à leur arrivée? Un minimum de préparation leur avait permis de se faire une opinion, elle aussi, sommaire. Formation succincte et forcément partielle, car ne pouvant pas aller au fond des choses. Deux axes furent privilégiés : psychologique et soutien logistique. Le premier était relativement sommaire, Suisses, vous disposez d'un atout moral important et de pouvoirs non négligeables. Soyez prudents! Quant au soutien logistique, il était inconditionnel : contacts téléphoniques ou épistolaires périodiques voire quotidiens, possibilité de retourner à Genève pour se reposer, recevoir de nouvelles instructions, faire le point, en un mot se ressourcer. C'était l'occasion d'évaluer le délégué par une instance qui se réunit presque quotidiennement, d'août 1936 à décembre 1939, au cours de cent cinquante assemblées.

Incontestablement, les représentants du CICR sont plus à l'aise dans les conflits opposant deux États, et par conséquent des armées hiérarchisées. Ils retrouvent leurs réflexes d'hommes d'ordre et confortent leur neutralité. Dans le cas d'antagonismes idéologiques ou de guerres civiles, au cours desquels les autorités sont soit récentes, soit issues d'une légitimité interne non reconnue par le CICR, est privilégié le parti de l'ordre. Dans leurs témoignages et leur volumineuse correspondance, on dénote aussi bien la détermination de satisfaire à ce qu'attendaient d'eux les membres de la Commission d'Espagne que leur sentiment profond. Certaines expressions trop excessives de leurs rapports, proches de celles de la presse sympathisante du franquisme, avec une complaisance inconsciente envers les *nationalistes*, dont ils pronostiquaient la victoire, ne doivent pas nous faire oublier que les délégués préservèrent l'esprit de leur institution. Malgré des tâtonnements dans l'adéquation de ce qu'ils estimaient être la doctrine et la morale de la Croix-Rouge et les événements auxquels ils étaient confrontés au cours de leurs missions, ils tentèrent d'apporter une réponse. Était-elle pertinente? Prenait-elle en compte la réalité dramatique de la guerre, ses ressorts politiques et humains, les délégués ignorant tout ou presque des origines du conflit, du problème des otages, de l'existence des prisons ou des camps de prisonniers, sans autre formation que théorique et approximative?

Apparaît un modèle d'homme d'action dont le prototype était le docteur Junod, que son expérience désignait comme délégué général. Lors de son arrivée, on est frappé par la soudaineté et la rapidité avec lesquelles la décision est emportée, les documents acceptés et paraphés. Des réponses peuvent être avancées, un talent exceptionnel de négociateur justifiant *a posteriori* la confiance du CICR. Ou bien préalablement — probablement — une négociation appuyée par la présence et la pression de diplomates suisses ou d'autres États, par exemple, la France et la Grande-Bretagne.

Les délégués furent attentifs à l'établissement d'un mode opératoire commun, avec un succès relatif. Pédagogue, Junod intitulait son rapport de *travail à venir de nos délégués*. Débattre de la mission et de l'habileté du délégué général dans les pourparlers, essentiellement en zone nationaliste, ne doit pas occulter l'influence qu'il eut sur le plan de la doctrine et de la philosophie. De son point de vue, les délégués ne devaient pas être seulement des distributeurs de lait condensé, des agences de nouvelles aux familles, mais des « *observateurs impartiaux d'une guerre civile qui n'est plus une rébellion militaire* ». Et les rendre attentifs afin qu'ils puissent tout noter avec soin, pour l'étudier plus tard, après la guerre. Graz, tout comme Junod, eut des contacts avec des personnalités basques, avec des fortunes diverses, à la marge d'une reddition inéluctable. Ces négociations, en dépit de leur confidentialité, traduisaient de la part des délégués une méconnaissance de la situation militaro-politique à la fin de 1936. Elles aboutirent à la riposte graduée que les franquistes apportèrent en déclenchant une campagne calomnieuse contre Junod, puis Schumacher.

Junod reçut de plein fouet l'anathème de *franc-maçon,* qui le déstabilisera. Les nationalistes laissèrent se développer une campagne le qualifiant de *haut dignitaire de la Franc-Maçonnerie universelle.* La riposte de Genève n'ayant été que formelle, le Comité ne put obtenir de Franco une rectification officielle. Y eut-il, pour le CICR, tentation de quitter l'Espagne? Pour le moins, un débat tendu divisa le Comité international, à l'identique de l'appréciation de la situation en Allemagne hitlérienne. Consultées, les archives n'en soufflent mot explicitement, sinon par la réponse du président Huber à la lettre angoissée de quelques délégués, qui reprenait la doctrine constante de l'institution.

Pourquoi n'y eut-il pas de déléguées féminines? Évacuer la question en l'abordant *stricto sensu* du seul point de vue machiste est peut-être réducteur. De nombreuses bénévoles féminines furent employées dans les bureaux des délégations où il y avait un travail dactylographique et de classement important, et à Genève où siégèrent à des postes influents des personnalités féminines engagées, compétentes. Des tentatives furent faites en faveur d'une féminisation partielle, en confiant une mission à Mlle Lucie Odier, en compagnie de Mlle Mercedes Milá, auprès de Burgos et de la Croix-Rouge nationaliste. Proposition contrée par Chenevière, car elle n'aurait pu être parallèlement conduite en zone républicaine.

Restent à élucider les relations que le CICR souhaitait instaurer avec les belligérants. En 1936, le droit humanitaire était très imparfait. Les Conventions de Genève et de La Haye ne visaient pas explicitement les cas de guerre civile. Tout au plus pouvait-on les traiter par analogie, si les parties en étaient d'accord. Au-dessus des enjeux politiques, sociaux, de confessions, de races, de classes et de nations, le Comité affirmait son droit et son devoir d'action secourable. Disposant de délégués des deux côtés, un échange stérile de récriminations réciproques aurait pu nuire à l'œuvre de secours, objet principal de son activité. Il lui fallait insister sur le caractère exclusivement humain, son vœu étant de venir en aide à ceux qui souffraient. Le CICR, précisait Marcel Junod, souhaitait « *éviter le massacre de gens pour la plupart innocents et dont la mort souvent n'est due qu'à un moment de passion ou de haine.* » Proclamé en faveur des victimes, le principe de neutralité implique que le CICR ne lutte pas contre la guerre; il aspire à la codifier, à humaniser le sort des combattants et celui des prisonniers de guerre. Quant au sort de la population civile, enjeu politique et militaire, intervenir en sa faveur peut être considéré comme une prise de position pour l'un ou l'autre camp. Pour venir en aide aux victimes de la guerre, il ne lui est pas possible de porter un jugement sur les États qui la font.

Naturellement, la Suisse est la puissance protectrice du CICR depuis ses origines, pour toutes sortes de raisons, historiques et géographiques, mais aussi culturelles. Une collaboration très ancienne existe entre les deux. Ce sont des diplomaties parallèles et complémentaires : « *Le problème de la neutralité révèle une évolution des mentalités à la suite de laquelle la diplomatie du CICR apparaît en quelque sorte comme une seconde diplomatie de l'État suisse.* »[2] Vis-à-vis de Berne, le CICR a-t-il disposé d'une marge de manœuvre réellement indépendante en Espagne? Tout au moins théoriquement, il reste perméable aux conseils et sollicitations du Département politique. S'il dispose d'une autonomie non négligeable, il semble qu'il fut à la remorque des recommandations des diplomates, suivant en cela l'optique de Berne. En revanche, les délégués bénéficièrent sur le terrain de l'appareil diplomatique suisse, relations avec les corps constitués locaux, réseaux économiques en place. Quant au financement de l'action humanitaire « *[...] la large contribution de la Confédération au financement du CICR ne signifie pas pour autant que l'institution du CICR est dominée par le gouvernement suisse. Celui-ci n'a en effet aucun droit de regard sur l'utilisation de ses contributions* »[3].

L'*humanitaire* n'avait pas la même charge émotive que celle véhiculée aujourd'hui au travers des nombreux médias. Pour autant, l'apparente froideur des comptes rendus des visites-inspections ne saurait pourtant être assimilée à un manque d'humanité, mais plus vraisemblablement à l'expression d'une rigueur quasi clinique et à la volonté d'opérer une sorte de distanciation. Chaque délégué agira en fonction de son caractère et sans doute de sa formation. Une rétrospective complète des visites des camps et prisons d'internement est résumée. Des critiques peuvent porter sur leur brièveté et le nombre des détenus contactés. Les prisonniers, combattants et *gubernativos*, subirent un sort identique dans les deux zones. Sans que l'on soit assuré de disposer d'un vocabulaire suffisamment précis pour guider l'analyse que devaient faire, sur le terrain, ceux qui intervinrent au nom du CICR, car la confusion entre prisonnier de guerre (pris les armes à la main) et prisonnier civil (*gubernativo*) fut un casse-tête permanent. Dans la zone gouvernementale, ils pouvaient dépendre de plusieurs ministères. Les motifs divers d'incarcération ou d'internement et leur durée élastique concernaient des sympathisants de la *Cinquième colonne* mais aussi des membres du défunt Front populaire. Un décret du ministère de la Défense de Valence résumait que les condamnés par les tribunaux de guerre feraient leur service militaire tant que durerait leur condamnation dans un bataillon disciplinaire. Il y avait aussi des déserteurs ou *desafectos* au régime. Pour Junod, ils auraient été condamnés à mort et exécutés si ces bataillons n'existaient pas et il fallait « *se louer de leur existence [...] qui offre aux prisonniers une chance de sauver leur vie* ». Les principales difficultés provenaient de l'impossibilité de visiter les *incommunicados* — prisonniers au secret — et leur dispersion. Les politiques, qu'Henny identifiait à juste titre à des combattants, quant à leur sort, subirent un traitement identique dans les deux camps.

Car la Junte de Burgos n'agira pas autrement avec ses prisonniers, combattants ou *gubernativos*, condamnés au motif qu'ils étaient justiciables d'un Code militaire édicté en 1931 par le Gouvernement de la IIe République! La délimitation entre prisonniers, pris les armes à la main, et ceux arrêtés pour leurs opinions politiques était inexistante. Tous étaient des *ennemis de la Cause,* selon l'expression consacrée. Les prisonniers furent promptement, pour ceux considérés comme *assimilables,* immédiatement intégrés dans les unités combattantes! Quelle fut la position du CICR à ce sujet?

L'attitude du CICR fut indécise quant aux visites effectuées, contrôlées et souvent réduites au minimum. Et les protestations des délégués *visiteurs* bien timides alors qu'étrangement leur regard était partial envers les internés asturiens. Quant aux combattants brigadistes prisonniers en zone nationaliste, ils furent modérément pris en charge par les délégués qui les visitèrent, puis, pour certains, les réprouvèrent ouvertement!

Enfin, nous ne devons pas ignorer la situation subie par les vaincus dans les prisons franquistes, après le 1er avril 1939. Restés temporairement en Espagne, d'Amman et Graz visitèrent des prisons où se trouvaient, avec des brigadistes, des détenus victimes de procédures expéditives.

Dans les deux camps, les représailles et les exécutions sommaires furent nombreuses. Mais la situation n'était pas tout à fait identique. Massive et volontaire, elle fut *organisée* dans la zone rebelle; beaucoup plus désordonnée et émotionnelle dans la zone républicaine. Là aussi, la politique du CICR fut lente à se dessiner. Les délégués n'intervinrent que fort peu et toujours ponctuellement.

Les bombardements de villes ouvertes avaient été condamnés expressément par la Convention de La Haye. Ils prirent une importance et une gravité très grandes pendant le conflit espagnol. Le CICR suivit avec attention le développement de cette nouvelle forme de guerre d'extermination massive. Ce ne fut qu'en mars 1937 qu'il exposa publiquement sa réprobation. Suivant en cela d'autres protestations, il ne faisait pas de distinction entre les bombardements. Le CICR s'exposait au reproche de privilégier l'un ou l'autre des belligérants. A trop vouloir ménager, on risquait, par omission, de prendre parti. On ne pouvait, légitimement, maintenir la balance égale entre les bombardements de Guernica, Barcelone ou Madrid et les quelques expéditions effectuées par l'aviation républicaine sur les arrières franquistes. Les objectifs visés par l'aviation nationaliste n'étaient pas seulement militaires. Leur but était de semer la terreur et de paralyser la vie des cités afin d'obliger la population à se désolidariser du gouvernement.

Prudemment, le CICR souhaitant de susciter « *une prise de conscience des belligérants afin de renoncer à cette méthode de guerre* », proposa la création de zones internationales où la population civile serait protégée. Les diplomates restés à Madrid voulaient, eux aussi, bénéficier des mesures de sécurité. Ils soutinrent les tractations en faveur de la création *officieuse* d'une zone de sécurité, le *Barrio de Salamanca*, accompagnée de propositions de reddition de Madrid sous couvert humanitaire ou d'une proclamation de *ville ouverte*. Sur ce thème évoqué lors de la Conférence de Londres, au travers de la collecte d'informations, la Commission fut probablement sollicitée par les services de défense passive suisse et de l'état-major de la milice helvétique afin d'en mesurer le réel impact sur la population et le potentiel militaire et économique.

La doctrine d'assistance rigoureusement équilibrée — on ne parlait pas de principe de proportionnalité — imposait le maintien d'une égale balance entre les deux camps. En conséquence, le CICR n'accepta que les dons dont la répartition était impartiale et équitable; position pas toujours bien comprise, le privant parfois de concours importants qui furent dirigés vers d'autres organismes. Cependant, l'implication du CICR ou celle d'autres organisations internationales ne permit pas de résoudre les dramatiques problèmes économiques et humains provoqués par le conflit. Face à des besoins démesurés dans les zones antagonistes, plus fondamentalement dans la républicaine, les secours étaient insuffisants. Sans vouloir se réserver le monopole de l'aide humanitaire ni entraver les bonnes volontés, le CICR ne devait cependant pas ignorer ce phénomène nouveau qui allait poser des problèmes sérieux pour l'avenir de l'œuvre de la Croix-Rouge. Des délégués regrettèrent que l'activité du CICR se focalise sur le problème des otages, *asilés* et prisonniers politiques, oubliant les autres domaines : envoi de matériel sanitaire et de vivres, fonctionnement de l'agence des nouvelles aux familles, échange de prisonniers. Le service des nouvelles laissa dans l'inconscient collectif des traces indélébiles.

Examinons deux thèmes fortement controversés tels qu'ils apparaissent dans les archives : les rapports distants, parfois conflictuels, avec les Croix-Rouges nationales, davantage avec la nationaliste, et la valorisation par le CICR des tendances autonomistes en zone républicaine. A ce sujet, interrogeons-nous sur la détermination du Comité de traiter sur un pied d'égalité les diverses représentations *autonomes* : Oviedo, Santander, Bilbao, Barcelone, Málaga, avec le gouvernement de Madrid (ou

Valence)! Multipliant le nombre d'interlocuteurs, elle entraîna, inconsciemment mais réellement, une marginalisation évidente sur le plan international d'un gouvernement républicain qui se débattait dans d'inextricables difficultés alors que la rébellion s'affirmait. Excessivement formaliste, cette attitude recouvrait une analyse par trop élémentaire de la situation politique et une méconnaissance des ressorts idéologiques touchant à l'affrontement opposant les démocraties aux régimes dictatoriaux. Pareillement, on dénote chez Junod, au cours des premiers mois de sa mission, un caractère *intrigant* évident lors des négociations conduites avec les communautés basques, la traditionaliste (Pamplona) et la nationaliste (Bilbao), toutes deux catholiques.

A été exposé le processus ayant conduit le Comité à occuper un espace humanitaire de plus en plus large, parfois même en piétinant les prérogatives des Sociétés nationales de la Croix-Rouge. La doctrine de l'institution imposait que ne soit reconnue qu'une seule société nationale par État, principe mis entre parenthèses pendant la guerre civile d'Espagne. Après le 18 juillet 1936 coexistèrent deux Croix-Rouges : la nationaliste, dans la zone ralliée à la rébellion, et la républicaine, théoriquement officielle, à Madrid. S'y adjoignirent la basque, à Bilbao, pendant le laps de temps relativement court de l'existence du gouvernement autonome, et la catalane par intermittence. Nous retrouverons les mêmes travers dans les rapports hiérarchiques qu'entretint le CICR avec chacune des Croix-Rouges espagnoles qui acceptèrent avec réticence la dichotomie imposée par le CICR, chacune s'autoproclamant la seule légale et authentique.

Séquelle de la guerre civile, l'intervention mitigée du CICR lors de l'exode de 1939 d'un demi-million de réfugiés, soldats et civils entremêlés. Démunis, désorientés et souffrant mille maux, les réfugiés attendaient beaucoup, et bien davantage, des organismes humanitaires. Devaient naître des rancœurs, des ressentiments que l'on rencontre sous la plume de ceux qui décrivent ces mois de malheur. Parallèlement, le phénomène des camps d'accueil pour les uns, de concentration pour d'autres, ne semble pas avoir été estimé à sa juste mesure par les délégués du CICR qui ne prirent en compte que ce qu'ils considéraient comme un état provisoire, temporaire, sans ressentir que l'ère d'enfermement collectif massif s'instaurait.

Abordons les échanges des prisonniers politiques. L'état de guerre civile ne pouvait justifier la violation du droit des gens et des otages politiques qui devaient être traités selon la Convention de La Haye. Junod ne crut pas à un échange général. En dépit de nombreuses tentatives, ces négociations échouèrent. Successivement renouées puis dénouées, elles usèrent la patience des négociateurs. Le résultat fut décevant, et le nombre d'otages échangés, politiques ou supposés, relativement réduit malgré un réel engagement. La tentation fut de transférer ce problème en un accord global permettant de dissimuler les contacts informels existant entre les belligérants qui se traduisaient par des libérations d'otages de qualité ou de notoriété, actions pour la plupart discrètes sinon tenues secrètes. Nous rencontrons ici l'écueil principal, l'absence de précisions réelles pour éclairer des zones d'ombre maintenues, y compris par ceux qui en furent les bénéficiaires. En revanche, ceux de combattants étrangers, aviateurs principalement, eurent plus de succès. Mais là, le CICR ne fut pas le seul maître d'œuvre, la diplomatie des États impliqués reprenant ses droits.

Quelles conclusions peut-on tirer de leur présence tout au long des trente mois de la guerre civile, ayant suivi les délégués, pas à pas, dans leurs tâches quotidiennes. Une première tentation consiste à renvoyer le lecteur à ses propres sentiments et à son imagination afin qu'il se forge une opinion sur ce que fut le rôle du CICR. Peut-être pourra-t-on alors nous accuser d'éluder nos responsabilités? Involontairement, cependant, nous avons parsemé notre texte d'observations quand le ou les délégués concernés sortaient de leur rôle d'acteur-observateur impartial, ne tenant pas la balance égale. Nous-mêmes, ce faisant, évacuons l'objectivité que nous espérions primitivement conserver. Le pouvions-nous? Sans doute pas, justifiant l'adage que dans une guerre civile le neutre est exclu; sont admis, seuls, les protagonistes engagés dans l'un ou l'autre camp. Pour autant, si nous avons choisi le nôtre, nous apportons une lumière aussi vive et précise que possible sur les événements que nous décrivons et les hommes qui les vécurent.

Dans un premier mouvement, en juillet 1936, la stratégie d'intervention choisie avait été celle utilisée par Rodolphe Haccius, vingt ans plus tôt, en Hongrie, c'est-à-dire implication d'un seul délégué disposant de tous les pouvoirs. La première intervention de Junod en est l'exacte réplique. Dès le retour du délégué, cette option est abandonnée. Deux tendances s'affrontaient au sein du Comité : les interventionnistes en ce qui concerne le sort des populations civiles et des internés non-combattants, et les attentistes, souhaitant limiter l'intervention du CICR aux prisonniers de guerre. Un amalgame des deux, malaisément, fut mis en œuvre. Les différences furent, inconsciemment, d'ordre idéologique, entre les parties. L'équité absolue ne pouvait pas être respectée. Car la distinction, comme nous l'avons démontré, entre combattants et acteurs politiques ne fut jamais explicitée par les deux gouvernements. Non plus par le CICR, qui ne put prendre réellement le parti d'une indépendance revendiquée par ailleurs.

Ce dernier chapitre devrait se transformer en critique raisonnée d'un imaginaire humanitaire devenu universellement directeur des consciences, plaçant la Croix-Rouge au-dessus des États et des lois. Tentation absurde si jamais elle fut envisagée par le Comité international. Absurde, mais pas tout à fait irréaliste, le CICR abordant la seconde moitié du XXe siècle avec un sentiment incontestable de supériorité. Son expérience manquée en Abyssinie, dernier conflit de type colonial, aurait pourtant dû alerter les membres du Comité, alors qu'il abusa leur clairvoyance. De même, lors des événements de juillet 1936, tout d'abord le parallèle fut fait avec ceux d'octobre 1934, c'est-à-dire des manifestations épisodiques et ponctuelles que l'intervention de la police ou des forces militaires abrégerait rapidement. L'erreur fut d'estimer que les coupables étaient les masses populaires avec un gouvernement désemparé alors que les forces de l'ordre étaient en réalité les rebelles. Cette inversion des valeurs, transformant le légaliste en révolutionnaire et le putschiste en homme de l'ordre, aveugla le jugement du Comité. Plusieurs mois passèrent avant que les sages de Genève comprennent enfin que les choses étaient beaucoup plus complexes. Et que l'emblème croix-rouge ne pouvait tout déchiffrer, tout couvrir, tout solutionner, au nom d'un humanitaire dont la propriété aurait été celle d'une seule institution, aussi vénérable et vénérée fût-elle.

Genève, Bonneville, 1995;
Gournay-sur-Marne, juillet 1999.

Annexes

Annexe 1a
CROIX-ROUGE ESPAGNOLE RÉPUBLICAINE
(Comité central, en 1936-1937, C/Eduardo Dato ou Paseo del Cisne, 18, Madrid.)
En 1936, le Comité de la Croix-Rouge de Madrid se composait de[1] :
Président : Dr Aurelio Romeo Lozano, directeur de l'Institution municipale de puériculture, membre du Parti national républicain et ami de son leader, le professeur Felipe Sánchez Román. Il se réfugia en 1939 à Saint-Etienne, puis à Orléans en mai 1939. Il s'exila au Mexique (Monterrey) où il fonda la revue *Archivos Mexicanos de Pediatría*.
Vice-président : Dr Francisco Haro García, gynécologue. Il avait la responsabilité de la direction de l'Hôpital central de la Croix-Rouge, avenida de la Reina Victoria, qui fut transféré, en décembre 1936, Calle O'Donell (angle du Paseo de Ronda)[2].
Secrétaire : Dr Jacinto Segovia Caballero, chef de l'équipe chirurgicale de l'Assistance publique et professeur à l'hôpital provincial. Au mois d'août 1936 il prit la direction de l'hôpital San José y Santa Adela, à Madrid. A partir de cette date, la charge de secrétaire général fut occupée par le Dr Juan Morata. [Y a-t-il eu un secrétaire nommé Peñas?]
Vice-secrétaire : Dr Juan Morata Canton, docteur en médecine. Remplacé à cette charge, au mois d'août 1936 par le Dr Giménez Valgañon. Le docteur Morata occupait le poste de docteur principal à la Mutuelle sanitaire ouvrière de la CNT et de directeur de la Société médico-pharmaceutique de la Clinique Madrid. Il avait été nommé sous-secrétaire au ministère de la Santé de Madrid.
[Tous les trois de la Confederación Nacional del Trabajo CNT].
Contrôleur (comptable) général : Vicente de Orche Martínez (représentant la Maison du peuple de Madrid, PSOE).
Trésorier : Dr Ramón Rubio Vicente, chef du secteur de désinfection et ambulances de la municipalité de Madrid (député de Izquierda Republicana).
Inspecteur général des médecins : Dr Guillermo Luna Offato (Partido Communista Español).
Membres : Dr Ventura López Aragonés, docteur en médecine (PSOE). Le 17 novembre 1936, par suite d'une décision de l'Inspection générale de la Santé, trois nouveaux membres représentant le Conseil ouvrier intègrent le Comité central et parmi eux le Dr R. Navarro Serret, délégué du Secours rouge international.

Délégués à la XVIe Conférence de Londres du 20 au 24 juin 1938 : Dr Aurelio Romeo Lozano, président; Vicente de Orche Martínez, Julián Fernández Alvarez (rejoignit la zone franquiste après la Conférence).

Comité de Albacete. La Croix-Rouge n'existe que de nom.
Comité de Alicante. La présidente était la secrétaire de Mme Montseny (?).
Comité de Almería. Où a officié M. Phillips, sujet britannique.
Comité de Barcelone. Mis sur pied par le Dr Morata en septembre 1936), avec le Dr José Martí Feced[3] comme médecin directeur et Pedro Estañy ((ou Estrañy) CNT), président du Comité. On parle aussi de Cortes, secrétaire. Valenti Pérez (ou Puig), capitaine de la brigade sanitaire de Barcelone, était considéré comme délégué adjoint. Andrés de Vizcaya, lieutenant à la même brigade sanitaire, a été le chauffeur de Junod à de nombreuses reprises dans les premiers mois. Il devint par la suite adjoint du délégué de Madrid. Rafael Suqué Espona, chef de section. Dr Perramon, directeur de l'hôpital de la Croix-Rouge de Barcelone et membre du Comité sanitaire catalan. Dr Danon, interprète de Barbey.
Comité de Carthagène. Dr Lopez de Aro.

---

[1] *Gaceta de la República*, n° 213, p. 923, du 31 juillet 1936.
[2] ACICR, CR 212/VII, 1049, 22.12.36.
[3] Son frère, Carlos Martí Feced, conseiller de la Esquerra catalana, était chargé de l'Intérieur dans le gouvernement catalan. Voir BOLLOTEN, B., *op. cit.*, p. 502.

Comité de Castellón. Président, Eduardo Marco. Directeur de l'hôpital, Dr Garcia Mingarro.
Comité de Ciudad Real. Le président est le chirurgien de l'hôpital provincial.
Comité de Figueras. López Rodríguez Murray, création d'un hôpital[1].
Comité de Huercal-Overa. Avec un hôpital de convalescents.
Comité de Jaén. Un jeune étudiant ingénieur.
Comité de Linares. Le président était un membre de la CNT.
Comité de Murcia. Président, Garcia; avec un hôpital de 100 lits.
Comité de Ubeda. Un petit hôpital d'environ 30 lits.
Comité de Valencia. Toujours avec l'aide du Dr Morata, qui maintient comme président le Dr Muñoz Carbonero. Le Dr Morata obtient, grâce à la collaboration de la CNT, que la Colonne de Fer (unité anarchiste détachée sur le front de Valence) respecte la Croix-Rouge dans ses biens et ses locaux. Le Dr Landete est chargé des sections de chirurgie faciale. En juillet 1937, le Dr Rubio, ami de Giral, est coopté membre de la Commission des échanges.

Annexe 2a
DÉCRET PORTANT CRÉATION DE LA CROIX-ROUGE DU PAYS BASQUE[2]

Gobierno Provisional de Euzkadi
Departamento de Sanidad   Bilbao a 25 de Noviembre de 1936.
Monsieur le Président de la Croix-Rouge internationale, Genève

Par effet du Conseil adopté par le Gouvernement provisoire d'Euzkadi, le Comité de la Croix-Rouge espagnole a cessé son travail; celle-ci se trouve remplacée par la Croix-Rouge du Pays basque.

En conséquence, nous estimons utile d'accompagner cette information d'un extrait du Décret dans lequel nous vous notifions officiellement ces résolutions, que nous vous prions de ne pas oublier, en attendant vos aimables impressions sur le sujet.

Le Conseiller de la Santé, Alfredo ESPINOSA

DÉCRET

Note du CICR. — Nous publions ce décret à titre purement documentaire. Il n'est pas besoin de dire qu'il n'est pas question d'une reconnaissance quelconque de la part du Comité international de la Croix-Rouge. C'est une affaire intérieure concernant la Croix-Rouge espagnole. En fait, naturellement, le Comité international conserve le droit de correspondre avec tout comité ou organisation voulant entreprendre une oeuvre de secours aux victimes de la guerre, sans pour cela préjudicier en quoi que ce soit à ses relations normales et officielles, avec le Comité central de la Société nationale reconnue.

L'article 18 de la Croix-Rouge espagnole détermine que M. le Président ou la personne qui le remplace valablement représentera le Comité central de la Croix-Rouge espagnole dans les actes où il interviendra comme personne juridique, dans toutes les affaires qui se rapportent aux intérêts généraux de l'Institution dans ses relations avec les institutions étrangères analogues, avec le Comité international à Genève, le Conseil des Gouverneurs et la Direction générale de la Ligue des Sociétés de la Croix-Rouge et avec le Gouvernement de la nation.

L'article 29 dit que tous les éléments faisant partie intégrante de la Croix-Rouge espagnole dépendent du Comité central, lequel est seul autorisé à édicter des dispositions d'ordre général ayant caractère obligatoire. Est réservée également au Comité central, à l'exclusion de tout autre organisme, la faculté de s'entendre directement par l'intermédiaire de son président ou de la personne qui le remplace valablement avec le Gouvernement, le Comité international de la Croix-Rouge à Genève, la Ligue des Sociétés de la Croix-Rouge et les Associations constituées à l'étranger, ainsi que de se faire représenter dans les assemblées et congrès internationaux quel que soit leur objet.

---

[1] ACICR 212/III, 424 bis, 11.10.36.
[2] ACICR 212/VI, 865 bis, 25.11.1936.

Dans les articles sus-indiqués, il apparaît clairement que les relations de la Croix-Rouge avec les autres sociétés ou corporations, entre celles-ci et le Comité international de Genève sont complètement centralisées; et, dans les circonstances actuelles où il est nécessaire de traiter les affaires rapidement, l'obligation, pour les régler, de se rendre à Madrid avec des moyens lents de communication, nous retarde malgré nous, et les réponses indispensables ne peuvent nous parvenir assez vite.

C'est pour cela que ce Département estime et déclare nettement qu'il est nécessaire de dissoudre la Croix-Rouge et d'en créer pour le Pays basque une nouvelle, dont la représentation sera de grande utilité, surtout en cette période de guerre.

En conséquence, le Conseiller de la santé, d'accord avec tout le Conseil du Gouvernement basque, a approuvé le décret suivant :

Article 1. Le Comité de la Croix-Rouge espagnole disparaît dans cette ville; sont éloignés de ses offices tous ceux qui les occupent; ceux-ci devront remettre leur documentation à ce Département.

Art. 2. Est constituée la Croix-Rouge dans le Pays basque, laquelle aura les mêmes attributions que celle qui a été supprimée.

Art. 3. La Direction de la Croix-Rouge du Pays basque est la suivante : Marcelino Ibañez de Betolaza, *président;* Felix González Diez, *vice-président;* José Maria Ituratte, *secrétaire;* Emilio Costa Corbato, *trésorier comptable;* Pedro Villar Letona, *premier membre;* Asensio Arriolabengoa, *second membre;* Luís Casado Matute, *troisième membre.*

Art. 4. Pendant que se publie le règlement opportun, la direction pour la Croix-Rouge du pays basque gouvernera selon les statuts de la Croix-Rouge espagnole, quand ceux-ci seront applicables au Pays.

Art. 5. Les relations qu'elle soutiendra entre ses Comités égaux et le Comité international de Genève, seront toujours effectuées par le président de la direction ou bien par la personne qui occupe sa place.

Art. 6. Dans un délai de trois mois le Département de la santé publiera le Règlement organique de la Croix-Rouge.

Le Conseiller de la Santé. Le Président du Gouvernement provisoire.
Alfredo ESPINOSA José Antonio de AGUIRRE

CROIX-ROUGE DE SANTANDER. Azpilicueta, était le vice-président de la Croix-Rouge à Santander. Ce comité gérait six hôpitaux.

CROIX-ROUGE DES ASTURIES A Gijón, un seul médecin de la Croix-Rouge, Manuel de la Cruz Iriarte.

Annexe 3a
CRÉATION À BURGOS D'UN COMITÉ DE CROIX-ROUGE ESPAGNOLE NATIONALISTE[1]

La Junte de défense nationale d'Espagne, dont le siège est à Burgos, et qui contrôle plus des deux tiers du territoire national et de la population de l'Espagne, vient de procéder à une réorganisation de la Croix-Rouge dans toute l'étendue de la zone soumise à son autorité. Il s'agissait d'un besoin urgent puisque la Croix-Rouge de Madrid, du fait de son siège dans la capitale, aurait pu prétendre garder le contrôle de services dans toute l'Espagne.

Dans maintes occasions, la Croix-Rouge de Madrid a retenu pour ses propres besoins dans la zone rouge les donations faites par les pays étrangers et dont le but était de faire profiter l'ensemble des forces combattantes.

La Croix-Rouge de Madrid est devenue un organisme communiste incapable de remplir son rôle dans toute l'Espagne, et le Gouvernement de Burgos a jugé de son devoir de créer une Croix-Rouge nationaliste, d'accord avec les principes établis par la Convention de Genève. De ce nouvel organisme j'ai été appelé à la présidence, selon le décret dont j'ai l'honneur de vous faire parvenir une copie.

---

[1] ACICR 212/III, 410 bis, 10.10.1936. Décret du 29 septembre 1936. La composition de la *Asamblea general* est publiée par la circulaire n° 331 du CICR, Annexe I, p. 6, du 16 octobre 1936.

Le Comité international de la Croix-Rouge, avec lequel nous sommes en rapport, a envoyé dans notre zone les professeurs Junod et Broccard, lesquels, ces derniers jours, ont parcouru une partie de notre territoire. Ils pourront vous fournir tous les renseignements voulus sur l'ordre pacifique régnant dans notre zone et le respect absolu pour les principes et les règles humanitaires de l'accord de Genève par nos forces armées et citoyens sous notre autorité. Le contraste avec la conduite des rouges de Madrid a dû leur apparaître frappant. Certainement vous pourrez faire appel au témoignage impartial des professeurs Junod et Broccard.

Le professeur Junod, au nom du Comité international, a conclu un accord avec la Croix-Rouge de ma présidence et avec le Gouvernement de Burgos dont j'ai l'honneur de vous faire parvenir une copie. Le professeur Junod fera devant le Comité international de Genève un exposé de tout ce qu'il a vu dans son enquête informative.

La Croix-Rouge nationaliste de Burgos garde l'espoir de nouer les plus cordiales relations avec ses sœurs des autres pays et, vous faisant part de sa création, s'offre à vous donner tous les renseignements et informations la concernant et qui pourraient vous intéresser. Le Président : Comte de VALLELLANO

ASAMBLEA CENTRAL, BURGOS

Président : D. Fernando Suarez de Tangil, comte de Vallellano, désigné le 29 septembre 1936 par le général Franco.

Secrétaire : D. Carlos Rojas, comte de Torrellano. *Inspecteur général :* Dr Luís Valero.

Membres : Doña Concepción Kirkpatrick, marquise de Valdeiglesias, S^{ra} Muruzubal de Montaner, Dr Manuel Bermejillo, Dr Tomás Rodriguez, Sr Arturo Salgado, Sr José Maria Valiente, Sr Javier Aznar (trésorier), Sr Fernando Pedroso.

Par la suite : *Présidence d'honneur :* Doña Carmen Polo de Franco. *Président :* D. Fernando Suarez de Tangil, comte de Vallellano. *Secrétaire général :* Dr Luís Valero Cabreras. *Secrétaire :* D. Carlos Rojas, comte de Torrellano. *Médecin inspecteur général :* D. Luís Valero.

Conseillers : Doña Concepción Kirkpatrick, marquise de Valdeiglesias, S^{ra} Muruzubal de Montaner, Dr Manuel Bermejillo, Dr Tomás Rodriguez, Sr Arturo Salgado, Sr José Maria Valiente, Sr Javier Aznar.

Inspection générale des Services féminins des hôpitaux (de sangre) : S^{ra} Mercedes Milá, hôpital de la Vega (Salamanca).

Présidente des infirmières : Duchesse de la Victoria.

Délégués à la XVIe Conférence de Londres du 20 au 24 juin 1938 : marquise de Valdeiglesias, marquis del Moral et comtes de Torrellano et de La Granja.

Délégué de la Croix-Rouge à Mexico : Dr González Martínez.

Secrétaire de la Croix-Rouge à Paris : D. Alvaro Caro, comte de Torrubia.

Section de Vitoria. Président : Dr José Pérez Argote.

Section de Tolosa. Président : Luís Crespo de Dorda.

Section de Burgos. Mlle Acinaga, à Burgos, secrétaire de Broccard.

Section de San Sebastián. Président : Luís Garmendia.

Section de Séville. Président : Arturo Fernández Palacios Lahara.

Secrétaire du Dr Schumacher, Remedios Aquino.

Annexe 4a
COMITÉ INTERNATIONAL DE LA CROIX-ROUGE

Villa Moynier, 144, rue de Lausanne, Genève. (Adresse télégraphique : InterCroixrouge).

Président : Max Huber, docteur en droit, ancien président de la Cour permanente de justice internationale.

Col. div. G. Favre, membre du CICR, président de la Commission d'Espagne. Jacques Chenevière (1886-1970), membre du CICR, p.i. de la Commission d'Espagne, homme de lettres. Col. div. Georges Patry, membre du CICR, p.i. de la Commission d'Espagne, ancien médecin de division de l'armée suisse. *Trésorier :* R. de Haller, trésorier.

Etienne Clouzot, chef du secrétariat (de nationalité française). Intervinrent aussi dans le secrétariat du Comité d'Espagne : François et Daniel Clouzot.

ANNEXES 391

Voici, en 1936, la liste des *membres* : Dr Georges Audeoud, colonel, ancien médecin de division de l'armée suisse; Frédéric Barbey-Ador, ancien ministre plénipotentiaire de Suisse en Belgique; Bernard Bouvier, professeur honoraire de l'Université de Genève; Carl Jacob Burckhardt, docteur en philosophie et en droit, professeur honoraire de l'Université de Zurich; Jacques Chenevière, homme de lettres; Lucien Cramer, diplomate; Paul Des Gouttes, docteur en droit, avocat; Guillaume Favre, colonel divisionnaire; Paul Logoz, professeur de droit, professeur en droit pénal à l'Université de Genève, colonel d'état-major général; Jacques-Barthélemy Micheli, ingénieur mécanicien; Giuseppe Motta, avocat; Georges Patry, colonel divisionnaire, ancien médecin de l'armée suisse; colonel Franz Rodolphe de Planta, industriel; Georges Wagnière, docteur en droit, ancien ministre de Suisse à Rome; Dr Heinrich Zangger, professeur à l'Université et directeur de l'Institut de médecine légale de Zurich, président du Centre d'études sur la guerre chimique. Mlle Lucie Odier, ex-chef du Service des infirmières visiteuses de la Croix-Rouge genevoise, responsable du Service des secours; Mlle Suzanne Ferrière, membre de l'UISE et secrétaire du Service international d'aide aux émigrants; Mme Renée Marguerite Frick-Cramer (auteur de plusieurs relations sur les camps de concentration en 1939). Mlle Nicole de Poznanski en charge du Service de recherches et de cas individuels. *Membres honoraires :* MM. Edmond Boissier, colonel, et Lucien Cramer, docteur en droit; Mme Pauline Chaponnière-Chaix, présidente du Conseil international des femmes.

MODÈLE DE CONVENTION ÉTABLI POUR TOUS LES DÉLÉGUÉS ENVOYÉS EN ESPAGNE[1]

Entre le Comité international de la Croix-Rouge, d'une part, et Monsieur ...., d'autre part, il a été convenu ce qui suit :

1. Le Comité international de la Croix-Rouge charge M. ..., en qualité de délégué-adjoint, d'une mission en Espagne, sous la direction de M. le Dr Marcel Junod, chef de mission.

2. La durée de la mission de M. ... est d'un mois à compter du ... au .. 1936. La durée de la mission pourra être prolongée de mois en mois, par tacite reconduction.

3. Le Comité international de la Croix-Rouge paiera à M. ... :

a) une allocation de francs suisses 750 (sept cent cinquante francs) à titre de traitement mensuel;

b) les frais de voyage, aller et retour, payables en francs suisses, sur présentation de pièces justificatives, visées par le chef de mission;

c) les frais d'une assurance contre les accidents et maladies pour une somme de francs suisses 75.000 (soixante-quinze mille) en cas d'invalidité, aux termes énoncés dans la police d'assurance.

4. M. ... s'engage à exercer la plus grande économie dans ses dépenses.

5. M. ... s'engage :

a) à se conformer exactement aux instructions qui lui ont été ou lui seront données par son chef de mission, M. le Dr Marcel Junod;

b) à observer la plus stricte neutralité dans ses propos et dans ses actes; à s'abstenir de toute manifestation ayant un caractère politique ou confessionnel, ainsi que de toute activité ayant un caractère commercial; à se souvenir constamment de sa qualité de représentant de la Croix-Rouge internationale;

c) à s'astreindre à la plus grande discrétion; il lui est notamment interdit, soit au cours de son voyage, soit à son retour, de faire des communications quelconques dans les journaux, de se prêter à des interviews, de faire des conférences sans l'autorisation expresse du Comité international de la Croix-Rouge;

d) à s'abstenir dans ses conversations privées ou dans ses actes de tout ce qui pourrait nuire à l'action ultérieure du Comité international de la Croix-Rouge.

Fait en double, à Genève, etc...

---

[1] ACICR 212/I, 63.

Liste officielle des délégués et des adjoints (espagnols) telle qu'elle ressort des différents documents consultés :

Côté gouvernemental

Délégué général : Dr Marcel Junod.
Adjoint : Daniel Clouzot.

Madrid :
Calle Abascal, 55

Dr Georges Henny — 16.9.36 au 8.12.36 (blessé)
Cap. Eric Arbenz — depuis le 11.1.1937

Calle Oquendo, 4 — Service d'évacuation — (maison de Kochenthaler)
Calle Pinar, 20 — Service des réponses
Andrés de Vizcaya — depuis octobre 1936
(délégué-adj., lieutenant de la brigade sanitaire de Barcelone)
[Dr Juan Morata, coordonnateur avec le CICR]

Barcelone :
Calle Lauria, 95 et 113

Dr Horace Barbey — 25.9.36 à 28.1.37
Dr Roland Marti — 1er.12.36 à 14.4.37
Prof. Philippe Hahn — avril 37 à 31.3.38
Cap. Valenti Pérez (Puig) — octobre 36 à 11.10.37
(délégué-adj., capitaine de la brigade sanitaire)
José Gras Artero (coordination avec le CICR)

Valence :
Calle Sorni, 13

Dr Roland Marti — avril 37 à 31.4.38
Luís Baltá Solá (adj.)

Bilbao :
Calle Gordoniz, 14
puis

Cap. Georges Graz — 8.11.36 à 14.6.37
Lt Raymond Courvoisier — 7.7.37 à 27.10.37

Santander :
Calle de Castelar, 15

Cap. Pierre Weber — déc. 36 à 11.6.37
Cap. Georges Graz — 14-24 juin-août 1937
Azpilicueta (vice-président de la Croix-Rouge de Santander, secrétaire honoraire) — déc. 1936 à juin 1937

Alicante :

Cap. Eric Arbenz — 15-24 décembre 1936

Figueras :

Beck (agent consulaire suisse) — 20 janvier 1938

Côté nationaliste

Délégué principal : Comte Horace de Pourtalès (banquier) — déc. 1936 à nov. 1938 à Salamanque puis à Burgos.

Burgos :
Emperador, 1
Hôtel Infante Isabel

Dr Raymond Broccard — 16.9 à 25.11.36
Cap. Jean d'Amman — 5.5.37 à 15.2.38
Jean Bosch (délégué-adj.) — "

San Sebastián :
Gran Casino puis
Calle San Jeronimo, 20

Lt Raymond Courvoisier — déc. 36 à 28.2.38
Cap. Jean d'Amman — depuis 15.2.38
Barreiro (délégué-adj.) — depuis 1936

Bilbao (sous-délégation) après son occupation par les nationalistes :
Alameda Mazzaredo, 17-19 — Barreiro (directeur) — depuis le 27.10.37

Saragosse :
Sancho y Gil, 8

Paul de Rham (ingénieur) — 25.12.36 à 15.1.37
puis 10-20 février 1937

Séville :
Plaza del Pacifico, 7

Dr Werner Schumacher — 12.12.36 à 31.1.37

ANNEXES

En France :
Saint-Jean-de-Luz :
Villa Biak-Bat,   Lt Raymond Courvoisier   janvier 1937 à févr. 1938
boulevard Thiers   Muntadas (délégué-adj.)
Marseille :
7, quai du Port (SSE)   Cap. Georges Graz   septembre à octobre 1937

Annexe 5a
EXTRAITS DES STATUTS DU COMITÉ INTERNATIONAL DE LA CROIX-ROUGE EN 1936

Article Premier. Le Comité international de la Croix-Rouge (CICR), fondé à Genève, en 1863, et consacré par des décisions des Conférences internationales de la Croix-Rouge, est constitué en une association régie par les art. 60 et suivants du Code civil suisse, et possède, en conformité, la personnalité civile.

Art. 2. Le CICR est une institution indépendante ayant son statut propre dans le cadre des statuts de la Croix-Rouge internationale.

Art. 3. Le CICR a son siège à Genève.

Art. 4. Le CICR a notamment pour but :

a) de travailler au maintien et au développement des rapports des Sociétés nationales de la Croix-Rouge entre elles;

b) de maintenir les principes fondamentaux et uniformes de l'institution de la Croix-Rouge, savoir : l'impartialité, l'indépendance politique, confessionnelle et économique, l'universalité de la Croix-Rouge et l'égalité des Sociétés nationales;

c) de reconnaître toute Société nationale nouvellement créée ou reconstituée en conformité des principes de la Convention de Genève, et de porter cette constitution régulière à la connaissance de toutes les Sociétés nationales existantes;

d) d'être un intermédiaire neutre, dont l'intervention est reconnue nécessaire, spécialement en cas de guerre, de guerre civile ou de troubles sociaux;

e) de recevoir toute plainte au sujet de prétendues infractions aux Conventions internationales et, en général, d'étudier toutes questions dont l'examen par un organe spécifiquement neutre s'impose;

f) de coordonner les efforts pour soulager les victimes de la guerre des maux qui sont la conséquence de la guerre, des calamités civiles;

g) de travailler au développement et à la préparation du personnel et du matériel sanitaire nécessaire pour assurer l'activité de la Croix-Rouge en temps de guerre, en collaboration avec les Sociétés nationales de la Croix-Rouge et les Services de santé militaire des Etats;

h) d'assumer les fonctions qui lui sont dévolues par les conventions internationales;

i) de s'occuper en général de tout ce qui concerne les relations entre les Sociétés de la Croix-Rouge, en temps de paix comme en temps de guerre, dans le domaine des secours aux blessés et au malades de la guerre, ainsi que dans celui de l'action en faveur des prisonniers de guerre.

Annexe 6a
RÉSOLUTION DE LA X^E CONFÉRENCE INTERNATIONALE DE LA CROIX-ROUGE (1921)
XIV. — GUERRE CIVILE

Principes généraux.

I. La Croix-Rouge, qui est au-dessus de toutes compétitions politiques, sociales, de confessions, de races, de classes et de nations, affirme son droit et son devoir d'action secourable en cas de guerre civile, de troubles sociaux et révolutionnaires.

La Croix-Rouge reconnaît que toutes les victimes de la guerre civile ou des troubles susdits, sans aucune exception, ont droit à être secourus, conformément aux principes généraux de la Croix-Rouge.

II. Dans chaque pays où la guerre civile éclate, c'est la Société nationale de la Croix-Rouge de ce pays qui a en premier lieu le devoir de faire face de la manière la plus complète aux besoins de secours de ces victimes, et à cet effet il est indispensable que cette Société soit laissée libre d'agir en toute impartialité au bénéfice de toutes les victimes.

III. Dans le cas où la Croix-Rouge nationale ne peut, de son propre aveu, faire face toute seule à tous les besoins de secours, il y a lieu d'envisager de faire appel au secours des Croix-Rouges étrangères, conformément aux principes généraux suivants :

    a) Les demandes de secours étrangers ne peuvent pas venir de l'un ou de l'autre des partis en lutte, mais seulement de la Société nationale de la Croix-Rouge du pays ravagé par la guerre civile, et les demandes doivent être adressées par elle au Comité international de la Croix-Rouge.

    b) Le Comité international de la Croix-Rouge, s'étant alors assuré de l'assentiment du gouvernement du pays où sévit la guerre civile, organise l'oeuvre de secours en faisant appel aux organisations de secours étrangères.

Si le gouvernement en question refuse son assentiment, le Comité international de la Croix-Rouge fait un exposé public des faits, appuyé sur les documents y relatifs.

Cas exceptionnels.

    I. Lorsque, par la dissolution d'une Société nationale de la Croix-Rouge, ou par l'impuissance ou la mauvaise volonté de cette Société qui ne demande pas un secours étranger ou n'accepte pas l'offre de ce secours venue par l'intermédiaire du Comité international de la Croix-Rouge, les souffrances non soulagées, causées par la guerre civile, nécessitent impérieusement une action d'assistance, le Comité international de la Croix-Rouge aura la faculté et le devoir d'insister ou de déléguer une Société nationale de la Croix-Rouge pour insister auprès des autorités du pays en cause afin que le secours nécessaire soit accepté et puisse être distribué en toute liberté. Si les autorités du pays refusent de laisser s'opérer cette intervention secourable, le Comité international de la Croix-Rouge fait un exposé public des faits, appuyé sur les documents y relatifs.

    III. Dans le cas où tout gouvernement et toute Croix-Rouge nationale seraient dissous dans un pays où sévit la guerre civile, le Comité international de la Croix-Rouge aura tout pouvoir d'organiser l'œuvre de secours dans ce pays, pour autant que les circonstances le permettront.

Résolutions.

    1. La Xe Conférence internationale de la Croix-Rouge approuve les propositions ci-dessus et les recommande à l'étude de toutes les Sociétés nationales de la Croix-Rouge.

    2. La Conférence émet le voeu que toutes les Sociétés de la Croix-Rouge, d'accord avec le Comité international de la Croix-Rouge, s'engagent à faire une propagande intense pour créer dans tous les pays une opinion publique éclairée, connaissant la pleine impartialité de la Croix-Rouge, et cela dans le but que la Croix-Rouge puisse jouir, dans le monde entier et dans toutes les occasions, sans aucune exception, de la confiance et de l'affection de tout le peuple, sans différence de partis, de confessions, de classes ou d'individus, conditions indispensable pour que la Croix-Rouge puisse accomplir toute sa tâche et pour que soit obtenu la garantie la plus efficace contre toute violation des principes de la Croix-Rouge en cas de guerre civile.

    3. La Xe Conférence internationale de la Croix-Rouge confie au Comité international de la Croix-Rouge le mandat d'intervenir dans l'oeuvre de secours en cas de guerre civile, conformément aux dispositions ci-dessus.

    4. La Xe Conférence, inspirée par l'expérience douloureuse faite par la Croix-Rouge dans les pays où sévit la guerre civile, attire l'attention de tous les peuples, de tous les gouvernements et de tous les partis politiques, nationaux ou autres, sur le fait que l'état de guerre civile ne peut justifier la violation du droit des gens, et que ce droit doit être sauvegardé à tout prix.

    5. La Xe Conférence condamne le système des otages politiques, et insiste sur la non-responsabilité des familles et surtout des enfants pour les agissements des chefs et autres membres des familles.

    6. La Xe Conférence déplore les souffrances sans bornes auxquelles sont parfois soumis les prisonniers et les internés dans les pays où sévit la guerre civile, et estime que les détenus politiques en temps de guerre civile doit être considérés et traités selon les principes qui ont inspiré les rédacteurs de la Convention de La Haye de 1907.

Annexe 7a
Accords de Madrid

Le Comité de la Croix-Rouge espagnole, sous la présidence de M. Aurelio Romeo, après avoir entendu les propositions du Comité international de la Croix-Rouge, concernant la guerre civile d'Espagne, propositions faites par le délégué du dit Comité, le Dr Marcel Junod, déclare approuver ce qui suit :
  1. Le Comité de la Croix-Rouge espagnole accepte tous les secours étrangers que pourraient lui offrir les Sociétés sœurs par l'intermédiaire du Comité international de la Croix-Rouge à Genève;
  2. Le Comité de la Croix-Rouge espagnole s'efforcera de faire respecter l'emblème de la Croix-Rouge par tous les moyens dont il dispose;
  3. Le Comité de la Croix-Rouge espagnole s'efforcera de donner tout son appui aux délégués du Comité international auprès du Gouvernement espagnol pour obtenir de celui-ci l'autorisation de créer en Espagne des agences de renseignements sur les prisonniers civils et les prisonniers de guerre sous le contrôle absolu des délégués du Comité international de la Croix-Rouge.

Le Comité de la Croix-Rouge espagnole voit avec la plus grande sympathie la création de ces délégations et soutiendra moralement et matériellement les délégués nommés par le Comité international, d'accord avec le Gouvernement espagnol.

Madrid, le 1er septembre 1936. A. ROMEO, *Président* Jacinto SEGOVIA, *Secrétaire*

Le Gouvernement espagnol, après avoir reçu et entendu M. Marcel Junod, en représentation de la Croix-Rouge internationale, accepte l'envoi d'une double délégation du Comité international, délégations qui exerceront leur activité à Madrid et à Barcelone d'une part et à Burgos et Séville d'autre part. Leur mission sera celle de protéger et de faire respecter le signe de la croix-rouge par les deux parties et de faciliter le travail humanitaire de cette institution.

Le Gouvernement voit avec sympathie la création d'une section d'informations à la charge des dites délégations auprès des prisonniers de guerre ou civils et il admet la possibilité d'un échange de quelques-uns d'entre eux non combattants, spécialement de femmes et d'enfants. Madrid, le 3 septembre 1936.

Le Président du Conseil des Ministres : José GIRAL

Annexe 8a
Accords de Burgos

Le Comité de la Croix-Rouge espagnole de la Junte de Défense nationale dépendant du gouvernement à Burgos, président S. Exc. le comte de Vallellano, après avoir entendu les propositions du Comité international de la Croix-Rouge en relation avec la guerre civile d'Espagne, propositions faites par le délégué du dit Comité le Dr Marcel Junod, déclare approuver ce qui suit :
  1. Le Comité de la Croix-Rouge nationaliste accepte tous les secours de provenance étrangère que pourraient lui offrir les Sociétés sœurs par l'intermédiaire du Comité international de la Croix-Rouge de Genève.
  2. Le Comité de la Croix-Rouge nationaliste s'efforcera de faire respecter l'emblème de la Croix-Rouge par tous les moyens en son pouvoir.
  3. Le Comité de la Croix-Rouge nationaliste s'efforcera de donner tout son appui aux délégués du Comité international de la Croix-Rouge auprès du Gouvernement de Burgos pour obtenir de ce dernier la création dans la zone qui dépend de lui, d'agences d'informations sur les prisonniers civils et de guerre, sous le contrôle absolu des délégués du Comité international de la Croix-Rouge. Le Comité de la Croix-Rouge nationaliste voit avec la plus vive sympathie la création de ces délégations et appuiera et protégera du point de vue moral et matériel, les délégués nommés par le Comité international de la Croix-Rouge, d'accord avec le Gouvernement espagnol.

Pour que le présent document produise ses effets auprès du Comité international de la Croix-Rouge de Genève, il a été établi en duplicata et signé à Burgos le 15 septembre 1936.

Comte de VALLELLANO

La Junte de Défense nationale de Burgos, après avoir reçu et entendu M. Marcel Junod, représentant de la Croix-Rouge internationale et ayant pris connaissance de l'accord passé par ladite délégation avec la Croix-Rouge de Madrid et le Gouvernement de cette capitale, remercie la Croix-Rouge internationale de son action et prend bonne note des hauts sentiments qui motivent son intervention.

La Junte de Défense nationale de Burgos approuve pour son entrée en vigueur exacte et immédiate, l'accord passé entre la Croix-Rouge nationaliste et la Croix-Rouge internationale de Genève.

Elle accepte avec la plus vive reconnaissance tous les secours en espèces ou en nature des Croix-Rouges étrangères, particulièrement les secours en matériel sanitaire.

Elle se déclare prête à observer et à respecter, comme elle l'a toujours fait et comme elle le fait encore à chaque instant, la Convention de Genève concernant les blessés de guerre, les malades et les prisonniers.

Avant de considérer la question des otages et de leur échange, elle tient à déclarer qu'elle n'a pas eu recours à ce procédé qui n'a été appliqué ni à la population militaire ou civile, ni aux femmes et aux enfants, mais par contre qu'elle a eu à déplorer la perte des personnalités les plus en vue et les plus distinguées de la vie nationale et mondiale, qui ont été fusillées ou assassinées. Cependant, s'inspirant des sentiments les plus élevés d'humanité, elle accepte que les femmes, les enfants et les jeunes gens non astreints au service militaire qui en exprimeraient le désir puissent abandonner la zone placée sous sa dépendance pour gagner l'étranger ou la zone du gouvernement de Madrid, pour autant que la même autorisation soit accordée dans l'autre camp aux femmes, enfants et jeunes gens qui, dans les mêmes circonstances, désireraient gagner l'étranger ou la zone du Gouvernement de Burgos.

Pour que le présent document produise ses effets auprès du Comité international de la Croix-Rouge de Genève, il a été établi en duplicata et signé à Burgos le 15 septembre 1936.

Miguel CABANELLAS

Annexe 9a
ACCORD DE BARCELONE

Le Président de la Generalitat de la Catalogne, d'une part,

et le Comité international de la Croix-Rouge dûment représenté par son Délégué à Barcelone, le Dr Horace Barbey, d'autre part;

Désireux de préserver, dans les limites du possible, la population non combattante du territoire catalan des dangers provenant des opérations militaires de la guerre civile actuelle;

Et vu les précédents et la législation internationale en cette matière;

Sont convenus des dispositions suivantes :

1. La Generalitat de la Catalogne, par ses organes du Service de Sûreté intérieure autorisera et facilitera l'évacuation par la frontière de la Catalogne des membres de la population non combattante qui exprimeront leur volonté d'être évacués par l'intermédiaire de la Délégation de Barcelone du Comité international de la Croix-Rouge.

2. Aux fins de cet accord, seront compris sous le nom de *non combattants* :
a) les femmes; b) tous les mineurs de moins de 15 ans; c) les hommes âgés de plus de 60 ans; d) les malades avec les médecins et infirmières nécessaires à leur escorte.

La délégation du Comité international de la Croix-Rouge présentera, au fur et à mesure de l'inscription des demandes d'évacuation, les listes des personnes à évacuer, d'accord avec la classification ci-dessus.

3. A partir du moment où une de ces listes aura été présentée au conseiller de la Sûreté intérieure, les personnes qui y seront comprises resteront sous la sauvegarde spéciale des hautes parties contractantes. A cette fin, ces listes dûment signées par le conseiller de la Sûreté intérieure serviront de passeport collectif pour toutes les personnes comprises dans la liste.

4. Le présent accord entrera en vigueur aussitôt que le Comité international de la Croix-Rouge aura obtenu l'assurance par écrit que les mêmes engagements ont été pris et signés du côté de l'ennemi.

Fait à Barcelone le 8 décembre 1936.   Lluis COMPANYS   Horace BARBEY

Annexe 10a
ACCORD PASSÉ ENTRE LE GOUVERNEMENT PROVISOIRE BASQUE ET LE COMITÉ INTERNATIONAL DE LA CROIX-ROUGE[1]

A Bilbao, le dix octobre dix-neuf cent trente-six, à la demande de S.E. M. Daniel Garcia Mansilla, ambassadeur de la République d'Argentine en Espagne, et de M. Marcel Junod, délégué du Comité international de la Croix-Rouge, demande tendant à ce que le Gouvernement provisoire basque adopte pour sa part une mesure humanisant la guerre, libère les femmes détenues pour des raisons politiques ou à cause de la guerre, et leur accorde la liberté de quitter le territoire d'Euzkadi, demeuré loyal à la République — aux fins de quoi le Gouvernement de S.M. Britannique a mis dans un port basque des bateaux qui ont effectué le transport des dites femmes — et le Gouvernement provisoire basque étant prêt à accéder à la demande présentée, les personnalités susnommées avec S.E. le Président du Gouvernement basque, déclarent :

Que, en compagnie du Conseiller de la Justice et du Conseiller de l'Approvisionnement[2] du Gouvernement provisoire, MM. l'Ambassadeur et le Délégué du Comité international de la Croix-Rouge ont visité les prisons de femmes de Bilbao et ont demandé aux détenues si leur volonté était de demeurer en liberté sur le territoire basque loyal à la République, ou d'être embarquées sur le bateau anglais susmentionné, question à laquelle les femmes ont répondu en toute liberté. A la suite de quoi il a été procédé à la rédaction des listes des femmes libérées — qui seront remises cette nuit, en présence du Délégué du Comité international de la Croix-Rouge, M. Junod, au bateau anglais susmentionné, au nombre approximatif de 130 — et des femmes qui, au nombre de trente-huit (38), ont demandé de rester en liberté sur ce territoire.

Le Gouvernement provisoire basque exprime le désir que les délégués internationaux obtiennent du Gouvernement français que les personnes confiées aux mains de ladite mission et qui ne franchiraient pas la frontière espagnole, soient conduites au nord de la Loire comme le Gouvernement français l'a fait pour les émigrés d'octobre 1934. La mission internationale s'offre pour la réalisation du projet ci-dessus, étant donnés les motifs humanitaires exposés par le Gouvernement provisoire basque.

De même, le Gouvernement provisoire basque a sollicité, et la représentation étrangère et internationale a offert, que toutes les femmes demeurant en ou originaires d'Euzkadi — dénomination qui comprend Alava, Guipúzcoa, Vizcaya et Navarra — et qui se trouvent détenues pour les mêmes raisons par ceux qui actuellement agissent de l'autre côté du front de combat, soient mises en liberté immédiatement et, avec les mêmes garanties internationales, on leur donnera les moyens de regagner le dit territoire basque demeuré loyal à la République espagnole.

En foi de quoi les représentants susmentionnés signent avec S.E. le Président du Gouvernement provisoire basque, en lieu et date susmentionnés.

Au nom du Comité international de la Croix-Rouge :
José A. DE AGUIRRE   Dr JUNOD
Comme témoin :   Signe comme témoin :
D. GARCIA MANSILLA   R. C. STEVENSON, Consul de S.M. Britannique à Bilbao.

Annexe 11a
PREMIER ACCORD DE SALAMANQUE

Cabinet Diplomatique de S. Exc. le Chef de l'Etat   Salamanque, 19 octobre 1936.
Monsieur le Docteur Marcel Junod du Comité international de la Croix-Rouge,
Cher Monsieur. Par ordre de S. Exc., j'ai le plaisir de vous exprimer sa reconnaissance pour les démarches que le Comité international de la Croix-Rouge a réalisées et réalise pour obtenir la libération des personnes détenues en qualité d'otages à Bilbao et dans le reste du territoire basque non encore occupé par les troupes nationales.

---

[1] ACICR 212/III, 309.

[2] *Abastecimientos,* dans le texte original.

A ce sujet j'ai le plaisir de vous envoyer la note ci-jointe. Il est bien entendu qu'en cette occasion, comme dans toutes les occasions analogues, le gouvernement de S.Exc. traite directement et exclusivement avec le Comité international de la Croix-Rouge puisqu'il ne connaît pas ni ne peut connaître l'existence d'un supposé gouvernement basque ni, comme de juste, conclure un accord quelconque avec ce supposé gouvernement.
Le chef du cabinet diplomatique de S. Exc. : M. DE SANGRÓNIZ

Le Gouvernement de Burgos, sincèrement reconnaissant de l'intervention de la Croix-Rouge internationale, est d'accord avec ce qui suit :
1. Seront mises en liberté toutes les personnes qui se trouvent détenues en qualité d'otages à Bilbao et dans tout le territoire basque non occupé actuellement par l'armée nationale, tant sur les bateaux que dans n'importe quel autre établissement de n'importe quelle catégorie et qui n'ont pas le caractère de belligérants.
2. Il ne sera point mis obstacle — au contraire tout sera fait pour aider — à la sortie de Bilbao et du territoire basque non encore occupé par l'armée nationale, de toutes les femmes qui le désirent, ainsi que de tous les mineurs âgés de moins de 18 ans.
3. La sortie de la ville et du territoire cités sera autorisée à tous les hommes non belligérants âgés de plus de 60 ans, qui désirent quitter ledit territoire.
4. La sortie de tous les malades, accompagnés des médecins nécessaires, sera de même autorisée et facilitée.
5. Le Gouvernement de Burgos, en rapport avec la Croix-Rouge internationale, prend l'engagement de remettre et de permettre l'entrée en territoire basque non occupé par l'armée nationale :
a) à tous les otages basques non belligérants;
b) à toutes les femmes et mineurs de moins de 18 ans qui désirent se rendre sur territoire basque non occupé par les forces nationales et qui sont de nationalité ou d'origine basque;
c) aux vieillards âgés de plus de 60 ans se trouvant dans les mêmes circonstances;
d) aux malades qui le désirent et aux médecins nécessaires à leur escorte;
Salamanque, le 19 octobre 1936.

Le Délégué du Comité international Le Chef du Cabinet diplomatique
de la Croix-Rouge Dr JUNOD de son S. Exc. M. DE SANGRÓNIZ

Annexe 12a
LE GOUVERNEMENT BASQUE À LA CROIX-ROUGE INTERNATIONALE DE GENÈVE[1]

I. Le Gouvernement basque, en accord avec l'initiative de la Croix-Rouge internationale pour humaniser la guerre — qui a lieu consécutivement au soulèvement d'une partie de l'armée espagnole contre le Gouvernement légitime — propose à l'attention de cette institution l'état de la question et la décision qu'il a adoptée au vu de ces circonstances exposées ci-dessous :

Lors de la constitution du Gouvernement provisoire de Euzkadi, le 7 octobre dernier, se trouvaient pendantes les négociations faites par la délégation de la Croix-Rouge internationale auprès de la Junte de défense de Vizcaya, intégrée par des représentants du Front populaire et du Parti nationaliste basque. Apportant à ces négociations une solution rapide, le 11 octobre le Gouvernement basque décida de mettre en liberté toutes les femmes et les remettre, une fois vérifié celles qui se trouvaient emprisonnées sur le territoire d'Euzkadi fidèle à la République, par la propre représentation de la Croix-Rouge internationale, à bord de bateaux de S.M. Britannique à toutes celles qui le désireraient pour qu'elles soient conduites avec toutes les garanties sur le territoire de la République française. Le même jour fut exécuté l'accord pour la part du Gouvernement provisoire basque, conduisant à bord de la flotte anglaise 113 femmes[2] au port de Saint-Jean-de-Luz, les

---

[1] ACICR 212/VI, 841, 23.11.1936.
[2] Dans le protocole signé il était fait mention de 130 femmes.

restantes détenues à disposition du Gouvernement basque en liberté, résidant sur ce territoire par ce que telle en avait été leur expresse volonté, manifestée par elles-mêmes à la représentation de la Croix-Rouge internationale, à l'ambassadeur de la République d'Argentine en Espagne et au consul d'Angleterre à Bilbao.

Les soins donnés aux femmes pendant leur emprisonnement, et à toutes les femmes en général, de la part des autorités du Front populaire d'une part et par le Gouvernement provisoire basque ensuite, sont le reflet des faits suivants :

1° Aucune femme n'a été exécutée sur le territoire basque sous la juridiction du Front populaire, d'abord, et du Gouvernement basque, ensuite.

2° Aucune femme n'a fait l'objet d'aucun mauvais traitement dans sa prison de la part des dites autorités.

3° Aucune femme n'est morte en prison, ni de maladie naturelle ou par suite de sa détention.

4° Il n'y a eu aucun cas de viol de femmes sur le territoire basque soumis à la juridiction du Gouvernement basque, ayant été sévèrement condamné un lieutenant pour sa tentative.

L'accord signé par le Gouvernement provisoire de Euzkadi avec la Croix-Rouge internationale le fut sur la proposition faite par celle-ci, par l'ambassadeur de la République d'Argentine et par le consul anglais que seraient également mises en liberté toutes les femmes qui étaient détenues sur le territoire de Euzkadi aux mains des forces rebelles au gouvernement de la République et qu'avec les mêmes garanties internationales elles seraient mises en condition de retourner (rejoindre) le territoire fidèle à la République.

Le Gouvernement provisoire basque tient à faire constater que cette réciprocité n'a pas été remplie en termes satisfaisants. D'autre part, un document signé le 13 octobre par quelques femmes, à Saint-Sébastian, déclare sous la signature de celles-ci qu'elles souhaitent rester dans cette ville, de telle forme que dès l'exécution du premier terme de la convention les garanties d'ordre international pour le changement de résidence de territoire factieux à loyal, ou inversement, n'ont produit aucun résultat favorable à la situation des personnes concernées par les termes de ce point. Des informations postérieures obtenues par le canal de la Croix-Rouge internationale ont démontré qu'un grand nombre de ces femmes se trouvaient en situation de limitation de liberté puisqu'on leur offrait une supposée liberté de rejoindre le territoire alors qu'on retenait en prison leurs époux ou pères.

Par suite, d'autres informations sont venues démontrer aussi, officiellement, que c'est seulement le 4 novembre que furent mises en liberté des femmes de Vitoria en conséquence du premier pas fait par le Gouvernement provisoire basque le 11 octobre, et que même à ce moment-là la libération à Vitoria n'a pas concerné toutes les femmes se trouvant en prison, alors qu'un bon nombre parmi elles continuaient et continuent à être détenues pour des motifs divers. Et davantage, dans le territoire factieux, des informations dignes de foi, qu'on ne peut mettre en doute, nous apprennent :

1. Qu'il y a eu des femmes fusillées postérieurement à la date de l'accord entre le Gouvernement provisoire basque avec la Croix-Rouge internationale. Dans un cas au moins c'est la belle-mère de Don Ricardo Urondo, secrétaire général du ministère des Travaux publics du Gouvernement provisoire basque, appelée Doña Dominica Artola, âgée de 65 ans, qui était alitée dans l'hôpital de Saint-Sébastien.

2. Que les mauvais traitements dont sont victimes les femmes en territoire factieux sont innombrables et se poursuivent encore aujourd'hui. Dans de nombreux cas des femmes ont eu leurs cheveux coupés en forme de moquerie[1], les obligeant à se promener en public portant des insignes contraires à leurs opinions politiques. Ces faits ont été déclarés dans des procès-verbaux officiels par des prisonniers de guerre faits par nos troupes. Entre autres mauvais traitements figure celui de les obliger à avaler de fortes doses d'huile de ricin et de les soumettre à des travaux contre leur volonté et tellement exagérés qu'ils sont impossibles de réaliser.

---

[1] *Corte del pelo al rape,* qui fut appliqué fréquemment aux femmes soupçonnées de ne pas sympathiser avec les idéaux franquistes.

II. Comprenant que les enfants doivent rester en marge de la situation de guerre, antérieure à la constitution du Gouvernement provisoire basque, les autorités du Front populaire avaient déjà procédé à divers échanges de colonies scolaires avec le territoire factieux, et en accord avec la convention entre ce Gouvernement provisoire avec la Croix-Rouge internationale, l'échange d'enfants a été régularisé.

Aucun défaut ne peut être retenu de l'activité des autorités et de la population du territoire soumis à la juridiction de ce Gouvernement provisoire en rapport à la mise en liberté et au rapatriement vers l'autre territoire des enfants originaires de celui-ci.

En revanche, la restitution réclamée par le gouvernement provisoire basque de certaines colonies scolaires qui se trouvaient accidentellement en territoire occupé par les factieux au moment du soulèvement, les chefs de celui-ci exerçant l'autorité dans les cantons où se trouvent ces colonies scolaires tentent d'apporter des difficultés à la restitution à leurs familles des enfants cités qui se trouvaient en leur pouvoir. Pour cela ils usèrent d'un abus de pouvoir de la part des délégués locaux de la Croix-Rouge et de leur encadrement, à qui ils firent signer des documents dans lesquels ils exposaient leur désir de continuer à demeurer où ils se trouvaient.

L'insistance des autorités et des familles basques demeurant dans le territoire de ce gouvernement a permis que la colonie scolaire de l'hôtel de ville de Guecho, à Burgos, par rapport à laquelle eut lieu une inqualifiable manœuvre, a été ramenée dans les mêmes bateaux anglais et avec l'assistance, digne de notre complète gratitude, du délégué de cette Croix-Rouge internationale. Lors de l'arrivée de la colonie mentionnée on put se rendre compte que la vraie volonté des enfants et de leur encadrement avait toujours été de se réunir avec leurs familles, retournant sur les lieux de leur résidence habituelle, et que le document qui avait été signé exposant le contraire, avait été obtenu par tromperie.

III. Ces faits, en accord avec d'autres faits que l'on ne peut oublier et qui exigent des interventions plus énergiques de ceux qui désirent vraiment humaniser la guerre, obligèrent le Gouvernement basque à se maintenir dans l'exécution formelle de ce qui avait été convenu, sans faire un pas de plus dans un chemin dans lequel on n'a pas pu obtenir de loyauté de la part de ceux auxquels se dirige la Croix-Rouge internationale, pour obtenir d'eux une attitude semblable à celle que nous avons maintenue.

Parce qu'est contraire à tout sentiment d'humanité :

1. Que se fassent des exécutions en masse, comme cela se déroule dans ces jours mêmes, dans le territoire basque occupé par les éléments factieux, spécialement à Pamplona, où un de ces derniers jours ont été fusillés près de cent personnes.

2. Parce qu'est contraire à tout sentiment d'humanité que les prêtres et religieux basques qui restèrent sur le diocèse où ils exerçaient leur ministère et leurs activités normales, occupé par les autorités factieuses, aient été ou fusillés (plus d'une centaine d'assassinats) ou exilés en masse, comme le furent en quantité aussi énorme, sans qu'une voix s'élève pour protester contre une conduite aussi inhumaine.

3. Parce qu'est aussi inhumain qu'il soit procédé au pillage systématique des domiciles de ceux qui se sont maintenus fidèles aux instructions du gouvernement qui avait été légitimement établi par le peuple et ont voulu suivre le sort des armes de la République se retirant dans les territoires pour elle défendus ou ont cru qu'ils n'auraient pas toutes les garanties pour leur sûreté personnelle (fait que l'expérience a montré que cela allait se produire) s'ils restaient dans le lieu de leur domicile habituel.

IV. En dépit de tout ce qui a été exposé, le Gouvernement basque souhaite faciliter le travail de la Croix-Rouge internationale, en faisant progresser l'œuvre d'humanisation de la guerre et ayant confiance dans ce que cette institution et les puissances associées à elle, sur le plan de la loyauté, obtiennent que cesse le procédé condamnable que reflètent les paragraphes antérieurs. Et spécialement informé le Gouvernement basque de ce que son accord avec la Croix-Rouge internationale sera suivi par d'autres semblables avec le gouvernement de la Generalitat de Catalogne et le gouvernement de la République, ainsi qu'avec les autorités des territoires dans lesquels exercent des autorités désignées par le Front populaire, proposant à la délégation de la Croix-Rouge internationale :

1. De maintenir l'accord sur la libération de femmes et d'enfants mineurs de 15 ans, qui vient, par l'initiative de celui-ci, d'être exécuté sur le territoire basque dans la forme déjà exposée.

2. L'autorisation de transfert des femmes et des enfants qui se trouvent séparés du chef de famille dans le territoire de celui-ci.

3. Aussitôt que le contenu des deux derniers paragraphes sera résolu à la satisfaction du Gouvernement provisoire d'Euzkadi, sera proposée l'ampliation de cette convention en commençant à appliquer également cette condition aux anciens de soixante ans et malades ainsi qu'aux femmes et aux enfants.

Le Gouvernement provisoire basque en faisant cette proposition compte, que de la part de la Croix-Rouge internationale, s'obtiennent que ne se produisent pas les faits spécifiés dans les paragraphes 2 et 3 et que les mesures des numéros 1, 2 et 3 qui précèdent seront aussi appliquées sur le territoire basque non occupé aujourd'hui par les autorités dépendantes de ce gouvernement.

En se référant au Gouvernement basque, se trouvent comprises Alava, Vizcaya, Guipúzcoa et Navarra.

De même, le Gouvernement provisoire basque accueillera avec la meilleure volonté toutes les initiatives d'humanisation de la guerre qui ne se trouvent pas comprises dans les paragraphes antérieurs et qui pourraient être proposées, et exprime sa gratitude à la Croix-Rouge internationale pour son intervention et au gouvernement anglais pour l'aide apportée à celle-ci.
José A. DE AGUIRRE

Annexe 13a
PROJET DE PROPOSITIONS DU COMITÉ INTERNATIONAL DE LA CROIX-ROUGE
AU SUJET DE LA LIBÉRATION DES OTAGES

1. Les listes des prisonniers hommes et femmes considérés comme otages ayant été obtenues, tous les inscrits seront libérés au cas de l'acceptation de l'accord par des deux partis en cause sous le contrôle des délégués du Comité de la Croix-Rouge internationale.

2. Ces listes seront signées par le chef du gouvernement ou son représentant et le délégué du Comité international de la Croix-Rouge.

3. Ces listes doivent être demandées aux autorités civiles et militaires de tout le pays basque (ou de la zone nationaliste nord).

4. Les listes étant connues des deux partis en cause elles seront contre-signées chacune par le chef du gouvernement respectif et le délégué du Comité international de la Croix-Rouge.

5. Passé la date de la libération des otages, les gouvernements en cause s'engagent à supprimer le système d'otage sous le contrôle du délégué de la Croix-Rouge internationale. Cette libération n'est donc pas la conséquence d'un échange, mais l'admission d'un principe durable.

6. Définition de l'otage ; personne ayant été arrêtée sans avoir les armes à la main et non-coupable d'un délit grave comme trahison ou espionnage.

7. Pour que cela puisse se faire, il faut envisager d'avoir deux cargos, l'un à Pasajes et l'autre à Bilbao. Au moment où les délégués du Comité international auront contrôlé que toutes les personnes inscrites sur les listes sont sur les bateaux et que cela est certifié par télégramme, le transport pourra se faire sous leur contrôle et celui des bateaux de guerre de la marine britannique.

8. Durant le temps des négociations (environ trois semaines à partir de la signature des documents) les gouvernements donneront ordre aux autorités civiles et militaires de surseoir à toutes condamnations, exécutions et libérations et s'efforceront de ralentir les actions militaires qui pourraient nuire aux pourparlers. *(CICR, 2 décembre 1936.)*

Annexe 14a
AUTORISATION ET NORMES POUR UN ÉCHANGE D'OTAGES ET DE DÉTENUS
(Sous la dénomination de second *Accord de Salamanque*.)

Inspirant le gouvernement de S. Exc. le général Franco dans son sincère et réitéré désir de collaborer avec la Croix-Rouge internationale dans la réalisation de ses altruistes finalités et plus spécialement dans ceux qui tendent à humaniser la guerre, facilite expressément par le présent document le docteur Junod, délégué du Comité international de la Croix-Rouge de Genève soit la personne qui en son nom et sous sa représentation puisse établir avec les dirigeants du territoire du pays basque non occupé par l'armée nationale, un échange général d'otages et de détenus qui puisse se négocier entre les points suivants :

A. — Le gouvernement de l'Etat dont le chef est S. Exc. le général Franco, s'oblige :

1. à mettre en liberté à tous ceux qui se trouvent détenus sous le concept d'otages ou quelconque autre concept qui ne soit pas celui de belligérant, sur le territoire des provinces de Guipúzcoa, Navarra, Alava et dans la partie de la Vizcaya par lui dominée et dans tout le territoire espagnol lorsque les détenus dans ce dernier cas sont originaires du pays basque, les dirigeant sur le pays d'origine, où vers celui que les intéressés sollicitent;

2. à faciliter la sortie de son territoire de toutes les femmes que le désirent, de même que des mineurs de 16 ans accompagnés par leurs parents ou qui sont réclamés par ceux-ci ou leurs tuteurs légaux;

3. à faciliter la sortie dudit territoire à tous les mâles non belligérants, âgés de plus de 60 ans qui souhaitent le faire;

4. à faciliter la sortie de tous les malades qui le souhaitent.

B. — Les dirigeants du territoire basque non occupé par les troupes nationalistes s'obligent, en réciproque compensation à ce qui vient d'être dit et de leur côté à ce qui est précisé :

1. A mettre en liberté à tous ceux qui sont détenus comme otages ou de toute autre manière qui ne soit pas celle de belligérant, à Bilbao ou en toute autre partie du territoire basque non occupé par les troupes du général Franco, aussi bien en prisons terrestres comme dans les flottantes, les dirigeant vers leur pays d'origine ou vers celui que les libérés souhaitent.

2. A faciliter la sortie de son territoire à toutes les femmes qui le souhaitent ainsi que pour les mineurs de 16 ans qui sont avec leurs parents ou qui sont réclamés par ceux-ci ou par leurs tuteurs.

3. A faciliter la sortie dudit territoire à tous les mâles non belligérants de plus de 60 ans qui souhaitent le faire;

4. de faciliter la sortie de tous les malades qui le souhaitent.

C. — Comme complément à ce qui est exposé dans les deux clauses antérieures et obligation commune aux deux parties intéressés dans l'échange décrit il convient de préciser :

1. On fixera à Bayonne un centre ou point commun de liaison pour les parties ayant pour objet de produire et de présenter les réclamations ou indications conduisant au plus parfait accomplissement de l'échange. Le centre désigné transmettra toutes les notes respectives de chaque partie prenant à l'autre et convoquera en instance à chacune d'elles;

2. Doivent former partie annexe à ce cadre les relations des détenus en Alava, Vizcaya, Guipúzcoa et Navarre qui soient souscrites par les délégués respectifs de deux parties intéressés en union à celui-ci. Le temps employé au cours des délibérations et la remise des intéressés ou détenus sera celui matériellement utilisé pour le transport, qui devra être réalisé dans un délai maximum de dix jours à compter de la date de la signature du pacte. Les parties en cause pourront demander son application pour tout ce qui est inclus dans ce texte alors même que cela ne figure pas dans les relations annexes.

3. Sont inclus dans les bénéfices de l'accord signé les déportés, les inconnus et tous ceux non belligérants qui apparaissent bien qu'ils ne figurent pas dans les listes annexes ainsi que les religieux.

4. Restent compris dans les otages qui seront mis en liberté les quatre frères Irujo et Don José Bago.

5. Sont considérés comme belligérants tous ceux qui ont pris les armes dans l'actuel conflit ou tenté de le faire, en délits prévus et jugés par les lois pénales espagnoles et contre lesquels un procès est instruit. Si le procès reconnaît son innocence il restera compris dans l'accord.

6. L'exécution de cet accord se fait sous les auspices de la Croix-Rouge internationale et avec l'intervention de M. l'Ambassadeur de Grande-Bretagne, qui sera chargé du transport des détenus au lieu indiqué au moyen de bateaux de la Flotte anglaise l'embarquement se faisant d'un et de l'autre côté avec simultanéité dans le temps.

Au dit Ambassadeur il sera donné les facilités nécessaires pour l'accomplissement de la haute et humanitaire mission qui lui est confiée.

Enfin, pour coopérer avec le Dr Junod, délégué du Comité international de la Croix-Rouge de Genève ou de la personne qui le représente, en tout ce qui affecte la conclusion et la perfection de l'accord par lequel est décidé l'échange général d'otages et de détenus décrit par le présent mandat, est désigné le Señor D. Alvaro Caro, comte de Torrubia, secrétaire de la Croix-Rouge espagnole dans la délégation de Paris. Salamanque, sept décembre de mille neuf cent trente-six.

Le Chef du Cabinet   Le délégué international de la Croix-Rouge :
diplomatique de S. E.   Vu et d'accord JUNOD
DE SANGRONIZ   LE COMTE DE TORRUBIA

Annexe 15a

El Presidente del Consejo de Ministros   Madrid, 4 de noviembre de 1936.
Dr. G. Henny, Delegado del Comité Internacional de la Cruz Roja en Madrid.

J'ai l'honneur de vous accuser réception de votre estimée lettre du 2 courant que vous avez eu la bonté de m'adresser. Je répondrai en temps voulu aux autres points que vous soulevez dans votre lettre, mais aujourd'hui j'ai le plaisir de vous annoncer que, comme suite à votre désir de visiter les prisons de Madrid, vous pouvez le faire quand vous voudrez en vous mettant préalablement d'accord avec Monsieur le Ministre de la Justice [Mariano Ruiz Funes]. Je dois vous avertir en même temps que, d'après les règlements de nos prisons, toute communication avec les détenus doit être faite en présence et par l'intermédiaire d'un fonctionnaire du Corps.   Fco. L. CABALLERO

Annexe 16a
LETTRE À TOUS LES BELLIGÉRANTS[1]

Même lettre, le 3 novembre 1936, à :
S. Exc. M. Largo Caballero, Président du Conseil des Ministres, à Madrid;
S. Exc. le général Franco, Chef du Gouvernement, à Salamanque;
S. Exc. M. José A. de Aguirre, Président du Gouvernement provisoire basque, à Bilbao;
S. Exc. Monsieur le Président de la République de Santander;
S. Exc. M. J. de Taradellas, Président du Conseil catalan, à Barcelone;
S. Exc. le Chef du Gouvernement de Málaga.

Excellence. Le Comité international de la Croix-Rouge à Genève, instruit de l'existence en Espagne d'un très grand nombre de prisonniers non-combattants et des vaines demandes faites par ses délégués pour obtenir les noms, puis l'échange et peut-être la libération globale de ces prisonniers non-combattants, se permet de vous adresser le pressant appel que vous trouverez annexé à cette lettre, et auquel il vous demande d'accorder la plus grande attention. Il se réserve de publier dans la presse mondiale ce manifeste après qu'il sera parvenu entre vos mains.

Le Comité international de la Croix-Rouge croit devoir rappeler ici l'action strictement impartiale qu'il exerce, avec l'unique souci de venir en aide à des milliers d'êtres humains dont la situation émeut vivement le monde entier.

Le Comité international de la Croix-Rouge ne méconnaît pas les difficultés qui peuvent surgir si l'on veut réaliser la libération des prisonniers non-combattants en procédant par voie d'échanges. Mais en tout cas et sans exclure cette possibilité d'échanges, il insiste sur la nécessité d'assurer à la population civile le maximum de liberté, notamment de lui permettre de quitter les lieux où elle se trouve. Enfin, s'il devait apparaître qu'aucune autre solution n'est possible, le Comité international serait prêt à proposer aux deux parties l'évacuation globale de toutes les catégories de prisonniers non-combattants que vise le manifeste ci-joint. Il doit cependant attirer votre attention sur le fait qu'une telle évacuation, dont les délégués du Comité international assumeraient le contrôle au départ d'Espagne, nécessiterait le concours d'un ou de plusieurs gouvernements étrangers; le Comité

---

[1] ACICR 212/V, 607, 3.11.1936.

international serait disposé à vouer tous ses efforts pour obtenir ce concours, au cas où les deux parties se mettraient d'accord sur le principe même de l'évacuation.

Vu l'urgence, le Comité international se permet de compter que les deux parties en cause voudront bien faire tous leurs efforts pour assurer la solution de cette angoissante question. Il leur serait reconnaissant de lui faire savoir dans le plus bref délai l'accueil réservé à cette lettre.   Max HUBER, Président

MANIFESTE

Le Comité international de la Croix-Rouge, devant la profonde émotion causée dans le monde entier par le sort tragique, en Espagne, de milliers de personnes retenues prisonnières dans les conditions les plus douloureuses et dont beaucoup ont déjà été victimes d'une mort violente,

constatant, d'autre part, que l'intervention de ses délégués n'a pas encore donné tous les résultats qu'il était en droit d'en attendre,

estime de son devoir de s'élever de la façon la plus catégorique contre cet état de choses et de faire la déclaration suivante :

I. — La prise d'otages est inconciliable avec les méthodes de guerre d'Etats civilisés. Le Comité international a maintes fois eu l'occasion, au cours de la guerre mondiale, d'affirmer cette interdiction au nom des principes humanitaires dont la Croix-Rouge a pour mission d'assurer le respect. La Xe Conférence internationale de la Croix-Rouge à Genève, en 1921, avait formulé certains principes généraux concernant les civils tombés en cas de guerre au pouvoir de la partie adverse. L'un de ces principes essentiels, qui doivent s'appliquer par analogie à la situation actuelle en Espagne, prohibe la prise d'otages. Cette prohibition a été incorporée expressément dans l'article 2 du projet de Convention issu de ces délibérations, projet accepté par la XVe Conférence internationale de la Croix-Rouge à Tokyo, en 1934, et sur lequel une Conférence diplomatique, appelée à siéger dans un avenir prochain, aura à se prononcer.

II. — D'autre part, constatant que de nombreux prisonniers non-combattants retenus par les autorités belligérantes sont de fait assimilés à des otages, puisqu'ils servent de gage à ceux qui les détiennent, le Comité international croit devoir proclamer que, quels que soient les actes de guerre que les parties intéressées accomplissent dans le feu de l'action, aussi bien en cas de guerre civile qu'en cas de guerre internationale, les catégories suivantes de la population civile doivent être assurées du maximum de liberté possible, et notamment de l'autorisation de partir librement. Ce sont :

a) les femmes, les enfants, les vieillards et les malades;

b) les personnes auxquelles on ne peut reprocher aucune activité politique, et plus particulièrement dans le conflit espagnol actuel, les religieux et les anciens militaires. Il convient de se rappeler que ces derniers seraient prêts, an cas de guerre internationale, à sacrifier leur vie à leur pays;

c) les médecins et le personnel sanitaire, pour autant que leur activité actuelle les met au bénéfice de la Convention de Genève, applicable par analogie et signée par l'Espagne, laquelle a toujours fait scrupuleusement honneur à ses engagements.

III. — D'autre part, le Comité international à Genève tient à proclamer également que les trois catégories de personnes sus-mentionnées ne sauraient en aucun cas être l'objet de représailles; il rappelle que celles-ci ont été condamnées expressément dans l'article 2 de la Convention concernant le traitement des prisonniers de guerre, à laquelle l'Espagne est partie. En lançant ce pressant manifeste, le Comité international de la Croix-Rouge se souvient qu'il n'a jamais été vainement fait appel, en Espagne, au respect des engagements pris et aux sentiments de générosité.

Annexe 17a
NOTE DE L'AMBASSADE DE GRANDE-BRETAGNE AUX GOUVERNEMENTS DE BURGOS ET DE MADRID

Ambassade britannique, Hendaye, 21 octobre 1936.

Au vu de l'admirable labeur accompli par le docteur Marcel Junod, du Comité international de la Croix-Rouge, pour alléger les souffrances des non-combattants, le Gouvernement de Sa Majesté se trouve encouragé à appeler votre attention sur un fait qui est publiquement connu qu'au cours des actuels désordres un grand nombre d'otages ont été faits prisonniers et sont actuellement détenus.

Ceci s'applique plus particulièrement à la capitale où se trouve concentrée une nombreuse population.

Il semble qu'il existe des raisons suffisantes de craindre que faute de moyens suffisants afin d'assurer la sécurité de ces personnes, celles-ci pourraient éventuellement se trouver en péril d'être exterminées en masse. Devant cette possibilité et les terribles conséquences qui en découleraient, le Gouvernement de Sa Majesté se trouve obligé de faire un appel pressant, dans un esprit purement humanitaire, aux autorités des deux antagonistes en vue de conclure un accord pour l'échange de tous ces prisonniers et, plus particulièrement, par la libération et l'évacuation vers un lieu sûr de toutes les femmes qui se trouvent détenues.

Pour cela, le Gouvernement de Sa Majesté est prêt à offrir ses bons offices pour toute formule qui sera acceptée par les deux parties et il aura le plaisir d'offrir les services de la Marine britannique dans tous les cas où le transport maritime sera nécessaire.

L'ambassadeur de Sa Majesté a reçu des instructions pour faire une communication aux autorités locales espagnoles dans le sens plus haut indiqué et les informer que le Gouvernement de Sa Majesté espère qu'ils accueilleront cette suggestion avec toute l'attention possible et donneront une prompte réponse à l'Ambassadeur de Sa Majesté.

Annexe 18a
RÉPONSE DU GOUVERNEMENT DE MADRID

Votre communication concerne les otages politiques, exposés par leur propre condition à souffrir des représailles. Je dois, avant tout, vous préciser qu'il n'y a, actuellement, à Madrid, aucune personne qui réponde à votre définition. Il y a, effectivement, un certain nombre de prisonniers politiques qui suite à leur intervention directe dans le soulèvement contre la République, ou pour la raison qu'ils puissent créer un préjudice à celle-ci et à cause des relations qu'elles maintiennent avec les adversaires du régime ont été détenues. Leur libération, dans les circonstances que nous traversons, équivaudrait à aider le mouvement révolutionnaire, à part le trouble qu'ils feraient courir à l'Etat, âme de ce peuple indigné justement par ceux qui, grâce à l'aide des armes étrangères, poursuivent leurs destructions dans leur propre pays.

Cette attitude exaspère le peuple espagnol qui possède le sentiment de la justice et qui ne peut se voir condamné à tolérer que, depuis qu'on a paraphé l'accord de non-intervention, les rebelles jouissent de l'aide étrangère, octroyée sans pudeur et avec cynisme, ce qui fait qu'en ce moment il soit menacé par des avions importés d'Allemagne et d'Italie, appareils déchargés dans des ports espagnols, comme a eu l'honneur de le préciser l'ambassadeur d'Espagne au gouvernement du Royaume Uni.

L'exaspération du peuple espagnol augmente quand il voit comment, contrairement à la forte aide apportée aux rebelles, le gouvernement émanant de la volonté populaire qui s'est manifestée au cours des élections du 16 février, se trouve isolé et dépossédé en dépit de toutes les normes du Droit international, comme cela existait avant la signature de l'accord de Non-Intervention. Par conséquent le gouvernement n'a pas la possibilité de se procurer des armes avec lesquelles il pourrait faire front à l'insurrection.

Permettez-moi d'exprimer la conviction profonde de mon gouvernement que le gouvernement du Royaume Uni pourrait prêter un service immense à l'Humanité employant toute son influence pour que se termine ce déplorable état de choses. Cette réalité politique ne concerne pas seulement la situation de l'Espagne et je veux affirmer que de la décision des gouvernements des démocraties occidentales, à cet effet, va dépendre également le futur de la paix et de la démocratie unies étroitement en Europe.

Madrid, le 25 octobre 1936.   (*Le Temps* du 26 octobre 1936.)

Annexe 19a
RÉPONSE DU GOUVERNEMENT DE BURGOS

En accusant réception du mémoire présenté par M. l'Ambassadeur de Sa Majesté Britannique à Hendaye, au nom de son gouvernement, exprimant la préoccupation que celui-ci ressent face à la situation des prisonniers qu'en tant que otages le gouvernement de Madrid retient dans la capitale, le soussigné doit faire constater, en vertu des instructions reçues par le gouvernement de Son Exc. le général Franco, que les points principaux dudit mémoire souffrent du défaut principal d'être fondés sur une insuffisante et erronée information en ce qui concerne le territoire occupé par l'armée nationale, seul point qui nous intéresse.

Est évidente et justifiée l'inquiétude qu'exprime la note de M. l'Ambassadeur britannique en ce qui concerne la carence de moyens pour imposer son autorité et garantir les vies des personnes détenues par les rouges. Cela pourrait éventuellement s'attribuer à l'isolement indigne de nombreux parmi eux, ce qui emplit de douleur et de juste indignation l'Espagne toute entière. mais, dans la zone occupée par l'armée nationale il y a une autorité responsable de la vie et d'un bon traitement des détenus cités et de surcroît il existe des tribunaux de justice qui remplissent leur haute mission avec toute sorte de garanties. Nous ne pouvons donc pas admettre que l'on établissement un parallèle entre la conduite qui se rapporte aux prisonniers non combattants observée sur le territoire occupé par l'armée nationale et dans la zone rouge.

Le nombre réduit d'otages existant dans la zone des nationalistes a été décidé comme la conséquence des détentions arbitraires, et contre tous principes, qui dans la zone rouge s'élèvent par milliers, parmi celles-ci un grande partie a été cruellement et traîtreusement assassinée.

Le Gouvernement de Son Excellence le Général Franco remercie de ses bons sentiments et de sa préoccupation la Grande-Bretagne pour les prisonniers et otages qui sont au pouvoir des rouges et tout ce qu'il pourrait faire en leur faveur ou pour les libérer sera pour nous motif à le remercier.

Il n'y a aucun inconvénient pour notre part pour que les détenus et prisonniers de l'armée nationale soient visités par des personnes que le gouvernement de la Grande-Bretagne désigne à cet effet, pour qu'il puisse constater le traitement qui leur est donné et en même temps la tranquillité et l'ordre qui règnent sur tout le territoire dominé par l'armée nationaliste.　　　　　　　　　　　　　　　　　　　　　　　Burgos, 27 octobre 1936.

Annexe 20a
ACCORD DE SANTANDER DU 7 NOVEMBRE 1936

En réponse à la proposition verbale formulée d'abord par le représentant du CICR et ensuite par l'organisation locale, le gouverneur civil déclare :

Qu'il ne veut pas examiner les propositions des factieux car les signataires sont les causes directes de tant (tous les) actes de barbarie qui se commettent sur le territoire qui est sous leur domination. Considérant ce fait et par raison élémentaire de civilité nous renonçons à convenir (conclure) avec les rebelles, pactes ou convenants de quelque nature.

Tout en n'étant pas toujours d'accord avec la représentation officielle du Comité international de la Croix-Rouge, nous sommes prêts à répondre aux principes humanitaires élevés qui sont les mêmes que ceux qui animent les démocrates (propres aux idées démocratiques), et sommes prêts à satisfaire pleinement les nobles propositions formulées généreusement par le CICR. A tel effet nous déléguons la Croix-Rouge de Santander qui s'efforcera de réaliser les propositions inspirées par de tels sentiments sous le contrôle du gouvernement civil.　　　　　　　　Le gouverneur civil, Juan RUIZ OLAZARÁN

Annexe 21a
PROCLAMATION DU CORPS DIPLOMATIQUE À MADRID

Le corps diplomatique s'est réuni aujourd'hui sous la présidence de l'ambassadeur du Chili[1], doyen du corps, pour discuter au sujet des événements tragiques qui ensanglantent la capitale d'Espagne.

A l'unanimité il est arrivé à la conclusion que la lutte fratricide a atteint un tel degré de haine et de tragédie qui fait croire que se déprécient les pratiques d'humanité qui devraient encore se respecter dans les plus terribles conflits et en conséquence souhaite

---

[1] Carlos Lynch Morla demeurait depuis longtemps à Madrid et avait été un familier du poète Federico Garcia Lorca.

exprimer un sentiment clair et énergique du refus de voir qu'ils ne respectent pas ces impératifs et normes universellement reconnus afin d'éviter des choses telles que les bombardements aériens qui causent de nombreuses victimes innocentes (sans défense) dans la population civile, entre elles des nombreuses femmes et enfants.

En accord avec ces concepts il a été décidé d'envoyer à la presse cette note qui déplore que le corps diplomatique ne puisse utiliser d'autres moyens plus efficaces avec lesquels il pourrait remédier à ces lamentables contingences; mais le corps diplomatique cependant n'abandonnera pas l'espoir d'un ordre moral et humain pour le bien de la population de Madrid[1].   Madrid, le 18 novembre 1936.

Annexe 22a
PROPOSITIONS INITIALES POUR L'ÉCHANGE DE 2.000 PRISONNIERS CIVILS NON-COMBATTANTS

Comité international de la Croix-Rouge, Genève, 27 mars 1937.
A S.E. le Ministre Don José Giral.
Monsieur le Ministre. Le Comité international de la Croix-Rouge, réuni en session plénière, a entendu le rapport de son délégué, le docteur Junod, et a appris avec satisfaction le souhait exprimé par le Gouvernement de la République espagnole de procéder à l'échange général de prisonniers civils non-combattants que se trouvent en pouvoir du Gouvernement de la République espagnole.

Le Comité international de la Croix-Rouge a appris, d'autre part, avec une égale satisfaction, que la même disposition envers le change général plus haut indiqué existe au sein des autorités de Salamanque.

Le Comité international de la Croix-Rouge, sollicité par les deux parties pour initier la réalisation de cet échange général, et disposé à mobiliser tous ses efforts dans ce sens, a l'honneur de proposer au Gouvernement de la République espagnole ce qui suit :

1. Le Gouvernement de la République espagnole établira dans le plus bref laps de temps les listes qui comprennent la totalité des prisonniers civils non-combattants détenus dans les territoires de la République espagnole. Ces listes seront confiées, en double exemplaire, au Comité international de la Croix-Rouge à Genève.

2. Des listes analogues, comprenant la totalité des prisonniers civils non-combattants détenus sur le territoire occupé par les armées du général Franco, seront également confiées, en double exemplaire, au Comité international de la Croix-Rouge à Genève, par le Gouvernement de Salamanque.

3. Une fois que le Comité international de la Croix-Rouge de Genève sera en possession desdites listes à lui confiées, par l'une et l'autre partie, il transmettra à Valence un exemplaire des listes procédant de Salamanque et à Salamanque un exemplaire des listes procédant de Valence. Il conservera en sa possession un exemplaire de toutes les listes.

4. Chaque partie, à la vue des listes ainsi reçues, et ayant en compte les informations qu'il pourra posséder, établira avec la plus rapidité, la listes des prisonniers civils non-combattants dont il réclame l'échange et il la transmettra au Comité international de la Croix-Rouge. Chaque partie s'oblige à autoriser l'échange, en nombre égal, de prisonniers civils ainsi réclamés par la partie adverse.

5. Le fait qu'une personne figurant sur une liste soit déclarée disparue, ou qu'une personne dont le nom aura été obtenu par d'autres voies d'information soit déclarée décédée ou disparue ne pourra pas être invoquée par une partie au motif de ne pas exécuter l'accord ou d'en retarder son exécution.

6. Jusqu'à ce que soient dirigées les listes concrètes plus haut mentionnées, un premier échange partiel sera effectué, suivant les principes énoncés plus haut; ce premier échange devra s'effectuer parmi deux mille prisonniers civils non-combattants, de l'une et de l'autre partie.

---

[1] ROJO, Vicente, *Así fue la defensa de Madrid*, p. 255.

7. Il convient de préciser que chaque partie devra prendre en charge les frais de transport et de ravitaillement de prisonniers civils non-combattants et de la moitié de ces frais hors d'Espagne, pendant la durée des opérations d'échange.

8. Le Comité international de la Croix-Rouge notifiera à chacune des parties l'acceptation par l'autre des présentes dispositions.

9. L'acceptation de présentes dispositions obligera immédiatement les deux parties à renoncer totalement à prendre de nouveaux otages, c'est-à-dire à procéder à des arrestations de personnes civiles pour des motifs d'opinion publique, de relations de famille ou en vertu de toute autre considération personnelle.

10. Le Comité international de la Croix-Rouge attend fermement que, à partir de la réception du présent document, chacune des parties suspendra toute exécution capitale de prisonniers civils non-combattants, antérieurement condamnés, et prendra un compromis dans ce sens depuis l'acceptation des dispositions antérieures.

Le Comité international de la Croix-Rouge a l'honneur de communiquer qu'il a soumis ces identiques considérations à l'autre partie.

Faisant un appel aux sentiments traditionnels de générosité de l'Espagne, le Comité international de la Croix-Rouge a le ferme espoir que le Gouvernement de la République espagnole voudra prendre toutes les propositions antérieures avec une sérieuse attention, vu l'urgence d'une situation douloureuse qui doit trouver, sans tarder, une solution satisfaisante. Le Comité international de la Croix-Rouge espère recevoir une réponse prompte et affirmative.

Aussitôt reçue l'acceptation qu'il attend de la part du Gouvernement de la République espagnole, le Comité international informera l'autre partie et étudiera, dans le plus bref délai, avec le concours de ses délégués et en relation avec les autorités intéressées, l'organisation technique des échanges qui sont l'objet du présent message.

Pour le Comité international de la Croix-Rouge, Max HUBER, Président.

Annexe 23a
Embajada de España en Paris. Paris, le 2 avril 1937.

Monsieur le Président. Il m'est signalé de différentes sources que les envois de matériel sanitaire effectués par la Croix-Rouge internationale et destinés aux zones gouvernementales de la zone Nord, sont souvent retardés du fait de l'attitude des agents chargés d'assurer ces expéditions de matériel sanitaire.

Il ressort, en effet, des renseignements qui me parviennent que l'agent en douane de la délégation de la Croix-Rouge à Saint-Jean-de-Luz se trouve être Monsieur Pardo, d'Hendaye, qui est publiquement connu pour ses attaches avec les rebelles espagnols.

Il a été observé qu'il apporte la plus grande diligence à assurer l'expédition du matériel sanitaire à destination des rebelles et que par contre il retarde en tout ce qu'il peut celui adressé aux zones gouvernementales.

Par ailleurs, la délégation de la Croix-Rouge de Saint-Jean-de-Luz s'est attaché les services d'un nommé Muntada(s), de nationalité espagnole, qui est un agent extrêmement actif des rebelles espagnols et le délégué de la province des Asturies, M. David Alonso, à qui est confiée la mission d'embarquement du matériel sanitaire sur les navires de guerre britanniques, se plaint d'avoir à subir les intempérances et même les violences dudit Muntada. Ces raisons m'incitent à recourir à la bienveillance avec laquelle vous avez toujours accueilli les requêtes que j'ai formulées auprès de vous, avec la certitude que grâce à votre haute intervention il sera porté remède aux anomalies que je ne peux pas moins que signaler. Luis ARAQUISTAIN

Annexe 24a
A LA VIRGEN DE LA CABEZA

Garde civile, commandement de Jaén, Capitaine, 1er chef par intérim.

Messieurs les délégués de la Croix-Rouge internationale,

En réponse aux indications qui nous sont données, basées sur un principe humanitaire et tenant compte de l'inégalité des armes existant et du désir que les nombreux êtres sans défense et innocents se trouvant dans ce campement ne souffrent pas des effets de la guerre, je donne ci-dessous les conditions auxquelles je désire que l'on adapte l'évacuation des personnes dont il est question : 1. L'évacuation comprendra les malades et les blessés graves, les vieillards, les femmes et les enfants. 2. Elle se fera par groupes de quarante personnes au maximum, qui devront partir, en véhicules, directement pour la zone du généralissime Franco. 3. Il ne sera pas permis, durant le voyage, de noter les noms des personnes faisant partie de l'expédition. 4. Il ne partira d'ici aucun groupe tant que, par héliographe, l'on n'ait pas communiqué de Porcuna les noms de ceux qui composaient l'expédition antérieure et leur bonne arrivée. 5. On commencera pour ces expéditions par les blessés et les malades graves.

Nous espérons que le bon désir qui vous anime arrivera à aplanir les difficultés que pourrait rencontrer l'expédition de cette mission. J'espère aussi que, avant de la mettre à exécution, il vous sera permis d'arriver jusqu'à ce sanctuaire pour les détails de l'organisation.

Campement du sanctuaire de Notre-Dame de la Cabeza, le 25 avril 1937.
Le capitaine chef du campement, Santiago CORTÉS GONZÁLEZ

Messieurs les Délégués de la Croix-Rouge internationale,
Je reçois la lettre que vous m'adressez en réponse à celle que je vous ai envoyée il y a quelques instants, fixant les normes auxquelles devait être adapté votre mission humanitaire que, au nom de la Croix-Rouge internationale, vous désirez réaliser. Comme, dans cette réponse, vous vous écartez du but qui nous anime aussi, je me permets de vous le faire remarquer, regrettant vivement de ne pouvoir continuer à traiter des affaires qui sont en dehors du rôle que j'exerce comme chef de ce campement.

Je vous le fais remarquer afin que l'on ne puisse jamais dire que j'ai oublié un seul instant les normes et les devoirs humanitaires qui m'incombent. Si vous désirez que nous traitions à nouveau sur cette affaire, votre présence dans ce campement est nécessaire.

Campement du sanctuaire de Notre-Dame de la Cabeza, 25 avril 1937.
Le capitaine chef du campement, Santiago CORTÉS GONZÁLEZ

Annexe 25a
Sans tarder, le Comité international remercie le gouvernement le 5 mai 1937 :
Son Exc. M. le Ministre Largo Caballero, président du Conseil des ministres.
A Monsieur le Président. Notre délégué, le Dr Marti, nous a rendu compte de l'audience que V. E. a bien voulu lui accorder le 21.5 au sujet des femmes et des enfants se trouvant alors au sanctuaire de la Vierge de la Cabeza assiégés par les troupes gouvernementales.

V. E. a bien voulu autoriser le Dr Marti, délégué du CICR, et M. de Vizcaya, délégué adjoint du CICR à Madrid, à se rendre au Quartier général des troupes assiégeant le sanctuaire. Ils ont été reçus par le colonel Cordón, commandant la place.

En exprimant notre gratitude pour les facilités données à nos délégués, nous tenons à remercier le gouvernement de la République de la clémence dont il a fait preuve vis-à-vis des défenseurs de la Vierge de la Cabeza et des mesures de protection qu'il a bien voulu prendre à l'égard des femmes et enfants se trouvant au sanctuaire.

Le CICR veut espérer que ses délégués seront autorisés à aller rendre visite à ces femmes et enfants au sort desquels ils se sont tout particulièrement intéressés.
Colonel FAVRE

Annexe 26a
Euzkadi'ko Jaurlartizta (Gobierno de Euzkadi)
Lendakáritza (Presidencia)
Les plus épouvantables et inhumains bombardements connus dans l'histoire mondiale exterminent actuellement nos cités et notre race. Bilbao se trouve menacée d'un siège immédiat, au cours duquel les moyens de destruction les plus parfaits du monde continueront d'être utilisés.

Grâce à notre hospitalité ont été accueillis près de trois cent mille femmes et enfants qui ne doivent pas être les victimes de telle tragédie si existe dans le monde civilisé quelque sentiment de piété ou quelque institution capable de s'émouvoir devant des crimes de cette nature. Le Gouvernement basque, qui affronte cette situation — qu'il n'a pas provoquée — avec la sérénité de qui défend une cause juste et œuvre dans le respect des plus élémentaires

sentiments humains, comme le prouve la Croix-Rouge internationale, vous prie, en tant que président de cet organisme en Euzkadi, de demander à Genève qu'on nous dise comment on peut éviter aux trois cents mille femmes et enfants qui sont victimes du crime signalé, les souffrances et horreurs qui menacent leurs vies, et quels moyens d'évacuation et de subsistance ils peuvent nous offrir, en plus de ceux qu'apporte le Gouvernement basque, avec toute l'urgence que les circonstances imposent.
Bilbao, 29 de abril de 1937.   José Antonio de AGUIRRE

Annexe 27a
Croix-Rouge Espagnole — Comité Central Madrid (N° 80135)
Nous avons été fâchés et étonnés de voir, dans l'Annuaire de la Croix-Rouge internationale, que le Comité international « ne reconnaît pas trois Sociétés distinctes de la Croix-Rouge en Espagne, ni une Société plus qu'une autre ».

A notre jugement, il existe seulement une Société de la Croix-Rouge en Espagne, avec son Comité central officiel et légitime, et c'est celle qui siège à Madrid, fondée le 6 juillet 1864, reconnue par le Comité international de la Croix-Rouge, le 6 juin 1893 et ayant adhéré à la Ligue des Sociétés de la Croix-Rouge le 22 août 1919; le Gouvernement d'Espagne a déclaré son accord aux Conventions de Genève : à celle de 1864, le 5 décembre 1864; à celle de 1906, le 18 octobre 1907; et à celle de 1929, en août 1930.

Nous ne comprenons pas les raisons qu'aurait eues le Comité international pour refuser à ce Comité central, désigné par le Gouvernement légitime et unique d'Espagne, son droit indiscutable de représenter officiellement la Croix-Rouge d'Espagne et pour nous placer sur le même pied que l'Assemblée centrale nommée par la Junta de Burgos et le Comité de direction du Pays Basque, autonome, mais non indépendant d'Espagne; en outre, ainsi que l'on peut logiquement déduire des paroles mêmes du Comité international dans l'Annuaire ci-dessus mentionné, ces derniers Comités n'ont pas entrepris la procédure préalable nécessaire à leur reconnaissance.

Notre Comité n'a fait aucune objection à ce que le Comité international répartisse les dons reçus des Sociétés nationales entre la Croix-Rouge officielle, travaillant sur le territoire demeuré loyal au régime, et la partie travaillant dans la zone rebelle, se tenant ainsi qu'aux principes humanitaires qui sont la norme de notre institution; mais ceci ne peut jamais supposer une acceptation de principe par le Comité international, d'après lequel il existe trois Comités centraux et qu'aucun de ces trois n'a plus de droits que les autres à être reconnu.

Notre opinion, qui diffère de celle du Comité international, se résume ainsi :

Il existe en Espagne une seule Société de la Croix-Rouge, avec son Comité central, et celle-ci ayant son siège à Madrid, de même qu'il n'y a qu'un gouvernement légitime, celui résidant actuellement et provisoirement à Valence.

Les Comités désignés par le Gouvernement basque et par la Junta de Burgos bien qu'existant en fait, ne peuvent être considérés comme officiels ni comme ayant des droits égaux à ceux de Madrid.

En conséquence, ce Comité central demande respectueusement au Comité international de bien vouloir reconnaître ceci, car, au cas contraire, on pourrait supposer qu'il méconnaîtrait notre droit parfaitement acquis et fondé et que le Comité international prendrait une position contraire à l'entière souveraineté de notre Gouvernement qui, faisant usage de son autorité indiscutable, a désigné ce Comité pour diriger la Croix-Rouge espagnole. Accomplissant ainsi notre devoir strict, nous donnons connaissance à notre Gouvernement de la situation créée à notre Comité central.
Madrid, 8 mai 1937.   A. ROMEO

Annexe 28a
Le Conseiller de l'Assistance sociale de la Province de Santander et le Délégué de l'Union internationale de secours aux enfants se déclarent d'accord avec les propositions suivantes de l'Union [Santander, le 11 juin 1937] :

1. L'Union internationale de secours aux enfants, sous sa responsabilité par devers l'Assistance sociale qui l'accepte, offre l'évacuation d'un certain nombre d'enfants en France

où ils seront recueillis par l'Union pour être conduits aux divers lieux de leur hospitalisation en pays européen.

2. A cette même expédition de l'Assistance sociale, seront inscrits les enfants séparés de leurs familles par la guerre, qui sont réclamés par elles par l'intermédiaire de l'Union qui les recueillera également en France. Le minimum de ces inscriptions sera la cinquième partie du nombre des enfants faisant partie de l'expédition.

3. L'Union internationale de secours prendra toutes les mesures utiles pour assurer constamment l'Assistance sociale de Santander et les familles des enfants évacués de toutes sortes d'informations sur lesdits enfants et sur le mode de vie qu'ils devront vivre.

4. Toutes les précisions sur le bateau, la date d'embarquement, les désignations de l'évacuation et le nombre d'enfants embarqués seront communiquées par le délégué de l'Union au Conseiller de l'Assistance sociale de Santander.

Le Conseiller de l'Assistance sociale de Santander : LAVIÑO

Le Délégué de l'Union internationale de secours aux enfants : WERNER

Annexe 29a

Direction de la Secrétairerie politique. N° 141.   Hendaye, 27 octobre 1937.

Affaire : *Information au sujet des évacuations réalisées sur demande de la Croix-Rouge internationale de la zone loyale et qui passent toutes à la zone rebelle.*

Excellence. J'ai l'honneur de porter à votre connaissance que, assez fréquemment, entrent en gare de Hendaye des trains amenant de nombreuses femmes et enfants évacués de notre zone et qui toutes sauf de rares exceptions passent intégralement à la zone rebelle.

L'arrivée de ces convois, composés souvent de plus de 300 personnes, et leur passage par Irún, causent un mauvais effet puisque on ne constate pas de réciprocité de la part de la zone rebelle.

J'ignore les conditions auxquelles la CRI réalise ces évacuations, mais une chose est certaine, c'est que les gens qui réussissent à s'en aller de Valence observent durant le voyage une attitude discrète, manifestant même leur adhésion au régime et faisant semblant d'aller en France pour y résider. Cette attitude change du tout au tout une fois qu'ils sont dans le train qui doit les conduire à Hendaye. Déjà à la gare de Marseille ils entonnent des chants et hymnes rebelles, profèrent des cris subversifs et se livrent à toutes sortes de manifestations contre le gouvernement de la République. Même à Hendaye ils ne cherchent pas à cacher leurs opinions et ostensiblement témoignent de leur satisfaction et de leur joie, comme s'ils voulaient démontrer qu'ils sont sortis d'un lieu ténébreux pour entrer dans un lieu de délices.

D'autre part, les très rares personnes qui arrivent en France avec ces convois pour y résider ne rencontrent que des difficultés; on les oblige à se rendre à Hendaye, même lorsque leur lieu de résidence serait assez près du port de débarquement.

Hier, je me suis occupé de cinq dames qui avaient refusé de passer le pont international et que je me suis vu obligé de rapatrier, vu les nouvelles dispositions édictées par les autorités françaises selon lesquelles il leur était interdit de résider à Paris et dans le département de la Seine où elles devaient se rendre. Si à Marseille on s'était occupé de ces personnes on leur aurait évité les incommodités qu'elles ont dû supporter (l'une de ces dames avait 90 ans) sans compter l'économie des frais que le consulat a dû faire.

Outre cela, le CICR ne s'est occupé ni d'un seul cas des nombreux cas demandés par nous afin de faire sortir de la zone rebelle des femmes et des enfants ou membres de famille qui nous sont dévoués pour compenser par là, fût-ce en partie seulement, les facilités que ces gens rencontrent auprès du gouvernement de la République.

Le consul d'Espagne : Antonio MÚGICA IRURETA

Annexe 30a

Ministère de la Défense nationale
Service d'investigation militaire   Barcelone, le 27 mars 1938.

Monsieur Philippe Hahn. Le directeur du château de Montjuich m'a transmis votre lettre du 3 courant, avec laquelle vous lui envoyez quelques feuillets de nouvelles adressées aux officiers de l'armée allemande qui prêtent leurs services dans la zone rebelle contre notre armée. Je dois vous informer que je suis le chef de tous les services de prisons militaires et j'ai l'honneur de m'adresser à votre personnalité respectable pour vous informer que, par la suite, je vous serais très reconnaissant de vous abstenir de vous adresser à n'importe lequel de mes subordonnés directement en relations avec les services de la très honorable Croix-Rouge internationale.

Vous pourrez demander à mon administration tout ce dont vous pourriez avoir besoin et prendre note que si je suis obligé de vous refuser ce que vous demandez, comme c'est le cas maintenant, c'est parce que le bien de la cause de l'Humanité pour laquelle lutte notre armée le requiert ainsi.

Jusqu'à ce que les détenus se trouvent complètement en état de pouvoir communiquer avec l'extérieur (parce que ce service d'investigation militaire comprend que, dans de nombreux cas, ces officiers de l'armée allemande et de l'armée italienne possèdent des renseignements très intéressants relatifs aux opérations de guerre), nous ne pouvons même pas consentir à ce que leur lieu de détention soit connu. Je vous serais donc reconnaissant de bien vouloir vous abstenir aussi de faire des démarches personnelles pour savoir où se trouvent les détenus, si ce n'est par l'intermédiaire de notre autorité ou de celle de Son Excellence le ministre de la Défense nationale.

Je dois vous confesser — bien qu'avec un profond regret dû au profond respect personnel que je vous porte — que j'ai vu avec grand déplaisir la démarche par laquelle on arrive directement, par votre service, à savoir où se trouvent des prisonniers; je considère cela comme un procédé de recherche qui peut être favorable à nos ennemis, et je vous supplie de bien vouloir en tenir compte afin que ces faits ne se répètent pas.

Votre dévoué : Le chef du SIM, URIBARRI.

Annexe 31a
DÉCLARATION DU GOUVERNEMENT DE FRANCO DU 3 AVRIL 1938

[...] Le Statut de la Catalogne, malheureusement concédé par la République, n'a plus de validité, juridiquement, depuis le 17 juillet 1936. Il ne serait pas nécessaire de faire une quelconque déclaration dans ce sens.

Mais l'entrée de nos glorieuses troupes sur le territoire catalan fait surgir le problème, strictement administratif, de tirer les conséquences pratiques de cette abrogation. Il importe, en conséquence, de rétablir un régime de droit public en accord avec le principe d'unité de la Patrie, qui rende à ces provinces l'honneur de continuer d'être gouvernée sur un pied d'égalité avec ses soeurs dans le reste de l'Espagne.

Art. 1. L'administration de l'Etat, la provinciale et la municipale des provinces de Lérida, Tarragona, Barcelona et Gérona se réfèreront aux normes générales applicables aux autres provinces.

Art. 2. Sans préjudice de la liquidation du régime établi par le Statut de la Catalogne, sont rendus à l'Etat la compétence de la législation et de l'exécution qui leur correspond dans les domaines de droit commun et des services qui furent concédés à la région catalane, en vertu de la loi du 15 septembre 1932.

Ainsi que le dispose la présente loi, faite à Burgos le 5 avril 1938; IIe Année Triomphale.
Le ministre de l'Intérieur, Ramón SERRANO SUÑER.
Le Chef de l'Etat, Francisco FRANCO. (*BOE* du 8.4.1938, p. 6674.)

Annexe 32a

La 348e Circulaire aux Comités centraux des Sociétés nationales de la Croix-Rouge, en date du 30 mai 1938, donne son sentiment :

Partageant l'émotion généralement causée, dès le début des hostilités, par les bombardements aériens et les ravages qui en sont la conséquence, et indépendamment des efforts de quelques gouvernements, le Comité international de la Croix-Rouge, a, le 15 février dernier [1938], adressé aux deux parties en lutte un appel dont voici la teneur intégrale :

A maintes reprises, les diverses délégations du Comité international de la Croix-Rouge auprès des deux parties en lutte ont attiré son attention sur les bombardements aériens et les terribles ravages qu'ils causent parmi tant d'innocents, femmes et enfants en particulier.

Le Comité international de la Croix-Rouge est pleinement conscient que l'émotion que lui cause cet état de choses est d'ailleurs générale. Il n'ignore pas, d'autre part, que plusieurs gouvernements se préoccupent de ces bombardements et de leurs funestes effets. Il s'en félicite hautement et souhaite que leurs efforts aboutissent. S'il pouvait concourir utilement à leur réussite dans la mesure de ses moyens, il s'empresserait de le faire.

En effet, le Comité international de la Croix-Rouge ne saurait perdre de vue que la protection des populations civiles constitue pour lui une tâche de la plus grande importance. Aussi, se fondant sur la liberté que lui confèrent ses Statuts de prendre toute initiative humanitaire rentrant dans son rôle traditionnel, croit-il en son devoir d'adresser aux parties en lutte un très pressant appel. Il les conjure de s'employer de tout leur pouvoir à supprimer — comme il l'a toujours demandé — tout bombardement frappant la population civile des localités de l'arrière, ainsi que tout bombardement de localités qui ne constituent pas des objectifs strictement militaires. Les conséquences tragiques de la guerre aérienne seraient ainsi atténuées.

Le Comité international de la Croix-Rouge demande instamment aux parties d'examiner d'urgence la possibilité de prendre à ces fins un engagement réciproque. S'il se préoccupe en effet de secourir dans toute la mesure du possible les souffrances que les hostilités engendrent inéluctablement, il se doit de faire en outre tous ses efforts en vue d'éliminer certaines des causes de ces souffrances.

Avec la conscience de demeurer, en ce faisant, dans la stricte impartialité qui inspire son action en toutes circonstances, le Comité international de la Croix-Rouge ose exprimer le ferme espoir que les sentiments d'humanité et de générosité auxquels il fait appel aujourd'hui n'auront pas été invoqués en vain.

Annexe 1b
VISITES DES PRISONS EFFECTUÉES PAR LES DÉLÉGUÉS
DU COMITÉ INTERNATIONAL DE LA CROIX-ROUGE[1]

Gouvernementaux :
Albacete, prison provinciale, visite du docteur Marti, 14 août 1937. Vieille prison à la sortie de la ville avec 387 détenus dont 18 femmes avec 2 bébés; 4 prisonniers par cellule sur de vieux lits ou de vieux matelas. Prison propre. Petite infirmerie complète.
Albatera, camp de travail entre Alicante et Murcie, 672 détenus, visite de Marti, 8.11.1937.
Le plus moderne, il fait la fierté de son directeur qui a essayé de copier le modèle américain et est destiné aux hommes parfaitement aptes aux travaux de la terre. Visite du 8.3.1938.
Alcalá de Henares. Prison provinciale. Visite de Arbenz et de Vizcaya le 15.1.1937.
En mars 1937 : 885 prisonniers.
Alicante, Castillo, 362 prisonniers, visite de Marti, 8.11.1937. Le château tombe en ruines. Sont emprisonnés 12 antifascistes.
Prison provinciale, 750 prisonniers (dont 61 femmes), visite de Marti, 8.11.1937. Manque total de confort mais les prisonniers sont traités avec égards.
Reformatorio de adultos, visite de Marti, 10.8.1937. Prison moderne sur le modèle de la Cárcel modelo de Valencia avec trois galeries à un étage. Environ 1.000 prisonniers, serrés par 3 ou 4 dans des cellules d'une personne. Vieux matelas, vieux lits. Infirmerie propre, 12 malades soignés par médecins internés. Propreté générale assez bonne, nourriture suffisante; prisonniers bien traités. Personnel professionnel et expérimenté.
Almería, prison provinciale, visite de Marti, 12.8.1937. Vieux couvent presque en ruines avec 266 prisonniers dont 40 femmes avec 12 bébés. Sensation de désolation, les prisonniers, accablés de chaleur, végètent couchés sur de sales et vieux matelas. Infirmerie sans lumière. Pas d'hygiène, pas d'eau potable qui doit être apportée d'Almería. Visite du 8.3.1936.
Ingenio, visite de Marti, 12.8.1937. Vaste magasin transformé en prison où se trouvent 500 prisonniers logés dans des salles exiguës de part et d'autre d'un couloir relative-

---

[1] *Bulletin international de la Croix-Rouge,* février 1938, n° 426, tome LXIX et rapports des délégués.

ment propre alors que les habitations sont sales avec un même entassement et une chaleur suffocante. Là aussi absence d'eau potable.

Camp de travail de la Venta de Araoz, à 16 km de Almería, 152 prisonniers, visite de Marti, 4.12.1937. Camp dirigé par le lieutenant Jsmaël. La tâche consiste dans la construction de tranchées et de fortins à environ 8 km. Visite du 10.3.1938 : 385 prisonniers. *Le directeur a été remplacé.* Il y a des Italiens.

Barcelona, château-prison de Montjuich, 700 prisonniers, visites du docteur Barbey, 1er.12.1936, et du docteur Marti, 27.2.1937.
   Preventorio de mujeres, 85 détenues, visite de Junod et Marti, 20.2.1937.
   Cárcel Modelo (prison modèle), 1.700 détenus politiques, visite de Ph. Hahn, 30.4.1937.

Baza, deux petites prisons, dont la provinciale, toutes deux en mauvais état. Marti, 13.3.1938).

Bilbao, prison de femmes, ancien couvent Angeles Custodios, 160 femmes, visite de Junod et Daniel Clouzot, 6.10.1936.
   Cabo Quilates, Altuna Mendi, Arantzazu Mendi, trois bateaux ancrés au large de Las Arenas, 1.500 prisonniers, visite de Junod et Daniel Clouzot, 10.10.1936.
   Cuartelillo de Seguridad, prison préventive, 550 détenus, visite de Graz, 14.11.1936.
   Prisons du Carmelo et de Larrinaga, 2.100 prisonniers, non compris 800 envoyés dans des camps de travail, visite de G. Graz, 7.5.1937.
   1.200 prisonniers libérés (par les Basques nationalistes) du penal de Larrinaga et du Carmelo sont visités par Courvoisier, à Amorabieta, 26.6.1937.

Cartagena, prison préventive, visite du docteur Marti, 11.8.1937. En dehors de la ville, même modèle avec 166 prisonniers (quelques militaires) dont 16 femmes. Plus sale que les prisons du Nord, fournaise et torpeur; pas de lits, seulement de vieux matelas malpropres pour les 3 ou 4 prisonniers par cellule. Absence d'infirmerie. Nourriture bonne et suffisante. Les femmes sont dans une seule chambrée.

Chinchilla, prison (penal), à 12 km d'Albacete, visite de Marti, 14.8.1937. Construite sur l'emplacement du château dit du *marqués de Villena,* elle domine toute la plaine. Chaude en été et froide en hiver, 500 prisonniers, tous civils (avec cependant une trentaine de Brigadistes). Trente par salle sur de vieux matelas. Infirmerie bien équipée. Nourriture insuffisante et manque de vêtements.

Ciudad Real, prison provinciale, visite de Marti, 14.8.1937. Belle prison blanche à la sortie de la ville avec 404 hommes et 36 femmes. Elle a été construite pour 100 détenus (3 à 4 par cellule). Partout de la propreté; vieux lits et matelas en général. Infirmerie rudimentaire. Cuisine répandant de la fumée dans toute la prison. Directeur se préoccupant du bien-être *relatif* des détenus.

Figueras, prison, visite de Junod, 19.1.1938.

Gijón, prison del Colo, Junod, 7.11.1936.

Gandía, dans l'ancien Colegio de los Escolapios. Les Italiens (109), de même que les Espagnols (environ une centaine), sont logés dans des vastes salles, couchant sur des paillasses. Manque absolu d'hygiène et de vivres. Sept cas de tuberculose foudroyante. Dépend aussi de cette prison, celle de l'ancien Palais des Borgia, à Gandía, et la nouvelle prison de Calpe, à 48 km au sud de Gandia. Au total 2.000 prisonniers dans cette région.

Guadix, petite prison sur la grande place de la ville : 112 hommes et 9 femmes. Geôles sombres, 20 à 30 détenus par cellule. En dépit de cela il y règne une atmosphère agréable.

Jaén, prison provinciale, visite de Marti, 13.8.1937. Prison moderne avec 1.100 prisonniers dont 97 femmes avec leurs bébés. Saleté et manque de place; vieux matelas. La nourriture est apportée par les familles de l'extérieur. Visite de Marti le 12.3.1938 : 850 prisonniers.

Madrid, prison provinciale n° 2 San Antón, mai 1937 : 1.053 prisonniers.
   Prison provinciale n° 3 C/General Porlier, avril 1937 : 1.166 prisonniers.
   Prison Duque de Sesto, mai 1937 : 427 prisonniers.
   Cuartel Conde Duque, juillet 1937 : 885 prisonniers.
   Prison de Ventas, novembre 1936 : 2.124 hommes.

ANNEXES

   "   "   décembre 1936 : 1.171 prisonnières.
   "   "   avril 1937 : 1.070 hommes.

Ces prisons ont été visitées régulièrement par les délégués du CICR (Henny en novembre et décembre 1936; de Vizcaya, en janvier 1937; Arbenz et de Vizcaya dès février 1937).

Evacuation de la prison de femmes de la Calle Duque de Toreno à l'ancien couvent San Rafael à Chamartín : 1.400 prisonnières transportées en autocars, en novembre 1936.

Création d'un hôpital-prison par Arbenz et de Vizcaya, avec du matériel sanitaire fourni par le CICR, dans l'hôpital del Niño Jesús, février 1937.

Murcia, prison provinciale moderne, visite de Marti, 11.8.1937. Du type Modelo avec environ 400 prisonniers (avec militaires) dont 40 femmes. Logés à 3 par cellule avec vieux matelas et vieux lits. Infirmerie rudimentaire. Les détenus peuvent recevoir de la nourriture de l'extérieur. Propreté, ordre, traitement humanitaire. Les détenus assurent être bien traités.

Au centre de Murcia, une vieille église transformée en prison renfermerait 42 prisonniers (renseignements officieux).

Orihuela, camp de travail dans un ancien couvent, visite de Marti, 10.8.1937. Les 732 prisonniers comprennent : 1 dentiste, 10 médecins, 100 comptables et 50 avocats. Le bâtiment est dans un délabrement avancé. Les prisonniers sont parqués dans des corridors serrés l'un contre l'autre. Belle infirmerie, aérée et claire. On travaille activement à la rénovation. Le travail est exténuant, surtout pour des intellectuels et la nourriture insuffisante. Personnel compétent, un certain laisser-aller. Revisité le 7.11.1937 : grand changement dans la réfection des salles. Impression de tranquillité, voire de bien-être. Il y avait 1.013 détenus. On dirige sur ce camp les vieillards et les malades. Lors de la visite du 8 mars 1938, il y avait 800 prisonniers.

Pozuelo de la República, est un camp d'Etat avec 394 prisonniers gubernativos. Visite de Marti du 15.3.1938. Les prisonniers travaillent sur la ligne de chemin de fer à quelques kilomètres du camp.

Santander, bateau-prison en rade, 600 personnes, visite de Junod et de Graz, 6.11.1936. Visites répétées de Weber, janvier-février 1937.

Prison municipale, 300 prisonniers, visite de G. Graz, 7.11.1936.

Segorbe (30 km de Sagunto), prison d'Etat dans un monastère en assez bon état, 350 prisonniers, visite de Marti, 11 et 18 novembre 1937. Auparavant, dans ces locaux, se trouvait la colonne anarchiste *Columna de Hierro*, désarmée et internée.

Totana, camp de travail, visite de Marti, 11.8.1937. Dans un couvent religieux désaffecté avec de grandes salles pour environ 50 prisonniers; en tout 500 prisonniers dont quelques militaires et une dizaine de médecins. Belle infirmerie, cuisine bien faite mais insuffisante. Prison bien entretenue et propre; aucune plainte. Visite du 8.3.1938 : 850 détenus.

Valencia, prison de femmes (Cárcel de mujeres), 82 détenues (dont la soeur du général Queipo de Llano), 2 enfants (8 mois et 7 ans) laissés à leur mère, visite de Marti, fin mai 1937. [La mère de l'auteur était dans cette prison en 13.4.1937.]

Nouvelle prison pour femmes d'Alacuas à 10 km de Valencia sur la route de Torrente. C'est un ancien couvent de Jésuites. A peu près 120 femmes; jardin magnifique, bâtiment vaste, grandes chambres. Visite de Marti, 28.7.1937.

Prison modèle, 1.234 prisonniers (dont 35 étrangers des Brigades internationales), visite de Marti, 28.5.1937.

Prison de Santa Clara, 237 prisonnières, visite de Marti, 1.10.1937. Ancien couvent, deux étages, 90 cellules pour des détenues condamnés à moins de deux ans de prison. Propreté parfaite. Infirmerie moderne. Prison non surchargée.

Prison de San Miguel de los Reyes sur la route de Barcelone, 2.114 prisonniers civils et de guerre dont 400 gardes civils de N.D. de la Cabeza, visite de Junod et Marti, 18 juin et 23 novembre 1937. Visite du 25.3.1938 aux 41 prisonniers de guerre italiens. Plusieurs centaines de prisonniers provenaient de la *Colonne de fer* (anarchistes).

Ubeda, prison régionale : 270 hommes, dont 150 militaires et 30 femmes. Prisonniers à l'étroit. Visite de Marti, 13.3.1938.

Directeurs de prisons.
Barcelona : Montjuich, (Albert). Palacio de las Misiones (Arroyo). Cárcel Modelo (Gaspar Dalmau Carbonell). Preventorio de mujeres (Estivil).
Madrid (août à novembre 1936) : Ventas (Alvaro Marasa Barasa); Porlier (Andrés Urrésola Ochoa); San Antón (Agapito Sainz); Cárcel Modelo (Jacinto Ramos Herrera; sous-directeur, Tomás de Miguel Fuentes). Asilo San Rafael, cárcel de mujeres, (Domingo Sanson; responsable politique, Anuncia Casas).
Alcalá de Henares : officier, Alvaro Portes (novembre 1936).
Valencia (1938) : Directeur général des prisons, Vicente Sol Sánchez (député IR).
Bilbao : Directeur des prisons de Euzkadi, José de Arechalde. Inspecteur des prisons, Joaquín María Zubiría. Inspecteur des prisons par intérim, Venancio Aristiguieta (avait été en septembre 1936 directeur de la prison sur l'*Arantzazu Mendi*). Carmelo (Manuel Martínez Carrasco). Los Angeles Custodios (Enrique Jiménez Galindo).

Prisons secrètes (ou du SIM) :
Barcelona : Preventorio G, las Damas Juanas, C/Zaragoza. De nombreux détenus y auraient été torturés et exécutés. En janvier 1939 il y avait 400 détenus.
Preventorio C ou Seminario, C/Diputación, 225. Le SIM y installa les détenus malades du bateau-prison *Uruguay*. 600 prisonniers, pas de visites.
Puerta del Angel, située sur l'avenue du même nom à proximité du Barrio Gótico, où de nombreux antifascistes — anarchistes et du POUM — furent détenus et maltraités.
Autres : Paseo de San Juan, Calle de la Montaña, C/Corcega et C/Vallmajor. C/Muntaner, 321, direction des renseignements du SIM.
Madrid: C/Serrano, 108 et Ronda de Atocha, 21; et C/Fernández de la Hoz, (découverte par Melchor Rodríguez). Le Paseo de la Castellana est aussi mentionné ainsi que Bellas Artes ou de Fomento.
Avec la Cárcel Modelo, le plus grand établissement pénitentiaire (5.000 prisonniers en novembre 1936), Madrid comptait :
— la prison de San Antón installée dans l'ancien couvent des Padres Escolapios (Pères des écoles chrétiennes) du même nom, C/Hortaleza. Sa dénomination exacte était Prisión provisional de hombres n° 2 de Madrid. Son directeur, à ce moment-là, était Leonardo Feito;
— la Cárcel de Porlier ou Prisión provisional de hombres n° 1 de Madrid était installée dans le collège Calasancio, toujours des Pères Escolapios, dans la C/Porlier; son directeur était Simón García Martín del Val;
— la prison de femmes de Ventas fut habilitée comme Prisión provisional de hombres n° 3 de Madrid, dans les C/Marqués de Mondéjar et C/Rufino Blanco, en banlieue;
— la Cárcel de mujeres de la C/Toreno.
Valencia, Santa Ursula, ex-cloître de nonnes, prison secrète : pas de visites, de nombreux détenus — principalement des antifascistes — y furent torturés.
Voici la situation des établissements pénitentiaires *spéciaux* à Valence : commissariat de la C/Nicolas Salmerón (antichambre de Santa Ursula); commissariat de la C/Alameda; brigade sociale de la Plaza Roja; direction générale de la Sûreté; commissariat de la C/Sorni (deux numéros à côté de la Croix-Rouge) utilisé par le contre-espionnage; commissariat spécial pour étrangers, C/Pintor Sorola (à proximité de la délégation du CICR). Toutes se trouvaient au centre de l'agglomération.
Gerona (à 20 km) Los Escolapios, à El Colell, où se trouvent 232 prisonniers dont 32 aviateurs. Dans cette prison, le SIM a tenté de *« donner l'impression d'une humanisation parfaite dans le traitement des prisonniers »*.
Castedefells, prison des Brigades internationales.

Nationalistes :
Avila, camp de prisonniers, visite d'Amman, août 1937.
Bilbao, camp de travail de la Arboleda, visite de Courvoisier, 23.12.1937.
Camp de travail de Gallarte, visite de Courvoisier, 23.12.1937.

ANNEXES

Prison de Carmelo, 1.200 prisonniers, visite de Courvoisier, 22.12.1937. Prison des Escolapias, 3.700 prisonniers, visite de Couvoisier, 22.12.1937. Prison de Larrinaga, 2.200 prisonniers, visite de Courvoisier, 22.12.1937.
Burgos, prison centrale, visites d'Amman.
San Pedro de Cardeña, à 12 km de Burgos, 900 prisonniers, visite d'Amman, 19.6.1937. Plusieurs visites de Pourtalès et d'Amman en 1938. Nombreux prisonniers des Brigades internationales. Il y a encore 455 prisonniers internationaux d'une quarantaine de nationalités (juillet-août 1939) : Albanais, 1; Allemands et Autrichiens, 54; Andorrans, 2; Argentins, 57; Belges, 8; Brésilien, 1; Bulgares, 4; Chinois, 1; Chilien, 1; Cubains, 40; Dantzig, 1; Estoniens, 4; États-Unis, 13; Finlandais, 1; Français, 22; Grande-Bretagne-Canada, 3; Grecs, 3; Hollandais, 25; Hongrois, 9; Italiens, 17; Marocain, 1; Mexicains, 4; Norvégiens, 6; Péruvien, 1; Polonais, 40; Portugais, 86; Roumains, 3; Russe, 1; Suédois, 2; Suisses, 2; Tangerois, 2; Tchécoslovaques, 21; Turc, 1; Uruguayen, 1; Yougoslaves, 13; sans nationalité, 1; sans nationalité définie considérés comme étrangers, 4.
Cádiz, prison Santa Catalina, 270 prisonniers gubernativos dont 24 officiers, visite d'Amman, 14.12.1937.
Camposancos, près de 1.000 Asturiens. Amman, mai 1938.
Cedeira (Galicia), au début 800 détenus, en mars 1938 d'Amman n'en rencontre que 163. Locaux détestables.
Celanova (Orense), 388 hommes dont 276 *gubernativos*. Amman, mai 1938.
Dueso, Santoña, 3.200 prisonniers, visite d'Amman, 26.10.1937. Amman, 28.4.1938.
Gijón, camp, 1.000 prisonniers. Prison, 270 prisonniers. Amman, 19.11.1937.
Granada, prison provinciale, 1.046 prisonniers. Amman, 17.12.1937.
La Coruña, prison provinciale : 623 détenus. Amman, mars 1938.
León, prison de San Marcos, dans un palais, près de 1.200 détenus Asturiens. Amman, mai 1938.
Lerna (Asturias), camp de triage, visite d'Amman, 31.8.1937.
Logroño, dans la Plaza de toros, 1.000 prisonniers dont de nombreux étrangers et 56 officiers basques. Les 100 *gubernativos* sont installés dans un cinéma. Visite d'Amman en mars 1938.
Málaga, camp de travail du champ d'aviation, 150 prisonniers. Amman, 16.12.1937.
   Dépôt de détenus, 400 prisonniers militaires. Amman, 16.12.1937.
   Prison provinciale, 3.000 personnes. Amman, 16.12.1937.
   Ancienne prison provinciale (Prision Vieja), 614 femmes dont la majorité de droit commun. Amman, 16.12.1937.
Oviedo, camp, 1.500 prisonniers. Prison, 100 prisonniers, visite d'Amman, 18.11.1937.
Pamplona, fort Alfonso-XIII, dans des bâtiments souterrains, 2.558 prisonniers (principalement asturiens) condamnés à des peines sévères. Amman, le 28.3.1938.
Plasencia (Cáceres), 190 Britanniques des Brigades internationales visités par Hodgson. Le camp était gardé par des soldats italiens.
Puerto Santa Maria, prison pénale, 1.945 prisonniers, visite d'Amman, 14.12.1937.
San Fernando, prison provinciale La Caseria, 604 prisonniers dont 207 marins. Amman, 14.12.1937.
San Roque, prison préventive, 31 prisonniers dont 9 femmes. Amman, 15.12.1937.
San Sebastián, prison de Ondarreta, 500 prisonniers, visites de Junod, 18.11.1936 (il y rencontre un nommé Dobinson, anglais, connu en Ethiopie); de Pourtalès(?) et Courvoisier, 500 prisonniers et une quinzaine de femmes, 19.7.1937.
Santander, dépôt, 458 prisonniers, visite d'Amman, 27.10.1937.
Santurarán-Motrico, le seul *penal* féminin : 761 femmes. Amman, mars 1938.
Sevilla, prison provinciale (La Caseria), 1.029 prisonniers dont 675 en prévention ou en procès, visites du docteur Schumacher, 12.1.1937. Visite d'Amman du 13 décembre : prisonniers de guerre, 114; gubernativos, 283; marins de guerre ou marchand, 207.
   Penal, 1.945 condamnés, visite d'Amman du 11.12.1937.
   Camp de concentration dans les environs de Séville, 450 détenus, visite de Schumacher, 12.1.1937.

Camp de travail, 1.600 prisonniers de guerre en majorité des métallurgistes basques. Amman, 11.12.1937.
Prison d'officiers de 31 officiers *passés* mais non incorporés attendant leur jugement. Amman du 13.12.1937.
Camp de concentration de Guillena-Canal (20 km de Séville), 248 prisonniers chargés d'assécher les marais; d'Amman, 13.12.1937.
Soria, dans un ancien couvent, 500 prisonniers de guerre (classe A). Dans une annexe, 21 femmes. Amman, mars 1938.
Tolosa, prison, visite de Courvoisier, 28.10.1937.
Vigo, dans une construction ancienne, 178 détenus; d'Amman, mars 1938.
Vitoria, 3.500 prisonniers répartis en huit locaux, visites de Pourtalès, d'Amman et Courvoisier, 24.6.1937.
Zaragoza, Académie militaire de San Gregorio, plus de 1.000 prisonniers en attente de classification.

Directeurs de prisons.
Contrôleur général des prisons : colonel Martín Pinillos.
Direction générale des prisons : colonel Velasco, remplacé en juillet 1938 par le colonel Cuerco Radivales
Miguel Navas, directeur de Santurarán-Motrico et de Ondarreta, puis de tout Guipúzcoa. Daniel López de Calle, directeur du penal de Dueso.
Cárcel Modelo de Barcelone, en 1939 : Isidro Castillón López.

Annexe 2b
LES BATEAUX-PRISONS
Dans la Zone républicaine (Est).
Astoi Mendi avait servi de prison-flottante dans le port d'Almería, en juillet 1936.
Sebastián Martín, arrivé le 18 juillet à Castellón, il est destiné à devenir prison pour détenus et condamnés à mort qui passeront ensuite sur le *Isla de Menorca*.
Isla de Menorca, à Castellón, pendant quelques mois avec les internés du précédent bateau.
Les deux courriers *Argentina* et *Uruguay*, furent utilisés comme prisons flottantes dans le port de Barcelone pendant toute la durée de la guerre. C'est sur ce dernier bateau que fut interné le général Goded avant son exécution. Curieusement ils avaient déjà servi pour le même usage au cours de la Révolution d'octobre 1934.
En janvier 1938, il y avait en rade de Barcelone, le *Villa de Madrid*. (Echegaray ne le donne pas comme bateau-prison.)
España N° 3, fut transformé en prison militaire à Cartagène. Le 14 août 1936, des marins du *Jaime II* vont y assassiner 383 officiers dont 159 de la Armada (Flotte).
Le *J.J. Sister*, qui était à Cartagène en juillet 1936, servit de prison navale pour officiers de la Marine à Cartagène et à Málaga jusqu'en janvier 1937.
Le *Rey Jaime II*, servira de prison flottante à Alicante, en 1936, avant de participer au débarquement de Majorque, puis d'être arraisonné par le croiseur nationaliste *Canarias* en septembre 1937.
L'*Aragón*, se trouvait dans le port de Mahon, en 1936. En janvier de 1937 il fut capturé par le croiseur allemand *Graf von Spee* devant Málaga.
Le *Cabo de Palos*, dans le port de Valence, où se trouvaient internés des prisonniers, fut destiné à entreprendre des voyages a l'URSS. Ce bateau transporta la première expédition d'enfants à l'URSS, le 28 mars 1937.
Mar Cantábrico, à Valence, où furent détenus ceux qui l'étaient sur le *Cabo de Palos*.
Le *Marqués de Chavarri*, se trouvait à Málaga comme prison flottante lorsqu'il fut capturé par les nationalistes lors de leur entrée dans la ville le 8 février 1937.
Le *Sil*, était ancré à Alicante, puis à Cartagène. Le 14 août 1936, 300 militaires et marins internés sur ce bateau furent tués, dont 40 jetés vivants à l'eau. Les survivants furent internés sur l'*Aragon* (à Málaga). A la fin de la guerre il se trouvait à Alicante.

ANNEXES

Rio Segre, et le *Cabo Cullera,* servirent de prison dans le port de Tarragone. Le *Cullera* y restera pendant toute la guerre. Quant au *Rio Segre,* il servit par la suite de caboteur entre les ports français et catalans.

Dans la zone républicaine (nord).
Luis Cabo de los Lobos, se trouvait au début de la guerre civile à Musel. Il y resta pendant toute la durée du conflit.

Le *Cabo Quilates* ou *(Ibai)* — à compter du 5 août 1936 — et l'*Altuna Mendi*— du 27 août — à Bilbao servirent de prisons flottantes. Des prisonniers y furent assassinés les 25 septembre et 2 octobre 1936 par des marins du croiseur républicain *Jaime II.*

Il y avait aussi, à partir du 1er septembre 1936, le *Arantzazu-Mendi,* réquisitionné par le gouvernement républicain comme bateau-prison ayant à son bord des prisonniers politiques provenant de Saint-Sébastien qu'avait acheminés à Bilbao le *Biskargi-Mendi.*

Sur l'*Alfonso Pérez,* à Santander, 276 personnes parmi les internées furent exécutées le 27 décembre 1936, à la suite d'un bombardement aérien. Ce bateau avait assumé les mêmes fonctions au cours de la Révolution d'octobre 1934.

Les deux navires, *Upo* et *Urkiola,* qui se trouvaient à Bilbao seront utilisés comme prisons par le gouvernement de Euzkadi. Récupérés par les franquistes en 1937 ils assumeront la même tâche avec à leur bord des prisonniers républicains.

En zone nationaliste.
Le *Plus Ultra,* est un des rares bateaux-prison utilisés par les franquistes dans le port du Ferrol, en 1936. Il fut militarisé en janvier 1937.

Upo, à Vigo (fin de 1937) et *Urkiola* à Pasajes.

Annexe 3b
COMPTE RENDU DE LA VISITE EFFECTUÉE SUR LE BATEAU-PRISON « ARANZAZU MENDI » PAR M. LEO O'HANA, CONSUL DU PANAMÁ À BILBAO

Le soussigné, Dr. Leo O'Hana, sujet Britannique et Consul *Ad-honorem* de la République de Panamá à Bilbao, ayant obtenu les autorisations nécessaires des Autorités, a rendu une visite à bord du bateau-prison *Aranzazu Mendi,* amarré dans la baie de Bilbao, à la hauteur de Lamiaco, et expose ci-dessous ce qu'il a observé quant au traitement et à la situation des détenus.

A 4 heures de l'après-midi du 22 septembre 1936, je suis monté dans le bateau *Aranzazu Mendi,* et là je fus reçu par le directeur de la prison, M. Aristiguieta, qui se mit aimablement à ma disposition pour visiter la prison, et demander à plusieurs prisonniers de mon choix s'ils avaient des plaintes à manifester.

Les personnes interrogées me dirent que le traitement est bon, et l'on peut ainsi écarter toute idée de cruautés. La nourriture comprend le petit déjeuner (café au lait et pain), le dîner (un ragoût de lentilles, riz et morue) et le soir pour souper, un autre ragoût de lentilles et de la viande frite. Comme boisson ils ont de l'eau potable de Bilbao. En outre il y a à bord de l'eau pour se laver et un coiffeur sert les détenus chacun à son tour.

Les détenus sont chargés eux-mêmes de la propreté des caves[1] où ils sont logés, et lorsque j'étais à bord j'assistai au nettoyage de la cave n° 3, qui en devint tout à fait propre.

L'état des détenus, à part l'apparence caractéristique à de telles circonstances, est bon. Il n'y a pas de malades, et dans l'infirmerie je vis seulement QUATRE détenus.

Il y a très peu de détenus qui disposent d'un matelas dans les caves, et je crois que c'est là l'unique déficience, surtout lorsque la saison sera plus avancée. Si en s'occupant de ce détail on pouvait évacuer en partie les caves n°s 3 et 4 où se trouvent 310 et 260 détenus respectivement, ce serait un moyen de prévenir des répercussions possibles de maladie.

On peut envoyer aux détenus des vivres, par exemple des conserves, et aussi du tabac; les envois arrivent normalement; ils envoient et reçoivent de la correspondance.

Ceci est ce que j'ai pu apprécier pendant ma courte visite au bateau-prison susmentionné, que j'expose en toute bonne foi et sans la moindre partialité, à Bilbao le 23 septembre 1936. Leo O'HANA

---

[1] Le terme de l'original est *bodega,* c'est-à-dire cale ou soute (terme marit.).

Annexe 4b
BOLETÍN OFICIAL DEL ESTADO (Décret n° 281 du 28 mai 1937)
Concédant le droit au travail aux prisonniers de guerre et aux détenus pour des délits non communs, sous les conditions suivantes.

L'avance victorieuse et continue de l'armée nationaliste, reconquérant le territoire de la Patrie, a produit une augmentation du nombre des prisonniers et des condamnés, et le règlement de leurs destination et traitement est devenu une urgente nécessité. Les circonstances actuelles de la lutte et la complexité du problème empêchent actuellement une solution définitive dudit problème. Néanmoins, il est nécessaire de résoudre d'une façon nettement provisoire et comme mesure urgente, quelques aspects dont la justification est notoire. Abstraction faite des prisonniers et détenus sur lesquels pèsent des accusations graves et dont le régime d'incarcération est incompatible avec les concessions proposées dans le présent décret, il en existe d'autres, en nombre considérable, qui, sans une imputation spécifique capable de modifier leur situation de simples prisonniers et détenus, les rend aptes à être compris dans un système de travaux qui constitue un avantage positif.

Le droit au travail que possèdent tous les Espagnols comme principe de base déclaré au point n° 15 du programme de la Phalange espagnole traditionaliste et de la JONS ne doit pas être enlevé par le nouvel Etat aux prisonniers et aux détenus rouges, en tant que son application ne soit pas en contradiction avec les prévisions d'ordres de surveillance nécessaires vis-à-vis de ceux qui ont oublié les devoirs du patriotisme les plus élémentaires. Néanmoins, les concessions de ce droit comme expression de faculté en son exercice, pourraient impliquer une concession de plus, sans efficacité devant la passivité que pourraient adopter ces titulaires, laissant totalement ou en partie non appliquées les fins que la déclaration du droit au travail suppose, c'est-à-dire qu'ils puissent subvenir à leur entretien par leur propre effort, qu'ils prêtent l'aide due à leurs familles et qu'ils ne soient pas un poids mort pour le domaine public. Un tel droit au travail est soumis à l'idée du droit-fonction ou du droit-devoir, et dans le cas particulier, du droit-obligation.

Pour les raisons ci-dessus énoncées, je dispose :
Article 1. Le droit au travail est accordé aux prisonniers de guerre et aux détenus pour des délits non commis dans les circonstances et dans les conditions ci-dessus établies.

Art. 2. Les prisonniers et détenus pourront travailler comme manoeuvres sans préjudice du fait que, pour des convenances du service, ils puissent être employés à une autre sorte d'emploi ou à des travaux en accord avec leur âge, leurs capacités professionnelles ou leur bonne conduite, tout ceci à la discrétion de leurs chefs respectifs.

Art. 3. Ils toucheront, en guise de gain journalier, pendant qu'ils travaillent comme manoeuvres, la somme de 2 pesetas par jour dont on retiendra 1 peseta et 50 centimes pour l'entretien de l'intéressé, en lui remettant les 50 centimes restants à la fin de la semaine. Ce salaire sera de 4 pesetas par jour si l'intéressé a une femme demeurant en zone nationale et est sans fortune particulière ou moyens d'existence, et augmenté de 1 peseta par enfant âgé de moins de 15 ans qui demeurera dans la même zone, sans qu'en aucun cas ledit salaire journalier soit plus élevé que celui des travailleurs de la localité. La somme excédant les 2 pesetas journalières de rétribution ordinaire sera remise directement à la famille de l'intéressé.

Lorsque le prisonnier détenu travaillera a une occupation autre que celle de manoeuvre, son salaire quotidien sera augmenté suivant les cas.

Art. 4. Les détenus et prisonniers de guerre seront considérés comme personnel militarisé, devront revêtir l'uniforme qui leur sera désigné et demeureront sujets en conséquence au Code de Justice militaire et à la Convention de Genève du 27 juin 1929.

Art. 5. L'inspection générale des prisons et les généraux chefs de corps d'armée à la garde et aux ordres desquels se trouveraient soumis les prisonniers de guerre et détenus, feront des rapports de tous ceux ayant droit au travail et indiquant leurs prénoms et noms de famille, profession, âge, origine et état; noms, noms de famille et domicile de la femme, lorsqu'il y a lieu, nombre, sexe et âge des enfants, s'il y a lieu, lieux de leur résidence et leur situation économique.

Art. 6. Les juges-instructeurs des causes instruites et à instruire contre les prisonniers et détenus de guerre rédigeront d'urgence une résolution accordant provisoirement à l'intéressé le droit au travail, qui sera confirmé à l'intéressé en vertu de la résolution du

Tribunal prise au cours de la procédure correspondante. En cas affirmatif, la concession de ce droit sera notifiée à l'Inspection et aux généraux déterminés à l'article 5.

Art. 7. On remettra une copie dudit rapport susmentionné au Bureau central qui sera créé et auquel devront être adressées toutes les demandes de personnel, et qui sera chargé de former les équipes correspondantes. Ce Bureau central sera averti immédiatement des arrivées et des départs se produisant dans les différentes prisons.

Article 8. La Présidence de la Junte technique de l'État et l'organisme correspondant donneront les instructions nécessaires pour l'exécution du présent décret.

Fait à Salamanque le 28 mai 1937. Francisco FRANCO.

Notes

I. LES ORIGINES DU CICR (pp. 15 à 26).
1. Boissier, Pierre : *De Solférino à Tsoushima*. 2. Du nom de l'arsenal britannique situé près de Calcutta. 3. DURAND, André, *De Sarajevo à Hiroshima*, et MOREILLON, Jacques, *Le Comité international de la Croix-Rouge et la protection des détenus politiques.* 4. MOREILLON, J., *op. cit.*, p. 62 (n. 57). 5. Le CICR a reçu le Prix Nobel de la Paix en 1917, 1944 et 1963. 6. MOREILLON, J., *op. cit.*, pp. 26-27. 7. Rodolphe Haccius avait été chargé de la délégation. 8. MOREILLON, J., *op. cit.*, pp. 44-47. 9. FAVEZ, Jean-Claude : *Une mission impossible? Le CICR, les déportations et les camps de concentration nazis*, p. 32. 10. JUNOD, Marcel, *Le Troisième Combattant*, Genève, 1989. 11. FISCALINI, Diego : *Des élites au service d'une cause humanitaire : le Comité international de la Croix-Rouge.* Université de Genève, 1985. 12. FAVEZ, J.-C., *op. cit.*, p. 24. 13. JUNOD, M., *op. cit.*, p. 10. 14. COURVOISIER, Raymond, *Ceux qui ne devaient pas mourir*, Paris, 1978. 15. JUNOD, M., *op. cit.*, p. 13. 16. ACICR 212/V, 699, 10.11.1936. Décision de la CE du 9.11.1936. 17. COURVOISIER, R., *op. cit.*, pp. 19-20.

II. L'ESPAGNE ET SA CROIX-ROUGE (pp. 27 à 34).
1. « *No se han ido, que los hemos echado...* ». 2. PÉREZ, Joseph, *Histoire de l'Espagne*, pp. 707-708. 3. Les paysans étaient concentrés dans des camps dans lesquels les conditions de vie étaient épouvantables. 4. Les articles additionnels à la Convention de Genève autorisaient la mise en service d'une *ambulance maritime*. BOISSIER, P., *op. cit.*, pp. 423-432. 5. CLEMENTE, Josep Carles, *El Arbol de la Vida*, et MOREILLON, J., *op. cit.*, pp. 24-27. 6. *Gaceta de Madrid*, 30 avril 1931, n° 120, p. 423. 7. *Gaceta de Madrid*, 7 juin 1931, p. 1233. 8. *Diario oficial del Ministerio de la Guerra*, 4 septembre 1932, p. 514-518. 9. *La Cruz Roja*, février 1933, et le *Bulletin international de la Croix-Rouge*, avril 1933, p. 381. RUBIO CABEZA, Manuel, *Diccionario de la guerra civil española*, (I); SABORIT, Andrés, *Asturias y sus hombres;* RAMÍREZ, Luis, *Franco*. 10. *La Cruz Roja*, février 1933. 11. Francisco Franco, commandant, en garnison à Oviedo, participa aux opérations de maintien de l'ordre. 12. AZAÑA, Manuel, *Diarios, 1932-1933*, p. 315. 13. Analogue à la Légion étrangère française, cette unité fut créé en 1929 par le général José Millán Astray avec comme second le commandant Francisco Franco. 14. BRENAN, Gerald, *El laberinto español*; ALBA, Victor, *Historia de la Segunda República Española*; CLEMENTE, J. C, *op. cit.* 15. *Boletín oficial de la Brigada N° 1, Cruz Roja*, n° 177. *Revolución en Asturias* (par un témoin impartial); *Estampa, n° 357* (Après la tragédie sont revenues les colombes sur le mont Naranco). *RICR* (t. I, 1934). 16. Max Huber à la Conférence de Tokio de 1934. DURAND, A., *op. cit.*, p. 232. 17. DURAND, A., *ibidem*, p. 229. Le 19 juin 1934, le colonel Favre visite le camp de Dachau, près de Munich : FAVEZ, J.-C., *op. cit.*, pp. 387-390.

18 JUILLET : LE PRONUNCIAMIENTO (pp. 35 à 48).
1. ALBA, V., *op. cit.,;* BROUÉ, Pierre, et TÉMIME, Emile, *La révolution et la guerre d'Espagne;* JACKSON, Gabriel, *The Spanish Republic and the Civil War (1931-1939);* HERMET, Guy, *La guerre d'Espagne;* PAECHTER, Henri, *Espagne 1936-1937;* RUBIO CABEZA, M., *op. cit.;* THOMAS, Hugh, *La guerre d'Espagne;* VILAR, Pierre, *Histoire de l'Espagne;* etc. 2. Actes du Colloque de Montauban des 2-5 novembre 1990 : *Azaña et son temps*, réunis par AMALRIC J.-P. et AUBERT P. 3. ROMERO, Luis, *Tres días de julio*, pp. 88-90. 4. PIKE, David Wingeate, *Les Français et la guerre d'Espagne*. 5. BUGNION, François, *Le Comité international de la Croix-Rouge et la protection des victimes de la guerre*, p. 308. 6. BOLLOTEN, Burnett, *La Révolution espagnole*, pp. 64-66. 7. JUNOD, M., *op. cit.*, p. 96. 8. GRETTON, Peter, *El factor olvidado. La Marina Británica y la Guerra civil española.* 9. THOMAS, H., *op. cit.*, p. 640. 10. PIKE, D. W., *op. cit.*, p. 121. 11. *Gaceta Oficial*, n° 213, 31 juillet 1936; CLEMENTE, J. C., *op. cit.*, pp. 49-54. 12. DURAND, A., *op. cit.*, p. 265. 13. L'Espagne disposait de trois bureaux câblographiques : Vigo, Málaga et Bilbao. 14. JUNOD, M., *op. cit.*, pp. 96-97. 15. Le 22 août 1936. ACICR 212/I, 63, 22.8.1936 et 142 bis, 6.9.136. 16. JUNOD, M., *op. cit.*, p. 97. Le formulaire comportait exactement que l'ambassadeur « *prie les autorités de la République et les milices du Front populaire de fournir toutes les facilités pour l'entrée, la circulation et la sortie du territoire espagnol à M...* » 17. ACICR 212/I, 87, 27.8.1936. 18. JUNOD, M., *op. cit.*, p. 97. 19. ICARE, *Revue de l'aviation française*, n° 118, 1986; SHORES, Christopher, *Las fuerzas aereas en la guerra*

civil española. **20.** JUNOD, M., *op. cit.,* pp. 100-102. **21.** Le véhicule décapotable était orné de croix rouges sur les portières et déployait un vaste drapeau. **22.** ZUGAZAGOITIA Julián, *Guerra y vicisitudes de los Españoles,* p. 100. **23.** Le drapeau monarchiste comportait deux bandes rouges séparées par une bande jaune. Le républicain avait, horizontalement, trois couleurs : rouge, jaune et violet. L'inspirateur en fut Julián Borderas Pallaruelo, au cours de la révolte de Jaca, en octobre 1930. **24.** JUNOD, M., *op. cit.,* pp. 106-110. **25.** Monseigneur l'*Évêque* de Vitoria était Mgr Mateo Múgica Urrestarazu, titulaire de la charge. L'ecclésiastique rencontré était le Cardinal Primat d'Espagne, Isidro Gomá y Tomás.

III. LES PREMIÈRES DÉLÉGATIONS (pp. 49 à 84).
1. *Política,* 11.09.1936. Dans *Paris-Soir,* de Louis Delaprée : « Alerte aux gaz! ». **2.** VÁZQUEZ Y VALERO, *La guerra civil en Madrid,* p. 139. **3.** Sise sur les hauteurs de l'Hippodrome, C/Pinar, 21. Y résidèrent Luis Buñuel, Federico García Lorca et Salvador Dali. **4.** SOUTHWORTH, Herbert R., *Le mythe de la croisade de Franco;* SERVICIO HISTORICO MILITAR, *Los asedios;* VILANOVA FUENTES, Antonio, *La defensa del Alcázar de Toledo;* JACKSON, Gabriel, *Histoire de la guerre civile d'Espagne;* THOMAS, H., *op. cit.;* MARTÍNEZ, J. I., *Los papeles del general Rojo;* etc. **5.** Nommé en juin 1936. **6.** VILANOVA FUENTES, A., *op. cit.,* p. 197. **7.** Nous mentionnerons les rapports dorénavant par : [r. n° xx, date...]. **8.** *L'Illustration* d'octobre 1936. **9.** ALPERT, Michael, *La guerra civil española en el mar,* pp. 112, 136-137, 228, 230, 240. **10.** AMAE (direction des Affaires politiques et commerciales, ambassade de France à Madrid). Série Z Europe, n° 267, pp. 260 et ss. **11.** SERVICIO HISTÓRICO MILITAR, *Nueve meses de guerra en el Norte,* pp. 98-99. **12.** DE MEER, Fernando, *El Partido nacionalista vasco ante la guerra de España (1936-1937),* p. 163 et CHIAPUSO, M., *El gobierno vasco y los anarquistas. Bilbao en guerra,* p. 41. **13.** DE MEER, F., *op. cit.,* p. 145. **14.** *Ibidem,* pp. 146-148 et VIGNAUX, Paul, *Manuel de Irujo,* p. 287. **15.** DE MEER, *op. cit.,* pp. 217-218. **16.** *La Petite Gironde,* n° 23.442, du 26.9.1936, par le journaliste Parot-Lagarenne. Évêque d'Aire et de Dax, il appuya en 1937 le Comité national d'aide et de secours destiné à secourir les enfants basques créé par le Père Dieuzaide. **17.** Le corps diplomatique de ce petit État manifesta envers les franquistes une grande sympathie à l'image de Rafael Ruiz, consul de Panamá à Bordeaux. **18.** « *Le PNV est catholique, apostolique et romain. [...] Son caractère est populaire, comprenant des prolétaires et des représentants de la classe moyenne.* » **19.** DE MEER, *op. cit.,* p. 184. **20.** JUNOD, M., *op. cit.,* pp. 111-114. **21.** Junod parle de l'*Aisne* dans son rapport n° 3. L'*Alcyon* était un aviso. **22.** JUNOD, M., *op. cit.,* pp. 111-112. **23.** DE MEER, F., *op. cit.,* p. 163-165. **24.** KOLTSOV, Mijail : *Diario de la guerra de España,* pp. 139-140. **25.** En protection des bombardiers Ju-52, « *[...] des Heinkel He-51 allemands pilotés par les premiers volontaires allemands qui formeront le noyau de la Légion Condor : Hefter, Klein et von Houwald.* » MALQUER Y WAHL, Juan, ICARE, *op. cit.,* n° 118. HIDALGO SALAZAR, Ramón, *La ayuda alemana a España 1936-1939* et SHORES, Christopher, *Las fuerzas aereas en la guerra civil española.* **26.** JUNOD, M., *op. cit.,* p. 118. **27.** En Annexe le compte rendu de la visite effectuée sur ce même bateau-prison par le consul de Panamá. **28.** JUNOD, M., *op. cit.,* pp. 116-117. **29.** DE MEER, F., *op. cit.,* p. 178. **30.** GRETTON, P., *op. cit.,* p. 104. **31.** La flotille britannique de contre-torpilleurs (destroyers) commandée par le commodore Burrough, comprenait l'*Exmouth,* l'*Esk* et l'*Escort.* **32.** JUNOD, M., *op. cit.,* p. 118. **33.** *Ibidem,* pp. 120-121. **34.** *Ibidem,* pp. 121-123. **35.** GRETTON, P., *op. cit.,* p. 105. **36.** Et non de la *Croix-Rouge catalane,* Junod s'étant *élevé* contre cette dénomination. **37.** BARBEY, Horace, *Journal de mission (septembre-décembre 1936).* **38.** BAYO, Alberto, *Mi desembarco en Mallorca.* **39.** *Journal de mission de Barbey...* **40.** *Ibidem...* **41.** ACICR 212/IV, 474, 20.10.1936. **42.** MONOGRAFIAS, *El final del frente Norte,* pp. 17 et ss. **43.** Onaindía, cité par DE MEER, *op. cit.,* p. 211, affirme que les nationalistes basques « *auraient facilité le départ de 5.000 personnes de droite qui couraient de grands risques pour leur vie* ». **44.** DE MEER, *op. cit.,* pp. 200-201. **45.** *Ibidem,* pp. 256-257.

IV. DANS LA CAPITALE (pp. 85 à 94).
1. Il aurait été assassiné à Cordoue à la fin de juillet 1936 lorsque commença une vague d'emprisonnements et d'exécutions (30.000 à 40.000 personnes, pour la plupart sans jugement). **2.** Édition de Manuel ARAGÓN de l'oeuvre de Manuel AZAÑA, *La velada de*

Benicarló. **3.** AZCÁRATE, Pablo de, *Mi embajada en Londres durante la guerra civil española,* pp. 60-68. **4.** AZAÑA, Manuel, *Memorias políticas y de guerra, II,* p. 318. **5.** Les ambassades britannique, américaine et russe n'acceptèrent aucun *asilé.* **6.** En réalité *Ramón.* José et Fernando, ses frères, l'ayant aidé à quitter Madrid, furent arrêtés et exécutés. **7.** DE MEER, F., *op. cit.,* p. 153; VIGNAUX, P., *op. cit.,* pp. 223-225. **8.** ALVAREZ DEL VAYO, Julio, *Les batailles de la liberté,* p. 216 et pp. 264-265. **9.** Rapporté par CLEMENTE, J. C., *op. cit.,* pp. 51-52. **10.** *Diario Oficial.,* n° 311, du 16.10.1936. **11.** COLODNY, Robert G., *El asedio de Madrid,* p. 36. **12.** MARTÍNEZ BANDE, José M., *Frente de Madrid;* KOLTSOV, M., *op. cit.;* REVENTLOW, Rolf, *Spanien in diesen Jahrhundert;* COLODNY, R. G., *op. cit.;* THOMAS, H., *op. cit.;* etc. **13.** COLODNY, R. G., *El asedio de Madrid,* p.37. **14.** MARTÍNEZ BANDE, *op. cit.* (Ordre général d'opérations n° 16 : mission générale, occupation totale de Madrid, 6.11.1936). **15.** SOUTHWORTH, H., *Guernica,* p. 67. **16.** KOLTSOV, M., *op. cit.,* p. 180. **17.** VIGNAUX, P., *op. cit.,* et DE GALÍNDEZ, Jesús, *Los Vascos en el Madrid sitiado.* Galíndez, secrétaire de Irujo, faisait partie de la délégation de Euzkadi. **18.** José Miaja Menant, devait le 25 juillet délivrer Cordoue. S'étant arrêté dans sa progression, il fut accusé de trahison et relevé de son commandement. **19.** Le terme de *Junta Delegada de Defensa* apparaît pour la première fois dans la directive de Largo Caballero, président du Conseil des ministres, le 6.11.1936, destinée au général Miaja. *Gaceta de la República,* n° 280, 6.11.1936. **20.** *Política* (Gauche républicaine), du 7 : « *Le climat du Levant attire ces jours-ci beaucoup de touristes de Madrid. Mais lorsqu'ils reviendront la température madrilène leur fera sentir ses rigueurs.* » **21.** Arrivée du gouvernement à Valence; *Política,* pp. 3 et 6 du n° 369; *L'Illustration,* semaine du 14 au 21 novembre.

ZONES DE SÉCURITÉ, ÉVACUATIONS (pp. 94 à 100).
1. MARTÍNEZ BANDE, *op. cit.,* p. 235. **2.** Télégr. n° 31030 Madrid Valencia 845-175-20-22. **3.** « *Merci de v/télégr. très reconnaissant décision S.E. gouvernement chilien demande que zone neutre comprenne si possible sa légation Calle Prado.* » **4.** DELAPRÉE, L., *Das Martyrium von Madrid* ou *Le martyre de Madrid* (dans *Mourir en Espagne*). **5.** Dans *Le martyre de Madrid.* **6.** *L'Illustration,* 28.11.1936. **7.** MARTÍNEZ BANDE, *op. cit.,* pp. 210-211. **8.** COLODNY, R. G., *op. cit.,* p. 90, qui cite SOMOZA SILVA, Lazáro, *El general Miaja. Biografía de un héroe.* México, 1944. **9.** ZUGAZAGOITIA, J., *op. cit.,* pp. 225-226, t. I. **10.** ROJO, Vicente, *Así fue la defensa de Madrid,* p. 143.

UN ÉPISODE SANGLANT : LES SACAS (pp. 100 à 114).
1. Par opposition aux quatre colonnes des troupes insurgées qui s'approchaient de la capitale. On attribue l'expression au général Mola : « *Dans Madrid se trouve la cinquième colonne de nos partisans.* » **2.** Il intervint en faveur de sympathisants adverses, tel Joaquín Ruiz Gímenez Cortés, avocat, membre des Jeunesses catholiques universitaires qui, libéré, rejoignit la zone franquiste. **3.** MONOGRAFÍAS DE LA GUERRA DE ESPAÑA, N° 1, *La marcha sobre Madrid;* MARTÍNEZ BANDE, *op. cit.;* COLODNY, R., *op. cit.;* ROJO, V., *op. cit.,* etc. **4.** GIBSON, I., *Paracuellos: cómo fue,* pp. 136-150. **5.** GIBSON, Ian, *op. cit.,* et le rapport en espagnol de Schlayer. **6.** Les directeur et sous-directeur, après l'évacuation de la Cárcel Modelo, remplirent les mêmes fonctions à San Antón. **7.** GIBSON, I., *op. cit.,* p. 98. **8.** GALÍNDEZ, *op. cit.,* pp. 69-70. **9.** VIGNAUX, P., *op. cit.,* p. 232. **10.** GIBSON, I., *op. cit.,* pp. 122-126. **11.** GIBSON, Ian, *op. cit.,* pp. 126-127. **12.** *Páginas del momento : Madrid bajo el crimen,* dans l'hebdomadaire *Fotos,* par Adelardo FERNÁNDEZ ARIAS, qui avait rejoint la zone nationaliste. **13.** DELAPRÉE, L., *op. cit.,* p. 195. **14.** ACICR 212/VII, 1013, 15.12.1936. Rubio, envoyé par la Generalitat de Catalogne à Genève. **15.** *Journal de mission de Barbey...* **16.** *Ibidem.* **17.** *Ibidem.*

V. DÉCEMBRE DRAMATIQUE (pp. 115 à 127).
1. ACICR 212/VI, 950, 6.12.1936. **2.** ACICR 212/VI, 910, 1er.12.1936. **3.** Enfants du docteur Cabello, ami du président Azaña. **4.** Potez-540 ou 542, en fonction de la motorisation (Hispano-Suiza ou Lorraine). Le président Léon Blum avait envisagé d'en vendre aux républicains. Avec eux fut constituée la *Escuadra España* dont l'animateur était André Malraux. **5.** ACICR 212/VII, 972, 9.12.1936. Télégr. du consul de France Péron à Clouzot. **6.** L'hôpital chirurgical n° 1 Hôtel-Palace était à proximité de l'Hôtel-Ritz (Paseo

del Prado); il est décrit comme un hôpital de la CNT. PAZ, Abel, *Durruti. El proletariado en armas,* pp. 509-510. **7.** Célèbre chirurgien militaire, connu pour ses travaux sur la traumatologie de guerre, il fut appelé en consultation lorsque Durruti, chef de la colonne anarchiste engagée dans la Cité universitaire, grièvement blessé, fut transporté le 20 novembre à l'hôpital confédéral (Hôtel-Ritz) où il mourut. **8.** *Política,* 10 décembre 1936. **9.** DELMER, Sefton, *Trail Sinister,* pp. 322-323. **10.** *Un adieu à Louis Delaprée* (pp. 201-208) dans *Mort en Espagne,* ouvrage posthume de Louis Delaprée. **11.** GONZÁLEZ EGIDO, Luciano, *Agonizar en Salamanca. Unamuno (julio-diciembre 1936).* **12.** COLODNY, R. G., *El asedio de Madrid, n.* 206, p. 208. **13.** ACICR 212/VI, 965, 8.12.1936, puis de Salamanque, 989, 11.12.1936. **14.** SCOTT WATSON, Keith, *Single to Spain.* **15.** BAREA, Arturo, *La forja de un rebelde (III). La llama,* pp. 240-241. L'entretien eut lieu dans la Telefonica, en plein centre de Madrid. **16.** Avec Catherine Lincoln Delaprée, dernier enfant de Louis Delaprée. **17.** GARCÍA LACALLE, Andrés, *Mitos y verdades. La aviación de caza en la guerra española,* pp. 218-220. Les chasseurs russes I-16 étaient basés sur l'aérodrome de Azuqueca de Henares. Un pilote français de l'*Escuadra España,* aurait été accusé de négligence pour ne pas avoir ouvert le feu sur un avion de tourisme. GISCLON, J., *La désillusion,* pp. 270-272. **18.** Susana Posty Petitbrouhaud (mère de l'auteur), membre du Commissariat à la Guerre, secrétaire aux Affaires étrangères, fut chargée de porter la gerbe. REVENTLOW, R., *op. cit.,* pp. 456-457. Sans préciser la source, THOMAS, H., *op. cit.,* p. 336, avance que l'avion avait été attaqué accidentellement par des avions républicains. **19. Partes oficiales de guerra del Ejercito de la República** (communiqués officiels de l'Armée républicaine), du 9.10.1936. **20.** Un des appareils du groupe espagnol des Potez-54 portait, lui aussi, un *F* sur la queue. **21.** *Política,* n° 362, 2.11.1936. **22.** *L'Oeuvre* (du samedi 12 décembre, n° 7743, édition de Paris et du jeudi 17, même édition), et de *Paris-Soir,* du 17. **23.** BERNANOS, Georges, *Les grands cimetières sous la lune,* pp. 169-171; et BAYO, A., *Mi desembarco en Mallorca,* pp. 105-106. **24.** GIBSON, I., *op. cit.,* p. 180, qui cite PÉREZ MATEOS, Juan Antonio, *Entre el azar y la muerte. Testimonios de la guerra civil.* **25.** Barbey nous a fait part que son avenir professionnel était alors prioritaire.

ENTRETIENS DISCRETS OU SECRETS? (pp. 127 à 142).

1. DE MEER, F., *op. cit.,* pp. 240, 250 à 254. **2.** *Ibidem,* p. 258. **3.** *Bulletin international,* tome LXVII, déc. 1936, p. 1034 et *The Times,* de Londres, du 17 décembre 1936. **4.** DE MEER, *op. cit.,* p. 239. Des cercles pro-nationalistes du Sud de la France auraient été favorables. **5.** La représentation à Bayonne du gouvernement autonome basque était avenue du Maréchal-Foch. Ainsi que le siège d'Air-Pyrénées qui assurait une liaison Bayonne-Bilbao. **6.** Tomás Domínguez Arévalo, comte de Rodezno, partisan du prétendant Jaime de Borbón, avait été élu pour la Navarre aux Cortes. Après la tentative carliste de créer unilatéralement une Académie militaire royale, le général Franco informa le comte de Rodezno que cela pouvait être considéré comme un acte d'insubordination. La Junte carliste se soumit non sans protester. **7.** COURVOISIER, R., *op. cit.,* pp. 24-28. **8.** « Croce Rossa Italiana. Ogetto : Richuesta di materiale. Amorevole Croce Rossa internazionale, Comitato di Siviglia. [...] Il commandante della missione speciale, capitano medico Federico Bonoli. » **9.** *Bulletin international,* n° 426, février 1938. **10.** APOLLARO, Gérard, *Histoire postale de la guerre civile d'Espagne,* p. 274.

LA CATALOGNE ET VALENCE (pp. 143 à 146).

1. COMAS, José Maria, *Le courant radical du nationalisme catalan.* **2.** Les intellectuels se réunissaient dans l'ancien hôtel Palace, devenu Maison de la culture. **3.** Il était marié (un codicille prévoyait d'envoyer 400 FS par mois à son épouse).

VI. NÉGOCIATIONS ET ACCUSATIONS (pp. 147 à 174).

1. Cette période (1er.12.1936 au 18.1.1937) a été résumée dans le rapport n° 11. **2.** DE MEER, F., *op. cit.,* pp. 304-308. **3.** DE MEER, *op. cit.,* p. 305. Monzón, ayant conduit des négociations avec les nationalistes, échoua dans sa mission à cause de l'insistance de Franco à vouloir traiter exclusivement avec le gouvernement de Valence. **4.** *Ibidem,* p. 263. **5.** THOMAS, H., *op. cit.* pp. 374-375. **6.** DE MEER, F., *op. cit.,* pp. 263-281. **7.** Traduction effectuée par un des deux adjoints de Courvoisier. **8.** ACICR 212/VIII, 1284, 16.01.1937.

9. ACICR 212/VIII, 1331, 21.1.1937. **10.** Francisco Roa de la Vega, député pour la province de León et ami du comte de Vallellano. L'autre aide de camp était le propre cousin germain de Franco. **11.** ACICR 212/VIII, 1356, 22.01.1937. **12.** JUNOD, M., *op. cit.*, pp. 126-127. **13.** Président de la société immobilière qui construisit l'Hôtel-Ritz, à Madrid, en 1908. **14.** La Compagnie de Jésus, dissoute en janvier 1932, fut rétablie dans sa personnalité juridique et ses biens par un décret du 3.5.1938. **15.** L'utilisation débridée de symboles en zone républicaine tenta de suppléer l'iconographie sacrée par d'autres dénominations. *Nochebuena* (Nuit de Noël) fut changée en *Cena de la Victoria* (le Souper de la Victoire) et *Los Reyes* (les Rois mages) en *Semana Infantil* (Semaine enfantine). **16.** Un *maillage* de postes de surveillance fut décidé sur toute la superficie de la capitale. La délégation du CICR était voisine du poste sis C/Abascal, 20. **17.** La SDN autorisa le gouvernement républicain a effectuer un achat exceptionnel de 200 autobus. **18.** MONTSENY, Federica, *Mis primeros cuarenta años*, p. 113. **19.** GRETTON, P., *op. cit.*, p. 202. THOMAS, H., *op. cit.*, etc. **20.** COURVOISIER, R., *op. cit.*, pp. 31-32. **21.** THOMAS, H., *op. cit.*, pp. 378-379; BRENAN, Gerald, *Memoria personal;* CABANELLAS, Guillermo, *La guerra de los mil días;* etc. **22.** ACICR 212/10, 1714, 27.2.1937. **23.** Journaliste-écrivain, député de Madrid en 1931 et en 1936 et directeur de *Claridad*, il fut ambassadeur d'Espagne à Paris jusqu'à la chute du président Largo Caballero. **24.** JUNOD, M., *op. cit.*, pp. 127-128. **25.** *La Vanguardia*, quotidien catalan, dans un compte rendu de la visite du *Preventorio de mujeres* par Junod et Marti, accompagnés par le capitaine-caissier de la Croix-Rouge, Antonio Valenti. **26.** AMAE (Direction des Affaires politiques et commerciales, origine ambassade de France à Madrid). Série Z Europe, n° 186, pp. 9 et ss. **27.** AZAÑA, M., *op. cit.*, II (12.10. 1937), p. 307. **28.** Isidro Gomá y Tomás succéda au cardinal Pedro Segura, en 1933, au siège de Tolède. **29.** RUBIO, Javier, *Asilos y canjes durante la guerra civil española*, pp. 50-51.VII.

VII. EN ZONE RÉPUBLICAINE (pp. 175 à 184).

1. Dans les locaux du consulat français à Valence où se trouvaient des déserteurs des Brigades internationales. LECŒUR, Auguste, *Le Partisan*, pp. 72-79. **2.** Réfugié en France, il fut arrêté en 1941 par la Gestapo qui le livra au gouvernement de Franco. Jugé et condamné à mort, il fut fusillé. **3.** ACICR 212/X, 1830 bis, 18.3.1937. **4.** Ne rejoignant pas la zone républicaine, il souhaita se consacrer au travers du Mouvement Paix civile en Espagne à « *l'échange des otages, remises et commutations de peines de mort, etc.* ». **5.** Henny intervint avec d'autres négociateurs. Le nom de Junod est avancé par JACKSON, G., *op. cit.*, pp. 431-433. **6.** *La Cruz Roja*, février 1933, et le *Bulletin international*, avril 1933, p. 381. RUBIO CABEZA, M., *op. cit.*; SABORIT, A., *op. cit.*; CLEMENTE, J. C., *op. cit.*; DURAND, A., *op. cit.*; AZAÑA, M., *Memorias políticas y de guerra, II; Bulletin international*, mars 1937, p. 311. **7.** GIRAL, J., *op. cit.*, pp. 23-26.

LES ÉVACUATIONS EN PERSPECTIVE (pp. 184 à 190).

1. SOUTHWORTH, Herbert, *La destruction de Guernica* et GRETTON, P., *op. cit.*, pp. 213-218. **2.** STEER, George L. : *El Arbol de Guernica*, Buenos Aires. Il était à Guernica, dans la nuit du 26 au 27 avril, quelques heures après le bombardement. **3.** Le *Habana* (Compañia Transatlántica), paquebot transatlantique réquisitionné pour loger les réfugiés provenant du Guipúzcoa, par le Gouvernement d'Euzkadi qui l'affecte comme navire-hôpital. On y peint la croix de Malte, la croix de Saint-Georges ou la croix rouge! **4.** GONZÁLEZ ECHAGARAY, Rafael, *La marina mercante y el tráfico marítimo en la guerra civil*, pp. 85-86. **5.** Nom de code (quartier genevois comprenant la rue de la Paix où se trouve le CICR). **6.** Archives de l'ambassade de France à Londres (AMAE, Série Z Europe, 188 (429)). L'ambassadeur de France, à Ciboure dans les premiers jours de septembre, était Herbette. Le 9.10.1937, les services de l'ambassade de France quittant Saint-Jean-de-Luz gagnent Valence, Herbette est remplacé par Eirik Labonne. **7.** Les franquistes l'appelaient le *consul rouge*. **7.** CLOUD, Yvonne et ELLIS, Richard : *The Basque Children in England*. **9.** DURAND, A., *op. cit.*, p. 274. **10.** Chef de la Sécurité (ou ministre de l'Intérieur dans le gouvernement Tarradellas) Artemio Ayguadé (et non Aguadé). Le chef de la police n'était pas Dionisio Eroles, responsable modéré de la FAI, mais Rodríguez Salas. **11.** THOMAS, H., *op. cit.*, p. 434.

LA VIRGEN DE LA CABEZA. (pp. 190 à 206).
1. Solide édifice de granit entouré de vastes dépendances, il se situait à environ 80 km de Córdoba et 30 km d'Andújar. **2.** ICARE, *op. cit.*, t. III; SERVICIO HISTÓRICO MILITAR, *Los asedios*, pp. 135 et ss.; HIDALGO SALAZAR, R., *La ayuda alemana a España, 1936-39;* JUNOD, M., *op. cit.*, p. 136. **3.** DURAND, A., *op. cit.*, p. 281. **4.** Retraité, il reprit du service chez les républicains. Chef d'état-major du général Sebastián Pozas, il fut nommé sous-secrétaire à la Guerre dans le gouvernement de Negrín. **5.** Fonctions exercées par Largo Caballero. **6.** « *Creemos...* » (nous croyons). **7.** Daté d'Andújar (23.4.1937), il comportait, de la main de Antonio Cordón, la mention « *[...] autorisation par le chef des opérations de l'armée du Sud.* » **8.** HIDALGO SALAZAR, R., *op. cit.*, pp. 131-132. **9.** Sergent Francisco Campoy et garde civil Pedro Gallego. SERVICIO HISTÓRICO, *Los asedios*, p. 185. **10.** Deux officiers, de nationalité française, présents à Andújar, auraient porté sur le CICR des appréciations injustifiées, auxquelles Marti aurait répondu. **11.** *Los asedios*, pp. 166-200. **12.** HIDALGO SALAZAR, R., *op. cit.*, p. 132. **13.** JUNOD, M., *op. cit.*, pp. 136-139. **14.** CORDÓN, Antonio : *Trayectoria*, p. 330. **15.** SERVICIO HISTÓRICO MILITAR : *op. cit.*, pp. 184.185. **16.** COURVOISIER, R., *op. cit.*, pp. 32-35. **17.** ACICR 212/XII, 2196, 26.4.1937. **18.** Le 26 avril, l'aviation allemande avait bombardé violemment Guernica. **19.** Pendant la guerre il signa les communiqués de guerre, sauf celui du 1er avril 1939 (fin de la guerre civile), paraphé par le Généralissime. **20.** Cortés décède des suites de ses blessures le lendemain et enterré. Le 16 avril 1945, sa dépouille fut déposée dans la crypte reconstruite du sanctuaire conjointement avec celle de l'aviateur Carlos Haya (mort à Teruel en janvier 1938). **21.** Au cours de la reddition, deux avions survolent le site sans effectuer de parachutage. Dès leur retour, le haut commandement à Séville était prévenu de la chute de la place, et la délégation du CICR qui était encore à Salamanque. **22.** Recueilli par une station d'écoute républicaine. **23.** Dans le sanctuaire les premiers jours il fut rappelé à Madrid par le général Pozas. *Monografías de la guerra de España, n° 16.* **24.** Agée de 34 ans, Allemande d'origine suisse. **25.** Les 6, 7 et 8 mai 1937 à *La Correspondencia* (UGT), *El Mercantil Valenciano* (Gauche républicaine) et *Fragua social* (CNT) et *Unión Radio-Valencia*, le 3 mai. **26.** KOESTLER, Arthur., *Un testament espagnol*, pp. 66, 109 et 267-277. **27.** KOESTLER, A., *La escritura invisible*, pp 90-91. **28.** C/Marqués de Dos Aguas, 6, où logeait Junod, à environ cent mètres de la C/Sorni, 13, siège de la délégation du CICR. **29.** Paris, 23.12.1936. Lettre des Editions du Carrefour, 83, rue du Montparnasse, Paris-6e, présentant le livre d'Arthur Koestler : *L'Espagne ensanglantée*. **30.** Sir John Hurleston Leche, diplomate britannique, tout d'abord chargé d'affaires, puis ambassadeur auprès du gouvernement républicain.

VIII. EUZKADI DANS LA TOURMENTE (pp. 207 à 232).
1. SOUTHWORTH, H. R., *op. cit.*, p. 25. **2.** *Ibidem*, p. 16. **3.** DE MEER, F., *op. cit.*, pp. 406-407. **4.** *Ibidem*, pp. 408-410. **5.** SOUTHWORTH, H. R., *op. cit.*, p. 303. **6.** Documents que je n'ai pu consulter, car ils n'existent plus. Dans la photothèque du CICR, il y a un ensemble d'une dizaine de photographies sur Guernica. **7.** COURVOISIER, R., *op. cit.*, p. 36. **8.** FRASER, Ronald, *Recuérdalo tú y recuérdalo a otros*, II, pp. 136-143. **9.** Louis DEMOLIS, chargé d'une chronique mensuelle spéciale consacrée à la protection de la population civile dans la *Revue internationale*. **10.** BERTHET, J., *Sur le front d'Andalousie après la chute de Malaga*, 28.2.1937. **11.** AMAE R-594 (carpeta Cruz Roja) du 1er.9.1937. Document (en français) reproduit par MUNICIO OLIVER, E. **12.** ACICR 212/XII, 2242, 2243, 3.5.1937. **13.** Mémoire rédigé par Graz. **14.** ACICR 212/XII, 2276, 7.5.1937. **15.** ACICR 212/XII, 2309, 11.5.1937. **16.** Les parents étaient membres d'un parti politique. LEGARETTA, D., *The Guernica Generation : Basque Refugee Children of the Spanish Civil War*, p. 38. **17.** Le croiseur français *Emile-Bertin* et un destroyer de même nationalité sont mentionnés dans *Monografías de la Guerra de España, n° 6*. *Vizcaya*, p. 136. **18.** ACICR 212/XII, 2294, 8.5.1937. **19.** ACICR 212/XII, 2437, 26.5.1937. **20.** COURVOISIER, R., *op. cit.*, p. 39. **21.** Rejoignant les lignes ennemies, il remit les plans à l'état-major franquiste! Inventeur du train ferroviaire articulé appelé *Talgo* (*Tren articulado ligero Goicoechea Oriol*). **22.** *Monografías de la Guerra de España*, n° 6, p. 161. **23.** ACICR 212/XIV, 2541, 7.6.1937. **24.** DE MEER, F., *op. cit.*, pp. 471-472. **25.** *Ibidem*, pp. 475-477. **26.** STEER, G. L., *The Tree of Gernika*, pp. 322 et ss. **27.** GRETTON, Peter, *op. cit.*, p. 249.

28. ALPERT, M., *op. cit.*, pp. 231-234. **29.** DE MEER, F., *op. cit.*, pp. 271-272. **30.** SERVICIO HISTÓRICO MILITAR. *Vizcaya*, p. 184 (plan n° 15). **31.** AZAÑA, M., *op. cit.*, p. 683 et MARTÍNEZ BANDE, *op. cit.*, pp. 194-196. **32.** COURVOISIER, R., *op. cit.*, pp. 41-42. **33.** CHIAPUSO, M., *El Gobierno vasco...*, p. 240. **34.** ACICR 212/XV, 2902, 16.7.1937. **35.** Graz, Intercroixrouge, Santander, ACICR 212/XV, 2694, 21.6.1937. **36.** *La Montagne*, 26.6.1937, mentionne 1.670 réfugiés sur le *Marion Moller*, dont 307 d'entre eux, femmes, enfants et vieillards, furent dirigés à Clermont-Ferrand. Le croiseur *Cervera* (nationaliste) avait tenté de les arraisonner, il fut repoussé par un croiseur anglais.

IX. L'AGONIE DE LA ZONE NORD (pp. 233 à 241).

1. Lettre de Chenevière à Massigli, directeur politique adjoint au ministère des Affaires étrangères français (2.8.1937). **2.** DE MEER, *op. cit.*, p. 503. Le 1er août, Aguirre était à Paris. **3.** La présidente était Mme Small. **4.** CASTERAN, *Allégations relatives à des bataillons basques*, AMAE, Europe 1918-1940, Espagne, 184, p. 120. **5.** DE MEER, F., *op. cit.*, pp. 530-531; GONZÁLEZ PORTILLA, Manuel et GARMENDIA, José María, *La guerra civil en el País Vasco*, pp. 58-59. **6.** GRETTON, P., *op. cit.*, p. 386. **7.** RUBIO CABEZA, M., *op. cit.*, I, p. 115. **8.** DE MEER, F., *op. cit.*, p. 302. **9.** BROUÉ & TÉMIME, *op. cit.*, pp. 375-379. **10.** N° 281 du *Boletín oficial del Estado* du 1er juin 1937. **11.** Une cantine scolaire est organisée par celle-ci, pour les enfants pauvres, à Trespaderne (Sierra de Llana).

DEPUIS MADRID, LES ÉVACUATIONS (pp. 241 à 262).

1. ACICR 212/XV, 2874 (13.7.1937), 2890 (15.7.1937). **2.** Note verbale de l'ambassadeur britannique Chilton au secrétariat des Relations extérieures de Salamanque, 7.07.1937. Archivo del Ministerio de Asuntos Exteriores, exp. 212. **3.** ACICR 212/XVI, 3184, 13.8.1937. Nonciature apostolique à colonel Patry. **4.** VIGNAUX, *op. cit.*, p. 458. **5.** ACICR 212/XVI, 3006, 27.7.1937. **6.** Du ministère des Affaires étrangères à Patry. La presse républicaine répercute, *La Correspondencia de Valencia* (UGT), 6.7.1937. **7.** José GIRAL, *Año y medio de gestiones de canjes*, pp. 11-13. **8.** ACICR 212/XIX, 3791, 11.9.1937. **9.** L'*exequatur* auprès du gouvernement de Valence lui ayant retiré le 7 juillet 1937 il est en septembre à Salamanque, après être passé par Genève et y avoir rencontré Junod. **10.** Le sous-lieutenant Charles Pellerin était-il le représentant (officieux) du CICR? APOLLARO, G., *op. cit.*, p. 275. **11.** L'ambassade des Etats-Unis avait envoyé un destroyer pour évacuer ses nationaux. De difficiles négociations eurent lieu pour obtenir leur sortie. ZUGAZAGOITIA, J., *op. cit.*, p. 31-32. **12.** « *Un avion français d'Air Pyrénées a été abattu par un Fiat, près de Gijón; le pilote, Abel Guidez, est mort carbonisé.* » *L'Oeuvre* du 9.9.1937. **13.** Lors du siège d'Oviedo, on avait manifesté cette même exaspération. **14.** Sur le coup de filet qu'opérèrent les unités navales nationalistes, conduisant en convois les embarcations arraisonnées voir CABEZAS, J.A., *Asturias: catorce meses de guerra civil*, pp. 163-171 et *El final del frente Norte*, p. 179. **15.** En compagnie de José Aguirre, Manuel de Irujo, Heliodoro de la Torre et d'autres nationalistes basques, il fit partie d'une délégation effectuée en janvier 1936 auprès du Saint-Siège. **16.** Marchand de la Bland Line, attachée à Gibraltar, intercepté le 23.8.1936 par le croiseur *Miguel de Cervantes*, croiseur républicain. GRETTON, P., *op. cit.*, p. 111. **17.** Au cours d'un des premiers convois, une centaine de personnes, grâce à l'intervention du docteur Thomas, du ministère de l'Hygiène à Paris, purent éviter d'être dirigées sur Hendaye et se retrouvèrent à Barcelone. **18.** Quinze convois [du 20 septembre au 26 octobre] comprenaient 2.044 personnes; du 2 décembre, 125; du 16 décembre, 184, soit 2.353 personnes. **19.** COURVOISIER, R., *op. cit.*, p. 44. **20.** BOWERS, C. G., *Misión en España*, pp. 303-304. **21.** KOLTSOV, M., *op. cit.*, pp. 389-390. **22.** Iñigo Bernoville, commerçant en postes de radio, chez lequel se trouvait un émetteur de radio. OLAYA, F., *El oro de Negrín*, pp. 59-60. **23.** « *[...] Enfin le gouvernement français a nommé un nouvel ambassadeur, renvoyant Herbette. Les derniers scandales sur l'espionnage dans le pays basco-français finirent par discréditer Herbette. Ce monsieur s'est comporté avec nous comme un porc dans tous les domaines, et je suis certain que ses informations tendancieuses ont porté un grand préjudice à la République devant le gouvernement français.* » AZAÑA, M., *op. cit.*, t. II, 3.10. 1937, p. 307. **24.** Cofondateur du POUM, dont il fut le secrétaire général, il est député de Barcelone en 1936. Tentant de gagner la frontière pyrénéenne, il est arrêté une première fois à Jaca (Huesca) le 3.09.1936.

Identifié par des policiers il est emprisonné puis transféré en 1942 à Barcelone, oùil est jugé et condamné à 30 ans de prison. **25.** GIRAL, J., *op. cit.*, pp. 47.54. **26.** COURVOISIER, R., *op. cit.*, p. 44. **27.** STUDER, Brigitte, *Un Parti sous influence* (pp. 509-510), une quarantaine de Suisses étaient du côté nationaliste. La statistique établie par André Marty, en octobre 1938, donne 402 Suisses volontaires et 408 pour la Commission de la SDN. Le ministère espagnol de la Défense, en octobre 1938, dénombre 105 brigadistes helvétiques. Officiellement, 124 Helvètes sont considérés comme morts en Espagne. **28.** DE MEER, F., *op. cit.*, p. 549. **29.** COURVOISIER, R., *op. cit.*, p. 46. **30.** *La Gaceta del Norte* de Bilbao des 19 et 22 décembre 1937. **31.** GONZÁLEZ PORTILLA, M. et GARMENDIA, José María, *La guerra civil en el País vasco. Política y economía*, pp. 113-115. **32.** Paradoxalement, il était en très bons termes avec Martín Pinillos. **33.** Institution de la Phalange, elle disposait de l'impôt hebdomadaire obligatoire du *Plato único*. A sa tête se trouvait Dª Mercedes Sánchez Bachiller, veuve de Onésimo Redondo Ortega (dirigeant de la Falange Española de la JONS, mort le 23 juillet sur le front de Ségovie, à Labajos). **34.** Gumersindo de Azcárate Gómez, cousin de l'ambassadeur à Londres, fait prisonnier à Bilbao (ou à Santander). Ernesto de La Fuente était officier d'état-major. Nous avons déjà mentionné Arenillas. La liste de ces exécutions parut dans la presse rebelle. **35.** D'autres sources parlent du 22 octobre. THOMAS, H., *op. cit.*, p. 492, citant le diplomate anglais, la mission aurait été mal accueillie et son chef n'aurait été reçu par le général Franco qu'en février 1938. Quant au gouvernement français, s'il n'établit pas de relations, même partielles, de nombreux hommes politiques de droite, en particulier Charles Maurras, furent reçus à Salamanque. **36.** Jacobo Stuart Fitz James y Falcó, duc de Alba de Tormes, de Berwick, de Arjona, etc., treize fois Grand d'Espagne, parent de la reine d'Angleterre et de Winston Churchill. Il devint ambassadeur d'Espagne en Grande-Bretagne à la fin de la guerre civile. **37.** Goodmann, agent consulaire officieux (car la Grande-Bretagne n'avait pas encore reconnu *de jure* le gouvernement de Franco) fut arrêté sous l'inculpation d'espionnage, en fait pour avoir utilisé la valise consulaire pour transmettre les documents d'agents *rouges!* **38.** ZUGAZAGOITIA, J., *op. cit.*, p. 492. **39.** GIRAL, J., *op. cit.*, p. 55-56. **40.** COURVOISIER, R., *op. cit.*, p. 45.

X. ON S'INSTALLE DANS LA GUERRE (pp. 263 à 272).

1. JUNOD, M., *op. cit.*, pp. 133-135. **2.** THALMANN, Pavel & Clara, *Combats pour la liberté*, pp. 199-226. **3.** BROUÉ, P., *Histoire de l'Internationale communiste*, p. 1105. **4.** THALMANN, C. & P., *op. cit.*, pp. 222-224. **5.** *Ibidem*, pp. 225-229. **6.** Raab, directeur; Pawlowski, ingénieur; Max Taeuscher, ingénieur; Hellmut Fitzmeier, technicien; Stelze (?), à Santa Ursula. Berger, Walter, Dreher (ancien député communiste en Allemagne), et trois Lettons. **7.** Sous-secrétaire à l'Armement dans le premier gouvernement Largo Caballero, et chef de l'aviation. **8.** Ce fut ensuite le commandant de la garde civile Manuel Uribarri, remplacé par Santiago Garcés qui avait fait partie du groupe qui assassina José Calvo Sotelo, dans la nuit du 12 juillet 1936. RUBIO CABEZA, M., *op. cit.*, pp. 725-726. **9.** Capitaine de la garde civile, sympathisant républicain, il exerça la charge de chef du SIM jusqu'au 6 mai 1938 date de sa destitution pour *extralimitación de funciones* (usurpation de pouvoirs). Il fuit en France emportant une fortune considérable de bijoux et d'objets de valeur détournés au cours de ses fonctions. Le gouvernement français refusa son extradition. **10.** THOMAS, H., *op. cit.*, 497. **11.** Dans les 31 établissements il y a a 11.005 prisonniers.

XI. 1938 : LE TOURNANT (pp. 273 à 292).

1. Teruel, capitale du bas Aragón, sise à une altitude moyenne de 900 mètres, est entourée de collines culminant les 1.100 mètres. **2.** SERVICIO HISTÓRICO MILITAR, *La batalla de Teruel*, pp. 112-115. **3.** Domingo Rey d'Harcourt, à la tête de la garnison de Teruel, après la reddition de la place, fut victime d'invectives de Queipo de Llano, pour s'être rendu aux républicains. Fernando Barba Badosa commandait le second réduit comprenant le séminaire, son église ainsi qu'un ensemble de couvents et d'églises. **4.** Anselmo Polanco Fontecha, évêque de Teruel-Albarracín, avait signé la Lettre collective de l'épiscopat espagnol en faveur du général Franco. **5.** SERVICIO HISTÓRICO MILITAR, *op. cit.*, pp. 152-156 et ss. **6.** AZAÑA, M., *Diarios, 1932-1933*, pp. XVI-XXII; J. ZUGAZAGOITIA, *Guerra y vicisitudes de los Españoles*, pp. 351-352. **7.** SERVICIO HISTÓRICO MILITAR, *op. cit.*, pp. 152-156, 294-295. **8.** Au cours de l'expédition, le correspondant de guerre de *The Times*, Kim Philby, fut blessé. Franco le décora de la Croix du Mérite militaire. Certains auteurs estiment que Philby, pendant son séjour en Espagne nationaliste, aurait agi comme agent d'espionnage pour le compte de l'URSS. **9.** COURVOISIER, R., *op. cit.*, pp. 46-47. **10.** *Ibidem*. **11.** Luisa Montez, veuve de Criado Domínguez, secrétaire de la Croix-Rouge en 1931, avait été évacuée de Madrid en septembre 1937. Elle fut nommée secrétaire générale du Mouvement féminin de la Croix-Rouge, conjointement avec la marquise de Valdeiglesias. **12.** Officier supérieur, aide de camp du roi Alfonse XIII, puis collaborateur intime du général Primo de Rivera il fut gouverneur civil de Barcelone. Son nom est accolé à la fameuse *ley de fuga* (loi de fuite). Le 1er février 1938, il occupa le poste de ministre de l'Intérieur. **13.** Sous-lieutenants à titre provisoire, *pour la durée de la guerre*. Une école était à Pamplona. **14.** Aujourd'hui Saturrarán et Mutriku. De même Ondarreta devenu Ondarroa. **15.** Ne sont pas pris en compte dans ce calcul les *pasados* (déserteurs républicains) ou *presentados*, les enrôlés dans l'armée nationale (âge militaire ou offrant des garanties de loyauté). **16.** Auteur de *Asturias: catorce meses de guerra civil*, interné dans ce camp pendant un an. **17.** Le *Montseny*, bateau de pêche sur lequel il se trouvait à sa sortie du Musel (à son bord était la quasi totalité de la rédaction du journal *Avance*), est arraisonné par un *bou* armé avec des phalangistes. **18.** CABEZAS, J. A;, *op. cit.*, pp. 176-206. **19.** Cas spéciaux traités : Esther Casares Quiroga, Concepción Martínez, Capdielle, Garcia-Ramos, Arguëllez, Boadella, un Allemand, Garcia Fernándes, Rua Benito, Cunill, Fernández-Osorio y Tafall (famille du député), Marc Dicker, famille Kupe. **20.** CABEZAS, J. A., *op. cit.*, pp. 206-214. **21.** Document photographique où l'on assiste à la présentation des créances du représentant suisse, qui, avec ses adjoints, fait le salut franquiste en compagnie du chef du protocole, Alvarez de Estrada y Luque. DE LA CIERVA, R., *Agonía y victoria*, p. 157.

LA ZONE RÉPUBLICAINE EST COUPÉE (pp. 293 à 297).
1. La liste des prisonniers de guerre en zone républicaine, établie officieusement par la délégation de Barcelone, était de 10.000 environ. Celle du colonel Martín Pinillos était de 100.000. **2.** *Azaña et son temps*, pp. 389-397. **3.** Le 22 novembre 1936, dans la rade de Cartagena, le sous-marin italien *Torricelli*, lança deux torpilles sur le croiseur *Miguel de Cervantes*, sans réussir à le couler. Le *Glowworm* (ou *Glow Worm*), présent, se porta au secours des naufragés. Chargé de l'enquête il prouva que le sous-marin était de nationalité italienne. L'Amirauté anglaise se refusa à porter plainte, au prétexte que si la responsabilité de l'Allemagne ou de l'Italie était démontrée, l'édifice de la non-intervention serait compromis.

LA XVIE CONFÉRENCE INTERNATIONALE (pp. 297 à 305).
1. Compte rendu de la Conférence et cote ACICR 212/0. **2.** ACICR 212/0, 211, 28.5.1938 et ACICR 212/0, 212, 30.5.1938. **3.** ACICR 212/0, 213, 30.5.1938. **4.** Rapprochons de cette position, celle prise peu après par l'Association des écrivains internationaux, au cours de sa conférence du 25 juillet 1938, à Paris. **5.** *XVIe Conférence internationale de la Croix-Rouge*, Londres, 1938, compte rendu, p. 86.

XII. DIFFICULTÉS DES DÉLÉGUÉS (pp. 307 à 318).
1. Frank Ryan, dernier brigadiste détenu, dans la nuit du 14 au 15 juillet 1940, franchit la frontière française en compagnie de membres de l'Abwehr. Son transfert en Allemagne était la contrepartie d'un plan d'infiltration en Irlande. Cette opération d'espionnage n'eut pas lieu. Ryan mourut à Dresde en 1944. LANDIS, Arthur H., *The Abraham Lincoln Brigade*, et CRONIN, Séan, *Frank Ryan*. **2.** GIRAL, J., *op. cit.*, pp. 47-54. **3.** LUSTIGER, A., *op. cit.*, pp. 390-391. **4.** BOWERS, C., *op. cit.*, pp. 404-405. **5.** Max Allenspach, Walter Braun, Roger Burgat, Otto Hafner, Eduard Kaelin, Ulrich Lomerer, Wilfrid Mettler, Max Mueller, Werner Pulver, Konrad Schmidt, Rudolf Sigg. **6.** Avec l'espoir de pouvoir découvrir le lieu de détention des marins du bateau russe *Komsomol*, introuvables y compris pour le quartier général de Franco! **7.** « ...Saura départager entre l'exagération qui dans ces affaires apporte la fantaisie ou la maligne intention de quelques informateurs. » **8.** Le croiseur *Penelope* était basé à Gibraltar, alors que le navire-hôpital *Maine* l'était à Barcelone. **9.** SERVICIO HISTÓRICO MILITAR, *Ofensiva sobre Valencia*, pp. 132-133. **10.** Le destroyer britannique *Hareward* se trouvait sur les lieux lors du bombardement d'Almería le 31 mai 1937 par le

croiseur allemand *Scheer* et quatre destroyers en représailles du bombardement du cuirassé *Deutschland* en baie d'Ibiza par deux avions républicains. **11.** *Boletín Oficial del Estado*, martes 11 de octubre de 1938. **12.** Sachets comportant, entre autres, cette mention : « *En la España Nacional Una, Grande y Libre, no hay un hogar sin lumbre ni una familia sin pan.* » (Dans l'Espagne nationale, Une, Grande et Libre, il n'y a pas un foyer sans lumière ni une famille sans pain.) **13.** RUBIO CABEZA, M., *op. cit.*, p. 195. **14.** Le général Franco lui confia la direction du SIPM (*Servicio de Información y Policía Militar* — Service d'investigation et de police militaire — qui reprenait les activités et les membres du SIFNE (*Servicio de información de fronteras del Norte de España*). **15.** MUNICIO OLIVER, Enrique, *Actividades de la Cruz Roja durante la guerra civil española*, pp. 256 à 274. **16.** Depuis le siège de la Société anonyme d'Etudes et de Cours de Bourse, à Genève, où il a repris son poste, de Pourtalès remercie la Commission d'Espagne pour l'accueil fraternel et l'aide reçues au cours de sa mission en Espagne nationaliste, compte rendu du 25 novembre 1938. **17.** MUNICIO OLIVER, E., AMAE R-108, exp. 22. **18.** DELPERRIE DE BAYAC, J., *Les Brigades internationales*, p. 387.

XIII. FIN DE LA RÉPUBLIQUE (pp. 319 à 347).

1. JUNOD, M., *op. cit.*, pp. 146-147. **2.** Le président Azaña résidait dans une propriété agricole, *La Barata*, entre Barcelone et Tarasa. **3.** SERVICIO HISTÓRICO MILITAR, *La campaña de Cataluña*, pp. 160-174. **4.** JUNOD, M., *op. cit.*, pp. 149-153. **5.** Lettre ouverte au directeur de *La Vanguardia Española*, à Barcelone, le 10 février 1939. **6.** SERVICIO HISTÓRICO MILITAR : « *Nota del Cuartel del Generalissimo. Cuerpo Ejército Navarra: A las 13 horas fué ocupado el Puerto de Barcelona. Al ocuparse el Montjuich, se rescataron 1.000 prisioneros, que cuentan malos tratos de que fueron objeto por parte de los rojos.* », p. 161. **7.** JUNOD, M., *op. cit.*, pp. 153-155. **8.** THOMAS, H., *op. cit.*, 575. Il ne mentionne pas les soldats allemands. **9.** Le SIM avait constitué un dossier sur Junod. **8.** TARÍN-IGLESIAS, *Los años rojos*, pp. 178-194. **11.** SERVICIO HISTÓRICO MILITAR, *La campaña de Cataluña*, pp. 184, 205-206. **10.** *RICR*, n° 242, février 1939, pp. 89-97. **13.** Traduction de Louis Minguet. **14.** Anselmo Polanco Fontecha, évêque de Teruel-Albarracín, fut abattu, avec d'autres prisonniers politiques, au lieudit Can Tretze, à proximité de Figueras. **15.** ZUGAZAGOITIA, J., *op. cit.*, pp. 228-229. **16.** Près de Céret, il était la propriété de Mme Bardoux-Job, présidente de la Croix-Rouge départementale. **17.** *Du Greco à Goya*, Musée d'Art et d'Histoire, Genève, 1989. **18.** SOUTHWORTH, H. R., *op. cit.* **19.** Condamnation courante pour les volontaires dès leur retour. STUDER, B., *op. cit.* pp. 626-630. **20.** SERVICIO HISTÓRICO MILITAR, *El final de la guerra civil*, pp. 133-135, citant ROMERO Luis, *El final de la guerra*. **21.** AASCRE. Estante 27, legajo 4, expediente 3, sección secretaría. CLEMENTE, J. C., *op. cit.*, p. 157. **22.** Se trouvaient sur la côte du Levant une flotille britannique composée des croiseurs *Galatea* et *Sussex* et des destroyers *Nubian* et *Mohawk*. ALPERT, G., *op. cit.*, pp. 468-469. **23.** Casado retourna en Espagne en 1961 où on prépara à son encontre un procès qui n'eut pas lieu, publiant ses *Mémoires* après avoir obtenu l'autorisation de la censure. **24.** GRISONI, D. et HERTZOG, G., *Les brigades de la mer*, pp. 266-296. **25.** REVENTLOW, R., *op. cit.*, p. 292. **26.** Le gouverneur d'Alicante aurait réussi à convaincre le capitaine; pour d'autres que ce fut un ordre d'affrètement donné par Rodolfo Llopis depuis Oran. REVENTLOW, R., *op. cit.*, et CANELOBRE, n° 20-21, *Rodolfo Llopis; los primeros años en el exilio*. **27.** GRISONI, D. et HERTZOG, G., *op. cit.*, pp. 216-246. **28.** GUZMAN, Eduardo de, *El año de la victoria (Memorias de la guerra de España)*.

LA *NOUVELLE* ESPAGNE (pp. 347 à 356).

1. Représentant officiel du gouvernement Franco à Berne avant d'en être le ministre plénipotentiaire en décembre 1939, puis au Saint-Siège. **2.** Docteur en Droit, Philosophie et Lettres, adhérant très tôt à la cause franquiste, il participa aux négociations pour le retour de Genève, le 10 mai, du Trésor artistique espagnol. **3.** Parmi les rédacteurs il y avait CABEZAS, J. A., *op. cit.*, pp. 244 et ss.

XIV. L'EXODE... L'EXIL (pp. 357 à 359).

1. Le gouvernement français aurait dépensé, depuis le début de la guerre civile, 88 millions de francs pour les réfugiés. THOMAS H., *op. cit.*, p. 577. **2.** En réponse à une demande d'accueil de 5.000 enfants, le gouvernement aurait demandé (exigé) une caution de 300.000 FF par tranche de 500 enfants. *L'Œuvre* (25.01.1939). **3.** THOMAS, H., *op. cit.*, p. 577. **4.** Environ 215.000 personnes au total. AMAE, Vichy-Europe, Espagne (275). **5.** XVIIe Conférence internationale de la Croix-Rouge : *Rapport complémentaire sur l'activité du Comité international de la Croix-Rouge relative à la guerre civile en Espagne (du 1er juin au 31 août 1939) et à ses suites*, n° 6, Genève, mai 1949. **6.** *La Gazette de Bayonne et de Biarritz*, 28.3.1939. **7.** *La Gazette de Bayonne et de Biarritz*, 5.2.1939, p. 2. **8.** Refuge dissous le 30 septembre 1939. LAHARIE, G., *Le camp de Gurs*, p. 128. **9.** *La Gazette de Bayonne et de Biarritz*, 17.2.1939. **10.** GRYNBERG, Anne, *Les camps de la honte*, p. 32. Le 14 avril 1938, investiture du gouvernement Daladier, le ministre de l'Intérieur diffuse cette circulaire. En octobre, le ministre, dans une nouvelle circulaire, déplore que les préfets ne manifestent pas plus de fermeté dans l'application de ces dispositions.

LES CAMPS DITS DE *CONCENTRATION* (pp. 360 à 371).

1. *RICR*, n° 242, février 1939, pp. 87-97. **2.** SODIGNÉ, J., *Organisation sanitaire aux frontières...*, in Exils et migrations ibériques, n° 3-4, p. 44. HERMET, G., *La guerre d'Espagne*, p. 285, affirme que les blessés espagnols furent laissés, sans moyens, aux seuls soins de leurs médecins. **3.** *RICR*, n° 242, février 1939, pp. 87-97. **4.** On ne parle plus que de 8.000 blessés dans le rapport sur l'activité du CICR du 1er juin 1938 au 31 août 1939, présenté à la Conférence internationale de la Croix-Rouge, à Stockholm, en août 1948. Un chiffre de 8.421 blessés est donné par SODIGNÉ, J., *op. cit.*, n°3-4, p. 45. **5.** *L'Œuvre*, 25 février et 9 mars 1939. **6.** Les chiffres divergent suivant les sources. D. ROLLAND, au cours du *Colloque international de novembre 1991*, utilisant les archives du ministère des Affaires étrangères, donne pour février 1939, 78.629 enfants réfugiés. Quant aux 68.035 enfants du rapport Mistler, toujours à la même date, il est légèrement supérieur à 11 % de la totalité des exilés, temporaires pour une large part. **7.** RUBIO, J., *op. cit.*, p. 109 (t. I) et *Colloque international de Paris, novembre 1991*, p. 32. **8.** BARRERA, Rafael, LLORIS, Gerónimo y SANTIAGO, Lucio : *Internamiento y resistencia de los republicanos españoles en Africa del Norte*, pp. 21-25. **9.** Entre le 15 février et le 5 avril, *L'Intransigeant* avait publié une rubrique d'annonces intitulée *¿Donde están Ustedes?* **10.** Pour RUBIO, J., *op. cit.*, p. 180, le total des réfugiés espagnols au Mexique, pour la décennie 1939-1948, fut de 21.750 (hommes, femmes et enfants), c'est-à-dire 5 % des exilés espagnols qui étaient encore en France. **11.** *Ley de responsabilidades políticas*, du 9 février 1939. **12.** LUSTIGER, Arno, *Shalom Libertad!* qui précise que 21 médecins étrangers étaient internés dans des camps. **13.** Les travaux, commencés le 15 mars, furent pour l'essentiel terminés le 25 avril. LAHARIE, Claude, *Le camp de Gurs*, pp. 32-34. **14.** LAGARDE, Eric, *L'organisation de l'accueil des réfugiés républicains dans le département de l'Aude*, mémoire, Université de Toulouse-Le Mirail. **15.** Le 20 avril il y avait 17.000 internés. L'infirmerie comprenait deux grandes salles de 80 lits. Le personnel soignant, sous la direction d'un médecin-capitaine français, était composé de 4 médecins, 10 praticiens, 1 pharmacien et 7 infirmiers, de nationalité espagnole. LAGARDE, E., *op. cit.*, pp. 113-114. **16.** De nombreux cas auraient dû attirer l'attention des délégués, par l'exemple celui de Francesc Tosquelles, responsable du service de psychiatrie de guerre dans l'armée républicaine. **17.** Militant de la CNT, il commanda la 26e Division qui passa la frontière en formation complète. **18.** Camp de réfugiés à Mazères, 4.850 hommes. L'administration avait un penchant pour les briqueteries (voir le camp des Milles, près d'Aix-en-Provence). **19.** Une note résumant l'activité de la Croix-Rouge française, du 15 février 1939, ne lève pas le voile sur la non-présence de membres de la section dans les camps. **20.** De nombreux thuriféraires de la cause franquiste estiment que ce fut le plus grand défilé militaire qu'ait connu cette fin de siècle. **21.** ACICR 212/XXXIV, 7763. **22.** AMAE, Guerre 1939-1945, Vichy-Europe, 283.

RÉPRESSION EN ESPAGNE NATIONALISTE (pp. 372 à 376).

1. Rapport complémentaire sur l'activité de la Croix-Rouge, Stockholm, août 1948 et LEGARETTA, D., *The Guernica Generation. Refugee Children of the Spanish Civil War*, Reno, Nevada, 1984, pp. 230-231. **2.** Miguel Mateu Pla, personnalité catalane, propriétaire du château de Peralada, près de Gerona, fut choisi comme maire par les nationalistes. **3.** Le 23 juin 1940 intervient M. Luis I. Rodríguez, ambassadeur du Mexique auprès du gouvernement français. AMAE Vichy-Europe, 284. SMITH, Lois Elwyn, *Mexico and the Spanish Republicans*, p. 209 et ss. **4.** Au mois de mai 1942, ces deux établissements étaient encore occupés par des réfugiés, dont des enfants. AMAE, Vichy-Europe, 285.

XV. BILAN ET CONCLUSION (pp. 377 à 385).
1. L. Boissier, lors des obsèques de Marcel Junod célébrées le 16 juin 1961. **2.** FISCALINI, *op. cit.*, pp. 73-75. **3.** *Ibidem.* **4.** Le 5.2.1998, un ex-brigadiste français, Roger Codou, nous a confié connaître l'existence d'un fichier de 2.000 dossiers constitués de demandes de familles interrogeant sur le sort d'un fils ou d'un père disparu. Les décès étaient accompagnés du certificat correspondant (en espagnol) indiquant les circonstances de la mort. Un nombre non négligeable, provenant de la prison de Castelldefels, comportait l'indication : *mort par hydrocution* ou *par accident...* Cette prison était destinée principalement aux brigadistes de nationalité française. **5.** Photothèque du CICR, à Genève. *Monografías de la Guerra de España. Marcha sobre Madrid*, p. 28.

Sources et bibliographie

Archives du Comité international de la Croix-Rouge, à Genève :
— dossiers généraux sous les cotes CR 212/I à CR 212/XXXVI;
— appels aux gouvernements, sous la cote CR 212/G;
— rapports et correspondance des délégués, sous la cote CR 212/C;
— procès-verbaux de la Commission d'Espagne, août 1936 à décembre 1939 (microfilms C 19).

Bibliothèque du CICR, à Genève :
— Note résumant l'activité de la Croix-Rouge en faveur des réfugiés d'Espagne, 15 février 1939. Croix-Rouge Française, Paris.
— XVIe Conférence internationale de la Croix-Rouge, Londres, 20-24 juin 1938. Rapport général du CICR sur son activité d'août 1934 à mars 1938. Genève, 1938, document n° 12.
— XVIe Conférence internationale de la Croix-Rouge. Londres, 20-25 juin 1938. Rapport complémentaire du CICR sur son activité en Espagne. Genève, 1938, document n° 12 bis.
— Communication de la Croix-Rouge espagnole à la XVIe Conférence de Londres, juin 1938.
— XVIIe Conférence internationale de la Croix-Rouge, Stockholm, août 1948. Rapport complémentaire relatif à la guerre civile d'Espagne par le Comité International de la Croix-Rouge (du 1er juin 1938 au 31 août 1939) n° 6. Genève, mai 1948.
— A la XVI^a Conferencia Internacional de la Cruz Roja de Londres en el 1938. El papel y la acción de la Cruz Roja en tiempo de guerra civil. Comunicación al punto 5° y al punto 3° del orden del día (por el Dr Aurelio Romeo Lozano).
— Rapport du Comité international de la Croix-Rouge sur son activité pendant la Seconde Guerre mondiale (du 1er septembre 1939 au 30 juin 1947). Genève, 1948, 3 vol.
— Bulletin International des Sociétés de la Croix-Rouge, du n° 408 au n° 449.
— Revue Internationale de la Croix-Rouge, 1931-1943, Genève.
— Comité International de la Croix-Rouge. Circulaires n°s 325, 330, 331, 333, 334, 335, 343, 345, 346, 348, 352, 358.
— Règles essentielles des Conventions de Genève et de leurs protocoles additionnels. Genève : Comité international de la Croix-Rouge, 1983.
— Statuts du Comité international de la Croix-Rouge. Revue internationale de la Croix-Rouge, n° 770, mars-avril 1988.
— Estatutos de la Cruz Roja Española (Republicana), 1931 (Decreto del 13 de octubre de 1931).
— Estatutos de la Cruz Roja (Franquista), 1936 (Aprobados por la Junta Técnica de Burgos, el 10 de diciembre de 1936).
— *Un souvenir de Solférino,* Henry Dunant; *La Guerre et la Charité,* Gustave Moynier et Louis Appia; *La neutralité des militaires blessés,* Gustave Moynier; *La Croix-Rouge, son passé et son avenir,* Gustave Moynier.

Archives diplomatiques du Quai d'Orsay, Direction des Affaires politiques et commerciales, origine Ambassade de France à Madrid, Série Z Europe Espagne 1918-1940 (n°s 186, 188, 189, 267, 268, 269, et 270); dans la Série Vichy-Europe 1939-1945 (n°s 256, 257, 275, 283).
Archives du Musée d'Art et d'Histoire de Genève : correspondance au sujet de l'exposition
  « Les chefs-d'œuvre du Musée du Prado, 1939 ».
Archives du Musée du Louvre de Paris [Cote Z19].
Archives départementales françaises : Haute-Savoie (série 4 M 169, 171, 174,); Savoie (sous-série 11 M bis Police); Haute-Loire (série 9 M 73 à 9 M 92); Rhône (série 4 M 420 à 4 M 422); Hautes-Pyrénées (série 4 M 242); Hérault (colonie de Marsillargues); Seine; Val-de-Marne; Yvelines (série 5 M 54).

Entretiens : Horace Barbey, le 13.11.1996; Arthur Friedli, ex-brigadiste suisse, le 23.3.1999; Roger Codout†, ex-brigadiste français, le 5.2.199; Enrique Clemente Martínez†, en 1997.

Ouvrages et commentaires sur le CICR
et les Croix-Rouges nationales.

Abplanalp, Philippe. *Les Conférences internationales de la Croix-Rouge, facteur de développement du droit international humanitaire et de cohésion du Mouvement international de la Croix-Rouge et du Croissant-Rouge*. Genève : RICR, septembre-octobre 1995.

Alted Vigil, Alicia. *La Cruz Roja Republicana Española en Francia (1945-1986)*. (Texte dactylographié.)

Barbey, Horace. *Journal de mission* (septembre-décembre 1936). Transcrit par Paul Reynard, Nyon, avril 1996.

Boissier, Pierre. *Henry Dunant*. Genève : Institut Henry-Dunant, 1991.

Boissier, Pierre. *Les premières années de la Croix-Rouge*. Genève : RICR, mars 1963.

Boissier, Pierre. *Histoire du Comité International de la Croix-Rouge (I). De Solférino à Tsoushima*. Genève : Institut Henry-Dunant, 1987.

Bugnion, François. *Le droit de la Croix-Rouge*. Genève : RICR, septembre-octobre 1995.

Bugnion, François. *Le Comité international de la Croix-Rouge et la protection des victimes de la guerre*. Genève : Editions du CICR, 1994.

Carles Clemente, Josep. *El árbol de la vida. La Cruz Roja en la guerra civil española*. Madrid, 1990.

Courvoisier, Raymond. *Ceux qui ne devaient pas mourir*. Paris : Editions Robert Laffont, 1978.

Djurovic, Gradimir, *L'Agence centrale de recherches du Comité International de la Croix-Rouge*. Genève : Institut Henry Dunant, 1981.

Durand, André. *La participation de Gustave Moynier à la fondation de l'Institut de droit international (1873)*. RICR, novembre-décembre 1994.

Durand, André. *La notion de droits de l'homme chez les fondateurs de la Croix-Rouge*. RICR, septembre-octobre 1988.

Durand, André. *Histoire du Comité International de la Croix-Rouge (II). De Sarajevo à Hiroshima*. Genève : Institut Henry-Dunant, 1978.

Croix-Rouge Française. *Au service de la Croix-Rouge française. Sous l'occupation (1940-1944)*. Paris, 1944.

Eberlin, Philippe. *Signes protecteurs*. CICR, 1983.

Favez, Jean-Claude. *Une mission impossible? Le CICR, les déportations et les camps de concentration nazis*. Lausanne : Éditions Payot, 1988.

Fiscalini, Diego. *Des élites au service d'une cause humanitaire : le Comité international de la Croix-Rouge*. Mémoire de licence, avril 1985. Sous la direction du Professeur Jean-Claude Favez, Université de Genève.

François, Alexis. *Les fondateurs de la Croix-Rouge*. Genève : CICR-Kundig, 1941.

Junod, Marcel (Docteur). *Le Troisième Combattant*. Genève : Comité international de la Croix-Rouge, 1989.

Lossier, J. G. *De la question des messages familiaux à celle de la protection civile*. RICR, Genève, 1943.

Monografía Beecham. *Los médicos y la medicina de la Cruz Roja española en la guerra civil española (1936-1939)*. Madrid : Laboratorios Beecham, 1986.

Moreillon, Jacques. *Le Comité international de la Croix-Rouge et la protection des détenus politiques*. Lausanne : Institut Henry-Dunant et Editions L'Age d'Homme, 1973.

Municio Oliver, Enrique. *Actividades de la Cruz Roja durante la guerra civil española (1936-1939)*. Memoria de licenciatura, Departamento de Historia contemporanea, Facultad de Geografia e Historia, Universidad Complutense de Madrid, 1986.

Municio Oliver, Enrique y Pereira Castañares, Juan Carlos. *La humanización de la Guerra civil española. La labor de la Cruz Roja*. in Bulletin d'histoire contemporaine, décembre 1987, pp. 13-22.

Nahlik, Stanislas E. *Précis abrégé de droit international humanitaire*. RICR, juillet-août 1984.

Sandoz Yves. *Mise en œuvre du droit international humanitaire*. Genève : Institut Henry-Dunand, 1995.

Venthey, M. *The Red Cross and non-international conflicts*. RICR, août 1970.

Vichniac, Isabelle. *Croix-Rouge. Les stratèges de la bonne conscience.* Paris : Alain Moreau, 1988.

THÈSES, MÉMOIRES, ACTES ET DIVERS.
Brauner, Alfred. *Les répercussions psychiques de la guerre moderne sur l'enfant.* Thèse principale pour le doctorat d'Etat, Faculté de lettres, Université de Paris, 3 mai 1946, sous la direction de M. le professeur Poyer.
Centre de recherches sur les problèmes de la frontière, Université de Perpignan. *Actes du Colloque de Perpignan : Les Français et la guerre d'Espagne (28-29-30 septembre 1989).* Perpignan : CREPF, 1990.
Coloquio Internacional. *Españoles en Francia (1936-1946).* Trabajos presentados. Universidad de Salamanca, 2, 3, y 4 de mayo, 1991.
Delmont, Laurence. *Los niños de la guerra : un aspect méconnu de l'émigration espagnole en URSS.* Travail de fin d'études. Université de Mons-Hainaut (Belgique), 1989-1990.
García, Maurice. *L'exode de la Catalogne de 1939 et la presse clermontoise.* Mémoire soutenu à l'Université de Clermont-Ferrand en 1979.
González Juarranz, Pedro. *Recuerdos sobre mi colonia de niños refugiados en Cataluña y Francia.* Madrid : 1990 (texte datylographié).
Institut d'Histoire du Temps présent. *Italiens et Espagnols en France: 1938-1946.* Paris : Pré-actes du Colloque international, 28-29 novembre 1991.
Jokl, Madeleine. *Des enfants derrière les barbelés* (observations faites dans le camp de concentration de Noé (Haute-Garonne), en 1942-1943).
Lagarde, Eric. *L'organisation de l'accueil des réfugiés républicains espagnols dans le département de l'Aude.* Université de Toulouse-Le Mirail (UER d'Histoire), 1984.
Malo, Eric. *Le camp de Noé, des origines à novembre 1942.* Mémoire de maîtrise, Université Toulouse-Le Mirail, 1985.
Pouységur, Lilian. *Les réfugiés républicains espagnols dans le département de la Haute-Garonne (1939-1944).* Mémoire de maîtrise, Université Toulouse-Le Mirail (UFR d'Histoire), octobre 1993.

OUVRAGES SUR LA GUERRE CIVILE ESPAGNOLE.
Abad de Santillán, Diego. *Por qué perdimos la guerra.* Barcelona : Plaza & Janés S.A. Editores, 1977.
Aguirre, José Antonio de. *Freedom was Flesh and Blood.* London : Victor Gollancz, 1937.
Alba, Victor. *Historia de la Segunda República Española.* México : Libro Mex * Editores, 1960.
Alba, Victor. *El Marxismo en España (1919-1939).* Mexico : B. Costa-Amic Editor, 1973.
Alpert, Michael. *La guerra civil española en el mar.* Madrid : Siglo XXI de España, Editores, SA, 1987.
Alvarez del Vayo, Julio. *Les batailles de la liberté.* Paris : François Maspero, 1963.
Amalric, Jean-Pierre, et Aubert Paul, éditeurs. *Azaña et son temps.* Actes du Colloque international du 2 au 5 novembre 1990, à Montauban. Madrid : Collection de la Casa de Velázquez, 1993.
Apollonio, Gérard. *Histoire postale de la guerre civile d'Espagne.* Secteur républicain. Marseille : Editions Philoffset, 1985.
Armero, José Mario, y González, Manuel. *Armas y pertrechos de la guerra civil española.* Madrid : Ediciones Poniente, 1981.
Aróstegui, Julio y Martínez, Jesùs A. *La Junta de Defensa de Madrid (noviembre 1936-abril 1937).* Madrid : Comunidad de Madrid, 1984.
Arrien, Gregorio. *Niños vascos evacuados a Gran Bretaña (1937-1940).* Bilbao, Asociación de niños evacuados el 37, 1991.
Arrien, Gregorio. *Niños vascos evacuados en 1937 (álbum histórico).* Bilbao : Asociación de niños evacuados el 37, 1988.
Atholl, Duchesse (d'). *Projecteurs sur l'Espagne.* Paris : Editions Denoël, 1938.
Azaña, Manuel. *Memorias políticas y de guerra, I, II.* Barcelona : Editorial Crítica Grijalbo Mondadori, 1978.

Azaña, Manuel. *Diarios 1932-1933. «Los cuadernos robados»*.
    Barcelona : Editorial Crítica, Grijalbo Mondadori, 1997.
Azaña, Manuel. *La velada en Benicarló. Diálogo de la guerra de España*.
    Madrid : Editorial Castalia, 1974.
Azcárate, Pablo de. *Mi embajada en Londres durante la guerra civil española*.
    Barcelona : Editorial Ariel, 1976.
Barea, Arturo. *La forja de un rebelde, (III. La llama)*.
    Buenos Aires : Editorial Losada, S.A., 1951.
Bayo, Alberto. *Mi desembarco en Mallorca*. Palma de Mallorca : Miguel Font Editor, 1987.
Bejarano, Benigno (Lazarillo de Tormes). *Espagne, berceau de la liberté*. Paris : 1938.
Bernanos, Georges. *Les Grands Cimetières sous la lune*. Paris : Librairie Plon, 1938.
Brauner, Alfred. *Ces enfants ont vécu la guerre...*
    Paris : Les Editions Sociales Françaises, 1946.
Bravo Morata, Federico. *Historia de Madrid. La guerra de España (I-V)*. Madrid, 1985.
Bravo Morata, Federico. *Madrid pendant la guerre civile*. Paris : Hachette, 1973.
Brenan, Gerald. *El laberinto español*. Paris : Ruedo ibérico, 1962.
Broué, Pierre et Témime, Emile. *La Révolution et la Guerre d'Espagne*.
    Paris : Les Editions de Minuit, 1961.
Broué, Pierre. *La Révolution espagnole (1931-1939)*. Paris : Flammarion, 1973.
Broué, Pierre. *Staline et la Révolution. Le cas espagnol*. Paris : Fayard, 1993.
Bolloten, Burnett. *La Révolution espagnole*. Paris : Editions Ruedo ibérico, 1977.
Bowers, Claude G. *Misión en España*. Barcelona : Ediciones Exito S.A., 1978.
Cabanellas, Guillermo. *La guerra de los mil días*. Planeta : Barcelona, 1977.
Cabezas, Juan Antonio. *Asturias: catorce meses de guerra civil*.
    Madrid : G. del Toro, editor, 1975.
Cate, Curtis. *Malraux*. Paris : Flammarion, 1993.
Chiapuso, Manuel : *El Gobierno Vasco y los anarquistas. Bilbao en guerra*.
    San Sebastián : Editorial Txertoa, 1978.
Cierva, Ricardo de la. *1939. Agonía y victoria (El protocolo 277)*.
    Barcelona : Editorial Planeta, 1989.
Cloud, Yvonne et Ellis, Richard (Docteur). *The Basque Children in England*.
    London : Victor Gollancz Ltd, 1945.
Colodny, Robert G. *El asedio de Madrid*. Paris : Ruedo ibérico, 1970.
Comín Colomer, Eduardo. *El 5° Regimiento de milicias populares*.
    Madrid : Editorial San Martín, 1973.
Cronin, Séan. *Frank Ryan. The Search for the Republic*. Dublin : Repsol Publishing, 1980.
Delaprée, Louis. *Le martyre de Madrid* (témoignages inédits). Madrid, 1937.
Delaprée, Louis. *Mort en Espagne*. Paris : Editions Pierre Tisné, 1937.
Delmer, Sefton. *Trail Sinister. An Autobiography*. London : Secker & Warburg, 1961.
Delperrie de Bayac, Jacques. *Les Brigades internationales*. Paris : Fayard, 1968.
Dumas, Pierre. *Euzkadi : les Basques devant la guerre d'Espagne*.
    Paris : Editions de l'Aube, 1938.
Emiliani, Angelo. *Italiani nell'aviazione repubblicana spagnola*.
    Firenze : Edizioni Aeronautiche Italiane, 1991.
Fernández Arias, Adelardo. *El duende de la colegiata (I, II)*.
    Zaragoza : Libreria General, 1938.
Figuero, Javier. *Memoria de una locura*. Barcelona : Editorial Planeta, 1986.
Fraser, Ronald. *Recuérdalo tú y recuérdalo a otros (I, II)*.
    Barcelona : Editorial Crítica, 1979.
Galíndez, Jesús de. *Los Vascos en el Madrid sitiado*. Buenos Aires, Vasca Ekin, 1945.
Gibson, Ian. *Paracuellos, cómo fue*. Barcelona : Arcos Vergara, 1983.
Gisclon, Jean. *La désillusion. Espagne 1936*. Paris : Editions France-Empire, 1986.
Giral Pereira, José. *Año y medio de gestiones de canje*. Barcelona, 1938.
González Egido, Luciano. *Agonizar en Salamanca. Unamuno. Julio-Diciembre 1936*.
    Madrid : Alianza Editorial, 1986.
González Echegaray, R. *La marina mercante y el tráfico marítimo en la guerra civil*.
    Madrid : Editorial San Martín, 1977.

González Portilla, Manuel, y Garmendia, José María. *La guerra civil en el País Vasco. Política y economía.* Madrid : Siglo XXI de España Editores S.A., 1988.
Greaves, H.R.G. & Thomson, David. *The Truth about Spain.*
London : Victor Gallancz Ltd, 1938.
Gretton, Peter. *El factor olvidado. La Marina británica y la guerra civil española.*
Madrid : Editorial San Martín, 1984.
Grisoni, Dominique, et Hertzog, Gilles. *Les brigades de la mer.*
Paris : Editions Grasset & Fesquelle, 1979.
Grynberg, Anne. *Les camps de la honte : les internés juifs des camps français (1939-1944).*
Paris : Editions La Découverte, 1991.
Guzman, Eduardo de. *El año de la victoria. Memorias de la guerra civil española.*
Madrid : G. del Toro, 1974.
Hermet, Guy. *La guerre d'Espagne.* Paris : Seuil, Collection Points, 1989.
Hernández Tomás, Jesús. *La grande trahison.* Paris : Editions Fasquelle, 1953.
Hidalgo Salazar, R. *La ayuda alemana a España 1936-39.*
Madrid : Editorial San Martín, 1975.
Jackson, Gabriel. *Histoire de la guerre civile d'Espagne.* Paris : Ruedo ibérico, 1974.
Jackson, Gabriel. *La República española y la guerra civil, 1931-1939.*
Barcelona : Ediciones Exito, S.A., 1978.
Jackson, Gabriel. *Historia de un historiador.* Madrid : Anaya & Mario Muchnik, 1993.
Jellinek, Frank. *The Civil War in Spain.* London : Victor Gallancz Ltd, 1938.
Kaminski, H. E. *Ceux de Barcelone.* Paris : Editions Allia, 1986.
Koestler, Arthur. *Un testament espagnol.* Paris : Albin Michel (Le Livre de poche), 1973.
Koestler, Arthur. *Autobiografia. 5. La escritura invisible.* Madrid : Alianza Editorial, 1974.
Koltsov, Mijail. *Diario de la guerra de España.* Paris : Ruedo ibérico, 1963.
Lacouture, Jean. *Malraux. Une vie dans le siècle.* Paris : Seuil, 1973.
Laharie, Claude. *Le camp de Gurs (1939-1945), un aspect méconnu de l'histoire du Béarn.*
Biarritz : J&D Editions, 1989
Landis, Arthur H. *The Abraham Lincoln Brigade.* New York : The Citadel Press, 1936.
Lecœur, Auguste. *Le Partisan.* Paris : Flammarion, 1963.
Legaretta, Dorothy. *The Guernica Generation : Basque Refugee Children of the Spanish Civil War.* Reno, Nevada : University of Nevada, 1984.
Longo, Luigi. *Las brigadas internacionales en España.* Mexico : Ediciones Era, S.A., 1966.
Lottman, Herbert R. *La Rive gauche.* Paris : Seuil, 1981.
Lustiger, Arno. *Shalom Libertad!* Paris : Les Editions du Cerf, 1991.
Lyotard, Jean-François. *Signé Malraux. Biographie.* Grasset & Fasquelle, 1966.
Malraux, André. *L'Espoir.* Paris : Gallimard, 1937.
Marqués, Pierre. *Les enfants espagnols réfugiés en France (1936-1939).* Paris, 1993.
Márquez Espada, Críspulo. *Desde Sierra Morena a el Maestrazgo con los Internacionales.*
Madrid : Editorial San Martín, 1984.
Martínez Bande, José Manuel. *Frente de Madrid.*
Barcelona : Luís de Caralt, Editor S.A., 1976.
Martínez Paricio, Jesús Ignacio (Coordinador). *Los papeles del general Vicente Rojo.*
Madrid : Espasa-Calpe, 1989.
Meer, Fernando de. *El Partido nacionalista vasco ante la guerra de España (1936-1937).*
Pamplona : Ediciones Universidad de Navarra, S.A., 1992.
Monastier, Hélène. *Paix, pelle et pioche. Histoire du Service civil international de 1919 à 1954.* Lausanne : Editions La Concorde, 1955.
Montseny, Federica. *Mis primeros cuarenta años.* Barcelona : Plaza & Janés, 1987.
Olaya Morales, Francisco. *El oro de Negrín.* Móstoles : Ediciones Madre Tierra, 1990.
Olaya Morales, Francisco. *La intervención extranjera en la guerra civil.*
Móstoles : Ediciones Madre Tierra, 1990.
Orwell, George. *Hommage à la Catalogne.* Paris : Editions Champ libre, 1982.
Paechter, Henri. *Espagne 1936-1937. La guerre dévore la révolution.*
Paris : Spartacus, 1986.
Pastor Petit, Domingo. *Los dossiers secretos de la guerra civil.*
Barcelona : Libreria Editorial Argos, S.A., 1978.

Payne, Stanley G. *Historia del fascismo español*. Paris : Ruedo ibérico, 1965.
Paz, Abel. *Durruti. El proletariado en armas*. Barcelona : Editorial Bruguera, S.A., 1978.
Pérez, Joseph. *Histoire de l'Espagne*. Paris : Arthème Fayard, 1996.
Pike, David Wingeate. *Les Français et la guerre d'Espagne*. Paris : PUF, 1975.
Pike, David Wingeate. *Vae Victis! Los Republicanos españoles refugiados en Francia 1939-1944*. Paris : Ruedo ibérico, 1969.
Preston, Paul. *Franco "Caudillo de España"*. Barcelona : Grijalbo Mondadori S.A., 1994.
Preston, Paul. *Revolución y guerra en España (1931-1939)*. Madrid : Alianza Editorial S.A., 1986.
Ramírez, Luis. *Franco. La obsesión de ser. La obsesión de poder*. Paris : Ruedo ibérico, 1976.
Reventlow, Rolf. *Spanien in diesem Jahrhundert*. Wien, Frankfurt, Zürich : Europa Verlag, 1968.
Rojas, Carlos. *Azaña*. Barcelona : Editorial Planeta, S.A., 1973.
Rojo Lluch, Vicente. *Así fue la defensa de Madrid*. México : Ediciones Era, S.A., 1967.
Romero Solano, Luís. *Visperas de la guerra de España*. México : El libro perfecto S.A., 1947.
Rubio, Javier. *Asilos y canjes durante la Guerra civil de España*. Barcelona : Colección Textos. Editorial Planeta, 1979.
Rubio, Javier. *La emigración de la Guerra civil española (I, II, III)*. Madrid : Editorial San Martín, 1977.
Rubio Cabeza, Manuel. *Diccionario de la Guerra civil española (I, II)*. Barcelona : Planeta, 1987.
Saborit, Andrés. *Asturias y sus hombres*. Toulouse : Ediciones UGT-CIOSL, 1964.
Saborit, Andrés. *Julián Besteiro*. México, D.F. : Impresiones Modernas, S.A., 1961.
Safón Supervía, Agustín y Simón Riera, José D. *Valencia 1936-1937. Una ciudad en guerra*. Valencia : Delegación municipal de cultura, 1986.
Saint-Exupéry, Antoine de. *Terre des hommes*. Paris : Gallimard, 1939.
Salas Larrazábal, Ramón. *Pérdidas de la guerra*. Barcelona : Editorial Planeta, 1977.
Santos, Juliá (coordinador); Casanova, Juliá; Solé Sabaté, Josep Maria; Villarroya, Joan; Moreno, Francisco. *Víctimas de la Guerra Civil*. Madrid : Temas de Hoy, 1999.
Scott Watson, Keith. *Single to Spain*. London : Arthur Barker Ltd, 1937.
Séguéla, Matthieu. *Pétain-Franco, les secrets d'une alliance*. Paris : Albin Michel, 1992.
Semprun-Maura, Carlos. *Revolución y contrarrevolución en Cataluña (1936-1937)*. Barcelona : Tusquets Editor, 1977.
Sender, Ramón, José. *Contre-attaque en Espagne*. Paris : Editions sociales, 1937.
Serrano Suñer, Ramón. *Memorias*. Barcelona : Editorial Planeta, 1977.
Servicio Histórico Militar. *Monografías de la Guerra de España*. Madrid : Editorial San Martín, 1971 à 1983.
Shores, Christopher. *Las fuerzas aereas en la Guerra civil española*. Madrid : Editorial San Martín, 1979.
Smith Lois Elwyn. *Mexico and the Spanish Republicans*. Berkeley and Los Angeles : University of California Press, 1955.
Southworth, Herbert R. *La destruction de Guernica*. Paris : Ruedo ibérico, 1974.
Southworth, Herbert R. *Le mythe de la croisade de Franco*. Paris : Ruedo ibérico, 1964.
Steer, G. L. *The Tree of Gernika*. Londres : Hodder and Stoughton Ltd, 1938.
Stephan, Enno. *Spies in Ireland*. London : A Four Square Book, 1965.
Studer, Brigitte. *Un parti sous influence*. Lausanne : L'Age d'homme, 1994.
Suero Roca, Maria Teresa. *Militares republicanos de la guerra de España*. Barcelona : Ediciones Península, 1981.
Tarín-Iglesias, Manuel. *Los años rojos*. Barcelona : Editorial Planeta S.A., 1985.
Thalmann, Clara & Pavel. *Combats pour la liberté*. Quimperlé : La Digitale, 1983.
Tharaud, Jérôme et Jean. *Cruelle Espagne*. Paris : Librairie Plon, 1937.
Thomas, Hugh. *La guerre d'Espagne*. Paris : Robert Laffont, 1961.
Thomas, Gordon et Morgan-Witts. *Le jour où Guernica mourut*. Paris : Pierre Belfond, 1977.

Tuñón de Lara, Marichal, Giral y otros. *El exilio español de 1939 (II), guerra y política.* Madrid : Taurus, 1976.
Vázquez, Matilde y Valero, Javier. *La Guerra civil en Madrid.* Madrid : Tebas, Colección Historia Política, 1978.
Vignaux, Paul. *Manuel de Irujo, ministre de la République dans la guerre d'Espagne 1936-1939.* Paris : Beauchesne, 1986.
Vilanova, Antonio. *La defensa del Alcázar de Toledo. Epopeya o mito.* México : Editores Mexicanos Unidos S.A., 1963.
Vilar, Pierre. *Histoire de l'Espagne.* Paris : P.U.F., 1947.
Weill, Joseph (Docteur). *Contribution à l'histoire des camps d'internement dans l'Anti-France.* Paris : CDJC, Editions du Centre, 1946.
Zafra, Enrique; Crego, Rosalía; Heredia, Carmen. *Los niños españoles evacuados a la URSS.* Madrid : Ediciones de la Torre, 1989.
Zugazagoitia, Julián. *Guerra y vicisitudes de los Españoles, I, II.* Paris : Librería Española, 1968.

PUBLICATIONS.

Aider l'Espagne! Conférence internationale de Paris du CICIAER, 16-17 janvier 1937.
Boletín oficial de la Brigada N° 1, Cruz Roja, n° 177. Barcelona, noviembre 1934.
Bulletin n° 1 du CICIAER (Comité international de coordination et d'information pour l'aide l'Espagne républicaine, Commission des enfants) du 21 octobre 1937.
Camps (Les) d'internement du Midi de la France (1939-1944). Malo, Eric. Exposition réalisée par la Bibliothèque municipale de Toulouse, 1990.
CICIAER. Commission des enfants (Document n° 4). Méthode de financement des collectivités d'enfants en Espagne. Paris, septembre 1937.
Conférence internationale de Paris (16-17 janvier 1937). Secours Rouge International. Aidez l'Espagne... et Commission exécutive élargie du Comité de coordination tenue à Londres, le 12 mars 1937. Paris : CICIAER, 1937.
Conférence internationale d'aide sanitaire à l'Espagne républicaine, des 3 et 4 juillet 1937, à Paris. (Compte rendu et résolutions.) Centrale Sanitaire Internationale.
Cruz Roja Española. Asamblea provincial de Burgos. Noviembre de 1937.
Estampa, n° 357 (Après la tragédie sont revenues les colombes sur le Mont Naranco). Madrid, 1934.
Informe sobre los bombardeos aéreos sufridos por la población de la Ciudad de Zaragoza por los aviones del Gobierno de Valencia, en los días 3,6 y 13 de mayo de 1937. Excmo. Ayuntamiento de Zaragoza (España).
La Révolution d'Octobre en Espagne. La rébellion du gouvernement de la Généralité. Octobre 1934. Madrid : Ed. Bolaños y Aguilar, 1935.
Le Secours Quaker International. Van Etten, Henry. Paris : Librairie des Amis, 1940.
L'action du Secours Quaker. Secours Quaker. Paris : 1945.
Le Secours Populaire de France veut construire la Croix Rouge du Peuple. Discours prononcé par Jean Chauvet, secrétaire du Secours Populaire de France, le 28 février 1937. Edité par le Secours Populaire de France. Paris, 1937.
L'enfance notre plus doux espoir. Discours prononcé par Georges Buisson, secrétaire de la CGT, Congrès national du Secours Populaire de France et des Colonies, les 23-24-25-26 juin 1938. Edit. du Secours Populaire de France et des Colonies. Paris, 1938.
Los niños españoles y las Brigadas internacionales. 2ᵉ édition, par le Comité pro-niños de las Brigadas internacionales; direction de Gallo (Longo), Luigi, Barcelona, 1938.
Manifeste lancé par la Commission exécutive élargie du Comité international de coordination réunie les 26-27 juin 1937. CICIAER, Paris.
Memoria anual. Asamblea provincial de Pontevedra, septiembre de 1936-1937. Cruz Roja Española.
Memoria anual del Capellan de la misma, D. José Pérez Carillo. Prisión provincial de Granada. Año de 1936.
Niños de hoy, hombres de mañana. Bulletin édité par le Socorro Rojo. Nelken, Margarita. International. Madrid, 1937.

Note résumant l'activité en faveur des réfugiés d'Espagne. Croix-Rouge Française, 15 février 1939.
Plages d'exil. Les camps de réfugiés espagnols en France (1939). Ouvrage collectif. Coordination : Jean-Claude Villegas. BDIC et CERH. Paris, 1989.
Qu'est-ce que le Secours Rouge International? Brochure N° 1. Editions du Secours Rouge International. Paris, 1924.
Revolución en Asturias. Relato de la última guerra civil por un testigo imparcial. Editorial Castro, S.A., octubre 1934.
The Tragic Week in May. Augustin Souchy. Edición de la Oficina de Información exterior de la CNT y FAI. Barcelona, 1937.
Un episodio de la guerra civil española. Evacuación y repatriación del Sanatorio de Gorliz. Bilbao : Publicación de la Excelentísima Diputación provincial de Vizcaya, 1937.

ARTICLES ET COMMUNICATIONS.
Aróstegui, Julio. *La República en guerra y el problema del poder.* Studia Histórica, vol. III, n° 4, 1985.
Colorado Castellary, Arturo. *Le trésor artistique pendant la guerre civile espagnole. De Madrid à Figueras.* 50ᵉ anniversaire de la sauvegarde du patrimoine artistique espagnol 1939-1989, Musée d'Art et d'Histoire, Genève, 1989.
Fernández Arias, Adelardo. *¡Asesinatos de presos!* Fotos, n° 6, 3 de abril de 1937. (Aimablement mis à disposition par Angelo Emiliani.)
Fernández García, Antonio. *La Iglesia española y la Guerra civil.* Studia Histórica, vol. III, n° 4, 1985.
Gullón, Ricardo. *Justice et guerre civile : souvenirs d'un procureur.* Autrement, n° 4, Madrid, 1936-1939. Paris, janvier 1991.
Interview du général Manuel Gútierrez Mellado sur les passeurs pendant la guerre civile. El País, 16.11.1995.
Malo, Eric. *Le camp de Noé (Haute-Garonne) de 1941 à 1494.* Annales du Midi, tome 100, n° 183, juillet-septembre 1988.
Martín Azeña, Pablo. *Los problemas monetarios durante la Guerra civil española.* Studia Histórica, vol. III, n° 4, 1985.
Vargas, Bruno. *Rodolfo Llopís: Los primeros años del exilio (1939-1944).* Canelobre, n° 20-21, Alicantinos en el exilio. Alicante, printemps-été 1991.

PRESSE CONSULTÉE.
A la Bibliothèque Nationale de Paris :
■ quotidiens : *Le Peuple* (1936-1939). *L'Œuvre* (1936-1939). *Ce Soir* (1937-1939). *Paris-Soir* (1936-1939). *L'Humanité* (1936-1939). *Le Temps* (1936-1939). *Le Populaire* (1936-1939). *Le Progrès de Lyon* (1937). *La Montagne* (juin-juillet 1937, février-mars 1939). *Le Populaire du Centre* (1937-1939). *La Gazette de Bayonne et de Biarritz* (1937-1939).
■ périodiques (français) : *La Défense* (1936-1939), organe du Secours populaire de France. *La Voix du Peuple,* 1937. *Espagne Antifasciste* (édit. française de Solidaridad Obrera, CNT-FAI-AIT). Août 1936, janvier 1937. *La Nouvelle Espagne Antifasciste (Nueva España Antifascista).* Bilingue. Paris (du n° 1 au n° 21). *La Semaine Religieuse d'Aire et de Dax* (48ᵉ année : 1937). *Autrement.* Madrid 1936-1939. Série mémoires, n° 4, janvier 1991.
■ périodiques (espagnols) : *Política* (Madrid, novembre-décembre 1936). *Ayuda,* organe du Secours Rouge international, à Valence (numéro de juillet 1937). *Voz de Madrid,* à Paris (du 18 juillet 1938 au mois de avril 1939). *El Ramillete,* à Orly (journal de la colonie d'enfants mis à disposition par José Pedregal).
■ périodiques (basques) : *Euzko Deya* (1937-1940).

A la Bibliothèque publique universitaire de Genève :
Bulletin de l'Association du Service civil international, n°ˢ 7/8 (mars 1937) au n° 16 (octobre 1939).

CRÉDITS PHOTOGRAPHIQUES.
Collection aimablement communiquée par Mme Lincoln Delaprée concernant l'épave du Potez-54 abattu en décembre 1936. Service photographique du CICR. Archives de l'auteur.

Index des noms de personnes

Abril de Rueda, Josefa 370
Acinaga, Mlle 134, 277, 389
Ador, Gustave 18, 20, 30
Agnew 129
Agostin, Mlle de 350
Aguado 73
Aguilar, Juan 224, 440
Aguirre y Lecube, José Antonio 59, 62, 66, 67, 69, 70, 78, 128, 149, 151, 168, 169, 184, 185, 207, 214, 221, 224, 225, 232, 235-238, 251, 323, 389, 398, 401, 404, 410, 428, 437
Agulló, Vicente 226
Aiguadé y Miro, Jaume 44
Alas y Garcia, Leopoldo 249
Alba Stuart Fritz James, Jacobo 261, 429
Alberti, Rafael 341
Albornoz, Alvaro de 38, 42
Alcalá-Zamora, Niceto 30
Alcocer, Alberto de 343
Alcovillas 328
Aldasoro, Ramón Maria 66
Aldazebal, Natividad 81
Almet, Mlle Mathilde 351
Alonso, David 51, 408
Alphonse XIII de Bourbon 27, 28, 279
Alvarez de Estrada 290, 429
Alvarez del Vayo, Julio 36, 89, 90, 93, 100, 103, 119, 128, 130, 163, 164, 173, 176, 266, 337, 341, 365, 424, 437
Alvo, comte de 279
Amman, Jean d' 188, 201, 229, 232, 239, 240, 254, 256, 257, 260, 261, 269, 270, 271, 276-280, 283-291, 294, 305, 309-312, 315, 316, 317, 328, 332, 334-336, 342, 347-349, 352-356, 370, 374, 381, 392, 417, 418
Amores y Ayala, Concepción 344
Andreu Abello, Josep 172
Antoniutti, Mgr Ildebrando 239, 291
Appelanis 343
Appia, Louis 15, 434
Aquino, Remedios 162, 390
Arana y Goiri, sabino 58
Aranguren Roldán, José 341, 344
Araquistain y Quevedo, Luis 130, 171, 409
Arbenz, Eric 126, 143, 145, 146, 163-165, 174, 175, 240, 242, 243, 250, 253, 276, 297, 305, 316, 339, 347, 348, 352, 392, 414, 415
Arcelus, Andrés de 62
Arenillas y López, Ignacio 238, 258, 429
Arias Fernandez, 78, 111, 424, 438, 442
Arriolabengoa 389
Arteche, Lucio 238
Astigarrabia, Juan Manuel 150, 228
Atholl, Mrs. Katherine 182, 436
Attlee, Clement 185, 339
Audeoud, Georges 390
Avenol, Joseph 317, 333
Ayguadé, Artemio 73, 189, 427
Azaña, Gregorio 85
Azaña y Díaz, Manuel 32, 33, 35, 59, 85-87, 93, 112, 116, 173, 179, 218, 228, 235, 253, 258, 274, 275, 295, 320, 323, 330, 333, 339, 343, 422, 424, 426, 427-431, 437, 439
Azcárate y Flórez 38, 178
Azcárate Gómez, Gumersindo de 258, 429
Aznar, Xavier 147, 228, 390

Azpilicueta 389, 392

Bach 320
Badoglio, Pietro 23
Bago 315, 318, 403
Baltá Solá, Luis 143, 145, 194, 204, 247, 248, 390
Baraíbar, German 130, 131, 151, 162
Barayón, Miguel 157
Barba Badosa, Fernando 274, 429
Barbey, Horace 25, 26, 71-75, 87, 96, 106, 111 113, 126, 127, 143, 145, 146, 163, 165, 183, 377, 386, 391, 392, 396, 397, 414, 423, 424, 425, 434, 435
Barbey-Ador, Frédéric 391
Barbier, Jean-Baptiste 145
Bárcenas, Domingo de las 347
Bardoux-Lin, Mme 334, 361, 431
Barea, Arturo 122, 425, 437
Barreiro 152, 284, 392
Barrera, Emilio 363, 432
Basch, Victor 365
Basterrechea, Francisco 62
Bastida Porras, José 233
Bastos Ansart, Manuel 118
Bates 235
Batet Mestres, Domingo 38
Bayo, Alberto 72, 73, 125, 337, 423, 425, 437
Baza Angel 262, 415
Bazan, Antonio 191
Beck 194, 263, 297, 313, 344, 392
Bellorger 230
Bérard, Léon 282, 339, 358
Berenville 252
Berger 266, 429
Berman, Léo 309
Bermejillo, Manuel 257, 390
Bermejo 358
Berniard, Georges 208
Bernoville, Iñigo 252, 428
Besteiro Fernández, Julián 29, 94, 99, 341, 343, 439
Biderboost 226, 227
Bilbao y Eguía, Esteban 55, 64
Bilbao, Luis 376
Bienfait 318
Blake 185, 186
Blednin, Alexis 317
Blum, Léon 43, 117, 425
Bois 364
Bolín, Louis 204
Bolze, Waldemar 265
Bonjean, René 100
Bonnet, Georges 357
Bonoli, Federico 140, 425
Borbon y Braganza 29
Borderas, Julián 47, 423
Bosque 89
Boss 21
Bougrat 116, 117
Bourdet, Claude 369
Bouvier, Bernard 391
Bowers, Claude 252, 309, 428, 430, 433
Boyer, Charles 116, 119, 122
Brandel, Kuno 265
Brats 318
Broccardt, Raymond 25, 26, 50, 52, 54, 55, 58, 67, 70, 71, 75, 77, 82-84, 86, 91, 133, 134, 140, 159, 390, 392

Brooks 176
Brown 25, 31
Broye, Eugène 290, 310, 336, 354
Brunel, Robert 363, 367, 368
Brünner, Carlos 326, 336, 350, 351, 372, 373
Brünner, Otto 336
Bücher, Anne 216, 231, 362, 368
Buñuel, Luis 51, 52, 423
Burckhardt, Carl 20, 169, 223, 391
Burguete y Lana, Ricardo, 32, 39, 40, 179
Burrough 67, 71, 78, 172, 423

Cabanellas Ferrer, Miguel 40-42, 47, 49, 50, 53, 56, 170, 396, 426, 437
Cabello 116, 424
Cabrerizo 247
Calvo Sotelo, José 133, 266, 428
Caminero Rodríguez, Francisco 116
Campoy, Francisco 196, 427
Cantalupo, Roberto 237
Carbonero Muñoz 291, 297, 313, 388
Cárdenas, Ignacio de 27, 42
Carillo Solares, Santiago 104, 107
Carillo Alonso, Wenceslao 94, 341
Caro, Alvaro comte de Torrubia 132, 390, 403
Carranzas, Ramón 139
Carrasco i Formiguera, Manuel 38
Carrión 151
Casado, Segismundo 338, 340-342, 345, 389, 431
Casado Matute 389
Casanova 92, 440
Casanovas Maristany, Joan 45, 86
Casares Quiroga, Santiago 35
Caslon 184
Cassagne 368
Castañero 338
Casteran 55, 59, 215, 216, 226, 227, 236, 237, 428
Castifole, comte de 68
Castillejo, José 38
Castillo del 29, 414
Catelas, Jean 341
Caton, Miss 236
Cavaletti, Francesco 224, 233
Cazorla Maure, José 104, 165
Cesteros, Vicente 326, 350
Champoudry, Raymond 293
Chaponnière-Chaix, Pauline 391
Chapuisat, Edouard 334
Château, André 108, 113, 116-119, 121, 188, 215, 247, 267, 274, 318, 323, 325, 326, 328, 329, 333, 334, 372, 374, 412, 414, 415, 433
Chenevière, Jacques 95, 123, 131, 155, 156, 158, 163, 164, 183, 191, 215, 234, 299, 379, 390, 391, 428
Chetwode, Sir Philip W. 282, 307, 308, 315
Chilton, Sir Henry 148, 159, 185, 186, 210, 212-214, 241, 246, 261, 428
Cholet 326
Churchill, Winston 261, 429
Cierva y Codorniú, Juan de la 107
Clotet, Pedro 325

Clouzot, Daniel 42, 44, 65, 66, 69, 70, 84, 243, 391, 392, 415
Clouzot, Etienne 18, 23, 24, 125, 159, 391
Clouzot, François 75
Cloud, Yvonne 187, 427, 438
Codou, Roger 433, 434
Colomb, Christophe 88
Comas 143, 425
Combes 363
Companys, Lluis 33, 72, 73, 112, 143, 172, 189, 262, 296, 297, 323, 330, 397
Cordón García, Antonio 193-199, 203, 320, 341, 409, 427
Corman, Mathieu 208
Cornill, Mme 223
Corrèges 358
Cortés González, Santiago 191, 193-195, 197-199, 202, 203, 409, 427
Costa Corbato 389
Cot, Pierre 42, 43, 365
Coudenhove-Karlegi 333
Courvoisier, Raymond 25, 26, 77, 131, 133-136, 138, 147, 152, 154-158, 160, 170, 184, 187, 188, 191, 192, 199-201, 206, 210, 213, 217, 220, 228, 229, 232, 233, 243, 245, 251, 252, 254, 255-257, 276, 277, 283, 308, 309, 377, 392, 393, 415, 417, 418, 422, 425-430, 435
Cowan 342
Cramer, Alec 321, 322, 371
Cramer, Lucien 391
Cranborne, Lord 129
Crass Hartung, Anna 204, 291, 320, 332, 335
Crawford 209
Cremonesi 140
Crespon de Dorda, Luis 154
Criado y Domínguez, Pedro 30, 278, 430
Cruz Iriarte, Manuel de la 80, 389
Cuervo, Maximo 311
Cuesta 105, 142, 174, 178, 245, 253, 262

Daladier, Edouard 358, 359, 432
Dalland 335, 355
Darlan, François 372
Davergne 366
David-Weil 334
Dávila, Fidel 220, 249
Davis, Norman 300
Delaprée, Louis 7, 50, 97, 111, 116-124, 126, 423-425, 436, 438
Delbos, Yvon 57, 59
Des Gouttes, Paul 391
Desmaret 123
Desmartis 253
Díaz Quinones, Marino 32, 35, 85, 146, 170, 217, 334
Dick 315
Dicker, Marc 286, 308, 430
Didkowski, Raoul 320, 321, 332, 357, 360, 362
Dieuzaide (père jésuite) 58, 422
Domínguez Arévalo, comte de Rodezno 30, 112, 132, 133, 278, 315, 354, 355, 425, 430
Don Carlos 20
Dormoy, Max 124, 253
Doval Bravo, Lisardo 34

INDEX DES NOMS DE PERSONNES

Dreher 266, 429
Dronsart 219, 241
Dufour, G.-H. 15, 331
Dumont 318
Dunant, Henry 15, 19, 37, 228, 331, 434, 435
Durruti, Buenaventura 112, 113, 118, 141, 368, 425, 439, 441

Echevarría Novoa, José 61, 62, 66
Echevarrieta, Evaristo de 251
Eden, Anthony 129, 185, 205
Edwards 129
Egaña 151
Egger, Carlos 314
Eguía 55, 64, 185
Ellis, Richard 187, 427, 438
Epalza, Juan Manuel 211
Ercorea Regil, Ernesto 55, 62-64, 66
Eroles, Dionisio 189, 427
Escoriaza, vicomte de 59
Espinosa de los Monteros 172, 275, 282, 293, 310, 317, 335, 347, 388, 389
Estivil 172, 415
Estrada y Acebal, María 290, 365, 430
Estrañy, Pedro 50, 71, 172, 173, 241, 386

Fagalde 362
Fal Conde, Manuel 132
Favre, Guillaume 34, 189, 192, 201, 217, 219, 248, 258, 390, 391, 407, 410, 422
Feito, Leonardo 417
Feltin, Mgr Maurice 58
Ferack, Jean 233
Fernández Alvarez, Julián 300, 305, 348, 386
Fernández Arias, Adelardo 111, 424, 438, 442
Fernández Cuesta y Merelo, Raimundo 105, 174, 178, 245, 253, 262
Fernández Garcia 442
Fernández Moreno, Antonio 267, 268, 297
Fernández Palacios 138, 390
Fernández-Osorio y Tafall, Bibiano 286, 430
Ferrière, Suzanne 391
Fischer, Frédéric 244
Fischer, Hans von 231
Fischer, Roger, 73, 74, 86, 322
Fisse 74
Fitzmeier, Hellmut 266, 429
Fontanel, Emile 52, 53, 118
Forcinal 345
Franco Bahamonde, Francisco 16, 32, 33, 37, 40, 41, 45, 48, 51, 52, 54, 55, 60, 64, 65, 68, 69, 76, 77, 84, 89, 91-98, 109, 120, 127-129, 131-133, 135, 136, 146-149, 151, 153, 154, 156, 157, 160, 165, 169, 170, 174, 176-179, 184-186, 188, 191, 197, 200-202, 203-206, 208, 212-214, 218, 224, 227, 229, 230, 232, 235, 237, 238, 245, 246, 249, 250, 253, 255, 256, 259, 260, 261, 262, 269, 273-276, 278-282, 295, 296, 308, 310, 312, 313, 316, 327, 328, 331, 336, 339, 343, 347, 353, 354, 365, 367, 373-375, 379, 390, 402, 404, 406-409, 413, 421-426, 429-431, 439, 440
Franco Salgado-Araujo, Francisco 77, 390

Frick, Edouard 21
Frick-Cramer, Renée-Marguerite 362-364, 390
Frohlicher 170
Frutos, Miguel 106
Fuentes, Valentín de 51, 250, 416, 423

Galarza Gago, Angel 102
Galíndez, Jesús de 93, 104, 110, 173, 424, 438
Gallego, Pedro 196, 286, 427
Gallopin, Roger 136, 152
Galvés de Haya, Mme 176, 204, 206
Galvez, Alfonso 176
Gambara, Gastone 347
Gámir Ulíbarri, Mariano 228, 234, 236
Garat 358
García, Miguel 263
García Gil, Mlle 291
García Gómez, Manuel 233
García Lacalle, Andrés 123, 425
García Lorca, Federico 51, 262, 407, 423
García Mansilla, Daniel 47, 65, 397, 398
García Martín del Val, Simon 417
García Mingarro 388
García Oliver, Juan 125, 263
García-Ramos 286, 430
Garijo Hernández, Antonio 343
Garmendia, Luis 154, 237, 256, 390, 428, 429, 438
Gauthier 365
Gaussot, Philippe 364
Gay, Francisque 58
Gaytán de Ayala, Pedro 151
George VI (roi d'Angleterre) 343
Gerlier, Mgr 165
Gil Robles, José Maria 33
Gil Yuste, Germán 286, 287
Giménez Valgañon 386
Gimpera Bosch 86
Giral Pereira, José 32, 36, 46, 50, 85, 87, 101, 110, 112, 144, 176-178, 180, 181, 193, 205, 206, 241, 243, 248, 254, 258, 262, 276, 309, 330, 387, 395, 408, 426, 428-430, 438, 440
Girauta Linares, Vicente 107
Goded, Llopis, Manuel 141, 172, 419
Goicoechea Omar, Alejandro 221
Gomá y Tomás, Isidro 48, 173, 423, 426
Gómez Sáez, Paulino 219, 241, 243
Gómez Ulla, Mariano 268, 315
Gómez-Jordana Souza, Francisco 282, 282, 339, 358
González Granda 32
González Marín, José 341
González Martínez 389
González Portilla, M. 237, 256, 428, 429, 438
Gonzalo 160, 282
Goodden 344, 345
Goodmann 262, 429
Goriew (ou Gorev), Vladimir 123
Gozenbach 43, 72, 73, 244, 351
Gracia Colás, Juan 222
Granja, José Luis comte de la 40, 49, 53, 60, 75, 188, 252, 277, 282, 293, 300, 312, 332, 360, 367, 370, 390
Gras Artero 392

Graz, Georges 77-81, 132, 134, 136-138, 147, 150, 152, 158, 159, 166-168, 169, 182-184, 188, 207, 212-217, 220-228, 230, 231, 233, 234-236, 239, 245, 248, 251, 253, 316, 317, 334-336, 348-352, 364, 366, 370, 372-374, 379, 381, 392, 393, 415, 416, 427, 428
Guadalmina, de 160
Guérin 135, 227
Guernica 280
Guidez, Abel 121, 221, 249, 428

Haccius, Rodolphe 20, 384, 422
Hahn, Philippe 179, 180, 189, 190, 219, 241, 242, 244, 257, 258, 267, 276, 282, 296, 329, 330, 338, 339, 341, 342, 344, 345, 392, 412, 413
Haig 315
Haller, Rodolphe 23, 391
Haro García, Francisco 39, 176, 386
Haya González, Carlos de 191, 200, 205, 206, 427
Hefter 65, 423
Heilbrunn, Werner 51
Henny Georges 25, 26, 49, 50, 52-54, 83, 85-90, 92-94, 96, 100, 101, 104, 105, 106-111, 114-120, 123-127, 144, 146, 162, 164, 174, 179, 239, 381, 392, 403, 415, 426
Herbette, Jean 55, 57, 59, 61-64, 80, 165, 186, 212, 253, 426, 428, 429
Hermann, Christian 223
Herrera Petere, José 106, 416
Hewlett, Johnson 185
Hidalgo de Cisneros, Ignacio 341
Hidalgo Salazar, Ramón 65, 191, 195, 198, 423, 427, 438
Hilke, Paul 355
Hirten, Pedro 265
Hitler, Adolf 34
Hodgson, Robert 261, 282, 294, 295, 298, 307, 308, 315, 418
Holme, Christopher 208
Houwald 65, 422
Hoyos y Vinent, marquis de 30, 31
Huber, Max 15, 23-25, 34, 42, 76, 115, 154, 159, 163, 171, 178-180, 184, 192, 242, 298, 299, 305, 370, 379, 390, 404, 409, 422
Hunter, Niels 206, 318

Ibáñez 44
Ibañez de Betolaza 389
Iglesias, Pablo 111, 204, 328, 431, 440
Ihler 365
Innes, J.H. 65, 68, 259, 262
Irigo 166
Irujo y Ollo, Manuel 57, 59, 62, 68, 71, 77, 82, 83, 87, 89, 90, 93, 110, 113, 127, 128, 145, 174, 177, 178, 181, 183, 218, 219, 224, 241, 242, 243, 245-247, 251, 254, 261-264, 266, 279, 283, 305, 311, 315, 403, 423, 424, 428, 440
Ituratte 389
Izaurieta, José Maria 149

James, F.H. 82, 92, 261, 299, 430
Jardón, José Maria 111

Jáuregui Lasanta, Julio 130
Jeanson 219
Jentzer 25
Jequier, Pierre 363, 364, 367
Jiménez de Asúa, Luis, 29
Jiménez Fraud, Alberto 38
Jsmaël 412
Junod, Marcel 22-26, 37, 42-50, 54-73, 75-84, 88, 92, 93, 99, 101, 113, 114, 120, 126, 127, 130-136, 141, 143, 145, 147-162, 164, 166, 167, 171-181, 186, 188, 191, 192, 198, 199, 201-203, 204, 205, 211, 212, 218, 219, 240-243, 245, 246, 248, 250, 251, 254, 258, 262-268, 276, 277, 293, 295, 297, 308, 313-315, 319, 323-332, 335, 338, 339, 360, 362-364, 365-370, 373, 377-381, 383, 384, 386, 390-392, 395-397, 402, 403, 405, 408, 414-416, 418, 422, 423, 426, 427, 428, 429, 431, 433, 435

Karmen, Roman 221
Kavanagh 365, 369
Kennedy 366
King, Norman 73, 172, 338
Kinzle, Walter 222
Klein 65, 423
Knickerbocker 120
Kochenthaler, Ernesto 51, 392
Koestler, Arthur 170, 204-206, 427, 438, 439
Koltsov, Mijail 64, 71, 79, 90-92, 103, 121, 221, 252, 423, 424, 428, 439
Krisai, Giuseppe 233
Kuper 286

Labonne, Eirik 314, 320, 426
Lachenal, Adrien 334
Lachenal, Paul 334
La Haye Jonkheer, Julia 325-327
Laffontan, Jean 57, 61, 63
Landa, Nicasio 20, 29
Lander 158
Langevin, Paul 365
Largo Caballero, Francisco 46, 50, 52, 53, 55, 57, 62, 87, 88, 90, 93, 96, 100, 101, 102, 128, 144-146, 171, 174, 176, 181, 182, 193, 194, 198, 199, 265, 266, 342, 404, 410, 424, 426, 427, 429
Larios, Margarita 105
Larrosa 55
Lasserre, Mme 251
Laviño, D. 230, 231, 412
Lazareff, Pierre 120
Lazaro 98, 172, 424
Lebrun, Albert 359
Leche, John Hurleston 206, 251, 261-263, 282, 283, 294, 295, 297, 314, 315, 324, 427
Leizaola y Sanchez, Jesús Maria de 66, 70, 78, 130, 133, 173, 228, 230, 234, 237, 283, 374
Lemesle 120
Lequerica, José Felix de 340
Lerroux García, Alejandro 35
Leyva, comte de 317
Lilliers, marquis de 43, 370
Lincoln Delaprée, Catherine 122, 425, 436
Lister, Enrique 328, 341

Index des noms de personnes

Logoz, Paul 391
Lope de Aro 176
López Aragonés, Ventura 175, 343, 344, 387
López de Calle 283, 419
López Otero 28
López Rodríguez 388
López-Pinto, José 278
Luna 175
Luna, Antonio 340
Luna Offato, Guillermo 340, 386

Llopis, Rodolfo 85, 144, 146, 346, 431, 442

Madariaga, Salvador de 23, 38, 262, 334
Maestro, Antonio 140
Malaterre-Sellier Mme 363
Malet-Dauban, Henri 223
Malquer y Wahl, Juan 65, 423
Malraux, André 117, 119, 425, 438, 439
Manning, Leah 187
Mansilla García 47, 65, 397, 398
Marañon, Gregorio 49, 259
Marcelin 118
Marco 387
Maritain, Jacques 58, 209
Marti, Roland 43, 44, 83, 143-146, 165, 172, 173, 175-177, 180, 188, 189, 192, 193-200, 203, 204, 211, 219, 240, 241, 245-248, 266, 267, 268, 269, 276, 291, 292, 296, 314, 315, 320-324, 326, 327-330, 335, 360, 386, 392, 410, 414-416, 426, 427
Martí Feced, José 43, 386
Martí Ibáñez 44
Martín Moreno, Francisco 201, 202
Martín Pinillos 238, 256, 269, 271, 294, 307, 419, 429, 430
Martínez Anido, Severiano 278, 335
Martínez Arias, Federico 78
Martínez Barrio, Diego 35, 178, 330, 339
Martínez Cartón, Pedro 193, 202
Martínez Fuset, Lorenzo 262, 282, 293, 294, 308
Martínez Selles 343
Martini 21
Marty, André 176, 203, 255, 320, 429
Maseda, Antonio 335, 354, 370
Massigli, René 59, 125, 163, 234, 428
Mateo Múgica 48, 423
Mateu Pla, Miguel 374, 433
Mathieu, Mgr 57, 58, 80, 208
Maunoir, Théodore 15
Maura y Gamazo, Miguel 31, 262
Maurer, Hermann 223
Mauriac, François 58, 209, 229
Maurín Juliá, Joaquin 254
Maurras, Charles 261, 429
McGovern, John 254
McKenzie, W.A. 18
Megevant 322
Ménard 362, 363, 365, 366
Menéndez Suarez, Angel 73
Merry del Val, Pablo 335
Miaja Menant, José 93, 95, 96, 98, 99, 103, 106, 145, 146, 163, 164, 174, 178, 192, 297, 316, 338, 341, 424
Miaja, Isaac 342

Micheli, Jacques Barthélemy 391
Milá y Camp, Mercedes 40, 73, 94, 95, 176, 379, 391
Milá y Camp, José Maria 73
Millán Astray, José 33, 174, 422
Mille, Hervé 120
Mille y Suárez, Eladio 30
Minifie, James M. 92
Miramas, André 125
Mistler 362, 363, 432
Modesto Guilleto, Juan 341
Mola Vidal, Emilio 49, 56, 57, 60, 63, 77, 84, 102, 129, 132, 136, 142, 147, 148, 151, 156, 161, 209, 220, 424
Molesworth 365
Mompeon Motos, Antonio 254
Monks, Noel 208
Montez, Luisa 278, 430
Montseny, Federica 164, 285, 286, 386, 426, 430, 439
Monzón, Telesforo de 67, 81, 149, 150, 222, 234, 426
Morales 37, 199, 439
Morata Canton, Juan 39, 51, 90, 386, 392
Morenas de 332, 360
Moreno Fernández, Salvador 164, 201, 202, 267, 268, 297, 440
Morsier, Mlle de 370
Moscardó Ituarte, José 51
Mosley 308, 315
Motta, Giuseppe 18, 24, 115, 334, 391
Moulec 66
Moulin, Jean 43
Moutet 318
Moynier, Gustave 15, 19, 20, 23, 25, 30, 37, 40, 94, 123, 148, 154, 188, 248, 389, 433, 434
Múgica Irureta, Antonio 233, 411
Mújica 82, 136
Müller, Mlle 232, 239
Muntadas 82, 134, 152, 159, 169, 171, 186, 191, 201, 212, 213, 216, 233, 251, 252, 277, 393
Muñoz Carbonero 291, 297, 313, 387
Muñoz Grandes, Agustin 105
Muñoz Martínez, Manuel 107, 140
Mussolini, Benito 296

Nansen, Fridjof 21
Nárdiz, Gonzalo 237
Navarro y Margati 226
Navas 284, 285, 419
Negrín López, Juan 143, 181, 193, 219, 252, 254, 267, 295, 296, 316, 317, 320, 323, 324, 330, 332, 333, 337-341, 367, 376, 427, 428, 439
Négus d'Ethiopie 22, 23, 164
Nelken, Margarita 441
Neruda, Pablo 365
Neuville, Emmanuel 116, 118, 119, 176
Nofuentes Montoro, Eduardo 203
Núñez Morgado, Aurelio 52, 53

Odier, Edouard 21
Odier, Lucie 95, 379, 391
Ogilvie Forbes, G. 85, 90, 95, 101, 145, 173
O'Hana, Leo 58, 420

Olazábal, Rafael (ou Juan) 69, 76, 132, 151
Olgiati, Rodolfo 146, 244
Olivares 139, 142
Olivier, Mlle 134
Olmos Genoves, Juan 223
Onaindía, Alberto de 57, 81, 208, 209, 224, 238, 423
Oñate, Antonio 56
Orche Martínez, Vicente 300, 386
Ossorio y Gallardo, Angel 86
Ossorio y Tafall, Bibiano 341
Ozanne 118

Padros, Carlos 160
Palacios, Julio 99, 138, 390
Panchot, Aristide 293
Parot-Lagarenne 58, 423
Parrado 128
Pascua Martínez, Marcelino 30, 31, 340
Passy, Frédéric 19
Pastor Velasco, Angel 266
Patry Georges 22, 41, 123, 183, 242, 252, 331, 332, 341, 342, 360, 361, 391, 428
Pawlowski 266, 429
Pedroso, Fernando 252, 390
Peiró Belis, Juan 176
Peloquin 318
Peña Boeuf, Alfonso 105
Perdomo, Mme 325, 327, 352
Pereda 149
Pérez Argote 390
Pérez Farrás, Enrique 141
Pérez Mateos, Juan Antonio 125, 424
Pérez Quesada, Edgardo 47, 95, 100, 102, 106, 108, 110, 111
Pérez Salas, Jesús 193
Pérez Tréviño, Manuel 95
Pérez Unzuela, Jaime 239
Péron 118, 425
Perramon 50, 72, 386
Perret 230
Pétain, Philippe 27, 340, 355, 376
Philby, Kim 276, 354, 430
Phillips 247, 386
Pientkowskij 233
Piguet-Ramuz, Mme 361
Pingault 75
Pittaluga, Gustavo 49
Planta, Franz Rodolphe 391
Polanco, Mgr Anselmo 274, 275, 332, 430, 431
Polavieja y del Castillo 29, 30
Ponza 21
Portela Valladares, Manuel 167
Pourtalès, Horace de 133, 154, 166, 178, 179, 200, 206, 210, 213, 249, 259, 260, 262, 316, 317, 392, 417, 418, 431
Posty Petitbrouhaud, Suzanne 425
Pozas, Sabastián 193, 204, 237, 427
Poznanski, Nicole de 391
Prada Vaquero, Adolfo 343
Prieto Tuero, Indalecio 56, 87, 89, 262, 266, 274
Primo de Rivera, José Antonio 127, 178, 342
Primo de Rivera (général Miguel) 27-29, 280, 429

Primo de Rivera, Miguel 105, 174, 315, 342
Pursey, Harry 216, 217, 235, 236

Queipo de Llano, Gonzalo 138, 140-142, 152, 160, 170, 174, 176, 179, 190, 195, 197, 202, 205, 259, 271, 274, 416, 429
Quintana de Aragonés 217
Quiñones de Léon, José Maria 340

Raab, Fritz 265, 266, 429
Rafols 177, 178
Ramos 106, 286, 335, 416, 430
Ramos Herrera, Jacinto 106, 416
Rañoy 279
Redondo, Cayetano 94, 163, 257, 429
Redondo Ortega, Onésimo 257, 429
Regler, Gustav 177, 217, 339, 389
Renau, Josep 143
Rey d'Harcourt, Domingo 273-275, 332, 429
Rham, Paul de 134, 155, 158, 160, 165, 166, 276, 393
Rialp, marquis de 191, 213, 254, 282, 293, 309
Richard, Elie 187, 339, 427, 438
Rico, Pedro 93
Ridder, Mlle 350
Ripalda, comte de 29
Riquelme y López Bago, José 318
Ristori, Mme 313
Rivas Chérif, Cipriano 179, 274, 295
Roa de la Vega, Francisco 153, 426
Roatta, Mario 128
Rochat-Cenise 123
Rodríguez, Manolo 346
Rodríguez, Melchor 80, 104, 105, 111, 125, 146, 343, 417
Rodríguez Salas 189, 427
Rojo Lluch, Vicente 51, 99, 274, 423
Romeo Lozano, Aurelio 39, 42, 49, 50, 109, 175, 241, 297, 299, 300, 305, 338, 342, 386, 395, 411, 434
Rougé, Bernard de 123
Rubio Vicenti, Ramón 241
Rufilanchas Salcedo, Luis 313
Ruiz de la Arena 277, 283, 334
Ruiz Funes 102
Ruiz Olazarán, Juan 66, 78, 230, 407
Russel, Audre 187
Ryan, Frank 307, 308, 317, 430, 438

Sadi de Buen 31, 40, 172
Samuel 368
Sánchez-Albornoz, Claudio 38
Sánchez Bachiller, Mercedes 257, 429
Sánchez Dalps, Bernabé 139
Sánchez López de la Torre, Francisco 51
Sánchez Mazas, Rafael 105, 275
Sánchez Requena, José 314
Sancho, Miguel 73, 393
Sangróniz Castro, José Antonio de 69, 76, 77, 84, 127, 130-134, 136, 147, 148, 152, 153, 156, 157, 159, 160, 162, 245, 259, 260, 283, 397, 403
Sanmarti 320, 321
Sanz, Ricardo 368
Sarraut, Albert 358, 359

Index des noms de personnes

Sayagües, Prudencio 266
Schaeidt Schneider, Emil 78, 223
Schafhaursen, Oskar 54, 55
Schlayer, Felix 53, 54, 94, 102, 104-109, 111, 115, 119, 125, 174, 178, 240, 246, 259, 424
Schlemmer, Raymond 20
Schmidt 310, 430
Schulze, Gunther 223
Schumacher, Werner 131, 133, 138-142, 152, 155, 160-162, 166, 379, 390, 393, 418
Segovia Caballero, Jacinto 85, 86, 386, 395
Semprebene 198
Sender, Ramón 157, 440
Senis 40
Sequeirós 286
Serrano Poncela, Segundo 104, 114
Serrano Suñer, Ramón 89, 105, 179, 218, 245, 246, 249, 254, 259, 271, 294, 335, 413, 440
Simpson 120
Small, Mrs. 113, 223, 236, 428
Smolyanovich 233
Solchaga Zala, José 63, 188, 232
Sommaruga, Cornelio 7, 24, 444
Somoza Silva, Lázaro 98, 424
Soria, Georges 121
Soustres 368
Stanley, Arthur 299-301, 439
Steer, George L. 185, 208, 225, 426, 428, 440
Stelze 266, 429
Stevenson, Ralph Cornwallis 65, 66, 68, 78, 157, 166, 168, 184-187, 212-216, 222, 223, 225, 226, 232, 235, 398
Stierlin 138, 142
Suard, Mgr 58
Suárez 30, 48, 73, 390
Surchamp, Jean 366

Tagüeña Lacorte, Manuel 341
Tarradellas y Joan, José 73, 75, 189, 427
Taeuscher, Max 266, 429
Terneau 366
Tessier Gaston 58
Thalmann, Clara et Pavel 265, 268, 429
Thiers 134, 367, 393
Thompson, Geoffroy 246, 259, 282
Thorthade de 134
Tillon, Charles 345, 347
Tissot, Frédéric 244
Togores 366
Tolanquer 73
Tomás Alvarez, Belarmino 80, 248
Tomás Hernández 254
Tomás Rodríguez 390
Torre, Heliodoro de la 51, 61, 64, 130, 251, 428, 440
Torrent 242
Torres Vivanco, Fernando 365
Tosquelles, Francesc 368, 432
Traversay, Guy de 120, 125
Trémini 21
Troncoso y Sagrado, Julián 185, 186, 233, 234, 237, 251-253
Trotsky, Léon 265

Ullmann, André 345
Unamuno y Jugo, Miguel de 37, 38, 120, 425, 438

Ungría Jiménez, José 316, 327, 328, 335, 354
Ureña, Rafael 145, 297
Uribarri Barutell, Manuel 72, 266-268, 413, 429
Uribe Galdeano, Vicente 341
Uselodd, Marchenko 191

Valdeiglesias, Kirpatrick, Concepción 278, 279, 300, 390, 430
Valenti 112, 113, 143, 172, 386, 392, 426
Valera, Eamon de 308
Valero 50, 390, 423, 440
Valiente 390
Valière 357, 363
Valle garcía 351
Vallellano, comte de 48, 49, 62, 68, 75, 76, 82-84, 130-134, 143, 147, 148, 151, 152-154, 156-160, 162, 165, 169, 178, 180, 191, 192, 199, 201, 211-213, 232, 239, 246, 249, 253, 254, 260, 261, 272, 278, 279, 283, 298, 305, 307, 311, 312, 325, 328, 329, 335, 348, 352-354, 374, 390, 396, 426
Van den Broek 66
Van den Brouk 230, 235
Van Etten 441
Vaugham 73
Vázquez Camarasa, Enrique 52
Vázquez y Valero 50, 423
Vidal y Barraguer, Francesc 38
Vidiella, Rafael 172
Villalta Gisbert, Miguel 165
Villar 389
Vinci de 140, 171
Vinyas, Jesús 274
Vizcaya, Andrés de 45, 50, 52, 56, 67, 85, 87, 108, 118, 129, 130, 174, 179, 192, 193, 196, 203, 238, 240, 297, 348, 386, 392, 399, 410, 414, 415, 441

Wagnière, Georges 391
Wakonning Hummer, Wilhelm 78
Walter 222, 266, 301, 310, 429, 430
Wandel 223
Warner, Georges 407
Weaver, Denis 92
Weber, Pierre 81, 133, 134, 137, 138, 158, 159, 166, 169, 182, 187, 212, 215, 217, 227, 230, 231, 248, 251, 392, 416
Wecks, Louis 27
Wehrlin, Voldemar 21
Werner Georges 18, 51, 138, 142, 161, 310, 393, 412, 430
Windsor, duc de 120
Wolf, Erwin 265
Wyss, Max von 363

Yanguas Messía, José 55
Yanguas José, 233
Yañez 248, 268
Yung, Walter 301
Yuste 286, 287

Zandberg 239, 257
Zangger 391
Zay, Jean 39
Zimmermann 75
Zubiriá, Joaquín Maria 226, 417
Zugazagoitia, Julián 46, 98, 99, 248, 262, 266, 267, 275, 323, 334, 423, 424, 428--431, 440

Table des matières

Préface de M. Sommaruga	9
Introduction	13
CHAPITRE I. Les origines du CICR	15
CHAPITRE II. L'Espagne et sa Croix-Rouge	27
18 juillet : le *pronunciamiento*	35
CHAPITRE III. Les premières délégations	49
CHAPITRE IV. Dans la capitale	85
Zones de sécurité, évacuations	94
Un épisode sanglant, les *sacas*	100
CHAPITRE V. Décembre dramatique	115
Entretiens discrets ou secrets?	127
La Catalogne... et Valence	143
CHAPITRE VI. Négociations et accusations	147
CHAPITRE VII. En zone républicaine	175
Les évacuations en perspective	184
La Virgen de la Cabeza...	190
CHAPITRE VIII. Euzkadi dans la tourmente	207
CHAPITRE IX. L'agonie de la Zone Nord	233
Depuis Madrid, les évacuations	241
CHAPITRE X. On s'installe dans la guerre	263
CHAPITRE XI. 1938 : le tournant...	273
La zone républicaine est coupée	293
La XVIe Conférence internationale	297
CHAPITRE XII. Difficultés des délégués	307
CHAPITRE XIII. Fin de la République	319
La *nouvelle* Espagne	347
CHAPITRE XIV. L'exode... l'exil	357
Les camps dits de *concentration*	360
Répression en Espagne nationaliste	372
CHAPITRE XV. Bilan et conclusion	377
ANNEXES	387
NOTES	423
SOURCES ET BIBLIOGRAPHIE	435
INDEX DES NOMS DE PERSONNES	443

618676 - Septembre 2015
Achevé d'imprimer par